Houston Stewart Chamberlain, Houston Stewart Chamberlain

Die Grundlagen des neunzehnten Jahrhunderts

Houston Stewart Chamberlain, Houston Stewart Chamberlain

Die Grundlagen des neunzehnten Jahrhunderts

ISBN/EAN: 9783742865724

Hergestellt in Europa, USA, Kanada, Australien, Japan

Cover: Foto ©ninafisch / pixelio.de

Manufactured and distributed by brebook publishing software
(www.brebook.com)

Houston Stewart Chamberlain, Houston Stewart Chamberlain

Die Grundlagen des neunzehnten Jahrhunderts

DIE GRUNDLAGEN

DES

NEUNZEHNTEN JAHRHUNDERTS

I. HÄLFTE

HOUSTON STEWART CHAMBERLAIN

DIE GRUNDLAGEN

DES

NEUNZEHNTEN JAHRHUNDERTS

I. HÄLFTE

Wir bekennen uns zu dem Geschlecht,
das aus dem Dunkeln ins Helle strebt.

GOETHE.

MÜNCHEN

VERLAGSANSTALT F. BRUCKMANN A.-G.

1899

BRUCKMANN'SCHE BUCH- UND KUNSTDRUCKEREI
MÜNCHEN

Dem Physiologen

Hofrat Professor Doktor

JULIUS WIESNER

derzeit Rektor der Universität zu Wien

in Verehrung und Dankbarkeit

zugleich als Bekenntnis bestimmter wissenschaftlicher

und philosophischer Überzeugungen

zugeeignet.

VORWORT

Der Weisheitsliebende steht mitten
inne zwischen dem Gelehrten und
dem Ignoranten.

PLATO.

Den Charakter dieses Buches bedingt der Umstand, dass sein
Verfasser ein ungelehrter Mann ist. Gerade in seiner Ungelehrtheit
schöpfte er den Mut zu einem Unternehmen, vor welchem mancher
bessere Mann erschrocken hätte zurückweichen müssen. Nur musste
natürlich der Verfasser selber hierüber Klarheit besitzen: sein Wollen
musste er nach seinem Können richten. Das that er, eingedenk des
Goethe'schen Wortes: »der geringste Mensch kann komplett sein,
wenn er sich innerhalb der Grenzen seiner Fähigkeiten und Fertigkeiten bewegt«. Nicht einen Augenblick bildete er sich ein, seinem
Buche komme wissenschaftlicher Wert zu. Hat er z. B. ziemlich
viele Citate und Litteraturnachweise gegeben, so ist das teils zur
Ergänzung allzu kurzer Ausführungen, teils als Anregung für ebenso
ungelehrte Leser geschehen, manchmal auch als Stütze für Meinungen,
die nicht Mode sind; noch eine Erwägung kam hinzu: ein Gelehrter,
der über sein Specialfach schreibt — ein Treitschke, ein F. A. Lange,
ein Huxley — kann auch ohne sich zu rechtfertigen Behauptungen
aufstellen; hier durfte das nicht geschehen; erhält also an einigen
Stellen das Buch durch die vielen Anmerkungen ein gelehrtes Aussehen, so wolle man darin nicht Anmassung sondern ihr Gegenteil
erblicken. Ein Prunken mit Wissen und Belesenheit würde lächerlich
bei einem Manne gewesen sein, dessen Wissen nicht auf die Quellen
zurückgeht und dem stets als Ideal vorschwebte, nicht möglichst viel
zu lesen, sondern so wenig wie nur irgend thunlich und bloss das
Allerbeste.

Wer weiss, ob dem heute so verrufenen Dilettantismus nicht
eine wichtige Aufgabe bevorsteht? Die Specialisation macht täglich

Fortschritte; das muss auch so sein. Wer diplomatische Geschichte
schreibt, darf über wirtschaftliche Geschichte nicht mitreden, wer
byzantinische Litteratur studiert, hat sich eine so anspruchsvolle
Lebensaufgabe erwählt, dass er Schnitzer macht und von den betreffenden Fachmännern zurechtgewiesen wird, sobald er auf frühere
oder spätere Zeiten überzugreifen wagt, der Histolog ist heute nur
in einem beschränkten, mehr oder weniger dilettantenhaften Sinne
des Wortes Zoolog (und umgekehrt), der Systematiker vermag es
nicht, wie früher, in der Physiologie etwas von Bedeutung zu leisten:
mit einem Wort, die strengste Beschränkung ist jetzt das eiserne
Gesetz aller exakten Wissenschaft. Wer sieht aber nicht ein, dass
Wissen immer erst an den Grenzscheiden lebendiges Interesse gewinnt?
Jedes Fachwissen ist an und für sich vollkommen gleichgültig; erst
durch die Beziehung auf Anderes erhält es Bedeutung. Was sollten
uns die zehntausend Thatsachen der Histologie, wenn sie nicht zu
einer gedankenvolleren Auffassung der Anatomie und der Physiologie,
zu einer sicherern Erkenntnis mancher Krankheitserscheinungen, zu
psychologischen Beobachtungen und, im letzten Grunde, zu einer
philosophischen Betrachtung allgemeiner Naturphänomene führten?
Das trifft überall zu. Nie z. B. erwächst die Philologie zu so hoher
Bedeutung für unser ganzes Denken und Thun, als wenn sie auf
Probleme der Anthropologie und Ethnographie Anwendung findet
und in unmittelbare Beziehung zur Prähistorie des Menschengeschlechts, zur Rassenfrage, zur Psychologie der Sprache u. s. w.
tritt; nirgends kann reine Naturwissenschaft gestaltend in das Leben
der Gesellschaft eingreifen, ausser wo sie zu philosophischer Würde
heranwächst, und da muss doch offenbar entweder der Philosoph
nebenbei ein Naturforscher sein oder der Naturforscher philosophieren.
Und so sehen wir denn die Fachmänner, obwohl sie es nach ihrer
eigenen Lehre nicht dürften, obwohl sie nicht müde werden, das,
was sie Dilettantismus heissen, mit dem höchsten Bann zu belegen,
wir sehen sie überall ihre Grenzen überschreiten; wer recht aufmerksam nach allen Seiten hin beobachtet, wird die Überzeugung
gewinnen, dass die gefährlichsten Dilettanten die Gelehrten selber
sind. Zwar an eine mikrokosmische Zusammenfassung wagt sich
heute Keiner von ihnen, auch die ihnen zunächst liegenden Fächer
vermeiden sie ängstlich, in entfernte springen sie dagegen beherzt
hinüber: Juristen sehen wir in der Philologie sich herumtummeln,
Metaphysiker den Indologen Sanskrit lehren, Philologen über Botanik

und Zoologie mit beneidenswerter Nonchalance reden, Ärzte, deren
Ordinationsstunden in urwäldlicher Ungestörtheit verlaufen, sich die
Metaphysik zur Leichenschau vornehmen, Theologen über das Alter
von Handschriften urteilen, wo man glauben sollte, nur ein historisch
geübter Grapholog im Bunde mit einem Mikrochemiker besässe
hierzu die Kompetenz, Psychologen, die in ihrem Leben keinen
Seciersaal betraten, an die genaue Lokalisation der Gehirnfunktionen
die interessantesten Hypothesen knüpfen — — — Ja, was sehen
wir bei den Berühmtesten unserer Zeit? Ein Darwin musste *nolens
volens* Philosoph werden, sogar ein wenig Theolog, ein Schopenhauer hielt seine »Vergleichende Anatomie« für seine beste Schrift,
Hegel schrieb eine Weltgeschichte, Grimm widmete seine besten Jahre
juristischen Aufgaben, Jhering, der grosse Rechtslehrer, fühlte sich
nirgends so wohl wie beim Aufbau etymologischer und archäologischer
Luftschlösser! Kurz, die Reaktion gegen die enge Knechtschaft der
Wissenschaft bricht sich gerade bei den Gelehrten Bahn; nur die
Mittelmässigen unter ihnen halten es dauernd in der Kerkerluft
aus, die Begabten sehnen sich nach dem Leben und fühlen, dass
jegliches Wissen nur durch die Berührung mit einem andern Wissen
Gestalt und Sinn gewinnt.

Sollte nun ein aufrichtiger, offen eingestandener Dilettantismus
nicht gewisse Vorzüge vor dem versteckten haben? Wird nicht die
Situation eine hellere sein, wenn der Verfasser gleich erklärt: ich bin
auf keinem Felde ein Fachgelehrter? Ist es nicht möglich, dass eine
umfassende Ungelehrtheit einem grossen Komplex von Erscheinungen
eher gerecht werden, dass sie bei der künstlerischen Gestaltung sich
freier bewegen wird als eine Gelehrsamkeit, welche durch intensiv
und lebenslänglich betriebenes Fachstudium dem Denken bestimmte
Furchen eingegraben hat? Wenn nur nicht alle methodischen Grundlagen fehlen, wenn die Absicht eine edle, nützliche ist, das Ziel ein
klares, die Hand am Steuerruder eine feste, welche das Schiff zwischen
der steilen Scylla der reinen Wissenschaft (einzig den ihr Geweihten
erreichbar) und der Charybdis der Verflachung sicher hindurchzusteuern
vermag, wenn aufopferungsvoller Fleiss dem Ganzen den Stempel ehrlicher Arbeit aufdrückt, dann darf der ungelehrte Mann ohne Scheu
eingestehen, was ihn beschränkt, und dennoch auf Anerkennung
hoffen.

Ganz ohne wissenschaftliche Schulung ist der Verfasser dieses
Buches nicht, und, hat ihn auch eine Fügung des Schicksals aus der er-

wählten Laufbahn entfernt, so hat er sich doch, neben dem unvergänglichen Eindruck der Methodik und der unbedingten Achtung vor den Thatsachen, welche die Naturforschung ihren Jüngern einprägt, für alle Wissenschaft Verehrung und leidenschaftliche Liebe bewahrt. Jedoch er durfte und er musste sich sagen, dass es etwas giebt, höher und heiliger als alles Wissen: das ist das Leben selbst. Was hier geschrieben steht, ist erlebt. Manche thatsächliche Angabe mag ein überkommener Irrtum, manches Urteil ein Vorurteil, manche Schlussfolgerung ein Denkfehler sein, ganz unwahr ist nichts; denn die verwaiste Vernunft lügt häufig, das volle Leben nie: ein bloss Gedachtes kann ein lustiges Nichts, die Irrfahrt eines losgerissenen Individuums sein, dagegen wurzelt ein tief Gefühltes in Ausser- und Überpersönlichem, und mag auch Vorurteil und Ignoranz die Deutung manchmal fehlgestalten, ein Kern lebendiger Wahrheit muss darin liegen.

Als Wappeninschrift hat der Verfasser den Spruch geerbt:

Spes et Fides.

Er deutet ihn auf das Menschengeschlecht. So lange es noch echte Germanen auf der Welt giebt, so lange können und wollen wir hoffen und glauben.[1]) Dies die Grundüberzeugung, aus der das vorliegende Werk hervorgegangen ist.

Was hier vorliegt, ist der erste Band eines umfassender gedachten Werkes, wie das die allgemeine Einleitung meldet. Dieser Band bildet aber ein durchaus selbständiges Ganzes, welches die ›Grundlagen‹ der Strömungen, Ideen, Gestaltungen unseres Jahrhunderts behandelt. Der zweite Band wird erst dann erscheinen, wenn die vielen fachmännischen Sammelwerke über das neunzehnte Jahrhundert vollendet vorliegen, so dass ein zusammenfassender Überblick möglich wird, ohne die Gefahr, Wesentliches übersehen zu haben. Inzwischen bildet dieser Band eine Ergänzung zu jenen Specialerörterungen, sowie zu jedem Überblick über die Geschichte des Jahrhunderts, eine Ergänzung, welche hoffentlich Manchem ebenso sehr Bedürfnis sein wird, wie es dem Verfasser Bedürfnis war, sich gerade über diese Grundlagen Klarheit zu verschaffen.

---

[1]) Über die genaue Bedeutung, welche in diesem Buche dem Worte ›Germane‹ beigelegt wird, siehe das sechste Kapitel.

Es erübrigt noch festzustellen, dass dieses Buch sein Entstehen der Initiative des Verlegers, Herrn Hugo Bruckmann, verdankt. Kann er insofern von einer gewissen Verantwortlichkeit nicht freigesprochen werden, denn er hat dem Verfasser ein Ziel gesteckt, an das er sonst kaum zu denken gewagt hätte, so ist es Diesem zugleich ein Bedürfnis, seinem Freunde Bruckmann öffentlich für das Interesse und die Unterstützung zu danken, die er dem Werke in allen Stadien seiner Entstehung gewidmet hat. Warmen Dank schuldet der Verfasser ebenfalls seinem innig verehrten Freunde, Herrn Gymnasial-oberlehrer Otto Kuntze in Stettin, für die gewissenhafte Durchsicht des ganzen Manuskriptes, sowie für manchen wertvollen Wink.

Wien, im Herbst 1898.

Houston Stewart Chamberlain.

INHALTSÜBERSICHT

Register.

ALLGEMEINE EINLEITUNG

> Alles beruht auf Inhalt, Gehalt und Tüchtigkeit eines zuerst aufgestellten Grundsatzes und auf der Reinheit des Vorsatzes.
>
> GOETHE.

D̲a das Werk, dessen erster Band hier vorliegt, nicht aus aneinander- gereihten Bruchstücken bestehen soll, sondern gleich anfangs als eine organische Einheit concipiert und in allen seinen Teilen ausführlich entworfen wurde, muss es die vorzüglichste Aufgabe dieser allgemeinen Einleitung sein, Aufschluss über den Plan des vollständigen Werkes zu geben. Zwar bildet dieser erste Band ein abgeschlossenes Ganzes, doch wäre dieses Ganze nicht das, was es ist, wenn es nicht als Teil eines besonderen grösseren Gedankens entstanden wäre. Dieser Gedanke muss also »dem Teil, der anfangs alles ist«, vorausgeschickt werden.

Welche Beschränkungen dem Einzelnen auferlegt werden, wenn er einer unübersehbaren Welt von Thatsachen allein entgegentritt, das bedarf nicht erst ausführlicher Erörterung. Wissenschaftlich lässt sich die Bewältigung einer derartigen Aufgabe gar nicht versuchen; einzig künstlerische Gestaltung vermag hier (im glücklichen Falle), getragen von jenen geheimen Parallelismen zwischen dem Geschauten und dem Gedachten, von jenem Gewebe, welches — äthergleich — die Welt nach jeder Richtung allverbindend durchzieht, ein Ganzes hervorzubringen, und zwar, trotzdem nur einiges Wenige, nur Bruchstücke verwendet werden. Gelingt dies dem Künstler, so war sein Werk nicht überflüssig; denn ein Unübersehbares ist nunmehr übersichtlich geworden, ein Ungestaltetes hat Gestalt gewonnen. Für diesen Zweck ist nun der Vereinzelte gegenüber einer Vereinigung selbst tüchtiger Männer insofern im Vorteil, als nur der Einzelne einheitlich formen kann. Diesen seinen einzigen Vorteil muss er zu benutzen wissen. — Kunst kann nur als Ganzes, Abgeschlossenes in die Erscheinung treten; Wissenschaft dagegen ist notwendigerweise Bruchstück. Kunst vereint, Wissenschaft trennt. Kunst gestaltet, Wissenschaft zergliedert Gestalten. Der Mann der Wissenschaft steht gewissermassen auf einem archimedischen Punkte ausserhalb der Welt: das ist seine Grösse, seine sogenannte »Objektivität«; das bildet aber auch seine offenbare

1*

Schwäche, denn sobald er das Gebiet des thatsächlich Beobachteten verlässt, um die Mannigfaltigkeit der Erfahrung zur Einheit der Vorstellung und des Begriffes zu reduzieren, hängt er in Wahrheit an Fäden der Abstraktion im leeren Raume. Dagegen steht der Künstler im Mittelpunkt der Welt (das heisst also seiner Welt), und so weit seine Sinne reichen, so weit reicht auch seine Gestaltungskraft; denn diese ist ja die Bethätigung seines individuellen Daseins in lebendiger Wechselwirkung mit der Umgebung. Deswegen darf man ihm aber auch aus seiner »Subjektivität« keinen Vorwurf machen, denn sie ist die Grundbedingung seines Schaffens. — Nun handelt es sich aber im vorliegenden Falle um einen historisch genau umschriebenen und ewig festgebannten Gegenstand. Unwahrheit wäre lächerlich, Willkür unerträglich; der Verfasser darf also nicht mit Michelangelo sprechen: in dieses Blatt, in diesen Stein kommt kein Inhalt, den ich nicht hineinlege:

in pietra od in candido foglio
Che nulla ha dentro, et evvi ci ch'io voglio!

Im Gegenteil, unbedingte Achtung vor den Thatsachen muss sein Leitstern sein. Er darf nicht Künstler im Sinne des freischöpferischen Genies sein, sondern nur in dem beschränkten Verstande eines an die Methoden der Kunst sich Anlehnenden. Gestalten soll er, doch nur das, was da ist, nicht das, was seine Phantasie ihm etwa vorspiegelt. Geschichtsphilosophie ist eine Wüste, Geschichtsphantasie ein Narrenhaus. Darum müssen wir von jenem künstlerischen Gestalter eine durchaus positive Geistesrichtung und ein streng wissenschaftliches Gewissen fordern. Ehe er meint, muss er wissen; ehe er gestaltet, muss er prüfen. Er darf sich nicht Herr wähnen, er ist Diener: Diener der Wahrheit.

Obige Bemerkungen reichen wohl hin, um über die allgemeinen Prinzipien zu orientieren, welche bei dem Entwurf des vorliegenden Werkes massgebend waren. Jetzt wollen wir aus den luftigen Höhen der philosophischen Grundsätze zur Erde niedersteigen. Ist die Gestaltung des vorhandenen Materials in allen derartigen Fällen die einzige Aufgabe, die der Einzelne sich zutrauen darf, wie hat er hier, in diesem besonderen Falle, die Gestaltung zu versuchen?

Das neunzehnte Jahrhundert! Das Thema dünkt unerschöpflich; ist es auch. Nur dadurch konnte es »gebändigt« werden, dass es weiter gefasst wurde. Das scheint paradox, ist aber wahr. Sobald

der Blick lange und liebend auf der Vergangenheit geruht hat, aus
der unter so vielen Schmerzen die Gegenwart hervorgegangen ist,
sobald das lebhafte Empfinden der grossen geschichtlichen Grundthatsachen heftig widerstreitende Gefühle im Herzen in Bezug auf den
heutigen Tag erregt hat: Furcht und Hoffnung, Empörung und Begeisterung, alle in eine Zukunft hinausweisend, deren Gestaltung
unser Werk sein muss und der wir nunmehr mit sehnsuchtsvoller
Ungeduld entgegensehen, entgegenarbeiten — da schrumpft das grosse,
unübersehbare neunzehnte Jahrhundert auf ein verhältnismässig Geringes zusammen; wir haben gar nicht mehr die Zeit, uns bei Einzelheiten aufzuhalten, nur die grossen Züge wollen wir fest und klar
vor Augen haben, damit wir wissen, wer wir sind und wohin unser
Weg geht. Nunmehr ist die Perspektive für das gesteckte Ziel günstig;
nunmehr kann der Einzelne sich heranwagen. Der Grundriss seines
Werkes ist ihm so deutlich vorgezeichnet, dass er ihn nur getreulich
nachzuzeichnen braucht.

Der Grundriss meines Werkes ist nun folgender. In dem
ersten vorliegenden Band behandle ich die vorangegangenen acht-
zehn Jahrhunderte unserer Zeitrechnung, wobei mancher Blick auch
auf ferner zurückliegende Zeiten fällt; doch handelt es sich hierbei
keineswegs um eine Geschichte der Vergangenheit, sondern einfach
um jene Vergangenheit, welche heute noch lebendig ist; und zwar
ist das so viel und die genaue, kritische Kenntnis davon ist für
jedes Urteil über die Gegenwart so unentbehrlich, dass ich das
Studium dieser Grundlagen unseres Säculums fast für das wichtigste
Geschäft des ganzen Unternehmens halten möchte. Der zweite Band
wäre dem 19. Jahrhundert gewidmet; natürlich kann es sich in einem
derartigen Werk nur um die grossen leitenden Ideen handeln, und
zwar wird diese Aufgabe durch den vorangegangenen ersten Band, in
welchem das Auge immer wieder auf urser Jahrhundert gerichtet
worden war, unendlich vereinfacht und erleichtert. Ein Anhang
würde dem Versuch gelten, die Bedeutung des 19. Jahrhunderts annähernd zu bestimmen; dies kann nur durch den Vergleich geschehen,
wozu wieder der erste Band den Boden bereitet hätte; hierdurch entsteht aber ausserdem eine Art Ahnung der Zukunft, kein willkürliches
Phantasiebild, sondern gleichsam ein Schatten, den die Gegenwart
im Lichte der Vergangenheit wirft. Jetzt erst stünde das Jahrhundert
ganz plastisch vor unseren Augen — nicht in Gestalt einer Chronik
oder eines Lexikons, sondern als ein lebendiges körperhaftes Gebilde.

Soviel über den allgemeinen Grundriss. Damit er aber selber
nicht so schattenhaft bleibe wie die Zukunft, muss ich jetzt einiges
Nähere über die Ausführung mitteilen. Was allerdings die besonderen Ergebnisse meiner Methode anbelangt, so glaube ich sie
nicht schon hier vorweg nehmen zu sollen, da sie nur im Zusammenhang der ungekürzten Darlegung überzeugend wirken können.

In diesem ersten Band musste ich also die **Grundlagen** aufzufinden suchen, auf welchen unser Jahrhundert ruht; dies dünkte
mich, wie gesagt, die schwerste und wichtigste Pflicht des ganzen
Vorhabens; darum widmete ich ihm einen vollen Band. Denn in der
Geschichte heisst Verstehen: die Gegenwart aus der Vergangenheit sich
entwickeln sehen; selbst wo wir vor einem weiter nicht zu Erklärenden
stehen, was bei jeder hervorragenden Persönlichkeit, bei jeder neu eintretenden Volksindividualität der Fall, sehen wir diese an Vorangegangenes
anknüpfen und finden dann selber auch nur dort den unentbehrlichen
Anknüpfungspunkt für unser Urteil. Ziehen wir eine imaginäre Grenze
zwischen unserem Jahrhundert und den vorangegangenen, so schwindet
mit einem Schlage jede Möglichkeit eines kritischen Verständnisses. Das
neunzehnte Jahrhundert ist nämlich nicht das Kind der früheren —
denn ein Kind fängt das Leben von Neuem an — vielmehr ist es
ihr unmittelbares Erzeugnis: mathematisch betrachtet eine Summe,
physiologisch eine Altersstufe. Wir erbten eine Summe von Kennt-
nissen, Fertigkeiten, Gedanken u. s. w., wir erbten eine bestimmte
Verteilung der wirtschaftlichen Kräfte, wir erbten Irrtümer und Wahr-
heiten, Vorstellungen, Ideale, Aberglauben: manches so sehr in Fleisch
und Blut übergegangen, dass wir wähnen, es könnte nicht anders
sein, manches verkümmert, was früher viel verhiess, manches so ur-
plötzlich in die Höhe geschossen, dass es den Zusammenhang mit dem
Gesamtleben fast eingebüsst hat, und, während die Wurzeln dieser
neuen Blumen in vergessene Jahrhunderte hinunterreichen, die phantastischen Blütenrispen für unerhört Neues gehalten werden. Vor
Allem erbten wir das Blut und den Leib, durch die und in denen
wir leben. Wer die Mahnung »**Erkenne dich selbst**« ernst nimmt,
wird bald zur Erkenntnis gelangen, dass sein Selbst mindestens zu
neun Zehnteln ihm nicht selber angehört. Und das gilt ebenso von
dem Geist eines ganzen Jahrhunderts. Ja, der hervorragende Einzelne,
der vermag es, indem er über seine physische Stellung in der Mensch-

heit sich klar wird und sein geistiges Erbe analytisch zergliedert, zu einer relativen Freiheit durchzudringen; so wird er sich seiner Bedingtheit wenigstens bewusst und, kann er sich auch selber nicht umwandeln, er kann wenigstens auf die Richtung der Weiterentwickelung Einfluss gewinnen; ein ganzes Jahrhundert dagegen eilt unbewusst wie es das Schicksal treibt: sein Menschenmaterial ist die Frucht dahingeschwundener Generationen, sein geistiger Schatz — Korn und Spreu, Gold, Silber, Erz und Thon — ist ein ererbter, seine Richtungen und Schwankungen ergeben sich mit mathematischer Notwendigkeit aus den vorhergegangenen Bewegungen. Nicht allein also der Vergleich, nicht allein die Feststellung der charakteristischen Merkmale, der speziellen Eigenschaften und Leistungen unseres Jahrhunderts ist ohne Kenntnis der vorangegangenen unmöglich, sondern wir vermögen es auch nicht, irgend etwas über dieses Jahrhundert an und für sich auszusagen, wenn wir nicht zunächst Klarheit erlangt haben über das Material, aus welchem wir leiblich und geistig aufgebaut sind. Dies ist, ich wiederhole es, das allerwichtigste Geschäft.

Da ich nun in diesem Buche an die Vergangenheit anknüpfe, war ich gezwungen, ein historisches Zeitschema zu entwerfen. Doch insofern meine Geschichte einem unmessbaren Augenblick — der Gegenwart — gilt, der keinen bestimmten zeitlichen Abschluss gestattet, bedarf sie ebensowenig eines zeitlich bestimmten Anfangs. Unser Jahrhundert weist hinaus in die Zukunft, es weist auch zurück in die Vergangenheit: in beiden Fällen ist eine Begrenzung nur der Bequemlichkeit halber zulässig, doch nicht in den Thatsachen gegeben. Im Allgemeinen habe ich das Jahr 1 der christlichen Zeitrechnung als den Anfang unserer Geschichte betrachtet und habe diese Auffassung in den einleitenden Worten zum ersten Abschnitt näher begründet; doch wird man sehen, dass ich mich nicht sklavisch an dieses Schema gehalten habe. Sollten wir jemals wirkliche Christen werden, dann allerdings wäre dasjenige, was hier nur angedeutet, nicht ausgeführt werden konnte, eine historische Wirklichkeit, denn das würde die Geburt eines neuen Geschlechtes bedeuten: vielleicht wird das vierundzwanzigste Jahrhundert, bis zu welchem etwa die Schatten des unsrigen in schmalen Streifen sich erstrecken, klarere Umrisse zeichnen können? Musste ich nun Anfang und Ende in eine unbegrenzte *penombra* sich verlaufen lassen, umso unumgänglicher bedurfte ich eines scharfgezogenen Mittelstriches, und zwar konnte ein beliebiges Datum hier nicht genügen, sondern es kam darauf an, den

Der
Angelpunkt.

Angelpunkt der Geschichte Europas zu bestimmen. Das Erwachen
der Germanen zu ihrer welthistorischen Bestimmung als Begründer
einer durchaus neuen Civilisation und einer durchaus neuen Kultur
bildet diesen Angelpunkt; das Jahr 1200 kann als der mittlere Augenblick dieses Erwachens bezeichnet werden.

Dass die nördlichen Europäer die Träger der Weltgeschichte
geworden sind, wird wohl kaum jemand zu leugnen sich vermessen.
Zwar standen sie zu keiner Zeit allein, weder früher noch heute;
im Gegenteil, von Anfang an entwickelte sich ihre Eigenart im
Kampfe gegen fremde Art, zunächst gegen das Völkerchaos des
verfallenen römischen Imperiums, nach und nach gegen alle Rassen
der Welt; es haben also auch Andere Einfluss — sogar grossen
Einfluss — auf die Geschicke der Menschheit gewonnen, doch dann
immer nur als Widersacher der Männer aus dem Norden. Was mit
dem Schwert in der Hand ausgefochten wurde, war das Wenigste;
der wahre Kampf war der Kampf um die Ideen, wie ich das in
den Kapiteln 7 und 8 dieses ersten Bandes zu zeigen versucht habe;
dieser Kampf dauert noch heute fort. Waren aber die Germanen
bei der Gestaltung der Geschichte nicht die Einzigen, so waren sie
doch die Unvergleichlichen: alle Männer, die vom 6. Jahrhundert
ab als wahre Gestalter der Geschicke der Menschheit auftreten, sei
es als Staatenbildner, sei es als Erfinder neuer Gedanken und origineller
Kunst, gehören ihnen an. Was die Araber gründen, ist von kurzer
Dauer; die Mongolen zerstören, aber schaffen nichts; die grossen
Italiener des *rinascimento* stammen alle aus dem mit lombardischem,
gotischem und fränkischem Blute durchsetzten Norden oder aus dem
germano-hellenischen äussersten Süden; in Spanien bilden die Westgoten das Lebenselement; die Juden erleben ihre heutige Wiedergeburt«, indem sie sich auf jedem Gebiete möglichst genau an germanische Muster anschmiegen — — —. Von dem Augenblick ab,
wo der Germane erwacht, ist also eine neue Welt im Entstehen, eine
Welt, die allerdings nicht rein germanisch wird genannt werden
können, eine Welt, in welcher gerade in unserem Jahrhundert neue
Elemente aufgetreten sind, oder wenigstens Elemente, die früher bei
dem Entwickelungsprozess weniger beteiligt waren, so z. B. die früher
reingermanischen, nunmehr durch Blutmischungen fast durchwegs »ent-
germanisierten» Slaven und die Juden, eine Welt, die vielleicht noch
grosse Rassenkomplexe sich assimilieren und mithin entsprechende,
abweichende Einflüsse in sich aufnehmen wird, jedenfalls aber eine

neue Welt und eine neue Civilisation, grundverschieden von der
helleno-römischen, der turanischen, der ägyptischen, der chinesischen
und allen andern früheren oder zeitgenössischen. — Als den Anfang
dieser neuen Civilisation, d. h. als den Augenblick, wo sie begann.
der Welt ihren besonderen Stempel aufzudrücken, können wir,
glaube ich, das 13. Jahrhundert bestimmen. Zwar hatten Einzelne
schon weit früher germanische Eigenart in kultureller Thätigkeit bewährt — wie König Alfred, Karl der Grosse, Scotus Erigena u. s. w. —
doch nicht Einzelne, sondern Gesamtheiten machen Geschichte; diese
Einzelnen waren nur Vorbereiter gewesen; um eine civilisatorische
Gewalt zu werden, musste der Germane in breiten Schichten zur Bethätigung seines Eigenwillens im Gegensatz zu dem ihm aufgedrungenen
fremden Willen erwachen und erstarken. Das geschah nicht auf einmal, es geschah auch nicht auf allen Lebensgebieten zugleich; insofern
ist die Wahl des Jahres 1200 als Grenze eine willkürliche, doch glaube
ich sie in folgendem rechtfertigen zu können und habe alles gewonnen,
wenn es mir hierdurch gelingt, jene beiden Undinge — die Begriffe eines Mittelalters und einer Renaissance — zu beseitigen,
durch welche mehr als durch irgend etwas anderes das Verständnis
unserer Gegenwart nicht allein verdunkelt, sondern geradezu unmöglich gemacht wird. An die Stelle dieser Schemen, welche Irrtümer
ohne Ende erzeugen, wird dann die einfache und klare Erkenntnis treten,
dass unsere gesamte heutige Civilisation und Kultur das Werk einer
bestimmten Menschenart ist: des Germanen.[1]) Es ist unwahr, dass
der germanische Barbar die sogenannte „Nacht des Mittelalters" herauf-
beschwor; diese Nacht folgt vielmehr auf den intellektuellen und
moralischen Bankrott des durch das untergehende römische Imperium
grossgezogenen rassenlosen Menschenchaos; ohne den Germanen hätte
sich ewige Nacht über die Welt gesenkt; ohne den unaufhörlichen
Widerstand der Nichtgermanen, ohne den unablässigen Krieg, der heute
noch aus dem Herzen des nie ausgetilgten Völkerchaos gegen alles
Germanische geführt wird, hätten wir eine ganz andere Kulturstufe
erreicht als diejenige, deren Zeuge das 19. Jahrhundert war. Ebenso
unwahr ist es, dass unsere Kultur eine Wiedergeburt der hellenischen
und der römischen ist: erst durch die Geburt des Germanen wurde die

---

[1] Unter diesem Namen fasse ich die verschiedenen Glieder der einen
grossen nordeuropäischen Rasse zusammen, gleichviel ob Germanen im engeren,
taciteischen Sinne des Wortes oder Kelten oder echte Slaven — worüber alles
Nähere im sechsten Kapitel nachzusehen ist.

Wiedergeburt vergangener Grossthaten möglich, nicht umgekehrt; und dieser *rinascimento*, dem wir ohne Frage für die Bereicherung unseres Lebens ewigen Dank schuldig sind, wirkte dennoch mindestens ebenso hemmend wie fördernd und warf uns auf lange Zeit aus unserer gesunden Bahn heraus. Die mächtigsten Schöpfer jener Epoche — ein Shakespeare, ein Michelangelo — können kein Wort griechisch oder lateinisch. Die wirtschaftliche Entwicklung — die Grundlage unserer Civilisation — findet im Gegensatz zu klassischen Traditionen und im blutigen Kampfe gegen imperiale Irrlehren statt. Der grösste aller Irrtümer ist aber die Annahme, dass unsere Civilisation und Kultur der Ausdruck eines allgemeinen Fortschrittes der Menschheit sei; es zeugt keine einzige Thatsache der Geschichte für diese so beliebte Deutung (wie ich das im neunten Kapitel dieses Buches unwiderleglich dargethan zu haben glaube); inzwischen schlägt uns diese hohle Phrase mit Blindheit und wir sehen nicht ein — was doch klar vor Aller Augen liegt — dass unsere Civilisation und Kultur, wie jede frühere und jede andere zeitgenössische, das Werk einer bestimmten, individuellen Menschenart ist, einer Menschenart, die hohe Gaben, doch auch enge unübersteigbare Schranken, wie alles Individuelle, besitzt. Und so schwärmen unsere Gedanken in einem Grenzenlosen, in einer hypothetischen »Menschheit« herum, achten aber dabei des konkret Gegebenen und des in der Geschichte einzig Wirksamen, nämlich des bestimmten Individuums, gar nicht. Daher die Unklarheit unserer geschichtlichen Gliederungen. Denn, zieht man einen Strich durch das Jahr 500, einen zweiten durch das Jahr 1500, und nennt diese tausend Jahre das Mittelalter, so hat man den organischen Körper der Geschichte nicht zerlegt wie ein kundiger Anatom, sondern zerhackt wie ein Fleischer. Die Einnahme Roms durch Odoaker und durch Dietrich von Bern sind nur Episoden in jenem Eintritt der Germanen in die Weltgeschichte, die ein Jahrtausend gewährt hat; das Entscheidende, nämlich die Idee des unnationalen Weltimperiums, hörte hiermit so wenig auf zu sein, dass sie im Gegenteil aus der Dazwischenkunft der Germanen auf lange hinaus neues Leben schöpfte. Während also das Jahr 1, als (ungefähres) Geburtsjahr Christi, ein für die Geschichte des Menschengeschlechts und auch für die blosse Historie ewig denkwürdiges Datum festhält, besagt das Jahr 500 garnichts. Noch schlimmer steht es um das Jahr 1500; denn ziehen wir hier einen Strich, so ziehen wir ihn mitten durch alle bewussten und unbewussten Bestrebungen und Entwickelungen — wirtschaft-

liche, politische, künstlerische, wissenschaftliche — die auch heute
unser Leben ausfüllen und einem noch fernen Ziele zueilen. Will
man durchaus den Begriff »Mittelalter« festhalten, so lässt sich leicht
Rat schaffen: dazu genügt die Einsicht, dass wir Germanen selber,
mitsamt unserem stolzen 19. Jahrhundert, in einer »mittleren Zeit«
(wie die alten Historiker zu schreiben pflegten), ja, in einem echten
Mittelalter mittendrin stecken. Denn das Vorwalten des Provisorischen,
des Übergangsstadiums, der fast gänzliche Mangel an Definitivem,
Vollendetem, Ausgeglichenem ist ein Kennzeichen unserer Zeit; wir
sind in der »Mitte« einer Entwickelung, fern schon vom Anfangspunkte,
vermutlich noch fern vom Endpunkte.

Einstweilen möge das Gesagte zur Abweisung anderer Ein-
teilungen genügen; die Überzeugung, dass hier nicht willkürliches
Gutdünken, sondern die Anerkennung der einen, grossen, grundlegenden Thatsache aller neueren Geschichte vorliegt, wird sich aus
dem Studium des ganzen Werkes ergeben. Doch kann ich nicht umhin, meine Wahl des Jahres 1200 als eines mittleren bequemen Datums
noch kurz zu motivieren.

Fragen wir uns nämlich, wo die ersten sicheren Anzeichen sich   Das Jahr 1200.
bemerkbar machen, dass etwas Neues im Entstehen begriffen ist, eine
neue Gestalt der Welt an Stelle der alten, zertrümmerten und an
Stelle des herrschenden Chaos. so werden wir sagen müssen, diese
charakteristischen Anzeichen sind schon vielerorten im 12. Jahrhundert
(in Norditalien bereits im 11.) anzutreffen, sie mehren sich schnell im
13. — dem »glorreichen Jahrhundert«, wie es Fiske nennt — erreichen im 14. und 15. eine herrliche Frühblüte auf dem sozialen
und industriellen Gebiete, in der Kunst im 15. und 16., in der
Wissenschaft im 16. und 17., in der Philosophie im 17. und 18. Jahrhundert. Diese Bewegung geht nicht geradlinig; in Staat und
Kirche bekämpfen sich die grundlegenden Prinzipien. und auf den
anderen Gebieten des Lebens herrscht viel zu viel Unbewusstsein,
als dass nicht die Menschen oft in die Irre laufen sollten; doch der
prinzipielle Unterschied besteht darin, ob nur Interessen aufeinander
stossen, oder ob ideale, durch bestimmte Eigenart eingegebene Ziele
der Menschheit vorschweben: diese Ziele besitzen wir nun seit dem
13. Jahrhundert (etwa); wir haben sie aber noch immer nicht erreicht, sie schweben in weiter Ferne vor uns, und darauf beruht die
Empfindung, dass wir des moralischen Gleichgewichts und der ästhetischen Harmonie der Alten noch so sehr ermangeln, zugleich aber

auch die Hoffnung auf Besseres. Der Blick zurück berechtigt in der
That zu grossen Hoffnungen. Und, ich wiederhole es, forscht dieser
Blick, wo der erste Schimmer dieser Hoffnungsstrahlen deutlich bemerkbar wird, so findet er die Zeit um das Jahr 1200 herum. In
Italien hatte schon im 11. Jahrhundert die städtische Bewegung begonnen, jene Bewegung, welche zugleich die Hebung von Handel
und Industrie und die Gewährung weitgehender Freiheitsrechte an
ganze Klassen der Bevölkerung, die bisher unter der zwiefachen Knechtschaft von Kirche und Staat geschmachtet hatten, erstrebte; im 12. Jahrhundert war dieses Erstarken des Kernes der europäischen Bevölkerung an Ausdehnung und Kraft dermassen gewachsen, dass
zu Beginn des 13. die mächtige Hansa und der rheinische Städte-
bund gegründet werden konnten. Über diese Bewegung schreibt
Ranke (*Weltgeschichte* IV, 238): »Es ist eine prächtige, lebensvolle
Entwickelung, die sich damit anbahnt — — — — die Städte kon-
stituieren eine Weltmacht, an welche die bürgerliche Freiheit und die
grossen Staatsbildungen anknüpfen.« Noch vor der endgültigen Gründung der Hansa war aber in England, im Jahre 1215, die Magna
Charta erlassen worden, eine feierliche Verkündigung der Unantast-
barkeit des grossen Prinzipes von der persönlichen Freiheit und der
persönlichen Sicherheit. »Keiner darf verurteilt werden anders als
den Gesetzen des Landes gemäss. Recht und Gerechtigkeit dürfen
nicht verkauft und nicht verweigert werden.« In einigen Ländern
Europas ist diese erste Bürgschaft für die Würde des Menschen noch
heute nicht Gesetz; seit jenem 15. Juni 1215 ist aber nach und nach
daraus ein allgemeines Gewissensgesetz geworden, und wer dagegen
verstösst, ist ein Verbrecher, trüge er auch eine Krone. Und noch
ein Wichtiges, wodurch die germanische Civilisation sich als von allen
anderen dem Wesen nach verschieden erwies: im Verlauf des 13. Jahrhunderts schwand die Sklaverei und der Sklavenhandel aus Europa
(mit Ausnahme von Spanien). Im 13. Jahrhundert beginnt der Übergang von der Naturalienwirtschaft zur Geldwirtschaft; fast genau im
Jahre 1200 beginnt in Europa die Fabrikation des Papiers — ohne
Frage die folgenschwerste Errungenschaft der Industrie bis zur Erfindung der Lokomotive. — Man würde aber weit fehl gehen,
wollte man allein in dem Aufschwung des Handels und in der Regung
freiheitlicher Triebe die Dämmerung eines neuen Tages erblicken.
Vielleicht ist die grosse Bewegung des religiösen Gemütes, welche in
Franz von Assisi (geb. 1181) ihren mächtigsten Ausdruck ge-

winnt, ein Faktor von noch tiefer eingreifender Wirksamkeit; hierin
tritt eine unverfälscht demokratische Regung zu Tage; der Glaube
und das Leben solcher Menschen verleugnen sowohl die Despotie der
Kirche wie die Despotie des Staates, und sie vernichten die Despotie
des Geldes. »Diese Bewegung«, schreibt einer der genauesten Kenner
des Franz von Assisi, [1] »schenkt der Menschheit die erste Vorahnung
allgemeiner Denkfreiheit.« Im selben Augenblick erwuchs zum erstenmal im westlichen Europa eine ausgesprochene antirömische Bewegung,
die der Albigenser, zu drohender Bedeutung. Auch wurden zu gleicher
Zeit auf einem anderen Gebiete des religiösen Lebens einige ebenso
folgenschwere Schritte gethan: nachdem Peter Abälard († 1142),
namentlich durch seine Betonung der Bildlichkeit aller religiösen
Vorstellungen, die indoeuropäische Auffassung der Religion gegen
die semitische unbewusst verfochten hatte, machten im 13. Jahrhundert zwei orthodoxe Scholastiker, Thomas von Aquin und
Duns Scotus ein für das Kirchendogma ebenso gefährliches Geständnis, indem sie, sonst Gegner, beide übereinstimmend einer von
der Theologie unterschiedenen Philosophie das Recht des Daseins
einräumten. Und während hier das theoretische Denken sich zu regen
begann, legten andere Gelehrte, unter denen vor allen Albertus
Magnus (geb. 1193) und Roger Bacon (geb. 1214) hervorragen,
die Fundamente der modernen Naturwissenschaft, indem sie die Aufmerksamkeit der Menschen von den Vernunftstreitigkeiten hinweg
auf Mathematik, Physik, Astronomie und Chemie lenkten. Auch
Dante, ebenfalls ein Kind des 13. Jahrhunderts, ist hier zu nennen,
und zwar in hervorragender Weise. »Nel mezzo del cammin di
nostra vita«, heisst der erste Vers seiner grossen Dichtung, und er
selber, das erste künstlerische Weltgenie der neuen, germanischen
Kulturepoche, ist die typische Gestalt für diesen Wendepunkt der Geschichte, für den Punkt, wo sie »die Hälfte ihres Weges« zurückgelegt, und nunmehr, nachdem sie jahrhundertelang in rasender Eile
bergab geführt hatte, sich anschickte, den steilen, schwierigen Weg
auf der gegenüberliegenden Bergwand anzutreten. Manche Anschauungen Dante's in seiner *Divina Commedia* und in seinem *Tractatus
de monarchia* muten uns an wie der sehnsuchtsvolle Blick eines viel-
erfahrenen Mannes aus dem gesellschaftlichen und politischen Chaos,
das ihn umgab, hinaus in eine harmonisch gestaltete Welt; dass dieser

---

[1] Thode: *Franz von Assisi*, S. 4.

Blick gethan werden konnte, ist ein deutliches Zeichen der schon be-
gonnenen Bewegung; das Auge des Genies leuchtet den Anderen
voran. [1] Doch, lange vor Dante — das übersehe man nicht — hatte
im Herzen des echtesten Germanentums, im Norden, eine poetische
Schöpferkraft sich kundgethan, welche allein schon beweist, wie wenig
wir einer klassischen Renaissance bedurften, um künstlerisch Unvergleichliches zu leisten: in dem Jahre 1200 dichteten Chrestien de
Troyes, Hartmann von Aue, Wolfram von Eschenbach,
Walther von der Vogelweide, Gottfried von Strassburg!
und ich nenne nur einige der bekanntesten Namen, denn, wie
Gottfried sagt: »der Nachtigallen sind noch viel«. Und noch hatte
die bedenkliche Scheidung zwischen Dichtkunst und Tonkunst (hervorgegangen aus dem Kultus der toten Buchstaben) nicht stattgefunden:
der Dichter war zugleich Sänger; erfand er das »Wort«, so erfand er
dazu den eigenen »Ton« und die eigene »Weise«. Und so sehen
wir denn auch die Musik, die ureigenste Kunst der neuen Kultur,
zugleich mit den ersten Anzeichen des besonderen Wesens dieser
Kultur in durchaus neuer Gestalt, als vielstimmige, harmonische Kunst
entstehen. Der erste Meister von Bedeutung in der Behandlung des
Kontrapunktes ist der Dichter und Dramatiker Adam de la Halle,
geboren 1240. Mit ihm — also mit einem echt germanischen Wort-
und Tondichter — beginnt die Entwicklung der eigentlichen Tonkunst,
so dass der Musikgelehrte Gevaert schreiben kann: »Désormais l'on
peut considérer ce XIII⁰ siècle, si décrié jadis, comme le siècle
initiateur de tout l'art moderne«. Ebenfalls im dreizehnten Jahrhundert
entfalteten jene begnadeten Künstler — Nicolo Pisano, Cimabue,
Giotto — ihre Talente, denen wir in erster Reihe nicht allein die
»Wiedergeburt« der bildenden Künste, sondern vor allem die Geburt
einer durchaus neuen Kunst, der modernen Malerei, verdanken. Gerade
im 13. Jahrhundert kam auch die gotische Architektur auf (der »ger-

[1] Ich habe hier nicht das Einzelne seiner scholastisch gefärbten Beweis-
führungen im Sinne, sondern solche Dinge wie seine Betrachtungen über das
Verhältnis der Menschen zu einander (Monarchia, Buch I, Kap. 3 u. 4 oder über
die Föderation der Staaten, von denen ein jeder seine eigene Individualität, seine
eigene Gesetzgebung beibehalten, der Kaiser aber als »Friedensstifter« und als
Richter über das »allen Gemeinsame, allen Gebührende« das einigende Band her-
stellen soll (Buch I, Kap. 14). Im Übrigen ist gerade Dante, als echte »Mittel-
gestalt«, sehr befangen in den Vorstellungen seiner Zeit und in dichterischen
Utopien, worüber im siebenten und namentlich in der Einleitung zum achten
Kapitel dieses Buches manches Nähere zu finden ist.

manische Stil«, wie ihn Rumohr mit Recht benennen wollte): fast alle
Meisterwerke der Kirchenbaukunst, deren unvergleichliche Schönheit wir
heute nur anstaunen, nicht nachahmen können, sind aus jenem einen
Säculum. Inzwischen war (kurz vor dem Jahre 1200) in Bologna die erste
rein weltliche Universität entstanden, an der nur Jurisprudenz, Philosophie und Medizin gelehrt wurden. [1] — — — — Man sieht, in wie
mannigfaltiger Weise sich ein neues Leben um das Jahr 1200 herum
kundzuthun begann. Ein paar Namen würden nichts beweisen; dass
aber eine Bewegung alle Länder und alle Kreise erfasst, dass die
widersprechendsten Erscheinungen alle auf eine ähnliche Ursache
zurück-, und auf ein gemeinsames Ziel hinweisen, das gerade zeigt,
dass es sich hier nicht um Zufälliges und Individuelles, sondern um
einen grossen, allgemeinen, mit unbewusster Notwendigkeit sich voll-
ziehenden Vorgang im innersten Herzen der Gesellschaft handelt.
Auch jener eigentümliche »Verfall des historischen Sinnes und geschichtlichen Verständnisses um die Mitte des 13. Jahrhunderts«, auf
den verschiedene Gelehrte mit Verwunderung aufmerksam machen, [2]
scheint mir hierher zu gehören: die Menschheit hat eben unter
Führung der Germanen ein neues Leben begonnen, sie ist gewissermassen auf ihrem Wege um eine Ecke gebogen und verliert plötzlich selbst die letzte Vergangenheit aus den Augen; nunmehr gehört
sie der Zukunft an.

Höchst überraschend ist es festzustellen, dass gerade in diesem
Augenblick, wo die neue europäische Welt aus dem Chaos zu entstehen begann, auch jene Entdeckung der übrigen Erde ihren Anfang
nahm, ohne welche unsere aufblühende germanische Kultur die einzig
ihr eigentümliche Expansionskraft niemals hätte entwickeln können:
in der zweiten Hälfte des 13. Jahrhunderts führte Marco Polo seine
Entdeckungsreisen aus und legte dadurch den Grund zu unserer
noch nicht ganz vollendeten Kenntnis der Oberfläche unseres Planeten.
Was hiemit gewonnen wird, ist zunächst, und abgesehen von der
Erweiterung des Gesichtskreises, die Fähigkeit der Ausdehnung; jedoch
diese bedeutet nur etwas Relatives; das Entscheidende ist, dass europäische Kraft die gesamte Erde in absehbarer Zeit zu umspannen
hoffen darf und somit den alles dahinraffenden Einfällen ungeahnter

---

[1] Die theologische Fakultät wurde erst gegen Ende des 14. Jahrhunderts
errichtet (Savigny).

[2] Siehe z. B. Döllinger: *Das Kaisertum Karl's des Grossen* Akad. Vorträge III, 156.

und ungebändigter Barbarenkräfte nicht, wie frühere Civilisationen, unterworfen sein wird.

Soviel zur Begründung meiner Wahl des 13. Jahrhunderts als Grenzscheide.

Dass einer derartigen Wahl dennoch etwas Künstliches anhaftet, habe ich gleich anfangs eingestanden und wiederhole es jetzt; namentlich darf man nicht glauben, dass ich dem Jahre 1200 irgend eine besondere fatidistische Bedeutung zuerkenne: die Gährung der ersten zwölf Jahrhunderte unserer Zeitrechnung hat ja noch heute nicht aufgehört, sie trübt noch tausende und abertausende von Gehirnen, und andrerseits darf man getrost behaupten, dass die neue harmonische Welt in einzelnen Köpfen schon lange vor 1200 zu dämmern begann. Die Richtigkeit oder Unrichtigkeit eines derartigen Schemas zeigt sich erst beim Gebrauche. Wie Goethe sagt: »Alles kommt auf das Grundwahre an, dessen Entwicklung sich nicht so leicht in der Spekulation als in der Praxis zeigt: denn diese ist der Prüfstein des vom Geist Empfangenen.«

Zweiteilung des ersten Bandes.   Infolge dieser Bestimmung des Angelpunktes unserer Geschichte zerfällt dieser die Zeit bis zum Jahre 1800 behandelnde Band naturgemäss in zwei Teile: der eine behandelt die Zeit vor dem Jahre 1200, der andere die Zeit nach diesem Jahre.

In dem ersten Teil — Die Ursprünge — habe ich zuerst das Erbe der alten Welt, sodann die Erben, zuletzt den Kampf der Erben um das Erbe besprochen. Da jedes Neue an ein schon Vorhandenes, Älteres anknüpft, ist die erste der grundlegenden Fragen: welche Bestandteile unseres geistigen Kapitals sind ererbt? Die zweite, nicht minder wichtige Grundfrage lautet: wer sind »wir«? Führt uns auch die Beantwortung dieser Fragen in ferne Vergangenheit zurück, das Interesse bleibt stets ein »aktuelles« (wie man im heutigen Jargon sagt), da sowohl bei der Gesamtanlage jedes Kapitels wie auch bei jeder Einzelheit der Besprechung die eine einzige Rücksicht auf unser 19. Jahrhundert bestimmend bleibt. Das Erbe der alten Welt bildet noch immer einen bedeutenden — oft recht unverdauten — Bestandteil der allerneuesten Welt; die verschieden gearteten Erben stehen einander noch immer gegenüber wie vor tausend Jahren; der Kampf ist heute ebenso erbittert, dabei ebenso konfus wie je: diese Untersuchung der Vergangenheit bedeutet also zugleich eine Sichtung des überreichen Stoffes der Gegenwart. Nur darf Niemand in meinen Betrachtungen über hellenische Kunst und Philosophie, über römische Geschichte und römisches Recht, über die Lehre Christi, oder wiederum über Germanen und Juden u. s. w. selbständige akademische Abhandlungen erblicken und den entsprechenden Massstab an sie anlegen wollen. Nicht als Gelehrter bin ich an diese Gegenstände herangetreten, sondern als ein Kind der Gegenwart, das seine lebendige Gegenwart verstehen lernen will; und nicht aus dem Wolkenkuckucksheim einer übermenschlichen Objektivität habe ich meine Urteile gefasst, sondern von dem Standpunkt eines bewussten Germanen, den Goethe nicht umsonst gewarnt hat:

> Was euch nicht angehört,
> Müsset ihr meiden;
> Was euch das Inn're stört,
> Dürft ihr nicht leiden!

Vor Gott mögen alle Menschen, ja, alle Wesen gleich sein: doch das göttliche Gesetz des Einzelnen ist, seine Eigenart zu wahren und zu wehren. Den Begriff des Germanentums habe ich so weit, und das heisst in diesem Falle so weitherzig wie nur möglich gefasst und keinem irgendwie gearteten Partikularismus das Wort geredet; dagegen bin ich überall dem Ungermanischen scharf zu Leibe gerückt, doch — wie ich hoffe — nirgends in unritterlicher Weise.

Eine Erläuterung erfordert vielleicht der Umstand, dass das Kapitel über den Eintritt der Juden in die abendländische Geschichte so stark geworden ist. Für den Gegenstand dieses Bandes wäre eine so breite Behandlung nicht nötig gewesen; die hervorragende Stellung der Juden in unserem Jahrhundert aber, sowie die grosse Bedeutung der philo- und der antisemitischen Strömungen und Kontroverse für die Geschichte unserer Zeit erforderten unbedingt eine Beantwortung der Frage: wer ist der Jude? Ich fand nirgends eine klare, erschöpfende Beantwortung dieser Frage; darum war ich gezwungen, sie selber zu suchen und zu geben. Der Kernpunkt ist hier die Frage nach der Religion; darum habe ich gerade diesen Punkt nicht allein hier im fünften, sondern auch im dritten und im siebenten Kapitel eingehend behandelt. Denn ich bin zu der Überzeugung gelangt, dass die übliche Behandlung der »Judenfrage« sich durchwegs an der Oberfläche bewegt: der Jude ist kein Feind germanischer Civilisation und Kultur; Herder mag wohl mit seiner Behauptung recht haben, der Jude sei uns ewig fremd, und folglich wir ihm ebenfalls, und Niemand wird leugnen, dass hieraus grosse Schädigung unseres Kulturwerkes stattfinden kann; doch glaube ich, dass wir geneigt sind, unsere eigenen Kräfte in dieser Beziehung sehr zu unterschätzen und den jüdischen Einfluss sehr zu überschätzen. Hand in Hand damit geht die geradezu lächerliche und empörende Neigung, den Juden zum allgemeinen Sündenbock für alle Laster unserer Zeit zu machen. In Wahrheit liegt die »jüdische Gefahr« viel tiefer; der Jude trägt keine Verantwortung für sie; wir haben sie selbst erzeugt und müssen sie selbst überwinden. Keine Seelen dürsten mehr nach Religion als die der Slaven, der Kelten und der Teutonen: ihre Geschichte beweist es; an dem Mangel einer wahren Religion krankt unsere ganze germanische Kultur (wie ich das im neunten Kapitel zeige), daran wird sie noch, wenn nicht bei Zeiten Hilfe kommt, zu Grunde gehen. Den in unserem eigenen Herzen sprudelnden Quell haben wir nun verstopft und uns abhängig gemacht von dem spärlichen, brackigen Wasser, das die Wüstenbeduinen aus ihren Brunnen ziehen. Keine Menschen der Welt sind so bettelarm an echter Religion wie die Semiten und wie speziell ihre Halbbrüder, die Juden; und wir, die wir auserkoren waren, die tiefste und erhabenste religiöse Weltanschauung als Licht und Leben und atmende Luft unserer gesamten Kultur zu entwickeln, wir haben uns mit eigenen Händen die Lebensader unterbunden und hinken als verkrüppelte Judenknechte hinter Jahve's Bundeslade her! — Daher die Ausführlichkeit meines Kapitels über die Juden; es handelte sich darum, eine breite und sichere Grundlage für diese folgenschwere Erkenntnis zu gewinnen.

Der zweite Teil — Die allmähliche Entstehung einer neuen Welt — hat in diesem ersten Band nur ein einziges Kapitel: »Vom Jahre 1200 bis zum Jahre 1800«. Hier befand ich mich auf einem selbst dem ungelehrten Leser ziemlich geläufigen Gebiete, und es wäre durchaus überflüssig gewesen, aus politischen Geschichten und Kulturgeschichten, die Jedem zugänglich sind, abzuschreiben. Meine Aufgabe beschränkte sich also darauf, den so überreichlich vorhandenen Stoff, den ich — eben als »Stoff« — als bekannt voraussetzen durfte, übersichtlicher zu gestalten, als dies gewöhnlich geschieht, und zwar natürlich, wiederum mit einziger Berücksichtigung des Gegenstandes dieses Werkes, nämlich des 19. Jahrhunderts. Dieses Kapitel steht auf der Grenze zwischen den beiden Bänden des Werkes: Manches, was in den vorangehenden Kapiteln nur angedeutet, nicht systematisch ausgeführt werden konnte, so z. B. die prinzipielle Bedeutung des Germanentums für unsere neue Welt und der Wert der Vorstellungen des Fortschrittes und der Entartung für das Verständnis der Ge-

schichte, findet hier eine abschliessende Besprechung; dagegen eilt die
kurze Skizze der Entwickelung auf den verschiedenen Gebieten des
Lebens dem 19. Jahrhundert zu, und die Übersichtstafel über Wissen,
Civilisation und Kultur und ihre verschiedenen Elemente deutet bereits
auf das Vergleichungswerk des geplanten Anhangs hin und giebt auch
jetzt schon zu mancher sehr belehrenden Parallele Anlass: im selben
Augenblick, wo wir den Germanen in seiner vollen Kraft aufblühen
sehen, als sei ihm nichts verwehrt, als eile er einem Grenzenlosen
entgegen, erblicken wir hierdurch zugleich seine Beschränkungen; und
das ist sehr wichtig, denn erst durch diese letzten Züge erhält er volle
Individualität.

Gewissen Voreingenommenheiten gegenüber werde ich mich
wohl dafür rechtfertigen müssen, dass ich in diesem Kapitel Staat und
Kirche nur als Nebensache behandelt habe — richtiger gesagt, nur als
eine Erscheinung unter anderen, und nicht als die wichtigste. Staat
und Kirche bilden nunmehr gewissermassen nur den Knochenbau:
die Kirche ist ein inneres Knochengerüst, in welchem, wie üblich,
mit zunehmendem Alter eine immer stärkere Disposition zu chronischer
Ankylosis sich zeigt; der Staat entwickelt sich mehr und mehr zu
jenem, in der Zoologie häufig vorkommenden, peripherischen Knochen-
panzer, dem sogenannten Dermoskelett, seine Struktur wird immer
massiger, er dehnt sich immer mehr über alle »Weichteile« aus, bis
er zuletzt, in unserem Jahrhundert, zu wahrhaft megalotherischen
Dimensionen angewachsen, einen bisher unerhört grossen Prozentsatz
der wirksamen Kräfte der Menschheit als Militär- und Civilbeamte
aus dem eigentlichen Lebensprozess ausscheidet und, wenn ich so
sagen darf, »verknöchert«. Das soll nicht eine Kritik sein; die knochen-
und wirbellosen Tiere haben es bekanntlich in der Welt nicht weit
gebracht; es liegt mir überhaupt fern, in diesem Buche moralisieren
zu wollen, ich musste nur erklären, warum ich mich in der zweiten
Abteilung nicht bemüssigt fand, ein besonderes Gewicht auf die fernere
Entwickelung von Staat und Kirche zu legen. Der Impuls zu ihrer
seitherigen Entwickelung war ja schon im 13. Jahrhundert vollkommen
ausgebildet; der Nationalismus hatte über den Imperialismus gesiegt, dieser brütete auf Wiedergewinnung des Verlorenen; prinzipiell
Neues kam nicht mehr hinzu; auch die Bewegungen gegen die
überhandnehmende Vergewaltigung der individuellen Freiheit durch
Kirche und Staat hatten damals bereits begonnen, sich sehr häufig und
energisch fühlbar zu machen. Kirche und Staat geben, wie gesagt,

von nun ab das — hin und wieder an Bein- und Armbrüchen
leidende, jedoch feste — Skelett ab, haben aber an der allmählichen Entstehung einer neuen Welt verhältnismässig wenig Anteil; fortan folgen sie mehr als dass sie führen. Dagegen entsteht
in allen Ländern Europas auf den verschiedensten Gebieten freier
menschlicher Thätigkeit von etwa dem Jahre 1200 an eine wirklich
neuschöpferische Bewegung. Das kirchliche Schisma und die Auflehnung gegen staatliche Verordnungen sind eigentlich mehr nur die
mechanische Seite dieser Bewegung, sie entspringen aus dem Lebensbedürfnis der neu sich regenden Kräfte, sich Raum zu schaffen; das
eigentlich Schöpferische ist an anderen Orten zu suchen. Wo, habe
ich schon oben angedeutet, als ich meine Wahl des Jahres 1200 als
Grenzpfahl zu rechtfertigen suchte: das Aufblühen von Technik und
Industrie, die Begründung des Grosshandels auf der echt germanischen
Grundlage makelloser Ehrenhaftigkeit, das Emporkommen emsiger
Städte, die Entdeckung der Erde (wie wir kühn sagen dürfen), die
schüchtern beginnende, bald aber ihren Horizont über den gesamten
Kosmos ausdehnende Naturforschung, der Gang in die tiefsten Tiefen
des menschlichen Denkens, von Roger Bacon bis Kant, das Himmel-
wärtsstreben des Geistes, von Dante bis Beethoven: das alles ist es,
worin wir eine neue Welt im Entstehen erkennen dürfen.

Der zweite Band.

Mit dieser Betrachtung des allmählichen Entstehens einer neuen
Welt, etwa vom Jahre 1200 bis zum Jahre 1800, schliesst der erste
Band. Der ausführliche Entwurf zum zweiten liegt vor mir. In ihm
weiche ich jeder künstlichen Schematisierung, auch jedem Versuch, in
tendenziöser Weise an den vorangehenden Teil anzuknüpfen, sorgfältig
aus. Es genügt nämlich zunächst vollkommen, dass die erläuternde
Untersuchung der ersten achtzehnhundert Jahre vorausgeschickt wurde;
ohne dass häufig ausdrücklich darauf zurückzukommen wäre, wird sie
sich als unerlässliche Einführung bewähren; die vergleichende Wert-
schätzung und Parallelisierung folgt dann im Anhang. Hier begnüge
ich mich also damit, die verschiedenen wichtigsten Erscheinungen des
Jahrhunderts nacheinander zu betrachten: die Hauptzüge der politischen,
religiösen und sozialen Gestaltung, den Entwicklungsgang der Technik,
der Industrie und des Handels, die Fortschritte der Naturwissenschaft
und der Humanitäten, zuletzt die Geschichte des menschlichen Geistes
in seinem Denken und Schaffen, indem überall natürlich nur die Haupt-
strömungen hervorgehoben und einzig die Gipfelpunkte berührt werden.

Ein Kapitel schicke ich jedoch diesen Betrachtungen voraus, ein Kapitel über die »neuen Kräfte«, welche sich in diesem Jahrhundert geltend gemacht und ihm seine charakteristische Physiognomie verliehen haben, die aber in dem Rahmen eines der allgemeinen Kapitel nicht zur rechten Geltung kommen können. Die Presse zum Beispiel ist zugleich eine politische und eine soziale Macht allerersten Ranges; ihre riesige Entwickelung in unserem Jahrhundert hängt jedoch auf das allerengste mit Industrie und Technik zusammen, nicht so sehr, meine ich, in Bezug auf die Herstellung der Zeitungen durch schnell arbeitende Maschinen u. s. w., als vielmehr durch die elektrische Telegraphie, welche den Blättern die Nachrichten bringt, und die Eisenbahnen, welche die gedruckte Nachricht überallhin verbreiten; die Presse ist der mächtigste Bundesgenosse des Kapitalismus; auf Kunst, Philosophie und Wissenschaft kann sie zwar nicht im letzten Grund bestimmenden Einfluss ausüben, sie vermag es aber auch hier, beschleunigend oder retardierend und somit in hohem Masse auf die Zeit gestaltend zu wirken. Es ist dies eine Kraft, welche die früheren Jahrhunderte nicht gekannt haben. Gleicher Weise hat eine neue Technik, die Erfindung und Vervollkommnung der Eisenbahn und des Dampfschiffes, sowie der elektrischen Telegraphie, einen schwer abzuschätzenden Einfluss auf fast alle Gebiete menschlicher Thätigkeit ausgeübt und die Physiognomie und Lebensbedingungen unserer Erde tief umgestaltet: ganz direkt ist hier die Wirkung auf die Strategik und dadurch auf die gesamte Politik, sowie auch auf den Handel und auf die Industrie; indirekt werden aber sogar Wissenschaft und Kunst davon betroffen: mit leichter Mühe begeben sich die Astronomen aller Länder an das Nordkap oder nach den Fidschiinseln, um eine totale Sonnenfinsternis zu beobachten, und die deutschen Bühnenfestspiele in Bayreuth sind gegen Schluss des Jahrhunderts, dank der Eisenbahn und dem Dampfschiff, zu einem lebendigen Mittelpunkt der dramatischen Kunst für die ganze Welt geworden. Ebenfalls hierhin rechne ich die Emanzipation der Juden. Wie jede neu entfesselte Kraft, wie die Presse und der Schnellverkehr, hat wohl dieser plötzliche Einbruch der Juden in das Leben der die Weltgeschichte tragenden europäischen Völker nicht bloss Gutes im Gefolge gehabt; die sogenannte klassische Renaissance war doch bloss eine Wiedergeburt von Ideen, die jüdische Renaissance ist dagegen die Wiederauferstehung eines längst totgeglaubten Lazarus, welcher Sitten und Denkarten der antiken Welt in die neue hinein-

trägt und dabei einen ähnlichen Aufschwung nimmt wie einst die
Reblaus, die in Amerika das wenig beachtete Dasein eines unschuldigen
Käferchens geführt hatte, nach Europa übergeführt jedoch plötzlich
zu einem nicht ganz unbedenklichen Weltruhme gelangte. Wir dürfen
aber wohl hoffen und glauben, dass die Juden, wie die Amerikaner,
uns nicht bloss eine neue Laus, sondern auch eine neue Rebe mitgebracht haben. Gewiss ist, dass sie unserem Jahrhundert ein besonderes Gepräge aufgedrückt haben und dass die im Entstehen begriffene »neue Welt« für das Werk der Assimilation dieses Stückes
»alter Welt« einen bedeutenden Kraftaufwand benötigen wird. Es
giebt noch andere »neue Kräfte«, die an Ort und Stelle zu behandeln
sein werden, so z. B. ward die Begründung der modernen Chemie
der Ausgangspunkt für eine neue Naturwissenschaft, und die Vollendung
einer neuen künstlerischen Sprache durch Beethoven ist ohne Frage
eine der folgenreichsten Thaten auf dem Gebiete der Kunst seit den
Tagen des Homer: sie schenkte dem Menschen ein neues Sprach-
organ, d. h. eine neue Kraft.

Der Anhang soll, wie gesagt, dem Vergleichungswerk
zwischen dem ersten und dem zweiten Band dienen. Diese
Parallelisierung führe ich Punkt für Punkt, mit Benützung des
Schemas des ersten Teiles, in mehreren Kapiteln durch; man wird,
glaube ich, finden, dass diese Betrachtungsweise zu vielen und interessanten Anregungen und Einsichten führt. Ausserdem bereitet sie
ganz vorzüglich auf den etwas gewagten, aber unentbehrlichen Blick
in die Zukunft vor, ohne welchen die volle Plastizität der Vorstellung
nicht zu erwirken wäre; erst dann kann man auch hoffen, unser
Jahrhundert mit der nötigen, vollkommenen Objektivität beurteilen
und, sozusagen, aus der Vogelperspektive erschauen zu können, womit
zugleich meine Aufgabe zu Ende geführt sein wird.

Dies also die höchst einfache, ungekünstelte Anlage des zweiten
Bandes. Es handelt sich da um ein Vorhaben, dessen Ausführung
ich vielleicht nicht erleben werde, doch musste ich es hier erwähnen,
da es die Gestaltung des vorliegenden Buches wesentlich beeinflusst hat.

Über einige prinzipiell wichtige Punkte muss ich mich noch hier in
der allgemeinen Einleitung kurz aussprechen, damit wir nicht später, an
unpassendem Orte, durch theoretische Erörterungen aufgehalten werden!

Anonyme Kräfte.   Fast alle Menschen sind von Natur »Heldenverehrer«; gegen
diesen gesunden Instinkt lässt sich nichts Stichhaltiges einwenden.

Einmal ist die Vereinfachung ein unabweisliches Bedürfnis des Menschengeistes, so dass wir unwillkürlich dazu gedrängt werden, an die Stelle der vielen Namen, welche Träger irgend einer Bewegung waren, einen einzigen Namen zu setzen; weiterhin ist die Person etwas Gegebenes, Individuelles, Abgegrenztes, während alles, was weiter liegt, bereits eine Abstraktion und einen Begriffskreis von schwankendem Umfang bedeutet. Man könnte darum die Geschichte eines Jahrhunderts aus lauter Namen zusammensetzen; ich weiss aber nicht, ob ein anderes Verfahren nicht geeigneter ist, das wahrhaft Wesentliche zum Ausdruck zu bringen. Es ist nämlich auffallend, wie unendlich wenig die einzelnen Individualitäten sich im Allgemeinen von einander abheben. Die Menschen bilden innerhalb ihrer verschiedenen Rassenindividualitäten eine atomistische, nichtsdestoweniger aber eine sehr homogene Masse. Neigte sich ein grosser Geist von den Sternen aus beschaulich über unsere Erde und wäre er im Stande, nicht nur unsere Körper, sondern auch unsere Seelen zu erblicken, so würde ihm sicherlich die Menschheit irgend eines Weltteiles so einförmig dünken, wie uns ein Ameisenhaufen: er würde wohl Krieger, Arbeiter, Faulenzer und Monarchen unterscheiden, er würde bemerken, dass die einen hierhin, die anderen dorthin rennen, im Grossen und Ganzen aber würde er doch den Eindruck erhalten, dass sämtliche Individuen einem gemeinsamen, unpersönlichen Impuls gehorchen, und gehorchen müssen. Nicht nur der Willkür, sondern ebenfalls dem Einfluss der grossen Persönlichkeit sind äusserst enge Schranken gesetzt. Alle grossen und dauernden Umwälzungen im Leben der Gesellschaft haben »blind« stattgefunden. Eine ausserordentliche Persönlichkeit, wie z. B. in unserem Jahrhundert die Napoleon's, kann hierüber irreführen, und doch erscheint gerade sie, bei näherer Betrachtung, als ein blind waltendes Fatum. Ihre Möglichkeit entsteht aus früheren Vorgängen: ohne Richelieu, ohne Ludwig XIV., ohne Ludwig XV., ohne Voltaire und Rousseau, ohne französische Revolution, kein Napoleon! Wie eng verwachsen ist ausserdem die Lebensthat eines solchen Mannes mit dem Nationalcharakter des gesamten Volkes, mit seinen Eigenschaften und seinen Fehlern: ohne ein französisches Volk, kein Napoleon! Die Thätigkeit dieses Feldherrn ist aber vor Allem eine Thätigkeit nach aussen, und da müssen wir wieder sagen: ohne die Unschlüssigkeit Friedrich Wilhelms III., ohne die Gesinnungslosigkeit des Hauses Habsburg, ohne die Wirren in Spanien, ohne das vorangegangene Verbrechen gegen Polen, kein Napoleon! Und suchen wir nun, um vollends über diesen Punkt klar zu werden, in den Lebensschilderungen und in der Korrespondenz Napoleons, was er gewollt und erträumt hat, so sehen wir, dass er nichts davon erreichte, und dass er in die ununterschiedliche homogene Masse zurücksank, wie Wolken nach einem Gewitter sich auflösen, sobald die Gesamtheit sich gegen das Vorherrschen individuellen Wollens erhob. Dagegen hat die gründliche, durch keine Gewalt der Erde rückgängig zu machende Verwandlung unserer gesamten wirtschaftlichen Lebensverhältnisse, der Übergang eines bedeutenden Teiles des Vermögens der Nationen in neue Hände, und ausserdem die durchgreifendste Umbildung des Verhältnisses aller Erdteile und somit auch aller Menschen zu einander, von der die Weltgeschichte zu erzählen weiss, im Laufe dieses Jahrhunderts durch eine Reihe von technischen Erfindungen auf dem Gebiete des Schnellverkehrs und der Industrie stattgefunden, ohne dass irgend jemand die Bedeutung dieser Neuerungen auch nur geahnt hätte. Man lese nur in Bezug hierauf die meisterliche Darlegung im fünften Band von Treitschke's *Deutscher Geschichte.* Die Entwertung des Grundbesitzes, die progressive Verarmung des Bauern, der Aufschwung der Industrie, die Entstehung eines unabsehbaren Heeres von gewerblichen Proletariern und somit auch einer neuen Gestaltung des Sozialismus, eine tiefgreifende Umwälzung aller politischen Verhältnisse: alles das ist eine Folge der veränderten Verkehrsbedingungen, und alles das ist, wenn ich so sagen darf, anonym geschehen, wie der Bau eines Ameisennestes, bei welchem jede Ameise nur die einzelnen Körnchen sieht, die sie mühsam herbeischleppt. — Ähnliches gilt aber auch von Ideen: sie ergreifen die Menschheit mit gebieterischer Macht, sie umspannen das Denken wie ein Raubvogel seine Beute, Keiner kann sich ihrer erwehren; solange eine solche besondere Vorstellung herrscht, kann nichts Erfolgreiches ausserhalb ihres Bannkreises geleistet werden; wer nicht in dieser Weise zu empfinden vermag, ist zur Sterilität verdammt und sei er noch so begabt. So ging es in der zweiten Hälfte dieses Jahrhunderts mit der Entwickelungstheorie Darwin's. Schon im vorigen Jahrhundert dämmerte diese Idee auf, als natürliche Reaktion gegen die alte, durch Linnäus zur formellen Vollendung gelangte Anschauung von der Unveränderlichkeit der Arten. Bei Herder, bei Kant und bei Goethe treffen wir den Evolutionsgedanken in charakteristischer Färbung an; es ist ein Abschütteln des Dogmas seitens hervorragender Geister: seitens des einen, weil er, dem Zuge germanischer Weltanschauung folgend, die Entwickelung des Begriffes

»Natur« zu einem den Menschen umfassenden Ganzen erstrebte, seitens des anderen, weil er als Metaphysiker und Moralist sich die Vorstellung der Perfektibilität nicht konnte rauben lassen, während der Dritte mit dem Auge des Poeten auf allen Seiten Züge entdeckte, die ihm auf Wesensverwandtschaft aller lebenden Organismen zu weisen schienen, und er fürchten musste, seine tiefe Einsicht in ein abstraktes Nichts sich verflüchtigen zu sehen, sobald diese Verwandtschaft nicht als eine auf unmittelbarer Abstammung beruhende aufgefasst würde. Das sind die Anfänge solcher Gedanken. In Geistern so phänomenalen Umfanges wie Goethe, Herder und Kant ist für sehr verschiedene Anschauungen nebeneinander Platz; sie sind dem Gotte Spinoza's zu vergleichen, dessen eine Substanz sich zu gleicher Zeit in verschiedenen Formen äussert; in ihren Ideen über Metamorphose, Homologien und Entwickelung kann ich keinen Widerspruch mit anderen Einsichten finden und ich glaube, sie hätten unser heutiges Evolutionsdogma ebenso verworfen wie dasjenige der Unveränderlichkeit.[1]) Ich komme an anderem Orte hierauf zurück. Die überwiegende Mehrzahl der ameisenartig emsigen Menschen ist nun gänzlich unfähig, sich zu solcher genialen Anschauungsweise zu erheben; produktive Kraft kann in weiten Schichten nur durch die Einfachheit gesunder Einseitigkeit erzeugt werden. Ein handgreiflich unhaltbares System wie dasjenige Darwin's übt eine weit mächtigere Wirkung aus als die tiefsten Spekulationen, und zwar gerade seiner »Handgreiflichkeit« wegen. Und so haben wir den Entwickelungsgedanken sich selbst »entwickeln« sehen, bis er sich von der Biologie und Geologie aus auf alle Gebiete des

---

[1]) Man vergleiche hierzu die klassisch vollendete Ausführung Kant's, welcher den Schlussabsatz des Abschnittes »Von dem regulativen Gebrauche der Ideen der reinen Vernunft« in der *Kritik der reinen Vernunft* bildet. Der grosse Denker weist hier darauf hin, wie so die Annahme einer »kontinuierlichen Stufenleiter der Geschöpfe« aus einem Interesse der Vernunft, doch nie und nimmer aus der Beobachtung hervorgehe. »Die Sprossen einer solchen Leiter, so wie sie uns Erfahrung angeben kann, stehen viel zu weit auseinander, und unsere vermeintlich kleinen Unterschiede sind gemeiniglich in der Natur selbst so weite Klüfte, dass auf solche Beobachtungen vornehmlich bei einer grossen Mannigfaltigkeit von Dingen, da es immer leicht sein muss, gewisse Ähnlichkeiten und Annäherungen zu finden, als Absichten der Natur gar nichts zu rechnen ist« u. s. w. In seinen Recensionen über Herder wirft er der Evolutionshypothese vor, sie sei eine jener Ideen, »bei denen sich gar nichts denken lässt«. Kant, den selbst ein Haeckel »den bedeutendsten Vorläufer« Darwin's nennt, hatte also zugleich das Antidot gegen den dogmatischen Missbrauch einer derartigen Hypothese gereicht.

Denkens und des Forschens erstreckt hat und, von seinen Erfolgen
berauscht, eine derartige Tyrannei ausübte, dass, wer nicht bedingungs-
los zu ihm schwor, als totgeboren zu erachten war. — Die Philosophie aller dieser Erscheinungen geht mich hier nichts an; ich zweifle
nicht, dass der Geist der Gesamtheit in zweckmässiger Weise sich
äussert. Ich darf aber Goethe's Worte mir zu eigen machen: »Was
sich mir vor Allem aufdringt, ist das Volk, eine grosse Masse, ein
notwendiges, unwillkürliches Dasein«, und hierdurch meine Überzeugung begründen und erklären, dass grosse Männer wohl die B l ü t e n
der Geschichte sind, jedoch nicht ihre W u r z e l n. Darum halte ich
es für geboten, ein Jahrhundert weniger durch die Aufzählung seiner
bedeutendsten Männer, als durch Hervorhebung der anonymen Strömungen zu schildern, welche auf den verschiedensten Gebieten des
sozialen, des industriellen und des wissenschaftlichen Lebens dem Jahrhundert ein besonderes, eigenartiges Gepräge verliehen haben.

Das Genie.   Jedoch es giebt eine Ausnahme. Sobald nicht mehr die bloss
beobachtende, vergleichende, berechnende, oder die bloss erfindende,
industrielle, den Kampf ums Leben führende Geistesthätigkeit, sondern
die rein schöpferische in Betracht kommt, da gilt die Persönlichkeit allein. Die Geschichte der Kunst und der Philosophie ist die
Geschichte einzelner Männer, nämlich der wirklich schöpferischen
G e n i e s. Alles Übrige zählt hier nicht. Was innerhalb des Rahmens
der Philosophie sonst geleistet wird, und es wird da Vieles und Bedeutendes geleistet, gehört zur »Wissenschaft«; in der Kunst gehört
es zum Kunstgewerbe, also zur Industrie.

Ich lege umsomehr Gewicht hierauf, als eine bedauerliche Konfusion heute gerade in dieser Beziehung herrscht. Der Begriff und
damit auch das Wort Genie kamen im vorigen Jahrhundert auf; sie
entsprangen aus dem Bedürfnis, für die spezifisch s c h ö p f e r i s c h e n
Geister einen besonderen, kennzeichnenden Ausdruck zu besitzen. Nun
macht aber kein geringerer als Kant darauf aufmerksam, dass »der
grösste Erfinder im Wissenschaftlichen sich nur dem Grade nach vom
gewöhnlichen Menschen unterscheidet, das Genie dagegen spezifisch«.
Diese Bemerkung Kant's ist zweifellos richtig, unter dem einen Vor-
behalt, dass wir — was auch unerlässlich ist — den Begriff des
Genialen auf jede Schöpfung ausdehnen, in welcher die Phantasie
eine gestaltende, vorwiegende Rolle spielt, und in dieser Beziehung
verdient das philosophische Genie denselben Platz wie das dichterische
oder plastische; wobei ich das Wort Philosophie in seiner alten

weiten Bedeutung verstanden wissen will, welche nicht allein die abstrakte Vernunftphilosophie, sondern die Naturphilosophie, die Religionsphilosophie und jedes andere zu der Höhe einer Weltanschauung sich erhebende Denken begriff. Soll das Wort Genie einen Sinn behalten, so dürfen wir es nur auf Männer anwenden, die unser geistiges Besitztum durch schöpferische Erfindungen ihrer Phantasie dauernd bereichert haben; dafür aber auf alle solche. Nicht allein die *Ilias* und *der gefesselte Prometheus*, nicht allein die *Andacht zum Kreuze* und *Hamlet*, auch Plato's *Ideenwelt* und Demokrit's *Welt der Atome*, Chandogya's *tat-tvam-asi* und das *System des Himmels* des Kopernikus sind Werke des unvergänglichen Genies; denn ebenso unzerstörbar wie Stoff und wie Kraft sind die Blitzstrahlen, welche aus dem Gehirn der mit Schöpferkraft begabten Männer hervorleuchten; die Generationen und die Völker spiegeln sie sich fortwährend gegenseitig zu, und, verblassen sie auch manchmal vorübergehend, von Neuem leuchten sie hell auf, sobald sie wieder auf ein schöpferisches Auge fallen. In unserem Jahrhundert hat man entdeckt, dass es in jenen Meerestiefen, zu denen das Sonnenlicht nicht dringt, Fische giebt, welche diese nächtige Welt auf elektrischem Wege erleuchten; ebenso wird die dunkle Nacht unserer menschlichen Erkenntnis durch die Fackel des Genies erhellt. Goethe zündete uns mit seinem *Faust* eine Fackel an, Kant eine andere mit seiner Vorstellung von der transcendentalen Idealität von Zeit und Raum: beide waren phantasiemächtige Schöpfer, beide Genies. Der Schulstreit über den Königsberger Denker, die Schlachten zwischen Kantianern und Antikantianern, dünken mich ebenso belangreich wie der Eifer der Faustkritiker: was sollen denn hier die logischen Tüfteleien? was bedeutet hier »Recht haben«? Selig diejenigen, welche Augen zum Sehen und Ohren zum Hören haben! Erfüllt uns das Studium des Gesteines, des Mooses, des mikroskopischen Infusoriums mit staunender Bewunderung, mit welcher Ehrfurcht müssen wir da nicht zu jenem höchsten Phänomen hinaufblicken, welches die Natur uns darbietet, zum Genie!

Noch eine prinzipiell nicht unwichtige Bemerkung muss ich hier anknüpfen. Sollen uns auch die allgemeinen Tendenzen, nicht die Ereignisse und die Personen vorzüglich beschäftigen, so darf dabei die Gefahr zu weit gehender Verallgemeinerungen nicht aus dem Auge verloren werden. Zu einem voreiligen Summieren sind wir nur allzu geneigt. Das zeigt sich in der Art und Weise, wie man unserem Jahrhundert eine Etikette um den Hals zu hängen pflegt, wogegen es

Verall-gemeinerungen.

gewiss unmöglich ist, durch ein einziges Wort uns selber und der Vergangenheit gerecht zu werden. Eine derartige fixe Idee genügt, um das Verständnis des geschichtlichen Werdens unmöglich zu machen. Ganz allgemein wird z. B. das 19. Jahrhundert das »Jahrhundert der Naturwissenschaft« genannt. Wer nun sich vergegenwärtigt, was das 16., 17. und 18. Jahrhundert gerade auf diesem Gebiete geleistet haben, wird sich wohl bedenken, ehe er so ohne Weiteres dem unseren den Titel: »das naturwissenschaftliche Jahrhundert« verleiht. Wir haben nur weiter ausgebaut und durch Fleiss gar vieles entdeckt; ob wir aber auf einen Kopernikus und einen Galileo, auf einen Kepler und einen Newton, auf einen Lavoisier und einen Bichat[1]) hinweisen können, erscheint mir mindestens zweifelhaft. Cuvier's Thätigkeit erreicht freilich die Würde philosophischer Bedeutung, und die Beobachtungs- und Erfindungsgabe von Männern wie Bunsen (der Chemiker) und Pasteur streift an das Geniale; man wird aber mindestens zugeben müssen, dass ihre Leistungen die ihrer Vorgänger nicht übertreffen. Vor etlichen Jahren sagte mir ein sowohl durch theoretische wie durch praktische Arbeiten rühmlichst bekannter Hochschullehrer der medizinischen Fakultät: »Bei uns Gelehrten kommt es nunmehr viel weniger auf die Gehirnwindungen an als auf das Sitzfleisch.« Es hiesse nun wirklich zu bescheiden sein und den Nachdruck auf das Nebensächliche legen, wenn wir unser Jahrhundert als das Jahrhundert des Sitzfleisches bezeichnen wollten! Um so mehr, als die Benennung als Jahrhundert des rollenden Rades jedenfalls mindestens ebenso berechtigt wäre für eine Zeit, welche die Eisenbahn und das Zweirad hervorgebracht hat. Besser wäre jedenfalls der allgemein gehaltene Name: Jahrhundert der Wissenschaft, worunter man zu verstehen hätte, dass der Geist exakter Forschung, von Roger Bacon zuerst kategorisch gefordert, nunnunmehr alle Disziplinen unterjocht hat. Dieser Geist hat aber, wohl betrachtet, zu weniger überraschenden Resultaten auf dem Gebiete der Naturwissenschaft geführt, wo ja seit uralten Zeiten die exakte Beobachtung der Gestirne die Grundlage alles Wissens bildete, als auf anderen Gebieten, wo bisher die Willkür ziemlich unumschränkt geherrscht hatte. Vielleicht hiesse es etwas sehr Wahres, für unser Jahrhundert speziell Kennzeichnendes sagen, zugleich etwas den meisten Gebildeten nicht recht Bewusstes, wenn man von einem Jahrhundert der Philo-

---

[1]) Er starb 1802.

logie spräche. Gegen Schluss des vorigen Jahrhunderts, von solchen Männern wie Jones, Anquetil du Perron, den Gebrüdern Schlegel und Grimm, Karadžić und anderen zuerst ins Leben gerufen, hat die vergleichende Philologie im Laufe eines einzigen Jahrhunderts eine unvergleichliche Bahn durchschritten. Den Organismus und die Geschichte der Sprache ergründen, heisst nicht allein Licht auf Anthropologie, Ethnologie und Geschichte werfen, sondern geradezu das menschliche Denken zu neuen Thaten stärken. Und während so die Philologie unseres Jahrhunderts für die Zukunft arbeitete, hob sie verschüttete Schätze der Vergangenheit, die fortan zu den kostbarsten Gütern der Menschheit gehören. Man braucht nicht Sympathie für den pseudobuddhistischen Sport halbgebildeter Müssiggänger zu empfinden, um klar zu erkennen, dass die Entdeckung der altindischen Erkenntnis-Theologie eine der grössten Thaten dieses Jahrhunderts ist, bestimmt, eine nachhaltige Wirkung auf ferne Zeiten auszuüben. Dazu kam die Kenntnis altgermanischer Dichtung und Mythologie. Jede Kräftigung der echten Eigenart ist ein wahrer Rettungsanker. Die glänzende Reihe der Germanisten und ebenso die der Indologen hat, halb unbewusst, eine grosse That im rechten Augenblick vollbracht; jetzt besitzen auch wir unsere »heiligen Bücher«, und was sie lehren, ist schöner und edler als was das alte Testament berichtet. Der Glaube an unsere Kraft, den wir aus der Geschichte von 19 Jahrhunderten schöpfen, hat eine unermesslich wertvolle Bereicherung durch diese Entdeckung unserer selbständigen Fähigkeit zu vielem Höchsten erfahren, in Bezug auf welches wir bisher in einer Art Lehnverhältnis standen: namentlich ist die Fabel von der besonderen Befähigung der Juden für die Religion endgültig vernichtet; hierfür werden spätere Geschlechter unserem Jahrhundert dankbar sein. Diese Thatsache ist eine der grossen, weitestreichenden Erfolge unserer Zeit, daher hätte die Benennung Jahrhundert der Philologie eine gewisse Berechtigung. Hiermit haben wir nun auch eine andere der charakteristischen Erscheinungen unseres Jahrhunderts erwähnt. Ranke hatte vorausgesagt, unser Jahrhundert werde ein Jahrhundert der Nationalität sein; das war ein zutreffendes politisches Prognostikon, denn niemals zuvor haben sich die Nationen so sehr als fest abgeschlossene, feindliche Einheiten einander gegenüber gestanden. Es ist aber auch ein Jahrhundert der Rassen geworden, und zwar ist das zunächst eine notwendige und unmittelbare Folge der Wissenschaft und des wissenschaftlichen Denkens. Ich habe schon zu Be-

ginn dieser Einleitung behauptet, dass die Wissenschaft nicht eine,
sondern trenne; das hat sich auch hier bewährt. Die wissenschaftliche
Anatomie hat die Existenz von physischen, unterscheidenden Merkmalen zwischen den Rassen erwiesen, sodass sie nicht mehr geleugnet
werden können, die wissenschaftliche Philologie hat zwischen den verschiedenen Sprachen prinzipielle Abweichungen aufgedeckt, die nicht
zu überbrücken sind, die wissenschaftliche Geschichtsforschung hat in
ihren verschiedenen Zweigen zu ähnlichen Resultaten geführt, namentlich durch die genaue Feststellung der Religionsgeschichte einer jeden
Rasse, wo nur die allerallgemeinsten Ideen den täuschenden Schein
der Gleichmässigkeit erwecken, die Weiterentwickelung aber stets nach
bestimmten, scharf voneinander abweichenden Richtungen stattgefunden
hat, und noch immer stattfindet. Die sogenannte »Einheit der menschlichen Rasse« bleibt zwar als Hypothese noch in Ehren, jedoch nur
als eine jeder materiellen Grundlage entbehrende, persönliche, sub-
jektive Überzeugung. Im Gegensatz zu den gewiss sehr edlen, aus
reinster Sentimentalität hervorgequollenen Weltverbrüderungsideen des
18. Jahrhunderts, in welchen die Sozialisten als Hintertreffen noch
heute nachhinken, hat sich allmählich die starre Wirklichkeit als notwendiges Ergebnis der Ereignisse und der Forschungen unseres Jahrhunderts erhoben. Manche andere Benennung könnte vieles zu ihrer
Rechtfertigung anführen: Rousseau hatte schon prophetisch von einem
»Siècle des Révolutions« gesprochen, Andere reden wohl von einem
Jahrhundert der Judenemanzipation, Jahrhundert der Elektrizität, Jahrhundert der Volksarmeen, Jahrhundert der Kolonien, Jahrhundert der
Musik, Jahrhundert der Reklame, Jahrhundert der Unfehlbarkeits-
erklärung, — — — Kürzlich fand ich in einem englischen Buche
unser Jahrhundert als *the religious century* bezeichnet und konnte
dem Manne nicht ganz Unrecht geben; für Beer, den Verfasser
der *Geschichte des Welthandels*, ist das 19. Jahrhundert »das ökonomische«, wogegen Prof. Paulsen es in seiner *Geschichte des gelehrten Unterrichts* (2. Aufl. II, 206), das *saeculum historicum* im
Gegensatz zu dem vorausgegangenen *saeculum philosophicum* nennt,
und Goethe's Ausdruck »ein aberweises Jahrhundert« sich auf das
unsrige ebenso gut wie auf das vorige anwenden liesse. Einen ernst-
lichen Wert besitzt aber gar keine solche Verallgemeinerung.

Das 19. Jahr-   Hiermit gelange ich zum Schlusse dieser allgemeinen Einleitung.
hundert.   Ehe ich aber den Schlussstrich ziehe, möchte ich mich noch, einer

alten Gewohnheit gemäss, unter den Schutz hochverehrter Männer stellen.

Lessing schreibt in seinen *Briefen, die neueste Litteratur betreffend*, die Geschichte solle sich »nicht bei unwichtigen Thatsachen aufhalten, nicht das Gedächtnis beschweren, sondern den Verstand erleuchten«. In dieser Allgemeinheit besagt wohl der Satz zu viel. Für ein Buch aber, welches sich nicht an Historiker, sondern an die gebildete Laienwelt wendet, gilt er uneingeschränkt. Den Verstand erleuchten, nicht eigentlich belehren, sondern anregend wirken, Gedanken und Entschlüsse wecken, das wäre es, was ich gern leisten möchte.

Goethe fasst die Aufgabe der Geschichtsschreibung etwas abweichend von Lessing auf; er sagt: »Das Beste, was wir aus der Geschichte gewinnen, ist der Enthusiasmus«. Auch dieser Worte bin ich bei meiner Arbeit eingedenk geblieben; denn ich bin der Überzeugung, dass Verstand, und sei er noch so hell erleuchtet, wenig ausrichtet, ist er nicht mit Enthusiasmus gepaart. Der Verstand ist die Maschine; je vollkommener jede Einzelheit an ihr, je zielbewusster alle Teile in einander greifen, um so leistungsfähiger wird sie sein, — aber doch nur virtualiter, denn, um getrieben zu werden, bedarf sie noch der treibenden Kraft, und diese ist die Begeisterung. Es dürfte nun zunächst schwer fallen, dem Winke Goethe's folgend, sich für unser 19. Jahrhundert speziell zu erwärmen, schon deswegen, weil die Eigenliebe etwas so Verächtliches ist; wir wollen uns streng prüfen und uns lieber unter- als überschätzen; mag die Zukunft milder urteilen. Ich finde es auch deswegen schwer, mich dafür zu begeistern, weil das Stoffliche in unserem Jahrhundert so sehr vorwiegt. Genau so wie unsere Schlachten zumeist nicht mehr durch die persönliche Vortrefflichkeit Einzelner, sondern durch die Zahl der Soldaten, oder noch einfacher gesagt, durch die Menge des Kanonenfutters gewonnen worden sind, genau ebenso hat man Schätze an Gold und Wissen und Erfindungen zusammengetragen. Alles ist immer zahlreicher, massiger, vollständiger, unübersichtlicher geworden, man hat gesammelt, aber nicht gesichtet; d. h., es ist dies die allgemeine Tendenz gewesen. Unser Jahrhundert ist wesentlich ein Jahrhundert des Anhäufens von Material, des Durchgangsstadiums, des Provisorischen; in anderen Beziehungen ist es weder Fisch noch Fleisch, es pendelt zwischen Empirismus und Spiritismus, zwischen dem *Liberalismus vulgaris*, wie man es witzig genannt hat, und den impotenten Versuchen seniler

Reaktionsgelüste, zwischen Autokratie und Anarchismus, zwischen Un-
fehlbarkeitserklärungen und stupidestem Materialismus, zwischen Juden-
anbetung und Antisemitismus, zwischen raffinierten Meyerbeerschen
Opern und urnaiver Volksmelodienmanie, zwischen Millionärwirtschaft
und Proletarierpolitik. Nicht die Ideen sind in unserem Jahrhundert
das Charakteristische, sondern die materiellen Errungenschaften. Die
grossen Gedanken, die hier und da sich geregt haben, die gewaltigen
Kunstschöpfungen, die von Faust's zweitem Teil bis Parsifal dem
deutschen Volk zu ewigem Ruhme entstanden sind, strebten hinaus
in künftige Zeiten. Nach grossen, sozialen Umwälzungen und nach
grossen geistigen Errungenschaften (am Abend des vorigen und am
frühen Morgen dieses Jahrhunderts) musste wieder Stoff gesammelt werden
zu weiterer Entwickelung. Hierbei — bei dieser vorwiegenden Befangenheit im Stofflichen — schwand das S c h ö n e aus unserem Leben
fast ganz; es existiert vielleicht in diesem Augenblick kein wildes,
jedenfalls kein halbcivilisiertes Volk, welches nicht mehr Schönes in
seiner Umgebung und mehr Harmonie in seinem Gesamtdasein besässe als die grosse Masse der sogenannten kultivierten Europäer. In
der enthusiastischen Bewunderung des 19. Jahrhunderts ist es darum,
glaube ich, geboten, Mass zu halten. Leicht ist es dagegen, den von
Goethe empfohlenen Enthusiasmus zu empfinden, sobald der Blick
nicht auf dem einen Jahrhundert allein ruhen bleibt, sondern die gesamte Entwickelung der seit einigen Jahrhunderten im Entstehen begriffenen »neuen Welt« umfasst. Gewiss ist der landläufige Begriff
des »Fortschrittes« kein philosophisch wohl begründeter; unter dieser
Flagge segelt fast die ganze Bafelware unseres Jahrhunderts; Goethe,
der nicht müde wird, auf die Begeisterung als das treibende Element
in unserer Natur hinzuweisen, spricht es nichtsdestoweniger als seine
Überzeugung aus: »Klüger und einsichtiger werden die Menschen, aber
besser, glücklicher und thatkräftiger n i c h t, oder nur auf Epochen.«[1]
Was für ein erhebenderes Gefühl kann es aber geben, als das, mit
Bewusstsein einer solchen Epoche entgegenzuarbeiten, in welcher, wenn
auch nur vorübergehend, die Menschen besser, glücklicher und thatkräftiger sein werden? Und wenn man unser Jahrhundert nicht isoliert
betrachtet, sondern als einen Bestandteil eines weit grösseren Zeitlaufs,
so entdeckt man bald, dass aus der Barbarei, welche auf den Zu-
sammensturz der alten Welt folgte, und aus der wilden Gährung, die

---

[1] Eckermann: 23. Oktober 1828.

der Zusammenstoss einander widerstrebender Kräfte hervorrief, sich
vor etlichen Jahrhunderten eine vollkommen neue Gestaltung der
menschlichen Gesellschaft zu entwickeln begann, und dass unsere
heutige Welt — weit entfernt, den Gipfel dieser Evolution zu
bedeuten — einfach ein Durchgangsstadium, eine »mittlere Zeit«,
auf dem weiten und mühsamen Wege darstellt. Wäre unser Jahrhundert wirklich ein Gipfelpunkt, dann wäre die pessimistische Ansicht die einzig berechtigte: nach allen grossen Errungenschaften auf
geistigem und materiellem Gebiete die bestialische Bosheit noch so
verbreitet und das Elend vertausendfacht zu sehen, das könnte uns
nur veranlassen, Jean Jacques Rousseau's Gebet nachzusprechen: »All-
mächtiger Gott, erlöse uns von den Wissenschaften und verderben-
bringenden Künsten unserer Väter! gieb uns wieder die Unwissenheit,
die Unschuld und die Armut, als die einzigen Güter aus welchen
Glück uns entstehen kann und welche vor deinem Angesichte Wert
besitzen!« Erblicken wir dagegen, wie gesagt, in unserem Jahrhundert
nur eine Etappe, lassen wir uns ausserdem von keinen Wahnbildern
»goldener Zeitalter«, ebensowenig von Zukunfts- wie von Vergangen-
heitswahnbildern blenden, noch von utopischen Vorstellungen einer
prinzipiellen Besserung der gesamten Menschheit und ideal funktio-
nierender Staatsmaschinen in unserem gesunden Urteile irreführen,
dann dürfen wir wohl hoffen und zu erkennen glauben, dass wir
Germanen und die Völker, die unter unserem Einfluss stehen, einer
neuen harmonischen Kultur entgegenreifen, unvergleichlich schöner
als irgend eine der früheren, von denen die Geschichte zu erzählen
weiss, einer Kultur, in der die Menschen wirklich »besser und glücklicher« sein werden, als sie es jetzt sind. Vielleicht ist die Tendenz
der modernen Schulbildung, den Blick so beständig auf die Vergangenheit zu richten, eine bedauerliche; sie hat aber insoferne ihr Gutes,
als man kein Schiller zu sein braucht, um mit diesem zu empfinden,
dass »kein einzelner Neuerer mit dem einzelnen Athenienser um den
Preis der Menschheit streiten« könne; [1] darum richten wir nun
unseren Blick auf die Zukunft, auf jene Zukunft, deren Gestaltung
wir aus dem Bewusstsein dessen, was die Gegenwart der letzten
siebenhundert Jahre zu bedeuten hat, allmählich zu ahnen beginnen.
Wir w o l l e n es mit dem Athenienser aufnehmen! wir w o l l e n eine

[1] Dieser berühmte Satz ist nur sehr bedingt wahr; ich habe ihn im Schlusskapitel einer gründlichen Kritik unterzogen, worauf ich zur Vermeidung von Missverständnissen hier verweise.

Welt gestalten, in welcher die Schönheit und die Harmonie des Daseins nicht wie bei Jenen auf Sklaven-, Eunuchen- und Kemenaten-Wirtschaft ruht! wir dürfen es zuversichtlich wollen, denn wir sehen diese Welt langsam und mühevoll um unsere kurze Spanne Lebens entstehen. Und dass sie unbewusst entsteht, thut nichts zur Sache; schon der halb fabelhafte phönizische Geschichtsschreiber Sanchuniathon meldet im ersten Absatz seines ersten Buches, wo er von der Weltschöpfung spricht: »Die Dinge selbst aber wussten nichts von ihrem eigenen Entstehen«; auch in dieser Beziehung ist Alles beim Alten geblieben; die Geschichte bildet ein unerschöpfliches Illustrationsmaterial zu Mephisto's: »Du glaubst zu schieben und du wirst geschoben.« Darum empfinden wir, wenn wir auf unser 19. Jahrhundert zurückblicken, welches sicherlich mehr geschoben wurde, als es selbst schob, welches in den allermeisten Dingen auf fast lächerliche Weise in ganz andere Wege geriet, als es einzuschlagen gedacht hatte, doch einen Schauer der aufrichtigen Bewunderung, fast der Begeisterung. In diesem Jahrhundert ist enorm gearbeitet worden, und das ist die Grundlage alles »Besser- und Glücklicherwerdens«; es war das die »Moralität« unserer Zeit, wenn ich mich so ausdrücken darf. Und während die Werkstätte der grossen, gestaltenden Ideen ruhte, wurden die Methoden der Arbeit in bisher ungeahnter Weise vervollkommnet.

Unser Jahrhundert ist der Triumph der Methodik. Hierin mehr als in irgend einer politischen Gestaltung ist ein Sieg des demokratischen Prinzips zu erblicken. Die Gesamtheit rückte hierdurch höher hinauf, sie wurde leistungsfähiger. In frühen Jahrhunderten konnten nur geniale Menschen, später nur zumindest hochbegabte Wertvolles leisten; jetzt kann es ein Jeder, dank der Methode! Durch den obligatorischen Schulunterricht, gefolgt vom obligatorischen Kampf ums Dasein, besitzen heute Tausende die »Methode«, um ohne jede besondere Begabung oder Veranlagung als Techniker, Industrielle, Naturforscher, Philologen, Historiker, Mathematiker, Psychologen u. s. w. an der gemeinsamen Arbeit des Menschengeschlechts teilzunehmen. Sonst wäre die Bewältigung eines so kolossalen Materials in einem so kurzen Zeitraum gar nicht denkbar. Man vergegenwärtige sich nur, was vor hundert Jahren unter »Philologie« verstanden wurde! man frage sich, ob es wahre »Geschichtsforschung« gab! Genau diesem selben Geist begegnen wir aber auf von der Wissenschaft weit abliegenden Gebieten: die Volksarmeen sind die universellste, einfachste Anwendung der Methodik und die Hohenzollern insofern die tonangebenden Demokraten unseres Jahrhunderts: Methodik der Arm- und Beinbewegungen, aber zugleich Methodik der Willenserziehung, des Gehorsams, der Pflicht, der Verantwortlichkeit. Die Geschicklichkeit und die Gewissenhaftigkeit haben infolgedessen — leider nicht überall, aber doch auf weiten Gebieten des Lebens — entschieden sehr zugenommen: man fordert mehr von sich und von Anderen als zuvor; es hat gewissermassen eine allgemeine technische Vervollkommnung stattgefunden, die bis in die Denkgewohnheiten der Menschen sich erstreckt. Diese Vervollkommnung kann aber schwer ohne Rückwirkung auf das Reinmoralische bleiben: die Abschaffung des menschlichen Sklaventums auch ausserhalb Europas, wenigstens in seiner offiziell anerkannten Gültigkeit, und der Beginn einer Bewegung zum Schutze der tierischen Sklaven sind vielbedeutende Anzeichen.

Und so glaube ich, dass trotz aller Bedenken eine gerechte und liebevolle Betrachtung des 19. Jahrhunderts sowohl zur »Erleuchtung des Verstandes«, wie auch zur »Erweckung des Enthusiasmus« führen muss.

ERSTER TEIL

DIE URSPRÜNGE

———

Und keine Zeit und keine Macht zerstückelt
Geprägte Form, die lebend sich entwickelt.

GOETHE.

DAS ERBE DER ALTEN WELT

——

> Das Edelste, was wir besitzen, haben
> wir nicht von uns selbst; unser Verstand
> mit seinen Kräften, die Form in welcher
> wir denken, handeln und sind, ist auf
> uns gleichsam herabgeerbet.
>
> HERDER.

EINLEITENDES.

»Die Welt«, sagt Dr. Martin Luther, »wird von Gott durch Historische Grundsätze. etliche wenige Helden und fürtreffliche Leute regieret.« Die mächtigsten dieser regierenden Helden sind die Geistesfürsten, die Männer, welche ohne Waffengewalt und diplomatische Sanktionen, ohne Gesetzeszwang und Polizei, bestimmend und umbildend auf das Denken und Fühlen zahlreicher Geschlechter wirken; diese Männer, von denen man sagen kann, dass sie um so gewaltiger sind, je weniger Gewalt sie haben, besteigen aber selten, vielleicht nie, ihren Thron während ihres Lebens; ihre Herrschaft währt lange, beginnt aber spät, oft sehr spät, namentlich wenn wir von dem Einfluss, den sie auf Einzelne ausüben, absehen und jenen Augenblick in Betracht ziehen, wo das, was ihr Leben ausmachte, auf das Leben ganzer Völker gestaltend sich zu bethätigen beginnt. Mehr als zwei Jahrhunderte vergingen, bis die neue Anschauung des Kosmos, welche wir Kopernikus verdanken, und welche tief umgestaltend auf alles menschliche Denken wirken musste, Gemeingut geworden war. So bedeutende Männer unter seinen Zeitgenossen wie Luther, urteilten über Kopernikus, er sei »ein Narr, der die ganze Kunst Astronomiä umkehre«. Trotzdem sein Weltsystem im Altertum schon gelehrt, trotzdem durch die Arbeiten seiner unmittelbaren Vorgänger, Regiomontanus und Anderer, alles vorbereitet worden war, was die neuerliche Entdeckung bedingte, so dass man wohl sagen darf, bis auf den Funken der Inspiration im Gehirn des »Fürtrefflichsten«, lag das Kopernikanische System genau bedingt vor, — trotzdem es sich hier nicht um schwer fassliche metaphysische und moralische Dinge handelte, sondern um

eine einfache und dazu beweisbare Anschauung, — trotzdem gar
kein materielles Interesse durch die neue Lehre tangiert wurde, erforderte es geraume Zeit, bis diese in so mannigfacher und wesentlicher Beziehung umbildende Vorstellung aus dem einen Gehirn in
das einzelner anderer bevorzugter Männer hinüberzog und, immer
weiter um sich greifend, zuletzt die gesamte Menschheit beherrschte.
Wie Voltaire in der ersten Hälfte des vorigen Jahrhunderts für die
Anerkennung der grossen Trias — Kopernikus, Kepler, Newton —
kämpfte, ist allbekannt, aber noch im Jahre 1779 sah sich der vortreffliche Georg Christoph Lichtenberg genötigt, im Göttingischen
Taschenbuche gegen die »Tychonianer« zu Felde zu ziehen, und
erst im Jahre des Heiles ein tausend acht hundert und zwei und zwanzig
gestattete die Kongregation des Index den Druck von Büchern, welche
die Bewegung der Erde lehren!

　　Diese Bemerkung schicke ich voraus, um begreiflich zu machen,
in welchem Sinne das Jahr 1 zum Ausgangspunkt unserer Zeit hier
gewählt wird. Es geschieht nicht zufällig, etwa aus Bequemlichkeits-
rücksichten, ebensowenig aber, weil der äussere Gang der politischen
Geschehnisse dieses Jahr zu einem besonders auffälligen gestempelt
hätte, sondern weil die einfachste Logik uns nötigt, eine neue Kraft
bis auf ihren Ursprung zurückzuverfolgen. Wie schnell oder wie
langsam sie zur wirkenden Kraft heranwächst, gehört schon zur
»Geschichte«; die lebendige Quelle jeder späteren Wirkung ist und
bleibt das thatsächliche Leben des Helden.

　　Die Geburt Jesu Christi ist nun das wichtigste Datum der gesamten Geschichte der Menschheit.[1]) Keine Schlacht, kein Regierungs-
antritt, kein Naturphänomen, keine Entdeckung besitzt eine Bedeutung,
welche mit dem kurzen Erdenleben des Galiläers verglichen werden
könnte; eine fast zweitausendjährige Geschichte beweist es, und noch
immer haben wir kaum die Schwelle des Christentums betreten. Es
ist tief innerlich berechtigt, wenn wir jenes Jahr das e r s t e nennen,
und wenn wir von ihm aus unsere Zeit rechnen. Ja, in einem
gewissen Sinne dürfte man wohl sagen, eigentliche »Geschichte«
beginne erst mit Christi Geburt. Die Völker, die heute noch nicht zum
Christentume gehören — die Chinesen, die Inder, die Türken u. s. w.
— haben alle heute noch keine wahre Geschichte, sondern kennen

---

[1]) Dass diese Geburt nicht im Jahre 1 stattfand, sondern aller Wahrscheinlichkeit nach einige Jahre früher, ist für uns hier belanglos.

auf der einen Seite nur eine Chronik von Herrscherhäusern, Metzeleien und dergleichen, auf der anderen nur das stille, ergebene, fast tiermässig glückliche Hinleben ungezählter Millionen, die spurlos in der Nacht der Zeiten untergehen. Ob das Reich der Pharaonen im Jahre 3285 vor Christo oder im Jahre 32850 gegründet wurde, ist an und für sich belanglos; Ägypten unter einem Ramses zu kennen, ist dasselbe, als kennte man es unter allen 15 Ramessiden. Ebenso verhält es sich mit den anderen vorchristlichen Völkern (mit Ausnahme jener drei, die zu unserer christlichen Epoche in organischer Beziehung stehen, und von denen ich gleich reden werde): ihre Kultur, ihre Kunst, ihre Religion, kurz ihr Zustand mögen uns interessieren, ja, Errungenschaften ihres Geistes oder ihrer Industrie können zu wertvollen Bestandteilen unseres eigenen Lebens geworden sein, wie das z. B. für indisches Denken, babylonische Wissenschaft und chinesische Erfindungen der Fall ist; ihrer Geschichte jedoch, rein als solcher, fehlt das Moment der moralischen Grösse, jenes Moment, heisst das, durch welches der einzelne Mensch veranlasst wird, sich seiner Individualität im Gegensatz zur umgebenden Welt bewusst zu werden, um dann wieder — wie Ebbe und Flut — die Welt, die er in der eigenen Brust entdeckt hat, zur Gestaltung jener äusseren zu verwenden. Der arische Inder z. B., in metaphysischer Beziehung unstreitig der begabteste Mensch, den es je gegeben, und allen heutigen Völkern in dieser Beziehung weit überlegen, bleibt bei der inneren Erleuchtung stehen: er gestaltet nicht, er ist nicht Künstler, er ist nicht Reformator, es genügt ihm, ruhig zu leben und erlöst zu sterben — er hat keine Geschichte. Ebensowenig hat sein Antipode, der Chinese, dieses unübertroffene Muster des Positivisten und des Kollektivisten, eine Geschichte; was unsere historischen Werke unter diesem Titel geben, ist weiter nichts als eine Aufzählung der verschiedenen Räuberbanden, von denen das geduldige, kluge und seelenlose Volk, ohne ein Jota von seiner Eigenart preiszugeben, sich hat regieren lassen; das alles ist kriminalistische Statistik, nicht Geschichte, wenigstens für uns nicht: Handlungen, die in unserer Brust kein Echo finden, können wir nicht wirklich beurteilen.

Ein Beispiel. Während diese Zeilen geschrieben werden, tobt die gesamte gesittete Welt gegen die Türkei; die europäischen Mächte werden durch die Stimme der öffentlichen Meinung gezwungen, zum Schutze der Armenier und Kretenser einzuschreiten; die endgültige Ausrottung der türkischen Macht scheint nur noch eine Frage der

Zeit. Das hat gewiss seine Berechtigung; es musste so kommen; nichtsdestoweniger ist es eine Thatsache, dass die Türkei das letzte Stückchen von Europa ist, wo eine ganze Bevölkerung in ungestörtem Glück und Wohlbehagen lebt, eine Bevölkerung, die von sozialen Fragen, vom bittern Kampf ums Dasein und dergleichen nichts weiss, wo es keine grossen Vermögen giebt und buchstäblich gar keinen Pauperismus, wo Alle eine einzige brüderliche Familie bilden und Keiner auf Kosten des Anderen nach Reichtum strebt. Ich rede nicht das nach, was Zeitungen und Bücher berichten, sondern ich bezeuge, was ich aus eigener Anschauung weiss. Hätte der Mohammedaner nicht Toleranz zu einer Zeit geübt, wo dieser Begriff im übrigen Europa unbekannt war, es würde jetzt in den Balkanländern und in Kleinasien idyllischer Frieden herrschen. Der Christ ist es, der hier die Hefe des Zwistes hineinwirft; und mit der Grausamkeit einer gedankenlos rückwirkenden Naturmacht erhebt sich der sonst humane Moslemite und vertilgt den Störenfried. Dem Christen behagt eben weder der weise Fatalismus des Mohammedaners, noch der kluge Indifferentismus des Chinesen. »Ich bin nicht gekommen, den Frieden, sondern das Schwert zu senden«, sagte Christus selber. Die christliche Idee kann, in einem gewissen Sinne, geradezu als eine antisoziale bezeichnet werden. Zum Bewusstsein einer sonst nie geahnten persönlichen Würde erwacht, genügt dem Christen der einfache tierische Instinkt des Zusammenlebens nicht mehr; er will nicht mehr des Glückes der Bienen und der Ameisen teilhaftig sein. Bezeichnet man das Christentum kurzweg als die Religion der Liebe, so hat man seine Bedeutung für die Geschichte der Menschheit nur oberflächlich gestreift. Das Wesentliche ist hier vielmehr dieses: durch das Christentum erhielt jeder Einzelne einen bisher nie geahnten, unmessbaren Wert (sogar »die Haare auf seinem Haupte sind von Gott alle gezählet«, Matth. X., 30); diesem inneren Wert entspricht das äussere Schicksal nicht, hierdurch ist das Leben tragisch geworden, und erst durch die Tragik erhält Geschichte einen rein menschlichen Inhalt. Denn kein Vorgang ist an und für sich historisch-tragisch; er wird es erst durch den Sinn derer, die ihn erleben; sonst bleibt das, was die Menschheit betrifft, ebenso erhaben gleichgültig, wie alle anderen Naturphänomene. Auf die christliche Idee komme ich bald zurück. Hier sollte nur angedeutet werden, erstens, wie tief und wie sichtbar das Christentum umgestaltend auf das menschliche Fühlen und Thun wirkt — wofür wir noch die lebendigen Beweise dicht vor unseren Augen haben,[1]) — zweitens, in welchem Sinne die nicht-christlichen Völker keine wahre Geschichte, sondern lediglich Annalen haben.

Geschichte, im höheren Sinne des Wortes, ist einzig jene Ver- Hellas, Rom, Judäa.
gangenheit, welche noch gegenwärtig im Bewusstsein des Menschen gestaltend weiterlebt. Aus der vorchristlichen Zeit gewinnt darum Geschichte nur dort ein nicht allein wissenschaftliches, sondern ein allgemein menschliches Interesse, wo sie Völker betrifft, die jener sittlichen Neugeburt, welche wir als Christentum bezeichnen, entgegeneilen. Hellas, Rom und Judäa: sie allein von den Völkern des Altertums sind für das lebendige Bewusstsein der Menschen des 19. Jahrhunderts geschichtlich wichtig.

Vom hellenischen Boden ist uns jeder Zoll heilig, und mit Recht. Drüben, im asiatischen Osten, hatten und haben nicht einmal die Menschen Persönlichkeit, hier, in Hellas, ist jeder Fluss, jeder Stein belebt, individualisiert, die stumme Natur erwacht zum Bewusstsein ihrer selbst. Und die Männer, durch welche dieses Wunder geschah, stehen vor uns, von den halb fabelhaften Zeiten des trojanischen Krieges an bis zu der Herrschaft Roms, ein Jeder mit seiner eigenen, unvergleichlichen Physiognomie: Helden, Herrscher, Krieger, Denker, Dichter, Bildner. Hier wurde der Mensch geboren: jener Mensch, fähig ein Christ zu werden. — Rom ist in mancher Beziehung der grellste Kontrast zu Griechenland; es ist nicht allein geographisch, sondern auch seelisch von Asien, d. h. von semitischen, babylonischen und ägyptischen Einflüssen entfernter; es ist nicht so heiter und genügsam, nicht so flatterhaft; besitzen will das Volk, besitzen will der Einzelne. Vom Erhaben-anschaulichen der Kunst und der Philosophie wendet sich hier der Geist zur Verstandesarbeit der Organisation. Hatte dort ein einzelner Solon, ein einzelner Lykurg, gewissermassen als Dilettant, nämlich aus rein individueller Überzeugung vom Richtigen, Staatsgrundgesetze geschaffen, hatte später ein ganzes Volk von schwatzenden Dilettanten die Herrschaft an sich gerissen, so entstand in Rom ein langlebiges Gemeinwesen von nüchternen, ernsten Gesetzgebern, und während der äussere Horizont, das

---

[1]) Es ist durchaus falsch, wenn man solche Wirkungen nicht dem erwachten Seelenleben, sondern lediglich der Rasse zuschreiben zu müssen glaubt; der Bosniak rein serbischer Abstammung und der Makedonier aus der hellenischen Verwandtschaft sind, als Mohammedaner, ebenso fatalistisch und antiindividualistisch in ihrer Gesinnung wie nur irgend ein Osmane.

römische Reich und seine Interessen, sich beständig erweiterte, verengerte sich in bedenklichster Weise der Horizont der inneren Interessen. Sittlich jedoch steht Rom in vielen Beziehungen höher als Hellas: der Grieche war von jeher, was er noch heute ist, untreu, unpatriotisch, eigensüchtig; Selbstbeherrschung war ihm fremd, darum hat er es nie verstanden, andere zu beherrschen, noch sich selber mit würdigem Stolze beherrschen zu lassen. Dagegen weist das Wachstum und die zähe Lebensdauer des römischen Staates auf den klugen, kraftvollen, bewussten politischen Geist der Bürger hin. Die Familie und das sie schützende Gesetz sind die Schöpfungen Roms. Und zwar gilt das ebensowohl von der Familie im engeren, jede höhere Sittlichkeit begründenden Sinne, wie auch in der erweiterten Bedeutung einer die Gesamtheit der Bürger zu einem festen, widerstandsfähigen Staate verbindenden Gewalt; nur aus der Familie konnte ein dauerhafter Staat entstehen, nur durch den Staat konnte das, was wir heute Civilisation nennen, ein entwickelungsfähiges Prinzip der Gesellschaft werden. Sämtliche Staaten Europas sind Pfropfreiser auf dem römischen Stamme. Und mochte noch so häufig, damals wie heute, Gewalt über Recht siegen, die Idee des Rechtes ward uns fortan zu eigen. — Indes, ebenso wie der Tag die Nacht erfordert (die heilige Nacht, die unserem Auge das Geheimnis anderer Welten enthüllt, Welten über uns am Himmelsgewölbe und Welten in uns selber, in den Tiefen des schweigenden Innern), ebenso erforderte das herrliche positive Werk der Griechen und Römer eine negative Ergänzung; durch Israel wurde sie gegeben. Um die Sterne zu erblicken, muss das Tageslicht gelöscht werden; um ganz gross zu werden, um jene tragische Grösse zu gewinnen, von welcher ich vorhin sagte, dass sie allein der Geschichte einen lebensvollen Inhalt verleihe, musste der Mensch sich nicht allein seiner Kraft, sondern auch seiner Schwäche bewusst werden. Erst durch die klare Erkenntnis und die schonungslose Betonung der Geringfügigkeit alles menschlichen Thuns, der Erbärmlichkeit der himmelanstrebenden Vernunft, der allgemeinen Niederträchtigkeit menschlicher Gesinnungen und staatlicher Motive, fasste das Denken Fuss auf einem durchaus neuen Boden, von wo aus es im Menschenherzen Anlagen und Fähigkeiten entdecken sollte, die ihn zu der Erkenntnis eines Erhabensten führten; niemals hätten Griechen und Römer auf ihrem Wege dieses Erhabenste erreicht, niemals wäre es ihnen beigekommen, dem Leben des einzelnen Individuums eine so hohe Bedeutung bei-

zulegen, mit anderen Worten, sie ihm zu verleihen. Betrachten wir
die äussere Geschichte des Volkes Israel, so bietet sie uns beim ersten
Anblick gewiss wenig Anziehendes; ausser einigen wenigen sym-
pathischen Zügen scheint alle Niederträchtigkeit, deren Menschen
fähig sind, in diesem einen Völkchen verdichtet; nicht als wären die
Juden im Grunde genommen noch schändlicher als die anderen
Menschen gewesen, die Fratze des Lasters aber glotzt einen aus ihrer
Geschichte in unverhüllter Nacktheit an: kein grosser politischer Sinn
entschuldigt hier das Ungerechte, keine Kunst, keine Philosophie ver-
söhnt mit den Greueln des Kampfes ums Dasein. Hier nun entstand
die Verneinung der Dinge dieser Welt und damit die Ahnung einer
höheren ausserweltlichen Bestimmung des Menschen. Hier wagten
es Männer mitten aus dem Volke, die Fürsten dieser Erde als »Diebs-
gesellen« zu brandmarken, und wehe zu rufen über die Reichen, »die
ein Haus an das andere ziehen und einen Acker zum anderen bringen,
bis dass sie allein das Land besitzen!« Das war eine andere Auffassung des Rechtes als die der Römer, denen nichts heiliger dünkte
als der Besitz. Der Fluch galt jedoch nicht bloss den Mächtigen,
sondern auch »denen, die bei sich selbst weise sind und halten sich
selbst für klug«, und ebenfalls den frohen Helden, die »Wein saufen
und die Welt zum Tummelplatz sich auserkoren haben. So redet
bereits im 8. Jahrhundert vor Christi Geburt ein Jesaia.[1]) Diese erste
Auflehnung gegen das radikal Böse im Menschen und in der menschlichen Gesellschaft erklingt aber immer mächtiger im Laufe der folgenden Jahrhunderte aus der Seele dieses merkwürdigen Volkes; sie
wird immer innerlicher, bis Jeremias ausruft: »Wehe mir, o Mutter,
dass du mich geboren hast!«, und bis zuletzt die Verneinung zu einem
positiven Prinzip wird und ein erhabenster Prophet sich aus Liebe
ans Kreuz schlagen lässt. Mag man sich nun auf den Standpunkt
eines gläubigen Christen stellen oder einfach auf den des objektiven
Historikers, gleichviel, sicher ist, dass man, um die Gestalt Christi
deutlich zu erkennen, das Volk kennen muss, das ihn kreuzigte.
Freilich muss eines wohl beachtet werden: bei den Griechen und
Römern waren die Thaten dieser Völker die positive Errungenschaft,
dasjenige, was weiterlebte; bei den Juden dagegen war die Verneinung der Thaten dieses Volkes die einzige positive Errungenschaft
für die Menschheit. Diese Verneinung ist aber ebenfalls eine historische.

---

[1]) Siehe Jesaia, Kap. 1 und 5.

und zwar eine historisch gewachsene Thatsache. Selbst wenn Jesus Christus, wie mit grösster Wahrscheinlichkeit anzunehmen ist, dem jüdischen Volke nicht entstammt sein sollte, nur der oberflächlichste Parteigeist kann die Thatsache leugnen, dass diese grosse und göttliche Gestalt auf das Unzertrennlichste mit dem historischen Entwickelungsgang jenes Volkes verwoben ist.[1])

Wer könnte es bezweifeln? Die Geschichte von Hellas, die von Rom und die von Judäa, sie haben gestaltend auf alle Jahrhunderte unserer Zeitrechnung weitergewirkt, sie wirkten lebendig weiter in unserem 19. Jahrhundert. Ja, sie wirkten nicht allein lebendig, sondern auch lebenhemmend, indem sie die freie Aussicht in das rein menschliche Gebiet nach vielen Richtungen hin mit einem mannshohen Zaun umgaben. Das ist des Menschen unentrinnbares Schicksal: was ihn fördert, fesselt ihn zugleich. Darum muss die Geschichte dieser Völker von Demjenigen wohl beachtet werden, der von unserem 19. Jahrhundert zu reden unternimmt.

In dem vorliegenden Werk nun sind die rein historischen Kenntnisse, die Chronologie der Weltgeschichte, als bekannt vorausgesetzt. Nur eines darf hier versucht werden, nämlich in möglichst gedrängter Kürze zu bestimmen, welches die wesentlichsten, unterscheidenden Merkmale dieses »Erbes der alten Welt« sind. Das soll in drei Kapiteln geschehen, von denen das erste hellenische Kunst und Philosophie, das zweite römisches Recht und das dritte die Erscheinung Jesu Christi behandelt.

Geschichtsphilosophie.

Ehe ich diese einleitenden Worte beschliesse, noch eine Verwahrung. Der Ausdruck: dieses oder jenes »musste« geschehen, entfuhr oben meiner Feder; vielleicht kehrt er im folgenden wieder. Damit soll keineswegs einem geschichtsphilosophischen Dogmatisieren das Existenzrecht eingeräumt werden. Der Rückblick von der Gegenwart aus auf die Vergangenheit zurück gestattet den logischen Schluss, dass gewisse Vorgänge damals geschehen mussten, damit das Heute so würde, wie es geworden ist. Ob der Lauf der Geschichte ein andrer hätte sein können, als er war, diese subtile Frage gehört nicht hierher. Von dem wüsten Lärm einer angeblichen »Wissenschaftlichkeit« eingeschüchtert, sind manche heutige

[1]) Für den Nachweis, dass Christus kein Jude war (im Sinne der Rassenangehörigkeit, sowie für die Darlegung seines innigen Verhältnisses zu dem moralischen Leben des echten jüdischen Volkes, siehe Kap. 3; Näheres über das jüdische Volk bringt dann Kap. 5.

Historiker in dieser Beziehung sehr ängstlich geworden. Und dennoch ist es klar, dass die Gegenwart nur dann einen leuchtenden Sinn erhält, wenn sie *sub specie necessitatis* betrachtet wird. *Vere scire est per causas scire*, sagt Bacon; diese Anschauungsweise allein ist eine wissenschaftliche; wie soll sie aber durchgeführt werden, wenn nicht überall die Notwendigkeit anerkannt wird? Das Wort »muss« bringt die notwendige Verkettung von Ursache und Folge zum Ausdruck, weiter nichts; mit derlei Einsichten vergolden wir Menschen die Riegelbalken unseres engumzirkten geistigen Spielraums, ohne uns deswegen einzubilden, wir wären ins Freie hinausgeflogen. Nun beachte man aber noch folgendes: gestaltet die Notwendigkeit, so bilden sich um diesen Mittelpunkt immer weitere Kreise, und Keiner darf uns verwehren — wo unser Ziel es erheischt — den weiten, umständlichen Weg auf einem äussersten Kreis zu vermeiden, um unserm Standpunkt so nahe wie möglich an der bewegenden, selber kaum bewegten Achse einzunehmen, dort wo die scheinbare Willkür mit der nicht abzuleugnenden Notwendigkeit fast verschmilzt.

ERSTES KAPITEL

HELLENISCHE KUNST UND PHILOSOPHIE

———————

> Nur durch den Menschen tritt der
> Mensch in das Tageslicht des Lebens ein.
> JEAN PAUL FRIEDRICH RICHTER.

4*

Viel Geistvolles ist gesagt worden, um den Unterschied zwischen Mensch und Tier drastisch zu kennzeichnen; wichtiger, weil eine bedeutungsvollere Erkenntnis anbahnend, dünkt mich die Unterscheidung zwischen Mensch und Mensch. In dem Augenblick, wo der Mensch zum Bewusstsein freischöpferischer Kraft erwacht, überschreitet er einen bestimmten Grenzkreis und zerstört den Bann, der ihn, trotz aller seiner Begabung und allen seinen Leistungen, in engster — auch geistiger — Zugehörigkeit zu den übrigen Lebewesen erscheinen liess. Durch die Kunst tritt ein neues Element, eine neue Daseinsform in den Kosmos ein.

Mit diesem Ausspruch stelle ich mich auf denselben Boden wie etliche der grössten unter Deutschlands Söhnen. Diese Anschauung von der Bedeutung der Kunst entspricht auch, wenn ich nicht irre, einer spezifischen Anlage des deutschen Geistes, wenigstens dürfte eine so klare, scharfe Formulierung jenes Gedankens, wie wir sie bei Lessing und Winckelmann, bei Schiller und Goethe, bei Hölderlin. Jean Paul und Novalis, bei Beethoven und Richard Wagner finden. bei den anderen Mitgliedern der verwandten indogermanischen Völkergruppe kaum anzutreffen sein. Um dem Gedanken gerecht zu werden, muss man zunächst genau wissen. was hier unter »Kunst« zu verstehen ist. Wenn Schiller schreibt: »Die Natur hat nur Geschöpfe, die Kunst hat Menschen gemacht«, wird man doch nicht glauben, er habe hier das Flötenspielen oder das Verseschreiben im Sinne? Wer Schiller's Schriften (vor allen natürlich seine Briefe über die ästhetische Erziehung des Menschen) sorgfältig und wiederholt liest, wird immer mehr einsehen, dass der Begriff »Kunst« für den Dichter-Philosophen ein sehr lebendiger, ihn gewissermassen durchglühender, dennoch aber ein recht subtiler ist. der sich schwer in eine kurze Definition einzwängen lässt. Nur wer sie nicht verstanden hat, kann eine derartige Einsicht überwunden zu haben wähnen. Man höre, was Schiller sagt, denn für den Zweck des vorliegenden

Kapitels, sowie des ganzen Buches ist ein Verständnis dieses Grund-
begriffes unentbehrlich. Er schreibt: »Die Natur fängt mit dem
Menschen nicht besser an als mit ihren übrigen Werken: sie handelt
für ihn, wo er als freie Intelligenz noch nicht selbst handeln kann.
Aber eben das macht ihn zum Menschen, dass er bei dem nicht
stille steht, was die blosse Natur aus ihm machte, sondern die Fähigkeit besitzt, die Schritte, welche jene mit ihm anticipierte, durch
Vernunft wieder rückwärts zu thun, das Werk der Not in ein Werk
seiner freien Wahl umzuschaffen, und die physische Notwendigkeit
zu einer moralischen zu erheben«. Zunächst bezeichnet also das
Drängen nach Freiheit den künstlerischen Zustand für Schiller:
der Not kann der Mensch nicht entrinnen, er »schafft sie aber um«;
indem er das thut, bewährt er sich als Künstler. Als solcher benutzt
er die Elemente, die ihm die Natur bietet, um sich eine neue Welt
des Scheins zu errichten; jedoch hieraus ergiebt sich ein Zweites,
und gerade dieses Zweite darf unter keiner Bedingung übersehen
werden: indem der Mensch »in seinem ästhetischen Stande« sich
gewissermassen »ausser der Welt stellt und sie betrachtet«, findet es
sich, dass er diese Welt, die Welt ausser ihm, zum erstenmal deutlich
erblickt! Freilich war es ein Wahn gewesen, sich aus dem Schosse
der Natur losringen zu wollen, gerade dieser Wahn aber leitet ihn
nunmehr dazu, sich der Natur völlig und richtig bewusst zu werden:
»denn der Mensch kann den Schein nicht von der Wirklichkeit
reinigen, ohne zugleich die Wirklichkeit von dem Scheine frei zu
machen«. Erst wenn er zu dichten begonnen hat, beginnt der
Mensch auch bewusst zu denken; erst wenn er selber baut, wird
er auf die Architektonik des Weltgebäudes aufmerksam. Wirklichkeit
und Schein sind anfangs in seinem Bewusstsein vermengt; die bewusste, freischöpferische Beschäftigung mit dem Schein ist der erste
Schritt, um zu einer möglichst freien, reinen Erkenntnis der Wirklichkeit zu gelangen. Wahre Wissenschaft, d. h. eine nicht bloss
messende, registrierende, sondern eine anschauende, erkennende, entsteht also, nach Schiller, unter dem unmittelbaren Einfluss des künstlerischen Strebens der Menschen. Und jetzt erst kann im Menschengeist auch Philosophie auftreten; denn sie schwebt zwischen beiden
Welten. Philosophie fusst zugleich auf Kunst und auf Wissenschaft;
sie ist, wenn ich mich so ausdrücken darf, die neuerliche, künstlerische
Bearbeitung jener gesonderten, gereinigten Wirklichkeit. Damit ist
aber die Bedeutung der Vorstellung »Kunst« für Schiller noch immer

nicht erschöpft. Denn die »Schönheit« (jene frei umgeschaffene, neue Welt) ist nicht allein ein Gegenstand; in ihr spiegelt sich vielmehr auch »ein Zustand unseres Subjekts« wieder: »Die Schönheit ist zwar Form, weil wir sie betrachten; zugleich aber ist sie Leben, weil wir sie fühlen. Mit einem Wort: sie ist zugleich unser Zustand und unsere That«.[1]) Künstlerisch zu empfinden, künstlerisch zu denken bezeichnet also einen besonderen Zustand des Menschen überhaupt; es ist eine Stimmung, oder vielmehr eine Gesinnung — — noch besser vielleicht ein latenter Kraftvorrat, der sich im Leben des einzelnen Menschen wie auch im Leben eines ganzen Volkes überall, auch dort, wo Kunst und Wissenschaft und Philosophie nicht unmittelbar beteiligt sind, »befreiend«, »umschaffend«, »reinigend« bethätigen muss. Oder auch, um uns dieses Verhältnis von einer anderen Seite aus vorzuführen, können wir — und zwar wiederum mit Schiller[2]) — sagen: »Aus einem glücklichen Instrumente wurde der Mensch ein unglücklicher Künstler«. Das ist jene Tragik, von der ich in den einleitenden Worten sprach.

Man wird, glaube ich, zugeben müssen, dass diese deutsche Auffassung des »Menschwerdens« tiefer geht, dass sie mehr umfasst und ein helleres Licht auf die zu erstrebende Zukunft der Menschheit wirft, als jede engwissenschaftliche oder rein utilitaristische. Wie dem auch sei, Eines ist sicher: ob einer solchen Auffassung unbedingte Gültigkeit zukomme, oder nur bedingte, für eine Betrachtung der hellenischen Welt und die sichere Aufdeckung ihres Lebensprinzips, thut sie unvergleichliche Dienste; denn, mag sie auch in dieser bewussten Formulierung eine charakteristisch-deutsche Auffassung sein, im letzten Grunde führt sie auf hellenische Kunst und auf hellenische Philosophie (welche die Naturwissenschaft umschloss) zurück, sie bezeugt, dass das Hellenentum nicht allein äusserlich und geschichtlich, sondern auch innerlich und Zukunft gestaltend in unserem Jahrhundert noch weiter lebte.[3])

---

[1]) Vergl. *Ästhetische Erziehung*, Bf. 3, 25, 26. Näheres hier, Kap. 9, Abschn. 7.

[2]) Vergl. *Etwas über die erste Menschengesellschaft*, Abschnitt 1.

[3]) Um Missverständnissen vorzubeugen, will ich erwähnen, dass ich hier am Anfang meines Buches mich des einfacheren Verständnisses halber ohne weitere Kritik an Schiller angeschlossen habe; erst im Schlusskapitel kann ich meine Anschauung begründen, dass bei uns Germanen, im Unterschied von den Hellenen, der Angelpunkt des »Menschwerdens« nicht in der Kunst, sondern in der Religion zu suchen ist — was aber Schiller's Auffassung von Kunst gegenüber nicht eine Abweichung, sondern nur eine Schattierung bedeutet.

Tier und Mensch. Nicht jede künstliche Bethätigung ist Kunst. Zahlreiche Tiere führen äusserst kunstvolle Bauten auf; der Gesang der Nachtigall wetteifert erfolgreich mit dem Naturgesang wilder Menschen; willkürliche Nachahmung treffen wir hochentwickelt im Tierreich an, und zwar auf den verschiedensten Gebieten — Nachahmung der Thätigkeit, des Lautes, der Form — wobei noch zu bedenken ist, dass wir bis jetzt so gut wie gar nichts von dem Leben der höheren Affen wissen; [1] die Sprache, d. h. also die Mitteilung von Empfindungen und Urteilen durch ein Individuum an ein anderes, ist durch das ganze Reich der Animalität weit verbreitet und verfügt oftmals über so unbegreiflich sichere Mittel, dass nicht allein Anthropologen, sondern auch Philologen [2] die Warnung nicht für überflüssig halten, man dürfe nicht einzig das Erzittern menschlicher Stimmbänder, überhaupt nicht bloss den Laut für Sprache halten; [3] u. s. w. Durch die instinktmässige Zusammenfügung zu staatlichen Organisationen, und seien sie noch so vielästig verwickelt, erzielt das menschliche Geschlecht ebenfalls keinen prinzipiellen Fortschritt über die unendlich komplizierten Tierstaaten; neuere Soziologen bringen sogar die Entstehung der menschlichen Gesellschaft in engorganische Beziehung zu der Entwicklung der sozialen Instinkte im umgebenden Tierreich.[4] Betrachtet

---

[1] Siehe jedoch die Beobachtungen des J. G. Romanes an einem weiblichen Schimpansen, am ausführlichsten in der Zeitschrift *Nature*, Band XL., S. 160 ff., kürzer in den Büchern desselben Verfassers. In kurzer Zeit lernte dieser Affe mit unfehlbarer Sicherheit bis sieben zählen. Dagegen vermögen die Bakäiri (südamerikanische Indianer) nur bis sechs, und zwar sehr mühsam, zu zählen! (Siehe Karl von Steinen: *Unter den Naturvölkern Brasiliens*.)

[2] Siehe z. B. Whitney: *Das Leben der Sprache* (französische Ausgabe, S. 238 f.).

[3] Vergl. namentlich die lichtvollen Ausführungen von Topinard in seiner *Anthropologie* S. 159—162. Interessant ist es, festzustellen, dass ein so bedeutender und zugleich so ausserordentlich vorsichtiger, jeder Phantasterei besonders abholder Naturforscher wie Adolf Bastian den Gliedertieren (mit ihren sich gegenseitig berührenden Fühlhörnern) eine ihrem Wesen nach der unsrigen analoge Sprache vindiziert; siehe: *Das Beständige in den Menschenrassen*, S. VIII des Vorwortes. In Darwin: *Descent of Man*, Kap. III, findet man eine besonders interessante Zusammenstellung der hierher gehörigen Thatsachen und eine energische Zurückweisung der Paradoxen Max Müller's und Anderer.

[4] Siehe z. B. des amerikanischen Professors Franklin H. Giddings: *Prinzipien der Soziologie* französische Ausgabe 1897, S. 189: «les bases de l'empire de l'homme furent posées sur les associations zoogéniques des plus humbles formes de la vie consciente».

man das staatliche Leben der Ameisen zum Beispiel und sieht man,
durch welche kühne Raffinements die praktische Bewährung des gesellschaftlichen Getriebes und das fehlerlose Ineinandergreifen aller
Teile bei ihnen bewirkt wird — als Beispiel will ich einzig die Abschaffung des unheilschwangeren Geschlechtstriebes bei einem grossen
Prozentsatz der Bevölkerung nennen, und zwar nicht durch Verstümmelung, wie bei unserem elenden Notbehelf der Kastrierung,
sondern durch kluge Manipulation der befruchteten Keime, — so
muss man gestehen, der staatliche Instinkt steht bei uns auf keiner
hohen Stufe; im Verhältnis zu manchen Tiergattungen sind wir
politische Pfuscher.[1]) Selbst in der besonderen Bethätigung der Vernunft kann man wohl ein eigenartiges spezifisches Merkmal des
Menschen, kaum aber ein prinzipiell neues Naturphänomen erkennen.
Der Mensch im Naturzustand benützt seine überlegene Vernunft genau
so wie der Hirsch seine Schnellfüssigkeit, der Tiger seine Kraft, der
Elefant seine Schwere: sie ist ihm die vorzüglichste Waffe im Kampf
ums Dasein, sie ersetzt ihm Behendigkeit, Körpergrösse und so manches
andere, was ihm fehlt. Die Zeiten sind vorbei, wo man den Tieren
Vernunft abzusprechen sich erdreistete; nicht allein zeigen Affe, Hund
und alle höheren Tiere bewusste Überlegung und treffsicheres Urteil,
sondern dasselbe ist bei Insekten experimental nachgewiesen worden:
eine Bienenkolonie z. B. in ungewohnte, noch nie dagewesene Verhältnisse versetzt, trifft neue Vorkehrungen, versucht dieses und jenes,
bis sie das Richtige gefunden hat.[2]) Kein Zweifel, dass, wenn wir das

---

[1]) Siehe Carl Vogt's amüsante: *Untersuchungen über die Tierstaaten* 1851.
— In Brehm: *Vom Nordpol zum Äquator* 1890 findet man sehr bemerkenswerte Mitteilungen über die Kriegsführung der Paviane; ihre Taktik wechselt je
nach der Bodenbeschaffenheit, sie verteilen sich in bestimmte Gruppen: Vorder-
treffen, Hintertreffen u. s. w., mehrere arbeiten zusammen, um einen grossen Fels-
block auf den Feind hinabzurollen, und vieles dergleichen mehr. — Vielleicht das
staunenswerteste Gesellschaftsleben ist das der Gärtnerameisen aus Südamerika,
über die zuerst Belt: *Naturalist in Nicaragua* berichtete, dann der Deutsche Alfred
Möller; jetzt kann man diese Tiere im zoologischen Garten in London beobachten, wobei namentlich die Thätigkeit der grossköpfigen ›Aufseher‹ leicht zu
verfolgen ist, wie sie sobald ein ›Arbeiter‹ faulenzen will herzulaufen, und ihn
aufrütteln!

[2]) Vergl. Huber: *Nouvelles observations sur les Abeilles*, II. 198, u. s. w.
Die beste kürzeste neuere Zusammenfassung der entscheidendsten, hierher gehörigen
Thatsachen ist wohl die von J. G. Romanes: *Essays on Instinct* 1897; auch
dieser hervorragende Schüler Darwin's ist freilich immer wieder genötigt, auf die
Beobachtungsreihen der beiden Huber als auf die sinnreichsten und zuverlässigsten

bis jetzt uns fast gänzlich unbekannte psychische Leben der Tiere

zurückzugreifen; allzuwenig bekannt ist jedoch das Werk von J. Traherne
Moggridge: *Beobachtungen über die Speicherameisen und die Fallthürspinnen* in
englischer Sprache, 1873, bei Reeve in London); überhaupt sollten die Psychologen des Tierreiches ihre Aufmerksamkeit den Spinnen mehr widmen, welche
unzweifelhaft zu den begabtesten aller Wesen zählen. (Siehe jedoch H. C. Mac-
Cook: *American Spiders, Philadelphia*, 1889. Unter älteren Schriften ist von un-
vergänglichem Wert Kirby: *History, Habits und Instincts of Animals*. Von den
mehr philosophischen Schriften will ich hier besonders auf Wundt's: *Vorlesungen
über die Menschen- und Tierseele*, und auf Fritz Schultze's: *Vergleichende Seelen-
kunde* (zweiter Teil, Die Psychologie der Tiere und Pflanzen, 1897) aufmerksam machen. — In dieser Anmerkung möchte ich zugleich eine ausdrückliche
Verwahrung einlegen, nämlich, dass ich hier und im Folgenden die tiefe Kluft
zwischen dem Geiste des denkenden Menschen und dem des Tieres durchaus
nicht verkenne; es war hohe Zeit, dass ein Wundt mit seiner ganzen Geistes-
schärfe gegen unsere fast unausrottbare Neigung zu anthropomorphistischen
Deutungen auftrat; mich dünkt aber, Wundt selber, und mit ihm Schultze, Lubbock
und andere verfallen in den umgekehrten Fehler: gegen die kritiklose Überschätzung des Gedankenlebens der Tiere legen sie gerechte Verwahrung ein, dagegen scheinen diese hochgelehrten, in unaufhörlichem Denken und Spekulieren
aufgewachsenen Männer nicht zu ahnen, mit wie unendlich wenig Bewusstsein
und Reflexion die Menschheit in ihrer Gesamtheit lebt und recht gut auskommt; sie sind überhaupt geneigt, dem »Bewusstsein« und der »Reflexion« ein
übermässiges Gewicht beizulegen; das zeigt sich bei ihren Abhandlungen über
die elementaren Zustände der menschlichen Psyche und — vielleicht noch deutlicher — bei ihrer geringen Fähigkeit, die Natur des eigentlichen Aktes schöpferischer Genialität (Kunst und Philosophie) zu deuten. Nachdem der eine Wundt
die Schätzung der tierischen Intelligenz auf ihr richtiges Niveau herabgeführt hat,
brauchten wir jetzt einen zweiten, der unsere Neigung, uns selber ungeheuer zu
überschätzen, aufdeckte. — Auch scheint mir folgender Punkt niemals gehörig
betont worden zu sein: dass wir nämlich bei unseren Beobachtungen an Tieren
auch beim besten Willen Anthropomorphen bleiben; denn wir können uns ja
nicht einmal einen Sinn (ich meine ein physisches Werkzeug zur Erkenntnis
der umgebenden Welt vorstellen, wenn wir ihn nicht selber besitzen, und wir
müssen notwendigerweise ewig blind und taub für alle Gemüts- und Ver-
standesäusserungen bleiben, welche in unserem eigenen geistigen Leben kein
unmittelbares Echo antreffen. Herr Wundt hat gut warnen vor »schlechten
Analogien«: auf diesem ganzen Gebiete sind gar keine Schlüsse ausser Analogie-
schlüssen möglich. Wie Clifford ausführlich dargethan hat (vergl. *Seeing and
Thinking*), können wir hier weder rein objektiv noch rein subjektiv vorgehen;
diese gemischte Art der Erkenntnis hat er deswegen eine »ejektive« genannt.
Wir schätzen diejenigen Tiere als die intelligentesten, deren Intelligenz der
unsrigen am ähnlichsten ist und die wir deswegen am besten verstehen; ist
das aber einem kosmischen Problem wie demjenigen des Geistes gegenüber nicht
unendlich naiv und unüberlegt? Ist das nicht verkappter Anthropomorphismus?
Sicherlich. Wenn also Wundt behauptet: »auf diesem Gebiete ist das Experiment

aus entfernten Klassen näher und einsichtsvoller untersuchen, wir

in hohem Masse der blossen Beobachtung überlegen«, so kann man ihm nur sehr bedingt beipflichten; denn das Experiment ist von Haus aus ein Reflex unserer rein menschlichen Vorstellungen, wogegen die liebevolle Beobachtung eines gänzlich anders gearteten Wesens in seinen eigenen, möglichst normalen Verhältnissen und zwar mit dem Wunsche, nicht seine Leistungen zu kritisieren, sondern sie — soweit unser menschlicher, engumschränkter geistiger Horizont es erlaubt — zu begreifen, wohl zu manchen überraschenden Einsichten führen müsste. Darum hat uns auch der alte, blinde Huber über die Bienen weit mehr gelehrt als Lubbock in seinem — trotzdem bewundernswerten — Buche *Ants, Bees und Wasps* (1883); darum erzielen die rohen »Dresseurs« solche unglaubliche Erfolge, denn sie verlangen von jedem Tier nur solche Leistungen, welche sie auf Grundlage täglicher Beobachtung seiner Anlagen von ihm erwarten dürfen. — Hier, wie anderwärts, steckt unsere heutige Wissenschaft noch tief in helleno-jüdischem Anthropomorphismus, und nicht am wenigsten gerade dort, wo sie davor warnt. — Seitdem obige Bemerkung geschrieben, ist das Aufsehen erregende Buch, Bethe: *Dürfen wir Ameisen und Bienen psychische Qualitäten zuschreiben?* erschienen, welches in seiner ganzen Argumentation ein geradezu klassisches Beispiel des verkappten Anthropomorphismus ist. Durch sinnreiche (obwohl meiner Ansicht nach durchaus nicht abschliessende) Versuche, hat Herr Bethe die Überzeugung gewonnen, die Ameisen erkennten sich als zum selben Nest gehörig durch den Geruchssinn, auch ihr Wegefinden beruhe auf der Ausscheidung eines chemischen Stoffes u. s. w. Das ganze sei »Chemoreflex«, das gesamte Leben dieser Tiere »rein mechanisch«. Man staunt über einen solchen Abgrund philosophischer Roheit. Ja, ist denn das gesamte Sinnenleben als solches nicht notwendigerweise mechanisch? Kann Herr Bethe seinen eigenen Vater ohne Zuhilfenahme eines Mechanismus erkennen? Erkennt der Hund seinen Herrn nicht fast lediglich durch den Geruchssinn? Sollen denn Descartes' Automaten immer von neuem aufleben, als hätten Wissenschaft und Philospie seit 300 Jahren stillgestanden? Hier, bei solchen Männern wie Bethe und seinem Vorgänger, dem Jesuiten E. Wasmann, steckt der wirkliche und unausrottbare Anthropomorphismus. Bei Vertebraten lässt die strenge Analogie mit unserer eigenen Struktur Schlüsse auch auf die psychologischen Vorgänge zu; im Insekt dagegen steht ein total fremdes Wesen vor uns, aufgebaut nach einem Plane, der so tief von dem unseres Körpers abweicht, dass wir nicht einmal in Stande sind, die rein mechanische Funktionierung der Sinneswerkzeuge mit Sicherheit zu deuten (siehe Gegenbaur: *Vergl. Anatomie*) und folglich gar nicht wissen, welche uns Menschen gänzlich verschlossene Welt von Sinneseindrücken, von Mitteilungsmöglichkeiten u. s. w. diese Wesen umgeben mag. Das nicht einzusehen, ist »ameisenmässig« naiv. (Nachtrag: In der Eröffnungsrede des vierten internationalen Zoologenkongresses, am 23. August 1898, griff Sir John Lubbock die Automatentheorie heftig an und sagte u. a.: »Viele Tiere besitzen Sinnesorgane, deren Bedeutung uns Menschen unerforschlich ist. Sie vernehmen Geräusche, die uns unhörbar, sie sehen Dinge, die uns unsichtbar bleiben, sie empfangen Sinneseindrücke, die ausserhalb des Bereiches unserer Vorstellungskraft liegen. Die uns so wohlbekannte umgebende Welt muss für sie eine durchaus andere Physiognomie besitzen.«)

überall ähnliches finden. Die im Verhältnis enorme Entwicklung des menschlichen Gehirns[1]) bildet also für uns doch nur eine relative Überlegenheit. Nicht als ein Gott wandelt der Mensch auf Erden, sondern als ein Geschöpf unter anderen Geschöpfen, vielleicht wäre es kaum Übertreibung, zu sagen, als ein *primus inter pares*, denn es ist schwer einzusehen, warum höhere Differenzierung, mit ihren zahllosen Nachteilen, ohne weiteres als höhere »Vollkommenheit« betrachtet werden sollte; die relative Vollkommenheit eines Organismus wäre, dünkt mich, durch seine Angemessenheit für gegebene Verhältnisse zu bestimmen. Durch alle Fasern seines Wesens hängt der Mensch organisch mit seiner Umgebung eng zusammen; das alles ist Blut von seinem Blut; denkt man ihn hinweg aus der Natur, so ist er ein Bruchstück, ein Torso, ein entwurzelter Stamm.

Was zeichnet nun den Menschen vor den anderen Wesen aus? Mancher wird antworten: seine Erfindungskraft; das Werkzeug ist es, wodurch er sich als Fürst unter den Tieren dokumentiert. Er bleibt jedoch damit noch immer ein Tier unter Tieren: nicht bloss der Anthropoid, auch der gewöhnliche Affe erfindet einfachere Werkzeuge, (worüber Jeder sich in Brehm's Tierleben informieren kann), und der Elephant ist, wenn vielleicht nicht in der Erfindung, so doch im Gebrauch der Werkzeuge ein wahrer Meister (siehe Romanes: *Die geistige Entwickelung im Tierreich*, S. 389 u. s. w.). Die sinnreichste Dynamomaschine erhebt den Menschen nicht um einen Zoll über die allen Wesen gemeinsame Erdoberfläche; alles derartige bedeutet lediglich eine neue Ansammlung von Kraft in dem Kampf ums Dasein; der Mensch wird dadurch gewissermassen ein höher potenziertes Tier. Er beleuchtet sich mit Talgkerzen oder mit Öl, oder mit Gas, oder elektrisch, anstatt schlafen zu gehen; damit gewinnt er Zeit und das heisst Leistungsfähigkeit; es giebt aber ebenfalls zahllose Tiere, die sich beleuchten, manche durch Phosphorescenz, andere (namentlich die Tiefseefische) elektrisch[2]); wir reisen auf dem Zweirad, mit der

[1] Bekanntlich hat Aristoteles sich hier, wie so oft, gründlich geirrt: der Mensch besitzt weder absolut noch relativ (d. h. im Verhältnis zum Körpergewicht) das grösste Gehirn; die Überlegenheit dieses Apparates bei ihm ist in anderen Dingen begründet siehe Ranke: *Der Mensch*, zweite Ausgabe I., S. 551 und S. 542 f.).

[2] Emin Pascha und Stanley berichten über Schimpansen, welche nachts mit Fackeln auf ihre Raubzüge ausziehen! Mit Romanes wird man gut thun, bis auf weiteres diese Thatsache zu bezweifeln: Stanley hat es nicht selbst gesehen und Emin Pascha war überaus kurzsichtig. Sollten die Affen wirklich die Kunst,

Eisenbahn, bald vielleicht im Luftschiff, — der Zugvogel und der
Meeresbewohner hatten das Reisen schon längst in Mode gebracht,
und, genau wie sie, reist der Mensch, um sich Subsistenzmittel zu
verschaffen. Die unermessliche Überlegenheit des Menschen zeigt sich
freilich darin, dass er das alles vernünftig zu erfinden und in fort-
schreitender Kumulation anzuwenden versteht. Der Nachahmungs-
trieb und die Assimilationsfähigkeit, die man wohl bei allen Säuge-
tieren antrifft, erreichen bei ihm einen so hohen Grad, dass dieselbe
Sache gewissermassen doch eine andere wird; in analoger Weise sehen
wir bei chemischen Stoffen, dass häufig der Hinzutritt eines einzigen
wesensgleichen Atoms, also ein einfaches numerisches Hinzuthun, die
Qualitäten des betreffenden Stoffes gründlich umwandelt; wenn man
zu Sauerstoff Sauerstoff hinzuthut, entsteht Ozon, ein neuer Körper
($O_2 + O_1 = O_3$). Man übersehe jedoch nicht, dass alle menschlichen
Erfindungen dennoch auf Assimilation und Nachahmung beruhen; der
Mensch er—findet das, was da vorliegt und einzig seines Kommens
harrte, genau so wie er dasjenige ent—deckt, was ihm bisher verschleiert war; die Natur spielt ·Versteckens· und ·blinde Kuh· mit
ihm. *Quod invenitur, fuit:* sagt Tertullian. Dass er das versteht,
dass er nach dem Verborgenen sucht und nach und nach so vieles
aufdeckt und findet, das bezeugt freilich den Besitz von Gaben ohnegleichen; besässe er sie aber nicht, so wäre er ja das elendeste aller
Wesen — denn ohne Waffen, ohne Kraft, ohne Flügel, ohne alles
steht er da: die bitterste Not ist seine Triebfeder, das Erfindungs-
vermögen sein Heil.

Was den Menschen nun zum wahren Menschen macht, zu
einem von allen, auch den menschlichen Tieren verschiedenen Wesen,
das ist, wenn er dazu gelangt, ohne Not zu erfinden, seine unvergleichliche Befähigung nicht im Dienste eines Naturzwanges, sondern
frei zu bethätigen, oder — um für das selbe einen tieferen, ent-
sprechenderen Ausdruck zu gebrauchen — wenn die Not, welche ihn
zum Erfinden treibt, nicht mehr von aussen, sondern von innen in
sein Bewusstsein tritt; wenn das, was sein Heil war, nunmehr sein
Heiligtum wird. Entscheidend ist der Augenblick, wo die freie
Erfindung bewusst auftritt, das heisst also der Augenblick, wo der

das Feuer zu erzeugen, erfunden haben, uns Menschen bliebe doch die Erfindung
der Gestalt des Prometheus, und dass dieses, nicht jenes es ist, was den Menschen
zum Menschen macht, bildet gerade den Inhalt meiner Ausführungen.

Mensch zum Künstler wird. Beobachtungen in Betreff der umgebenden
Natur (z. B. des gestirnten Himmels) können schon weit gediehen
und ein mannigfaltiger Götter- und Dämonenkultus entstanden sein,
ohne dass damit ein prinzipiell Neues in die Welt getreten wäre.
Das alles bezeugt eine schlummernde Fähigkeit, ist aber seinem Wesen
nach nichts weiter als die halbunbewusste Bethätigung eines Instinktes.
Erst wenn ein einzelner Mensch, wie Homer, frei nach seinem eigenen
Willen, die Götter erdichtet, wie er sie haben will, wenn ein Natur-
beobachter, wie Demokrit, aus freier Schöpferkraft die Vorstellung
des Atoms erfindet, wenn ein sinnender Seher, wie Plato, mit der
Mutwilligkeit des weltüberlegenen Genies die ganze sichtbare Natur
über Bord wirft und das menschenerschaffene Reich der Ideen an
ihre Stelle setzt, wenn ein erhabenster Lehrer ausruft: »Sehet, das
Himmelreich ist inwendig in euch!«: dann erst ist ein durchaus neues
Geschöpf geboren, jenes Wesen, von dem Plato sagt: »Er hat Zeugungskraft in der Seele viel mehr als im Leibe«, dann erst enthält der
Makrokosmos einen Mikrokosmos. Was Kultur zu heissen einzig verdient, ist die Tochter solcher schöpferischen Freiheit, sagen wir kurz
der Kunst, mit welch letzterer Philosophie — echte, schöpferische
Philosophie und Wissenschaft — so eng verwandt ist, dass beide als
zwei Seiten desselben Wesens erkannt werden müssen; jeder grosse
Dichter war Philosoph, jeder geniale Philosoph ist Dichter. Was
ausserhalb dieses mikrokosmischen Kulturlebens steht, ist lediglich
»Civilisation«, das heisst, ein beständig höher potenziertes, zunehmend
emsigeres, bequemeres und unfreieres Ameisenstaatendasein, gewiss
reich an Segen und insofern wünschenswert, eine Gabe der Zeiten
jedoch, bei welcher es häufig überaus fraglich bleibt, ob das Menschengeschlecht nicht mehr dafür bezahlt als erhält. Civilisation ist an
und für sich nichts, denn es bezeichnet nur ein Relatives; eine höhere
Civilisation dürfte nur dann als ein positiver Gewinn (als ein »Fortschritt«) betrachtet werden, wenn sie zu einer zunehmend intensiven
geistigen und künstlerischen Gestaltung des Lebens und zu einer
innerlichen moralischen Klärung führte. Weil ihm das bei uns nicht
der Fall zu sein schien, darum durfte Goethe als berufenster Zeuge
das melancholische Geständnis machen: »Diese Zeiten sind schlechter
als man denkt«. Dagegen beruht die unvergängliche Bedeutung des
Hellenentums darauf, dass es verstanden hat, sich eine Zeit zu schaffen,
besser, als wir sie uns irgend vorzustellen vermögen, eine unvergleichlich bessere Zeit, als seine eigene, so sehr rückständige Civilisation sie

verdiente, wenn ich mich so ausdrücken darf. Heutzutage unterscheiden alle Ethnographen und Anthropologen scharf zwischen Moral und Religion, und erkennen an, dass beide in einem gewissen Sinne von einander unabhängig sind; es wäre ebenso nützlich, wenn man zwischen Kultur und Civilisation scharf zu unterscheiden lernte. Eine hochentwickelte Civilisation ist mit einer rudimentären Kultur vereinbar: Rom zum Beispiel zeigt eine bewundernswerte Civilisation bei sehr geringer, durchaus unorigineller Kultur. Athen dagegen weist (bei seinen freien Bürgern) eine Kulturstufe auf, gegen welche wir Europäer des 19. Jahrhunderts in mancher Beziehung noch immer Barbaren sind, verbunden mit einer Civilisation, welche wir vollauf berechtigt sind, als eine im Verhältnis zu der unsrigen wirklich barbarische zu bezeichnen. [1]) Verglichen mit allen anderen Erscheinungen der Geschichte, stellt das Griechentum eine überschwänglich reiche Blüte des Menschengeistes dar, und die Ursache davon ist, dass seine gesamte Kultur auf einer künstlerischen Grundlage ruht. Das freischöpferische Werk menschlicher Phantasie war bei den Hellenen der Ausgangspunkt ihres so unendlich reichen Lebens: Sprache, Religion, Politik, Philosophie, Wissenschaft (selbst Mathematik!), Geschichtsschreibung und Erdkunde, alle Formen der Dichtung in Worten und in Tönen, das ganze öffentliche Leben und das ganze innere Leben des Einzelnen — Alles strahlt von diesem Werk aus, und Alles findet sich in ihm wie in einem zugleich figürlichen und organischen Mittelpunkt wieder, einem Mittelpunkt, der das Fremdartigste an Charakteren, Interessen, Bestrebungen zu einer lebendigen, bewussten Einheit verknüpft. In diesem Mittelpunkt steht Homer.

Dass man an dem Dasein des Dichters Homer hat zweifeln Homer können, wird späteren Geschlechtern keine sehr günstige Vorstellung von der geistigen Schärfe unserer Epoche geben. Es sind gerade

---

[1]) Ein treffliches Beispiel liefern die Indoarier in ihrer Urheimat, wo die Ausbildung einer »alle anderen übertreffenden, vollendet einheitlichen, wunderbar durchgebildeten Sprache«, abgesehen von anderen geistigen Thaten, eine hohe Kultur bedeutete, diese Menschen aber nichtsdestoweniger ein fast nackend einhergehendes Hirtenvolk waren, das weder Städte noch Metall kannte! (Siehe namentlich Jhering: *Vorgeschichte der Indoeuropäer*, S. 2.) Für eine genaue Unterscheidung zwischen Wissen, Civilisation und Kultur verweise ich auf das neunte Kapitel meines vorliegenden Werkes und auf die darin enthaltene Übersichtstafel.

100 Jahre her, dass F. A. Wolf seine Hypothese in die Welt setzte; seitdem haben unsere Neoalexandriner wacker weiter geschnüffelt und geschaufelt, bis sie herausbekamen, Homer sei lediglich eine pseudo-mythische Kollektivbezeichnung, und Ilias und Odyssee nichts weiter als eine geschickte Zusammenkleisterung und Neuredigierung von allerhand Liedern aus verschiedenen Zeiten und von allerhand Dichtern — — Von wem zusammengekleistert? und so überaus schön redigiert? Nun, natürlich von gelehrten Philologen, von den Vor-fahren der jetzigen! Man wundert sich nur, dass, da wir wieder einmal im Besitze eines so geistvollen Kritikergeschlechtes sind, diese Herren sich nicht die Mühe genommen haben, uns Armen eine n e u e Ilias zusammenzukleistern: an Liedern fehlt es doch wahrlich nicht, auch nicht an echten, schönen Volksliedern, sollte es vielleicht an Pappe, etwa gar an Gehirnpappe fehlen? — Die kompetentesten Richter in einer derartigen Frage sind offenbar die Dichter, die grossen Dichter; der Philologe klebt an der Schale, welche der Willkür von Jahrhunderten ausgesetzt war, des Dichters kongenialer Blick dringt dagegen bis zum Kern vor und überblickt den individuellen Schaffens-prozess. Schiller nun, mit der unfehlbaren Sicherheit seines Instinkts, erklärte sofort, die Ansicht, Ilias und Odyssee seien nicht in allen Hauptzügen ihrer Gestaltung das Werk eines einzigen gottbegnadeten Mannes, für »einfach barbarisch«. Ja, in seiner Erregung schiesst er so weit über das Ziel hinaus, dass er Wolf einen »dummen Teufel« nennt! Fast noch interessanter ist das Urteil Goethe's. Seine viel-gerühmte Objektivität äusserte sich unter anderem auch darin, dass er sich gern widerstandslos einem Eindruck hingab; Wolf's grosse philologische Verdienste und die Menge des Richtigen, welche seine Ausführungen enthielten, bestrickten den grossen Mann; er fühlte sich überzeugt und erklärte es auch öffentlich. Später aber, als Goethe sich wieder eingehend mit den Homerischen Dichtungen zu beschäftigen die Gelegenheit hatte — und diese Werke nicht mehr vom philologisch-historischen, sondern vom rein dichterischen Stand-punkt aus betrachtete — da widerrief er seine voreilige Zustimmung zu dem »subjektiven Krame« (wie er es nunmehr nannte), denn jetzt wusste er genau: hinter diesen Werken steht eine »herrliche Einheit, ein einziger, höherer Dichtersinn«.[1]) Aber auch die Philologen sind, auf ihren notwendigen Umwegen, zu derselben Einsicht gelangt, und

---

[1]) Siehe z. B. die kleine Schrift: *Homer noch einmal*, aus dem Jahre 1826.

Homer tritt grösser als je in das 20. Jahrhundert, in das vierte Jahrtausend seines Ruhmes ein.[1]

Denn neben den vielen philologisierenden Insekten hat Deutschland ein unverwüstliches Geschlecht wahrhaft grosser Sprach- und Litteraturforscher hervorgebracht; F. A. Wolf gehörte selber dazu; niemals hat er sich bis zu der späteren wahnwitzigen Vorstellung verstiegen, ein grosses Kunstwerk könnte aus der Zusammenwirkung vieler kleiner Männer oder unmittelbar aus dem dunklen Bewusstsein der Masse hervorgehen, und er wäre der erste, der von dem endlichen Erfolg der langwierigen wissenschaftlichen Untersuchungen mit Befriedigung Kenntnis nehmen würde. Selbst in dem Falle, ein ebenso grosses Genie wie Homer hätte sich mit Reparatur- und Ausschmück-

---

[1] Es muss mir daran liegen, auch den geringsten Schein einer Gelehrsamkeit, die ich nicht besitze, von mir abzuwehren; ein Mann in meiner Lage kann ja nur von den Ergebnissen gelehrter Forschungen Kenntnis nehmen; an diese Ergebnisse hat er aber das Recht und die Pflicht als freier Mann und im Besitze einer vollwertigen Urteilskraft heranzutreten, und zwar muss er vor allem, dünkt mich, seine Urteilskraft in derselben Art benützen wie ein Monarch, dessen Weisheit sich namentlich in der Wahl seiner Ratgeber zu bewähren hat; über den Wert gelehrter Argumente kann der Laie nicht zu Gericht sitzen, dagegen vermag er es sehr gut, aus Stil, Sprache und Gedankenführung sich ein Urteil über den einzelnen Gelehrten zu bilden und zwischen Maurer und Architekten zu unterscheiden. Nicht also im Sinne einer materiellen Beweisführung, sondern lediglich damit der Leser über meine Urteilsfähigkeit im angedeuteten Sinne selber frei zu urteilen vermöge, weise ich hin und wieder in diesen Anmerkungen auf meine ›Autoritäten‹ hin. Wie im Texte ausgeführt, halte ich es zunächst in dieser Frage mit Sokrates: über Flötenspiel haben Musiker das beste Urteil, über Dichtwerke Dichter. Die Meinung Goethe's ist mir in Bezug auf Homer mehr wert als die sämtlicher Philologen, die seit Beginn der Welt gelebt haben. Über diese letztere habe ich mich jedoch, so weit das ein Laie kann, orientiert, was namentlich bei einer so ungemein verwickelten Frage sehr vonnöten. Die zusammenfassenden Darstellungen von Niese: *Die Entwickelung der Homerischen Poesie*, 1882 und von Jebb: *Homer*, 1888, lassen Einen den Gang der Diskussion bis in die Neuzeit verfolgen; mehr aber auch nicht. Dagegen wandert man mit Bergk: *Griechische Litteraturgeschichte*, 1872—84, an der Hand eines sicheren Führers. Dass Bergk ein Hellenist allerersten Ranges war, geben alle Fachmänner zu, dem Nichtfachmann fällt ausserdem die umfassende und durchdringende Beschaffenheit seines Wissens auf, gepaart mit einer Mässigkeit, die an Nüchternheit grenzt; Bergk ist nicht ein Feuergeist, er bildet bei der Beurteilung dieser Frage die Ergänzung zur blitzschnellen Intuition eines Schiller. Man lese nicht allein das Kapitel: ›Homer eine historische Persönlichkeit‹, sondern namentlich auch in dem späteren Abschnitt ›Homer bei den Neueren‹ die Ausführungen über die Liedertheorie, von der Bergk sagt: ›Die allgemeinen

ungsarbeiten an dessen Werken abgegeben — was eine fast wider-
sinnige Annahme wäre — so lehrt uns die Geschichte aller Kunst,
dass echte Persönlichkeit jeder Nachahmung trotzt; je weiter aber die
kritischen Untersuchungen dieses Jahrhunderts gediehen, umsomehr
musste jeder fähige Forscher einsehen, dass selbst die bedeutendsten
Nachahmer, Ergänzer, Wiederhersteller der Epen des Homer sich alle
von ihm dadurch unterschieden, dass kein einziger an sein überragendes
Genie auch nur entfernt heranreichte.   Verunstaltet durch zahllose
Missverständnisse, Schreibfehler, noch mehr durch die vermeintlichen
Verbesserungen des unausrottbaren Geschlechtes der Besserwisser und
durch die Interpolationen gutmeinender Epigonen, zeugten diese Gedichte, gerade je deutlicher die Buntscheckigkeit ihrer heutigen Gestalt

Voraussetzungen, von denen die Vertreter der Liedertheorie ausgehen, erweisen
sich bei näherer Prüfung, namentlich wenn man die Homerischen Gedichte im
Zusammenhange mit der gesamten Entwickelung der epischen Poesie betrachtet,
als durchaus unhaltbar. Diese Theorie konnte nur von denen aufgestellt werden,
welche das Homerische Epos ganz gesondert von seiner Umgebung und ohne
alle Rücksicht auf die Geschichte der griechischen Litteratur ihrer zersetzenden
Kritik unterwarfen« I, 525〉. Man lese auch namentlich seinen Nachweis, dass
der Gebrauch der Schrift zu Homer's Zeiten üblich war, und dass sowohl
innere wie äussere Gründe dafür zeugen, dass Homer seine Dichtungen auch
thatsächlich schriftlich hinterlassen hat I, 527 ff.). Dass es gerade den Kritikern
häufig an Kritik fehlt und zwar bereits seit der alexandrinischen Zeit, zeigt Bergk
überzeugend; ihre Thätigkeit gipfelt nach ihm in »unheilvoller Verwirrung«.
Und da möchte ich noch aus einem anderen streng philologischen Werke,
Flach: *Geschichte der griechischen Lyrik*, eine treffliche, hierher gehörige Bemerkung anführen: »Hiermit hängt wieder eine moderne Zweifelsucht zusammen, welche die Aufgabe der Philologie den alten Überlieferungen gegenüber
in die Worte zu kleiden scheint: Ich glaube es nicht. Es versteht sich von selbst,
dass bei einem Verfahren dieser Art nichts Positives gewonnen wird, sondern
dass es im Gegenteil nur den Beweis einer gewissen geistigen Impotenz
liefert, welche sich damit begnügt, destruktive Tendenzen zu verfolgen und
der heutigen wissenschaftlichen Richtung ihren deutlichen Stempel
aufgeprägt hat« (II, S. v〉. Um so eifriger suchen wir in der Masse der mehr
oder weniger Impotenten nach den hervorragenden Geistern, gleichviel welcher
Schule sie angehören. Und da möchte ich — um diese all zu lange Anmerkung
nicht noch länger hinauszuziehen — vor allem auf Erwin Rohde verweisen,
dessen Bücher *Der griechische Roman* (1876) und *Psyche* (1894〉, zu jener
Gattung rein gelehrter, philologischer Werke gehören, welche jedem, auch dem
Ungelehrten, eine reiche Ernte bieten, da sie ähnlich wie z. B. die Werke
Grimm's, Burnouf's und Earle's, durch ihre überall durchschimmernde, oft auch
hindurchbrechende innere Bedeutung das fachliche Interesse zu einem sachlichen
umwandeln; dies ist der Prüfstein wahrer Bedeutung.

durch die Pol[i]erarbeit der Forschung hervortrat, immer mehr von
der unvergleichlichen, göttlichen Gestaltungskraft des ursprünglichen
Bildners. Welche unerhörte Macht der Schönheit musste nicht Werken
zu eigen sein, welche Jahrhunderte hindurch wildbewegten sozialen
Verhältnissen, und während noch längerer Zeit dem entweihenden
Ansturm von Beschränktheit, Mittelmässigkeit und Pseudogenialität so
erfolgreich trotzen konnten, dass noch heute aus diesen Trümmern
der ewig-jugendliche Zauber künstlerischer Vollendung als die gute Fee
unserer eigenen Kultur uns entgegentritt! Zugleich führten auch andere
Forschungen, die ihren eigenen, unabhängigen Weg gegangen waren —
die geschichtlichen und mythologischen Studien — zu dem sichern
Ergebnis, Homer müsse eine historische Persönlichkeit gewesen sein.
Es hat sich nämlich herausgestellt, dass sowohl Sage wie Mythe sehr
frei und nach bestimmten Prinzipien bewusster künstlerischer Gestaltung in diesen Dichtungen behandelt worden sind. Um das Wesent-
lichste nur zu nennen: Homer war ein Vereinfacher ohne
gleichen, er entwirrte den Knäuel populärer Mythen, und aus dem
planlosen Durcheinander volksmässiger Sagen, die von Gau zu Gau
anders lauteten, wob er einige wenige bestimmte Gestalten, in denen
alle Hellenen sich und ihre Götter erkannten, obwohl gerade diese
Darstellung ihnen durchaus neu war. — Was wir jetzt so mühevoll
entdeckt haben, wussten die Alten sehr gut; ich erinnere an die
merkwürdige Stelle bei Herodot: »Von den Pelasgern haben die
Hellenen die Götter angenommen. Woher aber ein jeglicher der
Götter stammt, und ob sie alle immer da waren und von welcher
Gestalt sie sind, das wissen wir Hellenen so zu sagen erst seit gestern.
Denn Hesiod und Homer sind es zunächst, welche den Griechen ihr
Göttergeschlecht geschaffen, den Göttern ihre Namen gegeben, sowie
Ehren und Künste unter sie verteilt und ihre Gestalten bezeichnet
haben. Die Dichter aber, welche angeblich vor diesen beiden Männern
gelebt haben sollen, sind, nach meiner Meinung wenigstens, erst nach
ihnen aufgetreten.« (Buch II, Abschn. 53.) Hesiod hat etwa ein Jahrhundert nach Homer gelebt und stand unter seinem unmittelbaren
Einfluss; bis auf diesen geringen Irrtum enthält der einfache naive
Satz Herodot's alles, was die kritische Riesenarbeit eines Jahrhunderts
ans Licht gefördert hat. Dass die Dichter, welche nach der priesterlichen Tradition vor Homer gelebt haben sollten — wie z. B. Orpheus,
Musaeos, Eumolpos aus dem thrakischen, oder Olen und andere aus
dem delischen Kreise — in Wirklichkeit nach ihm lebten, ist er-

wiesen;[1]) und ebenfalls erwiesen ist es, dass die religiösen Vorstellungen
der Griechen aus sehr verschiedenen Quellen gespeist worden sind;
den Grundstock bildet die indoeuropäische Erbschaft, dazu kommen aber
allerhand bunte, orientalische Einflüsse (wie Herodot das ebenfalls in dem
Abschnitt, der dem angeführten vorausgeht, schon dargelegt hatte): in dies
Wirrnis greift nun der eine unvergleichliche Mann mit der souveränen
Machtvollkommenheit des freischöpferischen, dichterischen Genies und
gestaltet daraus auf künstlerischem Wege eine neue Welt; wie Herodot
sagt: er schafft den Griechen ihr Göttergeschlecht.

Man gestatte mir, hier die Worte eines der anerkannt gelehrtesten
unter den lebenden Hellenisten, Erwin Rohde's,[2]) anzuführen: »Volksdichtung ist das Homerische Epos nur darum zu nennen, weil es so
geartet ist, dass das Volk, das gesamte Volk griechischer Zunge es
willig aufnahm und in sein Eigentum verwandeln konnte, nicht weil
in irgend einer mystischen Weise das ,Volk' bei seiner Hervorbringung beteiligt gewesen wäre. Viele Hände sind an den beiden
Gedichten thätig gewesen, alle aber in der Richtung und in dem
Sinne, die ihnen nicht das ,Volk' oder die ,Sage', wie man wohl
versichern hört, sondern die Gewalt des grössten Dichtergenius
der Griechen und wohl der Menschheit angab. — — — In
Homer's Spiegel scheint Griechenland einig und einheitlich im Götter-
glauben, wie im Dialekt, in Verfassungszuständen, in Sitte und Sittlichkeit. In Wirklichkeit kann — das darf man kühn behaupten —
diese Einheit nicht vorhanden gewesen sein; die Grundzüge des
panhellenischen Wesens waren zweifellos vorhanden, aber gesammelt
und verschmolzen zu einem nur vorgestellten Ganzen hat sie einzig
der Genius des Dichters.« (Seelenkult und Unsterblichkeitsglaube
der Griechen, S. 35, 36). Bergk, dessen ganzes reiches Gelehrten-
leben dem Studium der griechischen Poesie gewidmet war, urteilt:
»Homer schöpft wesentlich aus sich selbst, aus dem eigenen Inneren;
er ist ein wahrhaft originaler Geist, nicht Nachahmer, und er übt
seine Kunst mit vollem Bewusstsein« (a. a. O., S. 527). Auch Duncker,
der Historiker, bemerkt, dass, was den Nachfolgern Homer's fehlte —
was diesen Einzigen also auszeichnete — »der zusammenschauende
Blick des Genius« war (Gesch. des Altertums, V, 566). Und um

<hr />

[1]) Siehe namentlich Flach: Geschichte der griechischen Lyrik nach den
Quellen dargestellt, I. S. 45 ff., 90. ff.

[2]) Inzwischen hat die deutsche Wissenschaft den Tod des ausserordentlichen Mannes zu beklagen gehabt.

diese Citate würdig zu schliessen, berufe ich mich noch auf Aristoteles,
dem man, was kritische Schärfe anbelangt, doch einige Kompetenz
zuerkennen wird. Es ist auffallend und wohlthuend zu sehen, dass
auch er in Homer's Blick das unterscheidende Kennzeichen entdeckt;
im 8. Kapitel seiner Poetik (er redet von den Eigenschaften einer
dichterischen Handlung) meint er: »Homer aber, wie er sich auch in
anderen Dingen unterscheidet, scheint auch hierin richtig gesehen
zu haben, entweder durch Kunst, oder durch Natur.« Ein tiefes
Wort! welches uns auf den überraschenden Begeisterungsschrei im
23. Kapitel der Poetik vorbereitet: Homer ist vor allen anderen
Dichtern göttlich.

Dies musste zunächst, und selbst um den Preis einiger Aus- Künstlerische
führlichkeit, festgestellt werden; nicht etwa weil es für den Gegen- Kultur.
stand dieses Buches von Belang ist zu wissen, ob gerade ein Mann
Namens Homer die Ilias geschrieben hat, oder inwiefern die Dichtung,
welche heute unter diesem Titel bekannt ist, dem ursprünglichen
Gedicht entsprechen mag; nein, der spezielle Nachweis war Nebensache: wesentlich dagegen für mein ganzes Buch ist die Hervorhebung der unvergleichlichen Bedeutung der Persönlichkeit überhaupt;
wesentlich ebenfalls die Erkenntnis, dass jedes Werk der Kunst immer
und ausnahmslos eine stark individuelle Persönlichkeit voraussetzt, ein
grosses Kunstwerk eine Persönlichkeit allerersten Ranges, ein Genie;
wesentlich schliesslich die Einsicht, dass das Geheimnis der hellenischen
Zaubergewalt in dem Begriff »Persönlichkeit« eingeschlossen liegt.
Denn in der That, will man begreifen, was hellenische Kunst und
hellenisches Denken für unser Jahrhundert bedeutet haben, will man
das Geheimnis einer so zähen Lebenskraft begreifen, so muss man
vor allem sich klar machen, dass, was noch heute aus jener verschwundenen Welt mit Jugendfrische weiterwirkt, die Macht grosser
Persönlichkeiten ist.

> Höchstes Glück der Erdenkinder
> Ist nur die Persönlichkeit,

sagt Goethe; dieses höchste Glück besassen die Griechen wie nie ein
Volk, und das gerade macht das Sonnige, Strahlende an ihrer Erscheinung aus. Ihre grossen Dichtungen, ihre grossen Gedanken sind
nicht das Werk anonymer Aktiengesellschaften, wie die sogenannte
Kunst und die sogenannte Weisheit der Ägypter, Assyrier, Chinesen

e tutti quanti; das Heldentum ist das Lebensprinzip dieses Volkes; der
einzelne Mann tritt einzeln hervor, kühn überschreitet er den Bann-
kreis des allen Gemeinsamen, der instinktiv, unbewusst, nutzlos sich
accumulierenden Civilisation, furchtlos haut er sich eine Lichtung in
dem immer dunkler werdenden Urwald der gehäuften Superstitionen:
— er wagt es, Genie zu haben! Und aus diesem Wagestück entsteht
ein neuer Begriff des Menschlichen; jetzt erst ist der Mensch »in das
Tageslicht des Lebens eingetreten«.

      Der Vereinzelte vermöchte das jedoch nicht. Persönlichkeiten
können nur in einer Umgebung von Persönlichkeiten sich als solche
bemerkbar machen; Aktion gewinnt erst durch Reaktion ein bewusstes
Dasein; das Genie kann einzig in einer Atmosphäre der »Genialität«
atmen. Haben wir uns also unzweifelhaft eine einzige, überragend
grosse, unvergleichlich schöpferische Persönlichkeit als das bestimmende
und durchaus unerlässliche *primum mobile* der gesamten griechischen
Kultur zu denken, so müssen wir als das zweite charakteristische
Moment dieser Kultur die Thatsache erkennen, dass die Umgebung
sich einer so ausserordentlichen Persönlichkeit würdig erwies. Das
Bleibende am Hellenentum, dasjenige, was es noch heute am Leben
erhält und dazu befähigte, so vielen der Besten in unserem Jahrhundert ein leuchtendes Ideal zu sein, ein Trost und eine Hoffnung,
das kann man in einem einzigen Wort zusammenfassen: es ist seine
Genialität. Was hätte ein Homer in Ägypten oder in Phönizien
gefrommt? Die einen hätten ihn unbeachtet gelassen, die anderen
ihn gekreuzigt; ja, selbst in Rom — — — hier haben wir übrigens
den Experimentalbeweis vor Augen. Ist es denn der gesamten
griechischen Dichtkunst gelungen, auch nur einen einzigen Funken
aus diesen nüchternen, unkünstlerischen Herzen zu schlagen? Giebt
es unter den Römern ein einziges wahres Dichtergenie? Ist es nicht
ein Jammer, dass unsere Schulmeister sich verpflichtet fühlen, unsere
frischen Kinderjahre durch die obligate Bewunderung dieser rhetorischen,
gedrechselten, seelenlosen, erlogenen Nachahmungen echter Poesie
zu vergällen? Und — denn auf ein paar Dichter mehr oder weniger
kommt es wahrlich nicht an — merkt man nicht an diesem einen
Beispiel, wie die gesamte Kultur mit der Kunst zusammenhängt?
Was sagt man zu einer Geschichte, die mehr als 1200 Jahre umfasst
und nicht einen einzigen Philosophen aufweist, ja, nicht einmal das
kleinste Philosöphchen? zu einem Volk, das seine in dieser Beziehung
wahrhaftig bescheidenen Ansprüche durch den Import der letzten

abgemarterten, blutärmsten Griechen decken muss, die aber nicht einmal Philosophen, sondern lediglich ziemlich platte Moralisten sind? Wie weit muss es mit der Ungenialität gekommen sein, wenn ein guter Kaiser, der in seinen Mussestunden Maximen aufgeschrieben hat, als »Denker« der Verehrung kommender Geschlechter anempfohlen wird![1]) Wo ist ein grosser, schöpferischer Naturforscher unter den Römern? Doch nicht etwa der fleissige Konversationslexikonsredakteur Plinius? Wo ein Mathematiker von Bedeutung? Wo ein Meteorolog, ein Geograph, ein Astronom? Alles, was unter Roms Herrschaft in diesen und anderen Wissenschaften geleistet wurde, alles ohne Ausnahme stammt von Griechen. Der poetische Urborn war aber versiegt, und so versiegte nach und nach auch bei den Griechen des Römertums das schöpferische Denken, die schöpferische Beobachtung. Der belebende Hauch des Genies war verweht; weder in Rom noch in Alexandrien war von dieser Himmelsnahrung des menschlichen Geistes für die noch immer aufwärts strebenden Hellenen

---

[1]) Lucretius könnte man allenfalls nennen, sowohl als Denker wie als Dichter gewiss ein bewundernswerter Mann; die Gedanken sind aber überall eingestandenermassen griechische, und auch der ganze poetische Apparat ist ein griechischer. Und dabei liegt doch auf seiner grossen Dichtung der tötliche Schatten jenes Skepticismus, der über kurz oder lang zur Unproduktivität führt, und der sorgfältig zu unterscheiden ist von der tiefen Erkenntnis wahrhaft religiöser Gemüter, die das Bildliche an ihren Vorstellungen gewahr werden, ohne deswegen an der erhabenen Wahrheit des innerlich Geahnten, Unerforschlichen zu zweifeln; wie wenn z. B. der Vedische Weise plötzlich ausruft:

　　»Doch wem ist auszuforschen es gelungen,
　　Wer hat, woher die Schöpfung stammt, vernommen?
　　Die Götter sind diesseits von ihr entsprungen!
　　Wer sagt es also, wo sie hergekommen?«　Rigveda X, 129.

oder wie Herodot in der vor wenigen Seiten angeführten Stelle, wo er meint, der Dichter habe die Götter geschaffen. Und Epikur selber, der »Gottesleugner«, der Mann, den Lucretius als den Grössten aller Sterblichen bezeichnet, der Mann, von dem er seine ganze Lehre entnimmt! erfahren wir nicht gerade über Epikur, dass bei ihm »Religiosität gleichsam ein angeborenes Gefühl gewesen sein muss« (siehe die von Goethe empfohlene Lebensskizze Epikur's von K. L. von Knebel? »Nie, rief Diokles aus, als er Epikur einstmals im Tempel fand, nie habe ich Zeus grösser gesehen, als da Epikur zu seinen Füssen lag'« Der Lateiner glaubte das letzte Wort der Weisheit mit seinem *Primus in orbe deos fecit timor* gesprochen zu haben; der Grieche dagegen kniete als aufgeklärter Mann noch inbrünstiger als ehedem vor dem herrlichen Gottesbilde nieder, welches Heldenmut sich frei erschaffen hatte, und bezeugte hiermit sein Genie.

etwas zu finden; in der einen Stadt erstickte der Nützlichkeitsaber-
glaube, in der anderen die wissenschaftliche Elephantiasis nach und
nach jede Lebensregung. Zwar wurde die Gelehrsamkeit immer
grösser, die Anzahl bekannter Thatsachen vermehrte sich unaufhörlich,
die treibende Kraft jedoch nahm ab, anstatt zuzunehmen (welch
letzteres nötig gewesen wäre), und so erlebte die europäische Welt,
bei enormer Steigerung der Civilisation, einen progressiven Niedergang
der Kultur — bis zur nackten Bestialität. Nichts dürfte für das Menschengeschlecht gefährlicher sein als Wissenschaft ohne Poesie, Civilisation
ohne Kultur.[1])

Bei den Hellenen war der Verlauf ein ganz anderer. Solange
die Kunst unter ihnen blühte, schlug die Leuchte des Geistes auf
allen Gebieten hoch zum Himmel empor. Die Kraft, welche sich in
Homer bis zu einer gewaltigsten Individualität durchgerungen hatte,
lernte nun an ihm ihre Bestimmung erkennen, und zwar zunächst
im engeren Sinne der rein künstlerischen Gestaltung einer Welt des
schönen Scheines. Um den strahlenden Mittelpunkt herum entstand
ein unabsehbares Heer von Dichtern und eine reiche Skala von Dicht-
arten. Originalität bildete — gleich von Homer an — das Kennzeichen griechischen Schaffens. Natürlich richteten sich untergeordnete
Kräfte nach den hervorragenderen: es gab aber so viele hervorragende,
und diese hatten so unendlich mannigfaltige Gattungen erfunden, dass
hierdurch auch die geringere Begabung in die Lage versetzt wurde,
das ihr genau Angemessene zu erwählen und ihr Höchstes zu leisten.
Ich rede nicht allein von der tonvermählten Wortdichtung, sondern
ebenfalls von jener unerreichten Blüte der Dichtung für das Auge,
welche im engsten Anschluss an jene, wie ein vielgeliebtes, jüngeres Geschwister aufwuchs. Architektur, Plastik, Malerei, sie alle waren, gleichwie Epik, Lyrik, Dramatik, wie Hymnendichtung, Dithyrambik, Ode,
Roman und Epigramm, Strahlen von jenem selben Licht der Kunstsonne,
nur je nach dem einzelnen Auge verschieden gebrochen. Gewiss ist
es lächerlich, wenn Schulmänner zwischen Bildung und Ballast nicht
zu unterscheiden wissen und uns mit endlosen Aufzählungen un-
bedeutender griechischer Dichter und Bildhauer belästigen; die Empörung hiergegen, welche am Schluss unseres Jahrhunderts sich mit
wachsender Ungeduld zu rühren beginnt, soll uns willkommen sein:
ehe wir aber die vielen überflüssigen Namen der verdienten Ver-

---

[1] Vergl. in Kap. 9 die Ausführungen über China u. s. w.

gessenheit übergeben, wollen wir doch das Phänomen in seiner Gesamtheit bewundern; es bezeugt eine ewig begehrenswerte Herrschaft des guten Geschmacks, eine Feinheit des Urteils, wie sie bisher nicht wiederkehrte, und einen weitverbreiteten, schöpferischen Drang. Die griechische Kunst war ein wahrhaft lebendiges Wesen, darum lebt sie noch heute: was lebt, ist unsterblich. Sie besass einen festen, organischen Mittelpunkt und sie gehorchte einem unwillkürlichen und darum unfehlbaren Gestaltungstrieb, der die üppigste Mannigfaltigkeit, sogar die tollsten Auswüchse und die mindest bedeutenden Bruchteile zu einem Ganzen verknüpfte. Kurz — und wenn man mir die scheinbare Tautologie verzeiht — hellenische Kunst war eine künstlerische Kunst, etwas, was kein Einzelner, auch nicht ein Homer bewirken kann, sondern welches aus der Mitwirkung einer Gesamtheit entsteht. Seither hat sich derartiges nie wieder ereignet, und deswegen lebt griechische Kunst nicht allein noch jetzt bildend und ermahnend in unserer Mitte, sondern die grössten unserer Künstler (unserer Dichter in Handlungen, Tönen, Worten, Gestalten) haben, wie in den früheren Jahrhunderten unserer Zeitrechnung, so auch noch in diesem Jahrhundert sich zu Griechenland hingezogen gefühlt wie zu einer Heimat. Der Mann aus dem Volk weiss allerdings bei uns von griechischer Kunst nur indirekt; für ihn haben die Götter nicht, wie für Epikur, einen noch höheren Olymp bestiegen; von roher asiatischer Skepsis und rohem asiatischem Aberglauben wurden sie herabgestürzt und sie zerschellten; er begegnet ihnen aber auf unseren Brunnen und Theatervorhängen, im Park, wo er Sonntags frische Luft schöpft, und in den Museen (wo die Plastik auf die Menge immer mehr Anziehung ausübt als die Malerei). Der »Gebildete« trägt Brocken von dieser Kunst als unverdauten Bildungsstoff im Kopfe: mehr Namen, als lebendige Vorstellungen; jedoch begegnet er ihr zu viel auf Schritt und Tritt, als dass er sie je ganz aus den Augen verlieren könnte; sie hat an dem Aufbaue seines Geistesgerüstes oft mehr Anteil als er selber weiss. Der Künstler aber — und hiermit will ich jedes künstlerische Gemüt bezeichnen — kann nicht anders als voller Sehnsucht die Augen auf Griechenland richten, und zwar nicht allein wegen der einzelnen dort entstandenen Werke — seit dem Jahre 1200 ist auch bei uns manches Herrliche geboren: Dante steht allein, Shakespeare ist grösser und reicher als Sophokles, die Kunst eines Bach hat kein Grieche auch nur ahnen können — nein, was der Künstler dort findet und was ihm bei uns fehlt, das ist das k ü n s t l e r i s c h e

Element, die künstlerische Kultur. Die Grundlage des europäischen Lebens war seit den Römern eine politische; jetzt geht sie nach und nach in eine wirtschaftliche über. Bei den Griechen durfte kein freier Mann Handel treiben, bei uns ist jeder Künstler ein geborener Sklave; die Kunst ist für uns ein Luxus, ein Reich der Willkür, sie ist unserem Staat kein Bedürfnis und unserem öffentlichen Leben nicht der Gesetzgeber eines alles durchdringenden Schönheitsgefühls. Schon in Rom war es die Laune eines einzelnen Maecenas, welche die Blüte der Dichtkunst hervorrief; seither hingen die höchsten Thaten der herrlichsten Geister zumeist von der Baulust eines Papstes, der Eitelkeit eines klassisch gebildeten Fürsten, der Prachtliebe einer prunksüchtigen Kaufmannschaft ab, oder hin und wieder wehte ein belebender Hauch aus höheren Regionen, wie die von dem grossen und heiligen Franziskus versuchte religiöse Wiedergeburt, welche zu unserer neuen Kunst der Malerei den ersten Anstoss gab, oder wie das allmähliche Erwachen des deutschen Gemütes, dem wir die herrliche neue Kunst, die deutsche Musik, verdanken. Was ist aber aus den Bildern geworden? Die Wandgemälde überkalkte man, weil man sie hässlich fand; die Tafelbilder entriss man den geheiligten Stätten der Andacht und hing sie alle nebeneinander an den Wänden der Museen auf; und dann — weil man sonst die »Entwickelung« bis zu diesen gepriesensten Meisterwerken nicht wissenschaftlich hätte auseinandersetzen können — kratzte man dort den Kalk ab, so gut und so schlecht es ging, warf die frommen Mönche hinaus und machte aus Klöstern und *campi santi* eine zweite Klasse von Museen. Mit der Musik ging es nicht viel anders; ich habe selber in einer — noch dazu wegen ihres geläuterten Musiksinnes besonders gerühmten Hauptstadt Europas — eine Konzertaufführung von J. S. Bach's Matthäuspassion erlebt, in welcher nach jeder »Nummer« geklatscht und der Choral ›O Haupt voll Blut und Wunden!‹ sogar *da capo* verlangt wurde! Wir haben vieles, was die Griechen nicht hatten, solche Beispiele lassen aber deutlich und schmerzlich empfinden, was uns abgeht und was jene besassen. Man begreift, dass Hölderlin dem heutigen Künstler zurufen konnte:

> Stirb! du suchst auf diesem Erdenrunde,
> Edler Geist, umsonst dein Element!

Es ist nicht Mangel an innerer Kraft, an Originalität, was des heutigen Künstlers Herz nach Griechenland zieht, wohl aber das Bewusstsein

und die Erfahrung, dass der Einzelne, Vereinzelte gar nicht wirklich
original sein kann. Originalität ist nämlich etwas ganz anderes als
Willkür; Originalität ist im Gegenteil die freie Befolgung des von
der besonderen Natur der betreffenden Persönlichkeit unwillkürlich
ihr vorgezeichneten Weges; gerade die Freiheit hierzu besteht aber
für den Künstler nur in dem Element einer durch und durch künstlerischen Kultur; eine solche findet er heute nicht. Zwar wäre es
durchaus ungerecht, unserer heutigen europäischen Welt künstlerische
Regungen abzusprechen: in dem Interesse für Musik macht sich eine
ganz gewaltige Gährung der Geister bemerkbar, und das für moderne
Malerei greift zwar nur in bestimmte, aber doch in weite Kreise, und
erregt eine fast unheimliche Leidenschaftlichkeit; das alles bleibt jedoch
ausserhalb des Lebens der Völker, es bildet eine Zugabe, eine Zugabe
für Mussestunden und müssige Menschen; daher herrschen Mode und
Laune und mannigfaltige Lüge, und die Atmosphäre, die den echten
Künstler umgiebt, entbehrt jeglicher Elastizität. Selbst das kräftigste
Genie ist bei uns gebunden, gehemmt, von vielen Seiten zurück-
gestossen. Und so lebt denn hellenische Kunst als ein verlorenes,
wieder zu erstrebendes Ideal in unserer Mitte fort.

Unter einem fröhlicheren Sterne geniessen hellenische Philo- Das Gestalten.
sophie und hellenische Naturforschung bei uns Kindern des 19. Jahrhunderts ein gern und dankbar gewährtes Gastrecht. Auch hier handelt
es sich nicht um blosse *lares* und feiern wir nicht lediglich einen
Ahnenkultus; hellenische Philosophie ist im Gegenteil äusserst lebendig
unter uns und hellenische Wissenschaft, so unbeholfen auf der einen
Seite und so unbegreiflich intuitionskräftig auf der anderen, nötigt
uns nicht allein ein historisches, sondern auch ein gegenwärtiges
Interesse ab. Die reine Freude, die wir bei der Betrachtung hellenischen Denkens empfinden, dürfte zum Teil von dem Bewusstsein
herkommen, dass wir hier über unsere grossen Vorfahren weiter
hinausgeschritten sind. Unsere Philosophie ist philosophischer, unsere
Wissenschaft wissenschaftlicher geworden: eine Progression, wie sie
auf dem Gebiete der Kunst leider nicht stattgefunden hat. In Bezug
auf Philosophie und Wissenschaft hat sich unsere neue Kultur ihres
hellenischen Ursprunges würdig erwiesen; wir haben ein gutes Gewissen.

Es kann nicht meine Aufgabe sein, hier Beziehungen nachzuweisen, die jedem Gebildeten bekannt sein müssen: streng genetische
was die Philosophie anbelangt, da unser Denken erst bei der Be-

rührung mit dem Griechischen erwachte und es selbst die zuletzt
gereifte Kraft des Widerspruches und der Selbständigkeit aus ihm
sog, — streng genetische ebenfalls, insoferne die Grundlage aller
exakten Wissenschaft in Betracht gezogen wird, die Mathematik,
minder genetische und in früheren Jahren eher hemmend als fördernd,
was die beobachtenden Wissenschaften betrifft.[1]) Mir liegt nur das
eine ob, in wenigen Worten zu sagen, welche heimliche Kraft diesen
alten Gedanken so zähen Lebensgeist schenkte.

Wie vieles Seitherige ist inzwischen zu ewiger Vergessenheit
untergegangen, während Plato und Aristoteles, Demokrit, Euklid und
Archimedes in unserer Mitte anregend und belehrend weiterleben,
und die halbfabelhafte Gestalt des Pythagoras mit jedem Jahrhundert
grösser wird![2]) Bei Dichtungen und sonstigen Kunstwerken sagen
Manche: die Erzeugnisse der Phantasie sind nicht an Ort und Zeit
gebunden, in ihnen kommt ein Absolutes zum Ausdruck, sie gehören
allen Jahrhunderten an. In dieser Fassung ist der Gedanke durchaus
falsch: nichts altert im Allgemeinen schneller als Kunst; einzig die
unbedingteste Genialität, oder aber zufällige historische Bedeutung
(wie bei Juvenal u. a.) verbürgen hier Fortdauer; nur wenige Romane,
nur sehr vereinzelte Gedichte können nach 100 Jahren zu wirklichem
vollen Genusse gelesen werden, Bühnendichtungen, Malerei, Musik
— — das alles wird in unglaublich kurzer Zeit altbacken; vor Canova's
und Thorwaldsen's Werken vermögen schon vor Schluss des Jahrhunderts keine Selbstgalvanisierungsversuche Begeisterung zu erwecken.
Ausserdem lehrt auch die Erfahrung, dass hellenisches Denken
mindestens eben so lebenskräftig ist wie hellenisches Dichten. Und
ich meine: was dem Denken eines Demokrit, eines Plato, eines
Euklid, eines Aristarch[3]) ewige Jugend verleiht, das ist genau der selbe
Geist, die selbe Geisteskraft, welche Homer und Phidias unsterblich
jung macht: es ist das Schöpferische und — in einem weitesten
Sinn des Wortes — recht eigentlich Künstlerische. Es kommt

---

[1] Zu diesem letzten Punkt muss jedoch bemerkt werden, dass manche
glanzendste Leistung des hellenischen Geistes auf diesem Gebiete uns bis vor
kurzem unbekannt war.

[2] Was die Rückkehr zu einer früheren Einsicht bedeutet. Als ein Orakel
den Römern befohlen hatte, dem weisesten der Hellenen ein Standbild zu errichten,
stellten sie die Statue des Pythagoras auf. Plutarch: *Numa*, Kap. XI.)

[3] Aristarch von Samos, der Entdecker des sogenannten Kopernikanischen
Weltsystems.

nämlich darauf an, dass die Vorstellung, durch welche der Mensch die innere Welt seines Ich's oder die äussere Welt zu bewältigen, sie seinem Wesen zu assimilieren sucht, fest gezeichnet und durch und durch klar gestaltet werde. Blicken wir auf eine etwa dreitausendjährige Geschichte zurück, so sehen wir, dass der menschliche Geist sich durch die Kenntnis neuer Thatsachen allerdings erweitert hat, bereichert dagegen einzig durch neue Ideen, d. h. durch neue Vorstellungen. Dies ist jene »schöpferische Kraft«, von der Goethe in den Wanderjahren redet, welche »die Natur verherrlicht« und ohne welche, wie er meint, »das Äussere kalt und leblos bliebe«.[1]) Dauerhaftes aber schafft sie nur, wenn ihre Gebilde schön und durchsichtig sind, also künstlerisch.

„As imagination bodies forth
The forms of things unknown. the poet's pen
Turns them to shapes."   Shakespeare.)

Auf deutsch: während die Phantasie die Vorstellung unerforschlicher Dinge hinausprojiziert, bildet sie des Dichters Griffel zu Gestalten um. Jene Vorstellungen allein, welche zu G e s t a l t e n umgebildet werden, machen einen dauernden Besitz des menschlichen Bewusstseins aus. Der Vorrat an Thatsachen ist ein sehr wechselnder, wodurch auch der Schwerpunkt des Thatsächlichen (wenn ich mich so ausdrücken darf) einer beständigen Verschiebung unterliegt; ausserdem ist etwa die Hälfte unseres Wissens, oder noch mehr, ein Provisorium: was gestern als wahr galt, ist heute falsch, und an diesem Verhältnis wird auch die Zukunft schwerlich etwas ändern, da die Erweiterung des Wissensmaterials mit der Erweiterung des Wissens Schritt hält.[2]) Was dagegen der Mensch als Künstler geformt, die Gestalt, der er Lebensatem eingehaucht hat, geht nicht unter. Ich

---

[1]) Man sieht, nach Goethe bedarf es eines schöpferischen Aktes des Menschengeistes, damit das Leben selber »belebt« werde.

[2]) Ein allgemeines Lehrbuch der Botanik oder der Zoologie aus dem Jahre 1875 ist z. B. am Schlusse unseres Jahrhunderts nicht mehr zu gebrauchen und zwar nicht allein und nicht hauptsächlich wegen des neu hinzugekommenen Materials, sondern weil thatsächliche Verhältnisse anders aufgefasst und exakte Beobachtungen durch noch exaktere umgestossen werden. Man verfolge als Beispiel das Imbibitionsdogma mit seinen endlosen Beobachtungsreihen, von seinem ersten Auftreten im Jahre 1838, bis zu seiner höchsten Blüte, etwa 1868; dann beginnt bald die Contremine, und im Jahre 1898 erfährt der wissbegierige Schüler gar nichts mehr davon.

muss wiederholen, was ich oben schon sagte: was lebt, stirbt nicht. Man weiss, dass heute die meisten Zoologen die Unsterblichkeit - die physische Unsterblichkeit — des Keimplasmas lehren; die Kluft zwischen organischer und unorganischer, das heisst zwischen belebter und unbelebter Natur, die man am Anfang unseres Jahrhunderts über- brückt zu haben wähnte, wird täglich tiefer; [1] hier ist zu einer Dis- kussion darüber nicht der Platz; ich führe diese Thatsache nur analogisch an, um mich zu rechtfertigen, wenn ich auch auf geistigem Gebiete zwischen organisierten und unorganisierten Vorstellungen streng unterscheide und wenn ich meine Überzeugung ausspreche, dass etwas, was des Dichters Griffel zu einer lebendigen Gestalt geformt hat, noch niemals gestorben ist. Kataklysmen können derartige Gebilde verschütten, sie entsteigen aber nach Jahrhunderten ewig jung dem vermeintlichen Grabe; gar häufig kommt es auch vor, dass die Kinder des Gedankens, wie ihre Geschwister, die marmornen Standbilder, verstümmelt, zerstückelt oder ganz und gar zertrümmert werden; das ist aber eine mechanische Vernichtung, nicht Tod. Und so war denn die mehr als tausend Jahre alte Ideenlehre Plato's ein lebendiger Bestandteil des Geisteslebens unseres Jahrhunderts, ein »Ursprung« gar vieler Gedanken; fast jede philosophische Spekulation von Be- deutung hat wohl an einer oder der andern Seite bei ihr angeknüpft! Inzwischen beherrschte Demokrit's Geist die Naturwissenschaft: mag seine geniale Erdichtung der Atome, um dem heutigen Wissens- material angepasst zu werden, noch so tiefe Umgestaltungen haben erfahren müssen, er bleibt doch der Erfinder, der Künstler, er ist es, der (um mit Shakespeare zu reden) das Unerforschliche durch die Kraft seiner Phantasie hinausprojiziert und diese Vorstellung dann gestaltet hat.

Plato.   Beispiele der Weise, in welcher hellenische Gestaltungskraft den Gedanken Leben und Wirksamkeit verliehen, sind leicht zu nennen. Man nehme Plato's Philosophie. Sein Material ist kein neues; er setzt sich nicht hin, wie etwa Spinoza, um aus den Tiefen des eigenen

---

[1] Siehe z. B. das massgebende Werk des amerikanischen Zoologen E. B. Wilson (Professor in Columbia: *The cell in Development and Inheritance*, 1896, wo wir lesen: »Die Erforschung der Zellenthätigkeit hat im ganzen die gewaltige Kluft, welche selbst die allerniedrigsten Formen des Lebens von den Erscheinungen der unorganischen Welt trennt, eher weiter aufgerissen als verengert.« Die unbe- dingte Richtigkeit dieser Aussage vom rein naturwissenschaftlichen Standpunkt aus bezeugte mir vor kurzem Herr Hofrat Wiesner.

Bewusstseins ein logisches Weltsystem herauszukalkulieren; ebensowenig greift er mit der grossartigen Unbefangenheit *(ingenuitas)* des
Descartes der Natur in die Eingeweide, in dem Wahn, dort als Welterklärung ein Räderwerk zu entdecken; vielmehr nimmt er hier und
dort, was ihm das beste dünkt — bei den Eleaten, bei Heraklit, bei
den Pythagoräern, bei Sokrates — und gestaltet daraus kein eigentlich
logisches, wohl aber ein künstlerisches Ganzes. Die Stellung Plato's
zu den früheren Philosophen Griechenlands ist derjenigen Homer's zu
den vorangegangenen und zeitgenössischen Sängern durchaus nicht
unähnlich. Auch Homer »erfand« wahrscheinlich nichts (ebensowenig
wie später Shakespeare); er griff aber aus verschiedenen Quellen dasjenige heraus, was zu seinem Zwecke passte, und fügte es zu einem
neuen Ganzen zusammen, zu etwas durchaus Individuellem, begabt
mit den unvergleichlichen Eigenschaften des lebendigen Individuums,
behaftet mit den von dem Wesen des Individuums nicht zu trennenden
engen Grenzen, Lücken, Eigenheiten, — denn jegliches Individuum
spricht mit dem Gott der ägyptischen Mysterien: »Ich bin, der ich
bin,« und steht als ein neues Unerforschliches, nicht zu Ergründendes
da.[1]) Ähnlich Plato's Weltanschauung. Professor Zeller, der berühmte
Geschichtsschreiber der griechischen Philosophie, meint: »Plato ist zu
sehr Dichter, um ganz Philosoph zu sein.« Es dürfte schwer fallen,
dieser Kritik irgend einen bestimmten Sinn abzugewinnen. Gott weiss,
was ein »Philosoph« in abstracto sein mag; Plato war er selber.
kein andrer; und an ihm erkennen wir, wie ein Geist gestaltet sein
musste, um griechisches Denken zu seiner höchsten Blüte zu führen.
Er ist der Homer dieses Denkens. Wenn ein Mann, der die
nötige Kompetenz besässe, die Lehre Plato's derartig zergliederte, dass
man deutlich gewahr würde, welche Bestandteile nicht durch den
Vorgang des genialen Wiedergebärens allein, sondern als ganz neue
Erfindungen ureigenes Eigentum des grossen Denkers sind, so würde
das Dichterische seines Verfahrens gewiss besonders klar werden.
Montesquieu nennt Plato denn auch (in seinen *Pensées)* einen der
vier grossen Dichter der Menschheit! Namentlich würde dasjenige,
was man als widerspruchsvoll, als nicht Zusammenzureimendes
tadelt, sich als künstlerische Notwendigkeit erweisen. Das

---

[1]) »Ein echtes Kunstwerk bleibt wie ein Naturwerk für unsern Verstand
immer unendlich: es wird angeschaut, empfunden; es wirkt, es kann aber nicht
eigentlich erkannt, viel weniger sein Wesen, sein Verdienst mit Worten ausgesprochen
werden.« Goethe.

Leben ist an und für sich ein Widerspruch; *„la vie est l'ensemble des fonctions qui résistent à la mort"* sagte der grosse Bichat; jedes Lebendige hat darum zugleich etwas Fragmentarisches und etwas gewissermassen Willkürliches an sich; einzig durch die freie, poetische — doch nur bedingt gültige — Zuthat des Menschen gelingt es, die beiden Enden des magischen Gürtels an einander zu knüpfen; Kunstwerke bilden keine Ausnahme; Homer's Ilias ist ein grossartiges Beispiel hiervon, Plato's Weltanschauung ein zweites, Demokrit's Welttheorie ein ebenso bedeutendes. Und während die prächtig »logisch« ausgemeisselten Philosophien und Theorien eine nach der anderen in dem Abgrund der Zeit verschwinden, reihen sich jene alten Ideen noch jugendfrisch an unsere neuesten an. Man sieht: nicht die objektive Wahrheit« ist das Ausschlaggebende, sondern die Art der Gestaltung, *„l'ensemble des fonctions"* würde Bichat sagen.

Noch eine Bemerkung in Bezug auf Plato; wiederum nur eine Andeutung — denn zu jeder Ausführung fehlt mir der Raum — genug aber, hoffe ich, damit nichts unklar bleibt. Dass indisches Denken einen geradezu bestimmenden Einfluss auf die griechische Philosophie ausgeübt hat, steht nunmehr fest; unsere Hellenisten und Philosophen haben sich zwar lange mit dem wütenden Eigensinn vorurteilsvoller Gelehrten dagegen gesträubt: alles sollte in Hellas autochthon entstanden sein, höchstens die Ägypter und die Semiten hätten bildend gewirkt — wobei allerdings für die Philosophie wenig zu profitieren gewesen wäre; die neueren Indologen haben jedoch das bestätigt gefunden, was die ältesten (namentlich der geniale Sir William Jones) sofort vermutet hatten. Insbesondere ist für Pythagoras der Nachweis einer eingehenden Bekanntschaft mit indischen Lehren ausführlich dargebracht worden,[1] und da Pythagoras immer deutlicher als der Stammvater des griechischen Denkens hervortritt, ist das schon viel. Ausserdem ist eine unmittelbare Beeinflussung der Eleaten, des Heraklit, des Anaxagoras, des Demokrit u. s. w., höchst wahrscheinlich gemacht worden.[2] Unter diesen Bedingungen kann es nicht wunder nehmen, wenn ein so hoher Geist wie Plato durch manche unverständige Zugabe hindurchdrang und — namentlich betreffs etlicher Kernpunkte aller echten Methaphysik — mit den

---

[1] Vergl. hierüber namentlich Schroeder: *Pythagoras und die Inder* (1884).

[2] Die beste mir bekannte Zusammenstellung aus letzterer Zeit ist die von Garbe in seiner *Sâmkhya-Philosophie* (1894), S. 85 fg.; dort findet man auch die wichtigste Litteratur erwähnt.

erhabensten Anschauungen der indischen Denker genau übereinstimmt.[1]) Man vergleiche aber Plato und die Inder, seine Werke und ihre Werke! Da wird man nicht länger im Zweifel sein, warum Plato lebt und wirkt, die indischen Weisen dagegen zwar auch noch leben, ohne aber auf die weite Welt, auf die werdende Menschheit unmittelbar zu wirken. Das indische Denken ist, was Tiefe und umfassende Vielseitigkeit anbelangt, unerreicht; meinte aber Herr Zeller, Plato sei »zu sehr Dichter, um ganz Philosoph zu sein«, so ersehen wir aus dem Beispiel der Inder, was aus einer Weltanschauung wird, wenn ein Denker zu ganz Philosoph ist, um noch zugleich ein bisschen Dichter zu sein! Dieses reine Denken der Inder entbehrt aller Mitteilbarkeit, — was einen zugleich naiven und tiefen Ausdruck darin findet, dass nach den indischen Büchern, die höchste, letzte Weisheit einzig durch Schweigen gelehrt werden kann.[2]) Ganz anders der Grieche! Koste, was es wolle, er muss »die Vorstellung unerforschlicher Dinge hinausprojizieren und gestalten«. Man lese in diesem Zusammenhang die mühsame Auseinandersetzung in Plato's *Theaitetos*, wo Sokrates zuletzt zugiebt, es könne einer im Besitz der Wahrheit sein, ohne dass er sie zu erklären vermöge, das sei aber noch keine Erkenntnis; was Erkenntnis sei, bleibt allerdings zum Schluss (ein Beweis von Plato's Tiefsinnigkeit) unentschieden; im kulminierenden Punkte des Dialogs jedoch wird sie als »richtige Vorstellung« bezeichnet, und gesagt, über richtige Vorstellung müsse man »Rede stehen und Erklärung geben können«; ebenfalls hierher gehört

---

[1]) Für den Vergleich zwischen Plato und den Indern in Bezug auf die Erkenntnis der empirischen Realität und transcendentalen Idealität der Erfahrung siehe namentlich Max Müller: *Three lectures on the Vedânta Philosophy* (1894), S. 128 fg. Plato's Stellung den Eleaten gegenüber wird hierdurch eigentlich erst ganz klar. Umfassenderes in Deussen's Werken, namentlich in seinem Vortrag: »Über die Philosophie des Vedânta in ihrem Verhältnis zu den metaphysischen Lehren des Westens« in englischer Sprache gehalten und in Bombay 1893 erschienen. Eine deutsche Übersetzung aus meiner Feder brachten die *Bayreuther Blätter*, Jahrgang 1895, S. 125 fg.

[2]) »Als Bâhva von dem Vâshkali befragt wurde, da erklärte ihm dieser das Brahman dadurch, dass er schwieg. Und Vâshkali sprach: lehre mir, o Ehrwürdiger, das Brahman! Jener aber schwieg stille. Als nun der andere zum zweitenmale oder drittenmale fragte, da sprach er: ich lehre dich es ja, du aber verstehst es nicht; dieses Brahman ist Schweigen.« Çankara in den *Sûtra's des Vedânta*, III, 2, 17). Und in der *Taittirîya-Upanishad* lesen wir II, 4: »Vor der Wonne der Erkenntnis kehrt alle Sprache um, auch die Gedanken, unfähig sie zu erreichen.«

die berühmte Stelle im Timäos, wo der Kosmos mit einem »lebendigen Tiere« verglichen wird. Es muss vorgestellt und gestaltet werden: das ist das Geheimnis des Griechen von Homer bis Archimedes. Plato's Ideenlehre verhält sich zur Metaphysik genau ebenso wie Demokrit's Atomenlehre zur physischen Welt: es sind Werke einer freischöpferischen, gestaltenden Kraft und in ihnen quillt, wie in allen echten Kunstwerken, ein unerschöpflicher Born symbolischer Wahrheit. Derartige Schöpfungen verhalten sich zu materiellen Thatsachen wie die Sonne zu den Blumen. Nicht Segen allein empfingen wir von den Hellenen; im Gegenteil, einiges, was von ihnen sich herleitet, bedrückt noch wie ein banger Alp unsere aufstrebende Kultur; was wir aber Gutes von ihnen erbten, war vor allem solcher Blüten treibender Sonnenschein.

Aristoteles   Unter dem unmittelbaren Einfluss Plato's schiesst einer der kräftigsten Stämme in die Höhe, welche die Welt jemals erblickte: Aristoteles. Dass Aristoteles sich in gewissen Beziehungen als Gegensatz zu Plato entwickelte, ist in der Natur seines Intellektes begründet; ohne Plato wäre er überhaupt kein Philosoph, wenigstens kein Metaphysiker geworden. Eine kritische Würdigung dieses grossen Mannes, wenn auch nur in Bezug auf den bestimmten Gegenstand dieses Kapitels, ist mir unmöglich; sie würde zu weit führen. Ich konnte ihn aber nicht ungenannt lassen, und ich darf wohl voraussetzen, dass die Gestaltungskraft, welche in seinem logischen »Organon«, in seiner »Tiergeschichte«, in seiner »Poetik«, u. s. w., sich verkündet und durch alle seitherigen Jahrhunderte sich bewährt hat, Keinem entgehen kann. Um mir ein Wort des Scotus Erigena anzueignen: die *naturalium rerum discretionis* war das Gebiet auf dem er Unerreichtes schuf, die fernsten Geschlechter zu Dank verpflichtend. Nicht dass er Recht hatte, war Aristoteles Grösse — kein Mann ersten Ranges hat sich öfter und flagranter geirrt als er —, sondern dass er keine Ruhe kannte, bis er auf allen Gebieten des menschlichen Lebens »gestaltet« und Ordnung im Chaos geschaffen hatte. Insofern ist er ein echter Hellene. Freilich haben wir diese »Ordnung« teuer bezahlt. Aristoteles war weniger Dichter als vielleicht irgend ein anderer unter den bedeutenden Philosophen Griechenlands; Herder sagt von ihm, er sei »vielleicht der trockenste Geist, der je den Griffel geführt«[1]); er muss, glaube ich, selbst Herrn Professor Zeller

---

[1] *Ideen zur Geschichte der Menschheit*, Buch XIII, Kap. 5.

genug ganz Philosoph sein; jedenfalls war er es genug, um
dank seiner hellenischen Gestaltungskraft — mehr hartnäckigen Irrtum
in die Welt zu säen, als jemals ein Mann vor ihm oder nach ihm.
Die Naturwissenschaften waren bis vor kurzem an allen Ecken und
Enden durch ihn gehemmt; die Philosophie, und namentlich die
Metaphysik, hat ihn noch nicht abgeschüttelt; unsere Theologie ist
— ja, wie soll ich sagen? — sie ist sein uneheliches Kind: wahrlich
dieses grosse und bedeutende Erbe der alten Welt war ein zwei-
schneidiges Schwert. Ich komme gleich in einem anderen Zusammenhang auf Aristoteles und die griechische Philosophie zurück; hier
will ich nur noch hinzufügen, dass die Griechen allerdings eines
Aristoteles sehr bedurften, der auf empirische Methoden den Nachdruck legte und in allen Dingen den goldenen Mittelweg empfahl:
in ihrem genialen Übermute und Schaffensdrange waren sie geneigt,
hinaus und hinauf zu stürmen mit einer leichtfertigen Missachtung
des ernsten Bodens der Realität, die mit der Zeit Unheil schaffen
musste; charakteristisch ist jedoch, dass Aristoteles, so ganz Hellene
er auch war, auf die Entwickelung des griechischen Geisteslebens
zunächst von verhältnismässig geringem Einfluss blieb; der gesunde
Instinkt des schaffensfreudigen Volkes empörte sich gegen eine so
tötlich heftige Reaktion und empfand vielleicht dunkel, dass dieser
angebliche Empiriker als Heilmittel das Gift des Dogmas mit sich
führte. Aristoteles war nämlich von Beruf Arzt, — er gab das grosse
Beispiel des Arztes, der seinen Patienten umbringt, um ihn zu heilen.
Doch jener erste Patient war widerspenstig; er rettete sich lieber in
die Arme des neoplatonischen Quacksalbers. Wir armen Spätgeborenen
erbten nun Arzt und Quacksalber zugleich, die beide unseren gesunden
Körper mit ihren Droguen tränkten. Gott stehe uns bei!

Ein Wort noch über hellenische Wissenschaft. Es ist nur natürlich, dass die wissenschaftlichen Errungenschaften der Griechen für
uns kaum mehr als ein historisches Interesse besitzen; sie sind längst
überholt. Was uns jedoch nicht gleichgültig lassen kann, ist die
Wahrnehmung des unglaublichen Aufschwunges, den die richtige
Deutung der Natur unter dem Einflusse der Entfaltung neuentdeckter
künstlerischer Fähigkeiten nahm. Unwillkürlich wird man an Schiller's
Behauptung erinnert: man könne den Schein von der Wirklichkeit nicht
sondern, ohne zugleich die Wirklichkeit von dem Scheine zu reinigen.

Wenn es ein Gebiet giebt, auf welchem man weniger als nichts
von den Hellenen erwarten würde, so ist es das der Erdkunde.

Natur-
wissenschaft

Was wir in ihren Dichtungen gelesen zu haben uns erinnern — die
Irrfahrten des Odysseus und der Io u. s. w. — schien gar verwirrt
und wurde durch die sich widersprechenden Kommentare nur noch
verwirrter. Bis zu Alexander's Zeiten sind die Griechen ausserdem
nicht weit in der Welt herumgekommen. Man nehme aber Dr. Hugo
Berger's: *Geschichte der wissenschaftlichen Erdkunde der Griechen*
zur Hand, ein streng wissenschaftliches Werk, und man wird aus dem
Staunen nicht herauskommen. Auf der Schule erfahren wir zumeist
nur von Ptolemäus etwas, und seine geographische Karte mutet uns
fast ebenso sonderbar an, wie seine ineinander geschachtelten Himmels-
sphären; das ist jedoch alles das Ergebnis einer Zeit des Verfalles,
einer zwar unendlich vervollkommneten, dabei aber intuitionsschwach
gewordenen Wissenschaft, der Wissenschaft eines rassenlosen Völkerchaos; dagegen lasse man sich über die geographischen Vorstellungen
der echten Griechen unterrichten, von Anaximander an bis zu Eratho-
stenes, und dann wird man Berger's Behauptung verstehen: »Die
Leistungen des wunderbar begabten Griechenvolkes auf dem Gebiete
der wissenschaftlichen Erdkunde sind der Arbeit wahrlich wert. Noch
heute begegnen wir ihren Spuren auf Schritt und Tritt und können
die von ihnen geschaffenen Grundlagen nicht entbehren« (I, S. VI).
Besonders auffallend sind die verhältnismässig ausgebreiteten Kenntnisse
und gesunde Vorstellungskraft der alten Ionier. Später erfolgten bedenkliche Rückschritte und zwar vornehmlich durch den Einfluss »der
Verächter der Physik, Meteorologie und Mathematik, durch die vorsichtigen Leute, die nur dem eigenen Auge, oder der von Augen-
zeugen eigens erworbenen, glaubhaften Kunde trauen wollten« (I, 139).
Noch später gesellten sich dann so kräftige wissenschaftliche Vorurteile
dazu, dass die Reisen des »ersten Nordpolfahrers«, Pytheas (ein Zeit-
genosse des Aristoteles) mit ihren genauen Beschreibungen der Küsten
Galliens und Britanniens, ihren Erzählungen vom Eismeer, ihren so
entscheidenden Beobachtungen über die Tag- und Nachtlänge in
nördlichen Breiten, von allen Gelehrten des Altertums für Lügen
erklärt wurden (III, 7, dazu das heutige Urteil III, 36). Philipp
Paulitschke macht ebenfalls in seinem Werke: *Die geographische
Erforschung des afrikanischen Kontinents* (zweite Ausgabe, S. 9) darauf
aufmerksam, dass Herodot eine weit richtigere Vorstellung der Umrisse
von Afrika besessen habe als Ptolemäus. Dieser galt aber als »Autorität«.
Es hat ein eigenes Bewenden mit diesen allverehrten »Autoritäten«;
und mit aufrichtigem Bedauern konstatiere ich, dass wir von den

Hellenen nicht allein die Ergebnisse ihrer — nach Berger — »wunderbaren Begabung«, sondern auch ihre Autoritätenzüchtung und ihren Autoritätenglauben geerbt haben. — Eigentümlich lehrreich ist in dieser Beziehung die Geschichte der Petrefaktenkunde. Mit der vollen Naivetät der unverdorbenen Anschauungskraft hatten die alten Griechen, lange vor Plato und Aristoteles, die Muscheln auf den Bergesspitzen und sogar die Abdrücke von Fischen für das erkannt, was sie sind; Männer wie Xenophanes und Empedokles hatten darauf geocyklische und entwickelungsgeschichtliche Lehren gegründet. Die Autoritäten erklärten jedoch diese Annahme für unsinnig; als die Thatsachen sich häuften, wurden sie durch die herrliche Theorie der *vis plastica* aus der Welt geschafft[1]), und erst im Jahre 1517 wagte es ein Mann, die alte Meinung wieder auszusprechen, die Bergesspitzen hätten einst auf dem Meeresboden gelegen: »Im Jahre der Reformation war man also, nach anderthalb Jahrtausenden, wieder auf dem Punkte des klassischen Altertums angekommen«.[2]) Fracastorius blieb aber mit seiner Anschauung ziemlich vereinzelt, und, will man ermessen — was heute nach den Fortschritten der Wissenschaften wirklich sehr schwer fällt — eine wie grosse, verehrungswürdige Kraft der Wahrheit in dem Auge dieser alten Poeten lag (Xenophanes und Empedokles waren beide in erster Reihe Dichter und Sänger), so empfehle ich, in den Schriften des Freigeistes Voltaire nachzulesen und zu sehen, mit welchem Spott die Paläontologen noch im Jahre 1768 von ihm überhäuft werden.[3]) Ebenso belustigend sind die krampfhaften Versuche seines Skepticismus, sich gegen die Evidenz zu wehren. Man hatte Austern auf dem Mont Cenis gefunden: Voltaire meint, sie seien von den Hüten der Rompilger abgefallen! Hippopotamusknochen waren unweit Paris aufgegraben worden: Voltaire meint: *un curieux a eu autrefois dans son cabinet le squelette d'un hippopotame!* Man sieht, die Skepsis genügt nicht, um scharfsichtig zu machen.[4]) Dagegen liefern uns die ältesten Dichtungen

---

[1]) Nach Quenstedt stammt diese Hypothese von Avicenna; sie ist aber auf Aristoteles zurückzuführen und wurde von Theophrast ausdrücklich gelehrt (siehe Lyell: *Principles of Geology*, 12. Ausg., I, 20).

[2]) Quenstedt: *Handbuch der Petrefaktenkunde*, 2. Aufl., S. 2.

[3]) Siehe namentlich: *Des singularités de la Nature*, Kap. XII bis XVIII, und *L'homme aux quarante écus*, Kap. VI, beide Schriften aus dem Jahre 1768. Ähnliches in seinen Briefen.

[4]) Dieser selbe Voltaire scheute sich nicht, die grossartigen astronomischen Spekulationen der Pythagorcer als »galimatias« zu bezeichnen, wozu der berühmte

Beispiele eines eigentümlichen Scharfblickes. Schon in der Ilias z. B.
heisst Poseidon der »Erderschütterer«; dieser Gott, d. h. also das
Wasser und namentlich das Meer, wird immer als Ursache der Erd-
beben genannt: das stimmt mit den Ergebnissen der modernsten
Wissenschaft genau überein! Jedoch will ich auf solche Züge nur
als Kontrast zu der Beschränktheit jener Helden einer angeblichen
»Aufklärung« hingewiesen haben. — Weit auffallenderen Beispielen
der Reinigung der Wirklichkeit von dem Scheine begegnen wir auf
dem Gebiete der Astrophysik, namentlich in der Schule des Pythagoras. Die Lehre von der Kugelgestalt der Erde findet sich schon
bei den frühesten Adepten, und selbst das viele Phantastische, was
den Vorstellungen dieser Ältesten noch anhaftete, ist äusserst lehrreich,
weil es das zukünftige Richtige gewissermassen *in nuce* enthält. [1])
Und so gesellte sich denn bei den Pythagoreern mit der Zeit zu der
Lehre von der Kugelgestalt der Erde und von der Neigung der
Erdbahn auch die der Achsendrehung sowie der Bewegung um einen
Mittelpunkt im Raume, verbürgt von Philolaus an, einem Zeitgenossen
des Demokrit; eine Generation nachher war auch das hypothetische
»Centralfeuer« durch die Sonne ersetzt. Nicht als Philosoph freilich,
sondern als Astronom hat dann später (etwa 250 v. Chr.) Aristarchos
das heliozentrische System klar begründet, die Entfernung von Sonne
und Mond zu berechnen unternommen und in der Sonne (1900 Jahre
vor Giordano Bruno) einen der zahllosen Fixsterne erkannt. [2]) Welche

Astronom Schiaparelli mit Recht bemerkt: »Solche Männer sind nicht wert zu
verstehen, welche gewaltige spekulative Kraft nötig war, um zu der Idee von der
Kugelgestalt der Erde, ihres freien Schwebens im Raume und ihrer Beweglichkeit
zu gelangen: Ideen, ohne welche wir weder einen Kopernikus, noch einen Kepler,
einen Galilei, einen Newton gehabt hätten« im unten citierten Werke, S. 16).

[1]) Zeller: *Die Philosophie der Griechen*, 3. Aufl., S. 369. Mehr technisch
aber ungemein lichtvoll auseinandergesetzt in der Schrift von Schiaparelli: *Die
Vorläufer des Kopernikus im Altertum* (nach dem italienischen Original ins Deutsche
übertragen vom Verfasser und M. Curtze, erschienen in der *Altpreussischen Monats-
schrift*, Jahrgang 1876). »Wir sind in der Lage, konstatieren zu können, dass
die Entwickelung der physischen Prinzipien dieser Schule durch logische Verkettung der Ideen zur Theorie der Bewegung der Erde führen *musste*. (S. 5 fg.)
Viel Ausführlicheres über »die geradezu revolutionäre Anschauung, dass nicht die
Erde den Mittelpunkt des Universums einnehme« in dem vor kurzem erschienenen
Buch von Wilhelm Bauer: *Der ältere Pythagoreismus* (1897), S. 54 fg., 64 fg. u. s. w.

[2]) »Aristarchos stellt die Sonne unter die Zahl der Fixsterne und lässt die
Erde sich durch den Sonnenkreis (d. h. die Ekliptik) bewegen und sagt, sie werde
je nach ihrer Neigung beschattet«, berichtet Plutarch. Für dieses und die anderen

Kraft der Phantasie, des Shakespeare'schen »Hinausprojizierens«, dies voraussetzt, hat die Folge gezeigt: Bruno büsste seine Vorstellungskraft mit dem Leben, Galilei mit der Freiheit, — erst in unserem hochgelobten 19. Jahrhundert (im Jahre 1822) hat die katholische Kirche die Erlaubnis erteilt, an das — 2100 Jahre früher von den Griechen gelehrte — heliozentrische System zu glauben! Auch darf nie übersehen werden, dass diese geniale Reinigung der Wirklichkeit vom Scheine von den als Mystagogen verschrieenen Pythagoreern ausging, und an dem Idealisten Plato, namentlich gegen Schluss seines Lebens, eine Stütze fand, während der Verkünder der alleinseligmachenden Induction, Aristoteles, mit der ganzen Wucht seiner Empirie gegen die Lehre von einer Bewegung der Erde herzog: »die Pythagoreer«, schreibt er mit Bezug auf die von ihm geleugnete Achsendrehung der Erde, »leiten Gründe und Ursachen nicht aus den beobachteten Erscheinungen ab, sondern sind bestrebt, die Erscheinungen mit etlichen eigenen Ansichten und Voraussetzungen zu vereinigen, auf diese Art versuchen sie in die Weltbildung einzugreifen« (*De coelo*, II, 13). Diese Gegenüberstellung sollte wohl manchem Sohne unseres Jahrhunderts zu denken geben, denn an aristotelisierenden Naturforschern fehlt es uns nicht, und in unseren neuesten wissenschaftlichen Lehren steckt nicht weniger halsstarriger Dogmatismus als in denen der aristotelico-semito-christlichen Kirche. [1] — —

Zeugnisse in Bezug auf Aristarchos vergl. die genannte Schrift des Schiaparelli (S. 121 fg. und 219). Übrigens ist dieser Astronom überzeugt, dass Aristarch nur lehrte, was schon zu Lebzeiten des Aristoteles entdeckt war (S. 117), und auch hier zeigt er, wie auf dem von den Pythagoreern eingeschlagenen Wege das Richtige herauskommen *musste*. Ohne Aristoteles und ohne den Neoplatonismus wäre das heliozentrische System schon bei der Geburt Christi allgemein als wahr anerkannt gewesen; wahrlich, der Stagyrit hat seine Stellung als offizieller Philosoph der orthodoxen Kirche redlich verdient! Dagegen hat sich die Märe, dass schon die Ägypter irgend etwas zu der Lösung des astrophysischen Problems beigetragen hätten, wie so manche andere ägyptische Märe, als gänzlich unhaltbar erwiesen *(Schiaparelli*, S. 105—6). Übrigens meldet Kopernikus selber in seiner Vorrede an Papst Paul III.: »Ich fand zuerst bei Cicero, dass Nicetus geglaubt habe, die Erde bewege sich. Nachher fand ich auch bei Plutarch, dass einige andere ebenfalls dieser Meinung gewesen seien. Hiervon also Veranlassung nehmend, fing auch ich an, über die Beweglichkeit der Erde nachzudenken . . . . «

[1] Was der englische Physiker John Tyndall in seiner bekannten Rede in Belfast, 1874, sagte: »Aristoteles setzte Worte an die Stelle der Dinge; er predigte Induktion, ohne sie auszuüben«, wird eine spätere Zeit von manchem Ernst Haeckel unseres Jahrhunderts urteilen. — Nebenbei verdient erwähnt zu

Ein ganz anders geartetes Beispiel des lebenspendenden Einflusses griechischer Gestaltungskraft geben uns die Fortschritte der Mathematik, speziell der Geometrie. Pythagoras ist der Begründer der wissenschaftlichen Mathematik in Europa; dass er seine Kenntnisse, namentlich den sogenannten »pythagoreischen Lehrsatz«, den Begriff der irrationalen Grössen, und — höchst wahrscheinlich — auch seine Arithmetik den Indern verdankt, ist allerdings erwiesen,[1]) und von der abstrakten Zahlenrechnung, deren angeblich »arabische Ziffern« wir den arischen Indern verdanken, sagt Cantor: »Die Algebra entwickelte sich bei den Indern in einer Höhe, die sie in Griechenland niemals zu erreichen vermocht hat.«[2]) Man sehe aber, zu welcher durchsichtigen Vollkommenheit die Griechen die Mathematik der Anschauung, die Geometrie, gebracht haben! In der Schule Plato's war jener Euklid gebildet, dessen »Elemente der Geometrie« ein so vollkommenes Kunstwerk sind, dass es wirklich sehr zu bedauern wäre, wenn die Einführung neuerer erleichterter Lehrmethoden einen solchen Edelstein aus dem Gesichtskreis der meisten Gebildeten entfernen sollte. Vielleicht gäbe ich meiner Vorliebe für Mathematik einen zu naiven Ausdruck, wenn ich gestünde, Euklid's Elemente dünken mich fast eben so schön wie Homer's Ilias? Jedenfalls darf ich es als keinen Zufall betrachten, wenn der unvergleichliche Geometer zugleich ein begeisterter Tonkünstler war, dessen »Elemente der Musik«, wenn wir sie in der ursprünglichen Gestalt besässen, vielleicht ein würdiges Gegenstück zu seinen »Elementen der Geometrie« bilden würden. Und ich darf hierin den stammverwandten poetischen Geist erkennen, jene Kraft des Hinausprojizierens und des künstlerischen Gestaltens der Vorstellungen. Auch dieser Sonnenstrahl wird nicht bald erlöschen! — In Beziehung hierauf kann man noch eine für unsern Gegenstand höchst wichtige Bemerkung machen: reine, ja fast rein poetische Zahlentheorie und Geometrie waren es, welche die Griechen später dahin führten, die Begründer der wissenschaftlichen Mechanik zu werden! Wie bei allem Hellenischen hat auch hier das Sinnen von Vielen in dem Lebenswerk eines einzelnen

---

werden, dass auch das System des Tycho de Brahe hellenischen Ursprungs ist, worüber das Nähere bei *Schiaparelli* (a. a. O., S. 107 fg. und namentlich S. 115[2]); dem Reichtum dieser Phantasie entging eben keine mögliche Kombination.

[1]) Siehe Schröder: *Pythagoras und die Inder*, S. 39 fg.

[2] Cantor: *Vorlesungen ü'er Geschichte der Mathematik*. I, 511. (Citiert nach Schröder S. 56.)

übermächtigen Genius Gestalt und Lebenskraft gewonnen: das »mechanische Jahrhundert« hätte allen Grund, in Archimedes seinen Vater zu verehren.

Da die Leistungen und die Eigenart der Griechen mich hier nur insofern angehen, als sie wichtige Faktoren unserer neuen Kultur und lebendige Bestandteile unseres Jahrhundertes waren, muss manches übergangen werden, was es sonst verlockend gewesen wäre, im Anschluss an das Gesagte näher auszuführen. Wie die schöpferische Kunst das einigende Moment für ganz Hellas wurde, sagte uns oben Rohde. Dann sahen wir die Kunst — allmählich zu Philosophie und Wissenschaft sich erweiternd — die Fundamente einer Harmonie des Denkens und des Empfindens und des Erkennens begründen. Das dehnte sich denn auch auf das Gebiet des öffentlichen Lebens aus. Die unendliche Sorgfalt, welche auf die Ausbildung schöner kräftiger Körper verwendet wurde, gehorchte künstlerischen Normen; der Dichter hatte die Ideale geschaffen, nach deren Verwirklichung man nunmehr strebte. Welche Bedeutung der Tonkunst für die Erziehung beigelegt wurde, ist bekannt; selbst in dem rauhen Sparta wurde Musik hochgeehrt und gepflegt. Die grossen Staatsmänner stehen alle in unmittelbarer Beziehung zur Kunst oder zur Philosophie: Thales, der Politiker, der Mann der Praxis, wird zugleich als der früheste Philosoph, der erste Mathematiker und Astronom gerühmt; Empedokles, der kühne Revolutionär, welcher die Herrschaft der Aristokratie in seiner Vaterstadt bricht, der Erfinder der öffentlichen Redekunst (wie Aristoteles berichtet) ist Dichter, Mystiker, Philosoph, Naturforscher, Entwickelungstheoretiker; Solon ist von Hause aus Dichter und Sänger, Lykurgus sammelte die homerischen Dichtungen als erster und zwar im Interesse des Staates und der Sitten,[1]) Pisistratus that ein Gleiches, der Schöpfer der Ideenlehre ist Staatsmann und Reformator, Cimon verschafft dem Polygnot den entsprechenden Wirkungskreis, Perikles dem Phidias, — — —. In dem Worte Hesiod's: »Das Recht (Dike) ist die jungfräuliche Tochter des Zeus«,[2]) kommt eine bestimmte, alle staatlichen Verhältnisse umfassende Weltanschauung zum Ausdruck und zwar eine, wenn auch religiöse, so doch vor allem künstlerische Anschauung, wovon auch alle Schriften, selbst die abstrusesten des Aristoteles zeugen, ebenfalls solche Äusserungen wie die des Xenophanes

Oeffentliche-
Leben

---

[1] Nach Plutarch, *Leben Lykurg's*, Kap. 4.
[2] *Werke und Tage*, 256.

(allerdings tadelnd gemeint): die Griechen pflegten ihre ganze Bildung aus dem Homer zu schöpfen.[1]) In Ägypten, in Judäa, später in Rom sehen wir den Gesetzgeber die Normen der Religion und des Kultus feststellen, bei den Germanen dekretiert der König, was sein Volk glauben soll;[2]) in Hellas ist es umgekehrt: der Dichter, welcher »das Göttergeschlecht erschafft«, der dichterische Philosoph (Anaxagoras, Plato u. s. w.), ist es, der zu gedankentiefen Auffassungen des Göttlichen und des Sittlichen hinzuleiten versteht. Und diejenigen Männer, welche dem Lande — zu seiner Blütezeit — Gesetze geben, sind in der Schule jener Dichter und Philosophen erzogen worden. Wenn Herodot jedes einzelne Buch seiner Historie mit dem Namen einer Muse belegt, wenn Plato den Sokrates seine schönsten Reden nur an dem schönsten, von Nymphen bewohnten Orte halten und dialektische Auseinandersetzungen mit einer Anrufung des Pan beschliessen lässt — »O! verleihet mir, schön zu sein im Innern, und dass, was ich Äusseres habe, dem Inneren befreundet sei!« —, wenn das Orakel zu Thespiä Denjenigen »ein von Früchten strotzendes Ackerland« verheisst, die den landwirtschaftlichen »Lehren des Dichters Hesiod gehorchen«[3] — — — so deuten solche Züge, denen wir auf Schritt und Tritt begegnen, auf eine das ganze Leben durchdringende künstlerische Atmosphäre: die Erinnerung daran erbte sich auf uns herab und färbte manches Ideal unserer Zeit.

Geschichts-
lügen.

Bisher habe ich fast nur von einer positiven, förderlichen Erbschaft geredet. Es wäre jedoch durchaus einseitig und wahrheitswidrig, wollte ich es dabei bewenden lassen. Unser Leben ist durchdrungen von hellenischen Anregungen und Ergebnissen, und ich fürchte, wir haben uns das Unheilvolle mehr angeeignet als das Heilbringende. Sind wir durch griechische Geistesthaten in das Tageslicht des menschlichen Lebens eingetreten, so haben wiederum gerade griechische Thaten — Dank vielleicht der künstlerischen Gestaltungskraft dieses merkwürdigen Volkes — viel dazu beigetragen, das Tageslicht wieder ab-

---

[1]) Fragment 4 (nach Flach: *Geschichte der griechischen Lyrik*, II, 419).

[2]) Der zur Zeit der Reformation eingeführte Grundsatz »*cujus est regio, illius est religio*« bringt eigentlich nur einen von Alters her bestehenden Rechtszustand zum Ausdruck.

[3]) Französische Ausgrabung des Jahres 1890 (siehe Peppmüller: *Hesiodos* 1896, S. 152). Man beachte auch solche Stellen wie Aristophanes: *Die Frösche*, Vers 1037 fg.

zudämpfen und unsren Himmel dauernd mit sonnenfeindlichen Wolken zu überziehen. Auf Einiges, was wir von der hellenischen Erbschaft in diesem Jahrhundert noch mitschleppen und was wir gut und gern hätten entbehren können, wäre erst im zweiten Band dieses Buches einzugehen; einiges Andere muss gleich hier erörtert werden. Zunächst, was an der Oberfläche des griechischen Lebens liegt. Dass wir z. B. heute noch, wo so viel Grosses und Wichtiges unsere Aufmerksamkeit vollauf beanspruchen müsste, wo sich inzwischen endlose Schätze des Denkens, des Dichtens und vor allem des Wissens aufgestapelt haben, von welchen die weisesten Hellenen nicht das Geringste ahnten und an welchen teilzunehmen das angeborene Recht jedes Kindes sein müsste, dass wir da noch immer verpflichtet werden, kostbare Zeit auf die Erlernung aller Einzelheiten der erbärmlichen Geschichte der Griechen zu verwenden, unser armes Gehirn mit endlosen Namenregistern ruhmrediger Herren auf *ades*, *atos*, *enes*, *eiton*, u. s. w. vollzupfropfen und uns womöglich für die politischen Schicksale dieser grausamen, kurzsichtigen, von Selbstliebe geblendeten, auf Sklavenwirtschaft und Müssiggängerei beruhenden Demokratien zu begeistern — das ist ein hartes Schicksal, an dem jedoch, wohl überlegt, nicht die Griechen die Schuld tragen, sondern unsere eigene Borniertheit.[1]) Gewiss gaben die Hellenen häufig — häufig allerdings

[1]) Ich sagte »grausam«, und in der That ist dieser Zug einer der am meisten charakteristischen für die Hellenen, ihnen mit den Semiten gemeinsam. Humanität, Milde, Vergebung waren ihnen ebenso unbekannt wie Wahrheitsliebe. Als sie bei den Persern zum erstenmal diesen Tugenden begegnen, berichten die griechischen Historiker erstaunt und fast verlegen darüber: Gefangene schonen, einen besiegten Fürsten königlich aufnehmen, Gesandte des Feindes bewirten und beschenken, anstatt sie (wie die Lakedämonier und die Athener, siehe *Herodot* VII, 133) zu töten, Nachsicht gegen Verbrecher, Grossmut sogar gegen Spione, die Zumutung, die erste Pflicht eines jeden Menschen sei es, die Wahrheit zu reden, die Undankbarkeit ein vom Staat bestraftes Verbrechen, das alles dünkt einem Herodot, einem Xenophon u. s. w. fast eben so lächerlich wie die persische Sitte, nicht in Gegenwart anderer zu spucken, sowie sonstige auf den Anstand bezügliche Vorschriften (siehe z. B. *Herodot* I, 133 u. 138. Wie ist es nun im Angesicht einer solchen Masse von unbezweifelbaren Thatsachen möglich, dass unsere Historiker unentwegt fortfahren dürfen, Geschichte prinzipiell zu fälschen? Leopold von Ranke zum Beispiel erzählt in seiner *Weltgeschichte* (Text-Ausgabe I, 129) die bekannte Anekdote von der schmachvollen Behandlung der Leiche des Leonidas, und wie Pausanias den Vorschlag abwies, sich durch eine ähnliche Versündigung an der Leiche des persischen Feldherrn Mardonius zu rächen, und fährt dann fort: »Eine Welt von Gedanken knüpft sich an diese Weigerung. Der Gegensatz zwischen Orient und Occident spricht sich darin auf

auch nicht — das Beispiel des Heldenmutes; Mut ist aber die ver-
breiteste aller menschlichen Tugenden und die Konstitution eines
Staates wie des lakedämonischen liesse eher darauf schliessen, dass
die Hellenen zum Mute gezwungen werden mussten, als dass sie
von Natur die stolze Todesverachtung besessen hätten, die jeden
gallischen Zirkusfechter, jeden spanischen Toreador, jeden türkischen
Baschi-Bosuk auszeichnet[1]). »Die griechische Geschichte«, sagt Goethe,
»bietet wenig Erfreuliches — — — zudem ist die unserer eigenen Tage
durchaus gross und bedeutend; die Schlachten von Leipzig und Waterloo
ragen so gewaltig hervor, dass jene von Marathon und ähnliche andere
nachgerade verdunkelt werden. Auch sind unsere eigenen Helden
nicht zurückgeblieben: die französischen Marschälle und Blücher und
Wellington sind denen des Alterthums völlig an die Seite zu setzen.«[2])
Damit hat Goethe aber lange nicht genug gesagt. Die traditionelle
griechische Geschichte ist, in manchen Stücken, eine ungeheure Mysti-
fikation: das sieht man täglich deutlicher ein; und zwar haben unsere

eine Weise aus, wie er fortan geltend bleiben sollte«. Und dabei erfüllt doch
die Verstümmelung nicht allein von Leichen, sondern auch von Lebendigen, die
Folterung, sowie jegliche Grausamkeit, jede Lüge, jeder Verrat die ganze griechische
Geschichte' Also, um eine tönende, hohle Phrase anzubringen, um der alten ab-
geschmackten Redensart eines Gegensatzes zwischen Orient und Occident (wie
lacherlich auf einer sphärischen Welt! treu zu bleiben, um nur ja die erbgesessenen
Vorurteile festzuhalten und noch fester einzubohren, werden von einem ersten
Historiker unseres Jahrhunderts sämtliche Thatsachen der Geschichte einfach beiseite geschoben — Thatsachen, über die selbst der Ungelehrteste sich bei Duncker:
Geschichte des Altertums, Gobineau: *Histoire des Perses*. Maspero: *Les premières
Mêlées des peuples* u. s. w. unterrichten kann — und dem glaubensseligen Wissbegierigen wird, auf Grundlage einer zweifelhaften Anekdote, ein offenbares
falsum betreffs des moralischen Charakters der verschiedenen Menschenstämme
aufgenötigt' Eine so gewissenlose Perfidie kann bei einem solchen Manne einzig
durch die Annahme einer das Urteil lahmlegenden »Suggestion« erklärt werden.
Aus Indien und aus Persien stammt die eine Gattung der Menschlichkeit und der
Milde und der Wahrheitsliebe, aus Judäa und Arabien die andere (aus Reaktion
entstandene, — keine aber aus Griechenland, noch aus Rom, d. h. also, keine
aus dem ,Occident«. Wie erhaben steht Herodot neben solcher tendenziös
entstellender Geschichtsmethode! denn, als er von der Verstümmelung des Leonidas
erzählt hat, fährt er fort: »eine derartige Behandlung ist sonst bei den Persern
nicht Sitte, bei ihnen, mehr als bei allen anderen Völkern, pflegt man
tapfere Kriegsmänner zu ehren (VII, 238).

[1] Feinsinnig bemerkt Helvetius (*De l'Esprit*, ed. 1772, II, 52): »La
législation de Lycurgue métamorphosait les hommes en héros«.

[2] Gespräche mit Eckermann, 24. II. 1824.

modernen Lehrer — unter dem Einflusse einer ihre Ehrlichkeit vollkommen
lahmlegenden Suggestion — sie ärger gefälscht als die Griechen selber.
Von der Schlacht bei Marathon z. B. giebt Herodot ganz redlich zu,
dass die Griechen dort, wo Perser, nicht Hellenen ihnen gegenüberstanden,
in die Flucht geschlagen wurden (VI, 113); wie wird diese Thatsache
bei uns immer wegerklärt! Und mit welcher kindlich frommen
Glaubensseligkeit — obwohl wir sonst recht gut wissen, wie durchaus
unzuverlässig griechische Zahlen sind — schreiben fast alle unsere
Geschichtsschreiber noch heutigen Tages aus den alten Mären die
6400 Perserleichen und die 192 tapfer gefallenen Hopliten ab,
verschweigen aber, dass Herodot im selben Kapitel (VI. 117) mit
seiner unnachahmlichen Naïvetät erzählt, wie ein Athener in jener
Schlacht vor Furcht blind wurde! In Wahrheit war dieser ›glorreiche
Sieg‹ ein belangloses Scharmützel, bei welchem die Griechen eher im
Nachteil als im Vorteil blieben[1]); die Perser, die nicht aus eigenem
Antriebe, sondern von Griechen gerufen, auf ionischen Schiffen hergekommen waren, kehrten, da diese stets wankelmütigen Bundes-
genossen den Augenblick für ungünstig hielten, mit mehreren tausend
Gefangenen und reicher Beute (siehe Herodot VI, 118) in aller Seelen-
ruhe nach Ionien zurück.[2]) In gleicher Weise ist auch die ganze
Darstellung des späteren Kampfes zwischen Hellas und dem persischen
Reiche gefälscht,[3]) was man den Griechen eigentlich gar nicht so sehr
übel nehmen kann, da dieselbe Neigung stets bei allen Nationen sich

[1]) Seitdem diese Zeilen geschrieben wurden, bekam ich des berühmten
amerikanischen Hellenisten Professor Mahaffy's: *A Survey of Greek Civilisation* (1897)
zu Gesicht, worin er die Schlacht bei Marathon ›a very unimportant skirmish‹ nennt!

[2]) Siehe Gobineau: *Histoire des Perses* II, 138—142.

[3]) Namentlich die berühmte Schlacht bei Salamis, von der man eine er-
frischende Darstellung in dem genannten Werk des Grafen Gobineau findet
(II, 205—211). «*Cest quand les derniers bataillons de l'arrière-garde de Xerxès eurent
disparu dans la direction de la Béotie et que toute sa flotte fut partie, que les Grecs
prirent d'eux-mêmes et de ce qu'ils venaient de faire et de ce qu'ils pouvaient en dire
l'opinion que la poésie a si heureusement mise en œuvre. Encore fallut-il que les alliés
apprissent que la flotte ennemie ne s'était pas arrêtée à Phalère pour qu'ils eussent se
mettre en mouvement. Ne sachant où elle allait — — — ils restaient comme éperdus.
Ils se hasardèrent enfin à sortir de la baie de Salamine, et se risquèrent jusqu'à la
hauteur d'Andros. Cest ce qu'ils appelèrent plus tard avoir poursuivi les Perses! Ils
se gardèrent cependant d'essayer de les joindre, et rebroussant chemin, ils retournèrent
chacun dans leurs patries respectives»* p. 208. An einer anderen Stelle (II, 360)
bezeichnet Gobineau die griechische Geschichte als: «*la plus élabrée des fictions
du plus artiste des peuples*».

bethätigt hat und noch heute sich bethätigt. [1]) Jedoch soll hellenische Geschichte wirklich den Geist und das Urteil bilden, so möchte man glauben, dies müsste eine wahre, gerechte, die Begebenheiten aus ihren tiefsten Wurzeln erfassende, den organischen Zusammenhang aufdeckende Darstellung sein, nicht die Verewigung von halberdichteten Anekdoten und von Urteilen, welche einzig die Bitterkeit des Kampfes ums Dasein und die krasse Unwissenheit und Verblendung der Hellenen entschuldigen konnte. Herrlich ist die dichterische Kraft, mit welcher dort auserlesene Männer einem wankelmütigen, treulosen, käuflichen, zu panischem Schrecken geneigten Volke Vaterlandsliebe und Heldenhaftigkeit einzuflössen suchten und — wo die Zucht streng genug war, wie in Sparta — auch thatsächlich einflössten. Auch hier wieder sehen wir die Kunst als belebendes, treibendes Element. Dass wir aber die patriotischen Lügen der Griechen unseren Kindern als Wahrheit einpfropfen, und nicht allein unseren Kindern, sondern — in Werken wie Grote's — dem Urteil gesunder Männer als Dogmen aufzwingen, und sie sogar zu einem massgebenden Faktor in der Politik unseres neunzehnten Jahrhunderts werden lassen, das ist doch ein arger Missbrauch der hellenischen Erbschaft, eintausendachthundert Jahre, nachdem schon Juvenal gespottet hatte: *»creditur quidquid Graecia mendax audet in historia«*. — Noch schlimmer dünkt mich jedoch die uns aufgenötigte Bewunderung für politische Verhältnisse, die eher als abschreckendes Beispiel zu dienen hätten. Ich habe hier nicht Partei zu nehmen, weder für Grossgriechenland noch für Kleingriechenland, weder für Sparta noch für Athen, weder (mit Mitford und Curtius) für den Adel, noch (mit Grote) für den Demos;

---

[1]) Die Hauptsache ist offenbar nicht, was in gelehrten Büchern steht, sondern was in der Schule gelehrt wird, und da kann ich aus Erfahrung sprechen, denn ich war zuerst in einem französischen »Lycée«, dann in einem englischen »college«, später erhielt ich Unterricht von den Lehrkräften einer Schweizer Privatschule, zuletzt von einem gelehrten Preussen. Ich bezeuge, dass in diesen verschiedenen Ländern selbst die best verbürgte Geschichte, die der letzten drei Jahrhunderte seit der Reformation so gänzlich verschieden dargestellt wird, dass ich ohne Übertreibung behaupten darf, das Prinzip des geschichtlichen Unterrichtes ist noch heute überall bei uns in Europa die systematische Entstellung. Indem die eigenen Leistungen immer hervorgehoben, die Errungenschaften der Anderen verschwiegen oder vertuscht, gewisse Dinge immer ins hellste Licht gestellt, andere im tiefsten Schatten gelassen werden, entsteht ein Gesamtbild, welches in manchen Teilen nur für das subtilste Auge von der nackten Lüge sich unterscheidet. Die Grundlage aller echten Wahrheit: die gänzlich uninteressierte Gerechtigkeitsliebe fehlt fast überall; daraus kann man erkennen, dass wir noch Barbaren sind.

wo die politischen Charaktere, sowohl einzeln wie in Klassen betrachtet, so jämmerlich sind, da kann gewiss keine grosse Politik geblüht haben. Dass wir gar den Begriff der Freiheit von den Hellenen geerbt haben sollen, das ist ein untergeschobenes Wahnbild; denn zur Freiheit gehört vor allem Vaterlandsliebe, Würde, Pflichtgefühl, Aufopferungsfähigkeit, — dagegen hören die hellenischen Staaten, vom Beginn ihrer Geschichte an bis zu ihrer Unterdrückung durch Rom, niemals auf, die Feinde ihres gemeinsamen Vaterlandes gegen die eigenen Brüder herbeizurufen, ja, innerhalb der einzelnen Stadtregierungen, sobald ein Staatsmann gestürzt ist, eilt er fort, sei es zu anderen Hellenen, sei es zu Persern oder Ägyptern, später zu den Römern, um mit ihrer Hilfe seine eigene Stadt zu Grunde zu richten. Man klagt vielfach, das Alte Testament sei unmoralisch; mich dünkt die Geschichte Griechenlands reichlich ebenso unmoralisch; denn bei den Israeliten finden wir, selbst im Verbrechen, Charakter und Beharrlichkeit, sowie Treue gegen das eigene Volk, hier nicht. Sogar ein Solon geht zuletzt zu Pisistratus über, das Werk seines Lebens verläugnend, und ein Themistokles, der »Held von Salamis«, verhandelt kurz vor der Schlacht über den Preis, für den er Athen verraten würde, und lebt später thatsächlich am Hofe des Artaxerxes als »erklärter Feind der Griechen«, von den Persern jedoch mit Recht als »listige griechische Schlange« gering geschätzt; bei Alcibiades war Verrat so sehr Lebensprinzip geworden, dass Plutarch lächelnd von ihm behaupten kann, er hätte die Farbe »schneller als ein Chamäleon« gewechselt! Das war alles bei den Hellenen so selbstverständlich, dass ihre Historiker sich gar nicht darüber empören, ebenso wie Herodot mit grösster Seelenruhe erzählt, Miltiades habe die Schlacht bei Marathon dadurch erzwungen, dass er den Oberbefehlshaber darauf aufmerksam machte, die athenischen Truppen seien gewillt, zu den Persern überzugehen, man müsse daher schleunigst angreifen, damit dieser »schlimme Gedanke« nicht Zeit habe, in die That umgesetzt zu werden: eine halbe Stunde später, und die »Helden von Marathon wären mit den Persern zusammen gen Athen marschiert! Mir ist Ähnliches aus der jüdischen Geschichte nicht erinnerlich. Auf einem derartigen Boden konnte offenbar kein bewundernswürdiges Staatensystem aufblühen. »Die Griechen«, sagt wiederum Goethe »waren Freunde der Freiheit, ja! aber ein jeder nur seiner eigenen; daher stak in jedem Griechen ein Tyrannos«. Wer durch den Urwald der im Laufe von Jahrhunderten üppig aufgewucherten Vorurteile und

Phrasen und Lügen sich ins Licht durcharbeiten will, dem empfehle
ich dringend das Studium des monumentalen Werkes von Julius
Schvarcz: *Die Demokratie von Athen*, wo ein sowohl theoretisch
wie praktisch gebildeter Staatsmann, der zugleich Philologe ist, ein
für allemal dargethan hat, was von dieser Legende zu halten ist.
Die Schlussworte dieser ausführlichen, streng wissenschaftlichen Darlegung lauten: »Die induktive Staatswissenschaft muss schon heute
erkennen, dass der Demokratie von Athen nicht die Stelle gebührt,
welche der Wahn der Jahrhunderte derselben in der Geschichte der
Menschheit einzuräumen liebe« (S. 589).[1]

Ein einziger Zug genügt übrigens, um die gesamte staatliche
Wirtschaft der Griechen zu charakterisieren: dass nämlich Sokrates
sich veranlasst sah, des Weiten und des Breiten nachzuweisen, um
ein Staatsmann zu sein, müsse man auch etwas von Staatsgeschäften
verstehen. Weil er diese einfache Elementarwahrheit predigte, wurde
er zum Tode verurteilt. »Der Giftbecher ward einzig und allein
dem politischen Reformer gereicht«,[2] nicht dem Götterleugner.
Diese ewig schwatzenden Athener vereinigten eben in sich den
schlimmsten Dünkel eines ahnenstolzen Junkertums mit der leidenschaftlichen Gehässigkeit eines unwissenden frechen Pöbels. Zugleich
besassen sie die Flatterhaftigkeit eines orientalischen Despoten. Als
kurz nach dem Tode des Sokrates, so erzählt man, das Trauerspiel
›Palamedes‹ aufgeführt wurde, brachen die versammelten Zuschauer in
Thränen aus wegen der Hinrichtung des edlen weisen Helden; das
tyrannische Volk beweinte seinen niedrigen Racheakt.[3] Es horchte
aber deswegen nicht um ein Jota mehr auf Aristoteles und andere
weise Männer, sondern verbannte sie. Und diese weisen Männer!
Aristoteles ist erstaunlich scharfsinnig und als Staatsphilosoph gewiss
ebenso bewundernswert, wie die grossen Hellenen es überall sind,
sobald sie zu künstlerisch-philosophischer Anschauung sich erheben;
als Staatsmann trat er jedoch gar nicht erst auf, sondern erlebte
gelassen und zufrieden die Philippinischen Thaten, die sein Vaterland
zu Grunde richteten, ihm aber die Skelette und Häute seltener Tiere

---

[1] Es ist der (1877 erschienene) erste Teil eines grösseren Werkes: *Die
Demokratie*, dessen Fortsetzung aber bisher ausgeblieben ist.

[2] Schvarcz: a. a. O., S. 391 fg.

[3] Nach Gomperz: *Griechische Denker*, II, 95, ist diese Anekdote ›leere
Fabelei‹; doch liegt in allen solchen Erfindungen, wie in dem *eppur si muove* u. s. w.,
ein Kern höherer Wahrheit.

verschafften; Plato erntete als Staatsmann den Erfolg, den man aus
seinen abenteuerlichen Konstruktionen erwarten musste. Und auch
die wirklichen Staatsmänner — ein Drako, ein Solon, ein Lykurgus,
ja, selbst ein Perikles — dünken mich, wie ich schon in den einleitenden Worten zu diesem Kapitel sagte, eher geistvolle Dilettanten
als irgendwie grundlegende Politiker. Schiller bezeichnet irgendwo den
Drako als einen »Anfänger« und die Verfassung Lykurg's als »schüler-
haft«. Entscheidender ist das Urteil des grossen Lehrers der vergleichenden Rechtsgeschichte, B. W. Leist: »Der Grieche glaubte, ohne
Verständnis für die das Völkerleben beherrschenden historischen Mächte,
völliger Herr der Gegenwart zu sein. Die Gegenwart des Staates
hielt man im edelsten Streben für ein Objekt, an dem der Weise frei
seine Theorie verwirklichen könne, in das er von dem historisch
Gegebenen nur das in diese Theorie Passende aufzunehmen brauche.«[1])
Es fehlt bei den Griechen auf diesem Gebiete alle Konsequenz,
alle Selbstbeherrschung; kein Mensch ist massloser als dieser die
Mässigkeit (Sophrosyne) und den »goldenen Mittelweg« predigende
Hellene; wir sehen seine verschiedenen Staaten hin- und her-
pendeln zwischen hyperphantastischen Vollkommenheits-Systemen
und der blödsichtigen Befangenheit in den Interessen des unmittelbar
gegenwärtigen Augenblicks. Schon Anacharsis klagte: »Bei den
Beratungen der Griechen sind es die Narren, welche entscheiden.«
Und so ersehen wir, dass unsere Bewunderung und Nacheiferung in
Wahrheit nicht der griechischen Geschichte, sondern den griechischen
Geschichtsschreibern, nicht den griechischen Heldenthaten — die
überall ihresgleichen finden — sondern der künstlerischen Verherrlichung dieser Thaten gelten sollte. Es ist durchaus nicht
nötig, von Orient und Occident zu faseln, als könnte der Mensch»
nur auf einem bestimmten Längengrade entstehen; die Griechen
standen mit einem Fusse in Asien, mit dem anderen in Europa;
die meisten ihrer grossen Männer sind Jonier oder Sicilianer; es ist
lächerlich, ihre Fiktionen mit den Waffen ernster Wissenschaftlichkeit
verfechten und unsere Kinder mit Phrasen erziehen zu wollen; dagegen werden wir in Herodot ewig Grazie und Natürlichkeit, eine
höhere Wahrhaftigkeit und den siegenden Blick des echten Künstlers
bewundern und anstreben lernen. Die Griechen gingen unter, ihre
erbärmlichen Eigenschaften richteten sie zu Grunde, das moralische

---

[1]) *Graeco-italische Rechtsgeschichte*, S. 589, 593 u. s. w.

Wesen an ihnen war schon zu alt, zu raffiniert und verdorben, um
mit der Erleuchtung ihres Geistes Schritt zu halten; der hellenische
Geist jedoch errang einen Sieg, wie nie ein anderer; durch ihn —
und erst durch ihn — »trat der Mensch in das Tageslicht des Lebens
ein«; die Freiheit, die der Grieche hierdurch dem Menschengeschlecht
erfocht, war nicht die politische — er war und blieb ein Tyrann und
ein Sklavenhändler — sondern die Freiheit der nicht bloss instinktiven,
sondern schöpferischen Gestaltung, die Freiheit zu dichten. Das ist
jene Freiheit von der Schiller sprach, ein kostbarstes Geschenk, für
welches den Hellenen ewige Dankbarkeit gebührt, würdig einer weit
höheren Civilisation als der ihrigen und einer weit lauteren als der
unserigen.

  Dies Alles nur als eine nicht zu entbehrende Andeutung, welche
uns zu einer letzten Betrachtung hinübergeleiten soll.

Verfall der
Religion. Erkennen wir deutlich, dass der Schulmann die Macht besitzt,
Leichen wieder zu beleben und einem rührigen, arbeitsamen Jahrhundert Mumien als Muster aufzudrängen, so müssen wir bei genauerem Untersuchen gewahr werden, dass Andere das in noch
höherem Masse vermögen, da zu den lebendigsten Teilen der hellenischen Erbschaft ein recht bedeutender Teil unseres kirchlichen Glaubens
gehört, nicht jedoch die Lichtseite desselben, sondern der tiefe Schatten
krauser und krasser Aberglauben, sowie der dürre, aller Blätter und
Blüten der Poesie entkleidete Dornenstrauch scholastischer Vernünftelei.
Die Engel und die Teufel, die grause Vorstellung der Hölle, die
Gespenster der Abgeschiedenen (die gerade in unserem angeblich auf-
geklärten Jahrhundert unsere Tische mit Klopfen und Drehen so viel
in Bewegung setzten!), den ekstatisch-religiösen Wahnsinn, die Hypo-
stasen des Demiurgos, des Logos, die Definition des Göttlichen, die
Vorstellung von der Trinität — — — — überhaupt den ganzen
eigentlichen Untergrund unserer Dogmatik verdanken wir zum grossen
Teil den Hellenen; zugleich verdanken wir ihnen die spitzfindige
Behandlung dieser Dinge: Aristoteles mit seiner Seelen- und Gottlehre
ist der erste und grösste aller Scholastiker; sein Prophet, Thomas von
Aquin, ist gegen Schluss unseres neunzehnten Jahrhunderts (1879) vom
unfehlbaren Papste zum offiziellen Philosophen der katholischen Kirche
ernannt worden; zugleich griff auf Aristoteles ein grosser Teil der
logisierenden Freigeister zurück, der Feinde aller Metaphysik und Verkünder einer »Vernunftreligion«, wie John Stuart Mill und David
Strauss. Hier handelt es sich, wie man sieht, um eine recht lebendige

Erbschaft, und sie mahnt uns, von den Fortschritten unserer Zeit
nur mit Demut zu reden.

Der Gegenstand ist ein ungemein verwickelter; habe ich mich
in diesem ganzen Kapitel mit blossen Andeutungen begnügen müssen,
so werde ich mich hier auf das Andeuten von Andeutungen zu beschränken haben. Gerade hier jedoch wäre auf Verhältnisse hinzuweisen, die meines Wissens noch niemals in ihrem richtigen Zusammenhange aufgedeckt worden sind. Das möge hier in aller Bescheidenheit,
gleichwohl mit voller Bestimmtheit geschehen.

Ganz allgemein wird die religiöse Entwickelung der Hellenen so
dargestellt, als ob ein volksmässiger Götterwahnglaube sich nach und
nach in dem Bewusstsein einzelner hervorragender Männer zu einem
immer reineren, immer mehr vergeistigten Glauben an einen einzigen
Gott verklärt habe: so sei der Menschengeist aus der Finsternis in
immer helleres Licht geschritten. Unsere Vernunft liebt die Vereinfachungen: dieses langsame Emporsteigen des griechischen Geistes,
bis er dann reif war für eine höhere Offenbarung, kommt der
angeborenen Gedankenträgheit sehr zu statten. In Wahrheit ist diese
Vorstellung eine durch und durch falsche und gefälschte: der Götterglaube, wie wir ihm bei Homer begegnen, ist die erhabenste und
geläutertste Erscheinung griechischer Religion; vielseitig bedingt und
beschränkt, wie alles Menschliche, dem Wissen, Denken und Empfinden
einer bestimmten Civilisationsstufe angepasst, dürfte diese religiöse
Weltanschauung doch so schön, so edel, so frei gewesen sein, wie
nur irgend eine. von welcher wir Kunde besitzen. Das Kennzeich-
nende des homerischen Glaubens ist seine geistige und moralische
F r e i h e i t — ja, wie Rhode sagt, »fast Freigeistigkeit« —; diese
Religion ist der durch künstlerische Intuition und Analogie (also auf
rein genialem Wege) gewonnene Glaube an eine kosmische Weltordnung, die überall wahrgenommen wird, ohne jemals ausgedacht,
ohne jemals umfasst werden zu können, weil wir doch selber Bestandteile dieses Kosmos sind, — eine Ordnung, die sich aber notwendigerweise in Allem wiederspiegelt und die darum im Kunstwerk anschaulich und unmittelbar überzeugend wird. Die im Volke vorhandenen Vorstellungen, hervorgegangen aus der poetischen, symboli-
sierenden Anlage jedes einfachen, noch nicht bis zur Dialektik
fortgeschrittenen Gemütes, sind hier zur unmittelbarsten Anschaulichkeit verdichtet, und zwar von hohen Geistern, die noch gläubig genug
sind, um die wärmste Innigkeit zu besitzen, und zugleich frei genug,

um nach eigenem souverän-künstlerischen Urteil zu gestalten. Diese
Religion ist jeglichem Spuk- und Gespensterglauben, jeglichem pfäffischen Formelwesen abhold; alles, was in Ilias und Odyssee vom
populären Seelenkult und dergleichen vorkommt, ist wunderbar ge-
klärt, des Schreckhaften entkleidet, zur ewigen Wahrheit eines Symbolischen geadelt; ebenso feind ist diese Religion aller Vernünftelei, allen
müssigen Fragen nach Ursache und Zweck, jener rationalistischen
Richtung also, welche sich in der Folge als die blosse Kehrseite des
Aberglaubens entpuppt hat. So lange jene Vorstellungen, welche in
Homer und einigen anderen grossen Dichtern ihren vollendetsten
Ausdruck gefunden hatten, im Volke noch wirklich lebten, und insofern sie noch lebten, hat die griechische Religion ein ideales Element
besessen; später (namentlich in Alexandrien und Rom) war sie ein
Amalgam von pyrrhonischer, spöttischer Universalskepsis, krassem
Zauber-Aberglauben und spitzfindigem Scholasticismus. Untergraben
wurde das schöne Gebäude von zwei verschiedenen Richtungen aus,
von Männern, die wenig Gemeinsames zu besitzen schienen, die sich
später aber doch brüderlich die Hand reichten, als der homerische
Parthenon (d. h. »Tempel der Jungfrau«) ein Trümmerhaufe geworden
und darinnen eine philologische Steinschleiferei errichtet worden war:
diese zwei Parteien waren die, welche bei Homer keine Gnade gefunden hatten: der pfäffische Aberglaube und die vernünftelnde
Kausalitätsjägerei. [1]
    Die Ergebnisse der Anthropologie und Ethnographie erlauben
es, glaube ich, zwischen Aberglauben und Religion zu unterscheiden.
Den Aberglauben finden wir überall, auf der ganzen Erde, und zwar
in bestimmten, an allen Orten und bei den verschiedensten Menschenstämmen sehr ähnlichen, einem nachweisbaren Entwickelungsgesetze
unterworfenen Formen; im Grunde genommen ist er unausrottbar.
Die Religion dagegen, als ein der Phantasie vorschwebendes Gesamtbild der Weltordnung, wechselt unendlich mit den Zeiten und den
Völkern; manche Stämme (z. B. die Chinesen) haben wenig oder gar
kein religiöses Bedürfnis, andere ein sehr ausgesprochenes; die Religion
kann metaphysisch, materialistisch, symbolistisch sein, immer — auch

---

[1] Dass es zu Homer's Zeiten keine Philosophen gegeben haben mag, thut
nichts zur Sache; die Thatsache, dass bei ihm nichts erklärt wird, dass nicht
der geringste Versuch einer Kosmogonie vorliegt, deutet die Richtung seines Geistes
genügend an. Hesiod ist schon ein offenbarer Rückschritt, noch immer aber zu
grossartig symbolisch, um bei irgend einem Rationalisten Gnade zu finden.

wo ihre Elemente alle erborgt sind — tritt sie, je nach Zeit und
Land, in einer durchaus neuen, individuellen Erscheinung auf, un-[1]
eine jede ihrer Erscheinungen ist, wie die Geschichte lehrt, dur᠁ ᠁us
vergänglich. Die Religion hat etwas Passives an sich, sie spi᠁ elt (so
lange sie lebendig ist) einen Kulturzustand wieder; zug᠁ ch enthält
sie willkürliche Momente von unabsehbarer Tragweite: wie viel Freiheit bekundeten die hellenischen Poeten in ihrer Behandlung des
Glaubensstoffes! wie sehr hingen die Beschlüsse des Tridentinischen
Konzils über das, was die Christenheit glauben oder nicht glauben
sollte, von diplomatischen Schachzügen und von Waffenglück ab! Von
dem Aberglauben kann das nicht behauptet werden; an seiner Gewalt
bricht sich die Macht des Papstes und der Poeten; er schleicht auf
tausend verborgenen Wegen, schlummert unbewusst in jeder Brust
und ist alle Augenblicke bereit, aufzuflammen; er besitzt, wie Lippert
sagt: »eine Lebenszähigkeit, die er vor jeder Religion voraus hat«;[1])
er ist zugleich ein Kitt für jede neue Religion und ein stets lauernder
Feind jeder alten. An seiner Religion zweifelt fast jeder Mensch,
an seinem Aberglauben Keiner; herausgedrängt aus dem unmittelbaren
Bewusstsein der sogenannten ›gebildeten‹ Menschen, nistet er sich
in den innersten Falten ihres Gehirnes ein und treibt dort umso
ausgelassener seinen Schabernack, als er in der Vermummung der
authentischen Gelehrsamkeit oder des spektakulösesten Freisinns hervortritt. Dies alles zu beobachten, haben wir in unserem Jahrhundert
der Notre-Dame-de-Lourdes, der »Shakers«, der Phrenologie, des Ods,
der spiritistischen Photographien, des wissenschaftlichen Materialismus,
des »medizinischen Pfaffentums«[2]) u. s. w. reichlich Gelegenheit gehabt.[3]) Um die hellenische Erbschaft recht zu begreifen, müssen wir
auch dort zu unterscheiden lernen. Thun wir das, so werden wir
gewahr werden, dass in Hellas auch zur Blütezeit der herrlichen kunst-
beseelten Religion, ein Unterstrom ganz und gar anders gearteter
Aberglauben und Kulte niemals zu fliessen aufgehört hatte, der dann

---

[1]) *Christentum, Volksglaube und Volksbrauch*, S. 379. In dem zweiten Teil
dieses Buches findet man eine lehrreiche Zusammenstellung der in Europa noch
bestehenden Gebräuche und Aberglauben aus vorchristlicher Zeit.

[2]) F. A. Lange gebraucht den Ausdruck irgendwo in seiner *Geschichte des
Materialismus.*

[3]) ›Selbst die civilisiertesten Nationen schütteln den Glauben an Zauberei
nicht leicht ab‹, bezeugt Sir John Lubbock: *Die vorgeschichtliche Zeit*, deutsche
Ausg., II., 278.

später, als der griechische Geist zur Neige ging, und der Götterglaube
nur noch Formelwesen war, mächtig angeschwollen hervorbrach und
sich mit dem inzwischen aus verschiedenen Quellen reichlich gespeisten
rationalistischen Scholasticismus vereinte, um schliesslich im pseudosemitischen Neoplatonismus das grinsende Zerrbild hoher, freier Geistesthaten zu geben. Jener Strom des Volksglaubens, gebändigt in dem
durch die Tragödie zur höchsten künstlerischen Vollkommenheit gelangten Dionysischen Kult, floss unterirdisch weiter über Delphi und
Eleusis; seine erste, reichste Quelle bildete der uralte Seelenkult, das
furchtsame und ehrfürchtige Gedenken an die Toten; daran knüpfte
sich, durch eine unvermeidliche Progression, nach und nach (und in
verschiedenen Formen) der Glaube an die Unsterblichkeit der Seele.
Zweifellos hatten die Hellenen den Grundstock zu ihren verschiedenen
Aberglauben aus der früheren Heimat mitgebracht; neue Elemente
kamen aber immer wieder hinzu, teils als semitische Einfuhr von
den kleinasiatischen Küsten und Inseln,[1]) noch nachhaltiger und auf-
wühlender jedoch aus jenem Norden, den die Griechen zu verachten
wähnten. Nicht Dichter waren die Verkünder dieser heiligen »erlösenden« Mysterien, sondern Sibyllen, Bakiden, pythische Orakel-
sprecherinnen; der ekstatische Wahnsinn ergriff oft einen Gau nach
dem anderen, ganze Bevölkerungen wurden toll, die Söhne der Helden,
die vor Troja gekämpft hatten, schwangen sich im Kreise herum,
wie die heutigen Derwische, Mütter erwürgten mit eigenen Händen
ihre Kinder — — — Diese Leute aber waren es, welche den eigentlichen Seelenglauben gross zogen, und auch der Glaube an die Unsterblichkeit der Seele drang durch sie aus Thrakien in Griechenland
ein.[2]) Im bacchantischen Wirbeltanz hatte sich also (für das Volk der

---

[1]) Es scheint nicht, dass die semitischen Völker in alter Zeit an die Unsterb-
lichkeit der individuellen Seele geglaubt hätten; ihre Kulte boten aber für den
Hellenen, sobald er jenen Gedanken erfasste, wichtige Anregungen. Das phönizische
Göttersystem der Kabirim (d. h. der sieben Gewaltigen) fanden z. B. die Griechen
auf Lemnos, Rhodos und anderen Inseln vor, und Duncker schreibt darüber
(Geschichte des Altertums, I 4, 279): »Der Mythos von Melkart und der Astarte,
die in den Kreis dieser Götter aufgenommen war, Melkart, der die verschwundene
Mondgöttin im Lande der Dunkelheit wiederfindet und aus diesem mit ihr zu
neuem Licht und Leben zurückkehrt — — — gewährte den Griechen Anlass, die
Vorstellungen vom Leben nach dem Tode, welche sich seit dem Anfang des 6. Jahrhunderts bei ihnen ausbildeten, auch an den Geheimdienst der Kabiren zu knüpfen.«

[2] Dass dieser Glaube (nach Herodot, IV, 93) im indoeuropäischen Stamme
der Geten lebendig war und von dort aus nach Griechenland eindrang, ist nicht

Hellenen) zum erstenmale die Seele vom Körper losgetrennt, jene selbe
Seele, über die dann Aristoteles aus der Stille seiner Studierstube so
viel Erbauliches zu melden wusste; in der dionysischen Verzücktheit
fühlte sich der Mensch eins mit den unsterblichen Göttern und folgerte
daraus, dass auch seine individuelle, menschliche Seele unsterblich sein
müsse, was dann wiederum später Aristoteles und andere scharfsinnig
zu begründen suchten.[1]) Mich dünkt, es wirbelt uns noch immer ein
wenig im Kopf herum! Trotzdem wollen wir versuchen, über diese
uns so zäh anhaftende Erbschaft ein wenig zur Besinnung zu kommen.

Zu diesem Seelenglauben hat die hellenische D i c h t k u n s t als
solche nichts beigetragen; sie schickte sich ehrfurchsvoll in das
Übliche — die feierliche Bestattung des Patroklos z. B., der vor derselben zur letzten Ruhe nicht eingehen konnte, die Vollführung der
nötigen Weiheakte durch Antigone an der Leiche ihres Bruders — weiter
nichts. Dem Unsterblichkeitsglauben hat sie allerdings unbewusst Vorschub geleistet, indem sie die Götter zwar nicht als unerschaffen,
doch aber zu ihrer grösseren Verherrlichung als unsterblich auffassen
zu müssen glaubte — was z. B. bei den arischen Indern nicht der
Fall war.[2]) Der Begriff der S e m p i t e r n i t ä t, d. h. der Unsterblich-

---

zu verwundern; es war altes Stammgut; sehr auffallend ist dagegen, dass der Hellene
in der Blütezeit seiner Kraft diesen Glauben verloren hatte, oder vielmehr sich
vollkommen indifferent dagegen verhielt. ›Ein endloses Weiterleben der Seele
wird auf diesem (homerischen) Standpunkte weder behauptet noch geleugnet; dieser
Gedanke fällt hier überhaupt gar nicht in den Kreis der Betrachtung‹ Rhode,
Psyche, S. 195. Eine merkwürdige Bestätigung von S c h i l l e r ' s Behauptung,
dass der ästhetische Mensch, d. h. Derjenige, in dem das Sinnliche und Moralische
einander nicht feindlich entgegen streben, ›keine Unsterblichkeit brauche, um sich
zu stützen und zu halten‹ Brief an Goethe vom 9. 7. 1796. Ob die Geten
Goten und folglich Germanen waren, wie Jakob Grimm behauptete, oder nicht,
kann uns hier gleichgültig sein; eine erschöpfende Diskussion dieser übrigens sehr
interessanten Frage findet man in Wietersheim-Dahn: *Geschichte der Völkerwanderung*, I, 597 fg.; das Ergebnis fällt gegen Grimm's Ansicht aus. — Die Märe,
dass der Getenkönig Zalmoxis die Unsterblichkeitslehre von Pythagoras gelernt
habe, bezeichnet Rhode als ›eine absurde pragmatisierende Fabel‹ *(Psyche*, S. 320.

[1] Über diesen äusserst wichtigen Punkt, die Genese des Unsterblichkeits-
glaubens bei den Griechen betreffend, vergl. namentlich Rhode: *Psyche*, S. 296.

[2] Ich citierte schon oben S. 71 ein altes Vedalied, nach welchem ›die
Götter diesseits der Schöpfung entstanden sind‹; in ihrer Eigenschaft als Indivi-
duen können sie aber nach indischer Überzeugung die ›Sempiternität‹ ebenfalls
nicht besitzen, und Çankara sagt in den *Vedânta-Sûtra's*, von den einzelnen
Göttern redend: ›Solche Worte wie Indra u. s. w. bedeuten, ähnlich wie z. B. das
Wort ‚General‘, nur das Innehaben eines bestimmten Postens. Wer also gerade

keit eines in der Zeit entstandenen Individuums, war in Folge dessen
den Griechen als eine Eigenschaft ihrer Götter geläufig; die Dichtkunst hat ihn wahrscheinlich schon vorgefunden, jedenfalls aber durch
die Macht der poetischen Vorstellungskraft zu einer bestimmten
Wirklichkeit erst erhoben. Weiter reicht die Beteiligung der Kunst
nicht. Wir sehen sie im Gegenteil bestrebt, jenen »überall als ursprünglich vorauszusetzenden Dämonenglauben«,[1]) die Vorstellung
einer »Unterwelt«, die Erzählung von »Inseln der Seligen« — kurz,
alle jene Elemente, welche aus dem Untergrund des Aberglaubens
aufwachsend, sich der menschlichen Phantasie aufzwingen, möglichst
zu entfernen, zu mildern, auf ein Geringes zurückzuführen, um für
die gegebenen Thatsachen der Welt und des Lebens, und für ihre
poetisch-religiöse, schöpferische Bearbeitung freies, offenes Feld zu gewinnen. Anders der Volksglaube, der, wie wir soeben sahen, an einer so
hohen künstlerischen Religion nicht Genüge fand und sich lieber von
rohen Thrakiern unterweisen liess. Anders auch die Philosophie, welche
neben einer solchen Poesie ein Untergeordnetes blieb, bis der Tag kam,
wo sie sich im Stande wähnte, der Fabel Geschichte, dem Symbol ausführliche Erkenntnis entgegenzustellen: die Anregung jedoch hierzu
schöpfte die Philosophie nicht aus sich selbst, auch nicht aus den
Resultaten der empirischen Wissenschaft, die nirgends auf Seelen,
Entelechieen, Unsterblichkeit u. s. w. gestossen war, sondern sie erhielt sie aus dem Volke, teilweise aus Asien (durch Pythagoras),
teilweise aus dem nördlichen Europa (als orphischen, resp. dionysischen
Kult). Die Lehre von einer vom lebendigen Körper ablösbaren, mehr
oder weniger unabhängigen Seele, die daraus leicht gefolgerte Lehre
von körperlosen und doch lebendigen Seelen, z. B. der Gestorbenen,
nunmehr als blosse Seelen weiterlebend, sowie auch von einem »seelen-
haften« göttlichen Prinzip (ganz analog dem Nus des Anaxagoras,
d. h. der vom Stoff unterschiedenen Kraft), ferner die Lehre von der
Unsterblichkeit dieser Seele: das sind also zunächst nicht Ergebnisse
eines gesteigerten philosophischen Denkens, ebensowenig bilden sie in
irgend einem Sinne eine evolutive Fortentwickelung, eine Verklärung
jener hellenischen Nationalreligion, die in den Dichtern ihren höchsten
Ausdruck gefunden hatte; vielmehr stellen sich hier Volk und Denker
in Gegensatz zu Dichter und Religion. Und gehorchen sie auch ver-

---

den betreffenden Posten bekleidet, der führt den Titel Indra« (I, 3, 28; S. 170
der Übersetzung Deussen's .

[1]) Deussen: *Allgemeine Geschichte der Philosophie*, I, 39; siehe auch Tylor.

schiedenen Impulsen, so arbeiten Volk und Denker doch einander in
die Hand; zusammen richteten sie denn auch Dichtkunst und Religion
zu Grunde. Und als die hierdurch hervorgerufene Krise vorbei war,
fand es sich, dass jetzt die Philosophen als Religionsverkünder an die
Stelle der Künstler getreten waren! Im Grunde hatten ja beide,
Dichter und Philosophen, ihr Material im Volke geschöpft; wer aber
von beiden, frage ich, hat es besser verwaltet und weiser? Wer hat
die Wege zu Freiheit und Schönheit, wer dagegen die zu Knechtschaft und Unschönheit gewiesen? Wer hat gesunde, empirische
Wissenschaft angebahnt, und wer Wissenschaft fast zwei Jahrtausende
gehemmt? Wenn nicht inzwischen aus einer ganz anderen Himmels-
richtung her, aus der Mitte eines Volkes, das weder Kunst noch
Philosophie besass, eine religiöse Macht in die Welt getreten wäre,
so stark, dass sie den zum Vernunftsystem erhobenen Wirbeltanz-
wahnsinn tragen konnte, ohne zusammenzubrechen, so lichtvoll, dass
selbst die finstere Nacht der anschauungsbaren Logik ihren Glanz
niemals ganz zu löschen vermochte, eine religiöse Macht schon durch
ihren Ursprung berufen, eher civilisatorisch als kulturell zu wirken, —
wenn das nicht gewesen wäre, da hätte sich dieses angebliche Emporsteigen zu höheren Idealen gar jämmerlich bewährt, oder vielmehr,
seine thatsächliche Jämmerlichkeit wäre nicht verdeckt geblieben. Wer
dies bezweifelt, der sehe sich in der Litteratur der ersten Jahrhunderte
unserer Zeitrechnung um, wo die vom Staate besoldeten, antichrist-
lichen Philosophen ihre Wissenschaftslehre : Theologie« betitelten (Plotin,
Proklos u. s. w.), er sehe, wie diese Herren in den Mussestunden, die
ihnen das Zerpflücken des Homer, das Kommentieren des Aristoteles,
das Aufbauen von Trinitäten, die Diskussion darüber, ob Gott ausser
dem Sein auch das Leben zukomme, und über dergleichen subtile
Fragen mehr übrig liessen, er sehe, wie sie in ihren Mussestunden
von einem Ort zum andern wandern, um sich in Mysterien ein-
weihen, oder sich von orphischen Genossenschaften als Hierophanten
aufnehmen zu lassen, die ersten Denker dem krassesten Zauberglauben
ergeben. Oder, wenn eine derartige Lektüre erschreckt, so nehme man
den witzigen Heinrich Heine des zweiten Jahrhunderts, Lucian, zur
Hand, und ergänze seine Mitteilungen durch die ernsteren und ebenso
unterhaltenden Schriften seines Zeitgenossen Apulejus,[1] — und dann

---

[1] Siehe namentlich im 11. Buch des *Goldenen Esels* die Einweihung in die
Mysterien der Isis, des Osiris, des Serapis und die Aufnahme in das Kollegium
der Pastophori. Man lese auch die Schrift Plutarch's: *Über Isis und Osiris.*

sage man, wo mehr Religion und wo mehr Aberglaube, wo freie, gesunde, schöpferische Menschenkraft und wo unfruchtbare, unsaubere, im Kreise sich herumdrehende Tretmühlerei anzutreffen ist. Und doch dünken uns die Männer, die in jenem homerischen Kreise stehen, kindlich fromm und abergläubisch, diese dagegen aufgeklärte Denker![1])

Metaphysik.   Nun muss man allerdings zwischen Philosophie und Philosophie unterscheiden, und ich glaube oben meiner Bewunderung für die hellenische Philosophie der grossen Epoche warmen Ausdruck verliehen zu haben, namentlich insofern sie als eine der Dichtkunst stammverwandte, schöpferische Bethätigung des Menschengeistes auftrat — in welchem Bezug Plato's Ideenlehre und Demokrit's atomistische Hypothese alles überstrahlt, während Aristoteles mir als Analytiker und Methodiker unvergleichlich gross, als Philosoph aber, im angegebenen Sinne, der eigentliche Urheber der *décadence* des hellenischen Geistes erscheint. Hier wie anderwärts muss man sich jedoch vor zu weit gehender Vereinfachung hüten; man darf nicht einem einzigen Manne zuschreiben, was seinem Volke eigentümlich war und in ihm nur den bestimmtesten Ausdruck fand. In Wahrheit steckt in der griechischen Philosophie von allem Anfang an der Keim zu ihrer späteren verhängnisvollen Entwickelung; die Erbschaft, die noch immer schwer auf uns lastet, reicht fast bis auf die Zeit Homer's zurück. Denn die alten Hylozoisten zeigen sich, wohl überlegt, den Neoplatonikern stammverwandt: wer mit Thales die Welt so ohne Weiteres als aus dem Wasser entstanden »erklärt«, der wird später auch Gott zu »erklären« wissen; sein nächster Nachfolger, Anaximander, stellt als Prinzip »das Unendliche« (das Apeiron), das »in allen Veränderungen Unveränderliche« auf: da stecken wir eigentlich schon im unverfälschten Scholasticismus mitten drin und können gelassen warten, bis das Rad der Zeit Ramon Lull und Thomas von Aquin auf der Erdoberfläche abgesetzt hat. Dass diese ältesten unter den bekannten griechischen Denkern an die Gegenwart zahlloser Dämonen glaubten, dabei aber von Anfang an[2]) über die

---

[1] Bussell: *The School of Plato*, 1896, S. 345, schreibt von dieser philosophischen Periode: »Die Dämonen monopolisieren eine Andacht, die einer blossen Idee nicht gewidmet werden kann, und die Philosophie haucht ihre Seele aus an den Stufen rauchender Opferaltäre und unter den Beschwörungsformeln und Wahngebilden der Wahrsagung und der Zauberei«.

[2] Verbürgt wenigstens von Xenophanes und Heraklit an.

Götter der Volksreligion und über die Dichter herzogen — den Homer hätte Heraklit gern »mit Ruten gepeitscht« [1] —, dient nur, das Bild zu vervollständigen. Noch eins muss aber gesagt werden: ein Mann wie Anaximander, so untergeordnet als Denker, war ein Naturforscher und Theoretiker allererstens Ranges, ein Begründer der wissenschaftlichen Geographie, ein Förderer der Astronomie; uns werden alle diese Leute als Philosophen vorgeführt, in Wahrheit war aber das Philosophieren für sie eine Nebensache; man würde wohl doch nicht den Agnosticismus des Charles Darwin oder das Glaubensbekenntnis des Claude Bernard zu den philosophischen Leistungen unseres Jahrhunderts rechnen? Das ist so eine von den vielen traditionellen, geheiligten Konfusionen; den Namen eines Çankara, (vielleicht der grösste Metaphysiker, der je gelebt) finden wir in keiner Geschichte der Philosophie, dagegen muss der brave Olivenbauer Thales als »erster Philosoph« unausgesetzt herhalten. Und genau besehen, befinden sich alle, oder fast alle sogenannte Philosophen der hellenischen Blütezeit in einer ähnlichen Lage: Pythagoras gründet — so weit man aus widersprechenden Nachrichten schliessen kann — nicht eine philosophische Schule, sondern einen politischen, sozialen, diätetischen und religiösen Bund; Plato selber, der Metaphysiker, ist Staatsmann, Moralist, praktischer Reformator; Aristoteles ist Methodolog und Encyklopädist, und die Einheit seiner Weltanschauung liegt viel mehr in seinem Charakter, als in seiner forcierten, halbüberkommenen, widerspruchsvollen Metaphysik begründet. Ohne also die Grossthaten der griechischen Denker irgendwie zu verkennen, werden wir wohl doch, um der Konfusion ein Ende zu machen, behaupten dürfen: diese Männer haben unserer Wissenschaft (einschliesslich der Logik und der Ethik) vorgearbeitet, sie haben unserer Theologie vorgearbeitet, ihr poetisch-schöpferisches Genie hat Ströme von Licht über die Wege ausgegossen, die spätere Spekulation und Geistesforschung wandeln sollte, als Metaphysiker im eigentlichen engeren Sinne des Wortes waren sie von verhältnismässig weit geringerer Bedeutung.

　　Damit bei einer so wichtigen, in die Tiefen unseres heutigen Lebens eingreifenden Erkenntnis nichts unklar bleibe, möchte ich

---

[1] Ich citiere nach Gomperz: *Griechische Denker* I, 50; nach Zeller's Darstellung schiene eine so heftige Äusserung unwahrscheinlich. Wenn ich mich recht entsinne, ist es Xenophanes, der diese Worte dem Heraklit in den Mund legt.

kurz darauf hindeuten, dass wir in der Person des grossen Leonardo
da Vinci ein unserem heutigen Denken und Fühlen nahe verwandtes
Beispiel der tiefen Kluft besitzen, welche poetische Erkenntnis von
abstrakter Erkenntnis trennt, Religion von theologisierender Philosophie. Leonardo brandmarkt die Geisteswissenschaften als »lüg-
nerische« (*le bugiarde scientie mentali*); »alles Wissen«, sagt er, »ist
eitel und voller Irrtümer, das nicht von der Sinneserfahrung, der
Mutter aller Gewissheit, zur Welt gebracht wird«; besonders zuwider
sind ihm die Dispute und Nachweise über die Wesenheit Gottes und
der Seele; er meint, gegen diese Vorstellungen »lehnen sich unsere
Sinne auf«, deswegen sollen wir uns nicht bethören lassen: »wo
Vernunftsgründe und klares Recht fehlen, vertritt Geschrei deren
Stelle; bei sicheren Dingen kommt dies dagegen nicht vor«; und
somit gelangt er zum Schluss: »dove si grida non è vera scientia«, wo
man Geschrei macht, da ist kein wahrhaftiges Wissen. (*Libro di
pittura*, 1. Teil, Abschnitt 33, Ausgabe von Heinrich Ludwig.) Das
ist Leonardo's Theologie! Dieser selbe Mann ist es jedoch, der —
wohl einzig unter allen, die grössten nicht ausgenommen — einen
Christus malt, der einer Offenbarung gleichkommt, »ganz Gott und
zugleich ganz Mensch« (wie es im Athanasischen Glaubensbekenntnis
heisst). Hier liegt tiefe Wesensverwandtschaft mit Homer vor: alles
Wissen aus Sinneserfahrung geschöpft, und hieraus dann das Göttliche
nicht durch Vernunftserwägungen nachgewiesen, sondern unter Zugrundelegung des Volksglaubens freischöpferisch gestaltet: ein ewig
Wahres. Gerade diese Anlage war nun in Griechenland, dank besonderen Umständen und besonderen Begabungen, dank vor allem dem
Auftreten der einzig Leben spendenden grossen Genies zu einer so
intensiven Ausbildung gelangt, dass die Erfahrungswissenschaften (wie
später bei uns durch Leonardo) eine noch niemals früher dagewesene
Anregung erhielten, wogegen die Reaktion der philosophierenden
Abstraktion sich niemals frei und natürlich zu entwickeln vermochte,
sondern entweder in Scholasticismus oder in Phantasterei verfiel.
Der hellenische Künstler erwachte zum Leben in einem Element,
welches ihm zugleich persönliche Freiheit und das erhebende Bewusstsein, von Allen verstanden zu werden, schenkte; der hellenische
Philosoph (sobald er den Weg der logischen Abstraktion wandelte)
nicht; dieser war im Gegenteil von allen Seiten gehemmt, äusserlich
durch Sitte, Glauben und Staatseinrichtungen, innerlich durch seine
ganze eigene, vorwiegend künstlerische Bildung, durch alles was ihn

sein Leben lang umgab, durch alle Eindrücke, die Auge und Ohr
ihm übermittelten; er war nicht frei; in Folge seiner grossen Begabung leistete er gewiss Grosses, nichts aber, was — wie seine
Kunst — höchsten Anforderungen der Harmonie, der Wahrheit, der
Allgemeingültigkeit entspräche. Bei der griechischen Kunst wirkt das
Nationale wie Schwingen, welche den Geist zu Höhen emportragen,
wo »alle Menschen Brüder werden«, wo das Trennende der Zeiten
und Völker den Reiz eher erhöht als abstumpft; hellenische Philosophie ist im Gegenteil im beengenden Sinne des Wortes an ein
bestimmtes nationales Leben gekettet und durch dasselbe allseitig
beschränkt.

Ungemein schwer ist es, mit einer solchen Einsicht gegen das
Vorurteil von Jahrhunderten aufzukommen. Selbst ein solcher Mann
wie Rhode nennt die Griechen »das gedankenreichste der Völker«
und behauptet, ihre Philosophen hätten »der ganzen Menschheit vorgedacht«; [1]) Leopold von Ranke, der für die homerische Religion
kein anderes Epitheton kennt als »Götzendienst«(!), schreibt: »Was
Aristoteles über den Unterschied der thätigen und leidenden Vernunft
ausspricht, von denen jedoch nur die erste die wahre ist, autonom und
gottverwandt, also auch unsterblich, möchte ich für das Beste erklären, was über den menschlichen Geist gesagt werden konnte, vor-
behalten die Offenbarung. Dasselbe darf man, wenn ich nicht irre,
von der Seelenlehre Plato's sagen.« [2]) Ranke belehrt uns weiter, die
Aufgabe der griechischen Philosophie sei es gewesen: »den alten
Glauben von dem götzendienerischen Element zu reinigen, rationelle
und religiöse Wahrheit zu vereinbaren«; die Demokratie aber habe
dieses edle Bestreben vereitelt, denn sie »hielt an dem Götzendienste
fest« (I, 230) [3]). Diese Beispiele mögen genügen; man könnte
zahlreiche anführen. Nach meiner Überzeugung ist das Alles Illusion,

---

[1]) *Psyche*, S. 104.

[2]) *Weltgeschichte* (Text-Ausgabe I, 230. Dieser Weisheitsspruch erinnert
bedenklich an die bekannte Anekdote aus der Kinderstube: »Wen liebst du am
meisten, Papa oder Mama? Beide!« — denn wenn auch Aristoteles von Plato
ausgegangen ist, etwas vom Grund aus Verschiedeneres als ihre Seelenlehren sowie
ihre ganze Metaphysik lässt sich kaum denken. Wie können denn beide zugleich
»das Beste« gesagt haben? Schopenhauer hat richtig und bündig geurteilt: »der
radikale Gegensatz des Aristoteles ist Plato«.

[3]) O vierundzwanzigstes Jahrhundert! was sagst du dazu? Ich für mein
Teil schweige — wenigstens über Persönlichkeiten — und folge dem Beispiele
des weisen Sokrates, indem ich den Götzen meines Jahrhunderts einen Hahn opfere!

und zwar verderbliche Illusion, und in wesentlichen Hauptstücken das genaue Gegenteil von der Wahrheit. Es ist nicht wahr, dass die Griechen der ganzen Welt vorgedacht haben: vor ihnen, neben ihnen, nach ihnen hat man tiefer, schärfer, richtiger gedacht. Es ist nicht wahr, dass die geheimrätliche Theologie des Aristoteles *ad usum* der Stützen der Gesellschaft das Beste ist, was gesagt werden konnte: diese jesuitische, scholastische Sophisterei ist die schwarze Pest der Philosophie geworden. Es ist nicht wahr, dass die griechischen Denker die alte Religion gereinigt haben: vielmehr haben sie gerade dasjenige an ihr angegriffen, was ewige Bewunderung verdiente, nämlich ihre freie, rein künstlerische Schönheit; und indem sie vorgaben, rationelle Wahrheit an die Stelle der symbolischen zu setzen, griffen sie in Wirklichkeit nur zum Volksaberglauben und setzten diesen, in logische Lumpen gehüllt, auf den Thron, von dem sie — im Verein mit dem Pöbel — die ein ewig Wahres verkündende Poesie herabgestürzt hatten.

Was das angebliche »Vordenken« anbelangt, so genügt es, auf zwei Umstände aufmerksam zu machen, um die Irrtümlichkeit dieser Behauptung darzuthun: erstens haben die Inder früher als die Griechen zu denken begonnen, sie haben tiefer und konsequenter gedacht, und sie haben in ihren verschiedenen Systemen mehr Möglichkeiten erschöpft als die Griechen, zweitens hat unser eigenes westeuropäisches Denken erst an dem Tage begonnen, als ein grosser Mann gesagt hatte: »man muss zugeben, die Philosophie, die wir von den Griechen überkommen haben, ist kindisch, oder mindestens eher eine Beförderin des Schwatzens als schöpferisch anregend.« [1]) Behaupten zu wollen, dass Locke, Gassendi, Hume, Descartes, Kant u. s. w. Wiederkäuer griechischer Philosophie seien, ist eine arge Versündigung hellenistischen Grössenwahnsinns gegen unsere neue Kultur. Ein schlagendes Beispiel in Bezug auf das hellenische Denken bietet uns gleich Pythagoras, ihr erster grosser Weiser. Von seinen Orientreisen brachte er allerhand zurück, grosses und kleines, von dem Begriffe der Erlösung an bis zu der Vorstellung des Äthers und bis zu dem Verbot des Bohnenessens: es war alles indisches Erbgut. Eine Lehre insbesondere

---

[1] Bacon von Verulam: Instauratio Magna, Vorwort. »*Et de utilitate aperte dicendum est: sapientiam istam, quam a Graecis potissimum hausimus, pueritiam quandam scientiae videri, atque habere quod proprium est puerorum; ut ad garriendum prompta, ad generandum invalida et immatura sit. Controversiarum enim ferare, operum effecta est.*«

wurde nun der Mittelpunkt des Pythagoreismus, sein religiöser Hebel,
wenn ich so sagen darf: es war dies die geheim gehaltene Lehre von
der Seelenwanderung. Durch Plato wurde sie dann später des
mystischen Nimbus entkleidet und in die öffentliche Philosophie
hineingetragen. Nun bildete bei den Indern (schon lange vor
Pythagoras) der Glaube an die Seelenwanderung die Grundlage der
ganzen Ethik; politisch, religiös, philosophisch vielfach geteilt und in
offener Gegnerschaft lebend, glaubte dort das ganze Volk an die endlose Reihe der Wiedergeburten. »Ob eine Wanderung der Seele
stattfindet, wird (in Indien) nirgends gefragt; sie wird allgemein und
unumstösslich geglaubt.« [1]) Aber es gab dort doch eine Klasse, eine
kleine, welche an die Seelenwanderung insofern nicht glaubte, als sie
diese Vorstellung für eine symbolische hielt, für eine Vorstellung,
welche den im Weltenwahn Befangenen eine höhere, nur durch
tiefes metaphysisches Denken richtiger zu erfassende Wahrheit allegorisch vermittelt: diese kleine Klasse war (und ist noch heute) die
der Philosophen. »Das Wandrersein der Seele beruht auf dem Nicht-
wissen, während die Seele im Sinne der höchsten Realität keine
wandernde ist,« lehrt der indische Denker.[2]) Eine eigentliche »Geheimlehre«, wie sie die Griechen nach ägyptischem Muster so liebten,
haben die Inder nie gekannt, Männer aus allen Kasten, auch Weiber
konnten zur höchsten Erkenntnis vordringen; nur wussten diese tief-
sinnigen Weisen sehr gut, dass metaphysisches Denken besondere Anlagen und besondere Ausbildung dieser Anlagen erfordert; daher
liessen sie das Bildliche bestehen. Und dieses Bildliche, diese grossartige, für die Moral vielleicht unersetzliche, schliesslich aber doch
nur volksmässige Vorstellung der Seelenwanderung, welche in Indien
für das gesamte Volk, von oben bis unten, mit einziger Aus-

[1]) Schröder: *Indiens Litteratur und Kultur*, S. 252.
[2]) Çankara: *Sūtra's des Vedânta* I, 2, 11. Zwar hat Çankara selber viel
später als Pythagoras gelebt (etwa im 8. Jahrhundert unserer Zeitrechnung), seine
Lehre ist aber streng orthodox, er wagt keine Behauptung, die sich nicht auf alte,
kanonische Upanishaden stützt. Dass eine thatsächliche »Wanderung« schon nach
den ältesten Upanishaden für den wahrhaft Erkennenden eine nur populären
Zwecken dienende Vorstellung war, ist offenbar. Weitere diesbezügliche Nachweise findet man bei Çankara in der Einleitung zu den Sûtra's und in I, 1, 4,
vor allem aber in der herrlichen Stelle II, 1, 22, wo der Samsâra, mitsamt der
ganzen Schöpfung, als eine Täuschung bezeichnet wird, »welche ebenso wie der
Wahn der Spaltungen und Trennungen durch Geburt und Tod im Sinne der
höchsten Realität nicht existiert«.

nahme der Denker galt, das wurde in Griechenland die erhabenste »Geheimlehre« ihres ersten grossen Philosophen, verschwand auch niemals wieder ganz aus den höchsten Regionen ihrer philosophischen Anschauungen, und gewann durch Plato den bestrickenden Reiz poetischer Gestaltung! Das sind die Leute, die uns Allen angeblich vorgedacht haben sollen, »das gedankenreichste der Völker«! Nein, die Griechen waren keine grossen Metaphysiker.

Theologie.   Sie waren aber ebensowenig grosse Moralisten und Theologen. Auch hier nur ein Beispiel statt vieler. Der Dämonenglaube findet sich allerorten; die Vorstellung eines besonderen Zwischenreiches der Dämonen (zwischen den Göttern im Himmel und den Menschen auf Erden) haben die Griechen höchst wahrscheinlich ebenfalls aus Indien (über Persien) entnommen,[1]) das bleibt sich jedoch gleich; in der Philosophie, oder wenn man will, in der »rationellen Religion« fanden diese Gebilde des Aberglaubens erst durch Plato Aufnahme. Rhode schreibt:[2]) »Plato zuerst, als Vorgänger vieler Anderen, redet von einem ganzen Zwischenreich von Dämonen, denen alles zugetraut wird, was an Wirkungen unsichtbarer Mächte der hohen Götter unwürdig erscheint. So wird die Gottheit selbst alles Bösen und Niederziehenden entlastet.« Also mit vollem Bewusstsein und aus dem »rationellen«, flagrant anthropomorphischen Grunde, Gott dessen, was uns Menschen böse dünkt, zu »entlasten«, wird derjenige Aberglaube, der den Hellenen mit Buschmännern und Australnegern gemeinsam war, mit einer philosophischen und theologischen Aureole geschmückt, den edelsten Geistern von einem edelsten Geist empfohlen, und allen künftigen Jahrhunderten als Erbschaft vermacht. Die glücklichen Inder hatten ihren Dämonenglauben schon längst abgeschüttelt; er galt nur für das gänzlich unkultivierte Volk; der Philosoph war bei ihnen sogar zu keinerlei religiöser Handlung mehr verpflichtet, denn ohne sie zu leugnen, wie der flache Xenophanes, hatte er die Götter als Symbole einer höheren, von den Sinnen nicht zu fassenden Wahrheit erkennen gelernt, — was sollten Dämonen noch solchen Leuten? Homer war aber auf demselben Wege gewesen, das merke man wohl! Freilich hemmt die Hand der Athene den voreilig erhobenen Arm des Achilleus, und flösst Here dem schwankenden Diomedes Mut ein: so göttlich frei deutet der Dichter, alle Zeiten zu poetischen Gedanken anregend;

---

[1] Colebrooke: *Miscellaneous Essays*, p. 442.
[2] In einer kleinen zusammenfassenden Schrift *Die Religion der Griechen*, er schienen 1895 in den Bayreuther Blättern.

der eigentliche Aberglaube spielt jedoch bei ihm eine sehr untergeordnete Rolle und wird durch »göttliche« Deutung dem Bereiche des eigentlichen Dämonentums enthoben; sein Weg war sonniger, schöner als der des Indoariers; anstatt wie dieser in grübelnder Metaphysik sich zu ergehen, heiligte er die empirische Welt und führte dadurch den Menschen einer herrlichen Bestimmung entgegen.[1] Da kam der alte abergläubische, von pythischen Orakeln beratene, von Priesterinnen belehrte, von Dämonen besessene Sokrates, und nach ihm Plato und die anderen. O Hellenen! wäret ihr doch der Religion des Homer und der durch sie begründeten künstlerischen Kultur treu geblieben! Hättet ihr auf eure Heraklit und Xenophanes und Sokrates und Plato, und wie sie alle noch heissen, nicht gehört, sondern euren göttlichen Dichtern vertraut! Wehe uns, die wir durch diesen zur geheiligten Orthodoxie erhobenen Dämonenglauben Jahrhunderte hindurch unsäglichen Jammer gelitten haben, die wir durch ihn in unserer gesamten geistigen Entwickelung gehindert wurden, und die wir noch heute wähnen müssen, von thrakischen Bauern umringt zu leben![2]

Nicht eine Spur besser steht es mit jenem hellenischen Denken, welches nicht mystische Wege wandelt, noch poetischen Eingebungen folgt, sondern eingestandenermassen an Naturwissenschaft anknüpft und es mit Hilfe der Physiologie und der rationellen Psychologie unternimmt, den grossen Problemen des Daseins beizukommen. Da schlägt der griechische Geist sofort in Scholasticismus um, wie schon oben angedeutet. »Worte, Worte, nichts als Worte!« Hier würden nähere Auseinandersetzungen leider über den Rahmen dieses Buches hinausführen. Wer aber vor höherer Philosophie sich scheut,

---

[1] Siehe z. B. im XXIV. Gesang der Ilias (Vers 300 fg.) die Erscheinung des Gutes vorbedeutenden Adlers »rechts einher«. Äusserst bezeichnend sind im selben Gesang die Worte des Priamos über ein ihm zu Teil gewordenes Gesicht (Vers 220 fg.):

»Hätt' es ein Anderer mir der Erdenbewohner geboten,
Etwa ein Zeichendeuter, ein Opferprophet und ein Priester,
Lug wohl nennten wir solches, und wendeten uns mit Verachtung.«

Prächtig ist ebenfalls bei Hesiod, wiewohl er dem Volksaberglauben viel näher steht als Homer, die Auffassung der »Geister«: (Werke und Tage, 124 fg.)

»Und sie wahren das Recht und wehren frevelnden Werken:
Überall über die Erde hinwandelnd, in Nebel gehüllet,
Spenden sie Segen: dies ist das Königsamt, das sie erhielten.«

[2] Döllinger nennt den »systematischen Dämonenglauben« eins der »Danaer-Geschenke griechischen Wahnes« (Akad. Vorträge, I, 182).

der nehme einen Katechismus zur Hand, es steckt viel Aristoteles
darin. Wenn man mit einem solchen unphilosophischen Manne von
der Gottheit spricht und ihm sagt, sie sei: »ungeworden, unerschaffen,
von je bestehend, unvergänglich«, so wird er glauben, man recitiere
ein ökumenisches Glaubensbekenntnis, es ist aber ein Citat aus
Aristoteles! Und wenn man ihm ferner sagt, Gott sei: »eine ewige,
vollkommene, unbedingte Wesenheit, mit Dasein begabt, jedoch ohne
Grösse, die in ewiger Aktualität sich selbst denkt, denn (dies dient
zur Erklärung) das Denken wird sich gegenständlich durch Denken
des Gedachten, so dass Denken und Gedachtes identisch werden
— —«, so wird der arme Mann glauben, man lese ihm aus Thomas
von Aquin oder allenfalls aus Georg Wilhelm Friedrich Hegel vor,
wiederum ist es aber ein Citat aus Aristoteles.[1]) Die vernunftgemässe
Lehre von Gott, die vernunftgemässe Lehre von der Seele, vor allem
dann noch die Lehre von einer der menschlichen Vernunft gemässen
Zweckordnung der Welt, oder Teleologie (durch welche Aristoteles,
nebenbei gesagt, so groteske Irrtümer in seine Naturwissenschaft einführte), das war auf diesem Gebiete die Erbschaft! Wie viele Jahrhunderte hat es gedauert, bis ein mutiger Mann kam, der diesen
Ballast über Bord warf und darthat, man könne das Dasein Gottes
nicht beweisen, wie Aristoteles es zwei Jahrtausenden vorgelogen hatte?
Bis ein Mann kam, der es wagte, die Worte zu schreiben: »Wir sind
weder durch Erfahrung, noch durch Schlüsse der Vernunft hinreichend
darüber belehrt, ob der Mensch eine Seele (als in ihm wohnende,
vom Körper unterschiedene und von diesem unabhängig zu denken
vermögende d. i. geistige Substanz) enthalte, oder ob nicht vielmehr
das Leben eine Eigenschaft der Materie sein möge?«[2]) Und wie tief
steckte dieser grosse Mann selber noch in dem scholastischen, forma-
listischen Sumpf!

Doch genug. Ich glaube mit ausreichender Deutlichkeit dargethan zu haben, dass hellenische Philosophie nur dann wahrhaft gross
ist, wenn man das Wort im weitesten Sinne nimmt, etwa dem englischen Sprachgebrauch gemäss, nach welchem ein Newton und ein
Cuvier, oder wieder ein Jean Jacques Rousseau und ein Goethe »Philosophen« heissen. Sobald der Grieche das Gebiet der Anschaulichkeit
verliess — und zwar gleich von Thales an — wurde er verhängnis-

---

[1] *Metaphysik*, Buch XII, Kap. 7.
[2] Kant: *Ethische Elementarlehre*, § 4.

voll; er wurde um so verhängnisvoller, als er dann seine unvergleichliche Gestaltungskraft (welche dem metaphysischen Inder so auffallend fehlt) zur verführerisch klaren Gestaltung schattenhafter Trugbilder und zur Verflachung und Verballhornung tiefer Einsichten und Ahnungen, welche jeder Analyse unzugänglich sind, benützte. Nicht dass er mystische Anlagen und ein ausgesprochenes metaphysisches Bedürfnis besass, mache ich ihm zum Vorwurf, wohl aber, dass er Mystik anders als künstlerisch-mythisch zu gestalten suchte, und dass er an dem Kernpunkt aller Metaphysik stets blind vorbeiging und die Lösung transcendenter Fragen auf platt-empirischem Wege versuchte. Hätte der Grieche auf der einen Seite rein poetisch, auf der anderen rein empirisch seine Anlagen weiter entwickelt, dann wäre er für die Menschheit ein ungeteilter, unsagbarer Segen geworden; so aber wurde jener selbe Grieche, der in Poesie und Wissenschaft das Beispiel der frei-schöpferischen Gestaltung und somit des eigentlichen Menschwerdens gegeben hatte, später vielfach ein erstarrendes, hemmendes Element in der Entwickelung des Menschengeistes.

In welchem bedingten Sinne dies verstanden werden muss, Teleologie. leuchtet nach allem Gesagten von selbst ein: gerade hellenisches Denken (Plato) hat seit etwa einem Jahrhundert in mancher Beziehung unserer Philosophie Anregung gewährt, und umgekehrt, kann nicht geleugnet werden, dass griechische Kunst nicht allein fördernd, sondern zugleich hemmend auf uns gewirkt hat, so dass höchste schöpferische Gestaltung fast nur dort stattfand (Malerei, Musik), wo kein hellenisches Ideal unseren Künstlern hindernd im Wege stand. Nichts auf der Welt ist einfach, alles ist unendlich bedingt; dem Schriftsteller muss es genügen, wenn er anregt; vor Kühnheit darf er daher nicht zurückschrecken. Wer Widersprüche in meiner Darstellung wittert, der merke gütigst noch Folgendes: gerade unser falsches Verhältnis zum hellenischen Denken, unsere Knechtschaft ihm gegenüber, hat uns, bei aller lauten Bewunderung für griechische Kunst, doch in ein durchaus schiefes Verhältnis zu ihr gebracht. Wir haben kein rechtes Gefühl für ihre Schönheit; wir kleben an der Oberfläche, wir schwatzen von »klassischem Ideal«, und zugleich von »Götzendienst«, wo es manchmal viel richtiger wäre, von klassischem Frohndienst und zu Götzen erhobenen Idealen zu reden; die Narrenkappe des Entwickelungsdogmas sitzt uns so fest auf dem Kopfe, dass wir ohne Weiteres voraussetzen, was die alten Philosophen lehrten, müsse notwendigerweise viel richtiger und schöner sein, als was die noch älteren unge-

lehrten Poeten gesungen hatten; das ist Alles Mummerei — auch eine
»Erbschaft«, aber eine traurige. In Wahrheit waren, ich kann es
nicht oft genug wiederholen, die Poeten der Hellenen bedeutend tiefer
als ihre Denker.[1) Noch ein letztes Beispiel. Wir pflegen nach altem Her-
kommen Aristoteles für nichts wärmer zu beloben als für seine teleo-
logische Begründung des Weltalls, wogegen wir Homer seinen Anthropomorphismus vorwerfen. Litten wir nicht an künstlich anerzogener
Gehirnstarre, so müssten wir die Absurdität solcher Urteile einsehen.
Die Teleologie, d. h. die Zweckmässigkeitslehre nach Massgabe der
menschlichen Vernunft, ist Anthropomorphismus in seiner gesteigertsten
Potenz. Wenn der Mensch den Plan des Kosmos fassen, wenn er
sagen kann, woher die Welt kommt, wohin sie geht und die Zweck-
mässigkeit eines jeglichen Dinges ist ihm offenbar, so ist er eigentlich
selber Gott, und die gesamte Welt ist »menschlich«: das sagen auch
ausdrücklich die Orphiker und — Aristoteles. Ganz anders der Poet.
Man citiert überall, schon zu den Zeiten Heraklit's, und von da an
bis auf Ranke, den Vorwurf des Xenophanes gegen Homer: er bilde
die Götter wie Hellenen, die Neger würden aber einen schwarzen
Zeus sich erdichten und die Pferde sich die Götter als Pferde denken.
Verständnisloser und oberflächlicher kann man gar nicht sein. Der
Vorwurf ist nicht einmal faktisch richtig, da die Götter bei Homer
in allen möglichen Gestalten vorkommen. Wie K. Lehrs in seinem
schönen, leider fast vergessenen Buche *Ethik und Religion der
Griechen* (S. 136/7) sagt: »Die griechischen Götter sind gar nicht
Nachbilder der Menschen, sondern Gegenbilder. Sie sind keine kos-
mischen Potenzen (was sie erst für die Philosophen wurden), ebenso-
wenig erhöhte Menschen! Häufig kommen sie in Tiergestalt vor, und
tragen nur die menschliche für gewöhnlich als die schönste und
edelste und geeignetste, aber an und für sich ist ihnen jede andere
Gestalt eben so natürlich.« Unvergleichlich wichtiger ist jedoch die
Thatsache, dass bei Homer und den anderen grossen Poeten jegliche
Teleologie fehlt; denn erst mit diesem Begriff tritt unableugbarer
Anthropomorphismus auf. Warum soll ich die Götter nicht in Menschengestalt darstellen? Soll ich sie etwa als Schafe oder Mistkäfer in
mein Gedicht einführen? Haben Raphael und Michelangelo es nicht
genau so gehalten wie Homer? Hat die christliche Religion nicht

---

[1) Und zu den Poeten haben wir, wie man weiss, solche Männer wie
Plato und Demokrit im besten Teil ihres Lebenswerkes zu rechnen!

angenommen, Gott sei in Menschengestalt erschienen? Ist der Jahve
der Israeliten nicht ein Prototyp des edlen und dabei doch zank- und
rachsüchtigen Juden? Es wäre wohl doch nicht ratsam, die aristote-
lische »Wesenheit ohne Grösse, die das Gedachte denkt« der künstlerischen Anschauung zu empfehlen. Dagegen erkühnt sich die
poetische Religion der Griechen nicht über »Unerschaffenes« Auskunft
zu geben und Zukünftiges »vernunftgemäss zu erklären«. Sie giebt
ein Bild der Welt wie in einem Hohlspiegel und glaubt dadurch den
Menschengeist zu erquicken und zu läutern; weiter nichts. Lehrs
führt in dem genannten Buche aus, wie der Begriff der Teleologie
durch die Philosophen, von Sokrates bis Cicero, eingeführt wurde,
dagegen in hellenischer Poesie keinen Eingang gefunden habe. »Der
Begriff der schönen Ordnung«, sagt er (S. 117), »der Harmonie, des
Kosmos, der tief die griechische Religion durchzieht, ist ein viel
höherer als jener der Teleologie, der in jeder Beziehung etwas Kümmerliches hat«. — Um die Sache uns recht nahe zu bringen, frage ich:
wer ist der Anthropomorphist, Homer oder Byron? Homer, an dessen
persönlichem Dasein man hat zweifeln können, oder Byron, der so
mächtig in die Saiten griff und die Poesie unseres Jahrhunderts auf
die Tonart stimmte, in welcher Alpen und Ocean, Vergangenheit
und Gegenwart des Menschengeschlechtes nur dienen, das eigene Ich
wiederzuspiegeln und einzurahmen? Es dürfte vielleicht für jeden
modernen Menschen unmöglich sein, sich menschlichen Handlungen
gegenüber, und von der Ahnung einer Weltordnung durchdrungen,
so wenig anthropomorphistisch, so sehr »objektiv« zu verhalten wie
Homer.

In ähnlicher Weise hätte eine Anzahl unserer Urteile eine gründliche Revision zu erfahren, soll endlich Licht in die grosse Masse des
reichen, überreichen, durcheinander gewürfelten hellenischen Erbteils
eindringen und uns eine bewusste Aneignung und ein ebenso bewusstes
Verwerfen und gründliches Abschütteln ermöglichen.

Vielleicht habe ich mit diesen letzten Ausführungen ein wenig
in das Bereich eines späteren Teiles dieses Buches eingegriffen. Ich
wusste mir nicht anders zu helfen; denn, spielte die hellenische Erbschaft eine grosse Rolle in unserem Jahrhundert, wie in allen vorangegangenen, so herrschte doch in Bezug auf sie eine heillose Konfusion
und ein hochgradiges Unbewusstsein, und diese Geistesverfassung
der Erben musste im Interesse alles Folgenden ebenso klar hervor-

gehoben werden, wie die vielseitige, verwickelte Eigenart der Erbschaft
selber.

Vor einer Zusammenfassung scheue ich zurück. Was ich über
unsere reiche, in unser geistiges Leben so tief eingreifende hellenische
Erbschaft vorgebracht habe, ist ja schon an und für sich ein blosser
Auszug, eine blosse Andeutung; wird ein derartiges Verfahren noch
weiter getrieben, so wird zuletzt jeder konkrete Inhalt sublimiert, die
geschwungenen Linien des Lebens schrumpfen zu Geraden zusammen,
es bleibt eine geometrische Figur zurück, eine Konstruktion des Geistes,
nicht ein Abbild der mannigfaltigen, alle Widersprüche in sich ver-
einigenden Wahrheit. Die Geschichtsphilosophie selbst der bedeutendsten
Männer — als Beispiel will ich einzig Herder nennen — regt immer
eher zu Widerspruch als zu richtigen Erkenntnissen an. Ausserdem
ist diesem Werke ein näheres Ziel gesteckt: nicht das Hellenentum
hatte hier beurteilt oder geschichtlich erklärt zu werden, sondern es
genügte, unserem Bewusstsein nahezubringen, wie unendlich viel von
ihm auf uns übergegangen ist und noch heute gestaltend auf unser
Dichten, Denken, Glauben, Forschen wirkt. In Ermangelung von
Vollständigkeit suchte ich Lebendigkeit und Wahrheit. Ich kann dem
Leser jedoch nicht die Mühe ersparen, meine Ausführungen von
Anfang bis Ende durchzulesen.

ZWEITES KAPITEL

RÖMISCHES RECHT

Von Jugend auf ist mir Anarchie ver-
driesslicher gewesen als der Tod.

GOETHE.

Gewiss ist es unmöglich, begrifflich klar zu bestimmen, was Disposition. wir von Rom geerbt haben, was aus dieser ungeheuren Werkstatt menschlicher Geschicke noch heute lebendig weiter wirkt, wenn wir nicht eine klare Vorstellung davon besitzen, was Rom war. Selbst das römische Recht im engern Sinne des Wortes (das Privatrecht), von dem ein Jeder weiss, dass es den Grundstoff bildet, an dem noch heute alles juristische Denken grossgezogen wird, und dass es noch immer die thatsächliche Grundlage abgiebt, selbst für die freiesten, am weitesten abweichenden, neueren Rechtssysteme, kann unmöglich in der Eigenartigkeit seines Wertes recht beurteilt werden, wenn es einfach als eine Art Laienbibel angesehen wird, als ein Kanon, der nun einmal da ist, geheiligt durch die Jahrtausende. Ist das blinde Festhalten an römischen Rechtssätzen die Folge einer oberflächlichen historischen Auffassung, so gilt das nicht minder von der weit über das Ziel hinausschiessenden Reaktion gegen das römische Recht. Wer dieses Recht und sein langsames, mühsames Entstehen, und sei es auch nur in den allgemeinsten Umrissen studiert, wird gewiss anders urteilen. Denn dann wird er sehen, wie die indoeuropäischen Stämme [1]) schon in den ältesten Zeiten einige scharf ausgesprochene,

---

[1] Auf die schwierige Frage der Rassen werde ich an anderer Stelle zurückzukommen haben (siehe Kap. 4). Hier will ich nur eine sehr wichtige Bemerkung einschalten: Während von verschiedenen Seiten die Existenz einer arischen Rasse in Frage gezogen wird, indem manche Philologen die Stichhaltigkeit des sprachlichen Kriteriums in Frage ziehen (siehe Salomon Reinach: *L'origine des Aryens;* und einzelne Anthropologen auf die chaotischen Ergebnisse der Schädelmessungen hinweisen (z. B. Topinard und Ratzel), gebrauchen die Forscher auf dem Gebiete der Rechtsgeschichte einmütig den Ausdruck Arier, resp. Indoeuropäer, weil sie eine bestimmte rechtliche Auffassung in der Gruppe dieser sprachlich verwandten Völker finden, welche sich vom ersten Beginn an und durch alle Verzweigungen einer vielfältigen Entwickelung prinzipiell von gewissen ebenso unausrottbaren, rechtlichen Anschauungen bei Semiten, Hamiten u. s. w. unterscheiden. Man sehe die Werke von Savigny, Mommsen, Jhering und

rechtliche Grundüberzeugungen besassen, die in den verschiedenen
Stämmen sich verschieden entwickelten, ohne es aber jemals zu einer
wahren Blüte bringen zu können; er wird einsehen, dass sie es deswegen nicht konnten, weil es keinem Zweig gelingen wollte, einen
freien und zugleich dauernden Staat zu gründen; dann wird er mit
Staunen gewahr werden, wie dieses eine kleine Volk von charakter-
starken Männern, die Römer, beides zu Stande bringt: Staat und Recht,
— den Staat dadurch, dass Jeder das Recht (sein persönliches Recht)
sich dauernd sichern will, das Recht dadurch, dass Jeder die Selbstbeherrschung besitzt, dem Gemeinwesen die nötigen Opfer zu bringen
und bedingungslose Treue zu widmen; und wer das erkannt hat, der
wird gewiss nie anders, als mit grösster Verehrung vom römischen
Recht als einem der kostbarsten Besitztümer der Menschheit reden.
Zugleich freilich wird er einsehen, dass die höchste und nachahmungs-
würdigste Eigenschaft dieses Rechtes seine genaue Anpassung an bestimmte Lebensumstände ist.   Einem Solchen aber kann es nicht verschlossen bleiben, dass Staat und Recht — beides Erzeugnisse des
»geborenen Rechtsvolkes« [1]) — bei den Römern unzertrennlich
zusammengehören und dass wir weder diesen Staat, noch dieses Recht
wirklich verstehen können, wenn wir nicht eine klare Vorstellung
von dem römischen Volke und seiner Geschichte besitzen.   Das ist

---

Leist). Keine Schädelmessungen und philologischen Tüfteleien können diese einfache, grosse Thatsache — ein Ergebnis peinlich genauer, juristischer Forschung —
aus der Welt schaffen, und durch sie wird das Dasein eines moralischen Ariertums (im Gegensatz zu einem moralischen Nicht-Ariertum dargethan, und wären
die Völker dieser Gruppe aus noch so bunten Bestandteilen zusammengesetzt.

[1]) Jhering: *Entwicklungsgeschichte des römischen Rechts*, S. 81. Eine umso
bemerkenswertere Äusserung, als gerade dieser grosse Rechtslehrer stets energisch
zu verneinen pflegt, dass einem Volke irgend etwas angeboren sei; er versteigt
sich sogar *(Vorgeschichte der Indoeuropäer*, S. 270) zu der ungeheuerlichen Behauptung, die angeerbte, physische und mit dieser zugleich die moralische) Struktur
des Menschen — denn das ist wohl doch, was der Begriff R a s s e bezeichnen soll —
habe gar keinen Einfluss auf seinen Charakter, sondern einzig die geographische
Umgebung, so dass der Arier, nach Mesopotamien verpflanzt, *eo ipso* Semit geworden
wäre, und umgekehrt. Da ist Haeckel's pseudowissenschaftliches Phantasiebild
der verschiedenen Affen, von denen je eine Menschenrasse abstammen soll, im
Vergleich noch vernünftig. Freilich darf man nicht vergessen, dass Jhering gegen
das mystische Dogma eines »angeborenen *corpus juris*« sein Leben lang hart hatte
kämpfen müssen, und dass es sein grosses Verdienst ist, der echten Wissenschaft
hier freie Bahn geschaffen zu haben; das erklärt seine Übertreibungen im umgekehrten Sinne.

umso nötiger, als wir sowohl vom römischen Staatsgedanken als vom römischen Privatrecht gar Vieles noch heute Wirksame geerbt haben, — ganz abgesehen von den durch den römischen Staatsgedanken thatsächlich geschaffenen, politischen Verhältnissen, denen wir Europäer die Möglichkeit unseres Daseins als gesittete Nationen überhaupt verdanken. Daher mag es zweckmässig sein, uns zuerst zu fragen: was für ein Volk war dieses römische? was hat es als Gesamterscheinung für die Geschichte zu bedeuten? Es kann sich hier nur um einen flüchtigsten Umriss handeln; er wird aber hoffentlich genügen, um uns eine klare Vorstellung von dem politischen Wirken dieses grossen Volkes in seinen Hauptlinien zu geben, zugleich um die etwas verwickelte Natur der auf unser Jahrhundert überkommenen, politischen und staatsrechtlichen Erbschaft deutlich zu kennzeichnen. Dann erst wird eine Betrachtung unserer privatrechtlichen Erbschaft durchführbar und nützlich sein.

Man sollte meinen, da die lateinische Sprache und die Geschichte *Römische* Roms eine so grosse Rolle in unseren Schulen spielen, müsse jeder *Geschichte* gebildete Mann wenigstens eine deutliche Gesamtvorstellung von dem Werden und Schaffen des römischen Volkes besitzen. Das ist aber nicht der Fall, ist auch nach den üblichen Unterrichtsmethoden gar nicht möglich. Zwar ist jeder Gebildete in der römischen Geschichte bis zu einem gewissen Grade zu Hause: der sagenhafte Romulus, Numa Pompilius, Brutus, die Horatier und die Curatier, die Gracchen, Marius, Sulla, Caesar, Pompejus, Trajan, Diocletian und unzählige Andere, sie alle sind uns mindestens ebenso vertraut (d. h. dem Namen und den Daten nach), wie unsere eigenen grossen Männer; ein Jüngling, der über den zweiten punischen Krieg nicht Auskunft geben könnte, oder der die verschiedenen Scipione untereinander verwechselte, stünde ebenso beschämt da, als wenn er die Vorzüge der römischen *Legiones* und *Manipuli* vor der makedonischen Phalanx nicht auseinanderzusetzen vermöchte. Man muss auch zugeben, die römische Geschichte in der üblichen Darstellung ist ein ungemein reichhaltiges Magazin interessanter Anekdoten; aus ihrer Kenntnis ergiebt sich jedoch ein einseitiges und durchaus mangelhaftes Verständnis. Fast gewinnt die gesamte Geschichte Roms den Anschein eines grossen und grausamen Sports, gespielt von Politikern und Feldherren, die zum Zeitvertreib die Welt erobern, wobei sie in der Kunst der systematischen Unterdrückung der fremden Völker und der Aufhetzung des eigenen

Volkes, sowie in der ebenso edeln Kunst der Erfindung neuer Kriegs-
strategeme und ihrer taktischen Verwertung durch möglichst massenhaftes
Menschenvieh viel Anerkennungswertes leisten. Etwas Wahres liegt
auch unstreitig in dieser Auffassung. Es kam in Rom eine Zeit, wo
die sich vornehm dünkenden Leute mit Kriegswesen und Politik sich
nicht bloss, wo es not that, abgaben, sondern sie als Lebensbeschäftigung
erwählten. Wie bei uns, bis vor Kurzem, ein »hochgeborner Mensch«
nur Offizier, Diplomat oder Verwaltungsbeamter werden durfte, so gab
es auch für die »oberen Zehntausend« im späteren Rom nur drei Berufe, durch die sie ihrer Stellung nichts vergaben: die *res militaris*, die
juris scientia und die *eloquentia*.[1]) Und da die Welt noch jung und
die Wissenschaften überschbar waren, konnte ein tüchtiger Mann leicht
alle drei beherrschen; hatte er dazu noch recht viel Geld, dann war
er ein fertiger Politiker. Man lese nur immer wieder die Briefe
Cicero's, wenn man durch die naiven Geständnisse eines in den Ideen
seiner Zeit befangenen, nicht viel weiter als seine Nase hinausschauenden
Mannes lernen will, wie das grosse Rom und seine Geschicke der
Spielball eitler Müssiggänger wurden, und mit wie grossem Recht man
behaupten kann, dass seine Politiker Rom nicht gemacht, sondern vielmehr es zu Grunde gerichtet haben. Es hat überhaupt mit der Politik —
auch ausserhalb Roms — sein eigenes Bewenden. Von Alexander
an bis Napoleon: schwer wäre es, die Macht der frevelhaften Willkür
in den rein politischen Helden zu hoch zu schätzen! Eine kurze Ver-
ständigung hierüber ist umsomehr in diesem Kapitel am Platze, als
gerade Rom mit Recht für einen spezifisch politischen Staat gilt, und
wir folglich von ihm zu erfahren hoffen dürfen, wie und von wem
grosse, erfolgreiche Politik gemacht wird.

Was Gibbon von den Königen im Allgemeinen sagt: »ihre
Macht ist am wirksamsten in der Zerstörung«, das gilt von fast allen
Politikern — sobald sie hinreichende Macht besitzen. Ich weiss nicht,
ob es nicht der weise Solon war, der eine gedeihliche Entwickelung
des athenischen Staates für alle Zeiten unmöglich machte, indem
er den historisch gegebenen Bestand der Bevölkerung aus verschiedenen
Stämmen aufhob und eine künstliche Einteilung in Klassen nach dem
Vermögensstand einführte. Diese sogenannte Timokratie (Ehre dem,
der Geld hat) stellt sich zwar von selbst überall mehr oder weniger
ein, und Solon hat wenigstens dafür gesorgt, dass die Pflichten mit

---

[1] Vergl. Savigny: *Geschichte des römischen Rechtes im Mittelalter*, Kap. I.

dem Reichtum zunahmen; nichtsdestoweniger hat er mit seiner Verfassung die Axt an die Wurzel gelegt, aus der — und wenn auch
noch so mühsam — der atheniensische Staat erwachsen war. [1]) Ein
minder bedeutender Mann hätte es nicht gewagt, so tief umbildend
in den natürlichen Gang der Entwickelung einzugreifen, und das wäre
sehr wahrscheinlich ein Segen gewesen. — Und können wir anders
über Julius Caesar urteilen? Von den berühmten Feldherren der
Weltgeschichte war er vielleicht als Politiker der bedeutendste; auf
den verschiedensten Gebieten (man denke nur an die Verbesserung
des Kalenders, an die Inangriffnahme eines allgemeinen Gesetzbuches,
an die Begründung der afrikanischen Kolonie) bekundete er einen
durchgreifenden Verstand; als organisatorisches Genie wäre er wohl,
bei gleich günstigen Umständen, nicht hinter Napoleon zurückgeblieben
— dabei mit dem unermesslichen Vorzug, dass er nicht ein aus-
ländischer Condottiere, wie dieser oder wie Diocletian, sondern ein

---

[1]) Manchem wird die Verfassung Lykurg's noch willkürlicher dünken,
jedoch mit Unrecht. Denn Lykurg rüttelt gar nicht an den durch die historische
Entwickelung gegebenen Grundlagen, im Gegenteil, er befestigt sie: die Völker, die
nacheinander nach Lakedämon gezogen waren, schichteten sich übereinander,
das zuletzt angekommene zu oberst — und so liess es Lykurg bestehen. Dass die
Pelasger (Heloten) das Land bebauten, die Achäer (Perioken) Handel und Gewerbe
trieben, die Dorier (Spartiaten) Krieg führten und folglich auch regierten, das war
keine künstliche Rollenverteilung, sondern die Feststellung eines thatsächlich vorhandenen Verhältnisses. Ich bin auch überzeugt, dass das Leben in Lakedämon
lange Zeiten hindurch glücklicher war, als in irgend einem anderen Teile Griechenlands: der Sklavenhandel war verboten, die Heloten waren Erbpächter und, wenn
auch nicht auf Rosen gebettet, so genossen sie doch eine weitgehende Unabhängigkeit, die Perioken bewegten sich frei, sogar ihr beschränkter Militärdienst wurde
ihnen im Interesse ihrer in den einzelnen Familien erblichen Gewerbe häufig nach-
gesehen, für die Spartiaten endlich war das Prinzip des ganzen Lebens die Geselligkeit und in den Sälen, wo sie zu ihren einfachen Mahlen zusammentraten,
prangte als Schutzgeist ein einziges Standbild, der Gott des Lachens Plutarch:
Lykurg XXXVII. Was man Lykurg zum Vorwurf machen muss, ist erstens, dass
er diese gegebenen und insofern gesunden Verhältnisse für die Ewigkeit festzu-
bannen trachtete, hierdurch aber dem lebendigen Organismus die nötige Elastizität
raubte, zweitens, dass er auf dem widerstandsfähigen Untergrund ein in mancher
Beziehung gar phantastisches Gebäude aufführte; da tritt eben wieder der theore-
tisierende Politiker hervor, der Mann, der auf rationellem Wege festzustellen unternimmt, wie die Dinge sein müssten, während in Wahrheit der logisierenden
Vernunft einzig eine registrierende, nicht eine schöpferische Funktion zukommt.
Dass Lykurg aber trotz alledem die historischen Thatsachen zum Ausgangspunkt
nahm, das war es, was seiner Verfassung unter allen griechischen die weitaus
grösste Kraft und Dauer sicherte.

echter, rechter Römer war, im angestammten Vaterlande fest einge-
wurzelt, somit seine individuelle Willkür (wie bei Lykurg) sicherlich
von der Richtschnur des seiner Nation Angemessenen nie allzuweit
abgeirrt wäre. Und doch ist es gerade dieser Mann, und kein anderer,
der den zähen Lebensbaum der römischen Verfassung knickte und
einem unausbleiblichen Siechtum und Niedergang weihte. Denn das
Erstaunliche im vorcaesarischen Rom ist nicht, dass die Stadt so viele
heftige Stürme im Innern zu durchleben hatte — bei einem so unvergleichlich elastischen Gebilde ist das natürlich, der Zusammenstoss
der Interessen und der nie und nirgends rastende Ehrgeiz der Politiker
von Fach sorgte dort wie allerorten dafür — nein, was uns mit Verwunderung und mit Bewunderung erfüllt, ist vielmehr die Lebenskraft dieser Verfassung. Patrizier und Plebejer konnten periodisch
gegeneinander wüten: eine unsichtbare Macht hielt sie doch aneinander-
gekettet; sobald neuen Verhältnissen durch einen neuen Ausgleich
Rechnung getragen worden war, stand der römische Staat wieder da,
stärker als ehedem. [1]) Caesar wurde inmitten einer dieser schweren Krisen

---

[1]) Der Ausdruck »Aristokratie und Plebs«, den Ranke für Patrizier und
Plebejer beliebt, ist, Laien gegenüber, so irreführend wie nur möglich. Schon
Niebuhr hat gegen die Verwechslung von Plebs und Pöbel Einspruch erhoben.
Patrizier und Plebejer sind vielmehr wie zwei Mächte in dem einen Staate, die
eine freilich vielfach politisch bevorzugt, die andere vielfach politisch zurückgesetzt
(wenigstens in früherer Zeit, beide aber doch aus freien, unabhängigen, durchaus
selbständigen Landsassen zusammengesetzt. Und darum kann Sallust selbst von
den alten Zeiten schreiben: »die höchste Autorität lag wohl bei den Patriziern,
die Kraft jedoch ganz gewiss bei den Plebejern« (Bf. an Caesar I, 5); auch sehen
wir von jeher die Plebejer eine grosse Rolle im Staate spielen und ihre Familien
sich vielfach mit den patrizischen verbinden. Der ungelehrte Mann unter uns wird
also durchaus irregeführt, wenn er die Vorstellung empfängt, es habe sich in Rom
um eine Aristokratie und einen Pöbel gehandelt. Die Eigentümlichkeit, das merkwürdig Lebensvolle des römischen Staates hat seinen Grund darin, dass er von
Anfang an zwei unterschiedliche Teile enthielt (die manche Analogie in der
politischen Wirksamkeit mit Whigs und Tories zeigen, nur dass es sich um »geborene Parteien« handelt), die aber beide durch genau dieselben Interessen des
Besitzes, des Rechtes und der Freiheit mit dem Staate gleichmässig verwachsen
waren: daher beständig frisches Leben im Innern, daher beständig eiserne Ein-
mütigkeit nach aussen. Von den plebejischen Bestandteilen des Heeres berichtet
Cato, sie seien: »viri fortissimi et milites strenuissimi«; es waren eben freie Männer,
die für eigenes Heim und eigenen Herd kämpften; im alten Rom durften überhaupt nur Grundbesitzer den Heerdienst leisten, und Plebejer bekleideten Offiziers-
stellen ebenso gut wie Patrizier! (siehe Mommsen: *Abriss des römischen Staatsrechtes*, 1893, S. 258 und Esmarch: *Römische Rechtsgeschichte*, 3. Aufl., S. 28 ff.).

geboren; vielleicht erscheint sie uns aber nur darum schlimmer als alle früheren, weil sie uns — in der Zeit — näher steht; wir daher am ausführlichsten über sie benachrichtigt sind, auch weil wir den von Caesar herbeigeführten Ausgang kennen. Ich meinesteils halte aber die geschichtsphilosophische Auslegung dieser Vorfälle für ein pures Gedankending. Weder die rauhe Faust des ungestümen, von der Leidenschaft hingerissenen Plebejers Marius, noch die tigermässige Grausamkeit des kühl berechnenden Patriziers Sulla hätten der römischen Verfassung tötliche Wunden beigebracht. Selbst das Allerbedenklichste: die Befreiung vieler Tausende von Sklaven und die Verleihung der Bürgerwürde an viele Tausende von Freigesprochenen (und zwar aus politischen, unmoralischen Gründen) hätte Rom in kurzer Zeit überwunden. Rom besass die Lebenskraft, das Sklavenblut zu adeln, das heisst, ihm den bestimmten römischen Charakter mitzuteilen. Einzig eine ganz gewaltige Persönlichkeit, einer jener abnormen Willenshelden, wie die Welt sie in einem Jahrtausend kaum einmal hervorbringt, vermochte es, einen solchen Staat zu Grunde zu richten. Man sagt, Caesar sei ein Retter Roms gewesen, nur zu früh hinweggerafft, ehe er sein Werk vollenden konnte: das ist falsch. Als der grosse Mann mit seinem Heere an den Ufern des Rubicon angelangt war, soll er unentschlossen Halt geboten und die Tragweite seines Thuns noch einmal sich überlegt haben: setze er nicht hinüber, so gerate er selber in Gefahr, überschreite er die ihm vom heiligen Gesetz gesteckte Grenze, so rufe er Gefahr herauf über die ganze Welt (d. h. über den römischen Staat); er entschied f ü r seinen Ehrgeiz und g e g e n Rom. Die Anekdote mag erfunden sein, Caesar wenigstens lässt uns in seinem »Bürgerkrieg« keinen derartigen inneren Gewissenskampf schauen; die Situation aber wird dadurch genau bezeichnet. Ein Mann kann noch so gross sein, frei ist er nie, seine Vergangenheit schreibt seiner Gegenwart gebieterisch die Richtung vor; hat er einmal das Schlechtere erwählt, so muss er fortan schaden, er mag wollen oder nicht, und schwingt er sich auch zum Alleinherrscher auf, im Wahne nunmehr lauter Gutes wirken zu können, so wird er an sich selber erfahren, dass »die Macht der Könige am wirksamsten in der Zerstörung ist.« An Pompejus hatte Caesar noch von Ariminum aus geschrieben: das Interesse der Republik liege ihm mehr am Herzen als das eigene Leben;[1]) noch nicht lange jedoch war Caesar Gutes

---

[1]) *De bello civili*, I, 9. Nebenbei gesagt, echt römisch, in einem solchen Augenblick einen so platten Ausdruck zu gebrauchen!

zu wirken allmächtig, als Sallust, sein treuer Freund, ihn schon
fragen musste: ob er denn eigentlich die Republik gerettet oder geraubt habe?[1]) Im besten Falle hatte er sie gerettet wie Virginius
seine Tochter. Pompejus, erzählen mehrere zeitgenössische Schriftsteller, wollte keinen neben sich, Caesar keinen über sich dulden. —
Man stelle sich vor, was aus Rom noch hätte werden können, wenn
zwei solche Männer, anstatt Politiker zu sein, als Diener des Vaterlandes
gehandelt hätten, wie das bisher römische Art gewesen war!

Es kann nicht meine Aufgabe sein, das hier flüchtig Angedeutete
näher auszuführen; mir lag einzig daran, fühlbar zu machen, wie
wenig man das Wesentliche an einem Volk erkennt, wenn man sich
einzig und allein mit der Geschichte seiner Politiker und Feldherren
abgiebt. Ganz besonders ist das bei Rom der Fall. Wer Rom
lediglich von diesem Standpunkt aus betrachtet, und hielte er dabei
auch noch so fleissig historische und pragmatisierende Umschau, kann
gewiss zu keinem anderen Ergebnis als Herder gelangen, dessen
Darstellung darum auch klassisch bleiben wird. Für diesen genialen
Mann ist römische Geschichte »Dämonengeschichte«, Rom eine
»Räuberhöhle«; was die Römer der Welt schenken, ist, »verwüstende
Nacht«, ihre »grossen, edlen Seelen, Scipionen und Caesar« bringen
ihr Leben mit Morden zu, je mehr Menschen sie in ihren Kriegszügen
hingeschlachtet haben, umso feuriger das Lob, das ihnen gespendet
wird — — —[2]) Das ist von einem gewissen Standpunkt aus vollkommen richtig; doch haben die Forschungen der Niebuhr, Duruy
und Mommsen (besonders die des zuletzt genannten), zugleich mit
denen der glänzenden »romanistischen« Rechtshistoriker unseres Jahrhunderts, Savigny, Jhering und vieler anderer, zugleich ein anderes
Rom aufgedeckt, auf dessen Dasein zuerst Montesquieu die Aufmerksamkeit gelenkt hatte. Hier galt es, dasjenige aufzufinden und
ins rechte Licht zu stellen, was die alten römischen Geschichtsschreiber,
beschäftigt, Schlachten zu feiern, Verschwörungen zu schildern, gut
zahlenden Politikern zu schmeicheln, Feinde zu verleumden, gar
nicht bemerkt oder wenigstens niemals nach Verdienst gewürdigt
hatten. Eine Nation wird nicht, was Rom in der Geschichte der
Menschheit geworden ist, durch Raub und Mord, sondern trotz
Raub und Mord; kein Volk bringt Staatsmänner und Krieger von so

---

[1] Zweiter Brief an Caesar.
[2] *Ideen zur Geschichte der Menschheit*, Buch 14.

bewunderungswürdig starkem Charakter hervor wie Rom, wenn es
nicht selber eine breite, feste und gesunde Grundlage für Charakter-
stärke abgiebt. Was Herder, und mit ihm so viele, Rom nennen,
kann also nur ein Teil von Rom sein, und zwar nicht der wichtigste.
Viel treffender finde ich die Ausführungen des Augustinus in dem
fünften Buch seines *De civitate Dei;* er macht hier besonders auf die
Abwesenheit der Habgier und des Eigennutzes bei den Römern aufmerksam und wie so ihr ganzes Wollen sich in dem einen Entschluss
kundgegeben habe: »entweder frei zu leben, oder tapfer zu Grunde
zu gehen« *(aut fortiter emori, aut liberos vivere);* die Grösse der
römischen Macht und ihre Dauer schreibt Augustinus dieser moralischen
Grösse zu.

In der allgemeinen Einleitung zu diesem Buche sprach ich von
anonymen Kräften, welche das Leben der Völker gestalten; davon
haben wir in Rom ein leuchtendes Beispiel. Ich glaube, man könnte
ohne zu übertreiben sagen, Roms ganze wahre Grösse war eine solche
anonyme »Volksgrösse«. Schlug bei den Athenern der Geist in die
Krone, so schlug er hier in Stamm und Wurzeln; Rom war das
wurzelhafteste aller Völker. Daher trotzte es auch so vielen Stürmen,
und die Weltgeschichte bedurfte fast eines halben Jahrtausends, um
den morschen Stamm auszurotten. Daher aber auch das eigentümliche
Grau in Grau dieser Geschichte. Bei dem römischen Baum schoss
alles ins Holz, wie die Gärtner sagen; er trug wenig Blätter, noch
weniger Blüten, der Stamm war aber unvergleichlich stark; an ihm
schlangen sich spätere Völker in die Höhe. Der Dichter und der
Philosoph konnten in dieser Atmosphäre nicht gedeihen, dieses Volk
liebte nur jene Persönlichkeiten, in denen es sich selbst erkannte,
jedes Ungewöhnliche erweckte sein Misstrauen; »wer anders sein
wollte als die Genossen, hiess in Rom ein schlechter Bürger.«[1]) Das
Volk hatte Recht; der beste Staatsmann für Rom war derjenige, der
sich nicht eine Haaresbreite von dem entfernte, was die Allgemeinheit
wollte, ein Mann, der es verstand, einmal hier, einmal dort das
Sicherheitsventil zu öffnen, den wachsenden Kräften durch verlängerte
Kolben, durch die Einrichtung entsprechender Centrifugalkugeln und
Drosselklappen zu begegnen, bis die Staatsmaschine sich quasi automatisch erweitert und administrativ ergänzt hatte, kurz, ein zuverlässiger Maschinist: das war der Idealpolitiker für dieses starke, be-

---

[1] Mommsen: *Römische Geschichte,* 8. Aufl., I, 24.

wusste, durchaus nur den praktischen Lebensinteressen zugewandte
Volk. Sobald Einer über dieses Mass hinaus wollte, wurde er, notgedrungen, Verbrecher am Gemeinwesen.

Rom, ich wiederhole es, denn dies ist die Grunderkenntnis, aus
der jede andere erst entfliesst, Rom ist nicht die Schöpfung einzelner
Männer, sondern eines ganzen Volkes; im Gegensatz zu Hellas ist
hier alles wahrhaft Grosse »anonym«; keiner seiner grossen Männer
ragt an die Grösse des gesamten römischen Volkes heran. Sehr
richtig und beherzigenswert ist darum, was Cicero sagt *(Republik*, II, 1):
»Aus folgendem Grunde ist die Verfassung unseres Staates anderen
Staaten überlegen: anderwärts waren es einzelne Männer, welche
durch Gesetze und Institute die Staatsordnung begründeten, wie z. B.
auf Kreta Minos, in Lakedämonien Lykurg, in Athen (wo gar häufiger
Wechsel stattfand) das eine Mal Theseus, das andere Mal Drako,
dann wieder Solon, Kleisthenes und noch viele andere; dagegen
gründet sich unser römisches Gemeinwesen auf das Genie nicht eines
einzelnen Mannes, sondern vieler Männer, noch genügte zu seiner
Errichtung die Spanne eines flüchtigen Menschenlebens, sondern es ist
das Werk von Jahrhunderten und von aufeinander folgenden Generationen.« Selbst der Feldherr brauchte in Rom nur die Tugenden,
die seine ganze Armee besass, frei gewähren zu lassen — Geduld,
Ausdauer, Selbstlosigkeit, Todesverachtung, den praktischen Sinn, vor
allem das hohe Bewusstsein der staatlichen Verantwortlichkeit —
und er war des Sieges sicher, wenn nicht heute, dann morgen.
Ebenso wie die Truppen aus Bürgern bestanden, waren ihre Befehlshaber Magistrate, die nur vorübergehend das Amt eines Administrators
oder eines Gesetzberaters und Rechtssprechers mit dem eines Feldherrn vertauschten; im allgemeinen machte es auch wenig Unterschied,
wenn im regelmässigen Wechsel der Ämter der eine Beamte den
anderen im Kommando ablöste; der Begriff »Soldat« kam erst in der
Zeit des Verfalles auf. Nicht als Abenteurer, als die sesshaftesten aller
Bürger und Bauern haben die Römer die Welt erobert.

Römische
Ideale.
Ja, hier drängt sich die Frage auf: ist es überhaupt zulässig,
bei den Römern von »Eroberern« zu reden? Ich glaube kaum. Eroberer waren die Germanen, die Araber, die Türken; die Römer
dagegen, von dem Tag an, wo sie in die Geschichte als individuell
gesonderte Nation eintreten, zeichnen sich durch ihre fanatische,
warmherzige und wenn man will, engherzige Liebe für ihr Vaterland
aus; sie sind an diesen Fleck Erde — kein hervorragend gesunder,

kein ungewöhnlich reicher — durch unzerreissbare Herzensbande gekettet, und was sie in den Krieg treibt, was ihnen die unbezwingbare
Macht verleiht, das ist zunächst und vor allem die Liebe zur Heimat,
der verzweifelte Entschluss, den unabhängigen Besitz dieser Scholle
nur mit dem Leben aufzugeben. Dass dieses Prinzip zur allmählichen
Erweiterung des Staates führen musste, bezeugt nicht Eroberungslust,
sondern es war eine Zwangslage. Selbst heute ist die Macht der
wichtigste Faktor im internationalen Völkerrecht, und wir sahen, dass
in unserem Jahrhundert die friedfertigsten Nationen, wie Deutschland,
ihren Waffenstand unaufhörlich vergrössern mussten, doch einzig im
Interesse ihrer Unabhängigkeit. Wie viel schwieriger war die Lage
Roms, umringt von einem konfusen Durcheinander von Völkchen
und Völkern, — in nächster Nähe die Menge der verwandten, ewig
sich bekämpfenden Stämme, im weiteren Kreise das unerforschte,
gewitterschwangere Chaos der Barbaren, der Asiaten und der Afrikaner!
Verteidigung genügte nicht; wollte Rom Ruhe geniessen, so musste
es das Friedenswerk der Organisation und Verwaltung von einem
Land zum andern ausdehnen. Wohin unter den Zeitgenossen Roms
jene kleinen Völker es brachten, die keinen politischen Blick besassen, das sehen wir an der Geschichte aller hellenischen Staaten;
Rom dagegen besass diesen Blick wie nie ein Volk vor ihm oder
nach ihm. Seine Leiter handelten nicht nach theoretischen Einsichten,
wie wir beim Anblick einer so streng logischen Entwickelung heute
fast glauben möchten; vielmehr folgten sie einem fast unfehlbaren
Instinkte; dies ist aber auch der sicherste aller Kompasse, — wohl
dem, der ihn besitzt! Nun hören wir viel von römischer Härte,
römischem Eigennutz, römischer Gier; ja! war es denn möglich,
inmitten einer solchen Welt für Unabhängigkeit und Freiheit zu
streiten, ohne hart zu sein? kann man im Kampf ums Leben seinen
Platz behaupten, ohne in erster Linie an sich selbst zu denken? ist
nicht Besitz Kraft? Was man aber wenig oder gar nicht beachtet,
ist, dass der beispiellose Erfolg der Römer nicht als ein Erfolg der
Härte, des Eigennutzes, der Gier aufgefasst werden kann — diese
wüteten ringsherum in einem mindestens eben so hohen Grade wie
unter den Römern, auch heute ist es nicht viel anders geworden —,
nein, die Erfolge der Römer beruhen auf einer geistigen und sittlichen
Überlegenheit. Freilich eine einseitige Überlegenheit; was ist aber
auf dieser Welt nicht einseitig? Und es kann nicht geleugnet werden,
dass in gewissen Beziehungen die Römer tiefer empfunden und

schärfer gedacht haben, als jemals andere Menschen, wozu die Eigentümlichkeit kam, dass bei ihnen das Fühlen und das Denken ergänzend
zusammenwirkten.

Ich nannte schon ihre Liebe zur Heimat. Das war ein Grundzug des altrömischen Wesens. Es war nicht die rein intellektuelle
Liebe der Hellenen, sangeslustig und überschäumend, doch leicht den
verräterischen Eingebungen des Eigennutzes erliegend, auch nicht die
wortreiche der Juden: man weiss, wie die Juden die »babylonische
Gefangenschaft« so rührend besingen, von dem grossherzigen Darius
aber mit Schätzen in die Heimat zurückgeschickt, lieber Geldopfer
bringen und bloss die Ärmsten zur Rückkehr zwingen, als dass sie
das fremde Land, wo es ihnen so gut geht, verlassen; nein, bei den
Römern war es eine treue, wortkarge, durchaus unsentimentale, dabei
aber zu jedem Opfer bereite Liebe; kein Mann und kein Weib unter
ihnen zögerte je, das Leben für das Vaterland zu opfern. Wie erklärt
man nun eine so übermässige Liebe? Rom war (in alten Zeiten)
keine reiche Stadt; ohne die Grenzen Italiens zu überschreiten, konnte
man weit fruchtreichere Gegenden sehen. Was Rom aber gab und
sicherte, das war ein in sittlicher Beziehung menschenwürdiges Dasein.
Die Römer haben nicht die Ehe erfunden, sie haben nicht das Recht
erfunden, sie haben nicht den geordneten, Freiheit gewährenden Staat
erfunden: das alles erwächst aus der menschlichen Natur und findet
sich überall in irgend einer Form und in irgend einem Grade;
was aber die arischen Stämme unter diesen Begriffen als Grundlagen
aller Sittlichkeit und Kultur sich vorstellten, hatte bis auf die Römer
nirgends festen Fuss gefasst.[1]) Waren die Hellenen zu nahe an Asien

---

[1]) Für die arischen Stämme speziell vergl. Leist's vortreffliche: *Gräco-
italische Rechtsgeschichte* (1884) und sein noch nicht beendetes *Altarisches Jus
civile*, auch Jhering's: *Vorgeschichte der Indoeuropäer.* Die ethnischen Forschungen
der letzten Jahre haben aber mehr und mehr gezeigt, dass Ehe, Recht und Staat
in irgend einer Form überall, auch bei den geistig zumindest entwickelten Wilden
bestehen. Und das muss scharf betont werden, denn die Entwickelungsmanie und
der pseudowissenschaftliche Dogmatismus unseres Jahrhunderts haben in die meisten
populären Bücher durchaus erfundene Darstellungen hineingebracht, die, trotz der
sicheren Resultate genauer Forschungen, gar nicht mehr hinauszubringen sind;
diese Darstellungen dringen ausserdem von dort aus in wertvolle ernste Werke
ein. In Lamprecht's vielgenannter *Deutscher Geschichte*, Band I, z. B. finden wir
eine angebliche Schilderung der gesellschaftlichen Zustände der alten Germanen,
entworfen »unter den Auspizien der vergleichenden Völkerkunde«; hier wird von
einer Zeit berichtet, in der bei den Germanen »eine durch keinerlei Unterschiede

geraten, zu plötzlich civilisiert worden? Hatten die fast ebenso feurig begabten Kelten im wilden Norden sich selber so verwildert, dass sie darum nichts mehr bilden, nichts mehr organisieren, keinen Staat mehr

begrenzte Geschlechtsgemeinschaft herrschte, alle Geschwister untereinander Gatten waren, alle ihre Kinder untereinander Brüder und Schwestern u. s. w.«; daraus soll sich dann im weiteren Verlauf der Zeiten das sogenannte Matriarchat, das Mutterrecht, als erster Fortschritt herausgebildet haben — · · — und so geht das Märchen seitenlang weiter; man glaubt dem ersten Stottern einer neuen Mythologie zu lauschen. Was das Mutterrecht anbelangt (d. h. Familiennamen und Erbrecht nach der Mutter, da die Vaterschaft stets eine gemeinschaftliche war), so hat Jhering überzeugend dargethan, dass es schon den ältesten Ariern, noch vor der Ablösung eines Germanenstammes, »gänzlich fremd« war (*Vorgeschichte*, S. 61 ff); und die urältesten Bestandteile der arischen Sprache deuten schon auf »die Herrenstellung des Gatten und Hausvaters« (Leist: *Gräco-ital. Rechtsgeschichte*, S. 58); jene Annahme entbehrt folglich jeder wissenschaftlichen Grundlage. Wichtiger noch ist es, festzustellen, dass die von Lamprecht angerufene »vergleichende Völkerkunde« nirgends auf der ganzen Welt Geschlechtsgemeinschaft unter Menschen gefunden hat. Im Jahre 1896 ist ein kleines Werk erschienen, welches in streng objektiver Weise alle hierher gehörigen Forschungen zusammenfasst, Ernst Grosse's: *Die Formen der Familie und die Formen der Wirtschaft*, und da sieht man, wie die angeblich empirischen Philosophen, Herbert Spencer an der Spitze, und die angeblich streng empirischen, als »Autoritäten« verehrten Anthropologen und Ethnologen (mit rühmlichen Ausnahmen, wie Lubbock) einfach von der *a priori* Voraussetzung ausgingen, es müsse bei einfacheren Völkern Geschlechtsgemeinschaft geben, da die Entwickelungslehre es erfordere, und wie sie dann überall Bestätigungen fanden. Jetzt aber ergeben genauere und unvoreingenommene Studien für einen Stamm nach dem anderen, dass die Geschlechtsgemeinschaft dort nicht existiert, und Grosse darf die apodiktische Behauptung aufstellen: »Es giebt schlechterdings kein einziges primitives Volk, dessen Geschlechtsverhältnisse sich einem Zustande von Promiscuität näherten oder auch nur auf ihn hindeuteten. Die festgefügte Einzelfamilie ist keineswegs erst eine späte Errungenschaft der Civilisation, sondern sie besteht schon auf der untersten Kulturstufe als Regel ohne Ausnahme« (S. 42). Die genauen Belege findet man bei Grosse; im übrigen bezeugen alle anthropologischen und ethnologischen Berichte der letzten Jahre, wie sehr wir die sogenanten Wilden unterschätzt, wie oberflächlich wir beobachtet, wie unbesonnen wir auf Urzustände geschlossen hatten, von denen wir nicht das Geringste sicher wissen. Da dieser Gegenstand prinzipiell ungemein wichtig ist und auch auf die wissenschaftliche Denkkraft und Denkmethode unsers Jahrhunderts ein eigentümliches, sehr bemerkenswertes Streiflicht wirft, so möchte ich noch ein lehrreiches Beispiel besonders anführen. Die Urbewohner von Zentralaustralien sollen bekanntlich zu den geistig zurückgebliebensten aller Menschen gehören; Lubbock nennt sie: »elende Wilde, die nicht ihre eigenen Finger, selbst nicht einmal die an einer Hand, zählen können«. (*Die vorgeschichtliche Zeit*, deutsche Üb., II, 151). Man kann sich denken, mit welcher Geringschätzung der Reisende Eyre über die »höchst

gründen konnten? [1]) Oder wirkten nicht vielmehr in Rom Blutmischungen innerhalb des gemeinsamen Mutterstammes, zugleich mit
der durch geographische und historische Verhältnisse bedingten Zuchtwahl zur Hervorbringung abnormer Begabungen (natürlich mit be-

eigentümlichen Eheverbote« dieser elenden Rasse berichtete, wo »ein Mann kein
Weib heiraten darf, die denselben Namen trägt wie er, und sei sie mit ihm auch
gar nicht verwandt«. Merkwürdig! Und wie konnten diese Menschen, deren
Pflicht es nach der Evolutionstheorie gewesen wäre, in unbeschränktester Geschlechtsgemeinschaft zu leben, sich so unerklärliche Grillen gestatten? Nunmehr haben
zwei englische Beamte, die jahrelang unter diesen wilden Völkern lebten und ihr
Vertrauen sich erwarben, uns ausführlich über sie berichtet *(Royal Society of
Victoria*, April 1897, Auszug in »Nature« vom 10. Juni 1897) und es stellt sich
heraus, dass ihr ganzes geistiges Leben, ihr »Vorstellungsleben« (wenn ich so
sagen darf), von einer so fabelhaften Kompliziertheit ist, dass unsereiner ihm schwer
folgen kann. So haben z. B. diese Menschen, die angeblich nicht bis 5 zählen
können, einen verwickelteren Seelenwanderungsglauben als Plato und dieser
Glaube giebt die Grundlage ihrer Religion ab! Nun aber ihre Ehegesetze. In
der besonderen Gegend, von der hier die Rede ist, wohnt ein ethnisch ein-
heitlicher Stamm, die Aruntas. Jede eheliche Verbindung mit fremden Stämmen
ist verboten; dadurch wird also die Rasse rein erhalten. Den so äusserst schäd-
lichen Folgen einer langanhaltenden Inzucht aber (Lamprecht's Germanen wären
ja längst, ehe sie in die Geschichte eintraten, alle Cretins gewesen!) begegnen
die Australneger durch folgende sinnreiche Kombination: den ganzen Stamm teilen
sie (in Gedanken) in vier Gruppen ein; ich bezeichne sie zur Vereinfachung als
a, b, c und d. Ein Jüngling aus der Gruppe a darf nur ein Mädchen aus der
Gruppe d heiraten, der männliche b nur die weibliche c, der männliche c nur die
weibliche b, der männliche d nur die weibliche a. Die Kinder von a und d
bilden wiederum die Gruppe b, die von b und c die Gruppe a, die von c
und b die Gruppe d, die von d und a die Gruppe c. Ich vereinfache sehr und
gebe nur das Gerippe, denn ich fürchte, mein europäischer Leser käme sonst bald
in die Lage, ebenfalls nicht bis 5 zählen zu können. Dass die Rechte des Herzens
bedeutende Einschränkungen nach diesem System sich gefallen lassen müssen, das
lässt sich nicht leugnen, aber ich frage, wie hätte ein wissenschaftlich gebildeter
Züchter etwas Sinnreicheres erdenken können, um den beiden, auf strenger Beobachtung fussenden Grundgesetzen der Züchtung zu entsprechen, die da sind:
1. die Rasse ist rein zu bewahren; 2. andauernde Inzucht ist zu vermeiden?
(siehe Kap. 4). Eine derartige Erscheinung fordert Ehrfurcht und Schweigen.
Bei ihrem Anblick schweigt man auch gern über solche Konstruktionen wie die
vorhin genannten aus dem Ende des 19. Jahrhunderts. Wie jedoch, wenn man
von den so unendlich mühsamen Versuchen dieser guten australischen Aruntas
den Blick auf Rom wirft und hier aus dem Herzen des Volkes (erst viel später
in eherne Tafeln gesetzlich eingegraben) die Heiligkeit der Ehe, die Rechtlichkeit
der Familie, die Freiheit des Hausherrn inmitten einer entsetzlichen Welt entstehen sieht?

    [1] Thierry, Mommsen etc.

gleitendenden Rückbildungserscheinungen)? [1]) Ich weiss es nicht. Sicher ist aber, dass es vor der römischen keine heilige, würdige und zugleich praktische Regelung der Ehe- und Familienverhältnisse gab; ebensowenig ein rationelles Recht auf sicherer, ausbildungsfähiger Grundlage ruhend, und eine den Stürmen einer chaotischen Zeit gewachsene staatliche Organisation. Mochte das einfach gezimmerte Räderwerk des alten römischen Staates häufig noch unbeholfen arbeiten und gründliche Reparaturen erfordern, es war ein prächtiges, zeit- und zweckgemässes Gebäude. Das Recht war dort von Anfang an unendlich fein empfunden und gedacht, und seine Beschränkung entsprach den Verhältnissen. Und endlich die Familie! die gab es einzig und allein in Rom, und zwar so schön, wie sie die Welt nie wieder gesehen hat! Jeder römische Bürger, gleichviel ob Patrizier oder Plebejer,

---

[1]) Bis vor Kurzem war es sehr beliebt, die Bevölkerung Roms als eine Art von Plaid nebeneinander lebender Völkerschaften darzustellen: von hellenischen Bestandteilen hätte sie ihre Traditionen, von etruskischen ihre Verwaltung, von sabinischen ihr Recht, von samenitischen ihren Geist u. s. w. Rom wäre gewissermassen also ein blosses Wort gewesen, ein Name, die gemeinsame Bezeichnung für ein internationales Stelldichein. Auch diese Seifenblase, aufgestiegen aus dem Gehirnschaum blasser Gelehrten, ist, wie so manche andere, in Mommsen's Händen zerplatzt. Thatsachen und Vernunft, beide beweisen die Widersinnigkeit einer derartigen Hypothese, »die sich bemüht, das Volk, das wie wenig andere seine Sprache, seinen Staat und seine Religion rein und volkstümlich entwickelt hat, in ein wüstes Gerölle etruskischer und sabinischer, hellenischer und leider sogar pelasgischer Trümmer zu verwandeln« *Röm. Gesch.* I, 43 . Dass aber dieses durchaus einheitliche, eigenartige Volk aus einer ursprünglichen Kreuzung verschiedener verwandter Stämme hervorging, ist sicher und wird von Mommsen selber klar entwickelt; er nimmt zwei latinische und einen sabellischen Stamm an; später trat noch allerhand dazu, aber erst, als der römische Nationalcharakter fest ausgebildet war, so dass er sich das Fremde assimilierte. Es wäre jedoch lächerlich, »Rom darum den Mischvölkern beizuzählen« a. a. O., S. 44 . — Etwas ganz anderes ist es, festzustellen, dass die ausserordentlichsten, individuellsten Begabungen und die stämmigste Kraft aus Kreuzungen hervorgehen: Athen war ein glänzendes Beispiel, Rom ein zweites, das Italien und Spanien des Mittelalters weitere, wie es heute Preussen und England sind. Näheres bringt Kap. 4. In dieser Beziehung ist wohl die hellenische Mythe, die Latiner entstammten einer Verbindung zwischen Hercules und einem hyperboräischen Mädchen, sehr bemerkenswert, als einer jener unbegreiflichen Züge angeborener Weisheit; wogegen die verzweifelten Versuche des Dionysius von Halikarnass der zur Zeit von Christi Geburt lebte , die Abstammung der Römer von Hellenen nachzuweisen, »da sie doch unmöglich barbarischen Ursprungs sein könnten«, in recht rührend naiver Art zeigen, wie gefährlich eine Verbindung von grosser Gelehrsamkeit mit vorgefassten Meinungen und Vernunftschlüssen werden kann!

war Herr, ja König in seinem Hause: sein Wille reichte über den
Tod hinaus durch die unbedingte Freiheit des Testierens und die
Heiligkeit des Testaments; sein Heim war gegen behördliche Ein-
mischung durch festere Rechte geschützt als das unsere; im Gegensatz
zum semitischen Patriarchat hatte er das Prinzip der Agnation [1]) eingeführt und dadurch die ganze Schwiegermutter- und überhaupt Weiber-
wirtschaft von vornherein abgeschafft; dagegen wurde die *mater familias*
wie eine Königin geehrt, geschätzt, geliebt! Wo sah man Ähnliches in der damaligen Welt? Jenseits der Civilisation vielleicht; innerhalb ihrer nirgends. Und d a r u m liebte der Römer seine Heimat mit
so zäher Liebe und vergoss er für sie sein Herzensblut. Rom war für
ihn die Familie und das Recht, ein ragender Fels der Menschenwürde
inmitten wilder Brandung.

Man glaube doch nicht, dass irgend etwas Grosses auf dieser
Welt vollbracht werden könne, ohne dass eine rein ideale Kraft mit-
wirke. Die Idee allein wird es freilich nicht thun; ein handgreifliches
Interesse muss ebenfalls dabei sein, und wäre es auch nur, wie bei
den Glaubensmärtyrern, ein jenseitiges Interesse; ohne ideale Beigabe
besitzt jedoch der Kampf, bloss um Gewinn, wenig Widerstandskraft;
höhere Leistungsfähigkeit giebt einzig ein Glaube, und das eben nenne
ich, im Gegensatz zum unmittelbaren Interesse des Augenblickes —
sei es Gelüste, Besitz oder was noch — einen idealen Trieb. Wie
D i o n y s i u s von den alten Römern sagt: »S i e d a c h t e n g r o s s v o n
s i c h s e l b s t und durften daher nichts ihrer Voreltern Unwürdiges thun«
(I, 6); mit anderen Worten, sie hielten sich ein I d e a l von sich selbst
vor. Ich meine das Wort ·Ideal« nicht in dem verkommenen, ver-
schwommenen Sinne der romantischen :blauen Blume«, sondern in
dem Sinne jener Kraft, welche den hellenischen Bildner dazu antrieb,
aus dem Steine heraus den Gott zu bilden, und welche den Römer
lehrte, seine Freiheit, seine Rechte, seine Verbindung mit einem Weibe
zur Ehe, seine Verbindung mit anderen Männern zu einem Gemeinwesen als etwas H e i l i g e s zu betrachten, als das Kostbarste, was das
Leben schenken kann. Ein Fels, sagte ich, nicht ein Wolkenkuckucksheim. Als Traum bestand das ja mehr oder weniger bei allen Indoeuropäern: die heilige Scheu, den heiligen Ernst treffen wir in ver-

---

[1]) Die Familie auf Vaterverwandtschaft allein beruhend, so dass nur die Abstammung von der Vaterseite durch Mannspersonen eine rechtliche Verwandtschaft
begründet, dagegen nicht die von der Mutterseite. Nur eine in den richtigen
Formen geschlossene Ehe erzeugt Kinder, die zur agnatischen Familie gehören.

schiedenen Gestaltungen bei allen Mitgliedern dieser Familie an; die hartnäckige Kraft der Verwirklichung auf praktischem Gebiete war aber Keinem so gegeben, wie den Römern. — Man glaube doch nicht, dass »Räuber« die Thaten vollbringen können, welche der römische Staat, der Welt zum Heil, vollbrachte. Und wenn man die Absurdität einer solchen Auffassung erst eingesehen hat, dann suche man tiefer, und man wird finden, dass diese Römer eine civilisatorische Macht ohnegleichen waren, und dass sie das nur sein konnten, weil sie, neben grossen Fehlern und auffallenden intellektuellen Lücken, hohe geistige und sittliche Eigenschaften besassen.

Mommsen erzählt (I, 321) von dem Bündnis zwischen den Babyloniern und den Phöniziern, um Griechenland und Italien zu unterwerfen, und meint: »mit einem Schlag wäre die Freiheit und die Civilisation vom Angesicht der Erde vertilgt gewesen«. Man überlege sich recht, was diese Worte in dem Mund eines Mannes, der wie kein zweiter den gesamten Stoff übersieht, bedeuten: die Freiheit und die Civilisation (ich würde eher die Kultur gesagt haben, denn wie kann man den Babyloniern und den Phöniziern oder auch den Chinesen Civilisation absprechen?) wären vertilgt, also auf ewig vertilgt gewesen! Und dann nehme man die Bücher zur Hand, die eine ausführliche, wissenschaftliche Beschreibung der phönizischen und babylonischen Civilisation geben, damit man sich klar werde, worauf ein Urteil von dieser Tragweite sich gründet. Man wird bald einsehen, was eine hellenische »Kolonie« von einer phönizischen »Faktorei« unterscheidet; man wird auch bald an dem Unterschied zwischen Rom und Karthago erkennen lernen, was das ist, eine ideale Kraft, selbst auf dem Gebiete der trockensten, eigensüchtigsten Interessenpolitik. Wie viel giebt uns z. B. Jhering zu denken, wenn er (*Vorgeschichte* S. 176) uns lehrt, zwischen den »Handelsstrassen« der Semiten und den »Heeresstrassen« der Römer zu unterscheiden: jene dem Hang nach Ausdehnung und Besitz, diese dem Bedürfnis nach Konzentration und Verteidigung der Heimat entsprungen. Man wird auch unterscheiden lernen zwischen authentischen »Räubern«, die nur insofern civilisieren, als sie mit beneidenswerter Intelligenz alle praktisch verwertbaren Erfindungen aufzugreifen und zu verarbeiten, und bei fremden Völkern im Interesse ihres Handels künstliche Bedürfnisse grosszuziehen verstehen, sonst aber selbst ihren nächsten Stammesangehörigen jedes menschliche Recht rauben, — die nirgends etwas organisieren, ausser Steuern und unbedingte Knechtschaft, die überhaupt, gleichviel wo sie

Der Kampf gegen die Semiten

auch Fuss fassen, niemals ein ganzes Land ordnend zu beherrschen trachten,
sondern stets nur auf Handelsobjekte fahnden, sonst aber alles so
barbarisch lassen, wie es ist: man wird, sage ich, von solchen echten
Räubern die Römer zu unterscheiden lernen, die um den unverrück-
baren heimatlichen Mittelpunkt herum langsam und notgedrungen, um
sich die Segnungen ihrer eigenen Ordnung daheim zu bewahren, ihren
ordnenden, klärenden Einfluss auch nach aussen ausbreiten müssen,
niemals eigentlich erobernd (wenn sie es vermeiden können), jede
Eigenart mit Verehrung schonend, dabei aber so vorzüglich organi-
sierend, dass Völker mit der Bitte zu ihnen kommen, an dem Segen
dieser Ordnung teilnehmen zu dürfen,[1] ihr eigenes, vortreffliches,
»römisches Recht« in liberalster Weise vielen, nach und nach immer
zahlreicheren zugänglich machend, zugleich die verschiedenen fremden
Rechte mit Zugrundelegung des römischen zu einem allmählich sich
klärenden »allgemeinen Weltrecht«[2] vereinigend: das alles ist doch
wahrlich kein Räuberhandwerk! Vielmehr haben wir darin die Vor-
arbeiten zu erblicken für die dauernde Einführung indoeuropäischer
Freiheits- und Civilisationsideale. Mit Recht sagt Livius: »Nicht
unsere Waffen allein, auch die römische Gesetzgebung eroberte uns
weithinreichenden Einfluss«.

Man sieht, die übliche Auffassung Roms, als der erobernden
Nation *par excellence*, ist eine durchaus falsche. Sogar als es sich
selber untreu geworden oder vielmehr, als das römische Volk eigentlich von der Erde ganz und gar verschwunden war und nur die
Idee desselben noch über seinem Grabe schwebte, sogar dann noch
konnte es von diesem grossen Prinzip seines Lebens nicht weit ab-

---

[1] Eines der letzten Beispiele sind die Juden, welche mit der flehenden
Bitte nach Rom kamen (um das Jahr 1) sie von ihrem semitischen Königtum zu
erlösen und als römische Provinz aufzunehmen. Welche Dankbarkeit sie dem
mild und nachsichtig regierenden Rom später bewiesen, ist bekannt.

[2] Über das häufig sehr unklar entwickelte und definierte *jus gentium*
schreibt Esmarch in seiner »Römischen Rechtsgeschichte«, 3. Aufl., S. 185: »Dieses
Recht ist im römischen Sinne weder als ein aus der Vergleichung der bei allen
den Römern bekannten Völkern geltenden Rechte gewonnenes Aggregat zufällig
gemeinsamer Rechtssätze, noch als ein objektiv bestehendes, vom römischen Staate
anerkanntes und rezipiertes Handelsrecht, sondern seiner wesentlichen Substanz
nach als eine dem Kerne des römischen Volksbewusstseins ent-
sprungene Ordnung für die internationalen privatrechtlichen Beziehungen aufzufassen.« — Innerhalb der einzelnen Länder blieben die Rechtsverhältnisse von
den Römern möglichst unangetastet, einer der überraschendsten Beweise von dem
grossen Respekt, den sie jeder Eigenart zollten.

weichen: selbst die rohen Soldatenkaiser vermochten es nicht, diese
Tradition zu brechen. Darum kommt auch der wahre Schlachtenheld —
als einzelne Erscheinung — unter den Römern gar nicht vor. Ich will
nicht erst Alexander, Karl XII. oder Napoleon zum Vergleich heranziehen, ich frage aber, ob nicht der eine Hannibal als erfindungsreicher,
verwegener, eigenmächtiger Kriegsfürst mehr eigentliche Genialität an
den Tag gelegt hat, als alle römische Imperatoren zusammen?

Dass Rom nicht für ein zukünftiges Europa, dass es nicht im
Interesse einer fernhinreichenden Kulturaufgabe, sondern für sich
selbst gekämpft hat, das braucht kaum gesagt zu werden; gerade
dadurch aber, dass es seine eigenen Interessen mit der rücksichtslosen
Energie eines moralisch starken Volkes verfocht, hat es jene »geistige
Entwickelung der Menschheit, die auf dem indogermanischen Stamm
beruht«, vor sicherem Untergang bewahrt. Das sieht man am besten
in dem entscheidensten aller seiner Kämpfe, dem mit Karthago.
Wäre Roms politische Entwickelung nicht bis dahin so streng logisch
gewesen, hätte es nicht bei Zeiten das übrige Italien sich untergeordnet
und diszipliniert, so wäre jener vorhin genannte tötliche Schlag auf
Freiheit und Civilisation von den verbündeten Asiaten und Puniern
noch ausgeführt worden. Und wie wenig ein einzelner Held solchen
weltgeschichtlichen Lagen gegenüber vermag, trotzdem er allein sie
vielleicht überblickt, zeigt uns das Schicksal Alexander's, der Tyrus
vernichtet hatte und gegen Karthago zu ziehen gedachte, bei seinem
frühen Tode aber nichts hinterliess, als die Erinnerung an sein Genie.
Das langlebige römische Volk dagegen war jener grossen Aufgabe
gewachsen, welche es zuletzt in die lapidaren Worte zusammenfasste:
delenda est Carthago.

Wie viel hat man nicht über die Vertilgung Karthagos durch
die Römer gewehklagt und moralisiert, von Polybius bis zu Mommsen!
Erfrischend wirkt es, wenn man einmal einem Schriftsteller begegnet,
der, wie Bossuet, einfach meldet: »Karthago wurde eingenommen
und vertilgt von Scipio, der sich hierin würdig seines grossen Ahnen
erwies«, ohne jede moralische Entrüstung, ohne die übliche Phrase:
aller Jammer, der später über Rom hereinbrach, sei eine Vergeltung
für diese Missethat. Ich schreibe nicht eine Geschichte Roms und
habe folglich auch nicht über die Römer zu Gericht zu sitzen; Eines
aber ist so klar wie die Sonne am Mittag: wäre das phönicische
Volk nicht ausgerottet, wären seine Überreste nicht durch die spurlose
Vertilgung seiner letzten Hauptstadt eines Vereinigungspunktes beraubt

und zum Aufgehen in andere Nationen gezwungen worden, so hätte
die Menschheit dieses 19. Jahrhundert, auf welches wir jetzt, bei aller
demütigen Anerkennung unserer Schwächen und Narrheiten, doch
mit Stolz und zu Hoffnungen berechtigt zurückblicken, niemals erlebt.
Bei der unvergleichlichen Zähigkeit der Semiten hätte die geringste
Schonung genügt, damit die phönicische Nation von neuem wieder
entstehe; in einem nur halbverbrannten Karthago hätte ihre Lebens-
fackel unter der Asche weiter geglimmt, um, sobald das römische
Kaiserreich seiner Auflösung entgegenging, von Neuem hell aufzulodern.
Mit den Arabern, die unsere Existenz lange arg bedrohten, sind wir
bis heute noch nicht fertig geworden,[1]) und ihre Schöpfung, der
Mohammedanismus, bildet ein Hindernis, wie kein zweites, für jeden
Fortschritt der Civilisation und hängt in Europa, Asien und Afrika
als Damoklesschwert über unserer mühsam aufstrebenden Kultur; die
Juden stehen sittlich so hoch über allen anderen Semiten, dass man
sie kaum mit jenen (von jeher übrigens ihre Erbfeinde) zugleich nennen

---

[1]) Der Kampf, der in den letzten Jahren in Zentralafrika zwischen dem
Congo-Freistaat und den Arabern wütete (ohne dass er in Europa viel Beachtung
gefunden hätte), ist ein neues Kapitel in dem alten Krieg zwischen Semiten und
Indoeuropäern um die Weltherrschaft. Erst seit etwa 50 Jahren sind die Araber
von der Ostküste Afrikas aus weit ins Innere und bis nahe an den atlantischen
Ozean vorgedrungen; der berühmte Hamed ben Mohammed ben Juna, genannt
Tippu-Tib, war lange Zeit unumschränkter Herrscher über ein gewaltiges Reich,
welches fast quer durch ganz Afrika in einer Breite von etwa 20 Grad reichte.
Zahllose Völkerschaften, die noch Livingstone glücklich und friedliebend angetroffen
hatte, sind inzwischen teils gänzlich vernichtet — da der Sklavenhandel nach
aussen der Haupterwerb der Araber ist und niemals im Laufe der Geschichte der
Menschheit in einem solchen Masse betrieben wurde wie in der zweiten Hälfte
des 19. Jahrhunderts —, teils haben die Eingeborenen durch den Kontakt mit den
semitischen Herrschern eine merkwürdige moralische Umwandlung durchgemacht:
sie sind Menschenfresser geworden und damit zugleich aus grossen dummen
Kindern zu wilden Bestien. Bemerkenswert ist es, dass die Araber nichtsdestoweniger dort, wo sie es für lohnend fanden, als gebildete, kenntnisreiche, kluge
Leute grossartige Kulturen angelegt haben, so dass es Teile vom Congo-Fluss-
gebiete giebt, die fast so schön bebaut sein sollen, wie ein elsässisches Gut. In
Kassongo, der Hauptstadt dieser reichen Gegend, fanden die belgischen Truppen
grossartige arabische Häuser mit seidenen Vorhängen, Bettdecken von Atlas, prächtig
geschnitzten Möbeln, Silbergeschirr u. s. w.; die Ureinwohner dieser selben Gebiete
sind aber inzwischen hinabgesunken zu Sklaven und zu Menschenfressern. Ein
recht handgreifliches Beispiel des Unterschiedes zwischen civilisieren und Kultur
spenden! Siehe namentlich Dr. Hinde: *The fall of the Congo Arabs*, 1897,
S. 66 ff., 184 ff. etc.'

mag, und doch müsste man blind oder unehrlich sein, wollte man
nicht bekennen, dass das Problem des Judentums in unserer Mitte
zu den schwierigsten und gefährlichsten der Gegenwart gehört; nun
denke man sich dazu noch eine phönicische Nation, von frühester
Zeit an alle Häfen besetzt haltend, allen Handel monopolisierend, im
Besitze der reichsten Metropole der Welt und einer uralten nationalen
Religion (gewissermassen Juden, die niemals Propheten gekannt
hätten) — — —! Es ist kein phantastisches Geschichtsphilosophieren,
sondern eine objektiv beweisbare Thatsache, dass unter solchen Bedingungen das, was wir heute Europa nennen, niemals hätte entstehen
können. Von Neuem verweise ich auf die gelehrten Werke über die Phönicier, vor Allem aber, weil Jedermann zugänglich, auf die meisterhafte
Zusammenfassung in Mommsen's *Römische Geschichte*, drittes Buch,
Kapitel I »Karthago«. Die geistige Unfruchtbarkeit dieses Volkes war
geradezu entsetzenerregend. Trotzdem das Schicksal die Phönicier zu
Maklern der Civilisation gemacht, hat sie dies nie dazu angeregt, auch
nur das Geringste selber zu erfinden; die Civilisation blieb überhaupt
für sie etwas ganz Äusserliches; was wir »Kultur« nennen, haben
sie bis zuletzt nie geahnt: in den herrlichsten Stoffen gekleidet, von
Kunstwerken umgeben, im Besitze alles Wissens ihrer Zeit, trieben
sie nach wie vor Zauberei, brachten Menschenopfer, und lebten in
einem solchen Pfuhl unnennbarer Laster, dass die verdorbensten Orien-
talen sich mit Abscheu von ihnen abwandten. Über ihr Wirken zur
Verbreitung der Civilisation urteilt Mommsen: »Das haben sie mehr
wie der Vogel das Samenkorn,[1]) als wie der Ackersmann die
Saat ausgestreut. Die Kraft, die bildungsfähigen Völker, mit denen
sie sich berührten, zu civilisieren und sich zu assimilieren, wie sie die
Hellenen und selbst die Italiker besitzen, fehlt den Phönikern gänzlich.
Im Eroberungsgebiet der Römer sind vor der romanischen Zunge
die iberischen und die keltischen Sprachen verschollen; die Berbern
Afrikas reden heute noch dieselbe Sprache wie zu den Zeiten der
Hannos und der Barkiden. Aber vor Allem mangelt den Phönikern,
wie allen aramäischen Nationen im Gegensatz zu den indogermanischen,
der staatenbildende Trieb, der geniale Gedanke der sich selber regierenden
Freiheit.« Wo die Phönicier sich niederliessen, war ihre Verfassung
im letzten Grunde einfach »ein Kapitalistenregiment«, bestehend

[1]) Jeder Leser weiss wohl, durch welchen automatischen Prozess der Vogel
unwissend zur Verbreitung der Pflanzen beiträgt?

einerseits aus einer besitzlosen, von der Hand in den Mund lebenden städtischen Menge (auf dem Lande die unterworfenen, als rechtloses Sklavenvieh behandelten Völker), andrerseits aus Grosshändlern, Plantagenbesitzern und vornehmen Vögten.« — — — Das sind die Menschen, das ist der verhängnisvolle Zweig aus der semitischen Verwandtschaft, vor dem wir durch das brutale *delenda est Carthago* gerettet worden sind. Und sollte es wahr sein, dass die Römer in diesem Falle, mehr als sonst bei ihnen üblich, den niedrigeren Eingebungen der Rache, vielleicht sogar der Eifersucht gefolgt sind, so muss ich umsomehr die unfehlbare Sicherheit des Instinktes bewundern, welche sie, selbst dort, wo sie von bösen Leidenschaften verblendet waren, dasjenige treffen liess, was nur irgend ein kühl berechnender, mit prophetischem Blick begabter Politiker zum Heil der Menschheit von ihnen hätte fordern müssen. [1])

Ein zweites römisches *delenda* hat für die Weltgeschichte eine vielleicht ebenso unermessliche Bedeutung: das *delenda est Hierosolyma*. Ohne diese That (welche wir allerdings den ewig gegen jede Staats-

---

[1]) Mommsen, der das römische Verfahren gegen Karthago streng verurteilen zu müssen glaubt, giebt doch an einer späteren Stelle (V, 625) zu, dass weder Herrsch- noch Habsucht es bestimmt habe, sondern, meint er, Furcht und Neid. Für die prinzipielle Auffassung der Rolle Roms in der Weltgeschichte ist gerade diese Unterscheidung von Wichtigkeit. Kann man inmitten einer Welt, welche als Norm für das internationale Recht einzig die Macht anerkennt, von einem starken Volk feststellen, es sei nicht habsüchtig und nicht herrschsüchtig, so hat man, dünkt mich, seinem sittlichen Charakter ein Zeugnis ausgestellt, wodurch es über alle zeitgenössischen Völker erhaben emporragt. Was die »Furcht« jedoch anbelangt, so war sie durchaus berechtigt, und es ist wohl gestattet, zu meinen, dass der römische Senat die Situation richtiger beurteilt hat, als Herr Mommsen. — Caesar, der eigenmächtige, von dem selbst sein eifriger Freund Celius sagen muss, er opfere die Interessen des Staates seinen persönlichen Plänen, baute ja später Karthago wieder auf; und was wurde daraus? Die berüchtigtste Lasterhöhle der Welt, in der alle, die ihr Schicksal dahin warf, Römer, Griechen, Vandalen, bis auf das Mark der Knochen verkamen; solche verheerende Zauberkraft besass noch, auf der Stätte, wo ein halbes Jahrtausend lang phönicische Greuel gewaltet hatten, der auf ihm lastende Fluch! Dass aus seinen Lupanaren ein mächtiger Schrei der Empörung gegen alles, was Civilisation hiess, hervorging: Tertullian und Augustinus, das ist das Einzige, was wir der kurzsichtigen und kurzlebigen Schöpfung Caesar's als Verdienst anrechnen können. — Zur Charakterisierung des 19. Jahrhunderts sei das Urteil seines angeblich grössten Historikers angeführt. Herr Leopold von Ranke urteilt: »Das phönicische Element hat durch Handel, Kolonisation undzuletzt auch durch Krieg einen doch in der Hauptsache belebenden Einfluss auf den Occident ausgeübt.« (*Weltgeschichte* I, 542.)

ordnung sich auflehnenden Juden mehr als den langmütigen Römern
zu verdanken haben), hätte das Christentum sich schwerlich jemals
vom Judentum losgerissen, sondern wäre zunächst eine Sekte unter
Sekten geblieben. Die Gewalt der religiösen Idee hätte aber gesiegt,
das kann gar nicht in Frage gezogen werden; die enorme und zunehmende Ausbreitung der jüdischen Diaspora vor Christi Zeiten bezeugt es; wir hätten also ein durch christliche Anregung reformiertes,
weltbeherrschendes Judentum erhalten. [1]   Vielleicht wendet man ein:

[1] Die Diaspora nennt man die erweiterte jüdische Gemeinde. Ursprünglich
verstand man darunter diejenigen Juden, die es vorgezogen hatten, aus der babylonischen »Gefangenschaft« nicht heimzukehren, weil es ihnen dort viel besser
ging, als in ihrer Heimat. Bald war keine wohlhabende Stadt der Welt ohne
jüdische Gemeinde; nichts ist falscher als die verbreitete Vorstellung, erst die Zerstörung Jerusalems habe die Juden über die Welt zerstreut. In Alexandrien und
Umgebung allein rechnete man unter den ersten römischen Kaisern eine Million
Juden, und schon Kaiser Tiberius erkannte diesen theokratischen Staat inmitten des
Rechtsstaates für eine grosse Gefahr. Die Diaspora machte eifrig und mit grossem
Erfolge Propaganda, wobei die Liberalität, mit der sie Männer als »Halbjuden« mit
Nachsicht der peinlichen Einweihungszeremonie aufnahmen, ihr sehr zu statten kam;
ausserdem sprachen noch materielle Vorteile mit, da die Juden ihre Religion be-
nutzt hatten, um vom Militärdienst und von einer Reihe anderer lästiger, bürgerlicher Pflichten sich freisprechen zu lassen; den grössten Erfolg hatten jedoch die
hebräischen Missionäre bei den Weibern. Bemerkenswert ist nun vor allem die
Thatsache, dass diese internationale Gemeinde, welche Hebräer und Nichthebräer
enthielt und in der alle Schattierungen des Glaubens vertreten waren, vom bigottesten
Pharisäertum bis zur offen höhnenden Irreligion, wie ein Mann zusammenhielt,
sobald es um die Privilegien und die Interessen der gemeinsamen Judenschaft ging:
der jüdische Freidenker hätte um nichts in der Welt es versäumt, seinen jährlichen
Beitrag für die Tempelopfer nach Jerusalem einzusenden; Philon, der berühmte
Neoplatoniker, der an Jahve ebensowenig glaubte wie an Jupiter, vertrat dennoch
die jüdische Gemeinde von Alexandrien in Rom, zu Gunsten der durch Caligula
bedrohten Synagogen; Poppaea Sabina, die Geliebte und später die Gemahlin
Nero's, keine Hebräerin, aber ein eifriges Mitglied der jüdischen Diaspora, unterstützte die Bitten von Nero's Liebling, dem jüdischen Schauspieler Alityrus, die
Sekte der Christen auszurotten, und wurde dadurch höchst wahrscheinlich die
moralische Urheberin jener grässlichen Verfolgung des Jahres 64, bei welcher angeblich auch die Apostel Peter und Paul ihr Ende fanden. Die Thatsache, dass
die Römer, die sonst zu jener Zeit Christen von orthodoxen Juden nicht zu trennen
wussten, sie bei dieser Gelegenheit ganz genau unterschieden, betrachtet Renan als
endgültige Bestätigung dieser Anklage, die schon im 1. Jahrhundert gegen die
Diaspora erhoben wurde (in Tertullian's *Apologeticus*, Kap. XXI z. B. etwas
verblümt, aber doch deutlich, siehe auch Renan: *L'Antéchrist*, ch. VII. Neuere
zwingende Beweise, dass bis zu Domitian, also bis lange nach Nero's Tod, die
Römer die Christen als jüdische Sekte betrachteten, findet man in Neumann's:

das sei ja eingetreten, das sei ja unsere christliche Kirche. Gewiss, zum Teil ist der Einwand berechtigt; kein gerecht denkender Mann wird den Anteil leugnen wollen, der dem Judentum an ihr zufällt. Wenn man aber sieht, wie in der frühesten Zeit die Anhänger Christi die strenge Befolgung des jüdischen »Gesetzes« forderten, wie sie sogar, weniger liberal als die Juden der Diaspora, keine »Heiden« in ihre Gemeinschaft aufnahmen, die nicht das allen Semiten gemeinsame Mal der *circumcisio* sich hatten aufdrücken lassen, wenn man die Kämpfe bedenkt, die der Apostel Paulus (der Heiden-Apostel) bis an seinen Tod gegen die Juden-Christen zu bestehen hatte, und dass selbst noch viel später, in der Offenbarung Johannis (III, 9) er und die Seinen geschmäht werden als: »die aus Satanas Schule, die da sagen, sie sind Juden und sind es nicht, sondern lügen«, wenn man die Autorität Jerusalems und seines Tempels auch innerhalb des paulinischen Christentums als einfach unüberwindbar weiter bestehen sieht, solange beide überhaupt noch standen, [1]) so kann man nicht bezweifeln, dass die Religion der civilisierten Welt unter dem rein jüdischen Primat der Stadt Jerusalem geschmachtet hätte, wäre Jerusalem nicht von den Römern vernichtet worden. Ernest Renan, gewiss kein Feind der Juden, hat in seinen *Origines du Christianisme* (Band IV, Kap. 20) in beredten Worten gezeigt, welche »immense Gefahr« darin gelegen hätte. [2]) Schlimmer noch als das Handelsmonopol der Phönicier wäre das Religionsmonopol der Juden gewesen; unter dem bleiernen Druck dieser geborenen Dogmatiker und Fanatiker wäre jede Denk- und Glaubensfreiheit aus der Welt entschwunden; die platt-materialistische Auffassung Gottes wäre unsere Religion, die Rabulistik unsere Philosophie gewesen. Auch dies ist kein Phantasiebild, es reden hier nur zu viele Thatsachen; denn was ist jenes starre, engherzige, geistig beschränkte Dogmatisieren der christlichen Kirche, desgleichen kein arisches Volk sich jemals austräumte, was ist jener alle Jahrhunderte bis auf unser 19. hinab schändende blutgierige Fanatismus, jener der Religion der

Der römische Staat und die allgemeine Kirche (1890) S. 5 ff. und 14 ff. Dass T a c i t u s genau zwischen Juden und Christen unterschied, beweist in dieser Sache offenbar gar nichts, da er 50 Jahre n a c h Nero's Verfolgung schrieb, und das Wissen einer späteren Zeit in seiner Erzählung auf die frühere übertrug. Siehe auch über die »jüdische Eifersucht« Paul Allard: *Le Christianisme et l'Empire romain de Néron à Théodose*, ch. I.

　　[1] Vergl. hierüber z. B. Graetz: *Volksth. Geschichte der Juden*, I, 653.

　　[2] In seinen *Discours et Conférences*, 3e ed. p. 350 nennt er die Zerstörung Jerusalems: »un immense bonheur«.

Liebe von Anfang an anhaftende Fluch des Hasses, von denen Grieche und Römer, Inder und Chinese, Perser und Germane schaudernd sich abwenden? was denn, wenn nicht der Schatten jenes Tempels, in welchem dem Gott des Zornes und der Rache geopfert wurde, ein dunkler Schatten, hingeworfen über das jugendliche Heldengeschlecht, »das aus dem Dunkeln ins Helle strebt?«

Ohne Rom, das ist sicher, wäre Europa eine blosse Fortsetzung des asiatischen Chaos geblieben. Griechenland hat stets nach Asien gravitiert, bis Rom es losriss. Dass der Schwerpunkt der Kultur endgültig nach Westen verlegt, dass der semitisch-asiatische Bann gebrochen und wenigstens teilweise abgeworfen wurde, dass das vorwiegend indogermanische Europa nunmehr das schlagende Herz und das sinnende Hirn der ganzen Menschheit wurde, das ist das Werk Roms. Indem dieser Staat sein eigenes praktisches (aber, wie wir sahen, durchaus nicht unideales) Interesse, rücksichtslos eigennützig, oft grausam, immer hart, selten unedel verfocht, hat es das Haus bereitet, die starke Burg, in welchem sich dieses Geschlecht nach langen, ziellosen Wanderungen niederlassen und zum Heil der Menschheit organisieren sollte.

Zu diesem Werke Roms waren so viele Jahrhunderte vonnöten und ein so hoher Grad jenes unfehlbaren, eigensinnigen Instinktes, der das Richtige trifft, auch wo es das Unvernünftige scheinen muss, der Gutes schafft selbst dort, wo es Böses will, dass hier nicht das flüchtige Dasein hervorragender Individuen, sondern die widerstandsfähige und fast wie eine Naturmacht wirkende Einheit eines hartgestählten Volkes das Richtige und einzig Wirksame war. Darum ist die sogenannte »politische Geschichtsschreibung«, diejenige, heisst das, welche aus den Biographien vielgenannter Männer, den Kriegsannalen und den diplomatischen Archiven das Leben eines Volkes aufzubauen unternimmt, für Rom so besonders wenig am Platze; sie verzerrt hier nicht allein, sondern das Wesentliche enthüllt sie dem Blicke überhaupt nicht. Denn was wir heute, zurückblickend und philosophierend, als das Amt oder als die Aufgabe Roms in der Weltgeschichte auffassen, ist doch nichts weiter, als ein Ausdruck für das aus der Vogelschau gewonnene Bild des Gesamtcharakters dieses Volkes. Und da müssen wir wohl sagen, die Politik Roms bewegt sich in einer geraden und — wie spätere Zeiten gezeigt haben — durchaus richtigen Linie, so lange sie nicht von fachmässigen Politikern getrieben wird. Die Periode um Caesar herum ist die verworrenste und unheilvollste; jetzt starb beides: Volk und Instinkt; das Werk blieb aber einstweilen bestehen und, in

ihm verkörpert, die Idee des Werkes, doch nirgends als Formel
herausschälbar und für künftige Handlungen eine Norm, und zwar
darum nicht, weil das Werk nicht ein vernünftiges, überlegtes, bewusstes,
sondern ein unbewusstes, aus Not vollbrachtes gewesen war.

Das kaiser-
liche Rom.

Nach dem Untergang des echten römischen Volkes, lebte nun
diese Idee — die Idee des römischen Staates — in den Hirnen verschiedener einzelner zu Macht berufener Männer sehr verschieden
wieder auf. Augustus z. B. scheint wirklich der Meinung gewesen
zu sein, dass er die römische Republik wieder hergestellt habe, sonst
würde Horaz sich sicher nicht gestattet haben, ihn dafür zu loben.
Tiberius, der die schon früher bestrafte Beleidigung der Majestät des
römischen Volkes (das *crimen majestatis*) zu dem Begriff eines ganz
neuen Verbrechens, der Majestätsbeleidigung seiner caesarischen Person
umwandelte, machte hiermit einen gewaltigen Schritt weiter auf dem
Wege zur Verflüchtigung des thatsächlichen, durch das Volk Roms
erschaffenen freien Staates zu einer blossen Idee, — (einen Schritt, von
dem wir im 19. Jahrhundert noch nicht zurückgekommen sind). So
fest sass aber dennoch in allen Herzen der römische Gedanke, dass
ein Nero sich selbst tötete, weil der Senat ihn als »Feind der Republik«
gebrandmarkt hatte. Bald jedoch fand sich die stolze Patrizierversammlung
Männern gegenüber, die vor dem magischen Worte *senatus populusque
romanus* nicht erblassten: die Soldaten wählten den Träger des
römischen Imperiums; es währte nicht lange und die Römer, sowie
überhaupt die Italer, waren auf ewig von dieser Würde ausgeschlossen:
Spanier, Gallier, Afrikaner, Syrier, Goten, Araber, Illyrier folgten
einander; nicht Einer wahrscheinlich war auch nur entfernt mit jenen
Männern verwandt, die mit sicherem Instinkte den römischen Staat
geschaffen. Und doch, die Idee lebte weiter. In dem Spanier Trajan
erreichte sie sogar einen Höhepunkt des Glanzes und wirkte unter ihm
und seinen unmittelbaren Nachfolgern so nachdrücklich im Sinne einer
ordnenden, civilisierenden Macht, die nur dort erobernd sich ausdehnt,
wo die Konsolidierung des Friedens es unbedingt erheischt, dass man
wohl sagen kann, während des antoninischen Jahrhunderts sei der
römische Weltgedanke — der im früheren Volke nur als Trieb, nicht
als Absicht gelebt hatte — zum Bewusstsein seiner selbst gekommen,
und zwar in einer Art, wie das nur im Geiste edeldenkender Ausländer möglich war, die sich einem Fremden gegenüber fanden,
welches sie nunmehr mit voller Objektivität auffassten, um es mit
Treue und Verstand ins Werk zu setzen. Für alle Zukunft hatte

diese Zeit einen grossen Einfluss; wo immer in edler Absicht an die
Idee eines römischen Reiches später angeknüpft wurde, geschah es
fortan unter dem Eindruck und in Nachahmung von Trajan, Hadrian,
Antoninus Pius und Marc Aurel. Und doch liegt eine eigentümliche
Seelenlosigkeit in dieser ganzen Periode. Es waltet hier die Herrschaft des Verstandes, das Herz schweigt; der leidenschaftslose Mechanismus greift bis in die Seele hinein, die nicht aus Liebe, sondern aus
Vernunft das Rechte thut: Marc Aurel's »Selbstgespräche« sind das
Spiegelbild dieser Geistesverfassung, Faustina's, seiner Gemahlin, sinnliche Verirrungen die unausbleibliche Reaktion. Die Wurzel Roms,
die leidenschaftliche Liebe der Familie, des Heims, war ausgerottet;
nicht einmal das berühmte Gesetz gegen die Junggesellen, mit Prämien
für Kindererzeugung *(Lex Julia et Papia Poppaea)*, hatte die Ehe
wieder beliebt machen können. Wo das Herz nicht gebietet, ist nichts
von Bestand. Und nun ergriffen andere Ausländer die Gewalt, diesmal
freilich leidenschaftsvolle, aber ohne Verstand, afrikanische Mestizen,
Soldatenkaiser, die in dem römischen Staatsgedanken vor allem eine
riesige Weltkaserne erblickten und nicht begriffen, warum gerade Rom
das permanente Hauptquartier sein sollte. Gleich der zweite von ihnen,
Caracalla, verlieh das römische Bürgerrecht an sämtliche Einwohner
des Reiches: hierdurch hörte Rom auf, Rom zu sein. Genau tausend
Jahre lang hatten die Bürger Roms (denen nach und nach auch die
der übrigen Städte Italiens und anderer besonders verdienter Städte
gleichgestellt worden waren) gewisse Vorrechte genossen, sie hatten
sie aber durch die Last der Verantwortlichkeit, sowie durch rastlose,
unvergleichlich erfolgreiche, harte Arbeit verdient; von nun an war
Rom überall, das heisst nirgends. Wo der Kaiser sich gerade befand,
da war der Mittelpunkt des römischen Reiches. Diocletian verlegte
denn auch seine Residenz nach Sirmium, Konstantin nach Byzanz,
und selbst als ein getrenntes »weströmisches Reich« später entstand,
war die Hauptstadt Ravenna oder Mailand, Paris, Aachen. Wien, nie
mehr Rom. Die Verleihung des Bürgerrechtes an alle hatte noch
eine zweite Folge: es gab nun überhaupt gar keine Bürger mehr.
Man hat Caracalla, die mörderische, pseudo-punische Bestie, für seine
That früher gepriesen, es kommt sogar heute noch vor (siehe Leopold
von Ranke, *Weltgeschichte* II, 195); in Wahrheit hatte er, indem er
den letzten Faden der historischen Tradition, mit anderen Worten
der geschichtlichen W a h r h e i t zerschnitt, auch die letzte Spur jener
Freiheit vertilgt, deren unbändige, aufopferungsvolle, durch und durch

ideale Kraft die Stadt Rom und mit ihr Europa geschaffen hatte. Das
politische Recht war freilich nunmehr für alle gleich geworden; es
war die Gleichheit der absoluten Rechtlosigkeit. Das Wort *civis*
(Bürger) wich jetzt dem Ausdruck *subjectus* (Unterthan): umso be-
merkenswerter, als allen Zweigen der Indoeuropäer der Begriff des
Unterthanenseins ebenso fremd war, wie der des Grosskönigtums, so
dass wir schon in dieser einen Umwandlung des Rechtsbegriffes den
unwiderlegbaren Beweis semitischen Einflusses besitzen (nach Leist:
Gräco-italische Rechtsgeschichte, S. 106 u. 108). Der römische Gedanke bestand allerdings noch immer, er hatte sich aber in einer
einzigen Person, dem Kaiser, konzentriert — oder, wenn man will,
sich in sie verflüchtigt; die Privilegien Roms und ihre Machtvoll-
kommenheiten waren nicht etwa aus der Welt entschwunden, sie
waren aber alle auf einen einzigen Mann übergegangen: das ist der
Verlauf von Augustus bis Diocletian und Konstantin. Der erste Caesar
hatte sich begnügt, alle wichtigsten Staatsämter in seinen Händen zu
vereinen [1]), und das war ihm nur zu einem bestimmten, zeitlich beschränkten Zweck bewilligt worden, zur Wiederherstellung der rechtlichen Ordnung in der civilisierten Welt *(restauratio orbis)*; innerhalb
dreier Jahrhunderte war man nun auf diesem Wege dahin gekommen,
nicht allein alle Ämter, sondern auch alle Rechte sämtlicher Bürger
einem einzigen zu verleihen. Wie schon in frühen Zeiten (bei dem
ersten Nachfolger des Augustus) die Majestät vom Volk auf den einen
übergegangen war, so nach und nach alle und jede Gewalt, alles und
jedes Recht. Augustus hatte noch, wie jeder andere Bürger, in den
Komitien seine Stimme abgegeben; jetzt sitzt auf dem Thron ein
Monarch, dem man nur auf den Knieen »anbetend« nahen darf, und
vor ihm sind alle Menschen gleich, denn alle, vom ersten Staatsminister bis zum letzten Bauern, sind seine Unterthanen. Und während
so der »Grosskönig« und mit ihm alles, was zu seinem Hofe gehörte,
an Reichtum und Würden immer höher stieg, sanken alle übrigen

---

[1]) Augustus war zugleich: 1. *Princeps*, das heisst erster Bürger, damals
eigentlich nur ein Ehrentitel, 2. *Imperator*, oberster Kriegsherr, 3. lebenslänglicher
Volkstribun, 4. *Pontifex maximus*, das höchste, religiöse, von jeher lebenslängliche
Amt, 5. zwar nicht lebenslänglicher *Consul*, doch im dauernden Besitz der kon-
sularischen Gewalt, 6. desgleichen der prokonsularischen, welche die Regierung
sämtlicher Provinzen umfasste, 7. desgleichen der censorischen, welche die
Sittenkontrolle und die Befugnis, Senatoren, Ritter u. s. w. zu ernennen und zu
kassieren, umfasste.

immer tiefer: der Bürger durfte sich nicht einmal seinen Beruf mehr wählen, der Bauer, früher freier Besitzer seines Erbgutes, war Leibeigener eines Herrn und an die Scholle gebunden; der Tod jedoch löst alle Bande, und es kam ein Tag, wo die Steuereinnehmer die ehedem blühendsten Gegenden des Reiches in ihren Berichten aufführen mussten als *agri deserti*.

Es ist nicht meine Absicht, die Idee des römischen Staates hier historisch weiter zu verfolgen; Einiges wird in einem späteren Kapitel noch darüber zu sagen sein; ich begnüge mich, daran zu erinnern, dass ein römisches Reich — dem Begriffe nach eine unmittelbare Fortsetzung des alten — bis zum 6. August 1806 zu Recht bestand, und dass das allerälteste schon von Numa bekleidete römische Amt, das des *Pontifex maximus*, noch heute besteht; das Papsttum ist das letzte Bruchstück der uralten heidnischen vergangenen Welt, welches sich bis in die Gegenwart lebendig erhalten hat.[1]) Wenn ich aber Allbekanntes zusammenfassend andeutete, so geschah es in der Hoffnung, dass ich die eigentümlich verwickelte Form der politischen Erbschaft, die unser Jahrhundert von Rom übernahm, hierdurch lebhafter und anregender entwickeln könnte, als durch theoretische Auseinandersetzungen. Hier, wie in den anderen Teilen dieses Buches, handelt es sich nicht um gelehrte Betrachtungen, diese findet man in Geschichten des Staatsrechtes, sondern um allgemeine Einsichten, die Jedem zugänglich und auch für Jeden förderlich sind. In rein politischer Hinsicht erbten wir nun von Rom nicht eine einfache Idee, nicht einmal etwas so Einfaches, wie das, was z. B. in dem Wort »hellenische Kunst«, wie reichhaltig das Wort auch sein mag, zusammengefasst wird, sondern wir erbten ein merkwürdiges Gemisch von allerrealstem Besitz: Civilisation, Recht, Organisation, Verwaltung u. s. w., und zugleich von unfassbaren und dennoch übermächtigen Ideen, von Begriffen, denen kein Mensch beikommen kann und die nichtsdestoweniger, zum Guten und zum Schlimmen, auch heute noch unser öffentliches Leben beeinflussen. Sicherlich können wir unser eigenes Jahrhundert nicht gründlich und kritisch begreifen, wenn wir nicht über diese doppelte politische Erbschaft klare Vorstellungen besitzen.

Nachdem wir also jetzt das im engeren Sinn Politische besprochen haben, werfen wir nun einen Blick auf das allgemein Staats- *Staatsrechtliche Erbe.*

---

[1]) Hierüber Ausführliches im 7. Kapitel.

rechtliche und Ideelle, ehe wir zu der Betrachtung des Privatrechts übergehen.

So lange Rom positiv schöpferisch wirksam war — über ein halbes Jahrtausend bis zu Caesar, und dann noch über ein Jahrhundert in der Agonie[1]) — könnte es uns als gänzlich ideenlos erscheinen; es schafft nur, es denkt nicht. Es schafft Europa, und es vernichtet, so weit möglich, die nächsten und gefährlichsten Feinde Europas. Das ist die positive Erbschaft dieser Zeit. Auch die Länder, die Rom niemals unterjocht hat, wie z. B. der grösste Teil Germaniens, haben doch alle Keime staatlicher Ordnung — als Grundbedingung jeder Civilisation — von ihm empfangen. Unsere Sprachen zeigen noch heute, wie alle Verwaltung auf römische Belehrung oder Anregung zurückgeht. Wir leben heute in so fest geordneten Zuständen, dass wir uns kaum vorstellen können, es sei jemals anders gewesen; nicht ein Mensch von zehntausend unter uns hat die geringste Ahnung von der Organisation der Staatsmaschine; alles dünkt uns notwendig und angeboren: das Recht, die Moral, die Religion, im Grunde auch der Staat. Und doch war der geordnete, feste und zugleich freier Menschen würdige Staat — die gesamte Geschichte der Menschheit beweist es — das schwierigste aller Werke zu erfinden und durchzuführen; die herrlichste Religion hatte man in Indien, eine vollendete Kunst in Athen, erstaunliche Civilisation in Babylonien, alles, ohne dass es gelungen wäre, einen freien und zugleich stabilen, rechtliche Zustände verbürgenden Staat zu gründen; für diese Heraklesarbeit reichte nicht ein einzelner Held, nur ein ganzes Volk von Helden konnte sie vollbringen, ein jeder stark genug zum befehlen, ein jeder stolz genug zum gehorchen, alle einig im Wollen, ein jeder sein eigenes persönliches Recht verfechtend. Lese ich römische Geschichte, so muss ich schaudernd mich abwenden; betrachte ich die zwei unvergleichlichen Schöpfungen dieses Volkes, den geordneten Staat und das Privatrecht, so kann ich nur in stummer Verehrung mich vor einer solchen geistigen Grösse verneigen.

Dieses Heldenvolk jedoch starb aus, und nach seinem gänzlichen Erlöschen kam, wie wir sahen, eine zweite Periode römischer Politik. Fremde Herrscher regierten und fremde Rechtsgelehrte bemächtigten sich, wie des unvergleichlichen, lebendig gewachsenen Privatrechts

---

[1]) Der Erlass des *Edictum perpetuum* durch Hadrian ist vielleicht die letzte grosse schöpferische Wohlthat?

(das sie in Spiritus thaten in der weisen Einsicht, dass es nunmehr nicht weiter sich vervollkommnen liess, sondern höchstens hätte entarten können), so auch des öffentlichen und des Staatsrechtes. Diese Ratgeber der Krone waren zumeist Kleinasiaten, Griechen und Semiten, also die anerkannten Meister in der Handhabung abstrakter Gedankendinge und juristischer Tüfteleien. Und nun entstand eine Auffassung des römischen Staates, in der nichts ganz neu erfunden, das Meiste aber umgedeutet, zu Prinzipien sublimiert und dann zu starren Dogmen krystallisiert wurde. Der Vorgang ist dem im Abschnitt über hellenische Kunst und Philosophie beschriebenen sehr analog. Die römische Republik war ein lebendiger Organismus gewesen, an dem das Volk ununterbrochen arbeitete und änderte; niemals war die formale Frage nach leitenden »Prinzipien« aufgetaucht, nie hatte der gegenwärtige Augenblick die Zukunft bannen wollen. Das ging sogar so weit, dass die höchsten Gerichtsbeamten, die Prätoren, auf ein Jahr ernannt, beim Antritt ihres Amtes, ein jeder ein sogenanntes »prätorisches Edict« erliess, in welchem er die Grundsätze kundmachte, welchen er in der Rechtspflege zu folgen gedachte; dadurch war es möglich gewesen, wechselnden Zeiten und Umständen gerecht zu werden. Und in ähnlicher Weise war in diesem Staate alles elastisch, blieb alles in Fühlung mit den Bedürfnissen des Lebens. Genau aber wie die poetischen Eingebungen der griechischen Philosophen und ihre mystischen Deutungen des Unerkennbaren im hellenosemitischen Alexandrien zu Glaubensdogmen umgearbeitet wurden, so wurden auch hier Staat und Recht zu Dogmen, und ungefähr durch dieselben Leute. Diese Dogmen erbten wir, und es ist für uns nicht unwichtig, zu wissen, woher sie kommen und wie sie entstanden.

Ein Beispiel. Unser Begriff des Monarchen stammt weder von den Germanen, noch von den orientalischen Despoten, sondern von den gelehrten Juristen, die im Dienste des illyrischen Schafhirten Diocletian, des illyrischen Rinderhirten Galerius, des illyrischen Schweinehirten Maximinus u. s. w. standen, und ist eine direkte Parodie — wenn ich die Wahrheit reden darf — der grössten römischen Staatsgedanken. »Der Staatsbegriff der Römer«, schreibt Mommsen, »beruht auf der idealen Übertragung der Handlungsfähigkeit des Einzelnen auf die Gesamtheit, die Bürgerschaft, den *populus*, und auf der Unterordnung des Einzelwillens aller der Gesamtheit angehörigen, physischen Personen unter diesen Gesamtwillen. Die Aufhebung der individuellen Selbständigkeit gegenüber dem Gesamtwillen ist das

Kriterium der staatlichen Gemeinschaft«. [1]) Um sich vorzustellen, was es mit dieser »Übertragung«, mit dieser »Aufhebung der individuellen Selbständigkeit« auf sich hat, muss man sich die unbändige individuelle Freiheitsliebe des einzelnen Römers ins Gedächtnis zurückrufen. Von dem ältesten rechtlichen Monument der Römer, den berühmten zwölf ehernen Tafeln (450 vor Chr.) sagt Esmarch: »Was zum prägnantesten Ausdruck darin kommt, sind die Gewährleistungen der privatrechtlichen Selbstherrlichkeit der römischen Bürger«, [2]) und als 350 Jahre später das erste ausführliche Rechtssystem in schriftlicher Form verfasst wurde, da hatten alle Stürme der Zwischenzeit in diesem einen Punkte keinen Unterschied veranlasst. [3]) Als freier, »selbstherrlicher« Mann überträgt also der Römer an den Gesamtwillen, dessen selbstthätiges Glied er ist, so viel von seiner Freiheit, als zur Verteidigung dieser Freiheit vonnöten ist. »Der Gesamtwille ist nun an sich, wenn es gestattet ist, einen Ausdruck des römischen Privatrechts darauf anzuwenden, eine staatsrechtliche Fiktion. Thatsächlich wird dafür Vertretung erfordert. Als Willenshandlung der Gesamtheit gilt staatsrechtlich diejenige eines in dem bestimmten Fall für sie eintretenden Mannes. Immer ist die staatliche Willenshandlung in Rom die Handlung eines einzelnen Mannes, da das Wollen und Handeln an sich unteilbar ist; Gemeindehandlung durch Majoritätsbeschluss ist nach römischer Auffassung ein Widerspruch im Beisatz.« In jedem Satz dieses römischen Staatsrechtes sieht man ein Volk von starken, freien Männern: die Vertretung der gemeinsamen Sache, d. h. des Staates, wird einzelnen Männern (Konsuln, Prätoren, Censoren u. s. w.) auf bestimmte Zeit anvertraut, sie haben dabei grösste Vollmacht und tragen volle Verantwortlichkeit. Im Notfalle geht diese Vollmachtserteilung so weit, dass sich die Bürger einen Diktator ernennen; alles im Interesse des Gemeinwesens und damit die Freiheit eines jeden unverletzt bleibe. — Die späteren Kaiser nun, oder vielmehr ihre Ratgeber, haben nicht etwa diesen Staatsbegriff umgestossen; nein, auf ihn haben sie die monarchische Allgewalt rechtlich gegründet, was in der Geschichte der Welt noch niemals geschehen war. Anderwärts hatten einige Despoten als Götter-

---

[1]) Ich citiere nach der gekürzten Ausgabe des Römischen Staatsrechts in Binding's *Systematisches Handbuch der deutschen Rechtswissenschaft*, S. 81 ff.

[2]) *Römische Rechtsgeschichte*, 3. Aufl., S. 218.

[3]) Allerdings bildeten gewisse Beschränkungen der Freiheit des Testierens ein erstes Anzeichen künftiger Zeiten.

söhne regiert, wie z. B. die ägyptischen und heute noch die japanischen, einige, früher und noch heute, als Vertreter Gottes, ich nenne nur die jüdischen Könige und die Kalifen, wieder andere durch das sogenannte *jus gladii*, das Recht des Schwertes. Dagegen gründeten die Soldaten, die sich des weiland römischen Reiches bemächtigt hatten, ihre Ansprüche, als absolute Autokraten zu herrschen, auf das römische Staatsrecht! Nicht wie ein griechischer Tyrann hätten sie die Gewalt usurpiert und die rechtmässige Ordnung gestürzt; im Gegenteil, der allgewaltige Monarch sei die Blüte, die Vollendung der ganzen rechtlichen Entwickelung Roms: das hatten die orientalischen Rechtslehrer herausgeklügelt. Mit Hilfe der soeben erläuterten Übertragungstheorie war das Taschenkunststück vollbracht worden und zwar (den Hauptlinien nach) folgendermassen. Eine der Tragsäulen des römischen Staatsrechtes ist, dass keine Verordnung Gesetzeskraft hat, wenn sie nicht vom Volke genehmigt wird. Unter den ersten Kaisern bleibt auch der Schein in dieser Beziehung bewahrt. Nach Caracalla war aber »Rom« die ganze civilisierte Welt geworden. Und da wurden alle Rechte des Volkes zur Mitwirkung bei der Erlassung neuer Gesetze u. s. w. an den Senat »übertragen«. Es heisst im *Corpus juris:* »Da das römische Volk dermassen angewachsen ist, dass es schwer wäre, es an einen Ort zusammenzuberufen behufs Bestätigung der Gesetze, wurde es für gerecht erachtet, den Senat an Stelle des Volkes zu befragen.« Wie wir heute von einem Vicekönig reden, so hiess der Senat nunmehr *vice populi*. War auch die Zustimmung des Senats ebenfalls eine reine Formsache geworden, einmal im Besitze eines so schönen abstrakten Prinzips, konnte man nicht auf halbem Wege stehen bleiben; und darum heisst es dann auch weiter: »Aber auch das, was dem Fürsten anzuordnen gefällt, hat Gesetzeskraft, denn das Volk hat ihm seine ganze Machtfülle und alle seine Rechte übertragen.«[1]) Wir haben also hier die streng rechtliche Ableitung einer absoluten Monarchie, und zwar wie sie

---

[1]) § 5 und § 6 *J. de jure naturali* I, 2. Die letzten Worte des zweiten Auszuges habe ich einigermassen frei übersetzen müssen; es heisst im Original: *omne suum imperium et potestatem;* wie schwer es ist, diese Worte im genauen juristischen Sinne des alten Roms wiederzugeben, kann man bei Mommsen sehen, S. 85. Das *imperium* heisst ursprünglich »die Kundgebung des Gemeindewillens«; daher der Träger dieses absoluten Gemeindewillens *imperator* hiess; beschränkter und mehr das Gebiet des Privatrechts bezeichnend ist das Wort *potestas*. Daher übersetzte ich durch Machtfülle und Rechte, und glaube damit den Sinn getroffen zu haben.

gewiss einzig aus der römischen Verfassung — mit ihrer Ablehnung
des Majoritätsprinzips und mit ihrem System, Vollmachten an einzelne
Männer zu übertragen — entwickelt werden konnte.[1]) Und dieses
römische »Principat« (wie man es nennt, den Titel König hat kein
Caesar getragen) bildet bis zum heutigen Tage die Grundlage alles
europäischen Königtums! Durch die Einführung des Konstitutionalismus,
noch mehr durch die Handhabung des Rechtes, findet allerdings in
vielen Ländern jetzt eine Bewegung statt, zurück auf den freiheitlichen
Standpunkt der alten Römer; prinzipiell ist aber der Monarch überall
noch das, was die Rechtsautoritäten des verfallenden römischen Staates
aus ihm gemacht hatten, ein Gebilde, heisst das, welches dem wahren
Geiste des echten Römertums direkt widerspricht. Die Armee ist bei
uns heute noch immer nicht das Volksheer, das seine Heimat verteidigt, sondern sie ist überall (selbst in England) des Königs Armee;
die Beamten sind nicht Erwählte und Bevollmächtigte des Gesamt-
willens, sondern Diener des Königs u. s. w., u. s. w. Das ist alles
römisch, aber, wie gesagt, römisches aus der Rinder-, Schaf- und
Schweinehirtenzeit. Ich kann das leider hier nicht näher ausführen,
verweise aber zur Bestätigung auf die klassischen Werke von Savigny:
Geschichte des römischen Rechts im Mittelalter, und Sybel: *Entstehung des deutschen Königtums*, sowie auch auf Schulte: *Deutsche
Reichs- und Rechtsgeschichte*. Überall bei uns ist die absolute Monarchie
erst durch die Berührung mit dem römischen Reich entstanden. Überall
hatten früher die germanischen Könige sehr beschränkte Rechte; die
Majestätsbeleidigung (dieser Prüfstein) wurde entweder gar nicht als
Verbrechen anerkannt oder durch ein einfaches »Wehrgeld« bestraft
(Sybel, 2. Aufl. S. 352); die Ernennung der Grafen als Beamte des
Königs kommt erst nach der Eroberung römischer Länder vor, ja,
es giebt eine lange Zeit, wo die germanischen Könige grössere Rechte
gegen ihre römischen Unterthanen, als gegen ihre freien Franken
besitzen (Savigny I, Kap. IV, Abt. 3). — — — Vor Allem ist der
Begriff eines Unterthanen, des römischen *subjectus*, eine uns noch
fest anhaftende Erbschaft, die uns recht deutlich empfinden lassen
müsste, was uns noch alles mit dem römischen Reiche in der Zeit
seines Verfalles verknüpft, und was uns noch alles von dem echten
Heldenvolk der Römer scheidet.

---

[1]) Als nicht unwichtig sei nebenbei bemerkt, dass eine Regierung durch
Majoritätsbeschlüsse ebenso wenig hellenisch und germanisch, wie römisch war
worüber namentlich Leist: *Graeco-italische Rechtsgeschichte* S. 129, 133 ff., 727).

Hiermit will ich aber keineswegs tendenziös moralisieren. Die altrömischen Regierungsformen wären für neue Verhältnisse und neue Menschen nicht verwendbar gewesen, reichten sie doch schon für das erweiterte Rom nicht mehr aus. Dazu war das Christentum gekommen, und mit ihm die Abschaffung der Sklaverei ein offenbares Gebot geworden. Das alles machte ein starkes Königtum nötig. Ohne die Könige wäre das Sklaventum niemals in Europa abgeschafft worden, nie hätte der Adel seine Sklaven freigegeben, vielmehr machte er die freigeborenen Männer zu Leibeigenen. Das Erstarken des Königtums ist seit tausend Jahren überall eine Vorbedingung für das Erstarken geordneter gesellschaftlicher Verhältnisse und bürgerlicher Freiheit gewesen, und auch heute würde vielleicht in keinem einzigen Lande Europas ein ganz freies Plebiscit eine andere Regierungsform denn die monarchische als Gesamtwillen kundgeben. Immer klarer erfasst auch das öffentliche Bewusstsein durch die trügerischen Umhüllungen hindurch, welche Rabulisten und Sophisten ihm umhingen, den echten Rechtsgehalt des Königtumes, nämlich die alte römische Auffassung eines obersten Staatsbeamten, vermehrt jedoch um ein Element, welches die Juristen ein »sacrales« nennen, und welches einen nicht unpassenden mystischen Ausdruck in den Worten findet: von Gottes Gnaden. Manches was wir in unserm lieben neunzehnten Jahrhundert um uns her beobachteten, berechtigt wohl zur Überzeugung, dass wir ohne Königtum und ohne eine besondere Gnade Gottes uns noch heute nicht zu regieren verstehen würden. Dazu gehörten vielleicht nicht allein die Tugenden der Römer, sondern auch ihre Mängel, vor allem ihre übergrosse geistige Nüchternheit.

Wie dem auch sei, man sieht, das von Rom auf uns überkommene politische und staatsrechtliche Erbe bildet eine ziemlich verwickelte und verworrene Masse, und zwar hauptsächlich aus zwei Gründen: erstens, weil Rom anstatt wie Athen kurz zu blühen und dann ganz zu verschwinden, 2500 Jahre lang bestand, zunächst als weltbeherrschender Staat, später als mächtige Staatsidee, wodurch die Einheit des Impulses sich in eine ganze Reihe von Anstössen auflöste, die sich häufig gegenseitig aufhoben; zweitens, weil das Werk eines unvergleichlich thatkräftigen, indoeuropäischen Volkes später von den subtilsten Geistern der westasiatischen Mischvölker bearbeitet und gehandhabt wurde, was abermals die Einheit des Charakters verwischte.

Ich hoffe, meine spärlichen Andeutungen über ungemein verwickelte weltgeschichtliche Verhältnisse werden genügt haben, um

dem Leser als Richtungspfeile zu dienen. Damit man klar denke und
deutlich vorstelle, ist es vor Allem nötig, richtig zu trennen und richtig
zu verbinden. Das war mein Bestreben; darauf musste ich mich
beschränken.

**Juristische
Technik.**   Neben dieser mehr oder weniger unbewusst fortgeführten Erbschaft besitzen wir Europäer ein Vermächtnis Roms, das wie kein
zweites aus dem Altertum zu einem wesentlichen Bestandteil unseres
Lebens und unserer Wissenschaft geworden ist: das römische Recht.
Darunter ist sowohl das öffentliche Recht *(jus publicum)*, wie
auch das Privatrecht *(jus privatum)* zu verstehen.[1]) Hierüber zu
berichten, ist insofern ein Leichtes, als dieses Recht uns in einer sehr
späten zusammenfassenden Kodifikation, der des Kaisers Justinian, aus
der Mitte des 6. Jahrhunderts nach Christus, vorliegt und es ausserdem
den Bemühungen der Juristen und Historiker gelungen ist, den Spuren
des allmählichen Werdens dieses Rechtes bis weit hinauf nachzugehen,
in letzter Zeit sogar, den Zusammenhang seiner Ursprünge mit dem
altarischen Recht darzuthun, andrerseits die Schicksale dieses Rechtes
in den verschiedenen Ländern Europas durch die Jahrhunderte der
dunkeln Gährung hindurch bis auf den heutigen Tag zu verfolgen.
Hier liegt also ein bestimmtes, klar gesichtetes Material vor und der
Rechtsgelehrte kann leicht nachweisen, wie viel römisches Recht in
den Gesetzbüchern unserer heutigen Staaten enthalten ist; leicht muss
ihm der Nachweis auch fallen, dass die genaue Kenntnis des römischen
Rechtes auf unabsehbare Zeiten hin die hohe Schule alles streng
juridischen Denkens bleiben wird. Auch hier wieder ist in dem
römischen Erbe ein doppeltes zu unterscheiden: thatsächliche Rechtssätze, die Jahrhunderte lang bestanden haben und zum Teil noch
heute bestehen, ausserdem aber ein Schatz an Ideen und Methoden.
Das alles kann der Rechtsgelehrte leicht auseinandersetzen; jedoch
nur, wenn er zu Rechtskundigen redet. Nun bin ich aber kein
Rechtsgelehrter (wenn ich auch mit Fleiss und Liebe die Grundprinzipien des Rechtes und den allgemeinen Gang seiner Geschichte
studiert habe), noch darf ich Rechtskunde bei meinem Leser voraus-

---

[1]) Dass das öffentliche Recht der Römer auf uns Spätere nicht denselben
Einfluss ausübt wie das Privatrecht, gestattet doch nicht, es ungenannt zu lassen,
da ein mustergültiges Privatrecht nicht ohne ein vortreffliches öffentliches Recht
entstehen konnte.

setzen; meine Aufgabe ist also eine andere, durch den Zweck dieses Buches genau bestimmte. Nur von einem umfassenden, allgemein menschlichen Standpunkt aus darf ich kurz andeuten, wie so das römische Recht in der Geschichte der indoeuropäischen Völker eine so unvergleichliche Erscheinung war, dass sie bis auf den heutigen Tag ein Bestandteil unserer Kultur geblieben ist.

Warum ist es ganz unmöglich, über Jurisprudenz zu berichten, wenn der Hörer nicht über eine grosse Masse technischen juristischen Wissens verfügt? Diese vorläufige Frage wird uns gleich in *medias res* führen und zu einer, wenn nicht ausführlichen, so doch genauen Zergliederung dessen, was die Römer auf diesem Felde geleistet haben, den Weg weisen.

Die Jurisprudenz ist eine Technik: hierin liegt die Antwort eingeschlossen. Der Medizin vergleichbar, ist sie weder reine Wissenschaft, noch reine Kunst; und während jede Wissenschaft in ihren Ergebnissen, jede Kunst durch ihre Wirkung allen begabten Menschen mitteilbar, in ihrem wesentlichsten Teile mithin Gemeingut ist, bleibt eine Technik einzig dem Techniker zugänglich. Freilich vergleicht Cicero die Jurisprudenz mit der Astronomie und der Geometrie. und meint: »alle diese Studien gelten der Erforschung der Wahrheit«:[1] doch ist dies das Muster eines logisch falschen Vergleichs! Denn die Astronomie und die Geometrie erforschen thatsächliche, feste, unverrückbare Verhältnisse, die einen ausserhalb, die anderen innerhalb unseres Geistes,[2] wogegen Rechtssätze zunächst aus der Beobachtung von wechselnden, widersprechenden, nirgends fest abzugrenzenden Anlagen, Gewohnheiten, Sitten und Meinungen gewonnen werden, und die Jurisprudenz als Disziplin sich der Natur der Dinge nach darauf beschränken muss, das Vorhandene fester zu formulieren, genauer zu fassen, durch Zusammenstellung übersichtlich zu gestalten, und — vor allem — durch feinste Analyse genau zu gliedern und praktischen Bedürfnissen anzupassen. Das Recht ist, wie der Staat, eine menschliche, künstliche Schöpfung, eine neue systematische Anordnung der durch die Natur des Menschen und durch seine gesellschaftlichen Instinkte gegebenen Bedingungen. Die Fortschritte der

---

[1] *De officiis* I, 6.

[2] Dies sage ich ohne metaphysischen Hintergedanken; ob die mathematischen Begriffe Urteile *a priori* sind (wie Kant es behauptet) oder nicht, Jeder wird zugeben, dass Geometrie eine rein formelle Bethätigung unseres Geistes ist, im Gegensatz zur Erforschung der Himmelsräume.

Jurisprudenz bedeuten also keineswegs eine Zunahme des Wissens (was eine Wissenschaft doch bewirken muss), sondern lediglich eine Vervollkommnung der Technik; das ist aber sehr viel und kann hohe Gaben voraussetzen. Ein in grossen Mengen vorhandener Stoff wird nunmehr in konsequenter Weise und mit steigender Kunstfertigkeit vom menschlichen Willen dem menschlichen Lebenszweck gewidmet. Zur grösseren Deutlichkeit ein Vergleich.

Wie sehr bedingt und darum wenig treffend wäre es, wenn man behaupten wollte: der Gott, der Eisen wachsen liess, habe auch die Schmiede wachsen lassen! In einem gewissen Sinne wäre die Aussage unleugbar richtig: ohne bestimmte Anlagen, die ihn trieben, ewig weiter zu forschen, ohne bestimmte Fähigkeiten zum Erfinden und zum Handhaben, wäre der Mensch niemals dazu gelangt, Eisen zu schmieden; er hat auch lange auf Erden gelebt, ehe er es soweit brachte. Durch Scharfsinn und Geduld gelang es ihm endlich; das harte Metall wusste er sich geschmeidig und dienstbar zu machen. Hierbei handelte es sich jedoch offenbar nicht um die Auffindung irgend einer ewigen Wahrheit, wie bei der Astronomie und bei jeder echten Wissenschaft, sondern einerseits um Scharfsinn und Geschick, andrerseits um Angemessenheit dem praktischen Zwecke gegenüber; kurz, das Schmieden ist keine Wissenschaft, sondern im wahren Sinn des griechischen Wortes eine Technik, d. h. eine Geschicklichkeit. Und die Bedingungen dieser Technik, da sie vom menschlichen Willen abhängen (hier die Verwandtschaft mit Kunst), wechseln mit den Zeiten, mit den Anlagen und Gewohnheiten der Völker, sowie sie auch andrerseits von den Fortschritten des Wissens beeinflusst werden (hier die Verwandtschaft mit Wissenschaft). In unserm Jahrhundert z. B. hat das Stahlschmieden grosse Umwälzungen erfahren, die ohne die Fortschritte der Chemie, der Physik, der Mechanik und der Mathematik nicht denkbar gewesen wären; insofern kann es auch vorkommen, dass eine Technik vielfache wissenschaftliche Kenntnisse von ihren Beflissenen fordert, — sie hört aber darum nicht auf, eine Technik zu sein. Und weil sie eine Technik ist, bleibt sie jedem noch so unbegabten Menschen erlernbar, wenn er nur einiges Geschick besitzt, enthält aber nichts, was selbst dem Begabtesten mitteilbar wäre, wenn dieser sich nicht eingehend mit ihren Methoden beschäftigt hat. Denn während Wissenschaft und Kunst durch ihren Inhalt selber jedem intelligenten Menschen Interesse bieten, ist eine Technik lediglich eine Methode, ein Verfahren, eine Handhabung, ein Künstliches, nicht ein

Künstlerisches, eine Anwendung des Wissens, nicht eigentlich selbst ein Wissen, ein Können, nicht ein Schaffen, und daher kann erst das von ihr Erzeugte allgemeines Interesse fordern, der fertige Gegenstand, heisst das, von dem sich die Technik nunmehr zurückgezogen hat.

Genau ebenso verhält es sich mit der Jurisprudenz, bis auf den Unterschied, dass der zu bearbeitende Stoff ein rein geistiger ist. Prinzipiell ist und bleibt die Jurisprudenz eine Technik, und manches fast unausrottbare Missverständnis wäre vermieden worden, wenn auch die Fachgelehrten diese einfache Grundwahrheit nicht aus den Augen verloren hätten. Von Cicero an bis zum heutigen Tage [1]) haben tüchtige Juristen nur zu oft es für ihre Pflicht gehalten, ihrem Fach, koste was es wolle, die Bezeichnung »Wissenschaft« zu sichern; sie scheinen eine Herabsetzung zu fürchten, wenn man die Nichtigkeit ihrer Ansprüche behauptet. Natürlich wird man fortfahren, von einer »Rechtswissenschaft« zu reden; nur aber im abgeleiteten Sinne; die Masse des Materials über Recht, Rechtsgeschichte u. s. w. ist so riesig gross, dass sie gewissermassen eine kleine Welt für sich bildet, in welcher geforscht wird, und diese Forschung heisst dann Wissenschaft. Offenbar ist dies jedoch ein uneigentlicher Gebrauch des Wortes. Die Wurzel »vid« bedeutet im Sanskrit finden; soll die Sprache nicht zu farbloser Mehrdeutigkeit verblassen, so müssen wir dafür sorgen, dass ein Wissen immer ein Finden bezeichne. Ein Finden setzt nun zweierlei voraus: erstens einen Gegenstand, der da ist und besteht, ehe wir ihn finden, zweitens die Thatsache, dass dieser Gegenstand noch nicht gefunden und aufgedeckt wurde; beides trifft für die Jurisprudenz nicht zu; denn »Recht« giebt es erst, wenn die Menschen es machen, es existiert nicht als Gegenstand ausserhalb unseres Bewusstseins, ausserdem deckt die Rechtswissenschaft nichts anderes auf, findet sie nichts anderes, als sich selbst. Daher hatten diejenigen unter den Alten vollkommen Recht, die anstatt von einer *juris scientia* zu reden, lieber *juris notitia, juris peritia, juris prudentia* sagten, also etwa: Kenntnisse, Geschick, Erfahrung in der Handhabung des Rechtes.

Diese Unterscheidung ist von grosser Tragweite. Denn erst wenn man sich Klarheit darüber verschafft hat, was Recht seiner Natur nach ist, kann man mit Verständnis dessen Geschichte verfolgen und begreifen, welche Rolle Rom in der Entwickelung dieser Technik gespielt hat. Jetzt erst kann man jenen gordischen Knoten, die Frage

---

[1]) Siehe z. B. Holland: *Jurisprudence*, 6. Aufl., S. 5.

nach einem Naturrecht (oder natürlichen Recht) nicht zerhauen, sondern lösen. Diese grosse Frage, über welche seit Jahrhunderten gestritten wird, entsteht überhaupt lediglich aus dem Missverständnis über die Natur des Rechtes; ob man sie dann mit ja oder mit nein beantwortet, man kommt nie aus der Verwirrung heraus. Cicero hat, in der ihm eigentümlichen konfusen Art, allerhand oratorische Floskeln über diesen Gegenstand gemacht; das eine Mal schreibt er: um das Recht zu erklären, müsse man die Natur des Menschen untersuchen, — da schien er auf der rechten Spur zu sein; gleich darauf heisst es, das Recht sei »eine allerhöchste Vernunft«, die ausserhalb von uns existiere und uns »eingepflanzt« werde; dann hören wir wieder, das Recht »gehe aus der Natur der Dinge hervor«; schliesslich, es sei »zugleich mit Gott geboren, älter als die Menschen«.[1] Warum man überall diese rechtsanwältlichen Platitüden citiert, weiss ich nicht; ich thue es bloss, um dem Vorwurf vorzubeugen, dass ich unaufmerksam an solchem berühmten Weisheitsborn vorübergegangen wäre; im übrigen errinnere ich an Mommsen's Urteil: »Cicero war eine Journalistennatur im schlechtesten Sinne des Wortes, an Worten, wie er selber sagt, überreich, an Gedanken über alle Begriffe arm«.[2] Schlimmer war es, als ihre asiatische Vorliebe für Prinzipienreiterei und Dogmatik die hochbedeutenden Rechtslehrer der sogenannten »klassischen Jurisprudenz« dazu bestimmte, den durchaus unrömischen Begriff eines Naturrechtes klar zu formulieren und grundsätzlich einzuführen. Ulpian nennt das Naturrecht dasjenige, »welches Tieren und Menschen gemeinsam ist«. Ein monströser Gedanke! Nicht einzig in der Kunst ist der Mensch ein freier Schöpfer, auch im Recht bewährt er sich als herrlicher Erfinder, als unvergleichlich geschickter, besonnener Werkmann, als seines Glückes Schmied. Das römische Recht ist eine ebenso charakteristische Schöpfung des einen einzigen menschlichen Geistes, wie die hellenische Kunst. Was würde das heissen, wenn ich von einer »natürlichen Kunst« sprechen, und somit irgend eine, wenn auch noch so entfernte Parallele zwischen dem naturnotwendigen Zirpen eines Vogels und einer Tragödie des Sophokles ziehen wollte? Weil die Juristen eine technische Gilde bilden, haben viele von ihnen solchen Unsinn, ohne dass die Welt es merkte, Jahrhunderte lang reden dürfen. Gaius, eine andere

---

[1] *De legibus* I, 5 u. 6, II, 4 u. s. w.
[2] Römische Geschichte, III, 620.

klassische Autorität, den die Juden als Landsmann beanspruchen, und von dem die Geschichtswerke berichten, er sei »nicht tief, aber sehr beliebt« gewesen, giebt eine minder extravagante, aber ebenso wenig stichhaltige Definition des Naturrechtes: er identifiziert es mit dem sogenannten *jus gentium*, d. h. mit dem aus den Rechten der verschiedenen Völker der römischen Provinzen entstandenen »gemeinsamen Recht«; in zweideutigen Worten setzt er auseinander, dieses Recht sei »allen Völkern der Erde« gemeinsam: eine haarsträubende Behauptung, da das *jus gentium* ebenso das Werk Roms ist, wie dessen eigenes *jus civile* und nur das Ergebnis der ordnenden Thätigkeit römischer Jurisprudenz inmitten des Wirrwarrs widersprechender und widerstreitender Rechte darstellt.[1]) Gerade das Dasein des *jus gentium* neben und im Gegensatz zu dem römischen *jus civile*, sowie die bunte Entstehungsgeschichte dieses »Rechts der Völker« hätte dem blödesten Auge zeigen müssen, dass es nicht ein Recht giebt, sondern v i e l e; auch dass das Recht nicht eine Entität ist, die wissenschaftlich erforscht wird, sondern ein Erzeugnis der menschlichen Geschicklichkeit, welches in sehr verschiedener Weise aufgefasst und durchgeführt werden kann. Das natürliche Recht spukt aber in den meisten Köpfen lustig weiter; so fern auseinandergehende Rechtstheoretiker wie Hobbes und Rousseau z. B. finden sich in dieser einen Annahme zusammen; das Höchste leistete der berühmte Hugo Grotius mit seiner Einteilung in natürliches, historisches und göttliches Recht, bei welcher man sich fragt, ob denn das göttliche Recht ein unnatürliches sei? oder das natürliche ein Werk des Teufels? Man musste den leuchtenden Geist und die freiheitliebende Keckheit eines Voltaire besitzen, um schreiben zu dürfen: „*rien ne contribue peut-être plus à rendre un esprit faux, obscur, confus, incertain, que la lecture de Grotius et de Puffendorf*".[2]) In unserem Jahrhundert jedoch ist man dem blassen Gedankending scharf auf den Leib gerückt; die Historiker des Rechtes und mit ihnen der geniale Theoretiker Jhering haben ihm den Garaus gemacht. Hierzu genügt aber ebenfalls die blosse Einsicht, dass das Recht eine T e c h n i k ist.

Von diesem Standpunkt aus betrachtet, begreift man nämlich: dass in Wahrheit der Begriff »Naturrecht« *(jus naturae)* eine flagrante *contradictio in adjecto* enthält. Sobald es zwischen Menschen ein recht-

---

[1]) Siehe S. 138.
[2]) *Dictionnaire philosophique*. Auch J. J. Rousseau nennt Grotius: »un enfant, et, que pis est, un enfant de mauvaise foi«. Émile V.?

liches Abkommen giebt — es braucht durchaus kein schriftliches zu
sein, eine mündliche oder auch eine stillschweigende Konvention ist
prinzipiell dasselbe, wie ein dickleibiges bürgerliches Gesetzbuch —
so hat der Naturzustand aufgehört; herrscht aber der reine Natur-
trieb, so giebt es *eo ipso* kein Recht. Denn lebten auch solche Natur-
menschen in Gruppen zusammen, und wären sie gegeneinander mild
und human, das wäre noch immer kein R e c h t, kein *jus*; es wäre
genau ebensowenig ein Recht, wie wenn die brutale Faustgewalt bei
ihnen allein den Ausschlag gäbe. Recht ist eine künstlich geordnete
und zwangsweise von der Gesamtheit dem Einzelnen auferlegte Regelung
seiner Beziehungen zu Anderen. Es ist eine Nutzbarmachung jener
Instinkte, welche den Menschen zum gesellschaftlichen Zusammenleben
treiben, zugleich jener Not, welche ihn *nolens volens* zwingt, mit
seinesgleichen sich zu verbinden: Liebe und Furcht, Geselligkeit und
Feindseligkeit. Lesen wir bei den dogmatischen Metaphysikern: »Das
Recht ist der abstrakte Ausdruck des allgemeinen, an und für sich
seienden Willens«,[1] so fühlen wir, dass man uns Luft statt Brot zu
essen giebt; sagt uns der grosse Kant: »Das Recht ist der Inbegriff
der Bedingungen, unter denen die Willkür des Einen mit der Willkür
des Anderen nach einem allgemeinen Gesetze der Freiheit zusammen
vereinigt werden kann«,[2] so müssen wir gleich einsehen: das ist die
Definition eines Ideals, die Definition eines möglichen, oder wenigstens
denkbaren Rechtszustandes, nicht aber eine umfassende Definition des
Rechtes im allgemeinen, wie es uns vor Augen liegt; ausserdem enthält sie einen bedenklichen Irrtum. Es ist nämlich ein eigentümlicher
Denkfehler, die Willkür in die Seele des Einzelnen zu verlegen und
das Recht als eine Gegenwirkung hiergegen herauszukonstruieren;
vielmehr handelt offenbar jedes Individuum nach der Notwendigkeit
seiner Natur und tritt das Element der Willkür erst mit den Ver-
fügungen ein, wodurch dieses natürliche Handeln eingedämmt wird;
nicht der Naturmensch ist willkürlich, der Rechtsmensch ist es.
Wollten wir eine Definition mit Zugrundelegung von Kant's Begriffen
versuchen, wir müssten sagen: Recht ist der Inbegriff der willkürlichen Bedingungen, welche in eine menschliche Gesellschaft eingeführt werden, damit das notwendige Handeln des Einen mit dem
notwendigen Handeln des Anderen ausgeglichen und zu einem mög-

---

[1] Hegel: *Propädeutik*, Kursus I, § 26.
[2] *Metaphysische Anfangsgründe der Rechtslehre*, Einleitung, § B.

lichen Masse der Freiheit vereinigt werde. Die einfachste Begriffsformulierung wäre: Willkür an Stelle von Instinkt in den Beziehungen zwischen den Menschen ist Recht. Wozu erläuternd hinzugefügt werden müsste, das *non plus ultra* der Willkür bestehe darin, dass man eine willkürlich festgesetzte Form (für Strafe, Kauf, Ehe, Testieren u. s. w.) für nunmehr ewig unveränderlich erklärt, so dass alle betreffenden Handlungen ungültig und ohne rechtlichen Schutz sind, sobald die vorgeschriebene Form nicht innegehalten wurde. Recht ist also die dauernde Herrschaft bestimmter willkürlicher Beziehungen zwischen den Menschen. Wir brauchen übrigens nicht über gänzlich unbekannte Vorzeiten Spekulationen anzustellen, um *Jus* in einfachen Gestaltungen zu erblicken, wo dann dieses zentrale Element der Willkür deutlich hervortritt; man sehe nur die heutigen Bewohner des Kongogebietes an. Jedes Völkchen hat seinen Häuptling; er allein entscheidet unwiderruflich über alle Rechtsfälle; diese sind bei so einfachen Verhältnissen sehr einfacher Natur, sie betreffen zumeist Vergehen am Leben oder am Eigentum; die Strafe ist Tod, selten Sklaverei; hat der Häuptling durch eine Handbewegung das Urteil gegen den Angeklagten gefällt, so wird dieser von den Umstehenden in hundert Stücke zerhackt und aufgegessen. Die Rechtsbegriffe sind, wie man sieht, am Kongo sehr elementar; dennoch sind es Rechtsbegriffe; der natürliche Mensch, d. h. der unwillkürlich handelnde, würde den vermeintlichen Mörder oder Dieb selber umbringen; hier thut er das nicht, der Verbrecher wird zum Hauptort geschleppt und gerichtet. Ebenso entscheidet der Häuptling über Erbschaftsstreitigkeiten und Grenzregulierungen. Die unbeschränkte Willkür des Häuptlings ist also das »Recht« des Landes,[1]) ist der Kitt, wodurch die Gesellschaft zusammengehalten wird, anstatt dass sie in einem regellosen Naturzustand auseinanderstiebe. Der Fortschritt des Rechtes besteht in dem praktischen Ausbau und in der sittlichen Verklärung dieses willkürlichen Elementes.

Jetzt haben wir, glaube ich, alles beisammen, was nötig ist, um ohne technische Erörterungen und zugleich ohne Phrasenmacherei die besonderen Verdienste des römischen Volkes um das Recht zu ver-

Römisches Recht.

---

[1]) Dass auch dort gewisse Sätze durch den Gebrauch geheiligt und insofern auch für den Häuptling bindend sind, bezweifle ich nicht, juristisch ist er aber vollkommen frei; nur die Furcht, selber gebraten und aufgegessen zu werden, kann ihn von jeder beliebigen Willkür abhalten.

stehen, wenigstens die besondere Art dieser Verdienste; zugleich wird
damit die Natur der Erbschaft genau bezeichnet.

Ist das Recht nicht ein eingeborenes Prinzip, nicht eine erforschbare, sichere Wissenschaft, sondern eine zweckdienliche Verwendung
menschlicher Anlagen zum Ausbau einer civilisationsfähigen Gesellschaft, so ist es von vornherein klar, dass es sehr verschiedenwertige
Rechte geben wird und muss. Im letzten Grunde wird ein Recht
hauptsächlich von zwei Dingen beeinflusst werden, und somit von ihnen
seine bezeichnende Farbe erhalten: von dem moralischen Charakter
des Volkes, in welchem es entsteht, und von dessen analytischem
Scharfsinn. Aus einem glücklichen Gemisch beider, wie es bisher
nur einmal in der Weltgeschichte vorkam,[1] ergab sich für das
römische Volk die Möglichkeit, ein rechtliches Gebäude von grosser
Vollkommenheit aufzuführen. Der blosse Egoismus, die Gier nach
Besitz, wird niemals hinreichen, um ein dauerhaftes Recht zu begründen; vielmehr haben wir durch die Römer erfahren, dass die
unverbrüchliche Achtung vor den Ansprüchen Anderer auf Freiheit
und Besitz die moralische Grundlage ist, auf der allein für die Ewigkeit
gebaut werden kann. Einer der bedeutendsten Kenner des römischen
Rechtes und Volkes, Karl Esmarch, schreibt: »Das Gewissen für
Recht und Unrecht ist bei den italischen Ariern ein starkes, unverfälschtes; in der Selbstbeherrschung und, wenn es sein muss,
Selbstaufopferung gipfelt sich ihre innerem Drang entquellende
und durch innerstes Wesen getragene Tugend«. Dadurch, dass er
sich selbst zu beherrschen wusste, war der Römer berufen, die Welt
zu beherrschen und die Idee des Staates kraftvoll zu entwickeln;

---

[1] Die Behauptung, die Geschichte wiederhole sich stets, gehört zu den
unzähligen Unwahrheiten, die als Weisheit unter uns ›Nonocentisten‹ im Umlauf
sind. Nie hat sich in der Geschichte etwas wiederholt, niemals! Wo ist die
Wiederholung von Athen und Sparta? von Rom? von Ägypten? wo hat der zweite
Alexander geblüht? wo ein neuer Homer? Weder die Völker, noch ihre grossen
Männer kehren wieder. Darum wird auch die Menschheit nicht ›aus Erfahrung‹
weiser; für die Gegenwart besitzt sie in der Vergangenheit kein Paradigma, an
dem sie ihr Urteil bilden könnte; besser oder schlechter, weiser oder dümmer
wird sie einzig durch das, was auf ihren Geist und ihren Charakter gewirkt hat.
Gutzkow's Ben Akiba täuschte sich gründlich mit seinem berühmten: ›Alles
schon dagewesen‹ — so ein Esel wie er selber war noch nicht da, und wird
hoffentlich nie wiederkommen. Und wenn auch, es wäre nur die Wiederholung
des Individuums, das unter neuen Verhältnissen andere Dummheiten zum Besten
geben würde.

dadurch, dass er sein eigenes dem allgemeinen Wohl zu opfern wusste, bewies er seine Befähigung, über die Rechte des Privateigentums und der individuellen Freiheit gültige Grundsätze aufzustellen. Zu den hohen moralischen Eigenschaften mussten aber auch ungewöhnliche geistige hinzutreten. Der Römer, als Philosoph ohne jegliche Bedeutung, war der grösste Meister in der Abstraktion fester Prinzipien aus den Erfahrungen des Lebens, — eine Meisterschaft, die besonders durch den Vergleich mit anderen Völkern hervortritt, z. B. mit den Athenern, welche, so fabelhaft begabt, so grosse Liebhaber der Rechtshändel und der sophistischen Rechtsrätsel sie auch waren, doch gerade in diesem Punkte ewig Stümper blieben.[1]) Diese eigentümliche Fähigkeit, bestimmte praktische Verhältnisse zu fest umschriebenen »Begriffen« zu erheben, bedeutet eine grosse Geistesthat; jetzt erst kommt Ordnung und Übersichtlichkeit in die gesellschaftlichen Verhältnisse, ähnlich wie erst durch die Bildung abstrakter Sammelworte die Sprache ein höheres, geordnetes Denken ermöglicht hatte. Jetzt handelt es sich nicht mehr um dunkle Instinkte, auch nicht um unklare, wechselnde Vorstellungen von Gerechtigkeit und Ungerechtigkeit, sondern in klaren »Gattungen« geordnet stehen die Verhältnisse alle vor unseren Augen, welche durch die Erfindung neuer Rechtsnormen oder den weiteren Ausbau schon vorhandener geregelt werden sollen. Und da das Leben die Erfahrung allmählich mehrt oder selber verwickeltere Formen annimmt, entdeckt der römische Scharfsinn nach und nach innerhalb der einzelnen Gattungen die »Arten«. »In Betreff feiner durchdachter Rechtsbegriffe ist das römische Recht der immerwährende Lehrmeister für die civilisierte Welt und wird es bleiben«, sagt Professor Leist, also gerade der Mann, der mehr als irgend ein anderer gethan hat, um nachzuweisen, dass die Hochschulen den jetzigen einseitig römischen Standpunkt der Rechtsgeschichte aufgeben und römisches Recht als ein Glied in der Kette zu erkennen lehren sollten, als eine der Stufen, »die der arische Geist in der Klärung der Rechtsbegriffe erstiegen hat«. Je genauer man die zahlreichen Versuche zu einer Rechtsbildung vor und neben dem römischen studiert, um so mehr sieht man eben die unvergleichlichen Verdienste des römischen ein und lernt erkennen, dass es nicht vom Himmel fiel, sondern von prächtigen, wackeren

---

[1]) Vergl. Leist: *Graeco-ital. Rechtsgeschichte*, S. 694, und für das folgende Citat S. 682.

Männern als Schöpfung ihres eigenen Geistes geschaffen wurde. Denn
das darf nicht übergangen werden: zu den Fähigkeiten der Selbstbeherrschung, der Abstraktion und der feinsten Analyse kommt als
drittes bei den Römern eine besondere Gabe der plastischen Gestaltung.
Hierin zeigt sich die Verwandtschaft mit dem Hellenentum, nach der
man sonst vergeblich Umschau hält. Auch der Römer ist ein ge-
staltungsmächtiger Künstler: er ist es in der klaren, plastischen Gestaltung der verwickelten Staatsmaschine — kein Theoretiker der
Welt hätte sich einen solchen Staatsorganismus erdacht, der vielleicht
eher als Kunstwerk, denn als Werk der Vernunft zu deuten wäre;
er ist noch mehr Künstler in der plastischen Ausbildung seiner Rechtsbegriffe. Und höchst charakteristisch ist ebenfalls die Art, wie der
Römer darnach strebt, seiner Begriffsplastik auch in den rechtlichen
Handlungen sichtbaren Ausdruck zu geben, überall »die innerliche
Verschiedenheit äusserlich darzustellen, das Innere gewissermassen an
die Oberfläche zu rücken«.[1] Das ist ein ausgesprochen künstlerischer
Instinkt, der Ausfluss spezifisch indoeuropäischer Anlagen. In diesem
künstlerischen Element liegt auch die magische Kraft der römischen
Erbschaft; das ist das Unverwüstliche und das ewig Unvergleichliche.

Denn darüber müssen wir uns klar werden: römisches Recht
ist ebenso unvergleichlich und unnachahmlich, wie hellenische Kunst.
Daran wird die lächerliche Deutschtümelei nichts ändern. Man erzählt
Wunder von einem »deutschen Recht«, welches uns durch die Einführung des römischen geraubt worden sei; es hat aber nie ein
deutsches Recht gegeben, sondern lediglich ein Chaos von wider-
streitenden, rohen Rechten, ein besonderes für jeden Stamm. Es ist
auch durchaus ungenau, wenn man von einer »Recipierung« des
römischen Rechtes zwischen dem 13. und dem 16. Jahrhundert
spricht, denn die Germanen haben von ihrer ersten Berührung
mit dem römischen Reich an ununterbrochen »recipiert«. Burgunder und Ostgoten haben bereits im 5. christlichen Jahrhundert
(oder ganz zu Anfang des 6.) Bearbeitungen (Verrohungen) des

---

[1] Behufs Beispiele lese man den prächtigen Abschnitt »Plastik des Rechtes«
in Jhering's: *Geist des römischen Rechtes* § 23. Von dem modernen undramatischen
Rechtsleben meint Jhering: »Man hätte unserer Justiz statt des Schwertes eine
Feder zum Attribut geben mögen, denn einem Vogel waren die Federn kaum
nötiger als ihr, nur dass sie bei ihr die entgegengesetzten Wirkungen hervor-
brachten, die Schnelligkeit im umgekehrten Verhältnis zum Federaufwand stand.«

römischen Rechtes eingeführt[1]) und die ältesten Quellen zu sächsischem,
fränkischem, bayerischem, alemannischem Recht u. s. w. sind so ge-
spickt mit lateinischen Wörtern und halbverstandenen Begriffen, dass
das Bedürfnis nach vernünftigerer Rechtsgestaltung sich in ihnen
deutlich ausspricht. Wohl könnte man ein deutsches Recht als Ideal
in die Zukunft verlegen, es aber in der Vergangenheit suchen, ist
unredliches Geschwätz.[2]) — Ein anderes Hindernis für die gerechte
Würdigung des römischen Rechtes bietet der Taumel des Entwickelungsdogmas, der in unserm Jahrhundert die Begriffe so arg verwirrte.
Der Sinn für das Individuelle, die Einsicht, dass das Individuelle allein
ewige Bedeutung besitzt, ist hierdurch sehr beeinträchtigt worden.
Obwohl die Geschichte uns als wirkende Mächte lauter durch und
durch individualisierte Völker und grosse, nie wiederkehrende Persönlichkeiten zeigt, führt die Evolutionstheorie zu der Vorstellung, die
Anlagen und Anfänge seien überall identische, und es müssten sich
aus diesen selben Keimen wesentlich analoge Gebilde ›entwickeln‹.
Dass das nirgends geschieht und dass z. B. römisches Recht nur ein
einziges Mal entstand, geniert unsere Dogmatiker nicht im Geringsten.
Damit hängt die weitere Vorstellung der unaufhörlichen »Vervollkommnung« zusammen, in Folge welcher unser Recht ohne weiteres
das römische überragen muss, weil es ein späteres ist, und doch bietet
die Natur nirgends ein Beispiel dafür, dass an irgend etwas Lebendigem
eine Entwickelung stattfände, ohne durch entsprechende Einbusse
erkauft zu werden.[3]) Unsere Civilisation steht hoch über der römischen;
in Bezug auf lebendiges Rechtsgefühl kann sich dagegen ein gebildeter
Mann des 19. Jahrhunderts mit einem römischen Bauern aus dem
Jahre 500 vor Christus gewiss nicht vergleichen. Keiner, der Denkkraft und Wissen besitzt, wird das in Abrede stellen. Ich sagte in
Bezug auf Recht, nicht auf Gerechtigkeit. Wenn Leist schreibt:
»Der unbefangen Prüfende wird nicht finden, als habe unsere Gegen-

---

[1] Savigny: *Geschichte des römischen Rechtes im Mittelalter*, Kap. 1.

[2] Ich weiss keinen schlagenderen Beweis von der ursprünglichen Unfähigkeit der Germanen, in Rechtsfragen scharf zu urteilen, als dass noch ein solcher
Mann, wie Otto der Grosse, die prinzipielle Frage, ob Enkel erben oder nicht,
nicht anders als durch einen Waffenkampf zu entscheiden wusste; dieses Gottes-
urteil wurde dann durch ein *pactum sempiternum* ins bleibende Recht aufgenommen
(Siehe Grimm: *Rechtsaltertümer*, 3. Ausg., S. 471).

[3] Den ausführlichen Beweis, dass den Begriffen eines Fortschrittes und eines
Verfalles der Menschheit keine konkrete Bedeutung zukomme, bringt das neunte
Kapitel.

wart es gegenüber der Römerzeit in der Übung oder auch nur Er-
kennung der wirklichen Gerechtigkeit schon gar herrlich weit gebracht«,[1] so spricht er etwas Beherzigenswertes aus; ich citiere aber
diese Worte, um recht fühlbar zu machen, dass ich an dieser Stelle
nicht von Gerechtigkeit spreche, sondern von Recht, und damit der
Unterschied klar hervortrete. Unsere edle Vorstellung der Pflichten
der Humanität bedeutet doch wohl eine Klärung der Vorstellungen
in Bezug auf Gerechtigkeit; das juristische Rechtsgefühl ist dagegen
ein ganz anderes Ding und wird auch durch den Besitz der vervoll-
kommnetsten, doch importierten Rechtssysteme weder bewährt noch
gefördert.

Um die Unvergleichlichkeit der römischen Leistung zu begreifen,
darf allerdings ein Umstand nicht übersehen werden: das uns geläufige
justinianische *corpus juris* ist nur die einbalsamierte Leiche des römischen
Rechtes.[2] Jahrhundertelang wurde sie von geschickten Fachmännern
auf galvanischem Wege im Scheinleben erhalten; jetzt haben sich alle
gesitteten Völker ein eigenes Recht ausgearbeitet; ohne das römische
wäre das aber nicht möglich gewesen, uns allen geht die nötige Begabung ab. Eine einzige Beobachtung genügt, um den Abstand fühlbar zu machen: das römische Recht der echten Heldenzeit, fest wie
ein Fels, war nichtsdestoweniger unglaublich elastisch, — »unglaublich«
meine ich, für unsere modernen, ängstlichen Vorstellungen, denn wir
haben jenem Rechte alles entnommen, nur nicht seinen lebensvollen
Charakter. Das römische Recht war ein unaufhörlich »Werdendes«,
durch besondere, geniale Einrichtungen befähigt, den wechselnden
Bedürfnissen der Zeiten sich anzupassen. Das Recht, welches im
5. Jahrhundert vor Christus von den dazu ernannten Decemvirn seinen
allgemeinen Umrissen nach in eherne Tafeln eingegraben wurde, war
nicht ein neues, improvisiertes, von nun an unbewegliches, sondern im
Wesentlichen eine Kodifikation des schon vorhandenen, historisch gewachsenen; die Römer wussten sich Mittel und Wege zu ersinnen,
damit es auch dann nicht krystallisiere. An den zwölf Tafeln z. B.
machte sich zunächst der »interpretierende« Scharfsinn der Beamten
verdient, nicht um das Gesetz zu verdrehen, sondern um es erweiterten

---

[1] *Graeco-italische Rechtsgeschichte* S. 441.

[2] Wie sehr das *corpus juris* des Justinian dem echten römischen Recht
nachsteht, hebt schon Francis Bacon hervor und tadelt es, dass eine so »dunkle
Zeit« sich gestattet habe, an das Werk einer so »glänzenden Zeit« verbessernd die
Hand anzulegen (siehe die Widmung der *Law Tracts*).

Verhältnissen halbautomatisch anzupassen; geniale Erfindungen, wie
z. B. die der juristischen »Fiktion«, wodurch ein Mittel gefunden war
(wenn ich mich laienhaft ausdrücken darf), um fehlende Rechtsnormen
durch vorhandene zu ersetzen; staatliche Einrichtungen, wie diejenige
der Prätoren, durch welche dem in einem lebendigen Organismus so
nötigen Gewohnheitsrecht ein Platz gesichert wurde, bis aus der Praxis
das beste Recht sich ergeben hatte, durch welche auch das *jus gentium*
nach und nach in naher Fühlung mit dem engeren römischen *jus
civile* entstand — — das alles bewirkte ein frisches, pulsierendes Rechtsleben, wie Keiner es sich vorstellen kann, der Jurisprudenz nicht
studiert hat, denn um uns herum giebt es nichts derartiges, gar nichts. [1]
Nun bedenke man aber noch, um den Abstand zwischen uns und
den Römern zu ermessen, dass eigentliche gelernte und gelehrte Juristen
erst sehr spät, gegen Ende der Republik aufkamen, und dass dieses
herrliche, in den meisten Teilen unendlich fein ciselierte Erzeugnis
rechtlicher Technik das Werk eines Volkes von Bauern und rauhen
Kriegern ist! Man versuche es doch, einem heutigen Durchschnitts-
philister den juristischen Unterschied zwischen Eigentum und Besitz
klar zu machen, ihm beizubringen, der Dieb sei der juristische Besitzer der gestohlenen Sache und geniesse als solcher rechtlichen Be-
sitzesschutz, der Pfandgläubiger ebenfalls und auch der Erbpächter;
es wird nicht gelingen, ich weiss es aus Erfahrung. Und ich wähle
absichtlich ein einfaches Beispiel. Der römische Bauer dagegen, der
weder schreiben noch lesen konnte, wusste das alles ganz genau schon
ein halbes Jahrtausend vor Christo. [2] Er wusste allerdings nicht viel
mehr, sein Recht aber kannte und handhabte er mit ebenso genauer
Sachkenntnis wie seinen Pflug und seine Ochsen; und indem er es
kannte und darüber nachdachte, [3] indem er für sich und das Seine und
die Seinigen immer festeren, bestimmteren Rechtsschutz erstrebte, errichtete er thatsächlich jenes Rechtsgebäude, in welchem spätere Völker
in schwierigsten Zeiten Schutz fanden, und welches wir jetzt mit mehr
oder weniger Glück, mit mehr oder weniger Veränderungen nach-
bauen, ausbauen, zu vervollkommnen trachten. Es von selbst erfinden

---

[1] Namentlich von den Jahresedikten der Prätoren sagt Leist, sie seien
»das Hauptmoment in der feineren Ausbildung des römischen Rechtes geworden«
(a. a. O., S. 622).

[2] Siehe die scharfe Unterscheidung zwischen Eigentum und Besitz, Tafel VII,
Satz 11.

[3] Noch zu Cicero's Zeiten lernte jeder Knabe die zwölf Tafeln auswendig.

und aufführen, das hätte kein anderes Volk vermocht, denn nirgends war die nötige Verbindung von Charaktereigenschaften und Geistesgaben vorhanden, und dieses Recht musste g e l e b t werden, ehe es gedacht wurde, ehe die Herren kamen, welche von einem ›natürlichen Recht‹ so erbauliches zu melden wussten und vermeinten, es sei der Geometrie vergleichbar, die der einsame Gelehrte in seiner Kammer ausklügelt.

Später haben sich Hellenen und Semiten als Dogmatiker und Advokaten grosse Verdienste erworben, Italiener als Rechtslehrer, Franzosen als Systematiker, Deutsche als Historiker; bei keinem der genannten Volksstämme wäre jedoch der Boden zu finden gewesen, fähig jenen Baum zur Reife zu bringen. Bei den Semiten z. B. fehlte der moralische Untergrund, bei den Deutschen der Scharfsinn. Die Semiten haben grosse moralische Eigenschaften, nicht aber diejenigen, aus denen ein Recht für civilisierte Völker hätte hervorgehen können. Denn die Missachtung der rechtlichen Ansprüche und der Freiheit Anderer ist ein in allen mit semitischem Blute stark durchsetzten Völkern wiederkehrender Zug. Schon im uralten Babylonien hatten sie ein feinausgearbeitetes Handels- und Obligationsrecht; aber selbst auf diesem beschränkten Gebiet geschah nichts, um dem grässlichen Zinswucher zu steuern, und an die Wahrung m e n s c h l i c h e r Rechte, etwa der Freiheit, hat man dort nie auch nur gedacht.[1]) Aber auch unter günstigeren Bedingungen, z. B. bei den Juden, hat sich nie auch nur ein Ansatz zu einer echten Rechtsbildung gezeigt; das scheint sonderbar; ein einziger Blick auf die Rechtssätze des grössten jüdischen Denkers, Spinoza, löst das Rätsel. Im *politischen Traktat* (II. 4 und 8) lesen wir: ›Ein Jeder hat soviel Recht, als er Macht besitzt‹: hier könnte man allenfalls glauben, es handle sich lediglich um eine Feststellung thatsächlicher Verhältnisse, denn dieses zweite Kapitel ist über-

---

[1]) Vergleiche die sehr eingehenden Mitteilungen in Jhering's *Vorgeschichte der Indoeuropäer*, S. 233 ff. Der gewöhnliche Zinssatz betrug in Babylon 20% bis 25%. Jhering behauptet, die Zinsen seien eine babylonische, semitische (nicht turanische) Erfindung; er sagt: ›Alle anderen Völker verdanken ihre Bekanntschaft damit den Babyloniern‹. Ehre wem Ehre gebührt! Auch die raffiniertesten Formen des Wuchers, z. B. der noch heute beliebte Ausweg, Geld ohne Zinsen zu leihen, sie dafür aber gleich vom Kapital abzuziehen, waren im alten Babylon, noch ehe Homer Verse zu dichten begonnen hatte, wohl bekannt. Wann wird man uns denn endlich mit der alten erlogenen Märe in Ruhe lassen, die Semiten seien erst in den letzten Jahrhunderten infolge christlicher Bedrückungen zu Zinswucherern geworden?

schrieben »Vom Naturrechte«. [1]) In der *Ethik* jedoch (T. IV, Anhang. 8) steht schwarz auf weiss: »Nach dem höchsten Recht der Natur ist einem jeden Menschen unbeschränkt das zu thun gestattet, was nach seinem Urteil zu seinem Nutzen gereichen wird«; und in der Abhandlung *Von der wahren Freiheit* heisst es: »Um das, was wir zu unsrem Heil und zu unserer Ruhe fordern, zu erlangen, bedürfen wir keiner anderen Grundsätze, als allein, dass wir das beherzigen, was zu unsrem eigenen Vorteil gereicht«. [2]) Dass ein so edler Mann nicht verlegen ist, auf derartigen Grundlagen eine reine Morallehre aufzubauen, stellt seinen angeborenen kasuistischen Gaben das schönste Zeugnis aus; man sieht aber, auf jüdischem Boden hätte römisches Recht nicht wachsen können, sondern höchstens ein simplifiziertes Gesetzbuch, wie es etwa König Tippu Tib am Kongo brauchen mag. [3]) Erst auf der Grundlage eines von Indoeuropäern erfundenen und bis ins Einzelne ausgeführten Rechtes konnte der Jude seine staunenswerten juristischen Fähigkeiten entdecken. — Ganz anders verhält es sich mit den Deutschen. Die Selbstaufopferung, der Drang, »von innen nach aussen zu bauen«, die Betonung des ethischen Momentes, der unbändige Freiheitssinn, kurz, die moralischen Eigenschaften hätten sie schon in reicher Fülle besessen. Nicht dagegen die geistigen. Der Scharfsinn war nie ein Nationalbesitz der Teutonen; das liegt so

---

[1]) Was für Augen hätten Cicero und Seneca, Scaevola und Papinian zu einer derartigen Auffassung des Naturrechtes gemacht!

[2]) Die Ähnlichkeit zwischen den Prinzipien nicht den Folgerungen Spinoza's und Nietzsche's ist auffallend genug, um die Aufmerksamkeit zu erregen.

[3]) Vor wenigen Jahren traf ich in Gesellschaft einen gebildeten Juden, Besitzer von Petroleumquellen und Mitglied des verruchten Petroleumringes; kein Argument vermochte es, den ehrenhaften Mann, der keine Fliege getötet hätte, von der moralischen Verwerflichkeit eines solchen Ringes zu überzeugen; seine beständige Antwort war: »ich kann's, folglich darf ich es!« Buchstäblich Spinoza, wie man sieht. — Hiermit hängt jene schwere Frage zusammen, ob es in germanischen Ländern gestattet sein sollte, Männer jüdischen Stammes zu Richtern zu ernennen. Ohne jede Leidenschaftlichkeit und Voreingenommenheit, ohne das Wissen und die fleckenlose Ehrenhaftigkeit der Betreffenden anzuzweifeln, sollte man sich auf Grund historischer und ethischer Ergebnisse fragen, ob es denn vorauszusetzen sei, dass jene Männer die Fähigkeit besitzen, eine Rechtsauffassung sich vollkommen zu assimilieren, die ihren eingeborenen Anlagen so tief widerspricht? ob sie dieses Recht, welches sie meisterhaft handhaben, auch wirklich verstehen und fühlen? Wer die scharf ausgesprochene Individualität der verschiedenen Menschenrassen erkennen gelernt hat, kann im tiefsten Ernst und ohne jede Gehässigkeit eine derartige Frage aufwerfen.

offenbar vor aller Augen, dass jeder Nachweis überflüssig ist. Schopenhauer behauptet: »Der wahre Nationalcharakter der Deutschen ist
Schwerfälligkeit«. Dem deutschen Geist stehen für die Rechtsbildung
seine grosse Gaben ebenfalls im Wege: seine unvergleichliche Phantasie
(im Gegensatz zur platten Empirie der römischen Vorstellungswelt),
die schöpferische Leidenschaftlichkeit seines Gemütes (im Gegensatz
zur kühlen Nüchternheit des Römers), seine wissenschaftliche Tiefe
(im Gegensatz zu den praktisch politischen Tendenzen des geborenen
Rechtsvolkes), sein lebhaftes Gefühl für Billigkeit (immer in gesellschaftlicher Beziehung ein schwankes Rohr im Vergleich zur streng-
rechtlichen Auffassung der Römer). Nein, dieses Volk wäre nicht
befähigt gewesen, die Technik des Rechtes zu hoher Vollkommenheit
auszubilden; es gleicht zu sehr den alten Indoariern, deren »gänzlicher
Mangel des juristischen Unterscheidungsvermögens« von Jhering in
seiner *Vorgeschichte der Indoeuropäer*, § 15, dargethan wird.

Die Familie.   Noch einen solchen nationalen Vergleich in Bezug auf Rechtsbildung möchte ich anstellen, den zwischen Hellenen und Römern.
Er deckt den Kernpunkt des römischen Rechtes auf, den einzigen,
auf den ich hier, in diesem Buche, die besondere Aufmerksamkeit
lenken darf, was aber schon genügen wird, um fühlbar zu machen,
wie tief innerlich unsere Civilisation der römischen Erbschaft verpflichtet ist. Zugleich wird diese kurze Betrachtung, die bei den Uranfängen anknüpft, uns in die brennenden Fragen unsrer unmittelbaren Gegenwart hineinführen.

          Jeder Gebildete weiss, dass die Griechen nicht allein grosse
Politiker, sondern ebenfalls grosse Rechtstheoretiker waren. Der
»Prozess um des Esels Schatten« [1] ist ein uralter attischer Witz, der
die Vorliebe dieses leichtsinnigen, händelsüchtigen Volkes für gerichtliche Klagen trefflich verhöhnt; ich erinnere auch an die Wespen
des Aristophanes mit den herzzerreissenden Bitten des von seinem
Sohne eingeschlossenen Philokleon: »Lasst mich hinaus, lasst mich
hinaus — zum Richten!« Man sehe sich aber noch weiter um.
Homer lässt auf dem Schilde des Achilleus eine Gerichtsszene abgebildet sein (*Ilias*, XVIII, Vers 497 ff.), Plato's umfangreichste Werke
sind politische und rechtstheoretische (Die *Republik* und die *Ge-*

---

[1] Ein Athener mietet einen Esel, um sein Gepäck nach Megara zu tragen;
bei einer Rast setzt er sich in des Esels Schatten nieder; der Eseltreiber will es
ohne Extrabezahlung nicht zugeben, er habe den Esel, nicht aber des Esels
Schatten vermietet.

setze), die Rhetorik des Aristoteles ist stellenweise einfach ein Handbuch für angehende Rechtsanwälte, man sehe z. B., wie er im 15. Kapitel des ersten Buches eine ausführliche Theorie betrügerischer Sophistik für Winkeladvokaten aufstellt, ihnen Andeutungen giebt, wie sie das Gesetz zum Vorteil ihres Klienten verdrehen können, und ihnen rät, vor Gericht, sobald es Vorteil bringt, falsche Eide schwören zu lassen.[1] — — — Man sieht, ausserhalb Spartas (wo es nach Plutarch's Versicherung gar keine Prozesse gegeben haben soll) war die hellenische Luft von Rechtsfragen geschwängert. Die Römer, stets bereit, fremdes Verdienst anzuerkennen, wandten sich behufs Ratschläge für den Ausbau ihres Rechtes seit Alters her an die Griechen, namentlich an die Athener. Schon als sie das erste Mal ihre rechtlichen Grundprinzipien schriftlich fixieren wollten (in den zwölf Tafeln), entsandten sie eine Kommission nach Griechenland, und bei der endgültigen Redaktion dieses frühesten Monumentes soll ein aus seiner Vaterstadt verbannter Ephesier, Hermodorus, wesentliche Dienste geleistet haben. Hieran änderte die Zeit nichts. Die grossen Rechtsautoritäten, ein Mucius Scaevola, ein Servius Sulpicius sind genaue Kenner hellenischer Rechtseinrichtungen; Cicero und was alles an diesem Namen drum und dran hängt, zieht seine unklaren Äusserungen über göttliche Gerechtigkeit, natürliches Recht u. s. w. aus griechischen Philosophen: in dem pseudo-platonischen *Minos* hatte er lesen können, das Recht sei die Entdeckung eines ausserhalb Liegenden, nicht eine menschliche Erfindung, und von Aristoteles citiert er die Worte: »das allgemeine Gesetz, weil es das natürliche ist, wechselt nie, dagegen geschieht das oft beim geschriebenen«;[2] in der späteren Zeit kaiserlicher Dekadenz, als das römische Volk von der Erdfläche verschwunden war, wird die sogenannte »klassische Jurisprudenz« fast ausschliesslich von Griechen (mehr oder weniger

[1] Dies gehört, nach dem grossen Philosophen, zu den »ausserhalb der Kunst liegenden Überzeugungsmitteln«.

[2] Noch bis zum heutigen Tage findet man diese Stelle in juristischen Werken citiert, jedoch mit wenig Recht, da Aristoteles hier bloss einen rhetorischen Kniff zum Gebrauch vor Gericht angiebt und auf der nächsten Seite die Anwendung der gegenteiligen Behauptung lehrt. Noch weniger zur Sache ist die Stelle aus der *Nikomachischen Ethik* V, 7, die in dem Satze gipfelt: »Das Recht ist die Mitte zwischen einem gewissen Vorteil und einem gewissen Nachteil«. Wie gross erscheint nicht hier wie immer Demokrit mit seiner klaren Einsicht: die Gesetze seien Früchte menschlichen Sinnens im Gegensatze zu den Dingen der Natur (Diogenes Laer. IX, 45)!

semitischer Abstammung) begründet und durchgeführt. Es herrscht
merkwürdiges Dunkel über Herkunft und Geschichte der berühmtesten
Rechtslehrer der späteren römischen Zeit; sie sind auf einmal da, in
Amt und Würden, niemand weiss, woher sie kamen. Wahrhaft er-
greifend ist aber am Beginn des kaiserlichen Regimentes und seines
unausbleiblichen Einflusses auf das Rechtsleben der leidenschaftliche
Kampf zwischen Labeo, dem unbändig freien Altplebejer, und Capito,
dem nach Geld und Ehren strebenden Neuling, der Kampf für organische
freie Weiterentwickelung gegen Autoritätenglauben und Dogma. Das
Dogma siegte, wie auf religiösem, so auch auf rechtlichem Gebiete. —
Inzwischen hatten aber, wie gesagt, die praktischen Römer gar viel
in Griechenland gelernt, namentlich von Solon, der als Staatenbildner
wenig Dauerhaftes geleistet hatte, umsomehr aber auf dem Gebiete
des Rechtes. Ob Solon die schriftliche Rechtsgesetzgebung und das
folgenreiche Prinzip der *actiones* (der Einteilung der Klagen nach bestimmten Grundsätzen) erfunden oder ob er sie nur systematisiert
und fixiert hat, weiss ich nicht, jedenfalls stammt beides aus Athen.[1]
Dies nur als Beispiel der grossen Bedeutung Griechenland's für
den Ausbau des römischen Rechtes. Später, als alle hellenischen
Länder unter römischer Verwaltung standen, trugen die griechischen
Städte zur Ausbildung des *jus gentium* (und somit auch zur Vervollkommnung des römischen Rechtes) das Meiste bei. Und da fragt
man sich: wie kommt es denn, dass die Hellenen, den Römern
geistig so sehr überlegen, nichts Dauerhaftes und auch nichts Vollendetes
auf diesem Gebiete schufen, sondern lediglich durch Vermittelung
der Römer an dem grossen Civilisationswerke der Ausgestaltung des
Rechtes teilnahmen?

Hier lag ein einziger, jedoch ein folgenschwerer Fehler zu
Grunde: der Römer ging von der Familie aus, auf Grundlage der
Familie errichtete er Staat und Recht; der Grieche dagegen nahm
als Ausgangspunkt den Staat, immer ist die Organisation der »Polis«
sein Ideal, ihm bleiben Familie und Recht untergeordnet. Die gesamte griechische Geschichte und Litteratur beweist die Richtigkeit
dieser Behauptung, und die Thatsache, dass der grösste aller Hellenen
nachhomerischer Zeiten, Plato, die gänzliche Abschaffung der Familie
in den leitenden Kreisen) für ein erstrebenswertes Ziel erachtete,
zeigt, zu welchen heillosen Verirrungen ein solcher Fundamentalirrtum

---

[1] Leist: *Graeco-italische Rechtsgeschichte*, S. 583.

mit der Zeit führen musste. Mit vollem Recht sagt einmal Giordano
Bruno (wo, ist mir entfallen): »Der allergeringste Irrtum in der Art
und Weise, eine Sache anzufassen, verursacht schliesslich die erheb-
lichsten irrtümlichen Abweichungen; da kann das kleinste Versehen
in der Verzweigung des Gedankenganges heranwachsen, wie eine
Eichel zur Eiche.« Und das war hier kein »allergeringster Irrtum«,
sondern ein gewaltiger; hier liegt alles Elend der hellenischen Völker
eingeschlossen; hier ist der Grund zu suchen, warum sie weder Staat
noch Recht in dauerhafter, mustergültiger Weise auszubauen vermochten. Nimmt man eine sorgfältige Einzeldarstellung zur Hand,
z. B. die vor wenigen Jahren aufgefundene Schrift des Aristoteles:
Vom Staatswesen der Athener, man wird von dieser Aufeinanderfolge
verschiedener Verfassungen, die jede einen wesentlich verschiedenen
Geist atmen, schwindlig: die vordrakonische Verfassung, die Verfassungen Drako's, Solon's, des Kleisthenes, des Aristeides, des
Perikles, der Vierhundert u. s. w., u. s. w., alles innerhalb zwei-
einhalb Jahrhunderte! Bei festgefügtem Familienleben wäre das undenkbar gewesen. Ohne dieses gelangten die Hellenen leicht zu ihrer
so charakteristisch unhistorischen Auffassung: das Recht sei ein
Gegenstand der freien Spekulation; und so verloren sie das Gefühl
dafür, dass es, um leben zu können, aus thatsächlichen Verhältnissen
hervorwachsen muss.[1]) Und wie auffallend ist es, dass gerade die
wichtigsten Fragen des Familienrechtes als ein Nebensächliches behandelt werden. Solon z. B., der bedeutendste Athenienser auf rechtlichem Gebiet, das Erbrecht so dunkel lässt, dass die Auslegung der
Willkür der Gerichte überlassen bleibt (Aristoteles, a. a. O., Abschnitt 9). — Ganz anders Rom. Der starke Drang nach Disciplin
findet einen Ausdruck hier zunächst in der festen Organisation der
Familie. Die Söhne bleiben nicht bloss bis zum 14. Lebensjahre,
wie bei den Griechen, unter väterlicher Gewalt, sondern bis zum
Tod des Vaters; durch Ausschliessung der Verwandtschaft auf mütter-
licher Seite, durch rechtliche Anerkennung der unbegrenzten Gewalt
des *Paterfamilias*, selbst über Leben und Tod der Seinigen (und
wäre sein Sohn inzwischen auch zu den höchsten Staatsämtern hinauf-
gestiegen), durch grösste Freiheit und genaueste Einzelbestimmungen
in Bezug auf das Testier- und das Erbrecht, durch striktesten Schutz

---

[1]) Trefflich ist in dieser Beziehung eine Bemerkung Jean Jacques Rousseau's:
*»Si quelquefois les lois influent sur les moeurs, c'est quand elles en tirent leur force«
(Lettre à d'Alembert).*

aller Eigentums- und Forderungsrechte des Hausvaters (welcher allein
ein Vermögensrecht besass und eine *persona sui juris*, d. h. eine
freie, juristische Person war) — — — durch alle diese Dinge und
noch manche andere, wurde in Rom die Familie zu einer unerschütterlich festen, unzersetzlichen Einheit, und diese Einheiten sind es, denen
man im letzten Grunde die besondere Gestaltung des römischen Staates
und des römischen Rechtes zu verdanken hat. Man begreift unschwer,
wie eine so strenge Auffassung der Familie auf das gesamte Leben
zurückwirken musste: auf die Moral der Männer, auf die Beschaffenheit der Kinder, auf die Sorge, das Erworbene zu erhalten und zu
vererben, auf die Vaterlandsliebe, die nicht, wie in Griechenland,
künstlich geschürt zu werden brauchte, kämpfte doch der Bürger für
das dauernd gesicherte Eigene, für sein heiliges Heim, für Frieden
und Ordnung.

Die Ehe.   Hiermit hängt natürlich die innerliche Auffassung der Ehe
und die Stellung des Weibes in der Gesellschaft zusammen: dies
ist offenbar das positive Element in der Gestaltung der römischen
Familie, dasjenige, welches nicht durch Gesetze bestimmt werden
konnte, welches dagegen die Gesetze bestimmt hat. Schon bei den
alten Ariern wurde die Ehe als »eine göttliche Einrichtung« betrachtet,
und wenn die junge Frau die Schwelle des neuen Heims betrat,
wurde ihr zugerufen: »Ziehe hin ins Haus des Gatten, dass du Haus-
herrin heissest; als Gebieterin schalte daselbst!« [1]) Gerade in diesem
Punkte zweigten Hellenen und Römer, sonst so vielfach verwandt,
von einander ab. Zu Homer's Zeiten sehen wir allerdings das Weib
von den Griechen noch hochgeachtet, die Genossin des Mannes; die
nach Kleinasien ausgewanderten Ionier nahmen jedoch fremde Frauen,
»die den hellenischen Mann nicht bei seinem Namen, sondern nur
,Herr' nennen durften, — — diese Entartung der kleinasiatischen
Ionier hat auf Athen zurückgewirkt«. [2]) Der Römer dagegen »betrachtete die Frau als seine ebenbürtige Genossin, seine Lebensgefährtin,
die Alles mit ihm zu teilen hat: Göttliches wie Menschliches — —
Die Ehefrau hat aber diese Stellung in Rom, nicht weil sie Ehefrau,
sondern weil sie Weib ist, d. h. wegen der Achtung, welche der
Römer dem weiblichen Geschlecht als solchem zollt. In allen Beziehungen, wo nicht der natürliche Unterschied des Geschlechts eine

---

[1] Zimmer: *Indisches Leben*, S. 313 ff.
[2] Otfried Müller: *Dorier*, 2. Ausg. I, 78, II, 282 (nach Leist citiert).

Verschiedenheit bedingt, stellt der Römer das Weib mit sich auf eine Linie. Es giebt keinen schlagenderen Beleg dafür, als das altrömische Erbrecht, welches zwischen beiden Geschlechtern gar keinen Unterschied macht: die Tochter hat genau dasselbe wie der Sohn, die Agnatin wie der Agnat; sind keine Kinder da, so erhält die Witwe den ganzen Nachlass und schliesst den Mannesstamm aus, ebenso, wenn auch sie nicht vorhanden ist, die Schwester. Man muss die Zurücksetzung, welche das weibliche Geschlecht in den Rechten so vieler anderer Völker erfahren hat, kennen, um die Bedeutsamkeit dieses Punktes einzusehen; in Griechenland z. B. schloss der nähere männliche Verwandte das Weib gänzlich aus, und das Los einer Erbtochter war ein geradezu beklagenswertes, der nächste männliche Verwandte konnte sie ihrem Ehemann entziehen. [1]) Als Fürstin, *princeps familiae*, wurde die römische Ehefrau im Hause verehrt, und das römische Gesetz spricht von der *matronarum sanctitas*, der Heiligkeit der mit Kindern gesegneten Frauen. Kinder, die sich irgendwie gegen ihre Eltern vergingen, traf die »Sacertät«, d. h. die Ächtung vor Göttern und Menschen; auf dem Vatermord lag keine Strafe, weil (so erzählt Plutarch) man dieses Verbrechen für undenkbar hielt, — in der That währte es über ein halbes Jahrtausend, bis das erste Parricidium begangen wurde. [2]) Um sich diese altrömische Familie richtig vorzustellen, muss man sich noch eines gegenwärtig machen: dass nämlich im römischen Leben das sakrale Element, d. h. die Achtung vor göttlichen Geboten, eine grosse Rolle spielte. War der Paterfamilias dem menschlichen Rechte nach ein unbeschränkter Despot

---

[1]) Jhering: *Entwickelungsgeschichte des römischen Rechts*, S. 55. Bei den Germanen sah es nicht besser aus. »Das Erbrecht ist allen Weibern nach den ältesten deutschen Gesetzen entweder versagt oder beschränkt«, meldet Grimm: *Deutsche Rechtsaltertümer*, 3. Ausg., S. 407. Die Milderungen, die nach und nach eintraten, sind auf römischen Einfluss zurückzuführen; wo dieser nicht oder wenig hinreichte, enthalten noch im Mittelalter die deutschen Rechtsbücher »völlige Hintansetzung«; ganz im Norden, in Skandinavien und im ältesten Friesland, konnte ein weibliches Wesen überhaupt nichts erben, weder fahrendes, noch liegendes Gut: »der Mann geht zum Erbe, das Weib davon«; erst im 13. Jahrhundert wurde letzterem dort ein beschränktes Erbrecht zugestanden. Grimm, S. 475.) Das sind die Rechtsverhältnisse, nach denen die Deutschtümler sich zurücksehnen!

[2]) *Romulus*, XXIX.) Zum Kontrast diene, dass es bei den Deutschen bis zur Einführung des Christentums (bei den Wenden sogar bis zum 17. Jahrhundert) Sitte war, alte, schwache Eltern zu erschlagen! siehe Grimm: *Rechtsaltertümer*, S. 486—490.

in seinem Hause, so verwehrte ihm das göttliche Gebot, dieses Recht
zu missbrauchen. [1])   Das Familienhaus war ja ein Heiligtum, sein
Herd einem Altar gleichwertig; und wenn es auch für unser heutiges
Gefühl etwas Grauenhaftes hat, davon zu hören, dass bei sehr grosser
Armut Eltern bisweilen ihre Kinder in die Sklaverei verkauften, so
wird man doch aus allen Rechtsgeschichten die Überzeugung gewinnen, dass irgend eine Grausamkeit (nach damaligen Begriffen) gegen
Frau oder Kinder fast oder ganz unbekannt war.   Zwar ist die Gattin
ihrem Manne gegenüber juristisch *filiae loco* (einer Tochter gleich),
ihren eigenen Kindern gegenüber *sororis loco* (einer Schwester gleich):
das geschieht aber im Interesse der Einheit der Familie und damit,
sowohl in staatsrechtlicher wie in privatrechtlicher Beziehung, die
Familie als scharf abgegrenztes, von einer einzigen Person juristisch
vertretenes, autonomes, organisches Gebilde auftrete, nicht als ein
mehr oder minder festes Konglomerat von lauter einzelnen Fragmenten.   Schon im politischen Teile dieses Abschnittes sahen wir,
dass der Römer es liebte, die Gewalt einzelnen Männern zu übergeben,
vertrauend, dass aus Freiheit gepaart mit Verantwortlichkeit, beides
im Brennpunkt einer ihrer Individualität bewussten Persönlichkeit
vereint, massvolle und zugleich energische, weise Handlung hervorgehen würde.   So auch hier.   Später entartete dieses Familienleben;
es wurden schlaue Mittel ersonnen, um Surrogate für die wahre Ehe
aufzubringen, damit die Frau nicht mehr in die juristische Gewalt
des Mannes käme; »die Ehe wurde zu einem Geldgeschäft wie jedes
andere; nicht um Familien zu gründen, sondern um die zerrütteten
Vermögensverhältnisse durch Heiratsgüter aufzubessern, wurden Ehen
geschlossen, und geschlossene getrennt, um neue zu schliessen«; [2])
aber trotzdem konnte noch zu Caesar's Zeiten Publius Syrus als
römische Auffassung der Ehe die Zeile schreiben:

Perenne animus conjugium, non corpus facit.

Die Seele, nicht der Körper, macht die Ehe zu einer immerwährenden.

Das Weib.   Das ist der Mittelpunkt des römischen Rechtes; der Kontrast
mit Griechenland (und mit Deutschland) lässt die Bedeutung eines
solchen organischen Mittelpunktes ahnen.   Auch hier wieder bewährt
sich der Römer, wenn auch als durchaus unsentimentaler, fast peinlich

---

[1]) Ausserdem unterlag er der »censorischen Rüge«, sowohl für zu grosse
Strenge in der Ausübung seiner väterlichen Rechte wie auch für Nachlässigkeit;
siehe Jhering: *Geist des römischen Rechtes*, § 32.

[2]) Esmarch: *Römische Rechtsgeschichte*, S. 317.

phantasieloser, so doch nichts weniger als unidealer Mensch. Er besitzt sogar eine so grosse Macht der Idee, dass dasjenige, was er recht von Herzen wollte, nie wieder ganz verschwand. Wir sahen es schon im vorigen Abschnitt: Ideen sind unsterblich. Der römische Staat wurde zu Grunde gerichtet, seine Idee lebte aber, mächtig gestaltend, durch die Säcula weiter; am Schlusse des 19. Jahrhunderts schmücken sich vier mächtige Monarchen Europas mit dem Patronymikon Julius Caesar's, und der Begriff der *Res publica* gestaltet den grössten Staat der neuen Welt. Das römische R e c h t aber lebt nicht allein als justinianische Mumie, nicht allein als technisches Geheimnis, nur den Technikern zugänglich, weiter; nein, ich glaube, dass auch der lebenbildende Kern, aus dem jenes Recht im letzten Grunde erwachsen war, doch, trotz der Finsternis schmachvollst unheiliger Jahrhunderte und trotz der auflösenden Gährung, die ihnen folgte, niemals zu Grunde ging, und dass er in uns als ein kostbarstes Gut weiterlebt. Wir reden noch heute von der H e i l i g k e i t d e r F a m i l i e ; wer sie, wie gewisse Sozialisten, leugnet, der wird aus der Liste urteilsfähiger Politiker gestrichen, und selbst wer kein gläubiger Katholik ist, wird sich hundertmal lieber mit der Vorstellung befreunden, die Ehe sei ein religiöses Sakrament (wie es ja im alten Rom war; hier wie an so vielen Orten fusst das Papsttum unmittelbar auf altrömischem Pontifikalrecht und bewährt sich als letzter offizieller Vertreter des Heidentums), als dass er zugeben wird, die Ehe sei, wie der gelehrte Anarchistenführer Elisée Reclus geschmackvoll sagt: ›lediglich legale Prostitution‹. Dass wir so fühlen, ist römische Erbschaft. Auch die hochgeachtete Stellung des Weibes, wodurch unsere Civilisation sich von der hellenischen und von den verschiedenen Abarten der semitischen und asiatischen so vorteilhaft unterscheidet, ist nicht, wie Schopenhauer und manche Andere gelehrt haben, ›eine christlich-germanische Schöpfung‹, sondern eine römische Schöpfung. So weit man urteilen kann, müssen die alten Germanen ihre Weiber nicht besonders gut behandelt haben, und hier scheint römischer Einfluss zu allererst gewirkt zu haben; die ältesten deutschen Rechtsbücher sind in Bezug auf die rechtliche Stellung der Frau voller wörtlicher Entlehnungen aus römischem Recht (siehe Grimm: *Deutsche Rechtsaltertümer* II, Kap. 1, B 7 u. ff.). Dass das Weib in Europa eine feste, sichere, rechtliche Stellung erlangte, das war römisches Werk. Besungen wurde das ›schöne Geschlecht‹ allerdings erst von Deutschen, Italienern, Franzosen, Engländern, Spaniern:

daran hatten freilich die Römer nie gedacht. [1]) Ich frage mich aber,
ob wir ohne den Scharfblick und den Gerechtigkeitssinn, vor allem
ohne den unvergleichlichen staatenbildenden Instinkt der Römer jemals
dahin gelangt wären, das Weib als vollgültige Genossin unseres
Lebens, als Eckstein der Familie in unser politisches System aufzunehmen? Ich glaube es bestimmt verneinen zu dürfen. Das
Christentum bedeutet durchaus keine Stärkung der Idee der Familie.
Im Gegenteil, sein eigentliches Wesen ist, dass es alle politischen
und rechtlichen Bande zerreisst und jedes einzelne Individuum auf
sich selbst stellt. Den Gnadenstoss erhielt auch die römische Familie
von dem christlichen Kaiser Constantin, der die Souveränität des
paterfamilias aufhob. Als Ausfluss des Judentums ist ausserdem
das Christentum von Hause aus eine anarchische Macht, eine anti-
politische. Dass die katholische Kirche ganz andere Wege ging und
eine politische Macht erster Grösse wurde, ist einfach dem Umstand
zuzuschreiben, dass sie die klare Lehre Christi verleugnete, und dafür
die römische Staatsidee wieder aufgriff — wenn auch nur die Idee
des verkommenen römischen Staates. Für die Erhaltung des römischen
Rechtes that die Kirche mehr als irgend Jemand; [2]) Papst Gregor IX.
zum Beispiel geizte einzig nach dem Titel eines »Justinian der Kirche«,
mehr als Seligsprechung lag diese Anerkennung seiner juristischen
Verdienste ihm am Herzen. [3]) Waren nun auch die Gründe, welche
die Kirche und die Könige trieb, das römische Recht in seiner
byzantinischen Aftergestalt zu erhalten und zwangsweise einzuführen,
durchaus nicht immer besonders edle, das konnte doch nicht verhindern, dass manches Edelste an römischen Gedanken zugleich mit
gerettet wurde. Und ebenso wie die Tradition des römischen Rechtes
niemals aufhörte, schwand auch die römische Auffassung der Würde
des Weibes und der politischen Bedeutung der Familie nie wieder
ganz aus dem Bewusstsein der Menschen. Seit etlichen Jahrhunderten
(hier wie an so manchen Orten bildet das 13. Jahrhundert mit
Petrus Lombardus die fast mathematische Scheidelinie) sind wir
der altrömischen Auffassung immer näher gekommen, namentlich

---

[1]) Ich rede von dem treuen, keuschen Weibe; denn die Ehebrecherin und
die Hetäre wurden von den namhaftesten Dichtern des verfallenden Roms, allen
voran Catull und Virgil, hoch gefeiert.

[2] Siehe namentlich Savigny: *Geschichte des römischen Rechtes im Mittelalter*,
Kap. 3, 15, 22 u. s. w.

[3] Bryce: *Das heilige römische Reich*, franz. Ausg., S. 131.

seitdem das Tridentiner Konzil und Martin Luther zu gleicher Zeit
die Heiligkeit der Ehe betonten. Dass diese Annäherung in mancher
Beziehung eine rein ideelle ist, thut nichts zur Sache; eine durch
und durch neue Civilisation kann sich gar nicht zu gründlich von
alten Formen frei machen; ohnehin giessen wir gar zu viel neuen
Wein in alte Schläuche; ich glaube aber nicht, dass irgend ein vor-
urteilsloser Mann leugnen wird, die römische Familie sei eine der
herrlichsten Errungenschaften des Menschengeistes, einer jener Gipfel,
der nicht zweimal erklommen werden kann, und zu dem noch die
fernsten Jahrhunderte hinaufblicken werden voll Bewunderung, zugleich auch, um sicher zu sein, dass sie selber nicht zu weit von der
Wahrheit abirren. Bei jedem Studium unseres Jahrhunderts, z. B. bei
der Besprechung der brennenden Frauenemanzipationsfrage, wird dieser
ragende Gipfel unschätzbare Dienste leisten; ebenso bei der Beurteilung
jener sozialistischen Theorien, welche, im Gegensatz zu Rom, auf die
Formel hinauslaufen: keine Familie, alles Staat.

    Ich habe hier etwas Schwieriges versucht: über einen technischen   *Poesie*
Gegenstand nicht-technisch zu reden. Ich musste mich darauf be- *und Sprache.*
schränken, die besondere Befähigung der Römer für die Ausbildung
gerade dieser Technik nachzuweisen; was ich sodann als den weitest
reichenden Erfolg für die menschliche Gesellschaft hervorzuheben bemüht war, die felsenfelste, rechtliche Begründung der Familie, das
ist, wie man bemerkt haben wird, wesensgleich mit der ursprünglichen,
treibenden Kraft, aus welcher die technische Meisterschaft allmählich
heraufgewachsen war. Alles was dazwischen liegt, d. h. die gesamte
eigentliche Technik, musste beiseite gelassen werden, ebenso wie eine
Erörterung über die Vorteile und die Nachteile des vorwiegenden
Einflusses des römischen Rechtes in unserm Jahrhundert in rein tech-
nischer Beziehung. Auch ohne solch' gefährlichen Sandboden zu betreten, gab es für uns Laien genug anregende Betrachtungen.
    Mit Absicht habe ich mich auf Politik und Recht beschränkt.
Was nicht auf uns vererbt wurde, fällt nicht in den Gesichtskreis
dieses Buches, und Manches, was sich erhalten hat, wie z. B. die Werke
lateinischer Dichter, bildet eine Beschäftigung für Liebhaber und Gelehrte, nicht aber einen lebendigen Teil unseres Lebens. Griechische
Poesie und lateinische Poesie zusammenthun zu dem einen Begriff
»klassische Litteratur«, ist ein Beweis von unglaublicher Geschmacks-
barbarei und von einer bedauerlichen Unkenntnis des Wesens und

Wertes genialer Kunst. Wo römische Dichtung das Erhabene an-
strebt, wie bei Virgil und Ovid, schliesst sie sich möglichst sklavisch
an griechische Muster an im richtigen Gefühl ihrer rettungslosen Un-
originalität. Wie Treitschke sagt: »Die römische Litteratur ist eine
griechische, die mit lateinischen Worten geschrieben wird«.[1]) Was
sollen unsere unseligen Knaben denken, wenn ihnen früh die Ilias
des grössten dichterischen Schöpfers aller Zeiten erklärt wird, nach-
mittags die auf kaiserlichen Befehl ausgearbeitete Tendenzepopöe, die
Aeneis: beides als klassische Muster? Das Echte und das Unechte, das
glorreiche, freie Schaffen aus höchster schöpferischer Not und die
feingebildete Technik im Dienste des Goldes und des Dilettantismus,
das Genie und das Talent: vorgeführt als zwei auf demselben Stock
gewachsene Blumen, nur wenig unterschieden! So lange jenes blasse
Gedankenunding, der Begriff der »klassischen Litteratur«, unter uns
als Dogma weiterlebt, solange umfängt uns noch die Nacht des Völkerchaos, so lange sind unsere Schulen Sterilisierungsanstalten zur Vertilgung jeder schöpferischen Regung. Hellenische Dichtung war ein
Anfang, eine Morgendämmerung, sie erschuf ein Volk, sie schenkte
ihm aus verschwenderischem Herzen alles, was höchste Schönheit geben
kann, um das Leben zu heiligen, alles was Poesie vermag, um arme,
geplagte Menschenseelen zu verklären und mit der Ahnung unsichtbarer, freundlicher Mächte zu erfüllen, — und unversiegbar quillt
nunmehr dieser Lebensborn, ein Jahrhundert nach dem andern labt
sich an ihm, ein Volk nach dem andern schöpft aus seinen Fluten
die Begeisterungskraft, selber Schönes zu schaffen; denn das Genie
ist wie Gott: zwar offenbart es sich in einer bestimmten Zeit und
unter bestimmten Umständen, seinem Wesen nach ist es aber unbedingt, was Anderen zu Ketten wird, daraus schmiedet es sich Flügel,
es entsteigt der Zeit und ihrem Todesschatten und geht lebendig ein
in die Ewigkeit. In Rom dagegen, man darf es kühn behaupten,
war das Genie überhaupt verboten! Rom hat keinerlei Dichtung, bis
es in Verwesung kommt. Erst bei hereinbrechender Nacht, als kein
Volk mehr da ist, um sie zu hören, erheben seine Sänger ihre Stimmen;
Nachtfalter sind es; sie schreiben für die Boudoirs lasciver Frauen,
für die Zerstreuung feingebildeter Lebemänner und für den Hof. Obwohl Hellenen in nächster Nähe lebten und von den frühesten Zeiten
an die Samen hellenischer Kunst und Philosophie und Wissenschaft

---

[1]) Über den grossen Lucrez als Ausnahme, vergl. das S. 71, Anm. Gesagte.

ausstreuten (denn alle Bildung war in Rom von jeher griechisch), kein
einziges Samenkorn ging auf. 500 Jahre vor Christo sandten schon
die Römer nach Athen, um genaue Nachricht über griechisches Recht
zu erhalten; ihre Gesandten trafen den Aischylos in der Fülle seiner
Kraft, Sophokles schon schöpferisch thätig an; welche künstlerische
Blüte hätte bei solcher Lebensenergie in Rom nach dieser Berührung
aufgehen müssen, wenn nur die geringste Beanlagung vorhanden gewesen wäre. Das war aber nicht der Fall. Wie Mommsen sagt: »die
Entwickelung der musischen Künste in Latium war mehr ein Ein-
trocknen als ein Aufblühen«. Die Lateiner hatten vor dem Verfall
überhaupt kein Wort für Dichter, der Begriff war ihnen fremd! —
Wenn ihre Dichter nun ohne Ausnahme ungenial waren, worin be-
stand die Bedeutung derjenigen unter ihnen, die, wie Horaz und
Juvenal, stets die Bewunderung der Sprachkünstler erregt haben?
Offenbar, wie alles, was aus Rom stammt, in der Technik. Die
Römer waren grossartige Baumeister — von Kloaken und Aquädukten, [1])
grossartige Maler — von Zimmerdekorationen, grossartige Fabrikanten —
kunstgewerblicher Gegenstände: in ihren Circussen kämpften bezahlte
Techniker des Fechtens und fuhren berufsmässige Wagenlenker. Der
Römer konnte Virtuos werden, nicht Künstler; jede Virtuosität inter-
essierte ihn, keine Kunst. Die Gedichte des Horaz sind technische
Meisterstücke. Abgesehen vom historisch-pittoresken Interesse als
Schilderungen eines entschwundenen Lebens, fesselt uns bei diesen
Dichtungen lediglich die Virtuosität. Die »Lebensweisheit«, wirft man
mir ein? Ja, wenn eine so alltägliche, nüchterne Weisheit nur nicht
überall besser am Platze wäre, als im Zauberreich der Kunst, deren
weit offene Kindesaugen aus jedem hellenischen Dichtwerk eine so
ganz andere Weisheit künden als die, welche dem Horaz und seinen
Freunden zwischen Käse und Obst einfällt. Eine der echtesten
Dichternaturen, die je gelebt, Byron, sagt von Horaz:

> It is a curse
> To understand, not feel thy lyric flow,
> To comprehend, but never love thy verse. [2])

---

[1]) Doch auch hier nicht Erfinder; siehe Hueppe's Untersuchungen über die
Wassertechnik der alten Griechen: *Rassenhygiene der Griechen*, S. 37.

[2]) Ein Fluch ist es, deinen lyrischen Erguss mit dem Verstand allein, nicht
mit dem Gefühl aufzufassen, deine Verse zwar begreifen, doch niemals lieben
zu können.

Was ist das für eine Kunst, die nur zum Verstand, nie zum Herzen redet? Es kann nur eine künstliche Kunst sein, eine Technik; käme sie von Herzen, sie würde auch zu Herzen gehen. In Wahrheit stehen wir hier noch unter französischer Vormundschaft, und die Franzosen unter syrisch-jüdischer (Boileau-Pseudolonginus); und ist auch wenig von dieser Erbschaft ins moderne Leben eingedrungen, wir sollten sie endlich einmal ganz abwerfen zu Gunsten unserer eigenen Dichter in Worten und in Tönen, gottbegnadeter Männer, deren Werke himmelhoch alles überragen, was auf dem Schutte des verfallenden Rom wie etiolierte Pflanzen, in ungesunder Hast, wurzel- und saftlos in die Höhe schoss.

In den Händen des Fachmannes, d. h. des Philologen, wird die lateinische Poesie ebenso sicher und zweckentsprechend aufgehoben sein, wie das *corpus juris* bei den Rechtsforschern. Will man aber die lateinische Sprache als allgemeines Bildungsmittel durchaus bei-behalten (anstatt dass man die griechische allein, dafür aber gründlicher, lehrte), so zeige man sie dort am Werke, wo sie Unvergleichliches leistet, wo sie, in Übereinstimmung mit der besonderen Anlage des römischen Volkes und mit seiner historischen Entwickelung das vollbringt, was nie eine andere Sprache gekonnt hat, noch können wird: beim plastischen Ausbau rechtlicher Begriffe. Man sagt, die lateinische Sprache bilde den logischen Sinn; ich will es glauben, wenn ich auch nicht umhin kann zu bemerken, dass man gerade in dieser Sprache während der scholastischen Jahrhunderte, trotz aller Logik, mehr Unsinn geschrieben hat, als je in einer anderen; wodurch hat aber die lateinische Sprache einen Charakter von so grosser, wortkarger Bestimmtheit erlangt? Dadurch, dass sie ausschliesslich als Geschäfts- und Verwaltungs- und Rechtssprache ausgebildet wurde. Diese unpoetischste aller Sprachen ist ein grossartiges Monument des folgenschweren Kampfes freier Menschen um ein gesichertes Recht. Dort zeige man sie unseren Jünglingen am Werke. Die grossen Rechtslehrer Roms haben *eo ipso* das schönste Lateinisch geschrieben; dazu (und nicht zum Verseschreiben) war ja diese Sprache da; die makellos durchsichtige, jede Missdeutung ausschliessende Satzbildung war ein wichtigstes Instrument juristischer Technik; aus dem Rechtsstudium allein hat Cicero seine stilistischen Vorzüge geschöpft. Schon von den ältesten Dokumenten der Ge-schäfts- und Gerichtssprache sagt Mommsen, sie zeichneten sich aus »durch Schärfe und Bestimmtheit«,[1] und von der Sprache Papinian's,

---

[1] *Römische Geschichte* 1, 471.

eines der letzten der grossen Rechtslehrer (unter Marc Aurel) berichten philologisch geschulte Männer, sie sei: »die höchste Steigerung der Fähigkeit, stets den der Tiefe und Klarheit des Gedankens vollkommen entsprechenden Ausdruck zu finden«; wie aus Marmor gemeisselt stünden seine Sätze: »kein Wort zu viel, keins zu wenig, jedes Wort am unbedingt rechten Platz, so weit es der Sprache möglich ist, jeden Doppelsinn ausschliessend«. [1]) Ein Verkehr mit derartigen Menschen wäre wirklich ein kostbarer Beitrag zu unserer Bildung. Und mich dünkt, wenn jeder römische Knabe die zwölf Tafeln auswendig wusste, unseren Jünglingen könnte es auch nur dienlich und geistig förderlich sein, wenn sie die Schule nicht lediglich als dumme gelehrte *subjecti*, sondern mit einigen genauen Begriffen rechtlicher und staatsrechtlicher Dinge, nicht allein formell logisch, sondern auch vernünftig und praktisch denkend, gestählt gegen hohle Schwärmerei für »deutsches Recht« und dergleichen verliessen. Inzwischen liegt in unserm Verhalten zur lateinischen Sprache eine schlecht verwaltete und darum ziemlich sterile Erbschaft vor.

Wir Männer des 19. Jahrhunderts, wir wären nicht was wir sind, wenn wir nicht aus diesen beiden Kulturen, der hellenischen und der römischen, ein reiches Vermächtnis angetreten hätten. Darum können wir auch unmöglich beurteilen, was wir in Wahrheit sind, und mit Bescheidenheit eingestehen, wie wenig das ist, wenn wir uns nicht eine durchaus deutliche Vorstellung von der Beschaffenheit dieser Erbstücke machen. Ich hoffe, mein Bestreben wird nach dieser Richtung hin nicht ganz ohne Erfolg gewesen sein, auch hoffe ich, dass der Leser namentlich bemerkt haben wird, wie das römische Erbe sich von Grund und Boden aus vom hellenischen unterscheidet. In Hellas war die geniale Persönlichkeit das ausschlaggebende Moment gewesen: gleichviel ob diesseits oder jenseits des adriatischen und des ägäischen Meeres, die Griechen waren gross, so lange sie grosse Männer besassen. In Rom hat es dagegen nur insofern und nur so lange bedeutende Individualitäten gegeben, als das Volk gross war, und gross war es, so lange es physisch und moralisch unverfälscht römisch blieb. Rom ist das extremste Beispiel einer grossen anonymen Volksmacht, die unbewusst, dafür aber um so sicherer schafft. Darum aber ist es weniger anziehend als Hellas, und darum

Zusammen-
fassung.

---

[1]) Esmarch: *Römische Rechtsgeschichte*, S. 400.

wird auch die Leistung Roms für unsere Civilisation selten gerecht
beurteilt. Und doch fordert Rom Bewunderung und Dankbarkeit;
seine Gaben waren moralische, nicht intellektuelle; gerade dadurch
jedoch war es befähigt, Grosses zu leisten. Nicht der Tod des Leonidas konnte die asiatische Gefahr von Europa abwenden und mit der
Menschenfreiheit die Menschenwürde erretten, sie künftigen Zeiten
zu friedvollerer Pflege und festerem Bestand übermachend; das vermochte einzig ein langlebiger Staat von eiserner, unerbittlicher, politischer
Konsequenz. Nicht Theorie aber, und eben so wenig Schwärmerei
und Spekulation konnten diesen langlebigen Staat erschaffen; er musste
in dem C h a r a k t e r der Bürger wurzeln. Dieser Charakter war
hart und eigensüchtig, gross jedoch durch sein hohes Pflichtgefühl,
durch seine Aufopferungsfähigkeit und durch seinen Familiensinn.
Indem der Römer inmitten des Chaos der damaligen Staatsversuche
seinen Staat errichtete, errichtete er d e n S t a a t für alle Zeiten. Indem er
sein Recht zu einer unerhörten technischen Vollkommenheit ausarbeitete,
begründete er d a s R e c h t für alle Menschen. Indem er die Familie,
seinem Herzensdrang folgend, zum Mittelpunkt von Recht und Staat
machte und diesem Begriffe fast exorbitanten Ausdruck verlieh, hob
er das Weib zu sich hinauf und schuf die Verbindung der Geschlechter
um zur Heiligkeit d e r E h e. Geht unsere künstlerische und wissenschaftliche Kultur in vielen wesentlichen Momenten auf Griechenland
zurück, so führt unsere gesellschaftliche Kultur auf Rom. Ich rede
hier nicht von der materiellen Civilisation, die aus allerhand Ländern
und Epochen, und vornehmlich aus dem Erfindungsfleiss der letzten
Jahrhunderte stammt, sondern von den sicheren moralischen Grundlagen
eines würdigen gesellschaftlichen Lebens; sie zu legen war eine grosse
Kulturarbeit.

DRITTES KAPITEL.

DIE ERSCHEINUNG CHRISTI

———

> Durch Eines Tugend sind Alle zum
> wahren Heile gekommen.
>
> MAHÂBHÂRATA.

Vor unseren Augen steht eine bestimmte, unvergleichliche Erscheinung; dieses erschaute Bild ist das Erbe, das wir von unseren Vätern überkommen haben. Die historische Bedeutung des Christentums kann man ohne die genaue Kenntnis dieser Erscheinung nicht ermessen und richtig beurteilen; dagegen gilt das Umgekehrte nicht, und die Gestalt Jesu Christi ist heute durch die geschichtliche Entwickelung der Kirchen eher verdunkelt und ferngerückt als unserem klarschauenden Auge enthüllt. Einzig durch eine örtlich und zeitlich beschränkte Kirchenlehre diese Gestalt erblicken, heisst sich freiwillig Scheuklappen aufbinden und sich die Aussicht in das göttlich Ewige auf ein kleines Mass beschränken. Durch die Kirchendogmen wird ohnehin gerade die Erscheinung Christi kaum berührt; sie alle sind so abstrakt, dass sie weder dem Verstand noch dem Gefühl einen Anhaltspunkt bieten; es gilt von ihnen im Allgemeinen, was ein unverfänglicher Zeuge, der heilige Augustinus, von dem Dogma der Dreieinigkeit sagt: »Wir reden also von drei Personen, nicht weil wir wähnen, hiermit etwas ausgesagt zu haben, sondern lediglich, weil wir nicht schweigen können«. [1]) Gewiss ist es keine Verletzung der schuldigen Ehrfurcht, wenn wir sagen: nicht die Kirchen bilden die Macht des Christentums, sondern diese bildet einzig und allein jener Quell, aus dem die Kirchen selber alle Kraft schöpfen: der Anblick des gekreuzigten Menschensohns.

Trennen wir also die Erscheinung Christi auf Erden von allem historischen Christentum.

Was sind denn auch unsere 19 Jahrhunderte für die bewusste Aufnahme eines derartigen Erlebnisses, für die alle Schichten der Menschheit durchdringende Umwandlung durch eine von Grund aus neue Weltanschauung? Man bedenke doch, dass es über zwei Jahr-

---

[1]) »*Dictum est tamen tres personae, non ut aliquid diceretur, sed ne taceretur.*« *De Trinitate*, lib. V, c. 9.

tausende gewährt hat, ehe die mathematisch beweisbare, sinnfällig vorstellbare Struktur des Kosmos ein fester, allgemeiner Besitz des menschlichen Wissens wurde![1]) Ist nicht der Verstand mit seinen Augen und
mit seinem unfehlbaren Brevier von 2 mal 2 ist 4 leichter zu modeln
als das blinde, ewig durch Eigensucht bethörte Herz? Nun wird ein
Mann geboren und lebt ein Leben, durch welches die Auffassung
von der sittlichen Bedeutung des Menschen, die gesamte »moralische
Weltanschauung« eine völlige Umwandlung erleiden — wodurch
zugleich das Verhältnis des Individuums zu sich selbst, sein Verhältnis
zu Anderen und sein Verhältnis zur umgebenden Natur eine früher
ungeahnte Beleuchtung erhalten muss, so dass alle Handlungsmotive
und Ideale, alle Herzensbegehr und Hoffnung nunmehr umzugestalten
und vom Fundament aus neu aufzubauen sind! Und man glaubt, das
könne das Werk einiger Jahrhunderte sein? Man glaubt, das könne
durch Missverständnisse und Lügen, durch politische Intriguen und
ökumenische Konzilien, durch den Befehl ehrgeiztoller Könige und
habgieriger Pfaffen, durch dreitausend Bände scholastischer Beweisführung, durch den Glaubensfanatismus beschränkter Bauernseelen und
den edlen Eifer vereinzelter »Fürtrefflichsten«, durch Krieg, Mord
und Scheiterhaufen, durch bürgerliche Gesetzbücher und gesellschaftliche Intoleranz bewirkt werden? Ich für mein Teil glaube es nicht.
Ich glaube vielmehr, dass wir noch fern, sehr fern von dem Moment
sind, wo die umbildende Macht der Erscheinung Christi sich in ihrem
vollen Umfang auf die gesittete Menschheit geltend machen wird.
Sollten unsere Kirchen in ihrer bisherigen Gestalt auch zu Grunde
gehen, die christliche Idee wird nur umso machtvoller hervortreten.
Im 9. Kapitel werde ich zeigen, wie unsere neue germanische Weltanschauung dahin drängt. Das Christentum geht noch auf Kinderfüssen, kaum dämmert seine Mannesreife unserem blöden Blicke.
Wer weiss, ob nicht ein Tag kommt, wo man die blutige Kirchengeschichte der ersten 18 christlichen Jahrhunderte als die Geschichte
der bösen Kinderkrankheiten des Christentums betrachtet?
        Lassen wir uns also bei der Betrachtung der Erscheinung Christi
durch keinerlei historische Vorspiegelungen und ebensowenig durch
die vorübergehenden Ansichten unseres Jahrhunderts das Urteil trüben.
Seien wir überzeugt, dass wir gerade von dieser einen Erbschaft bis
heute nur den kleinsten Teil angetreten haben, und, wollen wir wissen,

---

[1]) Siehe S. 86.

was sie für uns Alle zu bedeuten hat — gleichviel, ob wir Christen oder Juden, Gläubige oder Ungläubige, gleichviel, ob wir uns dessen bewusst sind oder nicht — so verstopfen wir uns vorläufig die Ohren gegen das Chaos der Glaubensbekenntnisse und der die Menschheit schändenden Blasphemieen, und richten wir zunächst den Blick hinauf zu der unvergleichlichsten Erscheinung aller Zeiten.

In diesem Abschnitt werde ich nicht umhin können, Manches, was die »Verstandesgrundlage« verschiedener Religionen bildet, kritisch prüfend zu betrachten. Da ich aber das, was ich selber als Heiligtum im Herzen berge, unangetastet lasse, so hoffe ich auch keinem andren vernünftigen Menschen verletzend nahe zu treten. Die historische Erscheinung Jesu Christi kann man ebenso gut von jeder ihr innewohnenden, übernatürlichen Bedeutung trennen, wie man Physik auf rein materialistischer Grundlage treiben kann und muss, ohne darum zu wähnen, man habe die Metaphysik von ihrem Throne gestürzt. Von Christus freilich kann man schwerlich reden, ohne hin und wieder das jenseitige Gebiet zu streifen; jedoch der Glaube, als solcher, braucht nicht berührt zu werden, und wenn ich als Historiker logisch und überzeugend verfahre, so lasse ich mir gern die einzelnen Widerlegungen gefallen, die der Leser nicht aus seinem Verstand, sondern aus seinem Gemüth schöpft. In diesem Bewusstsein werde ich im folgenden Abschnitt ebenso freimütig reden, wie in den vorangegangenen.

Der religiöse Glaube von mehr als zwei Dritteln der gesamten Bewohner der Erde knüpft heute an das irdische Dasein zweier Männer an: Christus und Buddha; Männer, die vor nur wenigen Jahrhunderten lebten und von denen es historisch nachgewiesen ist, dass sie thatsächlich gelebt haben und dass die Traditionen, die von ihnen berichten — wie viel sie auch an Erdichtetem, Schwankendem, Unklarem, Widersprechendem enthalten mögen — dennoch die Hauptzüge ihres wirklichen Lebens getreu wiedergeben. Auch ohne dieses sichere Ergebnis der wissenschaftlichen Forschungen unseres Jahrhunderts [1]) werden gesund und scharfsichtig urteilende Männer niemals

Die Religion der Erfahrung.

---

[1]) Die Existenz Christi war nämlich bereits im 2. Jahrhundert unsrer Aera geleugnet worden, und Buddha wurde bis vor 25 Jahren von vielen Fachgelehrten für eine mythische Gestalt gehalten. Siehe z. B. die Bücher von Sénart und Kern.

an dem wirklichen Dasein dieser grossen moralischen Helden gezweifelt haben: denn ist das historisch-chronologische Material über sie auch äusserst dürftig und lückenhaft, so steht doch ihre sittliche und geistige Individualität so leuchtend klar vor Augen, und diese Individualität ist eine so unvergleichliche, dass sie nicht erfunden werden konnte. Die Erfindungsgabe des Menschen ist eng beschränkt; das schöpferische Gemüt kann nur mit Gegebenem arbeiten: Homer muss Menschen auf dem Olympos inthronisieren, denn was er sah und erlebte, zieht seiner Gestaltungskraft die unübersteigbare Grenze; dass er seine Götter so ganz menschlich darstellt, dass er seiner Phantasie nicht gestattet, sich ins Ungeheuerliche, Unvorstellbare (weil nie Gesehene) zu verirren, dass er sie vielmehr bändigt, um ihre ungeteilte Kraft zu einer sichtbaren Dichtung zu verwerten, das ist ein Beweis unter tausenden, und nicht der geringste, von seiner geistigen Überlegenheit. Wir vermögen es nicht einmal, eine Pflanzen- oder eine Tiergestalt zu erfinden; höchstens stellen wir bei derartigen Versuchen eine aus Bruchteilen allerhand bekannter Wesen zusammengestoppelte Monstruosität zusammen. Die Natur dagegen, die unerschöpflich erfindungsreiche, zeigt uns Neues, wann es ihr beliebt; und dieses Neue ist nunmehr für unser Bewusstsein ebenso unvertilgbar wie es ehedem unerfindbar war. Einen Buddha, geschweige einen Jesus Christus, konnte keine dichterische Menschenkraft, weder die eines Einzelnen, noch die eines Volkes, erfinden; nirgends entdecken wir auch nur den geringsten Ansatz dazu. Weder Dichter, noch Philosophen, noch Propheten haben sich ein derartiges Phänomen erträumen können. Oft redet man freilich, anknüpfend an Jesus Christus, von Plato; ganze Bücher giebt es über das angebliche Verhältnis zwischen diesen beiden; es sei nämlich der griechische Philosoph ein Vorverkündiger der neuen Heilslehre gewesen. Ja, halten uns die gelehrten Herren denn für Narren? Wird nicht der hellenische Rationalismus öder, je höher er sich versteigt? War man jemals entfernter von aller Religion, von aller Möglichkeit, veredelnd auf das Leben zu wirken als in dem Augenblick, wo die Besten des begabtesten Volkes über die notwendigen Eigenschaften der Seele stritten (autonom, gottverwandt u. s. w., siehe S. 114), als sie den Menschen als Ideal die »Idee des Guten«, welche identisch sei mit der »Idee des Schönen« vorhielten und endlosen ebensolchen Firlefanz einer tollgewordenen, weil Unmögliches erstrebenden Vernunft? Sieht denn nicht Jeder ein, dass Plato dort am grössten ist, wo er das Leben berührt, in seinem

Phaidros, seinem Gastmahl, seinem Phaedon? Und nun gar Sokrates!
Der kluge Urheber der Grammatik und der Logik, der biedere Verkünder einer Philistermoral, der edle Schwätzer der atheniensischen
Gymnasien, ist er nicht in allem der Gegenpart zu dem göttlichen
Verkünder eines Himmelreichs der »Armen an Geist«? Ebensowenig
hat man in Indien die Gestalt eines Buddha im Voraus geahnt oder
durch die Sehnsucht herbeigezaubert. Alle solche Behauptungen gehören dem weiten Gebiete des nachträglich konstruierenden, geschichtsphilosophischen Irrwahnes an. Wären Christus und das
Christentum eine historische Notwendigkeit gewesen, wie der Neo-
scholastiker Hegel behauptet, so hätten wir nicht einen Christus,
sondern tausend entstehen sehen müssen; ich möchte wirklich wissen,
in welchem Jahrhundert ein Jesus nicht ebenso »notwendig« gewesen
wäre wie das liebe Brot?[1] Verwerfen wir also solche von Gedanken-
blässe angekränkelte Betrachtungen, die alle den einzigen Erfolg haben,
das allein Ausschlaggebende und Produktive, nämlich die Bedeutung
der lebendigen, individuellen, unvergleichlichen Persönlichkeit zu
verwischen. Immer wieder muss man Goethe's grosses Wort anführen:

> Höchstes Gut der Erdenkinder
> Ist n u r die Persönlichkeit!

Wohl wird die Umgebung der Persönlichkeit, die Kenntnis ihrer
allgemeinen Bedingtheit in Zeit und Raum wertvolle Beiträge liefern
zu ihrer klaren Erkenntnis; durch ein solches Wissen werden wir
Wichtiges von Unwichtigem, charakteristisch Individuelles von örtlich
Konventionellem zu unterscheiden lernen; das heisst also, wir werden
die Persönlichkeit immer klarer erblicken. Sie jedoch erklären, sie als
eine logische Notwendigkeit darthun wollen, ist ein müssiges, albernes

---

[1] Über Christus schreibt Hegel (*Philosophie der Geschichte*, Th. III, A. 3.
Kap. 2): »Er wurde als ein dieser Mensch geboren, in abstrakter Subjektivität,
aber so, dass umgekehrt die Endlichkeit nur die Form seiner Erscheinung ist,
deren Wesen und Inhalt vielmehr die Unendlichkeit, das absolute Fürsichsein ausmacht. — — Die Natur Gottes, reiner Geist zu sein, wird dem Menschen in der
christlichen Religion offenbar. Was ist aber der Geist? Er ist das Eine, sich selbst
gleiche Unendliche, die reine Identität, welche zweitens sich von sich trennt, als
das Andere ihrer selbst, als das Fürsich- und Insichsein gegen das Allgemeine.
Diese Trennung ist aber dadurch aufgehoben, dass die atomistische Subjektivität,
als die einfache Beziehung auf sich, selbst das Allgemeine, mit sich Identische ist.« —
Was wohl zukünftige Jahrhunderte zu diesem Wortschwall sagen werden? Während
zwei Dritteln des unsrigen wurde er für höchste Weisheit gehalten.

Beginnen; jede Gestalt — auch die eines Käfers — ist für den
Menschenverstand ein »Wunder«, die menschliche Persönlichkeit aber
ist das *mysterium magnum* des Daseins, und je mehr die Kritik eine
grosse Persönlichkeit von den Zuthaten der Legendenbildung reinigt,
je mehr es ihr gelingt, fast einen jeden ihrer Schritte als ein Be-
dingtes, als ein gewissermassen durch die Natur der Dinge Gebotenes
hinzustellen, umso unbegreiflicher wird das Wunder. Das ist auch
das Endresultat der Kritik, welche in unserem Jahrhundert am Leben
Jesu geübt wurde. Man nennt unser Jahrhundert ein unreligiöses;
noch niemals jedoch (seit den ersten christlichen Jahrhunderten) hat
sich das Interesse der Menschen in so leidenschaftlicher Weise auf die
Person Jesu Christi konzentriert, wie in den letzten 70 Jahren; die
Werke Darwin's, wie weit verbreitet sie auch waren, wurden nicht
ein Zehntel soviel gekauft, wie die von Strauss und Renan. Und das
Endergebnis ist, dass das thatsächliche Erdenleben Jesu Christi eine
immer konkretere Gestalt gewonnen und man immer deutlicher hat
einsehen müssen, die Entstehung der christlichen Religion sei im letzten
Grund auf den schier beispiellosen Eindruck zurückzuführen, den diese
eine Persönlichkeit auf ihre Umgebung gemacht und hinterlassen hatte.
Bestimmter als je, und darum auch unergründlicher als je steht heute
diese Erscheinung vor unseren Augen.

Das musste zunächst festgestellt werden. Die ganze Richtung
unserer Zeit bringt es mit sich, dass wir uns nur für das Konkrete,
Lebendige erwärmen können. Am Beginn des Jahrhunderts war es
anders; die Romantik warf ihre Schatten nach allen Seiten, und so
war es auch Mode geworden, Alles und Jedes »mythisch« zu erklären.
Im Jahre 1835 folgte David Strauss dem ihm von allen Seiten gegebenen Beispiel und bot als »Schlüssel« (!) der Evangelien »den Begriff des Mythus«![1]) Heute sieht ein Jeder ein, dass dieser angebliche

---

[1]) Siehe erste Ausg. I, 72 fg. und Volksausgabe, 9. Aufl., S. 191 fg. —
Dass Strauss niemals geahnt hat, was ein Mythus ist, was Mythologie bedeutet,
wie aus seinem Durcheinanderwerfen von Volksmythen, von Dichtungen und von
Legenden hervorgeht, das ist wieder eine Sache für sich. Eine spätere Zeit wird
überhaupt den Erfolg solcher öden, zwar gelehrten, doch jeder tieferen Einsichtskraft, jedes schöpferischen Hauches baren Produkte wie Straussens nicht begreifen
können. Es scheint als ob, ähnlich wie die Bienen und Ameisen ganzer Kohorten
geschlechtsloser Arbeiter in ihren Staaten bedürfen, auch wir Menschen ohne den
Fleiss und die auf kurze Zeit weit hinreichende Wirkung solcher mit dem Stempel
der Sterilität gezeichneten Geister (wie sie um die Mitte unseres Jahrhunderts so
üppig blühten) nicht auskommen könnten. Der Fortgang der historisch-kritischen

Schlüssel nichts weiter war, als eine neue, nebelhafte Umschreibung des ungelöst bleibenden Problems, und dass nicht ein »Begriff«, sondern einzig ein thatsächlich gelebtes Leben, einzig der mit nichts zu vergleichende Eindruck einer Persönlichkeit, wie sie die Welt noch niemals erlebt hatte, den »Schlüssel« giebt zur Entstehung des Christentums. Je mehr Ballast aufgedeckt wurde, einerseits in Gestalt pseudo-mythischer (richtiger gesprochen pseudo-historischer) Legendenbildung, andererseits in der Form philosophisch-dogmatischer Spekulation, umsomehr Lebenskraft und Widerstandsfähigkeit musste dem ursprünglichen, treibenden und gestaltenden Moment zuerkannt werden. Die allerneueste, streng-philologische Kritik hat das ungeahnt hohe Alter der Evangelien und die weitreichende Authenticität der uns vorliegenden Handschriften nachgewiesen; es ist nunmehr gelungen, gerade die allerfrüheste Geschichte des Christentums[1]) streng historisch, fast Schritt für Schritt zu verfolgen; doch ist das Alles vom allgemein menschlichen Standpunkt aus betrachtet weit weniger belangreich als die eine Thatsache, dass in Folge dieser Ergebnisse die Erscheinung des einen göttlichen Mannes in den Vordergrund gerückt worden ist, so dass Ungläubige sowohl wie Gläubige nicht mehr umhin können, sie als Mittelpunkt und Quelle alles Christentums (dies Wort in dem denkbar umfassendsten Sinne genommen) anzuerkennen.

Buddha und Christus wurden von mir vorhin zusammengestellt. Der Kern religiöser Vorstellungen bei allen begabteren Menschenrassen (mit einziger Ausnahme der kleinen Familie der Juden auf der einen Seite und ihrer Antipoden, der Brahmanischen Inder auf der andern) beruht seit den letzten Jahrtausenden nicht auf dem Bedürfnis einer Welterklärung, auch nicht auf mythologischer Natursymbolik, noch auf grübelndem Transcendentismus, sondern auf der Erfahrung grosser Charaktere. Wohl spukt noch unter uns das Wahngebilde einer

Buddha und Christus.

Untersuchungen auf der einen Seite, auf der anderen die zunehmende Neigung, das Augenmerk nicht auf das Theologische und Nebensächliche, sondern auf das Lebendige und Bestimmende zu richten, lässt heute den Strauss'schen mythologischen Standpunkt als einen so totgeborenen empfinden, dass man in den Schriften dieses ehrlichen Mannes nicht blättern kann, ohne laut zu gähnen. Und doch muss man zugeben, dass solche Männer, wie er und wie Renan — zwei Hohlspiegel, der eine alle Linien in die Länge, der andere in die Fläche verzerrend — ein wichtiges Werk vollbracht haben, indem sie die Aufmerksamkeit von Tausenden auf das grosse Wunder der Erscheinung Christi richteten und somit für gründlichere Denker und einsichtsvollere Männer eine Zuhörerschaft bereiteten.

[1]) Später tritt eine noch unaufgeklärte dunkle Periode ein.

»vernünftigen Religion«, auch war manchmal in den letzten Jahren
von einem »Ersatz der Religion durch Höheres« die Rede und auf
den Bergesspitzen gewisser deutscher Gaue opferten zur Zeit der Sonnen-
wende neuerstandene »Wotansanbeter«; keiner dieser Bewegungen
eignete jedoch bisher die geringste weltgestaltende Kraft. Ideen sind
eben unsterblich; ich sagte es schon öfters und werde es immer
wiederholen müssen; und in solchen Gestalten wie Buddha und Christus
erreicht eine Idee — nämlich eine bestimmte Vorstellung des Menschen-
daseins — eine so lebendige Verkörperung, diese Idee wird so vollkommen durchgelebt, so klar vor Aller Augen hingestellt, dass sie
nie mehr aus dem menschlichen Bewusstsein entschwinden kann.
Mancher mag den Gekreuzigten niemals erblickt haben, mancher kann
an dieser Erscheinung stets gänzlich achtlos vorübergegangen sein,
Tausenden von Menschen, auch unter uns, fehlt das, was man den
inneren Sinn nennen könnte, um ihrer überhaupt gewahr zu werden,
dagegen kann man nicht Jesum einmal erblickt haben, auch nur mit
halbverschleierten Augen, und ihn dann wieder vergessen; es liegt
nicht in unserer Macht, Erfahrenes aus unserer Vorstellung auszurotten.
Man ist nicht Christ, weil man in dieser oder jener Kirche auferzogen
wurde, weil man Christ sein will, sondern ist man Christ, so ist
man es, weil man es sein muss, weil kein Chaos des Weltgetriebes,
kein Delirium der Eigensucht, keine Dressur des Denkens die einmal
gesehene Gestalt des Schmerzensreichen auszulöschen vermag. Christus,
am Vorabend seines Todes von seinen Jüngern über die Bedeutung
einer seiner Handlungen befragt, antwortete: »Ein Beispiel habe
ich euch gegeben.« Das ist die Bedeutung nicht bloss der einen
Handlung, sondern seines ganzen Lebens und Sterbens. Selbst ein so
streng kirchlicher Mann wie Martin Luther schreibt: »Des Herrn Christi
Beispiel ist zugleich ein Sakrament, es ist in uns kräftig, und lehret
nicht allein, wie die Exempel der Väter thun, sonden wirket auch
das, so es lehret, giebt das Leben, die Auferstehung und Erlösung
vom Tode.« In Ähnlichem liegt die Weltmacht Buddha's begründet.
Der wahre Quell aller Religion ist, ich wiederhole es, bei der überwiegenden Mehrzahl aller jetzt lebenden Menschen nicht eine Lehre,
sondern ein Leben. In wiefern wir im Stande sind, dem Beispiel
mit schwachen Kräften zu folgen, in wiefern nicht, das ist eine
ganz andere Frage; das Ideal ist da, deutlich, unverkennbar, und es
wirkt seit Jahrhunderten mit einer Gewalt ohnegleichen auf die Gedanken und Handlungen der Menschen, auch der ungläubigen.

Hierauf komme ich in einem anderen Zusammenhange später zurück. Wenn ich nun an dieser Stelle, wo einzig die Erscheinung Christi mich beschäftigt, Buddha herangezogen habe, so geschah das besonders deswegen, weil nichts eine Gestalt so deutlich hervortreten lässt wie der Vergleich. Nur darf der Vergleich kein ungereimter sein, und ich wüsste nicht, wen die Weltgeschichte ausser Buddha als geeignet zu einem Vergleich mit Christus bietet. Beiden gemeinsam ist der göttliche Ernst; beiden gemeinsam ist die Sehnsucht, der ganzen Menschheit den Weg der Erlösung zu weisen; beiden ist eine unerhörte Macht der Persönlichkeit eigen. Und dennoch, stellt man diese beiden Gestalten nebeneinander, so kann es nicht sein, um eine Parallele zwischen ihnen zu ziehen, sondern nur um den Kontrast zu betonen. Christus und Buddha sind Gegensätze. Was sie einigt, ist die Erhabenheit der Gesinnung; aus dieser ging ein Leben ohne Gleichen hervor, und aus dem Leben eine weitreichende Wirkung, wie sie die Welt noch nicht erfahren hatte. Sonst aber trennt sie fast alles, und der Neobuddhismus, der sich in den letzten Jahren in gewissen Gesellschaftsschichten Europas breitmacht, angeblich im engsten Anschluss an das Christentum und über dieses hinausschreitend, ist nur ein neuer Beweis von der weitverbreiteten Oberflächlichkeit im Denken. Buddha's Denken und Leben bildet nämlich das genaue Gegenteil von Christi Denken und Leben, das, was der Logiker die Antithese, der Physiker den Gegenpol nennt.

Buddha bedeutet den greisenhaften Ausgang einer an der Grenze ihres Könnens angelangten Kultur. Ein hochgebildeter, mit reicher Machtfülle begabter Fürst erkennt die Nichtigkeit seiner Bildung und seiner Macht; was Allen das Höchste dünkt, besitzt er, doch vor dem Blick des Wahrhaftigen schmilzt dieser Besitz zu einem Nichts zusammen. Die indische Kultur, aus der nachdenklichen Beschaulichkeit eines Hirtenlebens hervorgegangen, hatte sich mit aller Wucht einer hohen Begabung auf die Ausbildung der einen menschlichen Anlage, der kombinierenden Vernunft, geworfen; dabei verkümmerte die Verbindung mit der umgebenden Welt — die kindliche Beobachtung, die praktisch-geschäftige Nutzbarmachung — wenigstens bei den Gebildeteren fast völlig; Alles war systematisch auf die Entwickelung des Denkvermögens angelegt; jeder gebildete Jüngling wusste auswendig, Wort für Wort, eine ganze Litteratur von so subtilem Gedankengehalt, dass wenige Europäer heutzutage überhaupt fähig sind, demselben zu folgen; selbst die abstracteste Vorstellungsart der konkreten Welt, die

Buddha.

Geometrie, war den Indern zu handgreiflich, und sie schwelgten
dafür in einer Arithmetik, welche über alle Vorstellbarkeit hinausgeht;
wer hier im Ernste sich über seinen Lebenszweck befragte, wem es
von Natur gegeben war, einem höchsten Ziele nachzustreben, der
fand auf der einen Seite ein religiöses System, in welchem die Symbolik
zu so wahnsinnigen Dimensionen angewachsen war, dass man etwa
30 Jahre brauchte, um sich darin zurecht zu finden, auf der andern,
eine Philosophie, die zu so schwindligen Höhen emporführte, dass
wer die letzten Sprossen dieser Himmelsleiter erklettern wollte, sich
auf ewig aus der Welt in die Tiefen des lautlosen Urwaldes zurück-
ziehen musste. Hier hatten offenbar das Auge und das Herz keine
Rechte mehr. Wie ein sengender Wüstenwind hatte der Geist der
Abstraktion über alle andern Anlagen der reichen Menschennatur,
alles verdorrend, hinweggeweht. Sinne gab es freilich noch, tropisch
heisse Gelüste; auf der andern Seite aber die Verleugnung der ganzen
Sinnenwelt; dazwischen nichts, kein Ausgleich, nur Krieg, — Krieg
zwischen menschlicher Erkenntnis und menschlicher Natur, zwischen
Denken und Sein. Und so musste Buddha hassen, was er liebte:
Kinder, Eltern, Weib, alles Schöne und Freudenvolle, denn das waren
lauter Schleier vor der Erkenntnis, Schlingen, die ihn an ein erträumtes,
lügenhaftes Mayaleben ketteten. Und was sollte ihm die ganze Brah-
manische Weisheit? Opferzeremonieen, die kein Mensch verstand und
welche die Priester selber als lediglich symbolisch, für den Wissenden
nichtig erklärten; dazu eine »Erlösung durch Erkenntnis«, die
kaum Einem in hunderttausend zugänglich war? So warf denn
Buddha nicht allein sein Reich und sein Wissen von sich, er riss
sich alles aus dem Herzen, was ihn noch als Menschen unter
Menschen fesselte, alle Liebe, alles Hoffen, zugleich zertrümmerte er
den Glauben seiner Väter, entgötterte das Weltgebäude und verwarf
als müssiges Wahngebilde selbst jenen höchsten Gedanken indischer
Metaphysik, den an einen all-einigen Gott, unbeschreibbar, unvor-
stellbar, raumlos, zeitlos, dem Denken folglich unzugänglich, doch
von ihm geahnt. Nichts giebt es — dies war Buddha's Erlebnis und
folglich auch seine Lehre — nichts giebt es im Leben ausser »dem
Leiden«; das einzig Erstrebenswerte ist »die Erlösung vom
Leiden«; diese Erlösung ist der Tod, das Eingehen in das Nichts.
Nun glaubte aber jeder Inder wie an eine offenkundige, nicht erst
in Frage zu ziehende Sache, an die Seelenwanderung, d. h. an die
unaufhörliche Neugeburt derselben Individuen. Die »Erlösung« also

spendet nicht der gewöhnliche Tod, sondern nur derjenige Tod, auf den keine Neugeburt folgt; und dieser erlösende Tod kann einzig dadurch gewonnen werden, dass der Mensch schon im Leben, also aus freien Stücken, stirbt; d. h., dass er alles, was ihn an das Leben fesselt, alle Liebe, alles Hoffen, alles Wünschen, alles Haben abschneidet und vernichtet, kurz, wie wir heute mit Schopenhauer sagen würden, dass er den Willen zum Leben verneint. Lebt der Mensch auf diese Weise, macht er sich selbst zur wandelnden Leiche ehe er stirbt, dann erntet der Schnitter Tod keinen Samen zur Neugeburt. Lebend sterben: das ist die Essenz des Buddhismus. Man kann Buddha's Leben als den gelebten Selbstmord bezeichnen. Es ist der Selbstmord in seiner denkbar höchsten Potenz: denn Buddha lebt einzig und allein, um zu sterben, um endgültig und ohne Widerruf tot zu sein, um einzugehen in das Nirwana, das Nichts.

Welchen grösseren Gegensatz kann es zu dieser Erscheinung geben, als diejenige Christi, dessen Tod den Eingang ins ewige Leben bedeutet? In der ganzen Welt erblickt Christus göttliche Vorsehung; kein Sperling fällt zur Erde, kein Haar auf eines Menschen Haupt kann gekrümmt werden, ohne dass der himmlische Vater es erlaubt. Und weit entfernt, dass dieses irdische Dasein, gelebt durch den Willen und unter dem Auge Gottes, ihm verhasst sei, preist es Christus als den Eingang in die Ewigkeit, als die enge Pforte, durch die wir ins Himmelreich eintreten. Und dieses Himmelreich, was ist es? ein Nirwana? ein erträumtes Paradies? eine zu erkaufende zukünftige Belohnung für hienieden vollbrachte Werke? Die Antwort giebt Christus in einem Wort, welches uns unzweifelhaft authentisch aufbewahrt worden ist, denn es war noch niemals gesprochen worden, und es wurde offenbar von keinem seiner Jünger verstanden, vielweniger erfunden, ja, es eilte der langsamen Entfaltung der menschlichen Erkenntnis mit so mächtigem Flügelschlag voraus, dass es bis heute nur Wenigen seinen Sinn enthüllt — — — ich sagte es schon, unser Christentum geht noch auf Kinderfüssen; Christus antwortet: »Das Reich Gottes kommt nicht mit äusserlichen Geberden. Man wird auch nicht sagen: Siehe, hier oder da ist es. Denn sehet, das Reich Gottes ist inwendig in euch.« Dies ist, was Christus selber »das Geheimnis« nennt; es lässt sich nicht in Worte fassen, es lässt sich nicht begrifflich darthun; und immer wieder sucht der Heiland diese seine grosse Heilsbotschaft durch Gleichnisse seinen Zuhörern nahezulegen: das Himmelreich ist wie ein Senfkorn auf

Christus.

dem Acker, »das kleinste unter allen Samen«, wird es aber vom
Landmann gepflegt, so wächst es aus zu einem Baume, »dass die
Vögel unter dem Himmel kommen, und wohnen unter seinen Zweigen«;
das Himmelreich ist wie der Sauerteig unter dem Mehl, nimmt das
Weib auch nur ein wenig, es durchsetzt das Ganze; am deutlichsten jedoch
redet folgendes Bild: »das Himmelreich ist gleich einem verborgenen
Schatz im Acker«. Dass der Acker die Welt bedeutet, sagt Christus
ausdrücklich (siehe Matthäus XIII, 38); in dieser Welt, d. h. also in
diesem Leben, liegt der Schatz verborgen; vergraben ist das Himmelreich inwendig in uns! Das ist »das Geheimnis des Himmelreiches«,
wie Christus sagt; zugleich ist es das Geheimnis seines eigenen Lebens,
das Geheimnis seiner Persönlichkeit. Eine Abwendung vom Leben
(wie bei Buddha) findet bei Christus durchaus nicht statt, dagegen eine
U m k e h r u n g der Lebensrichtung, wenn ich so sagen darf; wie
denn Christus zu seinen Jüngern spricht: »Wahrlich, ich sage euch,
es sei denn, dass ihr euch u m k e h r e t, so werdet ihr nicht in das
Himmelreich kommen«. [1]) Später erhielt dann — vielleicht von fremder
Hand — diese so handgreiflich fassliche »Umkehrung« den mehr
mystischen Ausdruck: »Es sei denn, dass Jemand von Neuem geboren
werde, kann er das Reich Gottes nicht sehen«. Auf den Wortlaut
kommt es nicht an, sondern einzig auf die zu Grunde liegende Vorstellung, und diese Vorstellung steht leuchtend klar vor uns, denn sie
gestaltete das ganze Leben Christi. Hier finden wir nicht, (wie bei
Buddha) eine Lehre mit eins, zwei, drei, logisch auseinander entwickelt; noch findet, wie die Oberflächlichkeit so häufig behauptet
hat, irgend eine organische Berührung mit jüdischer Weisheit statt:
man lese nur Jesus Sirach, den am häufigsten zum Vergleich heran-
gezogenen, und frage sich, ob das Geist vom selben Geiste ist? bei
Sirach redet ein jüdischer Marc Aurel, und selbst seine schönsten
Sprüche, wie: »Strebet nach der Wahrheit bis zum Tode, und Gott
wird für dich kämpfen«, oder »Das Herz des Narren liegt ihm auf
der Zunge, doch des Weisen Zunge wohnt ihm im Herzen« —
klingen wie aus einer andern Welt, wenn man sie neben die Sprüche
Christi hält: »Selig sind die Sanftmütigen, denn sie werden das Erdreich besitzen; selig sind, die reines Herzens sind, denn sie werden

---

[1] Der Nachdruck liegt offenbar nicht auf dem Nachsatz »und werdet wie die
Kinder«; vielmehr ist dies eine Erläuterung zur Umkehr. Was zeichnet denn die
Kinder aus? Die unbedingte Lebenslust und die ungeschmälerte Kraft, das Leben
durch eigene Gesinnung zu verklären.

Gott schauen; nehmet auf euch mein Joch und lernet von mir, denn ich bin sanftmütig und von Herzen demütig, und ihr werdet Ruhe finden für eure Seelen, denn mein Joch ist sanft und meine Last ist leicht«. — — — So hatte noch Keiner gesprochen; so sprach seitdem Keiner mehr. Diese Reden Christi haben aber, wie man sieht, nie den Charakter einer Lehre, sondern, so wie der Ton einer Stimme das, was wir aus den Gesichtszügen und den Handlungen eines Menschen über ihn wissen, durch ein geheimnisvoll Unsagbares, durch das Persönlichste seiner Persönlichkeit ergänzt, so meinen wir in diesen Reden Christi seine Stimme zu hören; was er genau sagte, wissen wir nicht, doch ein unmissverständlicher, unvergesslicher Ton schlägt an unser Ohr und dringt von dort aus in das Herz. Und da schlagen wir die Augen auf und erblicken diese Gestalt, dieses Leben! Über die Jahrtausende hinweg vernehmen wir die Worte: »Lernet von mir!« und verstehen jetzt, was das heissen soll: sein wie Christus war, leben wie Christus lebte, sterben wie Christus starb, das ist das Himmelreich, das ist das ewige Leben.

In unserem Jahrhundert, wo die Begriffe Pessimismus und Verneinung des Willens sehr geläufig geworden sind, hat man sie vielfach auf Christus angewandt; sie passen aber nur für Buddha und für gewisse Erscheinungen der christlichen Kirchen und ihrer Dogmen, Christi Leben ist ihre Verleugnung. Wenn das Reich Gottes in uns wohnt, wenn der Himmel wie ein verborgener Schatz in diesem Leben einbegriffen liegt, was soll der Pessimismus?[1] Wie kann der Mensch ein elendes, nur zu Jammer geborenes Wesen sein, wenn seine Brust das Göttliche birgt? wie diese Welt die schlechteste, die noch gerade möglich war (siehe Schopenhauer, *Die Welt als Wille und Vorstellung*, Bd. 2, Kap. 46), wenn sie den Himmel einschliesst? Für Christus waren das alles Trugschlüsse; wehe rief er über die Gelehrten: »die ihr das Himmelreich zuschliesst vor den Menschen; ihr kommt nicht hinein, und die hinein wollen, lasst ihr nicht hineingehen«, und er pries Gott, dass er »den Unmündigen geoffenbart, was er den Weisen und Klugen verborgen habe«. Christus, wie einer der grössten Männer unseres Jahrhunderts gesagt hat, »war nicht weise, sondern göttlich«;[2] das ist ein ge-

---

[1] Ich brauche wohl kaum zu sagen, dass ich hier den so vieler Auffassungen fähigen Begriff des Pessimismus in dem populären, oberflächlichen Sinne nehme, welcher nicht eine philosophische Erkenntnis, sondern eine moralische Stimmung bezeichnet.

[2] Auch Diderot, dem man Rechtgläubigkeit nicht imputieren kann, sagt in der *Encyclopédie*: »*Christ ne fut point un philosophe, ce fut un Dieu.*«

waltiger Unterschied; und weil er göttlich war, wandte sich Christus
nicht hinweg vom Leben, sondern zum Leben hin. Dies findet ein
beredtes Zeugnis in dem Eindruck, den Christus auf seine Umgebung
zurückliess; sie nennt ihn: den Baum des Lebens, das Brod des Lebens,
das Wasser des Lebens, das Licht des Lebens, das Licht der Welt,
ein Licht von oben, denen als Leuchte gesandt, die da sitzen in
Finsternis und Schatten des Todes, Christus ist für sie der Fels, der
Grund, auf welchem wir unser Leben aufbauen sollen u. s. w., u. s. w.
Alles positiv, alles konstruktiv, alles bejahend. Ob Christus die Todten
wirklich auferweckte, mag Jeder bezweifeln, der will; umso höher
muss er jedoch dann den lebenspendenden Eindruck anschlagen, der
von dieser Erscheinung ausstrahlte, denn wo Christus ging, glaubte
man die Toten auferstehen, die Kranken geheilt von ihren Lagern
sich erheben zu sehen. Überall suchte er die Leidenden, die Armen,
die Schmerzbeladenen auf, rief ihnen zu: »Weinet nicht!«, und
schenkte ihnen Worte des Lebens. — Aus Innerasien kommend, wo
es der Buddhismus zwar nicht erfunden, ihm aber den gewaltigsten
Vorschub geleistet hatte, war das Ideal des weltflüchtigen Kloster-
lebens (wie es später das Christentum mit genauer Befolgung ägyptischer
Muster nachahmte), bereits bis in die unmittelbare Nähe des Galiläers
vorgedrungen; wo sieht man aber, dass Christus monastische, welt-
feindliche Lehren gepredigt hätte? Viele Religionsstifter haben in der
Nahrung sich und ihren Jüngern Kasteiungen auferlegt; Christus
nicht; er betont sogar ausdrücklich, dass er nicht wie Johannes ge-
fastet, sondern so gelebt habe, dass ihn die Menschen »einen Fresser
und einen Säufer« nannten. Alle folgende uns aus der Bibel so geläufigen Ausdrücke: die Gedanken der Menschen sind eitel, des
Menschen Leben ist Eitelkeit, es fährt dahin wie ein Schatten, des
Menschen Wirken ist eitel, es ist alles ganz eitel — — — sie stammen
aus dem alten, nicht aus dem neuen Testament. Ja, solche Worte
wie z. B. die des Predigers Salomo: »Ein Geschlecht vergeht, das
andere kommt, die Erde aber bleibt ewiglich«, entstammen einer
Weltanschauung, die derjenigen Christi direkt widerspricht; denn für
diese sind Himmel und Erde durchaus vergänglich, während die
Menschenbrust in ihrer Tiefe das einzige Ewige birgt. Zwar giebt
uns Jesus Christus das Beispiel einer absoluten Abwendung von Vielem,
was das Leben der Meisten ausfüllt; es geschieht aber um des Lebens
willen; diese Abwendung ist jene »Umkehr«, von der gesagt wurde,
sie führe ins Himmelreich, und sie ist durchaus keine äussere, sondern

eine rein innere. Was Buddha lehrt, ist gewissermassen ein physischer Vorgang, es ist die thatsächliche Abtötung des leiblichen und geistigen Menschen; wer erlöst werden will, muss die drei Gelübde der Keuschheit, der Armut und des Gehorsams ablegen. Bei Christus finden wir nichts Ähnliches: er wohnt Hochzeitsfesten bei, die Ehe erklärt er für eine heilige Stiftung Gottes und auch die Verirrungen des Fleisches beurteilt er so nachsichtig, dass er selbst für die Ehebrecherin kein Wort der Verdammung hat; zwar bezeichnet er Reichtum als einen erschwerenden Umstand für jene Umkehr der Willensrichtung, der Reiche, sagt er, wird schwerer in jenes Reich Gottes, welches inwendig in uns liegt, hineingelangen, als ein Kamel durch ein Nadelöhr gehen, fügt aber sofort hinzu — und dies ist das Charakteristische und Entscheidende — »was bei den Menschen unmöglich ist, das ist bei Gott möglich«. Dies ist wieder eine jener Stellen, die nicht erfunden sein können, denn nirgends in der ganzen Welt finden wir Ähnliches. Diatriben gegen den Reichtum hatte es schon früher in Hülle und Fülle gegeben (man lese nur die jüdischen Propheten), sie wurden später wiederholt (man lese z. B. die Epistel Jakobi, Kap. II); für Christus dagegen ist Reichtum etwas ganz Äusserliches, sein Besitz kann hinderlich sein, oder auch nicht, denn ihm kommt es einzig und allein auf eine innere Umwandlung an; was gerade für diesen Fall der weitaus bedeutendste Apostel später so schön ausführt: denn hatte Christus dem reichen Jüngling geraten, »verkaufe was du hast, und gieb es den Armen«, so ergänzt Paulus diesen Ausspruch durch die Bemerkung: »und wenn ich alle meine Habe den Armen gäbe und hätte der Liebe nicht, so wäre mir es nichts nütze«. Wer auf den Tod lossteuert, mag sich mit Armut, Keuschheit und Gehorsam begnügen, wer das Leben erwählt, hat ganz andere Dinge im Sinne.

Und da ist es nötig, auf noch einen Punkt aufmerksam zu machen, in welchem das Lebensvolle an Christi Erscheinung und Beispiel frisch und überzeugend sich kund thut: ich meine die Kampfeslust. Die Sprüche Christi über die Demut, die Geduld, seine Ermahnung, unsere Feinde zu lieben und diejenigen zu segnen, die uns fluchen, finden fast gleichwertige Gegenstücke bei Buddha; sie entspringen jedoch einem durchaus anderen Motiv. Für Buddha ist jedes erduldete Unrecht eine Abtötung, für Christus ein Mittel, um die neue Anschauung des Lebens zu befördern: »Selig sind, die um Gerechtigkeit willen verfolgt werden, denn das Himmelreich ist ihr-

(jenes Himmelreich, welches wie ein Schatz im Lebensacker vergraben liegt). Treten wir aber auf das innere Gebiet über, wird jene einzige Fundamentalfrage der Willensrichtung aufgeworfen, da vernehmen wir ganz andere Worte: »Meinet ihr, dass ich hergekommen bin, Frieden zu bringen auf Erden? Ich sage: Nein, sondern Zwietracht! Denn von nun an werden fünf in einem Hause uneins sein, drei wider zwei, und zwei wider drei. — — Denn ich bin gekommen, den Menschen zu erregen wider seinen Vater, und die Tochter wider ihre Mutter, und die Schnur wider ihre Schwieger; und des Menschen Feinde werden seine eigenen Hausgenossen sein.« Nicht Frieden, sondern das Schwert: das ist ein Ton, den man nicht überhören darf, will man die Erscheinung Christi begreifen. Das Leben Jesu Christi ist eine offene Kriegserklärung, nicht gegen die Formen der Civilisation, der Kultur und der Religion, die er um sich her fand — er beobachtet das jüdische Religionsgesetz und lehrt: gebet Caesar was Caesar's — wohl aber gegen den inneren Geist der Menschen, gegen die Beweggründe, aus welchen ihre Handlungen hervorgehen, gegen das Ziel (auch das jenseitige), welches sie sich stecken. Die Erscheinung Jesu Christi bedeutet, vom welthistorischen Standpunkt aus, die Erscheinung einer neuen Menschenart. Linnaeus unterschied so viele Menschenarten als es Hautfärbungen giebt; eine neue Färbung des Willens greift wahrlich tiefer in den Organismus ein, als ein Unterschied im Pigment der Epidermis! Und der Herr dieser Menschenart, der »neue Adam«, wie ihn die Schrift so treffend nennt, will nichts von Paktieren wissen; er stellt die Wahl: Gott oder Mammon. Wer die Umkehr erwählt, wer Christi Mahnung vernimmt: »folget mir nach!«, der muss auch, wenn es notthut, Vater und Mutter, Weib und Kind verlassen; nicht aber wie Buddha's Jünger verlässt er sie, um den Tod, sondern um das Leben zu finden. An diesem Punkte hört das Mitleid gänzlich auf; wer verloren ist, ist verloren; und mit der antiken Härte heldenhafter Gesinnung wird den Verlorenen keine Thräne nachgeweint: »lasset die Toten ihre Toten begraben«. Nicht Jeder ist fähig, das Wort Christi zu verstehen, er sagt es ja: »viele sind berufen, aber wenige sind auserwählet«, und auch hier wieder hat Paulus dieser Erkenntnis drastischen Ausdruck verliehen: »Das Wort vom Kreuz ist eine Thorheit denen, die verloren werden; uns aber, die wir selig werden, ist es eine Gottes-Kraft«. Äusserlich nimmt Christus mit jeder vorhandenen Form fürlieb, was aber die Willensrichtung anbelangt, ob sie auf das Ewige oder auf das Zeit-

liche gerichtet ist, ob sie die Entfaltung der unermesslichen Lebens-
macht in des Menschen Innern fördert oder hemmt, ob sie auf Ver-
lebendigung jenes »Reich Gottes inwendig in uns« hinzielt, oder im
Gegenteil diesen einzigen Schatz »derjenigen, die erwählet sind«, auf
ewig zuschüttet — da ist bei ihm von Duldsamkeit keine Rede, und
kann auch keine sein. Gerade in dieser Beziehung ist seit dem vorigen
Jahrhundert viel geschehen, um das hohe Antlitz des Menschensohnes
aller kraftvollen Züge zu berauben. Man hat, ich weiss nicht welches
Trugbild einer unbeschränkten Duldsamkeit, einer allgemein wohl-
wollenden Passivität uns als Christentum hingemalt, so eine Milch-
und Wasser-Religion; in den allerletzten Jahren erlebten wir sogar
»interkonfessionelle Religionskongresse«, wo alle Pfaffen der Welt sich
brüderlich die Hand reichten und viele Christen begrüssten das als
besonders »christlich«. Kirchlich mag es sein, es mag auch recht und
gut sein, Christus aber hätte zu einem derartigen Kongress keinen
Apostel entsandt. Entweder ist das Wort vom Kreuz eine Thorheit
oder es ist eine Gottes-Kraft; zwischen beiden hat Christus selber die
gähnende Kluft der »Zwietracht« aufgerissen, und um jede Überbrückung zu vereiteln, das flammende »Schwert« gezogen. Wer die
Erscheinung Christi begreift, kann sich darüber nicht wundern. Die
Duldsamkeit Christi ist die eines Geistes, der himmelhoch über allen
Formen schwebt, welche die Welt trennen; eine Verschmelzung dieser
Formen könnte für ihn nicht die geringste Bedeutung haben — sie
wäre einfach die Entstehung einer neuen Form; ihm aber kommt es
einzig auf »den Geist und die Wahrheit« an. Und wenn Christus
lehrt: »so dir Jemand einen Streich giebt auf deinen rechten Backen,
dem biete den andern auch dar; und so Jemand deinen Rock nimmt,
dem lass' auch deinen Mantel« — eine Lehre, der sein Beispiel am
Kreuze ewige Bedeutung gab —, wer sieht nicht ein, dass dies eng
mit dem Folgenden zusammenhängt: »Liebet eure Feinde, thut wohl,
denen, die euch hassen«, und dass hier jene innerliche »Umkehr« zum
Ausdruck kommt, nicht aber passiv, sondern in der denkbar höchsten
Form des lebendigen Handelns? Biete ich dem frechen Schläger
meinen linken Backen, so geschieht es nicht seinetwegen; liebe ich
meinen Feind und erweise ich ihm Wohlthaten, so geschieht es nicht
seinetwegen; nach der Umkehr des Willens ist es mir nicht anders
möglich, darum thue ich es. Das alte Gesetz: Aug' um Auge, Hass
um Hass ist eine ebenso natürliche Reflexbewegung, wie die, welche
die Beine selbst eines schon toten Frosches beim Anreizen der Nerven

zum Ausschlagen bringt. Wahrlich, es muss ein »neuer Adam« sein, der so Herr seines »alten Adam« geworden ist, dass er diesem Zwange nicht gehorcht. Blosse Selbstbeherrschung ist es jedoch nicht — denn bildet Buddha den einen Gegenpol zu Christus, so bildet der Stoiker den anderen —, jene Umkehr des Willens aber, jener Eintritt in das verborgene Reich Gottes, jenes von Neuem geboren werden, welches die Summe von Christi Beispiel ausmacht, bedingt ohne Weiteres eine völlige Umkehr der Empfindungen. Das ist eben das Neue. Bis auf Christus war die Blutrache das heilige Gesetz aller Menschen der verschiedensten Rassen; der Gekreuzigte aber rief: »Vater, vergieb ihnen, denn sie wissen nicht, was sie thun«. Wer nun hier die göttliche Stimme des Mitleids für schwächlichen Humanitarismus nimmt, der hat keinen einzigen Zug an der Erscheinung Christi verstanden. Die Stimme, die hier redet, ertönt aus jenem Reich Gottes inwendig in uns; Schmerz und Tod haben die Gewalt über sie verloren; sie reichen ebensowenig an einen Wiedergeborenen heran, wie jener Backenstreich und jene diebische Entblössung; an diesem Willen bricht sich wie eitler Meeresschaum an einem granitnen Felsen alles, was den menschlichen Halbaffen treibt und drängt und nötigt: die Selbstsucht, der Aberglaube, das Vorurteil, der Neid, der Hass; im Angesicht des Todes (d. h. für diesen Göttlichen der Ewigkeit) achtet er kaum des eigenen Schmerzes und der Angst, er sieht nur, dass die Menschen das Göttliche in ihnen ans Kreuz schlagen, dass sie den Samen des Himmelreichs zertreten, den Schatz im Acker verschütten, und voll Mitleid ruft er: sie wissen nicht was sie thun! Man durchsuche die Weltgeschichte und sehe, ob man ein Wort finde, das diesem gleichkäme an hochsinnigem Stolz! Hier redet eine Erkenntnis, die weiter geschaut hat als die indische, zugleich redet hier der stärkste Wille, das sicherste Selbstbewusstsein.

Ähnlich wie wir Letztgeborene eine Kraft, welche nur von Zeit zu Zeit in flüchtigen Wolken als Blitz aufzuckte, nunmehr in der ganzen Welt entdeckt haben, verborgen, unsichtbar, von keinem Sinne wahrgenommen, durch keine Hypothese zu erklären, doch allgegenwärtig und allgewaltig, und wie wir nunmehr im Begriff sind, von dieser Kraft die völlige Umgestaltung unserer äusseren Lebensbedingungen herzuleiten, — so wies Christus auf eine verborgene Kraft hin, drinnen in der unerforschten und unerforschlichen Welt des Menscheninnern, eine Kraft, fähig den Menschen selber völlig umzugestalten, fähig, aus einem elenden, leidbedrückten Wesen, ein mächtiges, seliges zu machen. Der Blitz war sonst lediglich ein Zerstörer gewesen, die Kraft, die er uns entdecken lehrte, dient nunmehr der friedlichen Arbeit und dem Wohlbehagen; ebenso war der menschliche Wille von jeher die Saat alles Unheils und Elends, das über das Menschengeschlecht niederging, — jetzt sollte er zur Wiedergeburt dieses Geschlechtes dienen, zur Entstehung einer neuen Menschenart. Daher, wie ich bereits in der Einleitung zu diesem Buche ausführte, die unvergleichliche weltgeschichtliche Bedeutung des Lebens Christi. Keine politische Revolution kann dieser gleichkommen.

Weltgeschichtlich aufgefasst haben wir allen Grund, die That Christi mit den Thaten der Hellenen in Parallele zu stellen. Ich habe im ersten Kapitel ausgeführt, inwiefern Homer, Demokrit, Plato u. s. w. als wirkliche »Schöpfer« zu betrachten sind, und ich fügte hinzu: »dann erst ist ein durchaus neues Geschöpf geboren, dann erst enthält der Makrokosmos einen Mikrokosmos. Was Kultur zu heissen einzig verdient, ist die Tochter solcher schöpferischen Freiheit«.[1]) Was das Griechentum für den Intellekt, das that Christus für das sittliche Leben: eine sittliche Kultur hat die Menschheit erst durch ihn gewonnen. Vielmehr müsste ich sagen: die Möglichkeit einer sittlichen Kultur; denn das kulturelle Moment ist jener innere, schöpferische Vorgang, die freiwillige, herrische Umkehr des Willens, und gerade dieses Moment blieb mit wenigen Ausnahmen gänzlich unbeachtet; das Christentum wurde eine durchaus historische Religion und an den Altären seiner Kirchen fanden alle Aberglauben des Altertums und des Judentums eine geweihte Zufluchtsstätte. Dennoch bleibt die Erscheinung Christi die alleinzige Grundlage aller sittlichen Kultur, und in dem Masse, in welchem diese Erscheinung mehr oder weniger deutlich hindurchzudringen vermag, ist auch die sittliche Kultur unserer Nationen eine grössere oder geringere.

Gerade in diesem Zusammenhange können wir nun mit Recht behaupten, die Erscheinung Christi auf Erden habe die Menschheit in zwei Klassen gespalten. Sie erst schuf wahren Adel, und zwar echten Geburtsadel, denn nur, wer erwählt ist, kann Christ sein. Sie senkte aber zugleich in die Herzen ihrer Auserwählten den Keim zu neuem, bitterem Leid: sie schied sie von Vater und Mutter, sie liess sie einsam wandeln unter Menschen, die sie nicht verstanden, sie stempelte sie zu Märtyrern. Und wer ist denn ganz Herr? wer hat seine Sklaven-

---

[1]) Siehe S. 62.

instinkte ganz überwunden? Die Zwietracht zerriss fortan die eigene
Seele. Und während dem Einzelnen, der bisher im Taumel des
Lebenskampfes kaum zum Bewusstsein seines »Ich« gekommen war,
eine ungeahnt hohe Vorstellung seiner Würde, seiner inneren Bedeutung
und Machtfülle vorgehalten wurde, wie oft musste er nicht innerlich
zusammenstürzen in dem Gefühl seiner Schwäche und seiner Un-
würde? Jetzt erst wurde das Leben wahrhaft tragisch. Die freie That
des Menschen, der sich gegen seine eigene animalische Natur erhob,
hatte das vollbracht. »Aus einem vollkommenen Zögling der Natur
wurde der Mensch ein unvollkommenes moralisches Wesen, aus einem
glücklichen Instrumente ein unglücklicher Künstler«, sagt Schiller.
Der Mensch will aber nicht mehr ein Instrument sein; und hatte
Homer sich Götter geschaffen, wie er sie wollte, so empörte sich jetzt
der Mensch gegen die moralische Tyrannei der Natur und schuf sich
eine erhabene Moral, wie er sie wollte; nicht mehr den blinden
Trieben, und wären sie noch so schön durch Gesetzesparagraphen eingedämmt und eingezwängt, will er gehorchen, sondern einzig seinem
eigenen Sittengesetz. In Christus erwacht der Mensch zum Bewusstsein
seines moralischen Berufs, dadurch aber zugleich zur Notwendigkeit eines
nach Jahrtausenden zählenden Krieges. Im Abschnitt »Weltanschauung«
des neunten Kapitels werde ich zeigen, dass wir endlich, mit Kant, genau
dieselbe Bahn betreten haben nach vielhundertjähriger antichristlicher
Unterbrechung. »Rückkehr zur Natur«, meinten die christoabgewandten,
humanitären Deisten des vergangenen Jahrhunderts: o nein! Emanzi-
pierung von der Natur, ohne die wir zwar nichts können, die wir
aber entschlossen sind, uns zu unterwerfen. In Kunst und Philosophie
wird sich der Mensch als intellektuelles Wesen, in der Ehe und im
Recht als gesellschaftliches Wesen, in Christus als sittliches Wesen
seiner selbst im Gegensatz zur Natur bewusst. Er nimmt einen Kampf
auf. Und da genügt nicht die Demut; wer Christo folgen will,
braucht vor allem Mut, Mut in seiner geläutertsten Form, jenen täglich
von Neuem geglühten und gehärteten inneren Mut, der nicht allein
im sinnenberauschenden Schlachtgetöse sich bewährt, sondern im Dulden
und Tragen, und in dem wortlosen, lautlosen Kampf jeder Stunde
gegen die Sklaveninstinkte in der eigenen Brust. Das Beispiel ist
gegeben. Denn in der Erscheinung Christi finden wir das hehrste
Beispiel des Heldenmutes. Die moralische Heldenhaftigkeit ist hier so
erhaben, dass wir fast achtlos an dem sonst bei Helden so viel ge-
priesenen physischen Mute vorbeigehen; gewisslich können nur Helden-

gemüter Christen im wahren Sinne des Wortes sein, nur »Herren«. Und sagt Christus, »ich bin sanftmütig«, so verstehen wir wohl, das ist die Sanftmut des siegessicheren Helden; und sagt er, »ich bin von Herzen demütig«, so wissen wir, dass das nicht die Demut des Sklaven ist, sondern die Demut des Herrn, der aus der Fülle seiner Kraft sich hinabbeugt zu den Schwachen.

Als Jesus einmal nicht einfach als Herr oder Meister, sondern als »guter Meister« angerufen wurde, wies er die Bezeichnung zurück: »Was heissest du mich gut? Niemand ist gut.« Das sollte wohl zu denken geben, und sollte uns überzeugen, dass jede Darstellung Christi eine verfehlte ist, wo die himmlische Güte und die Demut und die Langmut in den Vordergrund des Charakters gedrängt werden; sie bilden nicht dessen Grundlage, sondern sind wie duftende Blumen an einem starken Baume. Was begründete die Weltmacht Buddha's? Nicht seine Lehre, sondern sein Beispiel, seine heldenmütige That; diese war es, diese Kundgebung einer schier übermenschlichen Willenskraft, welche Millionen bannte und noch bis heute bannt. In Christus jedoch offenbarte sich ein noch höherer Wille: er brauchte nicht vor der Welt zu flüchten, das Schöne mied er nicht, den Gebrauch des Kostbaren — das seine Jünger »Unrat« hiessen — lobte er; nicht in die Wüste zog er sich zurück, sondern aus der Wüste heraus trat er in das Leben ein, ein Sieger, der eine frohe Botschaft zu verkünden hatte — nicht Tod, sondern Erlösung! Ich sagte, Buddha bedeute den greisenhaften Ausgang einer ausgelebten, auf Irrwege geratenen Kultur; Christus dagegen bedeutet den Morgen eines neuen Tages; er gewann der alten Menschheit eine neue Jugend ab und so wurde er auch der Gott der jungen, lebensfrischen Indoeuropäer und unter dem Zeichen seines Kreuzes richtete sich auf den Trümmern der alten Welt eine neue Kultur langsam auf, an der wir noch lange zu arbeiten haben, soll sie einmal in einer fernen Zukunft den Namen »christlich« verdienen.

Dürfte ich dem eigenen Herzensdrang folgen, ich zöge hier den Schlussstrich zu diesem Kapitel. Doch ist es im Interesse vieler späterer Ausführungen geboten, die Erscheinung Christi nicht allein in ihrer aus aller Umgebung losgelösten Reine zu betrachten, sondern auch in ihrem Verhältnis zu dieser Umgebung. Viele wichtige Erscheinungen aus Vergangenheit und Gegenwart bleiben sonst unverständlich. Es

Die Galiläer.

ist durchaus nicht gleichgültig, ob wir durch eine scharfe Analyse genaue Begriffe davon bekommen haben, was in dieser Gestalt jüdisch ist, was nicht. Hierüber herrscht von den Anfängen der christlichen Ära bis zum heutigen Tage und von den Niederungen der intellektuellen Welt bis zu ihren höchsten Höhen eine heillose Konfusion. Nicht allein war eine so hohe Gestalt für keinen Menschen leicht zu erfassen und in ihren organischen Beziehungen zur Mitwelt zu überblicken, sondern es traf alles zusammen um ihre wahren Züge zu verwischen und zu fälschen: jüdische religiöse Eigenart, syrischer Mysticismus, ägyptische Askese, hellenische Metaphysik, bald auch römische Staats- und Pontifikaltraditionen, dazu die Aberglauben der Barbaren: jeder Missverstand und jeder Unverstand beteiligten sich an dem Werke. In unserem Jahrhundert hat man sich nun viel mit der Entwirrung dieser Frage abgegeben, doch, so viel mir bekannt, ohne dass es irgend Einem gelungen wäre, die wenigen Hauptpunkte aus der Thatsachenmasse herauszuscheiden und vor aller Augen klar hinzustellen. Gegen Vorurteil und Voreingenommenheit schützt eben selbst ehrliche Gelehrsamkeit nicht. Wir wollen hier versuchen, zwar leider ohne Gelehrsamkeit, doch auch ohne Vorurteil, zu erforschen, in wiefern Christus zu seiner Umgebung gehörte und ihrer Anschauungsformen sich bediente, inwiefern er sich von ihr unterschied und sich himmelhoch über sie erhob; nur auf diese Art kann es gelingen, die Persönlichkeit in ihrer vollen autonomen Würde aus allen Zufälligkeiten herauszulösen.

Fragen wir uns also zunächst: war Christus ein Jude, der Stammesangehörigkeit nach?

Diese Frage hat im ersten Augenblick etwas Kleinliches. Vor einer derartigen Erscheinung schrumpfen die Eigentümlichkeiten der Rassen zu einem Nichts zusammen. Ein Jesaia, ja! wie sehr er seine Zeitgenossen auch überragen mag, er bleibt Jude durch und durch; kein Wort, das nicht aus der Geschichte und aus dem Geiste seines Volkes hervorquölle; auch dort, wo er das charakteristisch Jüdische erbarmungslos blosslegt und verdammt, bewährt er sich — gerade darin — als Jude: bei Christus ist hiervon keine Spur. Oder wieder ein Homer! Dieser erweckt als erster das hellenische Volk zum Bewusstsein seiner selbst; um das zu können, musste er die Quintessenz alles Griechentums im eigenen Busen bergen. Wo aber ist das Volk, welches, von Christus zum Leben erweckt, sich dadurch das kostbare Recht erworben hätte — und wohnte es auch an den Antipoden — Christum

als den Seinigen zu bezeichnen? Jedenfalls nicht in Judäa! — Für
den Gläubigen ist Jesus der Sohn Gottes, nicht eines Menschen;
für den Ungläubigen wird es schwer werden, eine Formel zu finden,
welche die unleugbar vorliegende Thatsache dieser unvergleichlichen
Persönlichkeit in ihrer Unerklärlichkeit so knapp und vielsagend bezeichnet. Es giebt eben Erscheinungen, die in den Vorstellungs-
komplex des Verstandes gar nicht ohne Symbol eingereiht werden
können. Soviel über die prinzipielle Frage, und um jeden Verdacht
von mir abzuwehren, als segelte ich im Schlepptau jener flachen
»historischen« Schule, welche das Unerklärliche zu erklären unternimmt. Ein anderes ist es, uns über die historisch gewordene Umgebung der Persönlichkeit zu belehren, lediglich damit wir diese noch
deutlicher erschauen. Thun wir das, so ist die Antwort auf die Frage:
war Christus ein Jude? keinesfalls eine einfache. Der Religion und
der Erziehung nach war er es unzweifelhaft; der Rasse nach — im
engeren und eigentlichen Sinne des Wortes »Jude« — höchst wahrscheinlich nicht.

Der Name Galiläa (von *Gelil haggoyim*) bedeutet »Heidengau«.
Es scheint, als ob dieser Landesteil, so sehr entfernt vom geistigen
Mittelpunkt, sich nie ganz rein erhalten hätte, selbst in den alten Zeiten
nicht, als Israel noch stark und einig dastand, und es den Stämmen
Naphtali und Sebulon als Heimat diente. Vom Stamme Naphtali
wird gemeldet, er sei von Hause aus »sehr gemischter Herkunft«,
und, blieb auch die nicht-israelitische Urbevölkerung im ganzen Bereich
Palästina's bestehen, so geschah das »nirgendswo in so starken Massen
wie in den nördlichen Marken«.[1] Dazu kam noch ein fernerer Umstand. Während das übrige Palästina durch seine geographische Lage
von der Welt gleichsam abgesondert ist, führte schon, als die Israeliten
das Land besetzten, eine Strasse vom See Genesareth nach Damaskus,
und Tyr und Sidon waren schneller als Jerusalem von dorther zu
erreichen. So sehen wir denn auch Salomon ein beträchtliches Stück
dieses Heidengaues (wie es schon damals hiess, 1 *Könige* IX, 11) mit
zwanzig Städten dem König von Tyrus als Bezahlung für seine
Lieferungen an Cedern und Tannenbäumen und für die 120 Zentner
Gold abtreten, die jener für den Tempelbau geliefert hatte; so wenig
lag dieses halb von Fremden bewohnte Land dem König Judäa's am

---

[1] Wellhausen: *Israelitische und jüdische Geschichte.* 3. Ausg. 1897, S. 16 u. 47.
Vergl. ausserdem *Richter* I, 30 und 33 und hier weiter unten, Kap. 5.

Herzen. Der tyrische König Hiram muss es überhaupt wenig bevölkert gefunden haben, da er die Gelegenheit benutzte, um verschiedene fremde Völkerschaften in Galiläa anzusiedeln. [1]) Dann kam, wie Jeder weiss, die Scheidung in zwei Reiche, und seit jener Zeit, d. h. seit t a u s e n d Jahren vor Christus (!) hat nur vorübergehend, hin und wieder, eine innigere, politische Verbindung zwischen Galiläa und Judäa überhaupt stattgefunden, und diese allein, nicht eine Gemeinsamkeit des religiösen Glaubens, fördert eine Verschmelzung der Völker. Auch zu Christi Zeiten war Galiläa von Judäa politisch gänzlich getrennt, so dass es zu diesem »im Verhältnis des Auslands« stand. [2]) Inzwischen war aber etwas geschehen, was den israelitischen Charakter dieses nördlichen Landstriches wohl auf alle Zeiten fast ganz vertilgt haben muss: 720 Jahre vor Christo (also etwa anderthalb Jahrhunderte vor der babylonischen Gefangenschaft der Juden) wurde das nördliche Reich Israel von den Assyriern verwüstet und seine Bevölkerung — angeblich in ihrer Gesamtheit, jedenfalls zum grossen Teile — deportiert, und zwar in verschiedene und entfernte Teile des Reiches, wo sie in kurzer Zeit mit den übrigen Einwohnern verschmolz und in Folge dessen gänzlich verschwand. [3]) Zugleich wurden aus entlegenen

---

[1]) Graetz: *Volkstümliche Geschichte der Juden*, I, 88.

[2]) Graetz: a. a. O., I, 567. Galiläa und Peräa hatten zusammen einen eigenen, selbständig regierenden Tetrarchen, während Judäa, Samaria und Idumäa einem römischen Prokurator unterstanden. Graetz fügt an dieser Stelle hinzu: »Durch die Feindseligkeit der Samaritaner, deren Land als Keil zwischen Judäa und Galiläa mitten um *(sic)* lag, war der Verkehr zwischen beiden losgetrennten Landesteilen noch mehr gehemmt«. — Dass man ausserdem kein Recht hat, die echten »Israeliten« des Nordens mit den eigentlichen »Juden« des Südens zu identifizieren, habe ich der Einfachheit halber hier unerwähnt gelassen; vergl. jedoch Kap. 5.

[3]) So gänzlich verschwand, dass manche Theologen, die über Musse verfügten, sich auch in unserem Jahrhundert den Kopf zerbrachen, was aus den Israeliten geworden sei, da sie nicht annehmen konnten, fünf Sechstel des Volkes, dem Jahve die ganze Erde versprochen hatte, sollten einfach verschwunden sein. Ein findiger Kopf brachte sogar heraus, die verloren geglaubten zehn Stämme seien die heutigen Engländer! Er war auch um die Moral dieser Entdeckung nicht verlegen: daher gehören den Briten von Rechts wegen fünf Sechstel der gesamten Erdoberfläche; das übrige Sechstel den Juden. Vergl. H. L.: *Lost Israel, where are they to be found?* (*Edinburgh*, 6. Aufl. 1877). In dieser Broschüre wird ein anderes Werk genannt, Wilson: *Our Israelitish Origin*. Es giebt sogar, nach diesen Autoritäten, brave Angelsachsen, die ihre Genealogie bis auf Moses zurückgeführt haben! Welchen Unsinn hätte unser liebes Neunzehnte nicht gezeitigt? (Wer es geschickt anfinge, könnte bei Späteren den Eindruck hervorbringen, das ganze Säculum sei fürs Tollhaus reif gewesen!)

Gegenden fremde Stämme zur Ansiedlung nach Palästina übergeführt. Die Gelehrten vermuten freilich (ohne Gewähr dafür geben zu können), dass ein bedeutender Bruchteil der früheren gemischt-israelitischen Bevölkerung im Lande verblieben war; jedenfalls hielt sich aber dieser Rest nicht von den Fremden getrennt, sondern ging in ihre gemischte Volksart auf. [1] Das Schicksal dieser Länder war also ein ganz anderes als das Judäas. Denn als später auch die Juden weggeführt wurden, blieb ihr Land sozusagen leer, nämlich nur von wenigen, dazu jüdischen Bauern bewohnt, so dass bei der Rückkehr aus der babylonischen Gefangenschaft, in welcher sie ausserdem ihre Stammeseinheit bewahrt hatten, die Juden diese Reinheit unschwer auch weiter aufrecht erhalten konnten. Galiläa dagegen und die angrenzenden Länder waren, wie gesagt, von den Assyriern systematisch kolonisiert worden und, wie es nach dem biblischen Berichte scheint, aus sehr verschiedenen Teilen des riesigen Reiches, unter anderm aus dem nördlichen gebirgigen Syrien. In den Jahrhunderten vor Christi Geburt sollen nun ausserdem viele Phönicier und auch viele Griechen eingewandert sein. [2] Es ist nach dieser letzten Thatsache wahrscheinlich, dass auch reinarisches Blut dorthin verpflanzt wurde; sicher ist aber, dass ein kunterbuntes Durcheinander der verschiedensten Rassen stattfand, und dass die Ausländer sich am zahlreichsten in dem zugänglicheren und dazu fruchtbareren Galiläa niedergelassen haben werden. Das alte Testament selbst erzählt mit bestrickender Naivetät, wie diese Fremden ursprünglich dazu kamen, den Kultus des Jahve kennen zu lernen (II Kön. XVII, 24 fg.): in dem entvölkerten Lande vermehrten sich die Raubtiere; man hielt diese Plage für eine Rache des vernachlässigten »Landesgottes« (Vers 26); es war aber Niemad mehr da, der gewusst hätte, wie dieser verehrt werden wolle; und so sandten die Kolonisten zum König von Assyrien und baten sich einen israelitischen Priester aus der Gefangenschaft aus, und dieser kam, und »lehrte sie die Weise des Landesgottes«. Auf diese Art wurden die Bewohner des nördlichen Palästina, von Samaria ab, Juden dem Glauben nach, auch diejenigen unter ihnen, die keinen Tropfen israelitischen Blutes in den Adern hatten. — In späteren Zeiten mögen sich allerdings

---

[1] Wie sehr »der unterscheidende Charakter der israelitischen Nation verloren war« berichtet Robertson Smith: *The prophets of Israel* (1895), p. 153.

[2] Albert Réville: *Jésus de Nazareth* I, 416. Man vergesse auch nicht, dass Alexander der Grosse nach der Empörung des Jahres 331 das nahe Samarien mit Macedoniern bevölkert hatte.

manche echte Juden dort niedergelassen haben; aber wohl doch nur
als Fremde in den grösseren Städten; denn eine der bewunderns-
wertesten Eigenschaften der Juden — namentlich seit ihrer Rückkehr
aus der Gefangenschaft, wo auch zuerst der scharf umschriebene Begriff
»Jude« als Bezeichnung für eine Religion auftritt (siehe *Zacharias* VIII, 23)
— war ihre Sorge, die Rasse reinzuerhalten; eine Ehe zwischen Jude
und Galiläer war undenkbar. Jedoch, auch diese jüdischen Bestandteile inmitten der fremden Bevölkerung wurden aus Galiläa nicht sehr
lange vor Christi Geburt gänzlich ausgeschieden. Simon Tharsi, einer
der Makkabäer, war es, der, nach einem erfolgreichen Feldzug in
Galiläa gegen die Syrer: »die dort wohnenden Juden sammelte und
sie bestimmte, auszuwandern und sich s a m t u n d s o n d e r s i n
J u d ä a n i e d e r z u l a s s e n«. [1]) Das Vorurteil gegen Galiläa blieb
denn auch so gross bei den Juden, dass, als Herodes Antipas während
der Jugend Christi die Stadt Tiberias gebaut hatte und auch Juden
veranlassen wollte, sich dort niederzulassen, ihm dies weder durch
Versprechungen noch durch Gewalt gelang. [2]) — Es liegt also, wie
man sieht, nicht die geringste Veranlassung zu der Annahme vor, die
Eltern Jesu Christi seien, der Rasse nach, Juden gewesen.

Im ferneren Lauf der historischen Entwickelung fand nun etwas
statt, wofür man manche Analogie in der Geschichte aufweisen könnte:
bei den Bewohnern des südlicher gelegenen, unmittelbar an Judäa an-
stossenden Samaria, die ohne Frage durch Blut und Verkehr den
eigentlichen Juden viel näher standen als die Galiläer, erhielt sich die
Tradition des nordisraelitischen Widerwillens und der Eifersucht gegen
die Juden; die Samaritaner erkannten die kirchliche Suprematie
Jerusalems nicht an und waren daher den Juden als »Irrgläubige« so
verhasst, dass keinerlei Verkehr mit ihnen gestattet war; nicht ein
Stück Brot durfte der Rechtgläubige aus ihren Händen nehmen, dies
galt, als hätte er Schweinefleisch gegessen. [3]) Die Galiläer dagegen,
die den Juden ohne weiteres als »Ausländer« galten, und als solche
allerdings verachtet und von manchen religiösen Handlungen ausgeschlossen wurden, waren dennoch streng rechtgläubige und (häufig
sogar) fanatische »Juden«. Darin aber einen Beweis ihrer Abstammung
erblicken zu wollen, ist einfach lächerlich. Es ist ganz genau dasselbe,
als wollte man die unverfälscht slavische Bevölkerung Bosniens oder

---

[1]) Graetz a. a. O. I, 400.
[2]) Graetz a. a. O. I, 568.
[3]) Aus der Mischna citiert von Renan, *Vie de Jésus*, 23. Aufl., S. 242.

die reinsten Indoarier Afghanistans ethnologisch mit den »Türken«
identifizieren, weil sie strenggläubige Mohammedaner sind, viel frommer
und viel fanatischer als die echten Osmanen. Der Ausdruck Jude
bezeichnet eine bestimmte, erstaunlich rein erhaltene Menschenrasse,
nur in zweiter Reihe und uneigentlich die Bekenner einer Religion.
Es geht auch durchaus nicht an, den Begriff »Jude«, wie das in
letzter Zeit viel geschieht, mit dem Begriff »Semit« gleichzustellen;
der Nationalcharakter der Araber z. B. ist ein durchaus anderer als
der der Juden. Darauf komme ich im fünften Kapitel zurück; einstweilen mache ich darauf aufmerksam, dass auch der Nationalcharakter
der Galiläer wesentlich von dem der Juden abstach. Man schlage
welche Geschichte der Juden man will auf, Ewald's oder Graetzens
oder Renan's, überall wird man finden, dass die Galiläer durch ihren
Charakter sich von den anderen Bewohnern Palästinas unterschieden:
sie werden als Hitzköpfe bezeichnet, als energische Idealisten, als
Männer der That. In den langen Wirren mit Rom, vor und nach
Christi Zeit, sind Galiläer meistens das treibende Element und dasjenige, welches der Tod allein besiegte. Während die grossen Kolonien
unverfälschter Juden in Rom und Alexandrien auf vorzüglichem Fuss
mit dem heidnischen Kaiserreich lebten, wo sie als Traumdeuter,[1]
Trödler, Hausierer, Geldleiher, Schauspieler, Rechtsberater, Handels-
herren, Gelehrte u. s. w. es sich gut gehen liessen, wagte es im fernen
Galiläa, noch zu Lebzeiten Caesar's, Ezekia der Galiläer, die Fahne
der religiösen Empörung zu erheben! Auf ihn folgte der berühmte
Judas der Galiläer, mit dem Spruch: »Gott allein ist Herr, der Tod
gleichgültig, die Freiheit eines und alles!«[2] Dann bildete sich in
Galiläa die Partei der Sicarier (d. h. Messermänner), den heutigen
indischen Thugs nicht unähnlich; ihr bedeutendster Führer, der Galiläer
Menahem, vernichtete zu Nero's Zeiten die römische Garnison Jerusalems
und wurde zum Dank, unter dem Vorwurfe, er habe sich für den
Messias ausgeben wollen, von den Juden selbst hingerichtet; auch die
Söhne des Judas wurden als staatsgefährliche Aufwiegler ans Kreuz geschlagen (und zwar von einem jüdischen Prokurator); Johannes von
Gischala, einer Stadt an der äussersten Nordgrenze Galiläas, leitete
die verzweifelte Verteidigung Jerusalems gegen Titus — — — und

---

[1] Juvenal erzählt:

Aere minuto

Qualiacunque voles Judaei somnia vendunt.

[2] Mommsen: *Römische Geschichte* V, 515.

die Reihe der galiläischen Helden wurde durch Eleasar geschlossen,
der noch Jahre lang nach der Zerstörung Jerusalems mit einer kleinen
Truppe im Gebirge sich verschanzt hielt, wo er und seine Anhänger,
als die letzte Hoffnung verloren war, erst ihre Frauen und Kinder,
dann sich selbst töteten[1]. In diesen Dingen tritt, das wird wohl Jeder
zugeben, ein besonderer, unterschiedlicher Nationalcharakter zu Tage.
Vielfach wird auch über die Frauen Galiläas berichtet, sie hätten eine
nur ihnen eigentümliche Schönheit besessen; die Christen der ersten
Jahrhunderte erzählen ausserdem von ihrer grossen Güte und ihrem
Entgegenkommen Andersgläubigen gegenüber, im Gegensatz zu der
hochmütig verachtungsvollen Behandlung, die ihnen von den echten
Jüdinnen zu Teil wurde. Dieser besondere Nationalcharakter fand aber
noch einen anderen, unfehlbaren Ausdruck: die Sprache. In Judäa
und den angrenzenden Ländern redete man zu den Zeiten Christi
aramäisch; das Hebräische war bereits eine tote Sprache, die einzig
in den heiligen Schriften weiterlebte. Es wird nun berichtet, die
Galiläer hätten einen so eigentümlichen, fremdartigen Dialekt des
Aramäischen gesprochen, dass man sie gleich am ersten Worte erkannte; »deine Sprache verrät dich«, rufen die Diener des Hohenpriesters dem Petrus zu. Das Hebräische sollen sie überhaupt nicht
im Stande gewesen sein zu erlernen, namentlich die Kehllaute bildeten
für sie ein unübersteigliches Hindernis, so dass man Galiläer z. B. zum
Vorbeten nicht zulassen konnte, da »ihre verwahrloste Aussprache
Lachen erregte«.[2] Diese Thatsache beweist eine physische Abweichung
im Bau des Kehlkopfes und liesse sogar vermuten, dass wirklich eine
starke Beimischung nicht-semitischen Blutes stattgefunden habe; denn
der Reichtum an Kehllauten und die Virtuosität in ihrer Behandlung
ist ein allen Semiten gemeinsamer Zug.[3]

---

[1] Auch später noch bildeten die Bewohner Galiläas eine besondere, durch
Kraft und Mut ausgezeichnete Rasse, wie das ihre Teilnahme an dem Feldzug
unter dem Perser Scharbarza und an der Einnahme Jerusalems beweist, im Jahre 614.

[2] Vergl. z. B. Graetz a. a. O., I, 575. Über die Eigentümlichkeit der
Sprache der Galiläer und deren Unfähigkeit, die semitischen Kehllaute richtig auszusprechen vergl. namentlich Renan: *Langues sémitiques*, 5e éd., p. 230.

[3] Man sehe z. B. die vergleichende Tafel bei Max Müller: *Science of
Language*, 9. Aufl., S. 169 und in jedem einzelnen Bande der *Sacred Books of the
East*. Die Sanskritsprache kennt nur sechs echte »Gutturales«, die hebräische
zehn; am auffallendsten ist jedoch der Unterschied bei dem gutturalen Hauchlaut,
dem h, für welches die indogermanischen Sprachen seit jeher nur einen einzigen
Laut gekannt haben, die semitischen dagegen f ü n f v e r s c h i e d e n e. Dagegen

Auf diese Frage — war Christus ein Jude der Rasse nach? — habe ich geglaubt mit einiger Ausführlichkeit eingehen zu müssen, weil ich in keinem einzigen Werke die hierhergehörigen Thatsachen klar zusammengetragen gefunden habe. Selbst in einem objektiv-wissenschaftlichen, von keinen theologischen Absichten beeinflussten Werke, wie das Albert Réville's,[1]) des bekannten Professors der vergleichenden Religionsforschung am Collège de France, wird das Wort Jude bisweilen für die jüdische Rasse, bisweilen für die jüdische Religion gebraucht. Wir lesen z. B. (I, 416): »Galiläa war zum grössten Teil von Juden bewohnt, doch gab es auch syrische, phönicische und griechische Heiden«. Hier also bedeutet Jude Einer, der den Landesgott Judäas verehrt, gleichviel, welcher Abstammung er sich rühmt. Auf der nächstfolgenden Seite jedoch ist von einer »arischen Rasse« die Rede, als Gegensatz zu einer »jüdischen Nation«; hier bezeichnet folglich Jude einen bestimmten, engbegrenzten, seit Jahrhunderten rein erhaltenen Menschenstamm. Und nun folgt die tiefsinnige Bemerkung: »Die Frage, ob Christus arischer Herkunft sei, ist müssig. Ein Mann gehört der Nation an, in deren Mitte er aufgewachsen ist.« Das nannte man »Wissenschaft« im Jahre des Heils 1896! Am Schlusse des 19. Jahrhunderts durfte ein Gelehrter noch nicht wissen, dass die Form des Kopfes und die Struktur des Gehirns auf die Form und Struktur der Gedanken von ganz entscheidendem Einfluss sind, so dass der Einfluss der Umgebung, wenn er noch so gross angeschlagen wird, doch durch diese Initialthatsache der physischen Anlagen an bestimmte Fähigkeiten und Möglichkeiten gebunden, mit anderen Worten, bestimmte Wege gewiesen wird; er durfte nicht wissen, dass gerade die Gestalt des Schädels zu jenen Charakteren gehört, welche mit unausrottbarer Hartnäckigkeit vererbt werden, so dass durch kraniologische Messungen Rassen unterschieden und aus gemischten noch nach Jahrhunderten die atavistisch auftretenden ursprünglichen Bestandteile dem Forscher offenbart werden; er durfte glauben, dass die sogenannte Seele ausserhalb des Körpers ihren Sitz habe, und

findet man im Sanskrit sieben verschiedene Zungenlaute, im Hebräischen nur zwei. Wie ungeheuer schwer es ist, solche vererbte sprachliche Rassenmerkmale ganz zu verwischen, ist uns Allen durch das Beispiel der unter uns lebenden Juden gut bekannt; die vollkommen fehlerlose Beherrschung unserer Zungenlaute ist ihnen ebenso unmöglich, wie uns die Meisterschaft der Kehllaute.

[1]) *Jésus de Nazareth, études critiques sur les antécédents de l'histoire évangélique et la vie de Jésus*, 2. vol. 1897.

ihn wie eine Puppe an der Nase herumführe! O Mittelalter! wann
wird deine Macht von uns weichen? Wann werden die Menschen es
begreifen, dass Gestalt nicht ein gleichgültiger Zufall ist, sondern
ein Ausdruck des innersten Wesens? dass gerade hier, an diesem
Punkte, die zwei Welten des Inneren und des Äusseren, des Sichtbaren und des Unsichtbaren sich berühren? Ich nannte die menschliche Persönlichkeit das *mysterium magnum* des Daseins; in ihrer
sichtbaren Gestalt stellt sich nun dieses unergründliche Wunder dem
Auge und dem forschenden Verstande dar. Und genau so wie die
möglichen Gestalten eines Gebäudes durch die Natur des Baumateriales
in wesentlichen Punkten bestimmt und beschränkt sind, ebenso ist
die mögliche Gestalt eines Menschen, seine innere und seine äussere,
durch die vererbten Bausteine, aus denen diese neue Persönlichkeit
zusammengestellt wird, in Punkten von durchgreifender Wesentlichkeit
bestimmt. Gewiss kann es vorkommen, dass man auf den Begriff
der Rasse zu viel Gewicht legt: damit thut man der Autonomie der
Persönlichkeit Abbruch und läuft Gefahr, die grosse Macht der I d e e n
zu unterschätzen; ausserdem ist diese ganze Frage der Rassen unendlich
viel verwickelter als der Laie glaubt, sie gehört ganz und gar in das
Gebiet der anatomischen Anthropologie und kann durch keine Dikta
der Sprach- und Geschichtsforscher gelöst werden. Es geht aber
dennoch nicht an, die Rasse als »quantité négligeable« einfach bei
Seite zu lassen; noch weniger geht es an, etwas direkt Falsches über
die Rasse auszusagen und eine derartige Geschichtslüge zu einem unbe-
streitbaren Dogma sich krystallisieren zu lassen. Wer die Behauptung
aufstellt, Christus sei ein Jude gewesen, sagt entweder eine Dummheit
oder eine Lüge: eine Dummheit, wenn er Religion und Rasse unwissend durcheinanderwirft, eine Lüge, wenn er die Geschichte Galiläas
kennt und den höchst verwickelten Thatbestand zu Gunsten seiner
religiösen Vorurteile oder gar, um sich dem mächtigen Judentum
gefällig zu erzeigen, halb verschweigt, halb entstellt. [1]) Die Wahrschein-

---

[1]) Wie soll man es z. B. erklären, dass Renan, der in seinem 1863 erschienenen *Vie de Jésus* sagt, es sei unmöglich, auch nur Vermutungen aufzustellen über die Rasse, der Christus durch sein Blut angehörte (siehe Kap. II, in
dem 1891 vollendeten fünften Band seiner *Histoire du Peuple d'Israël* die kategorische
Behauptung aufstellt: »*Jésus était un Juif*«, und mit ungewohnter Heftigkeit über
die Leute herfällt, die das zu bezweifeln wagen? Sollte nicht die *Alliance Israëlite*,
mit der Renan in seinen letzten Lebensjahren in so eifrigem Verkehr stand, hier
ein Wort mitgeredet haben? In unserem Jahrhundert haben wir so viel Schönes

lichkeit, dass Christus kein Jude war, dass er keinen Tropfen echt jüdischen Blutes in den Adern hatte, ist so gross, dass sie einer Gewissheit fast gleichkommt. Welcher Rasse gehörte er an? Darauf lässt sich gar keine Antwort geben. Da das Land zwischen Phönicien und dem in seinem südwestlichen Teile mit semitischem Blute durchtränkten Syrien lag, dazu vielleicht von seiner früheren gemischt-israelitischen (doch zu keiner Zeit jüdischen) Bevölkerung nicht ganz gesäubert war, ist die Wahrscheinlichkeit eines vorwiegend semitischen Stammbaumes gross. Wer aber nur den geringsten Einblick in das Rassenbabel des assyrischen Reiches gethan hat, [1]) und wer dann erfährt, dass aus den verschiedensten Teilen dieses Reiches Kolonisten in jene frühere Heimstatt Israels übersiedelten, wird nicht schnell bei der Hand mit einer Antwort sein. Es ist ja möglich, dass in einigen dieser Kolonistengruppen eine Tradition herrschte, untereinander zu heiraten, wodurch dann ein Stamm sich rein erhalten hätte; dass das aber über ein halbes Jahrtausend durchgeführt worden sei, ist fast undenkbar; gerade durch den Übertritt zum jüdischen Kultus verwischten sich nach und nach die Stammesunterschiede, die zuerst (II *Könige* XVII, 29) durch heimatliche Religionsgebräuche aufrecht erhalten worden waren. In späteren Zeiten wanderten nun ausserdem, wie wir hörten, Griechen ein; jedenfalls gehörten sie zu den ärmsten Klassen, und nahmen natürlich sofort den ›Landesgott‹ an! — Nur eine Behauptung können wir also auf gesunder historischer Grundlage aufstellen: in jenem ganzen Weltteile gab es eine einzige reine Rasse, eine Rasse, die durch peinliche Vorschriften sich vor jeder Vermengung mit anderen Völkerschaften schützte — die jüdische; dass Jesus Christus ihr nicht angehörte, kann als sicher betrachtet werden. Jede weitere Behauptung ist hypothetisch.

Dieses Ergebnis, wenngleich rein negativ, ist von grossem Werte; es bedeutet einen wichtigen Beitrag zur richtigen Erkenntnis der Erscheinung Christi, somit auch zum Verständnis ihrer Wirksamkeit bis auf den heutigen Tag und zur Entwirrung des wild verhedderten Knäuels

---

über die Freiheit der Rede, die Freiheit der Wissenschaft u. s. w. gehört; in Wahrheit sind wir aber ärger geknechtet gewesen als im 18. Jahrhundert; denn zu den früheren Gewalthabern, die nie in Wirklichkeit entwaffneten, kamen neue, schlimmere hinzu. Der frühere Zwang konnte, bei allem bittern Unrecht, den Charakter stärken, der neue, der nur von Geld ausgeht und nur auf Geld hinzielt, entwürdigt zur niedrigsten Sklaverei.

[1] Vergl. namentlich Sayce: *The races of the Old Testament.*

widersprechender Begriffe und falscher Vorstellungen, das sich um die einfache, durchsichtige Wahrheit geschlungen hat. Nunmehr jedoch müssen wir tiefer greifen. Die äussere Zusammengehörigkeit ist weniger wichtig als die innere; jetzt erst langen wir bei der entscheidenden Frage an: inwiefern gehört Christus als moralische Erscheinung zum Judentum, inwiefern nicht? Um das ein für alle Mal festzustellen, werden wir eine Reihe wichtiger Unterscheidungen durchführen müssen, für die ich mir die vollste Aufmerksamkeit des Lesers erbitte.

Religion.   Ganz allgemein, ja, vielleicht ohne Ausnahme, wird das Verhältnis so dargestellt, als sei Christus der Vollender des Judentums, das heisst also, der religiösen Ideen der Juden. [1]) Selbst die orthodoxen Juden, wenn sie in ihm auch nicht gerade den Vollender verehren können, sehen doch in ihm einen Seitenast an ihrem Baume und betrachten mit Stolz das ganze Christentum als einen Anhang des Judentums. Das ist ein Irrtum, dessen bin ich tief überzeugt; es ist eine angeerbte Wahnvorstellung, eine von jenen Meinungen, die wir mit der Muttermilch einsaugen und über die in Folge dessen der Freidenkende eben so wenig zur Besinnung kommt wie der orthodox kirchlich Gesinnte. Gewiss stand Christus in einem unmittelbaren Verhältnis zum Judentum, und der Einfluss des Judentums zunächst auf die Gestaltung seiner Persönlichkeit, in noch weit höherem Masse auf die Entstehung und die Geschichte des Christentums ist ein so grosser, bestimmter und wesentlicher, dass jeder Versuch, ihn abzuleugnen, zu Widersinnigkeiten führen müsste; dieser Einfluss ist jedoch nur zum kleinsten Teil ein religiöser. Da liegt des Irrtums Kern.

Wir sind gewohnt, das jüdische Volk als das religiöse Volk *par excellence* zu betrachten: in Wahrheit ist es ein (im Verhältnis zu den indoeuropäischen Rassen) religiös durchaus verkümmertes. In dieser Beziehung hat bei den Juden das stattgefunden, was Darwin »*arrest of development*« nennt, eine Verkümmerung der Anlagen, ein Absterben in der Knospe. Übrigens waren alle Zweige des semitischen

---

[1]) Eine rühmliche Ausnahme macht der grosse Rechtslehrer Jhering, der in seiner *Vorgeschichte der Indoeuropäer*, S. 300, schreibt: »Dem Boden seines Volkes war Christi Lehre nicht entsprossen, das Christentum bezeichnet im Gegenteil eine Überwindung des Judentums, es steckt bereits bei seinem ersten Ursprung etwas vom Arier in ihm.«

Stammes, sonst in mancher Beziehung reich begabt, von jeher erstaunlich arm an religiösem Instinkt; es ist das jene »Hartherzigkeit«, über welche die bedeutenderen Männer unter ihnen stets klagten. [1] Wie anders der Arier! Schon nach dem Zeugnis der ältesten Urkunden (die weit über alle jüdischen zurückreichen) sehen wir ihn beschäftigt, einem dunkeln Drange zu folgen, der ihn antreibt, im eigenen Herzen zu forschen. Dieser Mensch ist lustig, lebenstoll, ehrgeizig, leichtsinnig, er trinkt und er spielt, er jagt und er raubt; plötzlich aber besinnt er sich: das grosse Rätsel des Daseins nimmt ihn ganz gefangen, nicht jedoch als ein rein rationalistisches Problem — woher ist diese Welt? woher stamme ich? — worauf eine rein vernünftige (und darum unzureichende) Antwort zu geben wäre, sondern als ein unmittelbares, zwingendes Lebensbedürfnis. Nicht verstehen, sondern sein: das ist, wohin es ihn drängt. Nicht die Vergangenheit mit ihrer Litanei von Ursache und Wirkung, sondern die Gegenwart, die ewigwährende Gegenwart fesselt sein staunendes Sinnen. Und nur, das fühlt er, wenn er zu allem, was ihn umgiebt, Brücken hinüber geschlagen hat, wenn er sich, das einzige, was er unmittelbar weiss, in jedem Phänomen wieder erkennt, jedes Phänomen in sich wieder findet, nur wenn er, so zu sagen, sich und die Welt in Einklang gesetzt hat, dann darf er hoffen, das Weben des ewigen Werkes mit eigenem Ohre zu belauschen, die geheimnisvolle Musik des Daseins im eigenen Herzen zu vernehmen. Und damit er diesen Einklang finde, singt er selber hinaus, versucht es in allen Tönen, übt sich in allen Weisen; dann lauscht er andächtig. Nicht unbeantwortet bleibt sein Ruf; geheimnisvolle Stimmen vernimmt er; die ganze Natur belebt sich, überall regt sich in ihr das Menschenverwandte. Anbetend sinkt er auf die Kniee, wähnt nicht, dass er weise sei, glaubt nicht den Ursprung und den Endzweck der Welt zu kennen, ahnt aber eine höhere Bestimmung, entdeckt in sich den Keim zu unermesslichen Geschicken, »den Samen der Unsterblichkeit«. Dies ist jedoch keine blosse Träumerei, sondern eine lebendige Überzeugung, ein Glaube, und, wie alles Lebende, erzeugt es wieder Leben. Die Helden seines Stammes und seine heiligen Männer erblickt er als »Übermenschen« (wie Goethe sagt) hoch über der Erde schweben; ihnen will er gleichen, denn auch ihn zieht es hinan, und jetzt weiss er, aus welch' tief

---

[1] »Die Semiten haben viel Aberglauben, doch wenig Religion«, bezeugt eine der grössten Autoritäten, Robertson Smith: *The Prophets of Israel*, p. 33.

innerem Brunnen sie die Kraft schöpften, gross zu sein — — — Dieser
Blick in die unerforschlichen Tiefen des eigenen Innern, diese Sehnsucht nach oben: das ist Religion. Religion hat zunächst weder mit
Aberglauben noch mit Moral etwas zu thun; sie ist ein Zustand des
Gemütes. Und weil der religiöse Mensch in unmittelbarem Kontakt
mit einer Welt jenseits der Vernunft steht, so ist er Dichter und
Denker: er tritt bewusst schöpferisch auf; ohne Ende arbeitet er an
dem edlen Sisyphus-Werke, das Unsichtbare sichtbar, das Undenkbare
denkbar zu gestalten; [1] nie finden wir bei ihm eine abgeschlossene,
chronologische Kosmogonie und Theogonie, dazu erbte er eine zu
lebendige Empfindung des Unendlichen; seine Vorstellungen bleiben
im Flusse, erstarren niemals; alte werden durch neue ersetzt, Götter,
in einem Jahrhundert hochgeehrt, sind im anderen kaum dem Namen
nach gekannt. Und doch bleiben die grossen Erkenntnisse fest erworben und gehen nie mehr verloren, obenan unter allen die grundlegende, welche Jahrtausende vor Christo der Rigveda folgendermassen
auszusprechen suchte: »Die Wurzelung des Seienden fanden die Weisen
im Herzen«, — eine Überzeugung, welche in unserem Jahrhundert
durch Goethe's Mund fast identischen Ausdruck fand:

> Ist nicht der Kern der Natur
> Menschen im Herzen?

Das ist Religion! — Gerade diese Anlage nun, dieser Gemütszustand,
dieser Instinkt, den Kern der Natur im Herzen zu suchen, mangelt
den Juden in auffallendem Masse. Sie sind geborene Rationalisten.
Die Vernunft ist bei ihnen stark, der Wille enorm entwickelt, dagegen
ist ihre Kraft der Phantasie und der Gestaltung eine eigentümlich beschränkte. Ihre spärlichen mythisch-religiösen Vorstellungen, ja, sogar
ihre Gebote und Gebräuche und ihre Kultusvorschriften entlehnten
sie ausnahmslos fremden Völkern, reduzierten alles auf ein Minimum [2]
und bewahrten es starr unverändert; das schöpferische Element, das
eigentlich innere Leben fehlt hier fast gänzlich; im besten Falle verhält es sich zu dem so unendlich reichen religiösen Leben der Arier

---

[1] Schön sagt Herder: »Der Mensch allein ist im Widerspruch mit sich
und mit der Erde; denn das ausgebildetste Geschöpf unter allen ihren Organisationen
ist zugleich das unausgebildetste in seiner eigenen neuen Anlage — — — Er stellt
also zwo Welten auf einmal dar, und das macht die anscheinende Duplicität seines
Wesens« (*Ideen zur Geschichte der Menschheit*, Teil I, Buch V, Abschnitt 6).

[2] Alles nähere Kap. 5.

(welches alles höchste Denken und Dichten dieser Völker einschliesst) wie die vorhin genannten Zungenlaute, nämlich wie 2 zu 7. Man sehe doch, welche üppigste Blüte herrlichster religiöser Vorstellungen und Begriffe, und dazu, welche Kunst und welche Philosophie, dank den Griechen und Germanen, auf dem Boden des Christentums empor-schoss, und frage sich dann, um welche Bilder und Gedanken das angeblich religiöse Volk der Juden die Menschheit inzwischen bereichert hat! Spinoza's »geometrische Ethik« (eine falsche, totgeborene An-wendung eines genialen und schöpferisch produktiven Gedankens von Descartes) dünkt mich in Wirklichkeit die blutigste Ironisierung der Talmudmoral und hat jedenfalls noch weniger als die wahrscheinlich den Ägyptern entlehnten[1]) zehn Gebote des Moses mit Religion gemein. Nein, die Achtung gebietende Kraft des Judentums liegt auf einem ganz anderen Felde; ich komme gleich darauf zu sprechen.

Wie war es denn aber möglich, unsere Urteilsfähigkeit so zu umnebeln, dass wir die Juden für ein religiöses Volk halten konnten?

Zunächst waren es die Juden selber, die seit jeher mit äusserster Vehemenz und Volubilität versicherten, sie seien »das Volk Gottes«; selbst ein freisinniger Jude wie der Philosoph Philo, stellt die kühne Behauptung auf, einzig die Israeliten seien -Menschen im wahren Sinne«;[2]) die guten dummen Indogermanen glaubten es ihnen! Wie schwer es diesen aber wurde, beweist der Gang der Geschichte und die Aussprüche aller ihrer bedeutendsten Männer. Ermöglicht wurde diese Glaubensseligkeit einzig durch die christlichen Schriftausleger, welche die gesamte Geschichte Judas zu einer Theodicee umbauten, in welcher die Kreuzigung Christi den Endpunkt bedeutet. Sogar Schiller *(Die Sendung Moses)* deutet an: die Vorsehung habe die jüdische Nation zerbrochen, sobald sie geleistet hatte, was sie sollte! Dabei übersahen diese Gelehrten die fatale Thatsache, dass das Judentum dem Dasein Christi nicht die geringste Aufmerksamkeit geschenkt hat, dass seine älteren Historiker den Namen nicht einmal nennen; wozu heute die Wahrnehmung kommt, dass die Geschichte dieses eigenartigen Volkes nach zwei Jahrtausenden weiterlebt und von hoher Blüte zeugt; niemals, selbst in Alexandrien nicht, ist das Schicksal der Juden ein so glänzendes gewesen wie heute. Schliesslich wirkte noch ein drittes Vorurteil mit, welches im letzten Grunde aus den philo-

---

[1]) Siehe das Kapitel 125 des Totenbuches.
[2]) Von Graetz a. a. O. I, 634 ohne nähere Angabe des Ortes citiert.

sophischen Werkstätten Griechenlands stammte, und wonach der
Monotheismus, d. h. die Vorstellung eines einzigen unteilbaren Gottes,
das Symptom einer höheren Religion sein sollte; das ist eine durchaus
rationalistische Schlussfolgerung; die Arithmetik hat mit Religion gar
nichts gemeinsam; der Monotheismus kann ebenso gut eine Verarmung wie eine Veredelung des religiösen Lebens bedeuten. Ausserdem ist auf dieses verhängnisvolle Vorurteil, welches vielleicht mehr
als irgend etwas anderes zu der Wahnvorstellung einer religiösen
Superiorität der Juden beigetragen hat, zweierlei zu entgegnen: erstens,
dass die Juden, solange sie eine Nation bildeten und ihre Religion
noch einen Funken frischen Lebens besass, nicht Mono-, sondern
Polytheisten waren, für die jedes Ländchen und jedes Stämmchen
seinen eigenen Gott hatte; zweitens, dass die Arier auf ihrem rein
religiösen Wege zu viel grossartigeren Vorstellungen eines alleinigen
Göttlichen gelangt waren, als die kümmerlich verschrumpfte des
jüdischen Weltschöpfers. [1]

---

[1]) Belege für den Polytheismus der Juden brauche ich nicht zu geben; man
findet sie in jedem wissenschaftlichen Werke, ausserdem auf jeder dritten Seite des
alten Testaments; siehe auch hier, Kap. 5. Sogar in den Psalmen werden »alle
Götter« aufgefordert, Jahve anzubeten; Jahve ist nur insofern für die späteren
Juden der »einzige Gott«, als auch die Juden (wie uns Philo soeben mitteilte) »die
einzigen Menschen im wahren Sinne« sind. Robertson Smith, dessen *Religion of the
Semites* als ein wissenschaftlich grundlegendes Werk gilt, bezeugt, dass der Monotheismus nicht aus einer ursprünglichen religiösen Anlage des semitischen Geistes
hervorgehe, sondern im Wesentlichen ein politisches Ergebnis sei!! (Siehe
das genannte Werk, S. 74). — In Bezug auf den Monotheismus der Indoeuropäer
bemerke ich kurz Folgendes. Das Brahman der indischen Weisen ist ohne Frage
der gewaltigste religiöse Gedanke, der je gedacht wurde; der griechische Bildner
war aber auf demselben Wege, Ernst Curtius bezeugt es in einem Brief, geschrieben
kurz vor seinem Tode; er arbeitete damals an seiner Geschichte von Olympia und
sagt: »Ich habe viel Neues gelernt, namentlich welche Burg monotheistischer
Gottesanschauung Olympia und welche sittliche Weltmacht der Zeus des
Phidias gewesen ist« (Bf. an Gelzer vom 1. Jan. 1896, veröffentlicht in der *Deutschen
Revue*, 1897, S. 241). — Übrigens, man kann sich hier auf die unverdächtigsten
aller Zeugen berufen. Der Apostel Paulus sagt (*Römer* I, 21): »die Römer wussten,
dass Ein Gott ist«; und der Kirchenvater Augustinus führt aus, im elften Kapitel
des vierten Buches seines *De civitate Dei*, wie, nach den Ansichten der gebildeten
Römer seiner Zeit, der »*magni doctores paganorum*«, Jupiter der einige, einzige Gott
sei, alle übrigen Gottheiten nur einzelne seiner »*virtutes*« veranschaulichten.
Augustinus benutzt diese schon vorhandene Anschauung, um den Heiden klar zu
machen, es würde ihnen keine Mühe kosten, zum Glauben an den einigen Gott
überzugehen und die übrigen Gestalten aufzugeben. »*Haec si ita sint, quid perderent,
si unum Deum colerent prudentiore compendio?*« (Die Empfehlung des Glaubens

Auf diese Fragen werde ich noch öfters Gelegenheit haben, zurückzukommen, namentlich in den Abschnitten über den Eintritt der Juden in die abendländische Geschichte und über die Entstehung der christlichen Kirche. Vorderhand möchte ich hoffen, dass es mir gelungen ist, die vorgefasste Ansicht von der besonderen Religiosität des Judentums wenigstens zu erschüttern. Ich hoffe, der Leser des orthodox christlichen Neander wird fortan skeptisch den Kopf schütteln, wenn er die Behauptung findet: die Erscheinung Christi bilde »den Mittelpunkt« des religiösen Lebens der Juden, sie sei »in dem ganzen Organismus dieser Religion und Volksgeschichte mit innerer Notwendigkeit angelegt worden«, u. s. w.; [1]) über die oratorischen Floskeln des Freidenkers Renan: »*Le Christianisme est le chef-d'oeuvre du*

---

an den einen Gott als »abgekürztes Verfahren« ist übrigens ein rührender Zug aus den goldenen Kindertagen der christlichen Kirche!) Und was Augustinus für die gelehrten Heiden ausführt, das bezeugt Tertullian für das ungelehrte Volk im Allgemeinen; alle Welt glaube, sagt er, in Wahrheit nur an einen einigen Gott, und man höre nie die Götter in der Mehrzahl anrufen, sondern immer nur: »Grosser Gott! Guter Gott! Wie Gott will! Gott befohlen! Gott vergelt's'« Dies betrachtet Tertullian als das Zeugnis einer von Hause aus monotheistischen Seele. »*O testimonium animae naturaliter Christianae!*« (*Apologeticus*, XVII). — Damit in dieser so wichtigen Frage nichts undeutlich bleibe, muss ich hinzufügen, dass Curtius, Paulus, Augustinus und Tertullian sich alle vier gründlich täuschen, wenn sie in diesen Dingen den Beweis eines Monotheismus im Sinne des semitischen Materialismus erblicken; ihr Urteil ist hier durch den Einfluss christlicher Begriffe umnebelt. Die Vorstellung »das Göttliche«, welches wir in dem Sanskrit Neutrum Brahman und in dem griechischer Neutrum θεῖον, sowie auch in dem deutschen Neutrum Gott, welches erst in späteren Zeiten, in Folge christlichen Einflusses als Masculinum aufgefasst wurde (siehe Kluge's *Etymol. Wörterbuch*) darf durchaus nicht mit dem persönlichen Weltschöpfer der Juden identifiziert werden. Hier gilt für alle von semitischem Geist noch nicht berührten Arier, was Prof. Erwin Rohde für die Hellenen ausführt: »Es beruht auf irrtümlicher Auffassung, wenn man meint, der Grieche habe einen Zug zum Monotheismus (im jüdischen Sinne) gehabt. — — — Nicht einer Einheit der göttlichen Person, wohl aber einer Einheitlichkeit göttlichen Wesens, einer in vielen Göttern gleichmässig lebendigen Gottheit, einem allgemeinen Göttlichen sieht sich der Grieche gegenübergestellt, wo er in religiöse Beziehung zu den Göttern tritt« (*Die Religion der Griechen* in den *Bayreuther Blättern*, Jahrgang 1895, S. 213). Höchst charakteristisch sind in dieser Beziehung die Worte Luther's: »In der Schöpfung und in den Werken (von aussen gegen die Kreatur zu rechnen) sind wir Christen mit den Türken eins; da sagen wir denn auch, dass nicht mehr denn ein einiger Gott sei. Aber wir sagen, solches sei nicht genug, dass wir allein glauben, dass ein einiger Gott sei — — —«.

[1]) *Allgemeine Geschichte der christlichen Religion*. 4. Aufl., I, 46.

judaïsme, sa gloire, le résumé de son évolution — — — Jésus est tout entier dans Isaïe« u. s. w., wird er mit einigem Unwillen lächeln; [1]) und ich fürchte, er bricht in homerisches Gelächter aus, wenn der orthodoxe Jude Graetz ihm versichert, die Erscheinung Christi sei »die alte jüdische Lehre im neuen Gewande«, es sei damals »die Zeit gekommen, in welcher die Grundwahrheiten des Judentums — — — die Fülle hehrer Gedanken von Gott und einem heiligen Leben für den Einzelnen, wie für den Staat in die Leerheit anderer Völker überströmen und ihnen einen reichen Inhalt bringen sollte«. [2])

---

[1]) *Histoire du Peuple d'Israël* V, 415, II, 539 u. s. w. Die Enormität der Behauptung Jesaia betreffend erhellt namentlich daraus, dass Renan selber diesen Propheten als einen »littérateur« und »journaliste« bezeichnet und lobt, und dass er ausführlich nachweist, welche rein-politische Rolle dieser bedeutende Mann gespielt hat: »Nicht eine Zeile aus seiner Feder, die nicht einer Tagesfrage, die nicht dem Interesse des Augenblickes gedient habe« (II, 481). Und gerade in diesem Manne soll die ganze Persönlichkeit Jesu Christi enthalten sein? Unverantwortlich ist ebenfalls (leider nicht allein bei Renan) die Verwendung einzelner Verse aus *Jesaia*, um den Schein zu erregen, als hätte das Judentum auf eine Universalreligion hingezielt. So wird z. B. XLIX, 6 angeführt, wo Jahve zu Israel spricht: »Ich habe dich auch zum Licht der Heiden gemacht, dass du seist mein Heil bis an der Welt Ende«; dabei verschweigt man, dass im weiteren Verlauf des Kapitels erklärt wird, die Heiden sollen die Sklaven der Juden werden und ihre Könige und Fürstinnen sollen vor ihnen auf das Angesicht fallen und »ihrer Füsse Staub lecken.« Und das soll eine erhabene Universalreligion sein! Ebenso verhält es sich mit dem stets angeführten Kap. LX; wo zuerst steht: »die Heiden werden in deinem Lichte wandeln«, später aber mit dankenswerter Aufrichtigkeit: »Welche Heiden oder Königreiche dir nicht dienen wollen, die sollen umkommen und verwüstet werden!« Des weiteren werden die Heiden hier angewiesen, alles Gold und alle Schätze nach Jerusalem zu bringen, denn die Juden sollen »das Erdreich ewiglich besitzen«. Und solche politische Hetzpamphlete wagt man mit der Erscheinung Christi in Parallelle zu bringen!

[2]) A. a. O. I, 570. Man hat öfters behauptet, die Juden hätten wenig Sinn für Humor; das scheint wahr zu sein, wenigstens in Bezug auf Einzelne: man denke sich die »Fülle« dieser krass-ignoranten, phantasiearmen Schriftgelehrten, und die »Leerheit« der Hellenen! Von der Persönlichkeit Christi hält Graetz wenig; die höchste Anerkennung, zu welcher er sich versteigt, ist folgende: »Jesus mag auch ein sympathisches, herzgewinnendes Wesen gehabt haben, wodurch sein Wort einen Eindruck machen konnte« (I, 576). Die Kreuzigung hält der gelehrte Breslauer Professor für die Folge eines »Missverständnisses«! Von den Juden, die später zum Christentum übertraten, meint Graetz, das sei der materiellen Vorteile wegen geschehen, und weil sie den Glauben an den Gekreuzigten »als etwas Unwesentliches in den Kauf nahmen« (II, 30). Ob das noch heute gilt? Dass der »Bund« mit Jahve ein Kontrakt mit beiderseitiger Verpflichtung war, wussten wir aus

Wer Christi Erscheinung erblicken will, der reisse sich also diesen   Christus
dunkelsten Schleier energisch von den Augen hinweg. Diese Er-   kein Jude.
scheinung ist nicht die Vollendung der jüdischen Religion, sondern
ihre Verneinung. Dort gerade, wo das Gemüt den geringsten Platz
in den religiösen Vorstellungen einnahm, dort trat ein neues Religionsideal auf, welches — im Unterschied von anderen grossen Versuchen
das innere Leben, sei es in Gedanken, sei es in Bildern, zu erfassen —
das ganze Gewicht dieses »Lebens im Geist und in der Wahrheit« in
das G e m ü t legte. Das Verhältnis zur jüdischen Religion könnte
höchstens als eine Reaktion aufgefasst werden; das Gemüt ist, wie
wir sahen, der Urquell aller echten Religion; gerade dieser Quell war
den Juden durch ihren Formalismus und durch ihren hartherzigen
Rationalismus fast zugeschüttet; auf ihn greift nun Christus zurück. —
Wenige Dinge lassen so tief in das göttliche Herz Christi blicken wie
sein Verhalten den jüdischen Religionsgesetzen gegenüber. Er beobachtet sie, doch ohne Eifer und ohne irgend einen Nachdruck darauf
zu legen, sind sie doch im besten Falle nur ein Gefäss, das, ohne
Inhalt, leer bliebe; und sobald ein Gesetz den Weg versperrt, den er
zu gehen hat, da knickt er es ohne die geringste Rücksicht, jedoch
ebenfalls ruhig und ohne Zorn: was hat denn das alles mit Religion
zu thun! »Der Mensch[1]) ist ein Herr, auch über den Sabbath« : für
den Juden freilich war einzig Jahve ein Herr gewesen, der Mensch
sein Knecht. Über die jüdischen Speisegesetze (ein so wichtiger Punkt
ihrer Religion, dass der Streit über ihre Verbindlichkeit sich noch in
das frühe Christentum fortpflanzte) urteilt Christus : »Was zum Munde
eingehet, das verunreiniget den Menschen nicht; sondern was zum
Munde ausgehet, das verunreiniget den Menschen. Denn was zum
Munde herausgehet, das kommt aus dem Herzen und das verunreiniget
den Menschen.«[2]) Dahin gehört auch die Verwendung der Schrift

---

dem alten Testament; was es aber bei Christus zu k a u f e n giebt, ist mir unklar,
da sein Beispiel einzig und allein eine innere Umkehr lehrt.

   [1] Folgende Belehrung über den Ausdruck »Menschensohn« ist wichtig:
»Die messianische Deutung des Ausdrucks Menschensohn stammt erst von den
griechischen Übersetzern des Evangeliums. Da Jesus aramäisch gesprochen hat, so
hat er nicht ὁ υἱὸς τοῦ ἀνθρώπου gesagt, sondern b a r n a s c h a. Das bedeutet aber
d e r M e n s c h und nichts weiter, die Aramäer haben keinen anderen Ausdruck für
den Begriff« (Wellhausen: *Israelitische und jüdische Geschichte*, 3. Ausg., S. 381).

   [2] »Ist der Mensch unrein, so ist er es, weil er die Unwahrheit redet«,
sagten die Opfervorschriften der arischen Inder, schon 1000 Jahre vor Christo
(*Satapatha-Brâhmana*, erster Vers der ersten Abteilung des ersten Buches).

bei Christus. Mit Verehrung, doch ohne Fanatismus spricht er von ihr. Wie er die Schrift seinem Zwecke dienstbar macht, ist sogar sehr merkwürdig; auch über sie fühlt er sich »Herr« und verwandelt sie, wo es Not thut, in ihr Gegenteil. Das »ganze Gesetz und die Propheten« könne man, meint er, in dem einen Gebot aussprechen: liebe Gott und deinen Nächsten. Das hört sich fast wie erhabene Ironie an, namentlich wenn wir bedenken, dass Christus hier die Furcht vor Gott, welche doch (und nicht die Liebe zu ihm) die Grundlage der ganzen jüdischen Religion abgiebt, mit keiner Silbe erwähnt. »Die Furcht des Herrn ist der Weisheit Anfang«, singt der Psalmist. »Verbirg dich in der Erde vor der Furcht des Herrn und vor seiner Majestät«, ruft Jesaia den Israeliten zu, und selbst Jeremia schien vergessen zu haben, dass es ein Gesetz giebt wonach man Gott »von ganzem Herzen, von ganzer Seele, von allen Kräften und von ganzem Gemüt lieben soll«[1]) und hatte Jahve zu seinem

---

[1]) Im fünften Buche Mose (*Deuteronomium* VI, 5) finden sich allerdings ähnliche Worte wie diese von Christus angeführten (aus Matthäus XXII, 37), a b e r — man übersehe doch nicht den Zusammenhang! Vor dem Gebot zu lieben (für unser Gefühl schon eine eigentümliche Vorstellung: auf Befehl lieben) steht als erstes und wichtigstes Gebot (Vers 2): »Du sollst den Herrn, deinen Gott, f ü r c h t e n und alle seine Rechte und Gebote halten«; das Gebot der Liebe ist nur ein Gebot unter anderen, die der Jude halten soll; und gleich darauf kommt die Belohnung für diese Liebe (Vers 10 fg.): »Ich werde dir grosse und feine Städte geben, die du nicht gebauet hast, und Häuser alles Gutes voll, die du nicht gefüllet hast, und ausgehauene Brunnen, die du nicht ausgehauen hast, und Weinberge und Ölberge, die du nicht gepflanzt hast u. s. w.« Das ist eine Art von Liebe wie die, welche heute so manche Ehe stiftet! Jedenfalls erschiene die »Liebe zum Nächsten« in einem eigentümlichen Licht, wenn man nicht wüsste, dass nach dem jüdischen Gesetz nur der Jude dem Juden ein »Nächster« ist; wie es denn am selben Ort, Kap. VII, 16 heisst: »Du wirst alle Völker f r e s s e n, die der Herr, dein Gott, dir geben wird!« Dieser Kommentar zum Gebot der Nächstenliebe macht jede weitere Bemerkung überflüssig. Damit aber Niemand im Unklaren bleibe, was die Juden auch später unter diesem Befehl, Gott von Herzen zu lieben, verstanden, will ich noch den Kommentar des *Talmud* (*Jomah*, Abschn. 8) zu jener Stelle des Gesetzes, *Deuter.* VI, 5 anführen: »Hierin wird gelehrt: dein Betragen soll so beschaffen sein, dass der Name Gottes durch dich geliebt werde; der Mensch soll nämlich mit der Erforschung der heiligen Schrift und der Mischnah sich beschäftigen und Umgang pflegen mit gelehrten und weisen Männern; seine Sprache sei sanft, sein sonstiges Verhalten angemessen und im Handel und Verkehre mit seinen Mitmenschen befleissige er sich der Ehrlichkeit und Redlichkeit. Was werden da die Leute sagen? Heil diesem Menschen, der sich mit der Erforschung der heiligen Lehre beschäftigt hat!« (Nach der Verdeutschung des Juden Seligmann Grünwald in der *Jüdischen Universal-Bibliothek*, Heft 34, 35, S. 86). Im Buche *Sota* des jerusalemischen Talmuds

Volke sprechen lassen: »Ich will ihnen meine F u r c h t ins Herz geben, dass sie nicht von mir weichen; sie sollen mich f ü r c h t e n i h r L e b e n l a n g «; nur wenn die Juden ihn fürchten, will er »nicht ablassen, ihnen Gutes zu thun«, u. s. w. Ähnliche Umwandlungen der Schriftworte finden wir bei Christus an vielen Stellen. Und sehen wir nun auf der einen Seite einen Gott der B a r m h e r z i g k e i t , auf der anderen einen Gott der H a r t h e r z i g k e i t , [1] auf der einen Seite die Lehre, man solle den »himmlischen Vater« von ganzem Herzen l i e b e n , auf der anderen »Knechte«, denen die F u r c h t vor dem »Herrn« als erste Pflicht eingeschärft wird: [2] da dürfen wir wohl fragen, was das heissen soll, wenn man die eine Weltanschauung als das Werk, als die Vollendung der anderen bezeichnet? Sophismus ist das, nicht Wahrheit. Christus selber hat es mit schlichten Worten gesagt: »Wer nicht mit mir ist, der ist wider mich«; keine Erscheinung der Welt ist so genau »wider ihn«, wie die jüdische Religion, wie überhaupt die ganze Auffassung der Religion seitens der Juden — von den Anfängen an bis auf den heutigen Tag.

Und doch hat in einer Beziehung gerade die jüdische Religion einen so trefflichen Boden für ein neues Religionsideal abgegeben wie sonst keine: nämlich, für eine neue Vorstellung von Gott.

Was für Andere Armut bedeutete, wurde eben für Christus eine Quelle der reichsten Gaben. Die entsetzliche, für uns fast unvorstellbare Öde des jüdischen Lebens z. B. — ohne Kunst, ohne Philosophie, ohne Wissenschaft —, aus der die begabteren Juden in hellen Scharen nach dem Ausland flüchteten, sie war ein durchaus unentbehrliches Element für sein einfaches, heiliges Dasein. Dem Gemüte bot jenes Leben fast rein garnichts, — nichts ausser dem

---

(V, 5) findet man einen etwas vernünftigeren, doch ebenso nüchternen Kommentar. — Das ist die orthodox jüdische Erläuterung des Gebotes: Du sollst Gott lieben von ganzem Herzen! Ist es nicht das unwürdigste Spiel mit Worten, wenn man hier behauptet, Christus habe dasselbe wie die *Thora* gelehrt?

[1] Der orthodoxe Jude Montefiore: *Religion of the ancient Hebrews* (1893), p. 442, giebt zu, dass der Gedanke »Gott ist die Liebe« in keinem rein-hebräischen Werk irgend einer Zeit vorkomme.

[2] Montefiore und andere Autoren bestreiten, dass das Verhältnis Israels zu Jahve das von Knechten zu ihrem Herrn gewesen sei, doch spricht die Schrift es an vielen Orten unzweideutig aus, so z. B. *Lev.* XXV, 55: »Knechte sind die Kinder Israels mir, meine Knechte, die ich aus Ägyptenland geführt habe«; und die wörtliche Übersetzung des hebräischen Textes wäre S k l a v e ! (vergl. die wörtliche Übersetzung von Louis Segond).

Familienleben. Und so konnte das reichste Gemüt, das je gelebt, sich ganz in sich selbst versenken, in den Tiefen des eigenen Innern allein Nahrung suchen. »Selig sind, die da geistlich arm sind, denn das Himmelreich ist ihr.« Vielleicht war es nur in dieser öden Umgebung möglich, jene »Umkehr« des Willens als Vorstufe zu einem neuen Menschheitsideal zu entdecken; nur dort wo der »Gott der Heerscharen« erbarmungslos herrschte, möglich, die himmlische Ahnung zur Gewissheit zu erheben: »Gott ist die Liebe«.

In diesem Zusammenhang ist jedoch Folgendes das wichtigste. Die besondere Geistesanlage der Juden, ihre durch die tyrannische Vorherrschaft des Willens herbeigeführte Phantasielosigkeit, hatte sie zu einem sehr eigentümlichen abstrakten Materialismus geführt. Den Juden, als Materialisten, lag, wie allen Semiten, der krasse Götzendienst am nächsten; immer wieder sehen wir sie sich Bildnisse schaffen und anbetend vor ihnen niederfallen; der jahrhundertelang während moralische Kampf, den ihre grossen Männer hiergegen führten, ist ein Heldenblatt in der Geschichte der menschlichen Willensmacht. Der phantasielose Wille schoss jedoch, wie bei ihm üblich, weit über das Ziel hinaus; jedes Bildniss, ja häufig alles, was überhaupt »der Hände Werk« ist, birgt für die alttestamentlichen Juden die Gefahr, ein angebetetes Götzenbild zu werden. Nicht einmal die Münzen dürfen einen menschlichen Kopf oder eine allegorische Figur, nicht einmal die Fahnen ein Emblem tragen. Alle Nichtjuden sind denn auch für die Juden »Götzenanbeter«. Und daraus wieder hat sich, nebenbei gesagt, eine christliche Konfusion hergeleitet, die bis in die letzten Jahre unseres Säculums reichte und auch jetzt nur für die Wissenschaft, noch nicht für die Masse der Gebildeten aufgeklärt ist. In Wahrheit nämlich sind die Semiten wahrscheinlich die einzigen Menschen auf der ganzen Erde, die überhaupt jemals echte Götzenanbeter waren und sein konnten. In keinem Zweig der indoeuropäischen Familie hat es zu irgend einer Zeit Götzendienst gegeben. Die unverfälschten arischen Inder, wie auch die Eranier, hatten niemals weder Bild noch Tempel, sie wären unfähig gewesen, den krass-materialistischen Niederschlag aus dem semitischen Götzenglauben in der jüdischen Bundeslade mit ihren ägyptischen Sphinxen überhaupt zu begreifen; weder die Germanen, noch die Kelten, noch die Slaven beteten Bilder an; und wo lebte der hellenische Zeus? wo die Athene? in den Gedichten, in der Phantasie, oben auf dem wolkenumflossenen Olymp; doch nie und nimmer in diesem und jenem Tempel. Dem Gotte zu Ehren

bildete Phidias sein unsterbliches Werk, den Göttern zu Ehren wurden die unzähligen kleinen Bildnisse hergestellt, die jedes Haus schmückten und mit der lebendigen Vorstellung höherer Wesen erfüllten. Den Juden aber dünkten das Götzen! Bei der Vorherrschaft des Willens sahen sie sich jedes Ding nur auf den Nutzen an; dass man sich etwas Schönes vor Augen stellt, um sich daran zu erheben und zu laben, um dem Gemüt Nahrung zuzuführen, um den religiösen Sinn zu wecken: das war ihnen unerfasslich. Ebenso haben dann später die Christen Buddha-bildnisse für Götzen angesehen: die Buddhisten erkennen aber gar keinen Gott an, viel weniger einen Götzen; diese Statuen sollen zur Kontemplation und zur Abwendung von der Welt anregen. Ja, in letzter Zeit beginnen die Ethnographen stark zu bezweifeln, ob es irgend ein noch so primitives Volk gäbe, welches seine sogenannten Fetische wirklich als Götzen anbetet. Früher wurde das ohne Weiteres vorausgesetzt; jetzt entdeckt man in immer mehr Fällen, dass diese Naturkinder höchst komplizierte symbolische Vorstellungen mit ihren Fetischen verknüpfen. Es scheint als ob unter allen Menschen einzig die Semiten es fertig gebracht hätten, goldene Kälber, eherne Schlangen u. s. w. zu fabrizieren und sie dann anzubeten. [1]) Und da die Israeliten schon damals geistig viel entwickelter waren als heutzutage die Austral-neger es sind, so entnehmen wir daraus, dass hier nicht die noch mangelnde Unterscheidungsfähigkeit der Grund zu solchen Verirrungen sein konnte, sondern irgend eine Einseitigkeit des Geistes: diese Ein-seitigkeit war das abnorme Vorwiegen des Willens. Dem Willen als solchem fehlt nicht allein jede Phantasie, sondern jede Überlegung; ihm ist nur ein Einziges natürlich: sich auf das Gegenwärtige zu stürzen und es zu erfassen. Darum wurde es nie einem Volke so schwer wie dem israelitischen, sich zu einem hohen Begriff des Göttlichen zu erheben, und nie wurde es einem Volke so schwer, sich diesen Begriff rein zu wahren. Doch im Kampfe stählen sich die Kräfte: das un-religiöseste Volk der Erde schuf in seiner Not die Grundlage zu einem neuen und erhabensten Gottesbegriff, zu einem Begriff, der Gemeingut der ganzen gesitteten Menschheit wurde. Denn auf dieser Grundlage baute Christus; er konnte es, dank jenem »abstrakten Materialismus« den er um sich fand. Anderswo erstickten die Religionen in dem Reich-tum ihrer Mythologieen; hier gab es gar keine Mythologie. Anderswo

---

[1]) Ich brauche kaum darauf aufmerksam zu machen, wie rein symbolisch die Kultusformen der Ägypter und der Syrier waren, denen die Juden die Anregung zu diesen besonderen Gestalten des Stiers und der Schlange entnommen hatten.

besass jeder Gott eine so ausgeprägte Physiognomie, er war durch Dichtung und Bildnerei etwas so ganz Individuelles geworden, dass Keiner es
vermocht hätte, ihn über Nacht zu verwandeln; oder aber (wie Brahman in Indien) die Vorstellung von ihm war nach und nach so
sublimiert worden, dass zu einer lebensvollen Neugestaltung nichts übrig
blieb. Bei den Juden war beides nicht der Fall: zwar war Jahve
eine ungemein konkrete, ja, eine durchaus historische Vorstellung,
insofern eine weit greifbarere Gestalt als sie je der phantasievolle Arier
besessen; zugleich durfte er aber gar nicht vorgestellt werden, weder
im Bilde noch durch das Wort. [1]) Das religiöse Genie der Menschheit
fand also hier *tabula rasa*. Den historischen Jahve brauchte Christus
ebensowenig zu vernichten wie das jüdische »Gesetz«; weder der
Eine noch das Andere haben einen unmittelbaren Bezug auf echte
Religion; ebenso aber wie er durch jene innere »Umkehr« das
sogenannte Gesetz in der That von Grund und Boden aus zu einem
neuen Gesetz umbaute, ebenso benutzte er die konkrete Abstraktion
des jüdischen Gottes, um der Welt e i n e d u r c h a u s n e u e Vorstellung
von Gott zu geben. Man redet von Anthropomorphismus! Kann
denn der Mensch anders handeln und denken als wie ein Anthropos? Diese
neue Vorstellung der Gottheit unterschied sich jedoch von anderen
erhabenen Intuitionen dadurch, dass das Bild weder mit den schil-
lernden Farben des Symbolismus, noch mit dem ätzenden Griffel des
Gedankens hingemalt, sondern gewissermassen auf einem Spiegel im
innersten Gemüte aufgefangen wurde, Jedem der Augen hat zu sehen,
fortan ein unmittelbar eigenes Erlebnis. — Sicherlich hätte dieses
neue Ideal an keinem anderen Orte aufgestellt werden können, als
an jenem einzigen, wo der Gottesgedanke fanatisch festgehalten und
zugleich gänzlich unausgebildet geblieben war.

Bisher haben wir das Augenmerk auf dasjenige gerichtet, was
Christus vom Judentum trennt oder wenigstens unterscheidet; es wäre
einseitig, wollten wir es dabei bewenden lassen. Sowohl sein Schicksal,
wie auch die Hauptrichtung seines Denkens ist eng mit echt jüdischem
Leben und Charakter verwachsen. Er überragt seine Umgebung,
gehört ihr aber doch an. Hier kommen namentlich zwei Grundzüge

---

[1]) Als in sehr später Zeit die Juden dem Drange nach Vorstellung doch
nicht ganz widerstehen konnten, suchten sie den Mangel an Gestaltungskraft durch
orientalischen Wortschwall zu verdecken, wovon man in Hesekiel, Kap. I, ein
Beispiel sehen kann.

des jüdischen Nationalcharakters in Betracht: die geschichtliche Auffassung der Religion und das Vorwiegen des Willens. Diese zwei Züge stehen zu einander in genetischem Zusammenhang, wie wir gleich sehen werden. Der erste hat namentlich das Lebensschicksal Christi und das Schicksal seines Angedenkens tief beeinflusst, im letzteren wurzelt seine Sittenlehre. Wer an diesen Dingen nicht achtlos vorübergeht, wird Aufschluss über manche der tiefsten und schwierigsten Fragen in der Geschichte des Christentums und über manche der unlösbaren inneren Widersprüche unserer religiösen Tendenzen bis auf den heutigen Tag erhalten.

Von den vielen semitischen Völkerschaften hat eine einzige sich als nationale Einheit erhalten, und zwar eine der kleinsten und politisch ohnmächtigsten; dieses kleine Volk hat allen Stürmen getrotzt und steht heute als Unikum unter den Menschen da: ohne Vaterland, ohne Oberhaupt, durch die ganze Welt zerstreut, den verschiedensten Nationalitäten eingereiht, und dennoch einig und einheitsbewusst. Dieses Wunder ist das Werk eines Buches, der *Thora* (mit allem was sich im Laufe der Zeit bis hinunter zu unseren Tagen ergänzend hinzufügte). Dieses Buch aber muss als das Erzeugnis einer ganz eigenartigen Volksseele betrachtet werden, welche in einem kritischen Augenblicke von einzelnen zielbewussten, bedeutenden Männern diesen bestimmten Weg gewiesen wurde. In dem zweitnächsten Kapitel werde ich auf die Entstehung und Bedeutung dieser kanonischen Schriften näher einzugehen haben. Vorderhand will ich einzig darauf die Aufmerksamkeit lenken, dass das Alte Testament ein rein geschichtliches Werk ist. Wenn man von einzelnen späten und im Grunde genommen durchaus unwesentlichen Beigaben, wie den sogenannten *Sprüchen Salomo's*, absieht, ist jeder Satz dieser Bücher geschichtlich; auch die ganze Gesetzgebung, die sie enthalten, wird geschichtlich begründet oder knüpft mindestens in chronistischer Weise an geschilderte Vorgänge an: »der Herr redete mit Mose«, Aaron's Brandopfer wird vom Herrn verzehrt, Aaron's Söhne werden während der Gesetzesverkündigung getötet u.s.w., u.s.w.; und gilt es etwas zu erfinden, so knüpft der Schreiber entweder an eine romanhafte Erzählung an, wie im Buche *Hiob*, oder an eine kühne Geschichtsfälschung, wie im Buche *Esther*. Durch dieses Vorwalten des chronistischen Elementes unterscheidet sich die Bibel von allen anderen bekannten heiligen Büchern. Was es an Religion enthält, tritt als Bestandteil einer historischen Erzählung auf, nicht um-

Geschichtliche Religion

gekehrt; seine sittlichen Gebote wachsen nicht mit innerer Notwendigkeit aus den Tiefen des Menschenherzens empor, sondern sind
»Gesetze«, die unter bestimmten Bedingungen, an bestimmten Tagen
erlassen wurden und jeden Augenblick widerrufen werden konnten. —
Man werfe einen vergleichenden Blick auf die arischen Inder: oft
stiessen ihnen Fragen über den Ursprung der Welt auf, über das
Woher und Wohin, nicht jedoch als ein wesentlicher Bestandteil ihrer
Seelenerhebung zu Gott; diese Frage nach den Ursachen hat mit
ihrer Religion gar nichts zu thun, und anstatt darauf viel Gewicht
zu legen, rufen die Hymnensänger fast ironisch aus:

> »Wer hat, woher die Schöpfung stammt, vernommen?
> Der auf sie schaut im höchsten Himmelslicht,
> Der sie gemacht hat oder nicht gemacht,
> Der weiss es! — oder weiss auch er es nicht?« [1]

Genau dieselbe Auffassung bekundete Goethe — den man den »grossen
Heiden« manchmal nennt, mit grösserem Recht jedoch den grossen
Arier heissen würde — als er die Worte sprach: »Lebhafte Frage
nach der Ursache ist von grosser Schädlichkeit«. Ähnlich der deutsche
Naturforscher des heutigen Tages: »Im Unendlichen kann kein neues
Ende gesucht werden, kein Anfang. So weit wir auch die Ent-
stehung zurückschieben mögen, stets bleibt die Frage nach dem Ersten
des Ersten, nach dem Anfang des Anfangs offen«. [2] Ganz anders
empfand der Jude. Er wusste über die Schöpfung der Welt so genau
Bescheid wie heutzutage die wilden Indianer von Südamerika, oder
die Australneger. Nicht aber wie bei diesen war es eine Folge der
mangelnden Aufklärung, sondern das einsichtstiefe, melancholische
Fragezeichen der arischen Hirten durfte niemals einen Platz in seiner
Litteratur besitzen; der herrische Wille war es, der es verbot, und
der den Skepticismus, der bei einem so hochbegabten Volke nicht
ausbleiben konnte (siehe den *Koheleth* oder Buch des Predigers),
sofort durch fanatischen Dogmatismus zurückdrängte. Wer das Heute
ganz besitzen will, muss auch das Gestern, aus dem es herauswuchs,
umspannen. Der Materialismus scheitert, sobald er nicht konsequent
ist; dem Juden lehrte dies ein unfehlbarer Instinkt; und ebenso genau

---

[1] *Rigveda* X, 129, 7.
[2] Adolf Bastian, der hervorragende Ethnolog, in seinem Werk: *Das
Beständige in den Menschenrassen* (1868), S. 28.

wie unsere heutigen Materialisten wissen, wie aus Bewegungen der Atome das Denken entsteht, wusste jener, wie Gott die Welt, und dass er aus einem Erdenkloss den Menschen gemacht hatte. Die Schöpfung ist aber das Wenigste; der Jude nahm die Mythologieen, die er auf seinen Reisen kennen lernte, entkleidete sie nach Thunlichkeit des Mythologischen und stutzte sie zu möglichst konkret historischen Geschehnissen zu.[1]) Dann erst kommt aber sein Meisterstück: aus dem dürftigen Material, das allen Semiten gemeinsam war,[2]) konstruierte der Jude eine ganze Weltgeschichte und brachte sich selbst gleich in den Mittelpunkt; und von diesem Augenblick an, d. h. von dem Augenblick an, wo Jahve mit Abraham den Bund schliesst, bildet das Schicksal Israels die Weltgeschichte, ja, die Geschichte des ganzen Kosmos, das einzige, worum sich der Weltschöpfer kümmert. Es ist, als ob die Kreise immer enger würden; zuletzt bleibt nur der Mittelpunkt, das »ich«; der Wille hat gesiegt. Das war auch in der That nicht das Werk eines Tages; es geschah allmählich; das eigentliche Judentum, d. h. das Alte Testament in seiner jetzigen Gestalt, hat sich erst bei der Rückkehr aus der babylonischen Gefangenschaft endgültig geformt und befestigt.[3]) Und nun wurde, was früher mit unbewusster Genialität geschehen war, bewusst angewandt und ausgebildet: die Verknüpfung der Vergangenheit und der Zukunft mit der Gegenwart, dergestalt, dass jeder einzelne Augenblick ein Zentrum bildete auf dem schnurgeraden Wege, den das jüdische Volk zu wandeln hatte und von dem es fortan weder nach rechts noch nach links abweichen konnte. In der Vergangenheit göttliche Wunderthaten zu Gunsten der Juden und in der Zukunft Messiaserwartung und Weltherrschaft, das waren die beiden einander ergänzenden Elemente dieser Geschichtsauffassung. Der vergängliche Augenblick erhielt eine eigentümlich lebendige Bedeutung dadurch, dass man ihn aus der Vergangenheit herauswachsen sah, als Lohn oder als Bestrafung, und ihn in Prophezeiungen genau vorhergesagt glaubte. Hierdurch gewann nun auch die Zukunft eine unerhörte Realität: man schien sie mit Händen zu halten. Waren auch unzählige Ver-

---

[1] »Les mythologies étrangères se transforment entre les mains des Sémites en récits platement historiques« (Renan: Israël, I, 49).

[2] Vergl. die Schöpfungsgeschichte des Phöniciers Sanchuniathon.

[3] Siehe Kap. 5. Als Anhaltspunkt und um die Verschiedenheiten der Anlagen recht drastisch hervortreten zu lassen: etwa 300 Jahre nach Homer, kaum ein Jahrhundert vor Herodot.

sprechungen und Vorhersagungen nicht eingetroffen, [1]) das konnte immer leicht erklärt werden; der Wille ist nicht einsichtsvoll, er lässt nicht locker was seine Hand hält, und wäre es auch nur ein Phantom; je weniger bisher eingetroffen war, um so reicher erschien die Zukunft; und so Vieles hatte man schwarz auf weiss (namentlich in der Legende des Exodus), dass der Zweifel nicht aufkommen konnte. Was man den Buchstabenglauben der Juden nennt, ist doch ein ganz anderes Ding als der dogmatische Glaube der Christen: es ist nicht ein Glaube an abstrakte, unvorstellbare Mysterien und an allerhand mythologische Vorstellungen, sondern etwas durchaus Konkretes, Geschichtliches. Das Verhältnis der Juden zu ihrem Gott ist von Beginn an ein politisches. [2]) Jahve verspricht ihnen die Herrschaft der Welt — unter gewissen Bedingungen; und ihr Geschichtswerk ist ein solches Wunder kunstreicher Struktur, dass die Juden, trotz des elendesten, jämmerlichsten Schicksals (als Volk), von dem die Weltannalen zu berichten wissen — kaum dass sie ein einziges Mal, unter David und Salomon, ein halbes Jahrhundert relativen Wohlstandes und geordneter Verhältnisse genossen — dennoch ihre Vergangenheit in den glühendsten Farben erblicken, überall die schützende Hand Gottes wahrnehmen, ausgebreitet über sein auserwähltes Volk, über die »einzigen Menschen im wahren Sinne«; überall also historische Beweise für die Wahrheit ihres Glaubens, woraus sie dann die Zuversicht schöpfen, dass das vor vielen Jahrtausenden dem Abraham Verheissene im vollen Umfang noch eintreffen wird. Die göttliche Verheissung aber war, wie gesagt, an Bedingungen geknüpft. Man konnte nicht im Hause herumgehen, nicht essen und trinken, nicht im Felde spazieren, ohne hundert Gebote zu gedenken, von deren Erfüllung das Schicksal der Nation abhing. Wie der Psalmist vom Juden singt (*Psalm* I, 2):

> Jahve's Gebote sind seine Lust,
> Bei Tag und bei Nacht sein Gedenken. [3])

---

[1]) Zum Beispiel gleich als erstes das Versprechen an Abraham: »das Land Canaan will ich dir zu ewiger Besitzung geben.«

[2]) Vergl. hierzu Robertson Smith: *The Prophets of Israel*, p. 70 und 133.

[3]) In der *Sippurim* betitelten Sammlung jüdischer Volkssagen und Erzählungen wird öfters erwähnt, dass der gewöhnliche (ungelehrte) Jude ausser den zehn Geboten, noch sechshundert und dreizehn Gesetze auswendig zu lernen hat. Der *Talmud* aber lehrt dreizehntausend sechshundert Gesetze, deren Befolgung göttliches Gebot ist! (siehe Dr. Emanuel Schreiber: *Der Talmud vom Standpunkte des modernen Judentums*).

Unsereiner wirft alle paar Jahre einmal einen Wahlzettel in die Urne;
dass sein Leben auch sonst eine nationale Bedeutung besitzt, weiss
er kaum oder gar nicht; der Jude konnte es nie vergessen. Sein
Gott hatte ihm versprochen: »kein Volk wird dir widerstehen, bis
du es vertilgest«, gleich aber hinzugefügt: »Alle Gebote, die ich dir
gebiete, sollst du halten!« So war denn Gott dem Bewusstsein ewig
gegenwärtig. Ausser materiellem Besitz war dem Juden eigentlich
alles verboten; auf Besitz allein war daher sein Sinn gerichtet; und
Gott war es, von dem er den Besitz zu erhoffen hatte. — Wer nun
über die hier nur flüchtig skizzierten Verhältnisse noch niemals nach-
gedacht hat, wird sich schwer vorstellen können, welche ungeahnte
Lebhaftigkeit der Gedanke an Gott unter diesen Bedingungen gewann.
Zwar durfte der Jude sich Gott nicht vorstellen; sein Wirken aber,
sein thatsächliches, tägliches Eingreifen in die Geschicke der Welt
war gewissermassen eine Sache der Erfahrung; die ganze Nation
lebte ja davon; darüber nachzudenken war (wenn nicht in der Diaspora,
so doch in Palästina) ihre einzige geistige Beschäftigung.

In dieser Umgebung wuchs Christus auf; aus dieser Umgebung
trat er niemals heraus.　Dank diesem eigentümlichen historischen Sinn
der Juden erwachte er zum Bewusstsein so fern wie möglich dem allumfassenden arischen Naturkultus und seinem Bekenntnis *tat-tvam-asi*
(das bist auch du), am Herde des eigentlichen Anthropomorphismus,
wo die ganze Schöpfung nur für den Menschen da war, und alle
Menschen nur für dieses eine auserwählte Volk, also in der unmittelbarsten Gegenwart Gottes und göttlicher Vorsehung. Er fand hier,
was er sonst nirgends auf der Welt gefunden hätte: ein vollständiges,
fertiges Gerüst innerhalb dessen sein durchaus neuer Gottes- und
Religionsgedanke aufgebaut werden konnte. Von dem eigentlichen
jüdischen Gedanken blieb, nachdem Jesus gelebt hatte, nichts mehr
übrig; wie nach vollendetem Tempelbau, konnte das Gerüst abge-
tragen werden. Es hatte aber gedient, und der Bau wäre ohne das
Gerüst undenkbar. Der Gott, den man um das tägliche Brot bittet,
konnte nur dort gedacht werden, wo ein Gott Einem die Dinge dieser
Welt verheissen hatte; um Schuldvergebung konnte man nur den an-
flehen, der bestimmte Gebote erlassen hatte — — — Fast befürchte
ich aber missverstanden zu werden, wenn ich an dieser Stelle mich
auf Einzelnheiten einlasse; es genügt, wenn ich die allgemeine Vorstellung der so ganz eigenartigen Atmosphäre Judäa's geweckt habe,
woraus dann die Einsicht sich ergeben wird, dass die idealste Religion

nicht die selbe Lebenskraft besässe, hätte sie nicht an die realste, materiellste, ja, wir dürfen ruhig sagen, am meisten materialistische der Welt angeknüpft. Hierdurch, und nicht in Folge seiner angeblich höheren Religiosität, ist das Judentum eine Weltmacht geworden.

Noch deutlicher wird die Sache, sobald man den Einfluss dieses geschichtlichen Glaubens auf das Schicksal Christi betrachtet. Die gewaltigste Persönlichkeit kann nur dann wirken, wenn sie verstanden wird. Mag dieses Verständnis noch so lückenhaft, mag es sogar häufig direktes Missverständnis sein, irgend eine Gemeinsamkeit des Fühlens und Denkens muss als Verbindungsmittel dienen zwischen dem vereinzelten Grossen und der Menge. Die Tausende, die der Bergpredigt lauschten, verstanden Christum ganz gewiss nicht, wie wäre das denn möglich gewesen? es war ein armes, von ewigem Krieg und Aufruhr schwer bedrücktes, von seinen Priestern systematisch verdummtes Volk; die Macht seines Wortes erweckte aber in den Herzen der Begabteren unter ihnen einen Ton, der sonst an keinem Ort der Erde erklungen wäre: sollte Dieser der Messias sein, der verheissene Erlöser aus unserem Jammer und Elend? Welche unermessliche Kraft lag nicht in der Möglichkeit einer solchen Vorstellung! Sofort war die flüchtige, unscheinbare Gegenwart mit der fernsten Vergangenheit und mit der unzweifelbarsten Zukunft verknüpft, wodurch der jetzige Augenblick unvergängliche Bedeutung erhielt. Dass der Messias, den die Juden erwarteten, durchaus nicht den Charakter hatte, noch haben konnte, den wir diesem Begriff beilegen, ist nebensächlich; [1] der Gedanke war da, der geschichtlich motivierte Glaube,

[1] Selbst ein so orthodox kirchlicher Forscher wie Stanton giebt zu, dass der jüdische Messiasgedanke ein durchaus politischer war (siehe *The Jewish and the Christian Messiah*, 1886 S. 122 fg., 128 fg., u. s. w.). Man weiss, dass die Theologie sich in letzter Zeit viel mit der Geschichte der Messiasvorstellungen beschäftigt hat. Das Facit für uns Laien ist hauptsächlich der Nachweis, dass die Christen, durch specifisch galiläische und samaritanische Irrlehren dazu verleitet, der Erwartung eines Messias eine Auffassung untergeschoben haben, die sie in Wahrheit für die Juden nie besass. Über die gewaltsamen Deutungen der alten Propheten waren die jüdischen Schriftgelehrten von jeher empört; jetzt wird aber auch von christlicher Seite zugegeben, dass mindestens die vorexilischen Propheten (und das sind die grössten) von der Erwartung eines Messias nichts wussten (siehe z. B. Paul Volz: *Die vorexilische Jahveprophetie und der Messias* 1897, als letzte Zusammenfassung); das Alte Testament kennt nicht einmal das Wort, und einer der bedeutenden Theologen unserer Zeit, Paul de Lagarde (*Deutsche Schriften*, S. 53), macht darauf aufmerksam, dass der Ausdruck *mâschîach* überhaupt kein ursprünglich hebräischer, sondern ein erst spät aus Assyrien oder Babylonien erborgter ist. Besonders auf-

dass jeden Augenblick ein Retter vom Himmel erscheinen könnte und müsste. An keinem anderen Ort der Erde hätte ein einziger Mensch diese, wenn auch noch so missverständnisvolle Ahnung von der Weltbedeutung Christi haben können. Der Heiland wäre ein Mensch unter Menschen geblieben. Und insofern finde ich, dass die Tausende, die bald nachher »Kreuzige ihn, kreuzige ihn« schrieen, ebensoviel Verständnis bewiesen, wie diejenigen, die der Bergpredigt andächtig gelauscht hatten. Pilatus, sonst ein harter, grausamer Richter, konnte keine Schuld an Christus finden;[1] in Hellas und in Rom wäre dieser als ein heiliger Mann verehrt worden. Der Jude dagegen, der einzig in der Geschichte lebte, dem der »heidnische« Begriff der Sittlichkeit und Heiligkeit fremd war, da er nur ein »Gesetz« kannte, und

---

fallend ist denn auch, wie diese Messiaserwartung, wo sie überhaupt vorhanden war, beständig die Gestalt wechselte: ein Mal sollte ein zweiter König David kommen, ein andres Mal zielte die Vorstellung nur auf jüdische Weltherrschaft im Allgemeinen, dann wieder ist es Gott selber mit seinem himmlischen Gericht, »der den bisherigen Gewalthabern auf einen Schlag ein Ende macht und dem Volk Israel unvergängliche Herrschaft, ein allumfassendes Reich giebt, an dem auch die wiedererweckten Gerechten früherer Zeiten teilnehmen, während die Abtrünnigen zu ewiger Schmach verurteilt werden« (vergl. Karl Müller: *Kirchengeschichte*, 1, 15) — andere Juden wieder streiten, ob der Messias ein Ben-David oder ein Ben-Joseph sein werde, Manche glauben, es würden ihrer Zwei sein, noch Andre sind der Ansicht, er werde in der römischen Diaspora geboren werden; nie und nirgends findet sich aber der Gedanke an einen leidenden, durch seinen Tod erlösenden Messias (siehe Stanton, S. 122—124). Die besten, die gebildetsten und die frömmsten Juden haben sich überhaupt niemals auf derartige apokalyptische Wahnvorstellungen eingelassen. Im Talmud lesen wir (*Sabbath*, Abschn. 6): »Es ist zwischen der gegenwärtigen und der messianischen Zeit kein Unterschied, als dass der Druck, unter dem Israel bis dahin schmachtet, aufhört.« (Dagegen sehe man im Traktat *Sanhedrin* des babylonischen Talmuds, fol. 966 ff., das wüste Durcheinander und die durchgängige Puerilität der messianischen Vorstellungen). Ich meine nun in meinen obigen Ausführungen den Kern der Frage getroffen zu haben: bei einer durchaus historischen Religion wie die jüdische, ist der sichere Besitz der Zukunft eine ebenso unabweisbare Notwendigkeit wie der sichere Besitz der Vergangenheit; von den frühesten Zeiten an sehen wir diesen Gedanken an die Zukunft die Juden beseelen, er beseelt sie noch heute; je nach den Einflüssen der Umgebung verlieh das phantasiearme Volk seinen Erwartungen verschiedene Formen, wesentlich ist einzig die felsenfeste Überzeugung, die sie niemals verliess, die Juden würden einmal die Welt beherrschen. Dies ist eben ein Bestandteil ihres Charakters, die sichtbare Hinausprojicierung ihres innersten Wesens. Es ist ihr Ersatz für Mythologie.

[1] Tertullian macht dazu die reizend naive Bemerkung: »Pilatus war bereits im Herzen Christ!« (*Apologeticus*, XXI).

dieses Gesetz wiederum aus ganz praktischen Gründen, nämlich, um
Gottes Zorn nicht auf sich zu laden und um seine historische Zukunft zu sichern, befolgte, der Jude beurteilte eine Erscheinung wie
die Christi rein geschichtlich, und musste mit Recht rasend werden,
wenn das ihm verheissene Königreich, um dessen Erhaltung er Jahrhunderte lang gelitten und geduldet, um dessen Besitz er sich von
allen Menschen der Erde geschieden hatte und allen verhasst und ver-
ächtlich geworden war, wenn dieses Königreich, wo er alle Nationen
in Ketten und alle Fürsten auf den Knieen »staubleckend« vor sich zu
erblicken hoffte, nun auf einmal aus einem irdischen umgewandelt
werden sollte in ein Reich »nicht von dieser Welt«.   Jahve hatte
seinem Volke oft versprochen, er werde es »nicht betrügen«; dem
Juden musste das aber Betrug dünken.   Nicht Einen bloss, Viele
haben sie hingerichtet, weil sie für den versprochenen Messias
gehalten wurden, oder sich dafür ausgaben.   Und mit Recht, denn
der Zukunftsglaube war eben so sehr eine Säule ihrer Volksidee wie
der Vergangenheitsglaube.   Und nun gar diese galiläische Irrlehre!
Auf der altgeweihten Stätte des hartnäckigsten Materialismus die Fahne
des Idealismus aufzupflanzen! den Gott der Rache und des Krieges in
einen Gott der Liebe und des Friedens umzuzaubern! dem stürmischen
Willen, der beide Hände nach allem Gold der Erde ausstreckte, zu
lehren, er solle das, was er besitze, wegwerfen und im eigenen Innern
den vergrabenen Schatz suchen! — — — Das jüdische Synedrium
hat tiefer geblickt als Pilatus (und als viele Tausende von christlichen
Theologen).   Mit vollem Bewusstsein nicht, gewiss nicht, aber mit
jenem unfehlbaren Instinkt, den reine Rasse verleiht, ergriff es den,
der die historische Grundlage des jüdischen Lebens untergrub, indem
er lehrte: »Sorget nicht für den morgigen Tag«, der in einem jeden
seiner Worte und Thaten das Judentum in sein Gegenteil verklärte, —
und liess es ihn nicht wieder aus den Händen, bis er seine Seele aus-
gehaucht hatte.   Und so nur, durch den Tod, war das Schicksal erfüllt, das Beispiel gegeben.   Durch Lehren konnte kein neuer Glaube
gestiftet werden; an edlen weisen Sittenlehrern fehlte es damals nicht,
keiner hat über die Menschen etwas vermocht; es musste ein Leben
gelebt, und dieses Leben sofort als weltgeschichtliche That in die grosse
bestehende Weltgeschichte eingereiht werden.   Einzig eine jüdische
Umgebung entsprach diesen Bedingungen.   Und gerade so wie das
Leben Christi nur mit Zuhilfenahme des Judentums gelebt werden
konnte, trotzdem es seine Verleugnung war, ebenso entwickelte die

junge christliche Kirche eine Reihe von uralten arischen Vorstellungen —
von der Sünde, der Erlösung, der Wiedergeburt, der Gnade u. s. w.
(lauter Dinge, die den Juden gänzlich unbekannt waren und blieben) —
nunmehr zu klarer und sichtbarer Gestalt, indem sie dieselben in das
jüdische historische Schema einfügte.[1] Es wird nie gelingen, die
Erscheinung Christi von diesem jüdischen Grundgewebe ganz abzu-
lösen; versucht wurde es gleich in den ersten christlichen Jahrhunderten,
doch ohne Erfolg, da dadurch die tausend Züge, in denen die Persönlichkeit ihre Eigenart geoffenbart hatte, verwischt wurden und nur
eine Abstraktion zurückblieb.[2]

Noch tiefer greift der Einfluss des zweiten Charakterzuges.

Wir haben gesehen, dass das, was ich den historischen Instinkt *Der Wille*
der Juden nannte, im letzten Grund auf dem Besitz eines abnorm ent- *bei den*
wickelten Willens beruht.   Der Wille erreicht beim Juden eine solche *Semiten.*
Überlegenheit, dass er die übrigen Anlagen bezwingt und beherrscht.
Dadurch entsteht nun auf der einen Seite Ausserordentliches, Leistungen, wie sie anderen Menschen kaum möglich wären, andrerseits
aber eigentümliche Beschränkungen.   Gleichviel; sicher ist, dass wir
diese selbe Vorherrschaft des Willens bei Christus überall antreffen:
häufig unjüdisch in den einzelnen Äusserungen, ganz jüdisch, insofern
der Wille fast ausschliesslich betont wird.   Dieser Zug greift ungemein
tief und verzweigt sich tausendfach, wie ein Aderngeäst, bis in jedes
einzelne Wort, bis in jede einzelne Vorstellung.   Durch einen Vergleich hoffe ich das Gemeinte klar fasslich hinstellen zu können.

Man betrachte die hellenische Vorstellung des Göttlichen und
Menschlichen und ihres Verhältnisses zu einander.   Einige Götter kämpfen

---

[1] Der Mythus des Sündenfalles steht zwar gleich am Beginn des ersten
Buches Mose, jedoch offenbar als Lehngut, da die Juden ihn nie verstanden und
er in ihrem System keine Verwendung fand.   Wer das Gesetz nicht übertritt, ist
nach ihrer Auffassung sündenlos.   Ebensowenig hat ihre Erwartung eines Messias
irgend etwas mit unserer Vorstellung der »Erlösung« zu thun.   Näheres in den Kap. 5 u. 7.

[2] Das ist die Tendenz der Gnosis überhaupt; den vollkommen durchdachten,
edelsten Ausdruck findet diese Richtung, soweit ich mir ein Urteil zutrauen darf, in
Marcion (Mitte des 2. Jahrhunderts), der von dem durchaus neuen des christlichen
Ideals so durchdrungen war wie vielleicht kein Religionslehrer seit ihm; gerade an
einem solchen Beispiel lernt man aber am deutlichsten einsehen, wie verhängnisvoll es ist, das geschichtlich Gegebene ignorieren zu wollen.   Vergl. jede beliebige
Kirchengeschichte.   Dagegen muss ich den Wissbegierigen ausdrücklich warnen,
dass die drei Zeilen, die Herr Ranke diesem wahrhaft grossen Manne widmet,
Weltgeschichte II, 171, nicht ein einziges Wort von dem enthalten, was hier zu
sagen war.)

für Troja, andere für die Achaier; indem ich einen Teil der Gottheit
mir befreunde, befremde ich mir den andren; das Leben ist ein Kampf,
ein Spiel, der Edelste kann zu Grunde gehen, der Jämmerlichste siegen;
die Sittlichkeit ist gewissermassen eine persönliche Angelegenheit, seines
eigensten Innern ist der Mensch Herr, nicht seines Schicksals; eine
sorgende, strafende und belohnende Vorschung giebt es nicht. Sind
doch auch die Götter nicht frei; Zeus selber muss dem Geschicke sich
beugen. »Dem bestimmten Verhängnis zu entgehen, ist selbst einem
Gotte nicht möglich«, schreibt Herodot. Ein Volk, welches die Ilias
erzeugt, wird später grosse Naturforscher und grosse Denker hervorbringen. Denn wer die Natur mit offenen, durch keine Selbstsucht
verblendeten Augen ansieht, wird überall in ihr das Walten des Gesetzes entdecken; die Gesetzlichkeit auf moralischem Gebiete heisst
Schicksal für den Künstler und Prädestination für den Philosophen. Für
den treuen Beobachter der Natur ist der Gedanke an Willkür zunächst
einfach unfassbar; selbst einem Gotte kann er sich nicht entschliessen,
anzudichten, er thue, was er wolle, sondern was er müsse. Schönen
Ausdruck verleiht dieser Weltauffassung Here in Goethe's Achilleïs-
Fragment:

Willkür bleibet ewig verhasst den Göttern und Menschen,
Wenn sie in Thaten sich zeigt, auch nur in Worten sich kundgiebt.
Denn so hoch wir auch stehen, so ist der ewigen Götter
Ewigste Themis[1]) allein, und diese muss dauern und walten.

Dagegen kann der jüdische Jahve als die Inkarnation der Willkür
bezeichnet werden. Gewiss tritt uns dieser Gottesbegriff in den Psalmen
und in Jesaia überaus grossartig entgegen; er ist auch — für sein
auserwähltes Volk — eine Quelle hoher und ernster Moral. Was
Jahve ist, ist er aber, weil er so sein will; er steht über aller Natur,
über jedem Gesetz, der absolute, unbeschränkte Autokrat. Gefällt es
ihm, ein kleines Völkchen aus der Menschheit herauszuwählen und
ihm allein seine Gnade zu erweisen, so thut er es; will er es quälen,
so schickt er es in Sklaverei; will er dagegen ihm Häuser schenken,

---

[1]) Die Themis ist bei uns Modernen zu einer Allegorie der unparteiischen
Gerichtspflege herabgesunken, d. h. also eines durchaus willkürlichen Überein-
kommens, und wird, bezeichnender Weise, mit verbundenen Augen dargestellt;
als die Mythologie noch lebte, bezeichnete sie das Walten des Gesetzes in der
gesamten Natur, und die antiken Bildner geben ihr besonders grosse, weit offene
Augen!

die es nicht gebaut, Weinberge, die es nicht gepflanzt hat, so thut er es und vernichtet die unschuldigen Besitzer; eine Themis giebt es nicht. Ebenso die göttliche Gesetzgebung. Neben moralischen Geboten, die zum Teil hohe Sittlichkeit und Menschlichkeit atmen, stehen direkt unsittliche und unmenschliche,[1] andere wiederum bestimmen die trivialsten Dinge: was man essen und was man nicht essen darf, wie man sich waschen soll u. s. w., kurz, überall die unbeschränkte Willkür. Wer tiefer blickt, wird nicht umhin können, hier die Verwandtschaft zwischen dem ursemitischen Götzenkultus und dem Jahveglauben zu erblicken. Von dem indoeuropäischen Standpunkt aus betrachtet, wäre Jahve eigentlich eher ein idealisierter Götze, oder wenn man will, ein Anti-Götze zu nennen als ein Gott. Dafür enthält jedoch diese Gottesauffassung etwas, was ebensowenig wie die Willkür aus der Beobachtung der Natur zu entnehmen war: den Gedanken an eine Vorsehung! Nach Renan ist »der übertriebene Glaube an eine besondere Vorsehung die Basis der ganzen jüdischen Religion«.[2] Ausserdem hängt mit jener Freiheit des Gottes eine andere eng zusammen: die Freiheit des menschlichen Willens. Das *liberum arbitrium* ist entschieden eine semitische, und in seiner vollen Ausbildung speziell eine jüdische Vorstellung; sie hängt mit der besonderen Gottesidee unzertrennlich zusammen.[3] Die Freiheit des Willens bedeutet nicht weniger als ewig wiederholte Schöpfungsakte; bedenkt man das, so begreift man, dass diese Annahme (sobald sie

---

[1] Neben den unzähligen göttlich befohlenen Raubzügen mit Massenmord, wo auch »die Köpfe der Kinder gegen die Steine zerschellt« werden sollten, bemerke man die Fälle, wo geboten wird »den Bruder, Freund und Nächsten« meuchelmörderisch zu überfallen (2. *Mose* XXXII, 27), und auch die Ekel erregenden Befehle, wie *Hesekiel* IV, 12—15.

[2] *Histoire du peuple d'Israël* II, S. 111.

[3] Mit welchem sehr logischen Fanatismus die Rabbiner bis heute die unbedingte und nicht etwa metaphysisch zu deutende Freiheit des Willens verfechten, kann man in jeder Geschichte des Judentums verfolgen. Diderot sagt: »*Les Juifs sont si jaloux de cette liberté d'indifférence, qu'ils s'imaginent qu'il est impossible de penser sur cette matière autrement qu'eux*«. Und wie genau dieser Begriff mit der Freiheit Gottes und mit der Vorsehung zusammenhängt, erhellt aus dem Sturm, den es hervorrief, als Maimonides die göttliche Vorsehung auf die Menschheit beschränken wollte und behauptete, nicht jedes Blatt werde durch sie bewegt, nicht jeder Wurm durch ihren Willen erzeugt. — Von den sog. »Grundsentenzen« des berühmten Talmudisten Rabbi Akiba lauten die beiden ersten: 1. Alles und Jedes ist von Gottes Vorsehung beaufsichtigt; 2. die Willensfreiheit ist gesetzt (Hirsch Graetz: *Gnosticismus und Judentum*, 1846, S. 91).

die Welt der Erscheinung betrifft) nicht allein aller physischen Wissenschaft, sondern auch aller Metaphysik widerspricht und eine Verleugnung jeder transcendenten Religion bedeutet. Hier stehen Erkenntnis und Wille sich schroff gegenüber. Überall nun, wo wir Einschränkungen dieses Freiheitsbegriffes begegnen: bei Augustinus, bei Luther, bei Voltaire, bei Kant, bei Goethe — — —, können wir sicher sein, dass hier eine indoeuropäische Reaktion gegen semitischen Geist stattfindet. So z. B. wenn Calderon in der *Grossen Zenobia* den wilden, eigenmächtigen Aurelian spotten lässt über Denjenigen

Der den Willen frei genannt.

Denn — muss man sich gewiss auch sehr hüten mit derartigen formelhaften Vereinfachungen Missbrauch zu treiben — man kann doch die Behauptung aufstellen: der Begriff der Notwendigkeit ist ein in allen indoeuropäischen Rassen besonders stark ausgeprägter, dem man bei ihnen auf den verschiedensten Gebieten immer wieder begegnet: er deutet auf hohe leidenschaftslose Erkenntniskraft; dagegen ist der Begriff der Willkür, d. h. einer unbeschränkten Herrschaft des Willens, für den Juden specifisch charakteristisch: er verrät eine im Verhältnis zum Willen sehr beschränkte Intelligenz. Es handelt sich hier nicht um abstrakte Verallgemeinerungen, sondern um thatsächliche Eigenschaften, die wir noch heute täglich beobachten können; in dem einen Falle wiegt der Gedanke vor, in dem andern der Wille.

Man gestatte mir ein handgreifliches Beispiel aus der Gegenwart. Ich kannte einen jüdischen Gelehrten, der, da in seiner Branche die Konkurrenz wenig Geld verdienen liess, Seifenfabrikant wurde, und zwar mit grossem Erfolg; als aber später auch hier wieder ausländische Konkurrenz ihm den Boden unter den Füssen wegschnitt, da wurde er auf einmal, als Mann in reiferen Jahren, Theaterdichter und Belletrist und erwarb sich dabei ein Vermögen. Von Universalgenie konnte in diesem Falle gar nicht die Rede sein; die intellektuelle Begabung war mässig und jeglicher Orginalität bar; mit diesem Intellekt machte aber der Wille, was er wollte.

Der abnorm entwickelte Wille der Semiten kann zu zwei Extremen führen: in dem einen Fall zur Erstarrung, wie beim Mohammedaner, wo der Gedanke an die unbeschränkte göttliche Willkür vorwiegt; im anderen, wie beim Juden, zur phänomenalen Elasticität, was durch die Vorstellung der eigenen menschlichen Willkür hervorgebracht wird. Dem Indoeuropäer sind beide Wege versperrt. In der Natur beobachtet er überall Gesetzmässigkeit, und von sich selbst weiss er, dass er nur dann sein Höchstes leisten kann, wenn er der inneren Not gehorcht. Freilich kann auch bei ihm der Wille Heldenthaten vollbringen, nur aber wenn seine Erkenntnis irgend eine Idee erfasst hat — eine künstlerische, religiöse, philosophische, oder auch auf Eroberung, Beherrschung, Bereicherung, vielleicht auf Verbrechen hinzielende, gleichviel, bei ihm gehorcht der Wille, er befiehlt nicht. Darum ist auch der Indoeuropäer bei mässiger Begabung so eigentümlich charakterlos im Vergleich zum unbegabtesten Juden. Aus eigenen Kräften wären wir gewiss nie zu der Vorstellung eines freien allmächtigen Gottes und einer sozusagen »willkürlichen Vorsehung« gekommen, einer Vorsehung nämlich, die eine Sache so bestimmen kann, und dann, durch Gebete oder andere Beweggründe veranlasst, wieder anders.[1] Wir sehen nicht, dass man ausserhalb des Judentums auf den Gedanken einer ganz intimen und beständigen persönlichen Beziehung zwischen Gott und Mensch gekommen sei, auf den Gedanken eines Gottes, der, wenn ich so sagen darf, lediglich der Menschen wegen da zu sein scheint. Zwar sind die alten indoarischen Götter wohlwollende, freundliche, fast gutmütig zu nennende Mächte; der Mensch ist ihr Kind, nicht ihr Knecht; ohne Furcht naht er sich ihnen; beim Opfern »ergreift er des Gottes rechte Hand«;[2] der Mangel an Demut der Gottheit gegenüber hat sogar Manchen entsetzt; doch findet man, wie gesagt, nirgendwo die Vorstellung der willkürlichen Allmacht; und damit hängt eine auffallende Untreue zusammen: man betet bald Diesen, bald Jenen an, oder, wird das Göttliche als ein einheitliches Prinzip aufgefasst, so denkt es sich die eine Schule so, die andere anders (ich erinnere an die sechs grossen philosophisch-religiösen Systeme Indiens, die alle sechs als orthodox galten); das Gehirn arbeitet eben unaufhaltsam weiter, neue Bilder, neue Gestalten erzeugend, das Unbegrenzte ist seine Heimat, die Freiheit sein Element, die Schöpferkraft seine Freude. Man betrachte doch folgenden Anfang eines Hymnus aus dem *Rigveda* (6, 9):

---

[1] Nie sind bei Indoeuropäern die Götter »Weltschöpfer«; wo das Göttliche als Schöpfer aufgefasst wird, wie beim Brahman der Inder, so bezieht sich das auf eine rein metaphysische Erkenntnis, nicht auf einen historisch-mechanischen Vorgang, wie in *Genesis* I; sonst entstehen die Götter »diesseits der Schöpfung«, man redet von ihrer Geburt und von ihrem Tode.

[2] Oldenberg: *Die Religion des Veda*, S. 310.

Das Ohr geht auf, es öffnet sich mein Auge,
Das Licht in meinem Herzen wird lebendig!
Der Geist in weite Fernen suchend ziehet:
Was soll ich sagen? und was soll ich dichten?

und vergleiche ihn mit den ersten Versen irgend eines Psalmes, z. B.
des sechsundsiebzigsten:

Gott ist in Juda bekannt,
In Israel ist sein Name herrlich;
Zu Salem[1]) ist sein Gezelt
Und seine Wohnung zu Zion.

Man sieht, welch' wichtiges Element des Glaubens der Wille ist.
Während der erkenntnisreiche Arier »in weite Fernen suchend ziehet«,
lässt der willensstarke Jude Gott sein Gezelt ein für alle Mal in seiner
Nähe aufschlagen. Die Wucht seines Willens zum Leben hat dem
Juden nicht allein einen Glaubensanker geschmiedet, der ihn festkettet
an den Boden der historischen Überlieferung, sondern sie hat ihm
auch das unerschütterliche Vertrauen eingeflösst zu einem persönlichen,
unmittelbar gegenwärtigen Gott, der allmächtig ist zu geben und zu
verderben, und sie hat ihn, den Menschen, in ein moralisches Verhältnis
zu diesem Gott gebracht, indem der Gott in seiner Allmacht Gebote
erliess, die der Mensch frei ist zu befolgen oder nicht zu befolgen. [2])

---

[1]) Abkürzung für Jerusalem.

[2]) Wäre hier der Ort dazu, ich würde gern noch näher nachweisen, wie
diese jüdische Vorstellung des allmächtigen, als freie Vorsehung waltenden Gottes die
historische Auffassung dieses Gottes unabweislich bedingt, und wie so gerade
hiergegen immer wieder und immer wieder jede echt arische Erkenntnis sich sträubt.
So ist z. B. das ganze tragische Gedankenleben Peter Abälard's dadurch bedingt,
dass er, trotz der heissesten Sehnsucht nach Rechtgläubigkeit, seinen Geist dem
jüdischen Religionsmaterialismus nicht anbequemen kann. Immer wieder z. B. kommt
er zum Schluss, Gott thue, was er thue, mit Notwendigkeit (wobei er sich auf
die früheren Schriften des Augustinus berufen konnte, namentlich auf sein *De libero
arbitrio*): das ist geistiger Antisemitismus in seiner höchsten Potenz! Er leugnet auch
jede Handlung, jede Bewegung bei Gott; das Wirken Gottes ist für ihn das Eintreffen einer ewigen Willensbestimmung; »bei Gott giebt es keine Zeitfolge«!
(siehe A. Hausrath: *Peter Abälard*, S. 201 fg.) Damit verschwindet die Vorsehung. — Übrigens, wozu gelehrte Belege erst suchen; der edle Don Quixote
setzt mit rührender Naivetät seinem treuen Sancho auseinander: »für Gott giebt
es keine Vergangenheit und keine Zukunft, sondern alles ist Gegenwart« (Buch IX,
Kap. 8): damit bezeichnet der ewig grosse Cervantes kurz und bündig den unhistorischen Standpunkt aller Nichtsemiten.

Und noch Eins darf in diesem Zusammenhang nicht übergangen
werden: die einseitige Vorherrschaft des Willens macht die Chroniken
des jüdischen Volkes im Allgemeinen öde und hässlich; in dieser
Atmosphäre erwuchs jedoch eine Reihe bedeutender Männer, deren
originelle Grösse sie jedem Vergleich mit anderen Geistesheroen ent-
zieht. Ich habe dieser »Verneiner« des jüdischen Wesens, die dabei
selber so jüdisch von der Sohle bis zum Haupte blieben, dass sie mehr
als alles andere zur Ausbildung des starrsten Hebraismus beitrugen,
schon in der Einleitung zu diesem Abschnitt gedacht[1]) und komme
im zweitnächsten Kapitel auf sie zurück; nur so viel muss hier gesagt werden: indem diese Männer den religiösen Materialismus von
seiner abstraktesten Seite erfassten, erhoben sie ihn in moralischer Beziehung auf eine sehr hohe Stufe; ihr Wirken hat der Auffassung
Christi in Bezug auf das Verhältnis zwischen Gott und Mensch in
wesentlichen Punkten historisch vorgearbeitet. Ausserdem spricht sich
bei ihnen ein wichtiger Zug am deutlichsten aus, der ganz und gar
im Wesen des Judentums begründet liegt: die historische Religion
dieses Volkes legt den Nachdruck nicht auf den Einzelnen, sondern
auf die ganze Nation; der Einzelne kann der Gesamtheit nützen oder
schaden, sonst aber ist er unwichtig; daraus folgte mit Notwendigkeit
ein ausgesprochen sozialistischer Zug, der in den Propheten oft
gewaltigen Ausdruck findet. Der Einzelne, der zu Glück und Reichtum gelangt, während seine Brüder darben, ist von Gott verflucht.
Wenn nun Christus in einer Beziehung das genau entgegengesetzte
Prinzip vertritt, dasjenige nämlich des extremen Individualismus, der
Erlösung des Einzelnen durch Wiedergeburt, so deutet andrerseits sein
Leben und sein Lehren unverkennbar auf einen Zustand, der nur
durch die Gemeinsamkeit verwirklicht werden kann. Der Kommunismus des »Eine Herde und Ein Hirt« ist gewiss ein andrer als der
ganz und gar politisch gefärbte, theokratische Kommunismus der
Propheten; wiederum ist jedoch der Untergrund ein ausschliesslich
und charakteristisch jüdischer.

Mag man nun über diese verschiedenen jüdischen Vorstellungen
denken wie man will, Grösse wird ihnen Niemand absprechen, noch
die Fähigkeit auf die Gestaltung des menschlichen Lebens eine fast
unermessliche Wirkung auszuüben. Es wird auch Niemand leugnen,
dass der Glaube an die göttliche Allmacht, an die göttliche Vorsehung,

---

[1]) S. 47.

und auch an die Freiheit des menschlichen Willens,[1]) sowie die fast
ausschliessliche Betonung der moralischen Natur der Menschen und
ihrer Gleichheit vor Gott (»die Letzten werden die Ersten sein«),
Grundpfeiler der Persönlichkeit Christi bilden. Weit mehr als das
Anknüpfen an die Propheten, weit mehr auch als seine Achtung vor
den jüdischen Gesetzesvorschriften, lassen uns diese Grundanschauungen
Christum als moralisch zu den Juden gehörig erkennen. Ja, wenn
wir sehr tief hinabsteigen, bis zu jenem Mittelpunkt der Erscheinung
Christi, der Umkehr des Willens, so müssen wir erkennen —
und ich habe es am Anfang dieses Kapitels in dem Vergleich mit
Buddha schon angedeutet — dass hier ein Jüdisches vorliegt, im
Gegensatz zur arischen Verneinung des Willens. Letztere ist eine
Frucht der Erkenntnis, der übergrossen Erkenntnis; Christus dagegen
wendet sich an Menschen, bei denen der Wille übermächtig ist, nicht
der Gedanke; was er um sich erblickt, ist der unersättliche, ewig
gierige, ewig beide Hände nach aussen ausstreckende jüdische Wille,
er erkennt die Macht dieses Willens und gebietet ihm — nicht
Schweigen, sondern eine andere, neue Richtung. Hier muss man
sagen: Christus ist ein Jude, und seine Erscheinung kann nur verstanden werden, wenn wir diese speziell jüdischen Anschauungen,
die er vorfand und sich zu eigen machte, kritisch begreifen gelernt
haben.

Ich sagte soeben, Christus gehöre »moralisch« zu den Juden.
Dieses ziemlich zweideutige Wort »Moral« muss hier in einer engeren
Bedeutung gefasst werden. Denn gerade in der moralischen Anwendung dieser Vorstellungen von Gottes Allmacht und Vorsehung,
von den daraus folgenden unmittelbaren Beziehungen zwischen dem
Menschen und der Gottheit und von dem Gebrauch des freien menschlichen Willens wich der Heiland *in toto* von den Lehren des Judentums
ab; das liegt Jedem offen dar und ich habe es ausserdem im Vorher-
gehenden deutlich fühlbar zu machen gesucht; die Vorstellungen selbst
aber, der Rahmen, in welchen die moralische Persönlichkeit sich einfügte und aus welchem sie nicht herausgelöst werden kann, die fraglose
Annahme dieser Voraussetzungen, Gott und den Menschen betreffend,
welche dem menschlichen Geist durchaus nicht ohne Weiteres zu eigen
sind, sondern im Gegenteil die ganz individuelle Errungenschaft eines

[1] Letzterer allerdings, wie es scheint, mit bedeutenden Einschränkungen,
da der arische Gedanke der Gnade bei Christus mehr als einmal deutlich auftritt.

bestimmten Volkes im Laufe einer Jahrhunderte währenden geschichtlichen Entwickelung darstellen: das ist das Jüdische in Christus.
Schon in den Kapiteln über hellenische Kunst und römisches Recht
machte ich auf die Macht der Ideen aufmerksam; hier haben wir
wieder ein leuchtendes Beispiel davon. Wer in der jüdischen Ge-
dankenwelt lebte, konnte sich der Macht jüdischer Ideen nicht entziehen. Und brachte er auch der Welt eine ganz neue Botschaft,
wirkte auch sein Leben wie das Anbrechen eines neuen Morgens,
war seine Persönlichkeit auch eine so göttlich grosse, dass sie uns
eine Kraft im menschlichen Innern entdeckte, fähig — wenn das je
begriffen würde — die Menschheit völlig umzuwandeln: so waren doch
nichtsdestoweniger die Persönlichkeit, das Leben und die Botschaft an
die grundlegenden Ideen des Judentums gebunden; nur in diesen
konnten sie sich offenbaren, bethätigen und kundthun.

———

Ich hoffe, mein Zweck wird erreicht sein. Von der Betrachtung
der Persönlichkeit in ihrer individuellen, autonomen Bedeutung aus-
gehend, habe ich nach und nach den Kreis erweitert, um die Lebens-
fäden aufzuzeigen, die sie mit der Umgebung verbinden. Hierbei war
eine gewisse Ausführlichkeit unentbehrlich; den einzigen Gegenstand
dieses Buches, die Grundlagen des 19. Jahrhunderts, habe ich jedoch
nicht einen Moment aus den Augen verloren. Denn wie sollte ich,
Einzelner, mich chronistisch oder encyklopädisch an unser Säculum
heranwagen? Die Musen mögen mich vor einem derartigen Wahn-
witz bewahren! Dagegen soll ich versuchen, den leitenden Ideen, den
bildenden Gedanken unserer Zeit soweit möglich auf die Spur zu
kommen; diese Ideen fallen aber nicht vom Himmel herab, sondern
knüpfen an Vergangenes an; neuer Wein wird gar oft in alte Schläuche
gegossen, und uralter, saurer Wein, den kein Mensch kosten würde,
wenn er dessen Ursprung kennte, in funkelnagelneue; überhaupt lastet
auf einer so spätgeborenen Kultur wie der unseren, noch dazu in einer
Zeit der atemlosen Hast, wo die Menschen zu viel lernen müssen, um
viel denken zu können, der Fluch der Konfusion. Wollen wir
Klarheit über uns selber gewinnen, so müssen wir vor allem in den
Grundgedanken und -Vorstellungen klar sehen, die wir von den Altvordern geerbt haben. Wie äusserst verwickelt das hellenische Erbe,
wie eigentümlich widerspruchsvoll das römische, zugleich wie tief ein-
greifend in unser heutiges Leben und Denken, hoffe ich recht fühlbar

gemacht zu haben. Jetzt sahen wir, dass auch die Erscheinung Christi, welche auf der Schwelle zwischen Alt- und Neuzeit steht, durchaus nicht in so einfacher Gestalt unserem ferngerückten Auge sich bietet, dass wir sie leicht aus dem Labyrinth der Vorurteile und Lügen und Irrtümer herausschälen könnten. Und doch ist nichts nötiger, als gerade diese Erscheinung deutlich und wahrheitstreu zu erblicken. Denn — wie unwürdig wir uns dessen auch erweisen mögen — unsere gesamte Kultur steht, gottlob! noch unter dem Zeichen des Kreuzes auf Golgatha. Wir sehen wohl dieses Kreuz; wer aber sieht den Gekreuzigten? Er aber, und Er allein, ist der lebendige Born alles Christentums, sowohl des intolerant Dogmatischsten wie auch des durchaus ungläubig sich Gebenden. Dass man das hat bezweifeln können, dass unser Jahrhundert sich von Büchern genährt hat, in denen dargethan wurde, das Christentum sei so von ungefähr entstanden, aus Zufall, als mythologische Anwandlung, als »dialektische Antithese«, was weiss ich alles, oder wiederum als notwendiges Erzeugnis des Judentums u. s. w., das wird späteren Zeiten ein beredtes Zeugnis für die Kindlichkeit unseres Urteils abgeben. Die Bedeutung des Genies k a n n gar nicht hoch genug geschätzt werden: wer erkühnt sich, den Einfluss Homer's auf den Menschengeist zu berechnen? Christus aber war grösser. Und wie das »ewige Hausfeuer« der Arier, kann auch die Wahrheitsleuchte, die Er uns anzündete, nie mehr verlöschen; mag auch zu Zeiten ein Schatten der Nacht die Menschheit weithin umfinstern, es genügt ein einziges glühendes Herz, damit von Neuem Tausende und Millionen taghell aufflammen. — — Hier jedoch gerade kann man mit Christus fragen: »Wenn aber das Licht, das in dir ist, Finsternis ist, wie gross wird dann die Finsternis selber sein?« Schon die Entstehung der christlichen Kirche führt uns in tiefste Finsternis hinein, und ihre weitere Geschichte macht uns mehr den Eindruck eines Herumtappens im Dunkeln als eines sonnigen Sehens. Wie sollen wir also unterscheiden können, was in dem sogenannten Christentum Geist von Christi Geist ist und was dagegen als hellenische, jüdische, römische, ägyptische Zuthat hinzukam, wenn wir nie gelernt haben, diese Erscheinung selbst in ihrer erhabenen Einfachheit zu erblicken? Wie sollen wir über das Christliche in unseren heutigen Konfessionen, in unseren Litteraturen und Künsten, in unserer Philosophie und Politik, in unseren sozialen Einrichtungen und Idealen reden, wie sollen wir Christliches von Antichristlichem trennen, und mit Sicherheit beurteilen können, was in den Bewegungen unseres

Jahrhunderts auf Christus zurückzuführen ist, was nicht, oder auch inwiefern es christlich ist, ob in der blossen Form oder auch dem Inhalt nach, oder vielleicht dem Inhalt, d. h. der allgemeinen Tendenz nach, nicht aber in Bezug auf die charakteristische jüdische Form, — wie sollen wir vor allem dieses für unseren Geist so drohend gefähr-liche, spezifisch Jüdische von dem »Brot des Lebens« zu sondern und zu sichten verstehen, wenn nicht die Erscheinung Christi in ihren allgemeinen Umrissen uns klar vor Augen steht, und wenn wir nicht imstande sind, an diesem Bilde das rein Persönliche von dem Historisch-bedingten deutlich zu unterscheiden? Gewiss ist das eine wichtigste, unentbehrlichste Grundlage für viele Urteile und Einsichten.

Das in bescheidenem Masse anzubahnen, war der Zweck dieses Kapitels.

ABSCHNITT II

DIE ERBEN

———— ——————

Der hohe Sinn, das Rühmliche
Von dem Gerühmten rein zu unterscheiden.

GOETHE.

EINLEITENDES.

Wer trat das Erbe des Altertums an? Diese Frage ist mindestens ebenso gewichtig wie die nach der Erbschaft selbst und womöglich noch verwickelter. Denn sie führt uns in das Studium der Rassenprobleme hinein, Probleme, welche die Wissenschaft des letzten Vierteljahrhunderts nicht gelöst, sondern im Gegenteil in ihrer vollen Unentwirrbarkeit aufgedeckt hat. Und doch hängt jedes wahre Verständnis unseres Jahrhunderts von der klaren Beantwortung dieser Frage ab. Hier heisst es also zugleich kühn und vorsichtig sein, wollen wir der Mahnung meines Vorwortes eingedenk bleiben und zwischen jener Scylla einer fast unerreichbaren und in ihren bisherigen Ergebnissen höchst problematischen Wissenschaft und der Charybdis unstatthafter, grundloser Verallgemeinerungen sicher hindurchsteuern. Die Not zwingt uns, das Wagnis zu unternehmen.

Rom hatte den Schwerpunkt der Civilisation nach Westen verlegt. Dies erwies sich als eine jener unbewusst vollzogenen welthistorischen Thaten, die durch keine Gewalt rückgängig gemacht werden können. Der von Asien abgewandte Westen Europas sollte der Herd aller ferneren Civilisation und Kultur sein. Das geschah aber nur nach und nach. Zunächst war es lediglich die Politik, die sich immer mehr nach Westen und nach Norden wandte; geistig blieb Rom selbst lange in starker Abhängigkeit vom früheren östlichen Kulturzentrum. In den ersten Jahrhunderten unserer Zeitrechnung kommt ausser Rom nur was südlich und östlich von ihm gelegen ist, in geistiger Beziehung in Betracht: Alexandria, Ephesus, Antiochia, überhaupt Syrien, dann Griechenland mit Byzanz, sowie Karthago und die übrigen Städte aus der *Africa vetus*, das sind die Gegenden, wo die Erbschaft angetreten und lange verwaltet wurde, deren Einwohner sie späteren Zeiten und anderen Völkern übermittelten. Und gerade

diese Länder waren damals wie Rom selbst nicht mehr von irgend
einem bestimmten Volke bewohnt, sondern von einem unentwirrbaren
Durcheinander der verschiedensten Rassen und Völker. Es ist ein
Chaos. Und dieses Chaos ist nicht etwa später vernichtet worden.
An vielen Orten durch vordringende reine Rassen zurückgedrängt,
an anderen durch seine eigene Charakterlosigkeit und Untüchtigkeit
aus den Reihen der Mitzurechnenden herausgefallen, hat sich zweifelsohne dieses chaotische Element doch im Süden und Osten erhalten;
durch neue Mischungen wurde es ausserdem häufig wieder gestärkt.
Das ist ein erster Punkt von weittragender Wichtigkeit. Man bedenke
zum Beispiel, dass alle Grundlagen zur historischen Gestaltung des
Christentums von dieser Mestizenbevölkerung gelegt und ausgebaut
wurden! Mit Ausnahme einiger Griechen (die aber auch alle, Origenes
an der Spitze, höchst unorthodoxe, direkt anti-jüdische Lehren verbreiteten, mit denen sie nicht durchdrangen), [1]) könnte man von
kaum einem Kirchenvater auch nur vermuten, welchem Volksstamme
er der Hauptsache nach angehörte. Dasselbe gilt für das *corpus juris;*
auch hier war es das Chaos (nach hellenischer Vorstellung die Mutter
des Erebos und der Nyx, der Finsternis und der Nacht), welchem
die Aufgabe zufiel, das lebendige Werk eines lebendigen Volkes zu
einem internationalen Dogma aus- und umzuarbeiten. Unter dem
nämlichen Einfluss wurde die Kunst immer mehr des persönlichen
freischöpferischen Momentes beraubt und zu einer hieratisch-formel-
haften Übung umgewandelt, und an die Stelle der hohen, philosophischen Spekulation der Hellenen schob man deren Nachäffung,

---

[1]) Origenes zum Beispiel war ausgesprochener Pessimist (im metaphysischen
Sinne des Wortes), wodurch allein schon er seine indoeuropäische Rasse dokumentiert;
er sah in der Welt überall Leiden, und zog daraus den Schluss, ihr Hauptzweck
sei nicht der Genuss eines gottgeschenkten Glückes, sondern die Abwendung eines
Übels (man denke an die Hauptlehre Christi von der »Umwendung des Willens«,
vergl. S. 200). Augustinus, der afrikanische Mestize, hatte leichtes Spiel, ihn zu
widerlegen; er berief sich auf das erste Kapitel des ersten Buches der jüdischen
Thora, um unwiderlegbar darzuthun, alles sei gut und »die Welt bestehe aus
keinem anderen Grunde, als weil es einem guten Gotte gefallen habe, das absolut
Gute zu schaffen«. (Man sehe die höchst lehrreiche Auseinandersetzung im *De
civitate Dei*, Buch XI, Kap. 23.) Augustinus führt hier triumphierend noch ein
zweites Argument an: wenn Origenes Recht hätte, so müssten die sündhaftesten
Wesen die schwersten Körper besitzen und die Teufel müssten sichtbar sein, nun
haben aber die Teufel luftartige, unsichtbare Körper, folglich u. s. w. So siegten
Gedanken des Chaos über metaphysische Religion! (Ganz buchstäblich dieselben
Argumente findet man in dem *Führer der Irrenden* des Juden Maimuni.)

den kabbalistischen Spuk der Demiurgen und Engel und Dämonen, lauter Vorstellungen, die man im besten Falle als »luftigen Materialismus« bezeichnen könnte. [1]) Jenem Völkerchaos müssen wir also zunächst unsere Aufmerksamkeit schenken.

In seiner Mitte ragt, wie ein scharfgeschnittener Fels aus gestaltlosem Meere, ein einziges Volk empor, ein ganz kleines Völkchen, die Juden. Dieser eine einzige Stamm hat als Grundgesetz die Reinheit der Rasse aufgestellt; er allein besitzt daher Physiognomie und Charakter. Blickt man auf jene südlichen und östlichen Kulturstätten des in Auflösung begriffenen Weltreiches, lässt man das prüfende Auge durch keine Sympathien und Antipathien irre. geleitet werden, so muss man sagen, als Nation verdient damals die jüdische allein Achtung. Wohl mögen wir auf dieses Volk das Wort Goethe's anwenden: »Glaube weit, eng der Gedanke«. Im Verhältnis zu Rom und gar erst zu Hellas erscheint uns sein geistiger Horizont so eng, seine geistigen Fähigkeiten so beschränkt, dass wir eine durchaus andere Wesensgattung vor uns zu haben wähnen; was jedoch dem Gedanken an Weite und an schöpferischer Befähigung abgehen mag, wird durch die Gewalt des Glaubens reichlich aufgewogen, eines Glaubens, den man zunächst sehr einfach bestimmen könnte: es ist der Glaube an sich. Und da dieser Glaube an sich den Glauben an ein höheres Wesen einschloss, so entbehrte er nicht einer ethischen Bedeutung. Wie armselig das jüdische »Gesetz« sich auch ausnehmen mag, wenn man es mit den religiösen Schöpfungen der verschiedenen indoeuropäischen Völker vergleicht, einen Vorzug besass es im damaligen verfallenen römischen Reich ganz allein: es war eben ein Gesetz; ein Gesetz, dem Menschen demütig gehorchten, und gerade dieser Gehorsam musste in einer Welt der Zügellosigkeit ethisch von grosser Wirkung sein. Hier wie überall werden wir finden, dass der Einfluss des Juden — zum Guten und zum Bösen — in seinem Charakter, nicht in seinen geistigen Leistungen begründet liegt. [2]) Gewisse Historiker unseres Jahrhunderts, sogar ein geistig so bedeutender wie Graf Gobineau, haben die Ansicht vertreten, das Judentum wirke stets lediglich auflösend auf alle Völker. Ich kann diese Überzeugung nicht teilen. Zwar, wo die Juden in einem fremden Lande sich stark vermehren, da mögen sie es sich angelegen sein

---

[1]) »Luftiges Gesindel«, sagt Bürger in seiner »Leonore«.

[2]) Siehe S. 241 fg.

lassen, die Verheissungen ihrer Propheten zu erfüllen, und nach
bestem Wissen und Gewissen »die fremden Völker zu fressen«;
sagten sie doch schon zu Lebzeiten des Moses von sich selbst, sie
seien »als wie die Heuschrecken«; man muss aber das Judentum von
den Juden trennen und zugeben, dass das Judentum, als Idee, zu den
konservativsten Gedanken der Welt gehört. Der Begriff der physischen
Rasseneinheit und -reinheit, welcher den Kern des Judentums ausmacht, bedeutet die Anerkennung einer grundlegenden physiologischen
Thatsache des Lebens; wo immer wir auch Leben beobachten, vom
Schimmelpilz bis zum edlen Rosse, bemerken wir die Bedeutung der
»Rasse«: das Judentum heiligte dieses Naturgesetz. Darum drang es
auch in jenem kritischen Augenblick der Weltgeschichte, wo eine
reiche Erbschaft ohne würdige Erben dastand, siegreich durch. Es
beförderte nicht die allgemeine Auflösung, im Gegenteil, es gebot
ihr Einhalt. Das jüdische Dogma war wie eine scharfe Säure, die
man in eine in Zersetzung geratene Flüssigkeit giesst, um sie zu
klären und vor dem weiteren Verfaulen zu bewahren. Mag auch
diese Säure nicht Jedem munden, sie hat in der Geschichte der
Kulturepoche, zu der wir gehören, eine so entscheidende Rolle gespielt, dass wir dem Spender Dankbarkeit schulden und anstatt un-
willig zu sein, besser thun werden, uns Klarheit zu verschaffen über die
Bedeutung dieses Eintrittes der Juden in die abendländische
Geschichte — für unsere ganze noch im Werden begriffene Kultur
jedenfalls ein Ereignis von unmessbarer Tragweite.

    Ein Wort noch zur Erläuterung. Ich rede von Juden, nicht
von Semiten im Allgemeinen; nicht weil ich die Rolle der Letzteren
in der Weltgeschichte verkenne, sondern weil meine Aufgabe zeitlich
und räumlich beschränkt ist. Zwar hatten schon seit vielen Jahrhunderten andere Zweige der semitischen Rasse mächtige Reiche an
den Süd- und Ostküsten des Mittelländischen Meeres und Handels-
niederlassungen bis an die Küsten des Atlantischen Ozeans gegründet;
zweifelsohne hatten sie auch manche Anregungen vermittelt und
manche Kenntnisse und Fertigkeiten verbreitet; zu einer näheren
geistigen Berührung zwischen ihnen und den übrigen Einwohnern
des zukünftigen Europa war es jedoch nirgends gekommen. Das
geschah erst durch die Juden; nicht aber durch die Millionen von
Juden, die in der Diaspora lebten, sondern erst durch die christliche
Idee. Erst als die Juden Christum an das Kreuz schlugen, brachen
sie, unwissend, den Bann, der sie bisher in ignorantem Hochmut

isoliert hatte. Später freilich stürzte noch einmal eine semitische Flut über die europäische, asiatische und afrikanische Welt, eine Flut, wie sie, ohne die Vernichtung Karthagos durch Rom, schon tausend Jahre früher und dann auf immer entscheidend Europa überschwemmt haben würde.[1]) Auch hier wieder bewährte sich die semitische »Idee« — Glaube weit, eng der Gedanke — als viel mächtiger denn ihre Träger; die Araber wurden nach und nach zurückgeworfen, im Gegensatz zu den Juden verblieb kein einziger auf europäischem Boden; doch wo ihr abstrakter Götzendienst[2]) Fuss gefasst hatte, schwand jede Möglichkeit einer Kultur; edle Menschenrassen wurden durch das semitische Dogma des Materialismus, das sich in diesem Falle, und im Gegensatz zum Christentum, frei von allen arischen Beimischungen erhalten hatte, für immer entseelt und aus dem »ins Helle strebenden Geschlecht« ausgeschlossen. — Von den Semiten haben, wie man sieht, einzig die Juden an unserer Kultur positiv mitgearbeitet und auch, so weit ihr sehr assimilationsfähiger Geist es ihnen erlaubte, sich als Erben an dem Vermächtnis des Altertums beteiligt.

Den Widerpart zu der Verbreitung dieses winzigen und doch so einflussreichen Völkchens bildet der Eintritt der Germanen in die Weltgeschichte. Auch hier sehen wir, was reine Rasse zu bedeuten hat, zugleich aber auch, was Verschiedenheit der Rassen ist — jenes grosse Naturprinzip der Vielfältigkeit, sowie der Ungleichheit in den Anlagen, welches heute fade, feile und ignorante Schwätzer wegleugnen möchten, dem Völkerchaos entsprossene Sklavenseelen, denen einzig im Urbrei der Charakter- und Individualitätslosigkeit wohl zu Mute ist. Noch immer stehen sich diese beiden Mächte — Juden und Germanen — dort, wo das neuerliche Umsichgreifen des Chaos ihre Züge nicht verwischt hat, bald freundlich, bald feindlich, stets fremd gegenüber.

Ich verstehe in diesem Buche unter dem Wort »Germanen« die verschiedenen nordeuropäischen Völkerschaften, die als Kelten, Germanen und Slaven in der Geschichte auftreten und aus denen — meist in unentwirrbarer Vermengung — die Völker des modernen Europa entstanden sind. Dass sie ursprünglich einer einzigen Familie entstammten, ist sicher, ich werde im sechsten Kapitel den Nachweis

---

[1]) Siehe S. 137.
[2]. Siehe S. 243.

17*

führen; doch hat sich der Germane im engeren, taciteischen Sinne des Wortes so sehr als geistig, sittlich und physisch unter seinen Verwandten hervorragend bewährt, dass wir berechtigt sind, seinen Namen als Inbegriff der ganzen Familie hinzustellen. Der Germane ist die Seele unserer Kultur. Das heutige Europa, weithin über den Erdball verzweigt, stellt das bunte Ergebnis einer unendlich mannigfaltigen Vermischung dar: was uns alle aneinander bindet und zu einer organischen Einheit verknüpft, das ist germanisches Blut. Blicken wir heute umher, wir sehen, dass die Bedeutung einer jeden Nation als lebendige Kraft von dem Verhältnis des echt germanischen Blutes in seiner Bevölkerung abhängt. Nur Germanen sitzen auf den Thronen Europas. — Was in der Weltgeschichte voranging, sind für uns Prolegomena; wahre Geschichte, die Geschichte, welche heute noch den Rhythmus unseres Herzens beherrscht und in unseren eigenen Adern zu fernerem Hoffen und Schaffen kreist, beginnt in dem Augenblick, wo der Germane das Erbe des Altertums mit kraftstrotzender Hand ergriff.

VIERTES KAPITEL

DAS VÖLKERCHAOS

—————

> So viel ist wohl mit Wahrscheinlichkeit
> zu urteilen: dass die Vermischung der
> Stämme, welche nach und nach die
> Charaktere auslöscht, dem Menschen-
> geschlecht, alles vorgeblichen Philanthro-
> pismus ungeachtet, nicht zuträglich sei.
>
> IMMANUEL KANT.

Zur allgemeinen Einführung in dieses Kapitel über das Völker- chaos des untergehenden römischen Imperiums werden die Worte genügen, die ich dem Gegenstand desselben in der Einleitung zum zweiten Abschnitt gewidmet habe; sie erklären, was ich räumlich und zeitlich als Völkerchaos bezeichne. Die historischen Kenntnisse setze ich, mindestens in den allgemeinsten Umrissen, hier wie überall, voraus, und da ich nun ausserdem in diesem ganzen Buche kein Wort schreiben möchte, das nicht aus dem Bedürfnis entspränge, unser 19. Jahrhundert besser zu begreifen und zu beurteilen, so glaube ich den vorliegenden Gegenstand vor Allem zu der Prüfung und Beantwortung der wichtigsten Frage benützen zu sollen: ist Nation, ist Rasse ein blosses Wort? Soll, wie der Ethnograph Ratzel es beteuert, die Verschmelzung aller Menschen in eine Einheit als »Ziel und Aufgabe, Hoffnung und Wunsch« uns vorschweben? oder entnehmen wir nicht vielmehr aus dem Beispiel, einerseits von Hellas und Rom, anderseits vom pseudorömischen Imperium, sowie aus manchen anderen Beispielen der Geschichte, dass nur innerhalb jener Abgrenzungen, in denen scharf ausgeprägte, individuelle Volks- charaktere entstehen, der Mensch sein höchstes Mass erreicht? Ist wirklich unser jetziger Zustand in Europa, mit unseren vielen, durch- gebildeten Idiomen, ein jedes mit seiner eigenen, eigenartigen Poesie und Litteratur, ein jedes der Ausdruck einer bestimmten, charakteristischen Volksseele, ist dieser Zustand ein Rückschritt gegenüber der Zeit, wo Lateinisch und Griechisch als eine Art Zwillingsvolapük die vaterlandslosen, römischen Unterthanen alle miteinander verbanden? Ist Blutsgemeinschaft nichts? kann Gemeinsamkeit der Erinnerung und des Glaubens durch abstrakte Ideale ersetzt werden? Vor allem, ist dies Alles eine Sache des persönlichen Gutdünkens, und liegt kein deutlich erkennbares Naturgetz vor, nach welchem unser Urteil sich richten muss? Lehren uns nicht die biologischen Wissenschaften, dass im gesamten Tier- und Pflanzenreich, ausnehmend edle Ge-

schlechter — das heisst also, Geschlechter mit ungewöhnlichen Leibes-
und Geisteskräften begabt — nur unter bestimmten, die Zeugung
neuer Individuen beschränkenden Bedingungen entstehen? Ist es nicht
unter Berücksichtigung dieser sämtlichen, menschlichen und ausser-
menschlichen Phänomene möglich, eine klare Antwort auf die Frage
zu erhalten: Was ist Rasse? und wird sich nicht aus dem Bewusstsein
dessen, was Rasse ist, dann ohne Weiteres ergeben, was das Fehlen
bestimmter Rassen für die Geschichte bedeuten muss? Zu allen
diesen Fragen regt der Anblick jener unmittelbaren Erben des grossen
Vermächtnisses lebhaft an. Fragen wir zunächst nach Rassen ganz
im Allgemeinen; daran erst wird sich eine nutzbringende Betrachtung
der hier speziell vorliegenden Verhältnisse und ihrer Bedeutung im
Gange der Geschichte, somit auch für unser Jahrhundert knüpfen.

Vielleicht giebt es keine Frage, über die selbst bei hochgebildeten,
ja gelehrten Männern eine so mitternächtliche Unwissenheit herrscht,
wie über das Wesen und die Bedeutung des Begriffes »Rasse«.
Was sind reine Rassen? woher kommen sie? haben sie geschichtlich
etwas zu bedeuten? Ist der Begriff weit oder eng zu nehmen? Weiss
man etwas darüber oder nichts? Wie verhalten sich die Begriffe Rasse
und Nation zu einander? Ich gestehe, mein Leben lang über alle
diese Dinge lauter Unzusammenhängendes, Widerspruchsvolles gehört
und gelesen zu haben, ausser von einigen Specialisten unter den Naturforschern, die aber nur in den seltensten Fällen ihr klares, ausführliches
Wissen auf das Menschengeschlecht anwenden. Kein Jahr vergeht, ohne
dass uns auf internationalen Kongressen von tonangebenden National-
ökonomen, Ministern, Bischöfen, Naturforschern, versichert werde, es
gäbe zwischen den Völkern keinen Unterschied, keine Ungleichheit.
Germanen, die auf das Moment der Rassenverwandtschaft Nachdruck
legen, Juden, die unter uns sich fremd fühlen und in ihre asiatische
Heimat sich zurücksehnen, pflegen gerade von Männern der Wissenschaft mit Tadel und Hohn überschüttet zu werden. Professor Virchow
zum Beispiel sagt [1]) von den Regungen des Stammesbewusstseins unter
uns, sie seien nur durch den »Verlust des gesunden Menschenverstandes«
zu erklären; im Übrigen stünde man »ratlos vor einem Rätsel, von

---

[1]) *Der Übergang aus dem philosophischen in das naturwissenschaftliche Zeitalter*,
Rektoratsrede 1893, S. 30 fg. — Ich wähle dieses eine Beispiel aus hunderten,
weil Virchow als einer der fleissigsten Anthropologen und Ethnographen unseres
Jahrhunderts, auch sonst ein vielerfahrener und gelehrter Mann, hier eigentlich
hätte Bescheid wissen müssen.

dem Niemand weiss, was es eigentlich soll in dieser Zeit der Rechtsgleichheit!« Nichtsdestoweniger schliesst der gelehrte Mann seinen
Vortrag mit dem Wunsche nach »in sich selbst ruhenden, schönen Persönlichkeiten!« Als ob die gesamte Geschichte nicht da wäre, um uns
zu zeigen, wie Persönlichkeit und Rasse auf das Engste zusammenhängen,
wie die Art der Persönlichkeit durch die Art ihrer Rasse bestimmt
wird, und die Macht der Persönlichkeit an gewisse Bedingungen ihres
Blutes geknüpft ist! Und als ob die wissenschaftliche Tier- und
Pflanzenzüchtung uns nicht ein ungeheuer reiches und zuverlässiges
Material böte, an dem wir sowohl die Bedingungen wie auch die
Bedeutung von »Rasse« kennen lernen. Entstehen die sogenannten
(und mit Recht so genannten) »edlen« Tierrassen, die Zugpferde vom
Limousin, die amerikanischen Traber, die irischen Renner, die absolut
zuverlässigen Jagdhunde durch Zufall und Promiscuität? Entstehen
sie, indem man den Tieren Rechtsgleichheit gewährt, ihnen dasselbe Futter
vorwirft und über sie die nämliche Rute schwingt? Nein, sie entstehen durch geschlechtliche Zuchtwahl und durch strenge Reinhaltung
der Rasse. Und zwar bieten uns die Pferde, namentlich aber die Hunde,
jede Gelegenheit zu der Beobachtung, dass die geistigen Gaben Hand
in Hand mit den physischen gehen; speziell gilt dies von den moralischen Anlagen: ein Bastardhund ist nicht selten sehr klug, jedoch
niemals zuverlässig, sittlich ist er stets ein Lump. Andauernde Promiscuität unter zwei hervorragenden Tierrassen führt ausnahmslos zur
Vernichtung der hervorragenden Merkmale von beiden![1]
Warum sollte die Menschheit eine Ausnahme bilden? Ein Kirchenvater mochte das wohl wähnen; steht es aber einem hochangesehenen
Naturforscher gut an, das Gewicht seines grossen Einflusses in die
Wagschale mittelalterlichen Aberglaubens und Unwissens zu werfen?
Wahrlich, man möchte unseren philosophisch so verwahrlosten naturwissenschaftlichen Autoritäten einen logischen Kursus beim Thomas
von Aquin wünschen; er könnte ihnen nur heilsam sein! In Wahrheit sind die Menschenrassen, trotz des breiten, gemeinsamen Unter-
grundes, von einander in Bezug auf Charakter, auf Anlagen, und vor
Allem in Bezug auf den Grad der einzelnen Befähigungen so verschieden
wie Windhund, Bulldogge, Pudel und Neufundländer. Die Ungleich-

---

[1] Siehe namentlich Darwin: *Animals and Plants under Domestication*, Kap. XV
und XIX. »*Free crossing obliterates characters.*« Über die abergläubische Sorgfalt,
mit welcher die Araber ihre Pferderasse rein erhalten, findet man interessante
Angaben in Gibbon's *Roman Empire*, Kap. 50.

heit ist ein Zustand, auf den die Natur überall hinarbeitet; nichts
Ausserordentliches entsteht ohne »Specialisation«; beim Menschen,
genau so wie beim Tier, ist es die Specialisation, welche edle Rassen
hervorbringt; die Geschichte und die Ethnologie sind da, um dem
blödesten Auge dieses Geheimnis zu enthüllen. Hat nicht jede echte
Rasse ihre eigene Physiognomie, herrlich, unvergleichlich? Wie wäre
hellenische Kunst ohne Hellenen entstanden? Wie bald hat nicht die
eifersüchtige Feindschaft zwischen den einzelnen Städten des kleinen
Griechenland jedem Teilchen seine eigene scharfausgeprägte Individualität
innerhalb des eigenen Familientypus gespendet! Wie schnell war das
wieder verwischt als Makedonier und Römer mit ihrer nivellierenden
Hand über das Land hinwegfuhren! Und wie entfloh nach und nach
alles, was dem Wort »hellenisch« ewigen Sinn verliehen hatte, als
von Norden, von Osten und von Westen immer neue Scharen unver-
wandter Völker ins Land zogen und mit echten Hellenen sich vermengten! Die Gleichheit, vor der Herr Virchow seinen Bonzendienst
verrichtet, war jetzt da, alle Wälle waren geschleift, alle Grenzen bedeutungslos; auch war die Philosophie, gegen die sich Herr Virchow
im selben Vortrag so sehr ereifert, ausgetilgt und durch den aller-
gesündesten »Menschenverstand« ersetzt; die schöne Persönlichkeit
jedoch, ohne die wir alle noch heute nur mehr oder weniger civilisierte
Barbaren wären, — sie war verschwunden, auf ewig verschwunden.
»Crossing obliterates characters.«

Wenn nun die Männer, die über Wesen und Bedeutung der
Rassen am genauesten Bescheid wissen sollten, einen so unglaublichen
Mangel an Urteil an den Tag legen, wenn sie dort, wo reichste An-
schauung sicherste Erkenntnis giebt, ihr hohle politische Phrasen
entgegenstellen, wer soll sich denn wundern, dass ungelehrte Menschen
viel Unsinn reden, selbst dann, wenn ihr Instinkt sie den richtigen
Weg weist? Denn das Interesse für diesen Gegenstand ist in weiten
Schichten geweckt, und da der Gelehrte kläglich versagt, sucht der
Ungelehrte sich allein zu helfen. Als Graf Gobineau in den fünfziger
Jahren sein geniales Werk über die Ungleichheit der menschlichen
Rassen veröffentlichte, blieb es unbeachtet; kein Mensch wusste, was
eine solche Betrachtung sollte; man stand, wie der arme Virchow,
ratlos vor einem Rätsel. Jetzt, am Ausgang unseres Jahrhunderts,
ist es anders geworden: der leidenschaftlichere, treibende Teil der
Nationen schenkt gerade dieser Frage viel Aufmerksamkeit. Aber in
welchem Wirrwarr von Widersprüchen, von Irrtümern, von Wahn-

gebilden bewegt sich die öffentliche Meinung! Man sehe doch wie
Gobineau seine Darlegung — so erstaunlich reich an später bestätigten
intuitiven Ahnungen und an historischem Wissen — auf die dogmatische Annahme gründet, die Welt sei von Sem, Ham und Japhet
bevölkert worden; ein solch' klaffender Riss in dem Urteilsvermögen
genügt, um ein derartiges Werk, trotz aller dokumentarischen Begründung, in die hybride Gattung der »wissenschaftlichen Phantasma-
gorieen« zu verweisen. Damit hängt dann Gobineau's weitere Wahnvorstellung zusammen, die von Hause aus »reinen« edlen Rassen
vermischten sich im Verlauf der Geschichte und würden mit jeder
Vermischung unwiederbringlich unreiner und unedler, woraus sich
dann notwendigerweise eine trostlos pessimistische Ansicht über die
Zukunft des Menschengeschlechtes ergeben muss. Die erwähnte Annahme beruht jedoch auf einer gänzlichen Unkenntnis der physiologischen Bedeutung dessen, was man unter »Rasse« zu verstehen
hat. Eine edle Rasse fällt nicht vom Himmel herab, sondern sie
wird nach und nach edel, genau so wie die Obstbäume, und dieser
Werdeprozess kann jeden Augenblick von Neuem beginnen, sobald
ein geographisch-historischer Zufall oder (wie bei den Juden) ein fester
Plan die Bedingungen schafft. Ähnlichen Widersinnigkeiten begegnen
wir überall auf Schritt und Tritt. Wir haben z. B. eine mächtige
antisemitische Bewegung: ja, sind denn die Juden und die übrigen
Semiten identisch? Haben sich nicht die Juden gerade durch ihre
Entwickelung zu einer besonderen, reinen Rasse tief differenziert?
Ist es sicher, dass der Entstehung dieses Volkes nicht eine wichtige
Kreuzung voranging? Und was ist ein Arier? Wir hören so Vieles
und Bestimmtes darüber aussagen. Dem Semiten, unter dem wir im
gewöhnlichen Leben lediglich den Juden verstehen (was doch wenigstens
eine durchaus konkrete, auf Erfahrung beruhende Vorstellung bedeutet),
stellen wir den »Arier« entgegen. Was ist das aber für ein Mensch?
Welcher konkreten Vorstellung entspricht er? Nur wer nichts von
Ethnographie weiss, kann eine bestimmte Antwort auf diese Frage
wagen. Sobald man diesen Ausdruck nicht auf die zweifelsohne miteinander verwandten Indo-Eranier beschränkt, gerät man in das Gebiet
der ungewissesten Hypothesen. [1]) Physisch weichen die Völker, die

---

[1]) Selbst mit dieser, so sehr eingeschränkten Behauptung, die ich aus den
besten mir bekannten Büchern schöpfte, scheine ich mehr vorausgesetzt zu haben,
als die Wissenschaft mit Sicherheit behaupten kann; denn ich lese in einer Special-
arbeit: *Les Aryens au nord et au sud de l'Hindou-Kouch* von Charles de Ujfalvy

wir unter dem Namen »Arier« zusammenzufassen gelernt haben, weit
von einander ab; sie weisen den verschiedensten Schädelbau auf, auch
verschiedene Farbe der Haut, der Augen und des Haares; und gesetzt,
es habe eine gemeinsame indoeuropäische Urrasse gegeben, was kann
man gegen das sich täglich anhäufende Material anführen, welches
wahrscheinlich macht, dass auch andere, ganz unverwandte Typen
von jeher in unseren heutigen sog. arischen Nationen reichlich vertreten sind, wonach man höchstens von einzelnen Individuen, nimmer
von einem ganzen Volk sagen dürfte, es sei »arisch«? Sprachliche
Verwandtschaft liefert keinen zwingenden Beweis für Gemeinschaft
des Blutes; die auf sehr geringe Indizien hin vorausgesetzte Einwanderung der sogenannten Indoeuropäer aus Asien stösst auf die
grosse Schwierigkeit, dass die Forschung immer mehr Gründe zu der
Annahme findet, die Bevölkerung, welche wir als europäische Arier
zu bezeichnen pflegen, sei seit undenklichen Zeiten in Europa ansässig; [1]) für die umgekehrte Hypothese einer Kolonisation Indiens von
Europa aus finden sich nicht die geringsten Anhaltspunkte ... kurz,
es ist diese Frage das, was die Bergleute ein »schwimmendes Land«
nennen; wer die Gefahr kennt, wagt sich möglichst wenig darauf.
Je mehr man sich bei den Fachmännern erkundigt, um so weniger
kennt man sich aus. Ursprünglich waren es die Sprachforscher, die den
Kollektivbegriff »Arier« aufstellten. Dann kamen die anatomischen
Anthropologen; die Unzulässigkeit der Schlüsse aus blosser Sprachen-
kunde wurde dargethan, und nun ging es ans Schädelmessen; die
Craniometrie wurde ein Beruf, sie lieferte auch eine Menge enorm
interessanten Materials; neuerdings aber ereilt diese sog. »somatische
Anthropologie« dasselbe Schicksal wie seiner Zeit die Linguistik: die

(Paris 1896, S. 15): »Le terme d'aryen est de pure convention; les peuples éraniens
au nord et les tribus hindoues au sud du Caucase indien, diffèrent absolument comme
type et descendent, sans aucun doute, de deux races différentes.«

[1]) G. Schrader (Sprachvergleichung und Urgeschichte), der die Frage mehr
vom rein linguistischen Standpunkt aus studiert hat, gelangt zu dem Schluss: »die
uralte Ansässigkeit der Indogermanen in Europa ist erwiesen«; Johannes Ranke
(Der Mensch) meint, es sei nunmehr erhärtet, dass wenigstens ein grosser Teil der
Bevölkerung Europas schon zur Steinzeit »Arier gewesen sind«; und Virchow,
dessen Autorität auf anthropologischem Gebiete um so grösser ist, als er unbedingten Respekt für Thatsachen beweist, und nicht wie Huxley und manche
Andere darwinistische Luftschlösser aufbaut, Virchow meint, man könne nach dem
anatomischen Befund die Behauptung aufstellen: »Die ältesten Troglodyten Europas
seien von arischem Stamme gewesen!« (nach Ranke II, 578 citiert).

Ethnographen haben zu reisen und wissenschaftlich-planmässige Beobachtungen am lebenden Menschen zu unternehmen begonnen und dabei dargethan, dass der Knochenmessung durchaus nicht die Wichtigkeit zukommt, die man ihr beizulegen pflegte; einer der bedeutendsten Schüler Virchow's ist zu der Überzeugung gelangt: der Gedanke, durch Schädelmessungen Probleme der Völkerkunde zu lösen, ist unfruchtbar. [1] Diese ganze Entwickelung hat in der zweiten Hälfte unseres Jahrhunderts stattgefunden; wer weiss, was man im Jahre 1950 über den »Arier« lehrt? Heute jedenfalls, ich wiederhole es, kann der Laie nur schweigen. [2] Schlägt er aber bei einem der anerkannten Fachmänner nach, so wird er belehrt, die Arier »seien eine Erfindung der Studierstube und kein Urvolk«, [3] erkundigt er sich bei einem anderen, so wird ihm geantwortet, die gemeinsamen Merkmale der Indoeuropäer, vom Atlantischen Ozean bis nach Indien, seien genügend, um die thatsächliche Blutsverwandtschaft ausser allen Zweifel zu stellen. [4]

Ich hoffe in diesen zwei Absätzen die grosse Konfusion veranschaulicht zu haben, welche unter uns heute in Bezug auf den Begriff »Rasse« besteht. Diese Konfusion ist nicht nötig, d. h., bei

---

[1] Ehrenreich: *Anthropologische Studien über die Urbewohner Brasiliens* (1897).

[2] Wenn ich in diesem Buche das Wort Arier gebrauche, so thue ich es in dem Sinne des ursprünglichen Sanskritwortes ârya = »zu den Freunden gehörig«, ohne mich zu irgend einer Hypothese zu verpflichten. Die Verwandtschaft im Denken und im Fühlen bedeutet auf alle Fälle eine Zusammengehörigkeit. (Vgl. das S. 121, Anmerk. 1 Gesagte).

[3] R. Hartmann: *Die Negritier* (1876) S. 185. Ähnlich Luschan und viele Forscher. Salomon Reinach z. B. (*L'origine des Aryens*, 1892, S. 90) schreibt: »Parler d'une race aryenne d'il y a trois mille ans, c'est émettre une hypothèse gratuite: en parler comme si elle existait encore aujourd'hui, c'est dire tout simplement une absurdité«.

[4] Friedrich Ratzel, Johannes Ranke, Paul Ehrenreich u. s. w. Überhaupt die neueren, vielgereisten Ethnographen. Jedoch geschieht das mit vielen Schwankungen, da die Verwandtschaft nicht notwendigerweise auf gemeinsamen Ursprung, sondern auch auf Kreuzung beruhen könnte. Ratzel z. B., der an einer Stelle die Einheitlichkeit der gesamten indoeuropäischen arischen Rasse positiv behauptet (siehe *Litterarisches Centralblatt*, 1897, S. 1295) sagt an einer anderen (*Völkerkunde*, 1895, II., 751): »die Annahme, dass alle diese Völker einerlei Ursprungs seien, ist nicht notwendig oder wahrscheinlich«. — Sehr bemerkenswert ist es, dass auch die Leugner der arischen Rasse nichtsdestoweniger immerfort von ihr sprechen; als »working hypothesis« können sie sie nicht entbehren. Selbst Reinach redet, nachdem er nachgewiesen hat, eine arische Rasse habe es niemals gegeben, später doch in einem unvorsichtigen Augenblick von dem »gemeinsamen Ursprung der Semiten und der Arier« (a. a. O., S. 98).

uns praktischen, handelnden, dem Leben angehörigen Männern nicht.
Und zwar darum nicht, weil wir, um die Lehren der Geschichte zu
deuten und um, im Zusammenhang hiermit, unsere Gegenwart zu
begreifen, gar nicht nach verborgenen Ursprüngen und Ursachen zu
forschen brauchen. Schon im vorigen Abschnitt habe ich Goethe's
Worte angeführt: »Lebhafte Frage nach der Ursache ist von grosser
Schädlichkeit«. Was klar vor Aller Augen liegt, genügt schon, wenn
nicht für die Wissenschaft, so doch für das Leben. Die Wissenschaft
freilich muss ihren dornigen, doch ewig reizvollen Weg weiterwandeln;
sie gleicht einem Bergsteiger, der jeden Augenblick die höchste Kuppe
zu erreichen wähnt, sobald er sie aber betritt, eine noch höhere entdeckt. Doch ist das Leben an diesen wechselnden Hypothesen nur
ganz indirekt beteiligt. Eine der verhängnisvollsten Verirrungen unserer
Zeit ist die, welche uns dazu treibt, den sogenannten »Ergebnissen«
der Wissenschaft ein Übergewicht in unseren Urteilen einzuräumen.
Gewiss kann Wissen aufklärend wirken, das ist aber nicht immer
der Fall, namentlich deswegen nicht, weil dieses Wissen ewig auf
schwanken Füssen steht. Wie können denn einsichtsvolle Menschen
bezweifeln, dass vieles, was wir heute zu wissen wähnen, in 100,
200, 500 Jahren als krasse Ignoranz belächelt werden wird? Manche
Thatsachen mögen freilich schon heute als endgültig sichergestellt
betrachtet werden; neues Wissen rückt aber dieselben Thatsachen in
ein ganz neues Licht, verbindet sie zu früher nicht geahnten Figuren,
verrückt sie in der Perspektive; das Urteil nach dem jeweiligen Stand
der Wissenschaft richten, ist dasselbe als wenn ein Maler die Welt
durch ein durchsichtiges, ewig wechselndes Kaleidoskop, statt mit
dem blossen Auge betrachten wollte. Reine Wissenschaft (im Gegensatz zur industriellen) ist ein edles Spielzeug; ihr grosser, geistiger
und sittlicher Wert beruht zum nicht geringen Teil gerade darauf,
dass sie nichts »nützt«; in dieser Beziehung ist sie der Kunst durchaus analog, sie bedeutet das nach aussen gewandte Sinnen; und da
die Natur unerschöpflich reich ist, führt sie dadurch dem Inneren
immer neues Material zu, bereichert dessen Inventar an Vorstellungen,
und bereitet der Phantasie eine neue Traumwelt als Ersatz für die
allmählich verblassende alte. [1] Das Leben dagegen, rein als solches,

---

[1] In ähnlicher Weise äussert sich der Physiker Lichtenberg: »Die Natur-
lehre ist, für mich wenigstens, eine Art von *sinking fund* (Tilgungsfond) für die
Religion, wenn die vorwitzige Vernunft Schulden macht.« (*Fragmentarische Bemerkungen über physikalische Gegenstände*, 15.)

ist ein anderes Wesen als das systematisierte Wissen, ein weit stabileres, fester gegründetes, umfassenderes; es ist eben der Inbegriff aller Wirklichkeit, während selbst die präziseste Wissenschaft schon das verdünnte, verallgemeinerte, nicht mehr unmittelbare Wirkliche darstellt. Ich verstehe hier unter Leben, was man sonst wohl auch »Natur« nennt, wie wenn zum Beispiel die moderne Medizin lehrt: durch das Fieber befördert die Natur den Stoffwechsel und verteidigt den Menschen gegen die Krankheit, die ihn beschlichen hatte. Die Natur ist eben, was man »selbstwirkend« nennt; ihre Wurzeln reichen unendlich tiefer hinunter, als bis wohin das Wissen wird jemals gelangen können. Und so meine ich nun, dass wir, die wir als denkende, vielwissende, kühn träumende und forschende Wesen, doch gewiss eben solche integrierende Bestandteile der Natur sind wie alle anderen Wesen und Dinge und wie unser eigener Leib, mit grosser Zuversicht uns dieser Natur, diesem Leben anvertrauen dürfen. Wenn auch die Wissenschaft uns an gar vielen Stellen im Stiche lässt, wenn sie, wetterwendisch wie ein moderner Parlamentspolitiker, heute verlacht, was sie gestern als ewige Wahrheit lehrte, das darf uns nicht erschrecken; so viel wir zum Leben brauchen, werden wir schon erfahren. Überhaupt ist die Wissenschaft eine zwar herrliche, doch nicht ungefährliche Freundin, sie ist eine grosse Gauklerin und verführt den Geist leicht zu toller Schwärmerei; Wissenschaft und Kunst sind wie die Rosse an Plato's Seelenwagen, der »gesunde Menschenverstand« (um dessen Verlust Professor Virchow klagte) bewährt sich nicht zum wenigsten darin, dass er die Zügel straff spannt und diesen edlen Tieren nicht gestattet, mit seinem natürlichen, gesunden Urteil durchzugehen. Einfach vermöge unserer Eigenschaft als lebendige Wesen steckt in uns eine unendlich reiche und sichere Fähigkeit, dort, wo es Not thut, auch ohne Gelehrsamkeit das Richtige zu treffen. Wer unbefangen und mit lauterem Sinn die Natur befragt — »die Mütter«, wie sie die alten Mythen nannten — kann sicher sein, eine Antwort zu erhalten, wie sie eine Mutter ihrem Sohne giebt, nicht immer logisch untadelhaft, doch wesentlich richtig, verständlich und auf das Beste des Sohnes mit sicherem Instinkte gerichtet. So auch in der Frage, was Rasse zu bedeuten habe: eine der wichtigsten, vielleicht die allerwichtigste Lebensfrage, die an den Menschen herantreten kann.

Unmittelbar überzeugend wie nichts anderes ist der Besitz von »Rasse« im eigenen Bewusstsein. Wer einer ausgesprochenen,

Bedeutung von Rasse.

reinen Rasse angehört, empfindet es täglich. Die Tyche seines
Stammes weicht nicht von seiner Seite: sie trägt ihn, wo sein Fuss
wankt, sie warnt ihn, wie der Sokratische Daimon, wo er im Begriffe
steht, auf Irrwege zu geraten, sie fordert Gehorsam und zwingt ihn
oft zu Handlungen, die er, weil er ihre Möglichkeit nicht begriff,
niemals zu unternehmen gewagt hätte. Schwach und fehlervoll wie
alles Menschliche, erkennt ein solcher Mann sich selbst (und wird
von guten Beobachtern erkannt) an der Sicherheit seines Charakters,
sowie daran, dass seinem Thun eine eigenartige, einfache Grösse zu
eigen ist, die in dem bestimmt Typischen, Überpersönlichen ihre Erklärung findet. Rasse hebt eben einen Menschen über sich selbst
hinaus, sie verleiht ihm ausserordentliche, fast möchte ich sagen über-
natürliche Fähigkeiten, so sehr zeichnen sie ihn vor dem aus einem
chaotischen Mischmasch von allerhand Völkern hervorgegangenen
Individuum aus; und ist nun dieser edelgezüchtete Mann zufällig
ungewöhnlich begabt, so stärkt und hebt ihn die Rassenangehörigkeit
von allen Seiten, und er wird ein die gesamte Menschheit überragendes
Genie, nicht weil er wie ein flammendes Meteor durch eine Laune
der Natur auf die Erde herabgeworfen wurde, sondern weil er wie
ein aus tausend und abertausend Wurzeln genährter Baum, stark,
schlank und gerade zum Himmel emporwächst — kein vereinzeltes
Individuum, sondern die lebendige Summe ungezählter, gleichgerichteter
Seelen. Wer nur ein offenes Auge hat, erkennt ja bei Tieren »Rasse«
sofort. Sie zeigt sich an dem ganzen Habitus und bekundet sich in
hundert Einzelheiten, die sich der Analyse entziehen; ausserdem bewährt sie sich in den Leistungen, denn ihr Besitz führt immer zu
etwas Excessivem, Ungewöhnlichem, ja, wenn man will, zu Über-
triebenem und Einseitigem. Man kennt Goethe's Behauptung: Einzig
das Überschwängliche mache die Grösse;[1] das ist es, was eine aus
vorzüglichem Material gezüchtete Rasse den Individuen verleiht: ein
Überschwängliches. Und wahrlich, was jedes Rennpferd, jeder rein
gezüchtete Fuchsterrier, jedes Cochinchinahuhn uns lehrt, das lehrt
uns die Geschichte unseres eigenen Geschlechtes mit beredter Zunge!
Ist nicht die Blüte des hellenischen Volkes ein Überschwängliches
sondergleichen? Und sehen wir dieses Überschwängliche nicht erst
entstehen, als die Zuzüge aus dem Norden aufgehört haben und die

---

[1] *Materalien zur Geschichte der Farbenlehre*, Abschnitt über Newton's
Persönlichkeit.

verschiedenen kräftigen Stämme auf der Halbinsel nunmehr abgeschlossen zu einer neuen Rasse verschmelzen, reicher und schillernder
dort, wo das verwandte Blut aus verschiedenen Quellen zusammen-
floss, wie in Athen, einfacher und widerstandsfähiger, wo selbst dieser
Vermischung ein Riegel vorgeschoben worden war, wie in Lakedämon? Wird die Rasse nicht wie ausgelöscht, sobald das Schicksal
das Land aus seiner stolzen Exklusivität losreisst und es einem
grösseren Ganzen einverleibt?[1] Lehrt nicht Rom dasselbe? Sehen
wir nicht auch hier aus einer besonderen Blutmischung[2] eine durchaus
neue Rasse hervorgehen, keiner späteren in Anlagen und Fähigkeiten
ähnlich, mit überschwänglicher Kraft begabt? Und vollbringt nicht
hier der Sieg, was dort die Niederlage vollbrachte, nur noch viel
schneller? Wie ein Katarakt stürzt das fremde Blut in das fast ent-
völkerte Rom und alsbald haben die Römer aufgehört zu sein. Wäre
von allen Semiten ein einziges winziges Völkchen zu einer die Welt
umspannenden Macht geworden, wenn nicht die Reinheit der Rasse
sein unerschütterliches Grundgesetz gebildet hätte? In Tagen, wo so
viel Unsinn über diese Frage geredet wird, lasse man sich von
Disraeli belehren, wie die ganze Bedeutung des Judentums in der
Reinheit seiner Rasse liege, diese allein verleihe ihm Kraft und
Bestand, und wie es die Völker des Altertums überlebt habe, so

---

[1] Dass dieses Auslöschen nur allmählich geschah, und zwar trotz einer
politischen Situation die eigentlich, wenn hier nicht Rassenanlagen bestimmend
gewesen wären, das Hellenische sofort hätte aus der Welt austilgen müssen, ist
bekannt. Bis weit in die christliche Zeit hinein blieb Athen der Mittelpunkt des
geistigen Lebens der Menschheit; Alexandrien machte zwar mehr von sich reden,
dafür sorgte das starke semitische Kontingent; wer aber ernstlich studieren wollte,
reiste nach Athen, bis christliche Beschränktheit im Jahre 529 die dortigen Schulen
auf immer schloss, und wie erfahren, dass noch damals selbst der Mann aus dem
Volke sich in Athen »durch die Lebhaftigkeit seines Geistes, die Korrektheit der
Sprache, und die Sicherheit des Geschmackes auszeichnete«. (Gibbon, Kap. 40.)
Eine ausführliche und in ihrer Klarheit höchst fesselnde Darlegung der allmählichen
Vernichtung der hellenischen Rasse durch fremde Einwanderung findet man in
George Finlay: *Medieval Greece*, ch. I. Nacheinander waren römische Soldaten-
kolonien aus allen Teilen des Imperiums, dann Kelten, Germanen, Slavonier,
Bulgaren, Wallachen, Albanesen u. s. w. in das Land gezogen und hatten sich mit
der ursprünglichen Bevölkerung vermischt. Die Zakonen, die noch im 15. Jahrhundert zahlreich waren, jetzt aber fast ganz ausgestorben sind, sollen die einzigen
reinen Hellenen sein.

[2] Vergl. S. 135, Anm.

werde es, dank seiner Kenntnis dieses Naturgesetzes, die sich ewig
vermischenden Stämme der Gegenwart überleben. [1]

Was sollen uns die weitläufigen wissenschaftlichen Untersuchungen, ob es unterschiedliche Rassen gebe? ob Rasse einen
Wert habe? wie das möglich sei und so weiter? Wir kehren den
Spiess um und sagen: dass es welche giebt, ist evident; dass die
Qualität der Rasse entscheidende Wichtigkeit besitzt, ist eine Thatsache der unmittelbaren Erfahrung; Euch kommt nur zu, das Wie
und das Warum zu erforschen, nicht Eurer Unwissenheit zu Lieb
die Thatsachen selbst abzuleugnen. Einer der bedeutendsten Ethnologen des heutigen Tages, Adolf Bastian, bezeugt: »Was wir in der
Geschichte bemerken, ist keine Umwandlung, kein Übergehen der
Rassen ineinander, sondern es sind neue und vollkommene
Schöpfungen, die die ewig junge Produktionskraft der Natur aus
dem Unsichtbaren des Hades hervortreten lässt«. [2] Wer die kleine Strecke
von Calais nach Dover zurückgelegt hat, glaubt sich auf einem anderen
Gestirn angekommen, so tief ist der Unterschied zwischen den doch
so vielfach verwandten Engländern und Franzosen. Zugleich kann
der Beobachter an diesem Beispiel den Wert der reineren »Inzüchtung«
kennen lernen. England ist durch seine Insellage so gut wie abgeschnitten; die letzte (nicht sehr zahlreiche) Invasion fand vor
800 Jahren statt, seitdem sind nur einige Tausend Niederländer,
später einige Tausend Hugenotten hinübergesiedelt (alles Stammes-
verwandte), und so ist die augenblicklich unzweifelhaft stärkste
Rasse Europas gezüchtet worden. [3]

Die unmittelbare Erfahrung bietet uns aber eine Reihe ganz
andersgearteter Beobachtungen über Rasse, durch die wir nach und
nach unser Wissen erweitern und bestimmter gestalten können. Im

---

[1] Siehe die Romane *Tancred* und *Coningsby*. In letzterem sagt Sidonia:
»Rasse ist alles; es giebt keine andere Wahrheit. Und jede Rasse muss zu Grunde
gehen, die ihr Blut sorglos Vermischungen hingiebt«.

[2] *Das Beständige in den Menschenrassen und die Spielweite ihrer Ver-
änderlichkeit*, 1868, S. 26.

[3] Hier wäre auch Japan zu nennen, wo ebenfalls eine glückliche Vermischung, und nachher inselhafte Abgeschiedenheit zur Bildung einer sehr merkwürdigen Rasse geführt hat, viel stärker und (innerhalb der mongoloiden Möglich-
keitssphäre) viel tiefer beanlagt als die meisten Europäer es ahnen. Vielleicht die
einzigen Bücher, in denen man die japanische Seele kennen lernt, sind die des
Lafcadio Hearn: *Kokoro, hints and echoes of Japanese inner life; Gleanings in
Buddha fields;* u. A.

Gegensatz zu der neuen, werdenden, angelsächsischen Rasse, sehe
man sich zum Beispiel die Sephardim an, die sogenannten »spanischen
Juden«; hier erfährt man, wie eine edle Rasse sich durch Reinheit
Jahrhunderte, ja Jahrtausende hindurch edel erhalten kann, zugleich
aber, wie sehr es not thut, zwischen den wirklich edel gezüchteten
Teilen eines Volkes und den übrigen zu unterscheiden. In England,
Holland und Italien giebt es noch echte Sephardim, wenige aber, da
sie der Vermengung mit den Aschkenazim (den sogenannten »deutschen
Juden«) kaum mehr ausweichen können. So haben zum Beispiel die
Montefiores der jetzigen Generation alle ohne Ausnahme deutsche
Jüdinnen geheiratet. Jeder aber, der im Osten von Europa gereist
ist, wo die unverfälschten Sephardim noch heute jeglichem Verkehr
mit deutschen Juden, vor denen sie einen fast komischen Abscheu
an den Tag legen, möglichst aus dem Wege gehen, wird mir bei-
stimmen, wenn ich sage, dass man erst durch den Anblick und den
Verkehr mit diesen Männern die Bedeutung des Judentums in der
Weltgeschichte begreifen lernt. Das ist Adel im vollsten Sinne des
Wortes, echter Rassenadel! Schöne Gestalten, edle Köpfe, Würde
im Reden und Gebahren. Der Typus ist »semitisch« in demselben
Sinne wie der gewisser, vornehmer syrischer oder arabischer Männer.
Dass aus solcher Leute Mitte Propheten und Psalmisten hervorgehen
konnten, das verstand ich beim ersten Anblick, was mir, aufrichtig
gestanden, selbst bei der genauesten Betrachtung der vielen hundert
Bochers in der Friedrichstrasse zu Berlin nie hatte gelingen wollen.
Wenn wir in den heiligen Büchern der Juden Umschau halten, so
sehen wir auch, dass die Umbildung des Monopolytheismus dieses
Volkes zu der immerhin grossartigen (wenn auch für unser Gefühl
zu mechanisch-materialistischen) Vorstellung eines wirklichen kosmischen Monotheismus das Werk nicht der Gesamtheit sondern eines
ganz kleinen Bruchteiles der Bevölkerung ist; ja, diese Minorität hat
einen unaufhörlichen Kampf gegen jene Majorität zu führen, und sie
muss ihr die edlere Lebensauffassung mit Macht aufzwingen, d. h.
mit der höchsten menschlichen Gewalt, der Macht der Persönlichkeit.
Die übrige Bevölkerung macht den Eindruck einer ungewöhnlich
gemeinen, jeder höheren Regung baren Masse, die Reichen hart und
ungläubig, die Armen wankelhaft und stets voll der Sehnsucht, sich
dem erbärmlichsten, schmutzigsten Götzendienst in die Arme zu
werfen — oder es müssten die Propheten stark übertrieben haben.
Der Gang der jüdischen Geschichte hat nun für eine eigentümliche

Zuchtwahl der moralisch höher Stehenden gesorgt: durch die Exile,
durch die fortwährende Ausscheidung in die Diaspora, welche eine
Folge der Armut des Landes und der bedrängten Lage war, blieben
(von den besseren Klassen) nur die gesinnungstreuesten zurück, und
diese perhorrescierten jegliche eheliche Verbindung — auch mit
Juden! — in welcher nicht beide Teile die ungetrübt reine Abstammung aus einem der Stämme Israels darthun konnten und deren
strenge Orthodoxie nicht über jeden Zweifel erhaben war. [1]) Da
blieb denn keine sehr grosse Auswahl; denn die nächsten Nachbarn,
die Samaritaner, waren heterodox, und in den ferneren Landesteilen
war, ausser bei den getrennt sich haltenden Leviten, die Bevölkerung
vielfach stark gemischt.   Auf diese Art wurde dort Rasse gezüchtet.
Und als nun die endliche Zerstreuung kam, wurden diese einzigen
echten Juden alle, oder fast alle, nach Spanien übergeführt.   Da die
klugen Römer nämlich sehr wohl zu unterscheiden wussten, versetzten
sie diese gefährlichen Fanatiker, diese stolzen Männer, deren blosser
Blick Gehorsam von der Menge erzwang, aus ihrer östlichen Heimat
in den fernsten Westen, [2]) wogegen sie das jüdische Volk ausserhalb
des engeren Judäa nicht mehr belästigten als die Juden der Diaspora. [3]) —
Da haben wir nun wieder einen höchst interessanten Anschauungs-
unterricht über Entstehung und Wert einer »Rasse«! Denn von allen
den Menschen, die wir gewohnt sind als Juden zu bezeichnen,
stammen verhältnismässig wenige von jenen echten, grossen Hebräern,
vielmehr sind es die Nachkommen der Juden aus der Diaspora, Juden,
die nicht die letzten grossen Kämpfe, ja, zum grossen Teil nicht
einmal die Makkabäerzeit mitgemacht hatten; diese und dann das
arme, in Palästina zurückgebliebene Landvolk, das später in christlichen
Zeiten vertrieben wurde oder flüchtete, das sind die Leute, von denen
: unsere Juden« abstammen.   Wer nun durch den Augenschein kennen
lernen will, was edle Rasse ist und was nicht, der lasse sich aus

---

[1]) Uneheliche Kinder werden bei gläubigen Juden gar nicht in die Gemeinde
aufgenommen. Bei den heutigen Sephardim im Osten Europas, wird ein Mädchen,
von welchem es ruchbar wird, dass sie gefehlt hat, sofort von Bevollmächtigten
der Gemeinde in irgend ein fremdes Land geführt und dort untergebracht; weder
sie noch ihr Kind darf je wieder etwas von sich hören lassen, sie gelten als gestorben. Auf diese Art wird dafür gesorgt, dass auch die blinde Liebe nicht
fremdes Blut in den Stamm hineinbringe.

[2]) Siehe z. B. Graetz: a. a. O., Kap. 9. »Der diasporische Zeitraum«.

[3]) In Tiberias z. B. bestand jahrhundertelang eine tonangebende Rabbiner-
schule.

Salonichi oder Sarajevo den ärmsten der Sephardim holen (grosse Reichtümer sind unter diesen Leuten sehr selten, denn sie sind makellos ehrenhaft) und stelle ihn neben einen beliebigen Baron Rothschild oder Hirsch hin: dann wird er den Unterschied gewahr werden zwischen dem von einem Monarchen oktroyierten Adel und dem durch Rasse verliehenen.

Weitere Beispiele liessen sich in Hülle und Fülle beibringen. Ich glaube aber, wir haben schon jetzt alles beisammen, was nötig ist, um unser Wissen über Rasse systematisch zu analysieren und so die Grundprinzipien zu einem bewussten, sachgemässen Urteil zu gewinnen. Wir schliessen hier nicht von hypothetischen Urzuständen auf mögliche Folgen, sondern wir schreiten von sicheren Thatsachen auf ihre unmittelbaren Ursachen zurück. Die Ungleichheit der Anlagen selbst zwischen offenbar nahe verwandten Stämmen ist evident; ausserdem ist aber für Jeden, der genauer beobachtet, ebenso evident, dass hier und dort, während längerer oder kürzerer Zeit ein Stamm von den anderen nicht allein sich unterscheidet, sondern sie mächtig überragt, dass in ihm ein Überschwängliches an Begabung und Leistungsfähigkeit sich kundgiebt. Dass dies auf Rassenzüchtung beruht, habe ich durch die vorangehenden Beispiele anschaulich zu machen versucht. Was sich aus diesen Beispielen (die Jeder beliebig vermehren mag) ergiebt, gestattet nun die Entstehung solcher edler Rassen als von fünf Naturgesetzen abhängig zu erkennen.

1. Die erste, grundlegende Bedingung ist unstreitig das Vorhandensein vortrefflichen Materials. Wo es nichts giebt, verliert der König seine Rechte. Wenn Jemand aber fragt, woher kommt dieses Material? so antworte ich, ich weiss es nicht, ich bin in dieser Beziehung ebenso ignorant als wäre ich der grösste aller Gelehrten, und ich verweise den Frager auf die Worte des grossen Weltweisen unseres Jahrhunderts, Goethe: »Was nicht mehr entsteht, können wir uns als entstehend nicht denken. Das Entstandene begreifen wir nicht.« Soweit unser Blick zurückreicht, sehen wir Menschen, sehen, dass sie grundverschieden in ihrer Anlage sind und sehen, dass Einige kräftigere Wachstumskeime zeigen, als Andere. Nur Eines kann man, ohne den Boden historischer Beobachtung zu verlassen, behaupten: hohe Vortrefflichkeit tritt nur durch die Veranlassung besonderer Umstände nach und nach in die Erscheinung, sie wächst durch erzwungene Bethätigung; andere Umstände können sie gänzlich verkümmern lassen. Der Kampf an dem ein von Hause aus schwaches

Die fünf Grundgesetze.

Menschenmaterial zu Grunde geht, stählt das starke; ausserdem stärkt
der Kampf ums Leben dieses Starke durch Ausscheidung der
schwächeren Elemente. Die Kindheit grosser Rassen sehen wir stets
von Krieg umtobt, selbst die der metaphysischen Inder.

2. Das Vorhandensein wackerer Menschen giebt jedoch noch
lange kein Überschwängliches; solche Rassen wie die Griechen, die
Römer, die Franken, die Schwaben, die Italiener und Spanier der
Glanzzeit, die Mauren, die Engländer, solche abnorme Erscheinungen
wie die arischen Inder und die Juden entstehen nur durch fortgesetzte
Inzucht. Sie entstehen und sie vergehen vor unseren Augen.
Inzucht nennt man die Erzeugung von Nachkommenschaft ausschliesslich im Kreise der engeren Stammesgenossen, mit Vermeidung
jeder fremden Blutmischung. Schlagende Beispiele habe ich schon
oben genannt.

3. Jedoch die Inzucht *pure et simple* reicht zu dem Werke
nicht hin; mit der Inzucht muss Auswahl oder wie die Fachmänner
sagen »Zuchtwahl« Hand in Hand gehen. Am besten begreift
man dieses Gesetz, wenn man die Prinzipien der künstlichen Züchtung
im Pflanzen- und Tierreich studiert; das möchte ich auch Jedem an-
empfehlen, denn es giebt wenige Dinge, welche unsere Vorstellungen
von den plastischen Möglichkeiten des Lebens so bereichern. [1] Hat
man nun einsehen gelernt, welche Wunder die Wahl vollbringt, wie
ein Rennpferd oder ein Dachshund oder ein »überschwängliches«
Chrysanthemum nach und nach durch sorgfältige Ausscheidung alles
Minderwertigen erzeugt wird, dann wird man dasselbe Phänomen
auch im Menschengeschlecht als wirksam erkennen, wenngleich es
hier natürlich nie mit der Klarheit und Bestimmtheit wie dort auftreten kann. Als Beispiel führte ich vorhin die Juden an; das Aus-
setzen schwächlicher Kinder ist ein weiteres und war jedenfalls eines
der segenvollsten Gesetze der Griechen, Römer und Germanen; harte
Zeiten, welche nur der stämmige Mann, das ausdauernde Weib überlebt, wirken in ähnlichem Sinne. [2]

---

[1] Die Litteratur ist enorm; wegen der Einfachheit, Verständlichkeit und umfassenden Vielseitigkeit sei jedem Laien vor Allem Darwin's: *Animals and Plants
under Domestication* empfohlen. Im *Origin of Species* ist über dasselbe Thema
etwas zu kurz und tendenziös berichtet.

[2] Wie zum Beispiel die viele Jahrhunderte umfassende Epoche der Wanderung
im Sinne einer zunehmend veredelnden Zuchtwahl auf die Germanen hat wirken
müssen, veranschaulicht Jhering mit besonderer Klarheit (*Vorgeschichte*, S. 462 fg.).

4. Wenig beachtet wurde bisher ein weiteres Grundgesetz, welches mir mit voller Sicherheit aus der Geschichte hervorzugehen scheint, ebenso wie es eine Erfahrungsthatsache der Tierzüchtung ist: dem Entstehen ausserordentlicher Rassen geht ausnahmslos eine Blutmischung voraus. Wie der grosse amerikanische Denker, Emerson, sagt: »*We are piqued with pure descent, but nature loves inoculation*«. Von den arischen Indern können wir freilich in dieser Beziehung nichts aussagen, ihre Vorgeschichte verliert sich in zu nebelhaften Fernen; dagegen liegen betreffs der Juden, Hellenen und Römer die Thatsachen vollkommen klar vor Augen, nicht minder klar in Betreff aller Nationen Europas, die sich durch Gesamtleistungen und durch die Hervorbringung einer grossen Zahl »überschwänglich« begabter Individuen ausgezeichnet haben. Bezüglich der Juden verweise ich auf das folgende Kapitel, bezüglich der Griechen, der Römer und der Engländer habe ich schon öfters auf diese Thatsache hingedeutet, [1]) jedoch, ich möchte den Leser ersuchen, es sich die Mühe nicht verdriessen zu lassen, in Curtius und in Mommsen jene Kapitel am Anfang, die man wegen der vielen Namen und des wirren Durcheinanders gewöhnlich mehr durchblättert als studiert, doch einmal aufmerksam zu lesen. Nie hat eine so gründliche und günstige Vermischung stattgefunden wie in Griechenland: aus einem gemeinsamen Urstock hervorgegangen, bilden sich in durch Berge oder Meere getrennten Ebenen charakteristisch unterschiedene Stämme, jagende, friedlich Ackerbautreibende, seefahrende u. s. w.; und nun findet unter diesen differenzierten Bestandteilen ein Durcheinanderschieben, eine Vermengung statt, wie sie ein künstlich züchtender Verstand sich nicht vollkommener ausgerechnet haben könnte. Wir haben zunächst Wanderungen von Osten nach Westen, später umgekehrt von Westen nach Osten über das Ägäische Meer hinüber; inzwischen sind aber die Stämme des äussersten Nordens (in erster Reihe die Dorier) bis nach dem äussersten Süden vorgedrungen, wobei sie viele der Edelsten, die sich nicht unterjochen lassen wollten, aus diesem Süden nach jenem Norden, aus dem sie selbst eben gekommen waren, oder auch über das Meer auf die Inseln und nach der hellenischen Küste Asiens hinüberdrängten. Eine jede dieser Verschiebungen bedingte aber Blutmischung. So zogen zum Beispiel die Dorier nicht alle nach dem Peloponnes, sondern Teile von ihnen blieben an jeder

---

[1] Siehe namentlich S. 135, 273 und weiter unten S. 286 u. 292.

Station ihrer langsamen Wanderung haften und verschmolzen dort
mit den früheren Einwohnern. Ja, diese ursprünglichen Dorier selber,
die uns als ein besonders einheitliches Ganzes vorschweben, wussten
in alter Zeit, dass sie aus drei verschiedenen Stämmen zusammengesetzt waren, von denen der eine ausserdem der Stamm der Pam-
phylen hiess, d. h., »der Stamm der Leute von allerlei Herkunft«.
Wo die glücklichste Mischung vor sich ging, da entstand die überschwänglichste Begabung: in Neu-Ionien und in Attika. In Neu-
Ionien »kamen Griechen zu Griechen, es kamen Ionier in ihre alte
Heimat, aber sie kamen so umgewandelt, dass aus der neuen Vereinigung des ursprünglich Verwandten eine durchaus nationale, aber
zugleich ungemein gesteigerte, reiche und in ihrem Ergebnisse vollständig neue Entwickelung in dem alten Ionierlande anhob«. Am
lehrreichsten ist aber die Entstehungsgeschichte des attischen, speziell
des atheniensischen Volkes. Gerade in Attika (wie sonst einzig in
Arkadien) blieb die ursprüngliche pelasgische Bevölkerung festhaften,
»sie wurde niemals von fremder Gewalt ausgetrieben«. Das zum
Inselmeer gehörige Küstenland lud aber zur Einwanderung; diese
kam auch von allen Seiten; und während die fremden Phönicier nur
auf den benachbarten Inseln Handelsstationen gründeten, drangen die
stammverwandten Griechen von diesseits und jenseits des Meeres ins
Innere ein und vermischten sich nach und nach mit den früheren
Einwohnern. Nun kam die Zeit der vorhin erwähnten dorischen
Völkerwanderung und der grossen, langanhaltenden Umwälzungen;
Attika allein blieb verschont; und da flüchteten neuerdings aus allen
Himmelsrichtungen viele dorthin aus Böotien, Achaja und Messenien,
aus Argos und Ägina u. s. w.; diese neuen Einwanderer stellten aber
nicht ganze Bevölkerungen dar, sondern waren in der überwiegenden
Mehrzahl ausgewählte Männer, Männer aus erlauchtem, oft königlichem
Geschlecht. Durch sie fand eine ungewöhnliche Bereicherung des
einen kleinen Landes an echtem, gezüchtetem Rassenadel statt. Dann
erst, also erst aus einer bunten Vermischung, entstand jenes Athen,
welchem die Menschheit mehr verdankt als je auszurechnen wäre. [1] —

---

[1] Siehe Curtius: *Griechische Geschichte*, Buch I, Kap. 4 und Buch II, Kap.
1 und 2. — Dass Graf Gobineau lehrt, die ausserordentliche geistige und namentlich künstlerische Begabung der Griechen sei auf eine Infiltration semitischen
Blutes zurückzuführen, zeigt, zu welchen unsinnigen Annahmen man durch falsche,
künstliche, der Geschichte und der Naturbeobachtung widersprechende Grund-
hypothesen gedrängt wird.

Die geringste Überlegung wird nun zeigen, wie dasselbe Gesetz sich bei Deutschen, Franzosen, Italienern und Spaniern bewährt. Die einzelnen germanischen Stämme zum Beispiel sind wie eine rein brutale Naturkraft, bis sie miteinander sich zu vermengen beginnen; man sehe, wie das an bedeutenden Männern reiche Burgund durch ein inniges Gemisch des germanischen mit dem romanischen Element seine ihm eigentümliche Bevölkerung erhält, und in Folge der lang anhaltenden politischen Isolierung zur charakteristischen Individualität ausbildet;[1] die Franken erwachsen zu voller Kraft und schenken der Welt einen neuen Typus des Menschlichen dort, wo sie mit den vorangegangenen germanischen Stämmen und mit Galloromanen verschmelzen, oder aber dort, wo sie, wie in Franken, gerade den Vereinigungspunkt der verschiedensten deutschen und slavischen Elemente bilden; Schwaben, das Vaterland Goethe's und Schiller's, ist von einem halbkeltischen Stamme bewohnt; Sachsen, welches dem deutschen Volke so viele seiner grössten Männer geschenkt hat, enthält eine fast durchwegs mit slavischem Blute verquickte Bevölkerung; und hat Europa es nicht innerhalb der letzten drei Jahrhunderte erlebt, dass eine erst neu entstandene Nation, bei welcher die Blutmischung eine noch viel gründlichere war, die preussische, sich durch ihre hervorragende Kraft zum Führer des gesamten deutschen Reiches aufgeschwungen hat? — Es kann natürlich an diesem Orte nicht meine Aufgabe sein, das hier Angedeutete ausführlich zu begründen; da ich jedoch gerade die hohe Bedeutung von reingezüchteten Rassen verfechte, so muss es mir besonders am Herzen liegen, die Notwendigkeit, oder zum Mindesten Nützlichkeit der Blutmischung zu betonen, und zwar nicht allein um dem Vorwurf der Einseitigkeit und der apriorischen Voreingenommenheit zu begegnen, sondern weil ich glaube, die Vertreter dieser Sache haben gerade durch die Verkennung des wichtigen

---

[1] Diese innige Vermischung fand dadurch statt, dass die Burgunder im ganzen Lande einzeln angesiedelt und jeder von ihnen der »*Hospes*« eines früheren Einwohners wurde, von dessen bebautem Land er zwei Drittel, von dessen Hof und Garten er die Hälfte zugeeignet erhielt, während Wälder und Weideplätze gemeinschaftlich blieben. Mochte nun zunächst gewiss keine grosse Sympathie zwischen dem Eingedrungenen und seinem Wirt bestehen, sie lebten doch Thür an Thür und waren miteinander solidarisch bei Grenzstreitigkeiten und ähnlichen auf den Besitz sich beziehenden Rechtsfragen; da konnte die Verschmelzung nicht lange ausbleiben. (Vergl. namentlich Savigny: *Geschichte des römischen Rechts im Mittelalter*, Kap. 5, Abschn. 1).

Gesetzes der Vermischung ihr sehr geschadet. Sie geraten dann auf
den mystischen Begriff einer an und für sich »reinen Rasse«, welcher ein
luftiges Gedankending ist und, anstatt zu fördern, nur hemmt. Weder
die Geschichte, noch die Experimentalbiologie spricht zu Gunsten
einer derartigen Auffassung. Die Rasse der englischen Vollblutpferde
ist durch die Kreuzung arabischer Hengste mit gewöhnlichen (natürlich
ausgesuchten) englischen Stuten erzeugt worden, gefolgt von Inzucht,
jedoch so, dass neuerliche Kreuzung zwischen Varietäten von geringer
Abweichung, oder auch mit Arabern, von Zeit zu Zeit ratsam ist;
eines der edelsten Wesen, welche die Natur überhaupt aufweisen
kann, der sogenannte »echte« Neufundländer, ist ursprünglich aus
der Kreuzung zwischen dem Eskimohund und einem französischen
Hetzhund entstanden, sodann, in Folge der abgeschiedenen Lage der
Insel, durch andauernde Inzucht fest und »rein« geworden, zuletzt,
als Exemplare dieser Rasse von Liebhabern nach Europa gebracht
wurden, durch Zuchtwahl zur höchsten Veredlung ausgebildet worden. —
Vielleicht lächelt mancher Leser, wenn ich immer wieder von Tierzüchtung spreche? Sicherlich sind aber die Gesetze des Lebens grosse,
einfache Gesetze, welche alles Lebende umfassen und gestalten; wir
haben nicht die geringste Veranlassung, das Menschengeschlecht als
eine Ausnahme zu betrachten; und da wir gerade in Bezug auf
Rassenzüchtung leider nicht in der Lage sind, Experimente mit
Menschen anzustellen, so müssen wir die an Tieren und Pflanzen
gemachten Versuche zu Rate ziehen. — Ich darf jedoch die Besprechung
des vierten Gesetzes nicht abschliessen, ohne eine andere Seite dieses
Vermischungsgesetzes hervorgehoben zu haben: fortgesetzte Inzucht
innerhalb eines sehr kleinen Kreises, das, was man »Engzucht« nennen
könnte, führt mit der Zeit zu Entartung und namentlich zu Sterilität.
Zahllose Erfahrungen der Tierzucht beweisen das. Es genügt dann
bisweilen eine einzige Kreuzung, nur an einzelnen Mitgliedern einer
Meute zum Beispiel vorgenommen, damit die geschwächte Rasse
wieder aufblühe und die geschlechtliche Fruchtbarkeit sich wieder
einstelle. Bei Menschen sorgt schon der Schalk Eros so ausgiebig
für diese Auffrischung, dass wir nur in hochadeligen Kreisen und bei
einigen königlichen Familien [1]) zunehmenden Verfall der geistigen und

---

[1]) Siehe die Angaben bei Haeckel: *Natürliche Schöpfungsgeschichte* (Vorl. 8).
Weit ausführlichere Angaben in einem Buche von P. Jacoby: *Études sur la sélection
dans ses rapports avec l'hérédité chez l'homme*, das ich leider nicht vor Augen habe.

physischen Anlagen in Folge von »Engzucht« beobachten können.[1] Die geringste Entfernung im Verwandtschaftsgrade der sich ehelich Verbindenden (auch innerhalb genau desselben Typus) genügt, um die hohen Vorzüge der Inzucht mit Ausschluss dieser Nachteile zu sichern. Doch sieht Jeder, dass hier irgend ein geheimnisvolles Lebensgesetz sich kund thut, ein so dringendes Lebensgesetz, dass im Pflanzenreich, wo die Befruchtung innerhalb einer und derselben Blüte auf den ersten Blick das Natürliche und Unvermeidliche dünkt, meistens die kompliziertesten Einrichtungen getroffen sind, um dies zu verhindern und um zugleich dafür zu sorgen, dass, wenn der männliche Pollenstaub nicht im Winde fliegt, er durch Insekten von einem Individuum zum anderen getragen werde.[2] Die Einsicht in ein offenbar so grundlegendes Naturgesetz lässt vermuten, dass die Entstehung ausgezeichnetster Rassen aus einer ursprünglichen Durchdringung verschiedener Stämme, wie wir sie in der Geschichte beobachteten, nicht ein Zufall war; vielmehr bilden diese historischen Thatsachen weitere Belege dafür, dass Blutvermischung für die Entstehung edler Rassen besonders günstige physiologische Bedingungen schafft.

5. Noch ein fünftes Gesetz muss namhaft gemacht werden, wenngleich es eigentlich mehr einschränkend und erläuternd ist, als

---

[1] Hierher gehören allerdings auch die allbekannten schlimmen Folgen der Ehen zwischen Nächstverwandten; die Sinnesorgane (sowie überhaupt das Nervensystem) und die Geschlechtsorgane haben am häufigsten darunter zu leiden. (Siehe George H. Darwin's Vorträge: *Die Ehen zwischen Geschwisterkindern und ihre Folgen*, Leipzig 1876.)

[2] Die leider noch zahlreichen Menschen, die der Naturforschung fernstehen, mache ich auf Christian Konrad Sprengel's: *Das entdeckte Geheimnis der Natur im Bau und in der Befruchtung der Blumen*, 1793, aufmerksam. Dieses Werk sollte ein Stolz der ganzen deutschen Nation sein; es liegt seit 1893 in einem Facsimiledruck (Berlin bei Mayer & Müller) vor und kann vom Ungelehrtesten gelesen werden. Von neueren Publikationen ist namentlich Hermann Müller's: *Alpenblumen, ihre Befruchtung durch Insekten und ihre Anpassungen an dieselben* (Engelmann 1881) anregend, durch die vielen Illustrationen anschaulich, auch vollständig. Zusammenfassend und die aussereuropäischen Pflanzen berücksichtigend ist desselben Verfassers: *Blumen und Insekten* in der Trewendt'schen Encyklopädie der Naturwissenschaften. Es giebt wohl wenige Betrachtungen, die uns auf so kurzem Wege unmittelbar in die geheimnisvollsten Wunder der Natur hineinführen wie diese Aufdeckung der gegenseitigen Lebensbeziehungen zwischen Pflanzen- und Tierwelt. Was heisst unser Wissen, was bedeuten unsere Hypothesen solchen Erscheinungen gegenüber? Diese lehren uns treu beobachten und uns im Kreise des Erreichbaren bescheiden. (Während der Drucklegung dieses Buches hat Knuth's: *Handbuch der Blütenbiologie* bei Engelmann zu erscheinen begonnen.)

dass es ein neues Element zur Rassenfrage beibrächte. Nur ganz
bestimmte, beschränkte Blutmischungen sind für die Veredelung einer Rasse, resp. für die Entstehung einer neuen, förderlich.
Auch hier wieder liefert uns die Tierzüchtung die klarsten, unzwei-
deutigsten Beispiele. Die Blutmischung muss zeitlich streng beschränkt,
ausserdem muss sie eine zweckmässige sein; nicht alle beliebigen Vermischungen, sondern nur bestimmte können die Grundlage zur Veredelung abgeben. Mit zeitlicher Beschränkung will ich sagen, dass
die Zufuhr neuen Blutes möglichst schnell vor sich gehen und dann
aufhören muss; fortdauernde Blutmischung richtet die stärkste Rasse
zu Grunde. Um ein extremes Beispiel zu nehmen, die berühmteste
Windhundmeute Englands wurde ein einziges Mal mit Bulldoggen
gekreuzt, wodurch sie an Mut und Ausdauer gewann; dagegen lehren
weitere Experimente, dass bei Fortsetzung einer derartigen Kreuzung
die Charaktere beider Rassen verschwinden und gänzlich charakterlose
Bastarde übrig bleiben. [1] *Crossing obliterates characters.* Die bestimmt
zweckmässige Beschränkung bezieht sich darauf, dass nur gewisse
Kreuzungen, nicht alle, veredeln. Es giebt Mischungen, die, weit
entfernt veredelnd zu wirken, beide Rassen verderben, und es kommt
ausserdem recht häufig vor, dass die bestimmten, wertvollen Charaktere
zweier verschiedener Typen sich gar nicht miteinander zu verschmelzen
vermögen; in letzterem Falle richtet sich ein Teil der Nachkommenschaft nach dem einen Elternteil, der andere nach dem andern, aber
natürlich mit verwischten Zügen, oder aber es kommen die eigentlichen echten Bastarde zum Vorschein, Wesen, deren Körper den
Eindruck macht, als sei er aus unzusammengehörenden Teilen zu-
sammengeschraubt, und deren geistige Beschaffenheit der körperlichen
entspricht. [2] Wobei noch ausserdem zu bemerken ist, dass die Verbindung von Bastard mit Bastard den vollkommenen Niedergang aller
und jeder hervorragenden Rasseneigenschaft mit rasender Schnelligkeit
vollbringt. Man darf also durchaus nicht glauben, dass Blutvermischung
zwischen verschiedenen Stämmen die Rasse unter allen Umständen
veredelt, und als Bereicherung ihrer Anlagen durch fremde Anlagen
wirkt. Das ist nur unter seltenen, bestimmten Bedingungen und
strengen Einschränkungen der Fall; als Regel führt Blutvermischung
zur Entartung. Es zeigt sich namentlich das Eine recht deutlich: dass

---

[1] Darwin: *Animals and Plants*, Kap. 15.
[2] Auch hierfür findet man bei Darwin zahlreiche Beispiele. Was speziell
die Hunde betrifft, so sind Beispiele Jedem gegenwärtig.

Vermischung zweier sehr fremdartiger Wesen nur dann zur Bildung
einer edlen Rasse führt, wenn sie höchst selten stattfindet und von
strenger Inzucht gefolgt wird (wie beim englischen Vollblutpferd und
beim Neufundländer), dagegen sonst Vermischung nur, wo sie zwischen
nahen Verwandten, zwischen Angehörigen desselben Grundtypus vorkommt, von Erfolg ist. — Auch hier wiederum kann Keiner, der die
ausführlichen Ergebnisse der Tierzucht kennt, im Zweifel sein, dass
die Menschengeschichte vor uns und um uns herum demselben Gesetze
gehorcht. Natürlich tritt es hier zunächst nicht mit der gleichen
Deutlichkeit auf wie dort; wir sind nicht in der Lage, eine Anzahl
Menschen einzuhegen und durch etliche Generationen hindurch Versuche mit ihnen anzustellen; ausserdem, was dem Pferde die Schnelligkeit, was dem Hunde die merkwürdig plastisch bewegliche Gestalt
ist, das ist dem Menschen der Geist: hier drängt bei ihm alle Lebenskraft hin, hier konzentriert sich darum seine Variabilität, und gerade
diese Unterschiede in Charakter und Intelligenz sind dem Auge nicht
sichtbar. [1]) Doch hat die Geschichte Experimente im grossen Stil
durchgeführt, und Jeder, dessen Auge nicht an Einzelheiten kleben
bleibt, sondern grosse Komplexe zu übersehen gelernt hat, Jeder, der
das Seelenleben der Völker verfolgt, wird Bestätigungen für das hier genannte Gesetz in Hülle und Fülle entdecken. Entstehen z. B. die überschwänglich begabte attische und die unerhört kluge und starke römische
Rasse durch die Vermengung mehrerer Stämme, so sind dies miteinander nahe verwandte und edle, reine Stämme, und diese Elemente
werden durch die Staatenbildung dann Jahrhunderte lang von aussen
abgeschlossen, so dass sie Zeit haben, sich zu einem neuen festen Gebilde zu amalgamieren; als dagegen diese Staaten jedem Fremden aufgerissen werden, geht die Rasse zu Grunde, und zwar in Athen langsam,
weil dort in Folge der politischen Lage nichts Besonderes zu holen
war, die Vermengung folglich nur nach und nach und dann noch

---

[1]) Nur darf nicht übersehen werden, dass wenn man in der Lage wäre,
künstliche Menschenzüchtungen anzustellen, man sicherlich auch körperlich die
ungeheuersten Unterschiede erzielen würde in Bezug auf Grösse, Behaarung,
Proportionen u. s. w. Man stelle nur einen Zwerg aus den Urwäldern am
mittleren Congo, wenig über einen Meter hoch, den ganzen Körper mit Haarflaum
bedeckt, neben einen preussischen Gardegrenadier: man wird sehen, welche
plastische Möglichkeiten in der menschlichen Körperbildung schlummern. — Was
den Hund anbelangt, so ist noch daran zu erinnern, dass seine verschiedenen Rassen
»sicherlich von mehr als einer wilden Stammart herzuleiten sind«. Claus: Zo-
logie, 4. Aufl. II, 458`; daher seine fast beängstigende Polymorphie.

zum grössten Teil mit indoeuropäischen Völkern stattfand,[1]) in Rom
mit furchtbarer Schnelligkeit, nachdem Marius und Sulla die Blüte der
echten Römer ermordet, den Urquell edlen Blutes also eingedämmt
und im selben Augenblick durch die Freisprechung der Sklaven wahre
Fluten afrikanischen und asiatischen Blutes ins Volk gebracht hatten
und bald darauf Rom das Stelldichein aller Mestizen der Welt, die
cloaca gentium geworden war. Ähnliches bemerken wir auf allen
Seiten. Wir sehen die Engländer aus einer gegenseitigen Durchdringung getrennter, doch nahe verwandter, germanischer Stämme
hervorgehen; die normannische Invasion giebt hier gewissermassen die
letzte Würze, den letzten Glanz; dagegen haben es die historisch-
geographischen Bedingungen mit sich gebracht, dass die verwandt-
schaftlich etwas ferner stehenden Kelten bei Seite blieben und selbst
heute noch nur nach und nach mit der herrschenden Rasse verschmelzen. Wie offenbar anregend und auffrischend wirkt auf die Bevölkerung Berlins (noch bis heute) die Einwanderung der französischen
Hugenotten, fremd genug, um das Leben durch Neues zu bereichern,
freund genug, um mit ihren preussischen Wirten nicht zusammen-
geschraubte Bastarde, sondern charakterstarke Männer von seltener Begabung zu zeugen. Um das Entgegengesetzte zu erblicken, brauchen
wir nur nach Südamerika hinüberzuschauen. Giebt es einen jammer-
volleren Anblick als den der südamerikanischen Mestizenstaaten? Die
sogenannten Wilden von Zentralaustralien führen ein weit harmoni-
scheres, menschenwürdigeres, sagen wir ein »heiligeres« Dasein, als
diese unseligen Peruaner, Paraguayaner u. s. w., Blendlinge aus zwei (und
oft aus mehr) unvereinbaren Rassen, aus zwei Kulturen, denen nichts gemeinsam war, aus zwei Entwickelungsstufen, zu verschieden an Alter
und Gestalt, um eine Ehe eingehen zu können, Kinder einer naturwidrigen Unzucht. Wer sich ernstlich über die Bedeutung von Rasse
belehren will, kann recht viel an diesen Staaten lernen; er nehme nur
die Statistiken zur Hand; er wird die verschiedensten Verhältnisse finden
zwischen der rein europäischen resp. rein indianischen Bevölkerung und
der halbschlächtigen, und er wird sehen, dass die relative Entartung mit
der Blutvermischung genau Schritt hält. Ich nehme die zwei extremen
Fälle, Chile und Peru. In Chile, dem einzigen dieser Staaten[2]), der
einigen, bescheidenen Anspruch auf wahre Kultur erheben kann und

---

[1]) Wogegen die Beobachtung höchst lehrreich ist, dass in Ionien der
Hellene, den buntesten Bastardierungen ausgesetzt, viel schneller verschwand.
[2]) Im portugiesischen Brasilien herrschen wesentlich andere Verhältnisse.

der auch verhältnismässig geordnete politische Zustände aufweist, sind gegen 30 Prozent der Bewohner noch rein spanischer Herkunft, und dieses Drittel genügt schon, um die moralische Auflösung hintanzuhalten; dagegen giebt es in Peru, das bekanntlich den anderen Republiken mit dem Beispiel des totalen moralischen und materiellen Bankerotts vorangegangen ist, fast gar keine Indoeuropäer reiner Rasse mehr; mit Ausnahme der noch uncivilisierten Indianer des Inneren besteht dort die gesamte Bevölkerung aus Cholos, Musties, Fusties, Terceronen, Quarteronen u. s. w., Kreuzungen zwischen Indianern und Spaniern, zwischen Indianern und Negern, Spaniern und Negern, weiter zwischen den verschiedenen Rassen und jenen Mestizen oder Kreuzungen der Mestizenarten untereinander; in letzterer Zeit sind viele Tausende von Chinesen hinzugekommen .... Da sehen wir die von Virchow und Ratzel ersehnte Promiscuität am Werke und wir sehen, was dabei herauskommt! Freilich ist es ein sehr extremes Beispiel, aber um so lehrreicher. Wenn nicht die enorme Macht der umgebenden Civilisation einen solchen Staat von allen Seiten künstlich unterstützte, wenn er z. B. durch einen Zufall abgeschnitten und sich selbst überlassen bliebe, er würde in kurzer Zeit in völlige Barbarei verfallen, nicht in eine menschliche, nein, in eine tierische Barbarei. Einem ähnlichen Schicksal gehen alle diese Staaten entgegen. [1] — Auch hier überlasse ich dem Leser das weitere Nachdenken und Belegesammeln bezüglich dieses fünften Naturgesetzes, welches uns zeigt, dass jede Blutmischung eine gefährliche Sache ist und nur unter Beobachtung bestimmter Kautelen zur Veredelung der Rasse beitragen kann, sowie dass viele mögliche Kreuzungen unbedingt schädlich und zerstörend wirken; sind dem Leser die Augen erst geöffnet, so wird er für dieses Gesetz wie für die anderen vier in Gegenwart und Vergangenheit überall Belege finden.

Das sind also die fünf Prinzipien, die mir grundlegend erscheinen: die Qualität des Materials, die Inzucht, die Zuchtwahl, die Notwendigkeit von Blutmischungen, die Notwendigkeit, dass diese Blutmischungen in der Wahl und in der Zeit streng beschränkt seien. Aus diesen Prinzipien ergiebt sich dann des Weiteren als Korollarium, dass die Entstehung einer hochedlen Menschenrasse unter Anderem auch von

---

[1] Bekanntlich herrschen sehr ähnliche Verhältnisse in den spanischen Kolonien. Eine einzige Ausnahme bildet die Insel Porto-Rico; hier wurden nämlich die eingeborenen Kariben gänzlich ausgerottet, und die Folge ist eine rein indoeuropäische Bevölkerung, welche sich durch Fleiss, Klugheit und Ordnungssinn auszeichnet: ein eklatantes Beispiel von der Bedeutung von Rasse!

bestimmten historisch-geographischen Bedingungen abhängt;
diese sind es, welche die Veredelung des Grundmaterials, sowie die
Inzucht und die Zuchtwahl unbewusst vollbringen, sie auch — wenn
ein guter Stern über der Geburtsstätte eines neuen Volkes waltet —
führen die glücklichen Stammeschen herbei und wenden die Prostitution
des Edlen in den Armen des Unedlen ab. Dass es in unserem Jahrhundert eine Zeit gab, wo gelehrte Forscher (Buckle an der Spitze)
lehren konnten, die geographischen Verhältnisse erzeugten die Rassen,
des dürfen wir heute füglich mit der kargen Ehre einer Paralipse gedenken; jene Lehre bedeutet einen Schlag ins Gesicht aller Geschichte
und aller Beobachtung. Dagegen lässt jedes einzelne der aufgezählten
Gesetze, dazu namentlich die Beispiele aus Rom, Griechenland, England,
Judäa und Südamerika so deutlich begreifen, inwiefern die historisch-
geographischen Bedingungen zu dem Entstehen und zu dem Vergehen
eines Stammes nicht nur beitragen, sondern geradezu ein entscheidendes
Moment dabei bilden, dass ich hier von weiteren Ausführungen absehen kann.[1]

Andere Einflüsse.   Ist hiermit die Rassenfrage erschöpft? Weit entfernt davon!
Diese biologischen Probleme sind von enormer Komplexität. Sie umfassen z. B. die noch so geheimnisvolle Thatsache der Vererbung,
über deren Grundprinzipien die bedeutendsten Fachleute alle Tage
uneiniger werden.[2] Ausserdem wären noch allerhand andere Umstände in Betracht zu ziehen, die ein eingehendes Studium zu Tage
fördert. Die Natur ist eben ein Unerschöpfliches; wir mögen das
Lotblei noch so tief senken, den Boden erreichen wir niemals. Wer
über diese Dinge nachdenken will, wird z. B. nicht übersehen dürfen,
dass geringe Zahlen fremder Elemente von einer starken Rasse in
kurzer Zeit ganz und gar absorbiert zu werden pflegen, dass es aber

---

[1] Wäre z. B., wie man häufig behauptet, das Klima von Attica das ausschlaggebende gewesen, so wäre nicht einzusehen, warum die Genialität seiner
Einwohner nur unter gewissen Rassenbedingungen entstand und nach ihrer Aufhebung auf ewig verschwand; ganz klar wird dagegen die Bedeutung der historisch-
geographischen Verhältnisse, sobald wir gewahr werden, dass sie Attica während
Jahrhunderte von den endlosen Umwälzungen der Völkerwanderung abschieden,
zugleich aber dazu dienten, ihr eine ausgewählte edle Bevölkerung aus verschiedenen doch stammverwandten Volkszweigen zuzuführen, die nun miteinander
zu einer neuen Rasse verschmolzen.

[2] Eine interessante Zusammenfassung der verschiedenen Meinungen aus
neuester Zeit findet der Leser in Friedrich Rohde's: *Entstehung und Vererbung individueller Eigenschaften*, 1895.

hierfür, wie die Chemiker sagen, eine bestimmte Kapazität, das heisst, ein bestimmtes Aufnahmevermögen giebt, über welches hinaus das Blut getrübt wird, was durch die Abnahme des Charakteristischen sich kundthut. Italien, in welchem die stolzleidenschaftlichen, überaus genialen Geschlechter kraftvoller Germanen, welche bis ins 14. Jahrhundert ihr Blut rein erhalten hatten, sich später, nach und nach, mit gründlich bastardierten Italikern und Italioten vermengten, und so aus der Welt verschwanden, liefert ein Beispiel (siehe Kap. 6 und 9): *crossing obliterates characters.* Der sorgfältig Beobachtende wird ferner entdecken, dass bei Kreuzungen zwischen Menschenstämmen, die miteinander nicht nächstverwandt sind, die relative Zeugungskraft ein Faktor ist, der noch nach Jahrhunderten durchdringen und den Niedergang des edleren Bestandteiles eines gemischten Volkes nach und nach herbeiführen kann, weil nämlich die relative Zeugungskraft häufig im umgekehrten Verhältnis zum Rassenadel steht.[1]) Hierfür erleben wir ein Beispiel im heutigen Europa, wo die kurzen, runden Schädel immerwährend an Zahl zunehmen und somit langsam die langen »Dolichocephalen« verdrängen, aus denen, nach übereinstimmenden Gräberbefunden, fast die Gesamtzahl der echten alten Germanen, Slaven und Kelten bestand; man erblickt darin das Überhandnehmen einer von den Indogermanen besiegten fremdartigen Rasse (der »präkeltischen«, wie Virchow sie nennt), welche durch animalische Kraft den geistig Überlegeneren allmählich überwindet.[2]) Hierher gehört vielleicht auch die eigentümliche Thatsache des zunehmenden Übergewichtes der dunklen Augen vor den grauen und blauen, indem bei Ehen zwischen Menschen mit verschieden gefärbten Augen, die dunklen fast ausnahmslos weit zahlreicher in der Nachkommenschaft vertreten sind.[3])

---

[1]) Das S. 282 Gesagte deutet diesen Sachverhalt schon an.

[2]) Eine klare leichtverständliche Zusammenfassung bei Johannes Ranke: *Der Mensch*, II, 296 fg. Gründlicher, aber darum auch viel schwieriger, ist die Besprechung aller dieser Fragen im zweiten Teil von Topinard's: *L'Anthropologie*. Merkwürdig ist bei letzterem nur die Anwendung des Wortes »Rasse« für eine hypothetische Wesenheit, deren thatsächliches Dasein zu keiner Zeit nachgewiesen werden kann. »*Il n'y a plus de races pures*«; wer beweist, dass es in diesem apriorischen Sinne anthropologischer Voraussetzungen jemals welche gab? Reine Tierrassen werden nur durch Züchtung und mit Zugrundelegung von Blutmischungen erzielt; warum sollte beim Menschen das Umgekehrte gelten? — Übrigens ist diese ganze »präkeltische« Hypothese, wie alle diese Dinge, ein noch sehr luftiges Gedankenbild. Näheres über diese Fragen weiter unten, im Kap. 6.

[3]) Alphonse De Candolle: *Histoire des sciences et des savandets puis deux siècles*, 2e éd; pag. 576.

Wollte ich hier fortfahren, wir kämen in eines der dornigsten Gebiete der heutigen Wissenschaft hinein. Es ist aber für meinen Zweck durchaus unnötig. Ohne mich um eine Definition zu kümmern, habe ich Rasse im eigenen Busen, in den Hochthaten der Genies, auf den glänzendsten Blättern der Menschengeschichte nachgewiesen; dann habe ich auf die wichtigsten Bedingungen aufmerksam gemacht, welche die wissenschaftliche Beobachtung uns als grundlegend für die Entstehung edler Rassen zeigten. Dass aus dem Eintritt entgegengesetzter Bedingungen, Entartung oder zum Mindesten die Hintanhaltung in der Ausbildung edler Anlagen folgen muss, scheint höchst wahrscheinlich und dürfte durch Vergangenheit und Gegenwart vielfach belegt werden. Ich war absichtlich vorsichtig und zurückhaltend; durch solche labyrinthisch verwickelte Fragen führt der engste Pfad am sichersten: mir lag einzig daran, eine recht lebhafte Vorstellung dessen zu wecken, was reingezüchtete Rasse ist, was sie für das Menschengeschlecht bedeutet hat und noch heute bedeutet.

Die Nation.   Eine sehr wichtige Einsicht habe ich noch nicht ausdrücklich formuliert, sie ergiebt sich aus allem Gesagten von selbst: der Begriff Rasse hat nur dann einen Inhalt, wenn wir ihn nicht möglichst weit, sondern möglichst eng nehmen; folgen wir dem herrschenden Gebrauch und bezeichnen wir mit diesem Wort möglichst weit zurückliegende, hypothetische Geschlechter, so wird es zuletzt kaum mehr als ein blasses Synonym für »Menschheit« überhaupt, womöglich mit Einschluss der lang- und der kurzschwänzigen Affen; Rasse heisst nur dann etwas, wenn es sich auf Erfahrungen der Vergangenheit und auf Erlebnisse der Gegenwart bezieht.

Hier lernen wir nun einsehen, was Nation für Rasse zu bedeuten hat. Fast immer ist es die Nation, als politisches Gebilde, welche die Bedingungen zur Rassenbildung schafft oder wenigstens zu den höchsten, individuellsten Bethätigungen der Rasse führt. Wo, wie in Indien, die Bildung von Nationen ausbleibt, da verkümmert der durch Rasse angesammelte Kraftvorrat. Die Konfusion aber, welche unter uns in Bezug auf den Begriff Rasse herrscht, verhindert selbst die Gelehrtesten diese hohe Bedeutung der Nationen einzusehen, wodurch zugleich das Verständnis für die grundlegenden Thatsachen der Geschichte verschlossen bleibt. Denn in der That, was lehren uns unsere heutigen Historiker über das Verhältnis zwischen Rasse und Nation? Ich nehme ein beliebiges Buch zur Hand — Renan's Rede »Was ist eine Nation?« — in Hunderten von anderen begegnet man den gleichen Lehren. Die These ist bei Renan deutlich formuliert: »Die Thatsache der Rasse«, schreibt er, »ursprünglich von entscheidender Wichtigkeit, verliert täglich an Bedeutung«.[1]) Wie wird diese Behauptung begründet? Durch den Hinweis auf die Thatsache, dass die tüchtigsten Nationen Europas aus gemischtem Blute entstanden sind! Welch' eine Menge Trugschlüsse birgt nicht dieser eine Satz, welche Unfähigkeit, sich durch Anschauung belehren zu lassen! Die Natur und die Geschichte zeigen uns kein einziges Beispiel hervorragend edler, physiognomisch individueller Rassen, welche nicht aus einer Vermischung hervorgegangen wären; und jetzt soll eine Nation von so ausgesprochener Individualität wie die englische keine Rasse darstellen, weil sie »aus der Vermengung von Angelsachsen, Dänen und Normannen« (noch dazu eng verwandte Stämme) hervorgegangen ist! Die klarste Evidenz, die mir den Engländer als ein mindestens ebenso ausgeprägtes Sonderwesen wie den Griechen und den Römer der Glanzepochen zeigt, muss ich leugnen; leugnen zu Gunsten eines willkürlichen, in alle Ewigkeit unbeweisbaren Gedankendinges, zu Gunsten der vorausgesetzten, ursprünglichen »reinen Rasse«. Zwei Seiten früher hatte Renan selber auf Grund der anthropologischen Befunde festgestellt, dass bei den ältesten Ariern, Semiten, Turaniern (»les groupes aryen primitif, sémitique primitif, touranien primitif«) man Menschen von sehr verschiedenem Körperbau antrifft, langschädelige und kurzschädelige, also, auch sie hätten keine »gemeinsame physiologische Einheit« besessen. Gott, welche Wahngebilde entstehen nicht, sobald der Mensch nach angeblichen »Ursprüngen« forscht! Immer wieder muss ich Goethe's grosses Wort anführen: »Lebhafte Frage nach der Ursache ist von grosser Schädlichkeit«. Anstatt das Gegebene, das Erforschbare so zu nehmen wie es ist, und uns mit der Erkenntnis der nächsten, nachweisbaren Bedingungen zu begnügen, glauben wir immer wieder von möglichst weit zurückliegenden, gänzlich hypothetischen Ursachen und Annahmen ausgehen zu müssen, denen wir das Gegenwärtige, Zweifellose ohne Scheu opfern. So sind unsere »Empiriker« beschaffen. Dass sie nicht weiter als ihre eigene Nase sehen, das glauben wir ihnen gern aufs blosse Wort, leider sehen sie aber nicht einmal so weit, sondern rennen mit besagter Nase gegen faustdicke Thatsachen an und klagen dann über die betreffenden Thatsachen,

---

[1]) Renan: *Discours et Conférences*, 5e éd., p. 297: »*Le fait de la race, capital à l'origine, va donc toujours perdant de son importance*«.

nicht über ihre eigene Kurzsichtigkeit. Was für ein Ding ist das
denn, diese ursprünglich »physiologisch einheitliche Rasse«, von der
Renan redet? Vermutlich ein naher Verwandter von Häckel's Menschen-
affen. Und dieser hypothetischen Bestie zulieb soll ich leugnen, dass
das englische Volk, das preussische Volk, das spanische Volk einen
bestimmten, ganz und gar individuellen Charakter besitzt! Herr
Renan vermisst die physiologische Einheit: ja, sieht er denn nicht ein,
dass diese physiologische Einheit durch die Ehe herbeigeführt wird?
Wer sagt ihm denn, dass die hypothetischen Urarier nicht auch
geworden waren? Wir wissen allesammt nichts davon; was wir
aber wissen, lässt es analogisch vermuten. Es gab unter ihnen schmale
Köpfe und breite Köpfe: wer weiss, ob diese Mischung nicht nötig
war, um eine edelste Rasse hervorzubringen? Das gemeine englische
Pferd und das (zweifellos ursprünglich selber aus einer Mischung
hervorgegangene) arabische Pferd waren »physiologisch« ebenfalls sehr
verschieden, und aus ihrer Verbindung erzeugte sich doch im Laufe
der Zeit die physiologisch einheitlichste und edelste Tierrasse der Welt,
das englische Vollblut. Nun sieht der grosse Gelehrte Renan das
englische Menschenvollblut gewissermassen vor seinen Augen, nämlich
in historischen Zeiten entstehen. Was folgert er daraus? Er sagt:
da der heutige Engländer weder der Kelte aus Cäsar's Zeiten, noch
der Angelsachse des Hengist, noch der Däne des Knut, noch der
Normanne des Eroberers, sondern das Ergebnis einer Durchdringung
aller vier sei, so könne man von einer englischen Rasse überhaupt
nicht sprechen. Also, weil die englische Rasse eine geschichtlich
gewordene ist (wie alle, von denen wir sichere Kunde besitzen), weil
sie etwas durchaus neues, eigenartiges ist: darum existiert sie gar
nicht! Wahrhaftig, es geht nichts über Gelehrtenlogik!

> »Was ihr nicht rechnet,
> Glaubt ihr, sei nicht wahr«.

Wir werden über die Bedeutung der Nationen für Rassenbildung
ganz anders urteilen. Das römische Reich in seiner Imperiumzeit war
die Verkörperung des antinationalen Prinzips; dieses Prinzip führte
zur Rassenlosigkeit und zugleich zum geistigen und moralischen Chaos;
die Errettung aus dem Chaos geschah durch die zunehmend scharfe Ausbildung des entgegengesetzten Prinzips der Nationen. [1]) Nicht immer

---

[1]) Dies bildet den Gegenstand des achten Kapitels.

hat die politische Nationalität bei der Erzeugung individueller Rassen dieselbe Rolle gespielt wie in unserer neueren Kultur; ich brauche nur auf Indien, Griechenland und auf die Israeliten zu verweisen; jedoch schöner, folgenreicher, und, wie es scheint, dauerhafter wurde das Problem nie gelöst als bei uns Germanen. Als hätte man sie aus dem Boden gestampft, ist in diesem kleinen europäischen Weltteil eine Reihe durchaus neuer, unterschiedener Gebilde hervorgegangen. Herr Renan meint, nur in der alten Polis hätte es Rasse gegeben, weil allein dort die numerische Beschränktheit Blutgemeinschaft gestattet habe; das ist ganz falsch; man braucht nur wenige Jahrhunderte zurückzurechnen und jeder Mensch zählt Hunderttausende von Voreltern; was also in dem engen Gebiet Athens in verhältnismässig kurzer Zeit geschah, die physiologische Aneinanderknüpfung, das geschah bei uns im Laufe etlicher Jahrhunderte und setzt sich heute noch fort. Weit entfernt, dass die Bedeutung der Rasse in unseren Nationen abnähme, nimmt sie notwendiger Weise täglich zu. Je länger ein bestimmter Länderkomplex politisch vereinigt bleibt, um so inniger wird jene geforderte »physiologische Einheit«, um so schneller und gründlicher saugt sie fremde Elemente auf. Unsere Anthropologen und Historiker setzen ohne weiteres voraus, in ihren hypothetischen Urrassen seien die spezifischen, unterscheidenden Charakteristika hoch entwickelt gewesen, jetzt jedoch befänden sie sich in progressiver Abnahme; es fände also ein Fortgang aus ursprünglicher Mannigfaltigkeit zu zunehmender Einfältigkeit statt. Diese Annahme widerspricht aller Erfahrung, welche uns vielmehr lehrt, dass Individualisierung eine Frucht wachsender Differentiierung und Absonderung ist. Gegen die Voraussetzung, ein organisches Wesen trete zuerst mit scharf ausgesprochenen Kennzeichen auf, die sich dann allmählich verwischen, spricht die gesamte biologische Wissenschaft; diese zwingt uns geradezu die umgekehrte Hypothese auf: dass das frühe Menschengeschlecht ein bewegliches, verhältnismässig farbloses Aggregat war, aus welchem heraus die einzelnen Typen in zunehmender Divergenz und zunehmend scharfer Individualität hervorgewachsen sind; eine Hypothese, welche durch alle Geschichte bestätigt wird. Nicht also aus Rassentum zur Rassenlosigkeit ist der normale, gesunde Entwickelungsgang der Menschheit, sondern im Gegenteil, aus der Rassenlosigkeit zur immer schärferen Ausprägung der Rasse. Die Bereicherung des Lebens durch neue Individualitäten scheint überall ein höchstes Gesetz der unerforschlichen Natur zu sein. Hier spielt

nun bei uns Menschen die Nation, welche fast immer Vermischung,
gefolgt von Inzucht bewirkt, eine ausschlaggebende Rolle. Ganz
Europa beweist es. Herr Renan zeigt, wie viele Slaven mit den
Germanen verschmolzen sind, und stellt ziemlich hämisch die Frage,
ob man überhaupt berechtigt sei, die heutigen Deutschen »Germanen«
zu nennen: nun, mich dünkt, über Namen braucht man in solchen
Fällen nicht zu streiten, — was die heutigen Deutschen sind, hat
Herr Renan im Jahre 1870 erfahren können; er erfuhr es ausserdem
durch die Gelehrten, deren Fleiss er neun Zehntel seines Wissens
verdankt. Das ist der Erfolg von Rassenerzeugung durch Nationen-
bildung. Und da Rasse nicht bloss ein Wort ist, sondern ein
organisches, lebendiges Wesen, so folgt ohne weiteres, dass sie nie
stehen bleibt: sie veredelt sich, oder sie entartet, sie entwickelt
sich nach dieser oder jener Richtung und lässt andere Anlagen
verkümmern. Das ist ein Gesetz alles individuellen Lebens. Der
feste nationale Verband ist aber das sicherste Schutzmittel gegen
Verirrung; er bedeutet gemeinsame Erinnerung, gemeinsame Hoffnung,
gemeinsame geistige Nahrung; er festet das bestehende Blutband und
treibt an, es immer enger zu schliessen.

Der Held.   Ebenso wichtig wie die klare Erkenntnis des organischen Verhältnisses zwischen Rasse und Nation, ist die des organischen Verhält-
hältnisses zwischen der Rasse und ihrer Quintessenz, dem Helden,
oder Genie. Gemeiniglich glauben wir wählen zu müssen zwischen
Heldenanbetung und Heldengeringschätzung. Beides ist gleich falsch.
Was ich schon in der allgemeinen Einleitung ausgeführt habe,
braucht nicht wiederholt zu werden; hier aber, wo die Rassenfrage im Vordergrund steht, tritt uns dieses Problem in einer
besonders klaren Fassung entgegen und bei einiger Kraft der Anschauung müssen wir doch einsehen: der Einfluss der geistig hervorragenden Individuen in einem Geschlecht, wie das menschliche, dessen
Eigenheit auf der Ausbildung seiner geistigen Fähigkeiten beruht, ist
unermesslich, zum Guten und auch zum Bösen; diese Individuen sind
die tragenden Füsse, die bildenden Hände jedes Volkes, sie sind das
Antlitz, welches wir Andere erblicken, sie sind das Auge, welches
selber die übrige Welt in einer bestimmten Weise erschaut und dem
übrigen Organismus mitteilt. Hervorgebracht werden sie jedoch vom
gesamten Körper; nur durch dessen Lebensthätigkeit können sie entstehen, nur an ihm und in ihm gewinnen sie Bedeutung. Was soll
mir die Hand, wenn sie nicht aus einem kräftigen Arm als ein Stück,

ein Teil davon herauswächst? was soll mir das Auge, wenn die
strahlenden Gestalten, die es erschaute, sich nicht weiterspiegeln in
einer dahinter liegenden dunklen, fast amorphen Gehirnmasse? Erscheinungen erhalten erst dadurch Bedeutung, dass sie mit anderen
Erscheinungen in Verbindung stehen. Je reicher das Blut unsichtbar
in den Adern kreist, umso üppiger werden die Blüten des Lebens
hervorsprossen. Die Behauptung, Homer habe Griechenland geschaffen,
spricht zwar buchstäbliche Wahrheit aus, bleibt aber einseitig und irreleitend, solange nicht hinzugefügt wird: nur ein unvergleichliches Volk,
nur eine ganz bestimmte, geadelte Rasse k o n n t e diesen Mann hervorbringen, nur eine Rasse, bei der das sehende und gestaltende Auge
in überschwänglichster Weise zur Ausbildung gelangt war. [1]) Ohne
Homer wäre Griechenland nicht Griechenland geworden, ohne Hellenen
wäre Homer nie geboren. Die Rasse, die den grossen Seher der
Gestalten gebar, gebar auch den erfindungsreichen Seher der Figuren,
Euklid, den luchsäugigen Ordner der Begriffe, Aristoteles, den Mann,
der das System des Kosmos zuerst durchschaute, Aristarchos u. s. w.
ad infinitum. Die Natur ist nicht so einfach, wie die Schulweisheit
es sich träumt: ist grosse Persönlichkeit unser »höchstes Glück«, so
ist doch gemeinschaftliche Grösse der einzige Boden, auf dem sie erwachsen kann. Die ganze Rasse z. B. ist es, welche die Sprache
schafft, damit zugleich bestimmte künstlerische, philosophische, religiöse,
ja sogar praktische Möglichkeiten, aber auch unübersteigliche Schranken.
Auf hebräischem Boden konnte niemals ein Philosoph entstehen, weil
der Geist der hebräischen Sprache die Verdolmetschung metaphysischer
Gedanken absolut unmöglich macht; aus demselben Grunde konnte
kein semitisches Volk eine Mythologie im gleichen Sinne wie die
Inder und die Germanen besitzen. Man sieht, welche bestimmte Wege
auch die grössten Männer durch die gemeinsamen Leistungen der
ganzen Rasse gewiesen werden.[2]) Die Sprache ist es aber nicht allein.
Homer musste die Mythen vorfinden, um sie gestalten zu können;

---

[1]) Wer von der ungeheueren Kraft dieser Geschlechter, fähig einem Homer
als Grundlage zu dienen, sich eine lebendige Vorstellung machen will, der lese
die Beschreibungen der Burgen von Tiryns und Mykenä, aus atridischer Zeit, wie
sie heute noch, nach Jahrtausenden, dastehen.

[2]) Nach Renan *Israel*, I, 102 vermag die hebräische Sprache: weder einen
philosophischen Gedanken, noch eine mythologische Vorstellung, noch das Gefühl
des Unendlichen, noch die Regungen des menschlichen Innern, noch die reine
Naturbetrachtung überhaupt zum Ausdruck zu bringen.

Shakespeare brachte auf die Bühne die Geschichte, die das englische
Volk gelebt hatte; Bach und Beethoven entspriessen Stämmen, die
schon den Alten durch ihr Singen aufgefallen waren. Und Mohammed?
Hätte er die Araber zu einer Weltmacht erheben können, wenn sie
nicht als eine der reinst gezüchteten Rassen der Erde bestimmte »überschwängliche« Eigenschaften besessen hätten? Hätte ohne den neuen
Stamm der Preussen der Grosse Kurfürst das Gebäude begründen,
der grosse Friedrich ausbauen, der grosse Wilhelm vollenden können,
welches jetzt Deutschland umfasst?

Das rassenlose Chaos.
Hiermit ist unsere erste Aufgabe in diesem Kapitel erledigt:
wir haben eine deutliche, konkrete Vorstellung davon bekommen, was
Rasse ist und was sie für das Menschengeschlecht zu bedeuten hat;
wir haben auch an einigen Beispielen der Gegenwart gesehen, wie
verhängnisvoll die Abwesenheit von Rasse, d. h. also das Chaos un-
individualisierter, artenloser Menschenagglomerate wirkt. Wer das nun
alles einsieht und darüber nachsinnt, wird allmählich erkennen lernen,
was es für unsere germanische Kultur bedeuten mag, dass die auf
sie herabgeerbte Kultur des Altertums, welche an wichtigen Punkten
noch immer nicht allein ihre Grundlage, sondern auch ihr Gemäuer
bildet, ihr nicht durch ein bestimmtes Volk vermittelt wurde, sondern
durch ein nationloses, physiognomiebares Gemenge, in welchem die
Bastarde das grosse Wort führten, nämlich, durch das Völkerchaos
des untergehenden römischen Imperiums. Unsere gesamte geistige
Entwickelung steht noch heute unter dem Fluche dieser unseligen
Zwischenstufe; sie ist es, welche noch im 19. Jahrhundert den antinationalen, rassenfeindlichen Mächten die Waffen in die Hand giebt.

Schon vor Julius Cäsar beginnt das Chaos zu entstehen; durch
Caracalla wird es zum offiziellen Prinzip des römischen Reiches erhoben.[1]) So weit das Imperium reichte, so weit hat gründliche Blutvermischung stattgefunden, doch so, dass die eigentliche Bastardierung,
das heisst, wie wir jetzt wissen, die Kreuzung zwischen unverwandten
oder zwischen edlen und unedlen Rassen fast ausschliesslich im süd-
lichsten und im östlichsten Teil vorkam, dort, wo die Semiten mit
den Indoeuropäern zusammentrafen — also in den Hauptstädten Rom
und Konstantinopel, dann an der Nordküste Afrikas ganz entlang
(sowie auch an den Küsten Spaniens und Galliens), vor Allem in
Ägypten, Syrien und Kleinasien.

---

[1]) Siehe S. 147.

Es ist ebenso leicht als wichtig, sich den Umfang dieses Länder-komplexes vorzustellen. Die Donau und der Rhein treffen an ihrem Ursprung fast zusammen; die beiden Flussgebiete greifen so genau in einander über, dass es in der Nähe des Albulapasses einen kleinen See giebt, der bei hohem Wasserstande, so wird versichert, auf der einen Seite in die Albula und den Rhein, auf der anderen in den Inn und die Donau abfliesst. Verfolgt man nun den Lauf dieser Flüsse von der Mündung des Rheins in die Nordsee, bei Rotterdam, den Rhein hinauf und die Donau hinunter bis zu ihrer Mündung in das Schwarze Meer, so erhält man eine ununterbrochene Linie, welche den europäischen Kontinent in der Richtung von Nordwesten nach Südosten durchkreuzt; sie bildet die durchschnittliche Nordgrenze des römischen Reiches während langer Zeit; ausser in Teilen von Dacien (im heutigen Rumänien) haben sich die Römer niemals nördlich und östlich von dieser Grenze dauernd behauptet. [1] Diese Linie teilt Europa (wenn man den asiatischen und afrikanischen Besitz Roms dazurechnet) in zwei fast gleiche Teile. In dem südlichen Teile hat nun die grosse Bluttransfusion (wie die Ärzte die Einspritzung fremden Blutes in einen Organismus nennen) stattgefunden. Betitelt Maspero in seiner *Geschichte der Völker des klassischen Orients* den einen Band »das erste Durcheinander der Völker«, so könnte man hier von einem zweiten Durcheinander reden. In Britannien, sowie in Rhätien, im allernördlichsten Gallien u. s. w. scheint es freilich trotz der römischen Herrschaft zu keiner eigentlichen Durchdringung gekommen zu sein; auch im übrigen Gallien, sowie in Hispanien hatten wenigstens die aus Rom importierten neuen Elemente etliche Jahrhunderte verhältnismässiger Abgeschiedenheit zur Verschmelzung mit den früheren Einwohnern, ehe andere nachkamen, ein Umstand, welcher die Ausbildung einer neuen, sehr charakteristischen Rasse, der gallorömischen, ermöglichte. Im Südosten dagegen, und namentlich an allen Kulturzentren (die, wie bereits hervorgehoben, einzig im Süden und Osten lagen) ergab sich ein um so gründlicheres, verderblicheres Durcheinander, als die aus dem Orient Hinzuströmenden selber lauter halbschlächtige Menschen waren. Unter damaligen Syriern

---

[1] Das römische Grenzwallsystem schnitt allerdings ein ziemliches Stück nördlich von der Donau und östlich vom Rhein ab, indem der Limes oberhalb Regensburg nach Westen abzweigte, bis in die Nähe von Stuttgart, von dort wieder nach Norden, bis er westlich von Würzburg den Main traf. Doch wurde dieses sog. »Zehntland« nicht von Italern, sondern, wie Tacitus erzählt, von »den Leichtfertigsten der Gallier« bezogen. (Vgl. Wietersheim: *Völkerwanderung* I, 161 ff.)

z. B. darf man sich nicht eine bestimmte Nation, irgend ein Volk, eine Rasse vorstellen, sondern vielmehr eine bunte Agglomeration pseudohethitischer, pseudosemitischer, pseudohellenischer, pseudopersischer, pseudoskythischer Bankerte. Leichte Begabung, oft auch eigentümliche Schönheit, das, was die Franzosen *un charme troublant* nennen, ist Bastarden häufig zu eigen; man kann dies heutzutage in Städten, wo, wie in Wien, die verschiedensten Völker sich begegnen, täglich beobachten; zugleich aber kann man auch die eigentümliche Haltlosigkeit, die geringe Widerstandskraft, den Mangel an Charakter, kurz, die moralische Entartung solcher Menschen wahrnehmen. Den Syrier mache ich darum namhaft, weil ich nicht durch wortreiche Aufzählungen, sondern durch Beispiele reden möchte; er aber war das Muster des aus allem völklichen Zusammenhang losgerissenen Bastards; gerade deswegen hat er bis zum Einbruch der Germanen (und noch darüber hinaus) eine grosse Rolle gespielt. Wir finden Syrier auf dem kaiserlichen Throne, Caracalla gehört zu ihnen, und das in Seide und Gold gekleidete, wie eine Tänzerin geschmückte Monstrum, Heliogabalus, wurde direkt aus Syrien importiert; wir finden sie in allen Verwaltungen und Präfekturen; sie, sowie ihr Seitenstück, die afrikanischen Bastarde, reden ein grosses Wort bei der Kodifikation des Rechtes mit und ein geradezu ausschlaggebendes bei der Ausbildung der römischen Universalkirche. Schauen wir uns einen dieser Männer näher an; wir bekommen dadurch sofort ein lebhaftes Bild des damaligen civilisierten Bruchteils Europas und seiner geschäftigsten Kulturträger und erhalten somit einen Einblick in die Seele des Völkerchaos.

Lucian.	Der Schriftsteller Lucian ist wohl Jedem, wenigstens dem Namen nach bekannt; seine ungewöhnliche Begabung zieht unwillkürlich die Aufmerksamkeit auf ihn. Geboren an den Ufern des Euphrat, unfern der ersten Ausläufer des taurischen Gebirges (in denen noch energische Stämme indoeuropäischer Herkunft wohnten), lernt der Knabe neben der syrischen Landessprache auch griechisch radebrechen. Er zeigt Talent für Zeichnen und Bildhauerei und wird zu einem Bildhauer in die Lehre gegeben, doch erst, nachdem ein Familienconcilium stattgefunden hat, um zu beraten, wie der Junge am schnellsten zu recht viel Geld kommen könne. Diese Sorge ums Geld bleibt fortan das ganze Leben hindurch, trotz der später angehäuften Reichtümer, der Leitstern — — — nein, das wäre zu schön gesagt, der treibende Impuls dieses begabten Syriers; in seiner Schrift *Nigrinus* gesteht er mit beneidenswerter

Ungeniertheit, das Liebste auf der Welt sei ihm Geld und Ruhm, und noch als alter Mann schreibt er ausdrücklich, er nehme die ihm von Commodus (dem Gladiatorenkaiser) angebotene hohe Beamtenstelle des Geldes wegen an. Doch mit der Kunst wird's nichts. In einer hochberühmten, doch meines Wissens bisher von keinem Historiker nach ihrem wahren Inhalt gewürdigten Schrift, »der Traum«, sagt uns Lucian, weswegen er die Kunst aufgab und es vorzog, Jurist und Litterat zu werden. Im Traume waren ihm zwei Weiber erschienen: die eine »sah nach Arbeit aus« (!), hatte schwielige Hände, das Gewand über und über von Gips befleckt, die andere war elegant angezogen und stand gelassen da; die eine war die Kunst, die andere ... wer es nicht schon weiss, wird es nie erraten, die andere war die Bildung![1]) Die arme Kunst bemüht sich, durch das Beispiel von Phidias und Polyklet, Myron und Praxiteles ihren neuen Jünger anzueifern, doch vergeblich; denn die Bildung thut überzeugend dar, die Kunst sei eine »unedle Beschäftigung« (!); den ganzen Tag bleibe der Künstler in einem schmutzigen Kittel über seine Arbeit gebückt, wie ein Sklave; selbst Phidias sei nur »ein gemeiner Handwerker« gewesen, der »von seiner Hände Arbeit lebte«; — wer dagegen statt Kunst die »Bildung« erwähle, dem stünden Reichtum und hohe Ämter in Aussicht, und wenn er auf der Strasse spazieren gehe, dann würden sich die Leute anstossen und sagen: »Schau', da geht der berühmte Mann!«[2]) Schnell entschlossen springt Lucian auf: »das unschöne, arbeitsvolle Leben verliess ich und trat zur Bildung über«. Heute Bildhauer, morgen Advokat; wer ohne Bestimmung geboren ist, kann alles erwählen;[3]) wer nach Geld und Ruhm geht, braucht nicht in die Höhe zu schauen und riskiert also nicht, wie der Held des deutschen Kindermärchens, in den Brunnen zu fallen. Man glaube nicht, jener »Traum« sei etwa eine Satire; als Rede gab ihn Lucian in

---

[1]) So wird, und wohl mit Recht, das griechische Wort παιδεία von den besten Übersetzern hier verdeutscht; um Kindererziehung handelt es sich nicht und »Wissenschaft« würde zu viel besagen. Dem etwaigen Einwurf, dass die erste Frau sich zunächst nicht als die »Kunst« kurzweg, sondern als »die Kunst, Hermen zu schnitzen« vorstellt, ist zu entgegnen, dass sie doch später einfach als Τέχνη bezeichnet wird, und dass die Berufung auf Phidias und andere Künstler keinem Zweifel über die Absicht Raum lässt.

[2] Das leise Echo vernahmen wir in unserem Jahrhundert:
»Nennt man die besten Namen,
So wird auch der meine genannt!«

[3]) Vergl. S. 241.

seiner Vaterstadt zum Besten, als er sie später einmal, mit Gold und
Lorbeeren bedeckt, besuchte; der Jugend von Samosata hielt er
— er selber sagt es — seinen Lebenslauf als Beispiel vor. Welche
bittere Satire ihr ganzes Schicksal auf das Leben der wahrhaft
Grossen bedeutet, verstehen solche Menschen, sonst so geistvoll,
niemals; wie hätte sonst ein Heine sich in eine Linie mit einem
Goethe stellen können? Nun, Lucian hatte die Bildung erwählt;
um sie zu erwerben, begab er sich nach Antiochien. Athen war
freilich noch immer die wahre hohe Schule des Wissens und des Geschmackes, galt aber für altmodisch; das syrische Antiochien und das
angeblich hellenische, doch bereits im 2. Jahrhundert mit fremden
Elementen durch und durch getränkte Ephesus übten eine weit
stärkere Anziehung auf die internationale Jugend des römischen
Reiches aus. Dort studierte Lucian das Recht und die Beredsamkeit.
Doch als intelligenter Mensch empfand er peinlich die Misshandlung
der griechischen Sprache seitens seiner Lehrer; er erriet den Wert
eines reinen Stiles und setzte nach Athen hinüber. Bezeichnend ist
es, dass er nach kurzen Studien daselbst als Anwalt und Redner
aufzutreten sich erkühnte; alles hatte er inzwischen gelernt, nur
nicht, was sich schickt; die Athener brachten es ihm bei, sie
lachten über den »Barbaren« mit seinen angelernten Fetzen fremder
Bildung und gaben ihm damit einen Wink vom Himmel: er entwich
nach einem Ort, wo man es mit dem Geschmack nicht so genau
nahm, nach Massilia. Diese phönicisch-diasporische Hafenstadt hatte
soeben durch die Ankunft Tausender von palästinischen Juden ein so
ausgesprochenes Gepräge erhalten, dass sie einfach »die Judenstadt«
hiess, doch kamen hier Gallier, Römer, Spanier, Ligurier, alles Erdenkliche zusammen. Hier, in Neuathen, wie ihre Einwohner mit
zarter Anerkennung ihres eigenen Geisteswertes Massilia zu nennen
beliebten, lebte Lucian viele Jahre und wurde ein reicher Mann; die
Advokatur gab er auf, dazu hätte er lateinisch gründlich studieren
müssen; ausserdem war die Konkurrenz gross, und schon in Antiochien hatte er als Jurist keinen besondern Erfolg gehabt; was diese
reich gewordenen Leute am nötigsten brauchten war Bildung, »moderne«
Bildung und Anstandslehre. War nicht gerade »Bildung« Lucian's
Ideal, sein Traum gewesen? Hatte er nicht in Antiochien studiert
und sogar in Athen »öffentlich geredet«? Er hielt also Vorträge;
die Zuhörer verhöhnten ihn aber nicht wie in Athen, sondern zahlten
jedes Honorar, das er zu fordern beliebte. Ausserdem reiste er in

ganz Gallien als bestellter Prunkredner herum, damals ein sehr einträgliches Geschäft: heute die Tugenden eines Verblichenen feiernd, den man niemals im Leben sah, morgen zur Verherrlichung eines religiösen Festes beitragend, das zu Ehren irgend einer lokalen gallorömischen Divinität gegeben wurde, deren Namen ein Syrier nicht einmal aussprechen konnte. Wer sich von dieser Rednerei eine Vorstellung machen will, sehe sich die *Florida* des gleichzeitigen, aber afrikanischen Mestizen Apulejus an;[1]) es ist dies eine Sammlung kürzerer und längerer oratorischer Effektstücke, geeignet in jede beliebige Rede eingeschoben zu werden, um dann, als scheinbar plötzliche Eingebung, die ganze Versammlung durch den Reichtum des Wissens, den Witz, die Empfindungstiefe des Redners zu verblüffen und hinzureissen; es liegt da alles nebeneinander »auf Lager«: das Gedankentiefe, das fein Pointierte, die geistreiche Anekdote, das devot Unterthänige, das von Freiheitsgelüsten Strotzende, ja, die Entschuldigung, nichts vorbereitet zu haben und der Dank für die Standbilder, mit welchen man den Redner überraschen könnte! Gerade solche Dinge malen einen Menschen, und ihn nicht allein, sondern eine ganze Kultur, oder, um mit Lucian zu sprechen, eine ganze »Bildung«. Wer den Fürsten Bismarck in einer seiner grossen Reden hat mühsam nach dem Worte ringen gehört, wird mich schon verstehen. — Mit 40 Jahren kehrt Lucian Gallien den Rücken; sich in einem bestimmten Orte niederlassen, sein Geschick mit dem irgend eines Landes dauernd verbinden, das kommt ihm nicht bei; Nationen gab es ausserdem keine; kehrt Lucian jetzt vorübergehend in seine Heimat zurück, so geschieht das ebenfalls nicht aus einem Herzensbedürfnis, sondern, wie er selber aufrichtig gesteht, »um sich denen, die ihn arm gekannt hatten, reich und schön gekleidet zu zeigen«.[2]) Dann richtet er sich auf längere Zeit in Athen ein; schweigt aber diesmal still, studiert fleissig Philosophie und Wissenschaft in dem redlichen Bemühen, endlich herauszufinden, was sich wohl hinter dieser ganzen

---

[1]) Apulejus rühmt sich ausdrücklich seiner gemischten Herkunft. Übrigens hat auch er in Syrien und Ägypten studiert und ist in Griechenland gereist, hat also ungefähr denselben Bildungsgang wie Lucian gehabt.

[2]) Die *Fliegenden Blätter* 1896 haben ein Bild, welches einen Kommerzienrat und seine Frau soeben in ihren Wagen eingestiegen zeigt:

Sie: Wo fahren wir denn heute hin?

Er: Na, natürlich durch die Stadt; lassen uns von den Leuten beneiden! Das ist genau die nämliche Kulturstufe.

vielgerühmten hellenischen Kultur verberge. Dass dieser Mann, der
20 Jahre lang »hellenische Bildung« gelehrt und dabei Reichtum und
Ehren eingeheimst hat, plötzlich merkt, er habe niemals auch nur
das erste Wort von dieser Bildung verstanden, das ist ein fast
rührender Zug und ein Beweis ungewöhnlicher Begabung. Daher
habe ich gerade ihn herausgewählt. In seinen Schriften findet man
auch neben den Wortwitzeleien und den vielen guten Spässen, und
ausser dem Talent, flott zu erzählen, manche scharfe, bisweilen schmerz-
durchzuckte Bemerkung. Was konnte aber bei diesem Studium herauskommen? Wenig oder nichts. Wir Menschen sind eben nicht
Brettsteine; man wurde in Athen ebensowenig ein Anderer durch
gelehrten Unterricht, als man heute in Berlin, wie es Herr Virchow von
dem Einfluss der dortigen Universität erhofft, eine »schöne Persönlichkeit« wird, wenn man nicht bei der Immatrikulation schon eine
war. Das Wissen des Menschen ist an nichts so eng geknüpft wie
an sein Sein, mit anderen Worten, an seine bestimmte Art zu sein,
seine bestimmte Organisation. Plato meinte: Wissen sei Erinnerung;
die heutige Biologie deutet dieses Wort ein wenig um, giebt dem
Philosophen jedoch Recht. In einem durchaus inhaltreichen Sinne
darf man behaupten, jeder Mensch kann nur wissen, was er ist.
Lucian empfand selber, alles was er bisher gelernt und gelehrt habe,
sei blosses Flitterwerk: That-sachen, nicht die Seele, aus welcher diese
Thaten erwuchsen, die Hülle, doch ohne den Leib, die Schale, doch
ohne den Kern. Und als er nun endlich das einsah und die Schale
aufbrach, was fand er? Nichts. Natürlich nichts. Erst bringt die
Natur den Kern hervor, die Schale ist eine spätere Accrescenz; erst
wird der Leib geboren, dann hüllt man ihn ein; erst schlägt ein
Heldenherz, dann werden die Heldenthaten vollbracht. Lucian konnte
als Kern nur sich selbst finden: sobald er sich die Fetzen römischen
Rechtes und hellenischer Poesie vom Leibe riss, entdeckte er einen
begabten syrischen Mestizen, einen Bastard aus fünfzig ungeklärten
Blutmischungen, denselben, der mit dem sichern Instinkt der Jugend
Phidias als einen Handwerker verachtet und für sich das erwählt
hatte, was bei möglichst wenig Mühe möglichst viel Geld und die
Bewunderung des gemeinen Trosses einbrächte. Alle Philologen
der Welt mögen mir versichern, Lucian's Bemerkungen über Religion
und Philosophie seien tief, er sei ein kühner Kämpfer gegen Aberglauben u. s. w., nie werde ich es ihnen glauben. Lucian war ja
unfähig zu wissen, was Religion, was Philosophie überhaupt sind.

In vielen seiner Schriften führt er alle mögliche ›Systeme‹ nacheinander auf, z. B. im *Ikaromenippus*, im *Verkauf der philosophischen
Charaktere*, etc.; immer ist es das Alleräusserlichste, was er ergreift,
das formelle Moment, ohne welches die Kundgebung eines Gedankens
nicht möglich ist, das aber wahrlich mit dem Gedanken selber nicht
verwechselt werden darf. Ebenso in Betreff der Religion. Aristophanes
hatte gespottet wie später Voltaire; bei diesen beiden Männern ging
aber die Satire aus einem positiven, konstruktiven Gedanken hervor und
überall leuchtet die fanatische Liebe zur eignen Volksart durch, zu
dieser festen, bestimmten Blutgemeinde, die einen Jeden von ihnen
mit ihren Traditionen, ihrem Glauben, ihren grossen Männern, umfing
und trug; Lucian dagegen spottet wie Heine, [1] es ist kein edles Ziel,
keine tiefe Überzeugung, kein gründliches Verstehen vorhanden; wie
ein Wrack auf dem Ocean treibt er ziellos herum, nirgends daheim,
nicht ohne edle Regung, doch ohne einen Gegenstand, dem er sich
hätte opfern können, hochgelehrt, doch ein Muster jener Bildungs-
ungeheuer, von denen Calderon sagt, dass sie

Alles wissen, nichts erfahren.

Eines aber verstand er, und das macht auch seinen ganzen Wert als
Schriftsteller für uns aus: er verstand den Geist, dem er glich,
nämlich die ganze bastardierte, verkommene, entartete Welt um ihn
herum; er schildert sie und geisselt sie, wie das nur einer konnte,
der selber dazu gehörte, der ihre Motive und ihre Methoden aus
eigener Erfahrung kannte. H i e r fehlte der Kern nicht. Daher die
köstlichen Satiren auf die Homerkritiker, auf den bis auf das Mark
der Knochen verderbten Gelehrtenstand, auf die religiösen Schwindler,
auf die aufgeblasenen roh-ignoranten Millionäre, auf die ärztlichen
Quacksalber u. s. w. Hier wirkten sein Talent und seine Welt-
erfahrung zusammen, um Ausserordentliches zu stande zu bringen. —
Und damit ich meine Schilderung nicht unvollendet lasse, will
ich noch hinzufügen, dass jener zweite Aufenthalt in Athen, wenn
er den Lucian auch nicht lehrte, was Mythologie und Metaphysik,
noch was heldenhafte Gesinnung sei, doch für ihn die Quelle neuer
Einnahmen wurde. Dort wandte er sich nämlich fleissig der Schrift-
stellerei zu, schrieb seine Göttergespräche, seine Totengespräche,

---

[1] Nur hinkt dieser zweite Vergleich einigermassen, da Heine doch einem
bestimmten Volk angehörte und in Folge dessen eine viel bestimmtere Physiognomie
besass.

wahrscheinlich überhaupt die meisten seiner besten Sachen. Er erfand
eine leichte dialogische Form (wofür er sich den Ehrentitel »Prometheus der Schriftsteller« beilegte!); im Grunde genommen sind es
gute Feuilletons, so wie man sie früh zum Kaffee noch jetzt gern
liest. Sie brachten ihm, als er sich nun wieder auf Reisen begab,
und sie öffentlich vortrug, Unsummen ein. Doch auch diese Mode
ging vorbei, oder vielleicht hatte der ältere Mann das Nomadisieren
satt. Er liess das eine Erbe, hellenische Kunst und Philosophie,
liegen, und wandte sich zum andern, zum römischen Recht: er
wurde Staatsanwalt (sagen die Einen), Gerichtspräsident (sagen die
Andern) in Ägypten und starb in diesem Amte.

Ich glaube, eine einzige solche Laufbahn führt uns das seelische
Chaos, welches damals unter dem einförmigen Gewand des streng
verwaltenden römischen Imperiums verborgen lag, deutlicher zu
Gemüt, als manche gelehrte Auseinandersetzung. Man kann von einem
Manne wie Lucian nicht sagen, er sei unmoralisch gewesen; nein,
was man an einem solchen Beispiel einsehen lernt, ist, dass Moral
und Willkür zwei sich widersprechende Begriffe sind. Menschen,
die nicht mit ihrem Blute bestimmte Ideale erben, sind weder
moralisch noch unmoralisch, sondern einfach »amoralisch«. Wenn
ich mir ein Modewort für meinen Zweck zurechtlegen darf: sie
sind diesseits von Gut und Böse. Sie sind auch diesseits von schön
und hässlich, diesseits von tief und flach. Der Einzelne vermag es
eben nicht, sich ein Lebensideal und ein moralisches Gesetz zu erschaffen; gerade diese Dinge können nur bestehen, wenn sie gewachsen sind. Darum war es auch sehr weise von Lucian, dass
er es trotz seines Talentes zeitig aufgab, dem Phidias nachzueifern.
Ein Schönredner für die Marseilleser konnte er werden, auch ein
Gerichtspräsident für die Ägypter, ja, selbst ein Feuilletonist für alle
Zeiten, ein Künstler aber nie, ein Denker ebensowenig.

Augustinus. Nun könnte man freilich einwerfen, es seien aus dem damaligen
Völkerchaos sehr bedeutende Männer hervorgegangen, die in einem
tiefer eindringenden Sinne als Lucian auf die zukünftigen Geschlechter
bis heute hinab gewirkt haben. Hierdurch wird die unwiderlegbare
Erkenntnis von der Bedeutung der Rasse für das Menschengeschlecht
durchaus nicht aufgehoben. Mitten in einem Chaos können einzelne
Individuen noch ganz reiner Rasse sein, oder wenn das nicht, doch
vorwiegend einer bestimmten Rasse angehören. Ein solcher Mann,
wie Ambrosius z. B., ist ganz gewiss aus echtem, edlem Stamme, aus

ener starken Rasse, die Roms Grösse gemacht hatte; zwar kann
ich es nicht beweisen, denn in jener chaotischen Zeit weiss die Geschichte von keinem bedeutenden Manne genau anzugeben, woher er
stammte; es kann aber auch Niemand das Gegenteil beweisen und
so muss es seine Persönlichkeit entscheiden. Ausserdem darf nicht
übersehen werden, dass, wenn die planlose Vermischung nicht ganz
wild vor sich geht, die Eigenschaften einer prädominierenden Rasse
noch während Generationen vorhalten, wenn auch noch so geschwächt,
und dass sie in einzelnen Individuen atavistisch von Neuem aufflammen
können. Dafür bietet die Tierzüchtung experimentelle Beweise in
Hülle und Fülle. Man nehme ein Stück Papier und zeichne sich einen
Stammbaum; man wird sehen, dass, wenn man nur vier Generationen
zurücksteigt, ein Individuum schon dreissig Voreltern zählt, dreissig
Menschen, deren Blut in seinen Adern fliesst. Nimmt man nun zwei
Rassen, A und B, an, so wird eine solche Tafel deutlich machen,
wie verschiedengradige Bastardierung bei einer Völkermischung vorkommen muss, von dem direkt aus A und B zusammengesetzten Voll-
bastard, bis zu dem Individuum, bei welchem nur einer der sechzehn
Urahnen ein Bastard war u. s. w. Ausserdem entstehen gerade durch
Kreuzung, wie es die Erfahrung täglich lehrt, häufig ungewöhnlich
schöne und begabte Menschen; es kommt aber, wie ich gezeigt habe,
nicht allein auf das Individuum an, sondern auf dessen Verhältnis zu
anderen Individuen, zu einem einheitlichen Komplex; kommt dieser
einzelne Bastard in eine bestimmte Rassenumgebung hinein, so kann
er sehr auffrischend auf sie wirken, gerät er in einen Menschenhaufen,
so ist er, wie Lucian, ein Span unter Spänen, nicht ein Zweig
an einem lebendigen Baume. Auch die unermessliche Macht der
Ideen muss in Anschlag gebracht werden. Zwar werden sie von
unechten Erben missdeutet, misshandelt, missbraucht — wie wir das
beim pseudorömischen Recht und bei der platonischen Philosophie
sahen — doch wirken sie gestaltend weiter. Was hielt denn diese
Völkeragglomeration noch zusammen bis zur erlösenden Ankunft des
starken Dietrich von Bern, wenn nicht die Agonie des alten, echten
Imperiumgedankens? Woraus schöpften jene Menschen des Völkerchaos Gedanken und Religion? Aus sich selbst nicht, nur von Juden
und Hellenen. Und so war denn alles Bindende, Leben Erhaltende,
der Erbschaft grosser Rassen entnommen. — Man nehme irgend einen
der Grössten aus dem Völkerschaos, z. B. den ehrwürdigen, durch
Temperament und Gaben gleich ausgezeichneten Augustinus. Um ohne

Voreingenommenheit zu urteilen, wolle man vom eignen reinreligiösen
Standpunkt absehen, und dann frage man sich, ob es in diesem so
eminenten Kopfe nicht heillos chaotisch zuging? Jüdischer Jahveglaube,
hellenische Mythologie, alexandrinischer Neoplatonismus, römische
Hieratik, paulinische Theophanie, der Blick auf den Gekreuzigten....
alles das ist in seiner Vorstellungswelt durcheinander geworfen.
Manche ungleich höherstehenden — weil eben reinen, rassenechten —
religiösen Gedanken eines Origenes muss Augustinus des hebräischen
Materialismus wegen verwerfen, zugleich führt aber gerade er die
urarische Vorstellung von der Notwendigkeit als Prädestination in die
Theologie ein, wodurch das Urdogma alles Judentums, die unbedingte
Willkür des Willens, in die Brüche geht.[1]) Zwölf Jahre schreibt er an
einem Buche gegen die heidnischen Götter, glaubt jedoch selber an
ihre Existenz in einem so handgreiflichen, fetischistischen Sinne wie
seit tausend Jahren vor ihm kein kultivierter Grieche; er hält sie
nämlich für Dämonen und als solche für Geschöpfe Gottes; man
dürfe nur nicht, meint er, sie für Schöpfer halten (»*immundos
spiritus esse et perniciosa daemonia, vel certe creaturas non Creatorem,
veritas christiana convincit*«). In seinem Hauptwerk *De civitate Dei*
streitet Augustinus Kapitel lang mit seinem Landsmann Apulejus über
die Natur der Dämonen und sonstiger guter und schlechter Geister,
bestrebt, sie, wenn auch nicht zu leugnen, so doch zu einem geringfügigen einflusslosen Element herabzudrücken und somit wüsten Aberglauben durch echte Religion zu ersetzen; nichtsdestoweniger neigt er
allen Ernstes zu der Ansicht, Apulejus selber sei durch die Salbe der
thessalischen Hexe in einen Esel verwandelt worden! was um so
komischer wirkt, als Apulejus zwar Manches über Dämonen geschrieben,
niemals aber daran gedacht hatte, diese Verwandlung für eine wahre
Begebenheit auszugeben, als er seinen Roman: Die Metamorphosen

---

[1]) Zwar ist Augustinus so vorsichtig wie nur möglich; so sagt er z. B. von
dem Vorherwissen Gottes und dem dieser Annahme widersprechenden freien
Willen des Menschen: »Wir umarmen beide Überzeugungen, wir bekennen uns
zu beiden, treu und wahrhaftig; zu jener, damit wir rechtgläubig seien, zu dieser,
damit wir tugendhaft leben« (*illud, ut bene credamus; hoc, ut bene vivamus*); vergl.
De civ. Dei V. 10. Hiermit hängt dann jene weitere Frage eng zusammen, ob
Gott selber »frei« sei oder unter dem Gesetz stehe; der Intellekt neigt bei Augustinus offenbar zu letzterer Annahme, sein dogmatisches Glaubensbekenntnis zu
ersterer. Ist eine Handlung schlecht, weil Gott sie verboten hat, oder musste sie
Gott verbieten, weil sie schlecht ist? In seinem *Contra mendacium*, c. 15, spricht
sich Augustinus für die zweite Alternative aus; in anderen Schriften für die erste.

oder der Goldene Esel verfasste.[1]) Auf diesen Gegenstand kann
ich mich natürlich hier nicht näher einlassen, das würde mich viel
zu weit führen; er verdiente ein ganzes Buch für sich; und doch
wäre die ausführliche Kennzeichnung des geistigen Zustandes der Edlen
unter diesen Söhnen des Chaos die rechte Ergänzung zu der Skizze
des leichtsinnigen Lucian.[2]) Man würde sehen, dass überall das Gleichgewicht gestört ist; hier, bei Lucian, redet der entfesselte Intellekt das
grosse Wort und der Mangel an moralischer Kraft richtet die schönsten
Anlagen zu Grunde, dort, bei Augustinus, ringt der Charakter in
einem verzweifelten Kampfe und ruht nicht eher, bis er sein Denken
zu Boden geworfen und in Fesseln geschlagen hat.

So sahen die Menschen aus, durch welche uns Neueren das
Erbe des Altertums übermacht wurde. Durch ihre Hände gingen
Philosophie und Recht, die Begriffe über Staat, Freiheit, Menschenwürde, sie waren es, welche den früher nur im ignorantesten Ab-
schaum der Bevölkerung lebenden Aberglauben (Dämonenglauben,
Hexenwesen u. s. w.) zu der Würde allerkannter Dogmen erhoben, sie
waren es, welche aus den disparatesten Elementen eine neue Religion
zusammenschmiedeten und welche die Welt mit der römischen Kirche
beschenkten, einer Art Wechselbalg des römischen Imperiumgedankens;
zugleich waren sie es, die mit der Wut der Schwachen alles Schöne
aus der Vergangenheit, wo sie nur die Hand darauf legen konnten,
jede Erinnerung an grosse Geschlechter zerstörten. Hass und Verachtung wurde gegen jede Errungenschaft der reinen Rassen gelehrt:
ein Lucian verspottet die grossen Denker, ein Augustinus schmäht die
Helden aus Roms heroischer Zeit, ein Tertullian schimpft Homer
›einen Lügner‹. Sobald die orthodoxen Kaiser Constantius, Theo-
dosius u. s. w. auf den Thron kommen (ohne Ausnahme Rassen-
bastarde, der grosse Diocletian war der letzte Kaiser aus reinem Blute,[3])
wird mit der systematischen Vernichtung aller Monumente des Altertums begonnen. Zugleich wird die bewusste Lüge zur angeb-

---

[1]) Diese Erzählung scheint damals kursiert zu haben, denn auch Lucian hat
einen: Lucius oder der bezauberte Esel, der allerdings so aussieht, als
wäre er aus Bruchstücken des Apulejischen übersetzt. Augustinus meint von der
Verwandlung ›aut finxit, aut indicavit‹, neigt aber offenbar zu letzterer Annahme.

[2]) Über die unvereinbaren Widersprüche im religiösen Denken und Fühlen
des Augustinus habe ich im 7. Kapitel ausführlich gesprochen und somit die hier
gefühlte Lücke ausgefüllt.

[3]) Vergl. auch das S. 150 fg. Ausgeführte.

lichen Beförderung der Wahrheit eingeführt: so grosse Kirchenväter
wie Hieronymus und Chrysostomus ermutigen die »*pia fraus*«, den
frommen Betrug; bald darauf kommt die Begründung von Macht und
Recht des römischen Stuhles anstatt durch Mannesmut und Sieg durch
grossartig betriebene Dokumentenfälschung; ein so ehrwürdiger Historiker
wie Eusebius hat die einer besseren Sache würdige Naivetät, einzu-
gestehen, er modele Geschichte um, überall, wo dadurch der »guten
Sache« Vorschub geleistet werde.   Dieses aus der Rassenvermischung
und dem antinationalen Universalwahn hervorgegangene Chaos ist ein
grauenvoller Anblick!

**Asketischer
Wahn.**
　　　　　Vielleicht hat man noch nie — ich wenigstens wüsste nicht
wo — darauf hingewiesen, wie jene plötzlich über die damalige Welt
hereingebrochene Epidemie der Asketik unmittelbar mit dem Ekel vor
jener entsetzlichen Welt zusammenhing; Einige wollen darin einen
unerhörten religiösen Aufschwung, Andere eine religiöse Krankheit erblicken; das heisst aber die Thatsachen allegorisch deuten, denn Religion
und Askese hängen nicht notwendig zusammen.   Nichts in dem Beispiel Christi konnte zur Askese anregen; den frühen echten Christen
war sie gänzlich unbekannt; noch 200 Jahre nach Christus schrieb
Tertullian: »Wir Christen gleichen nicht den Brahmanen und Gymno-
sophisten Indiens, wir leben nicht in Wäldern, noch verbannt aus der
Gesellschaft der Menschen: wir fühlen, dass wir Gott, dem Herrn
und Schöpfer für Alles Dank schulden und von keinem seiner Werke
verbieten wir den Genuss; nur mässigen wir uns, damit wir dieser
Dinge nicht mehr als zuträglich geniessen oder einen schlechten Gebrauch davon machen« (*Apologeticus*, Kap. 42).   Warum drang nun auf
einmal unchristliche Askese in das Christentum ein?   Ich meinesteils
glaube, hier liegen physische Ursachen zu Grunde.   Aus dem durch und
durch bastardierten Ägypten und Syrien war die Askese schon vor
der Geburt Christi hervorgegangen; überall dort, wo das Blut am ge-
mischtesten war, hatte sie Fuss gefasst.   Pachomius, der Gründer des
ersten christlichen Klosters, der Urheber der ersten Mönchsregel, ist
ein oberägyptischer Serapisdiener, der das, was er in den Genossenschaften der fastenden und sich kasteienden Serapisasketen gelernt
hatte, ins Christliche übertrug.[1)]   Wer in jener Welt des unnationalen
Chaos noch einen Funken edler Regung besass, musste eben vor sich
selber Widerwillen empfinden.   Nirgends, wo gesunde Verhältnisse

---

[1)] Vergl. Otto Zöckler: *Askese und Mönchtum*, 1897, I, 193 fg.

herrschten, ist die unbedingte Keuschheit gepredigt worden; im Gegenteil, alle alten Völker — Arier, Semiten, Mongolen — durch einen
wunderbaren Instinkt geleitet, stimmen in diesem einen Punkte überein,
dass sie das Erzeugen von Kindern als eine der heiligsten Pflichten
betrachten; wer ohne Sohn starb, war ein Fluchbeladener. Freilich
kannte das alte Indien Asketen; diese durften aber nicht eher in die
Einsamkeit der Wälder scheiden, als bis des Sohnes Sohn geboren
war; was hier als Idee und Absicht zu Grunde liegt, ist also der
syrisch-christlichen Asketik fast diametral entgegengesetzt. Heute verstehen wir das; denn wir sehen, dass nur eines zur Veredelung des
Menschen führt: die Zeugung reiner Rassen, die Begründung bestimmter Nationen. Söhne zu zeugen, die rechten Söhne, ist also
unfraglich die heiligste Pflicht des Individuums der Gesellschaft gegenüber; was er auch sonst leisten mag, nichts wird von so dauerndem,
unauslöschbarem Einfluss sein wie der Beitrag zur progressiven Veredelung der Rasse. Von dem beschränkten, falschen Standpunkt
Gobineau's aus ist es allerdings ziemlich gleichgültig, denn wir können
nur schneller oder langsamer zu Grunde gehen; noch weniger Recht
haben Diejenigen, welche ihm zu widersprechen scheinen, dabei aber
dieselbe hypothetische Annahme ursprünglich reiner Rassen machen;
wer aber belehrt ist, wie edle Rasse in Wahrheit entsteht, weiss, dass
sie jeden Augenblick von Neuem entstehen kann; das hängt von uns
ab; hier hat die Natur uns eine hohe Pflicht deutlich gewiesen. Jene
Männer aus dem Chaos also, welche die Zeugung für eine Sünde und die
gänzliche Enthaltung von ihr für die höchste aller Tugenden hielten, sie
begingen ein Verbrechen gegen das heiligste Gesetz der Natur, sie suchten
durchzusetzen, dass alle guten, edlen Männer und Frauen ohne Nachkommenschaft blieben und nur die bösen sich vermehrten, d. h. sie
thaten, was an ihnen lag, um die Verschlechterung des Menschengeschlechtes herbeizuführen. Ein Schopenhauer mag die Aussprüche
gegen die Ehe aus den Kirchenvätern freudig zusammentragen und
darin eine Bestätigung seines Pessimismus erblicken; für mich ist der
Zusammenhang ein ganz anderer: dieser plötzliche Abscheu gegen die
natürlichsten Triebe des Menschen, ihre Umwandlung aus heiligster
Pflicht in schmählichste Sünde, hat eine tiefere Begründung in jenen
unerforschlichen Urquellen unseres Wesens, wo das Physische und
das Metaphysische noch nicht auseinander getreten sind. Nach Kriegen
und Pesten, sagt die Statistik, mehren sich die Geburten in anormaler
Weise — die Natur hilft sich selber; in jenem Chaos, welches aller

Kultur mit ewigem Niedergange drohte, mussten die Geburten möglichst
hintangehalten werden; mit Abscheu wandten sich die Edlen von jener
Lasterwelt hinweg, vergruben sich in die Wüsteneien, verbargen sich
in die Felsenhöhlen, stellten sich hinauf auf hohe Säulen, kasteiten
sich und thaten Busse. Kinderlos schwanden sie dahin.[1]) Selbst wo
die menschliche Gesellschaft in Auflösung begriffen ist, sehen wir
eben einen grossen Zusammenhang; was der Einzelne denkt und thut,
lässt allemal eine zwiefache Deutung zu: die individuelle und die
Deutung in Bezug auf das Allgemeine.

Heiligkeit einer Rasse.   Hier berühren wir nun eine tiefe Erkenntnis; wir sind nahe
daran, das gewichtigste Geheimnis aller menschlichen Geschichte zu
erschliessen. Dass der Mensch nur im Zusammenhang mit dem
Menschen im wahren Sinne des Wortes überhaupt »Mensch« wird,
das sieht wohl Jeder ein. Manche haben auch das tiefe Wort Jean
Paul's, das ich einem früheren Kapitel als Motto voranstellte, begriffen: »Nur durch den Menschen tritt der Mensch in das Tageslicht des Lebens ein«; Wenige aber sind bisher zu der Erkenntnis
vorgedrungen, dass dieses Menschwerden und dieses »ins Tageslicht
des Lebens eintreten« dem Grade nach von bestimmten organischen
Bedingungen abhängt, Bedingungen, die früher vom Instinkt unbewusst
geachtet wurden, die es aber jetzt — wo durch die Vermehrung des
Wissens und die Ausbildung des Denkens die instinktiven Regungen
an Kraft verloren haben — an uns wäre, bewusst anzuerkennen und
zu achten. Aus dieser Betrachtung des römischen Völkerchaos ersehen
wir nämlich, dass Rasse — und die die Rassenbildung ermöglichende
Nation — nicht allein eine physisch-geistige, sondern auch eine moralische
Bedeutung besitzt. Hier liegt etwas vor, was man als heiliges Gesetz bezeichnen kann, das heilige Gesetz des Menschwerdens: ein
»Gesetz«, da es in der ganzen Natur angetroffen wird; »heilig«, insofern es bei uns Menschen unserm freien Willen anheimgegeben
bleibt, ob wir uns veredeln oder entarten wollen. Dieses Gesetz lehrt

---

[1]) Im vierten Jahrhundert zählte das römische Imperium Hunderttausende
von Mönchen und Nonnen. Dass ein Abt 10000 Mönche in einem Kloster ver-
einigte, war nicht selten, und im Jahre 373 zählte die eine einzige ägyptische Stadt,
Oxyrynchus, 20000 Nonnen und 10000 Mönche! Nun bedenke man die damaligen
Gesamtbevölkerungszahlen, und man wird sehen, welchen grossen Einfluss diese
asketische Epidemie für das Nichtvermehren der Bastardengeschlechter haben musste.
Nähere Angaben, siehe bei Lecky: *History of European Morals*, 11th edition II,
105 fg.)

uns nun die physische Beschaffenheit als die Grundlage jeder Veredelung erkennen. Was ist denn auch ein vom Physischen getrenntes
Moralische? was wäre eine Seele ohne Leib? Ich weiss es nicht. Birgt
unser Busen ein unsterbliches Teil, reichen wir Menschen mit unseren
Gedanken bis an ein Transcendentes, welches wir, wie ein Blinder,
mit sehnsuchtsvollen Händen betasten, ohne es je erschauen zu können,
ist unser Herz der Kampfplatz zwischen dem Endlichen und dem
Unendlichen, so muss auch die Beschaffenheit dieses Leibes -- der
Busen, das Hirn, das Herz -- von unermesslicher Tragweite sein. »Wie
auch immer der gewaltige, dunkle Hintergrund der Dinge in Wahrheit beschaffen sein mag, der Zugang zu ihm steht uns einzig in eben
diesem unserem armen Leben offen, und also schliesst auch unser
vergängliches Thun diese ernste, tiefe und unentrinnbare Bedeutung
ein«, sagt Solon in dem schönen Dialog Heinrich's von Stein.[1]
»Einzig in diesem Leben!« Womit leben wir aber, wenn nicht mit
unserem Leibe? Ja, hier brauchen wir gar nicht in irgend ein Jenseits,
(welches Manchem problematisch erscheinen wird) hinüberzuschauen,
wie es Stein's Solon in der angeführten Stelle thut: der Zugang auch
zu diesem irdischen Leben steht uns doch offenbar einzig und allein
durch unsern Leib offen, und dieses Leben wird für uns arm oder
reich, hässlich oder schön, schal oder kostbar sein, je nach der Beschaffenheit dieses unseres einzigen allumfassenden Lebensorganes.
Nun habe ich aber oben an Beispielen aus der methodischen Tierzüchtung, sowie an Beispielen aus der menschlichen Geschichte deutlich gemacht, wie Rasse entsteht und progressiv veredelt wird, auch wie
sie anderseits vergeht; was ist nun diese Rasse, wenn nicht ein
Kollektivbegriff für eine Reihe einzelner Leiber? Es ist jedoch kein
willkürlicher Begriff, kein Gedankending, sondern diese Individualitäten
sind durch eine unsichtbare, dabei aber durchaus reelle, auf materiellen
Thatsachen beruhende Macht miteinander verkettet. Freilich besteht
die Rasse aus Individuen; doch das Individuum selbst kann nur
innerhalb bestimmter Bedingungen, welche in dem Wort »Rasse«
zusammengefasst werden, zu der vollen, edelsten Entfaltung seiner
Anlagen gelangen. Zu Grunde liegt ein zwar einfaches Gesetz, das
jedoch nach zwei Seiten zugleich hindeutet. Die gesamte organische
Natur, die vegetabilische sowohl wie die animalische beweist, dass die
Wahl der miteinander Zeugenden von entscheidendstem Einfluss auf

---

[1] *Helden und Welt: dramatische Bilder* Chemnitz 1883

das neugezeugte Individuum ist; ausserdem beweist sie aber, dass
das hier waltende Prinzip ein kollektives und progressives
ist, indem zuerst ein gemeinsamer Grundstock nach und nach gebildet
werden muss, woraus dann, ebenfalls nach und nach, Individuen von
durchschnittlich höherem Werte hervorgehen als es ausserhalb eines
solchen Verbandes der Fall ist, und unter diesen wieder zahlreiche Individuen mit geradezu »überschwänglichen« Eigenschaften entstehen. Das
ist eine Thatsache der Natur, genau im selben Sinne wie irgend eine
andere, nur sind wir hier, wie bei allen Phänomenen des Lebens, weit
entfernt, sie analysieren und ausdeuten zu können. Was man nun beim
Menschengeschlecht nicht übersehen darf, ist der Umstand, dass hier
das Schwergewicht auf das Moralische und Geistige fällt. Darum bedeutet für uns Menschen der Mangel an organischem Rassenzusammen-
hang vor allem moralische und geistige Zerfahrenheit. Wer nirgends
herkommt, geht auch nirgends hin. Das einzelne Leben ist zu kurz,
um ein Ziel ins Auge zu fassen und zu erreichen. Das Leben eines
ganzen Volkes wäre ebenfalls zu kurz, wenn nicht Rasseneinheit ihm
einen bestimmten, beschränkten Charakter aufprägte, wenn nicht die
überschwänglichste Blüte vielseitiger und abweichender Begabungen
doch durch Stammeseinheit zusammengefasst würde, was ein allmähliches
Reifen, eine allmähliche Ausbildung nach bestimmten Richtungen gestattet, und wodurch das begabteste Individuum schliesslich doch einem
überindividuellen Zwecke lebt.

Man könnte die Rasse, wie sie in Zeit und Raum entsteht und
besteht, mit dem sogenannten Kraftfeld eines Magneten vergleichen.
Nähert man einen Magnet einem Haufen von Eisenfeilspänen, so
nehmen diese bestimmte Richtungen an, so dass eine Figur entsteht,
mit einem deutlich markierten Mittelpunkt, von wo aus nach allen
Richtungen Linien ausstrahlen; je näher man den Magneten rückt,
um so fester und mathematischer erscheint die Zeichnung; nur wenige
Spänchen haben sich in genau die gleiche Richtung gelagert, alle aber
sind durch den Besitz des gemeinsamen Mittelpunktes und dadurch,
dass die relative Lage jedes Individuums zu allen anderen keine willkürliche, sondern eine gesetzmässige ist, zu einer thatsächlichen und
zugleich zu einer idealischen Einheit verknüpft. Das ist jetzt kein
Haufen mehr, sondern eine Gestalt. So unterscheidet sich eine Menschenrasse, eine echte Nation von einem Menschenhaufen. Dem Näher-
rücken des Magneten gleicht der durch reine Zucht immer fester sich
ausprägende Rassencharakter. Die einzelnen Mitglieder der Nation

mögen noch so verschieden beanlagt sein, nach noch so verschiedenen Richtungen in ihren Bethätigungen auseinanderstrahlen, zusammen bilden sie eine gestaltete Einheit und die Kraft — oder sagen wir lieber die Bedeutung — jedes Einzelnen ist durch seinen organischen Zusammenhang mit zahllosen anderen vertausendfacht.

Wir sahen vorhin den hochbegabten Lucian sein Leben schier vergeuden; wir sahen den edlen Augustinus zwischen den erhabensten Gedanken und dem krassesten, dümmsten Aberglauben ratlos hin- und herpendeln: solche, aus aller notwendigen Angehörigkeit losgerissene Menschen, solche arme Bastarde unter Bastarden, befinden sich in einer fast ebenso naturwidrigen Lage, wie eine unselige Ameise, die man zehn Meilen weit von ihrem Neste trüge und dort hinsetzte. Diese wäre doch wenigstens nur durch äussere Verhältnisse verunglückt, jene aber sind durch ihre eigene innere Beschaffenheit aus jeder echten Zusammengehörigkeit verbannt. Man lernt eben bei dieser Betrachtung einsehen, dass, was man auch über die *causa finalis* des Daseins denken mag, das menschliche Individuum jedenfalls nicht als vereinzeltes Individuum, nicht als beliebig austauschbarer Brettstein, sondern nur als Teil eines organischen Ganzen, eines besonderen Geschlechtes, seine höchste Bestimmung erfüllen kann. [1])

Kein Zweifel! das rassen- und nationalitätlose Völkerchaos des spätrömischen Imperiums bedeutete einen unheilvollen, Verderbnis bringenden Zustand, eine Versündigung gegen die Natur. Nur ein Lichtstrahl glänzte über jene entartete Welt. Er kam aus dem Norden. *Ex septentrione Lux!* Nimmt man eine Karte zur Hand, so scheint freilich auf den ersten Blick das Europa des 4. Jahrhunderts auch nördlich der Imperium-Grenzen ziemlich chaotisch; gar viele Völker stehen da nebeneinander und verschieben sich unaufhörlich: die Alemannen, die Marcomannen, die Sachsen, die Franken, die Burgunder, die Goten, die Vandalen, die Slaven, die Hunnen und noch manche andere. Chaotisch sind jedoch dort nur die politischen Verhältnisse; die Völker sind echte, reingezüchtete Rassen, Männer, die ihren Adel als einzige Habe dorthin tragen, wohin das Schicksal sie treibt. In einem der nächsten Kapitel werde ich von ihnen zu reden haben. Den weniger Belesenen möchte ich vorläufig nur warnen, dass er sich die Sache nicht etwa so vorstelle, als seien die »Barbaren«

Die Germanen.

---

[1]) »Die Individuen und die Gesamtheit sind identisch« hatten die indischen Denker gelehrt; siehe Garbe's *Sâmkhya-Philosophie*, S. 158).

plötzlich in das hochcivilisierte römische Reich »eingebrochen«. Diese
in weiten Schichten der oberflächlich Gebildeten verbreitete Vorstellung entspricht den Thatsachen ebenso wenig wie die fernere,
dass dann in Folge dieses Einbruches die »Nacht des Mittelalters« herabgesunken sei. Durch diese Geschichtslüge wird uns die vernichtende
Wirkung jener nationlosen Zeit verhüllt, und aus dem Erretter, aus
dem Töter des nächtlichen Wurms, ein Zerstörer gemacht. Während
Jahrhunderte waren schon die Germanen ins römische Reich eingedrungen, und wenn auch manchmal mit feindlicher Gewalt, so
doch im Ganzen als das einzige Prinzip des Lebens und der Kraft.
Ihr allmähliches Eindringen in das Imperium, ihr allmähliches Auf-
steigen zu einer ausschlaggebenden Macht hatte seitdem nach und
nach stattgefunden, ebenso wie ihre allmähliche Civilisation;[1]) bereits
im 4. Jahrhundert zählte man zahlreiche Soldatenkolonien aus den verschiedensten germanischen Stämmen (Batavier, Franken, Suevier u. s. w.
im ganzen europäischen Bereich des römischen Imperiums;[2]) in Spanien,
in Gallien, in Italien, in Thracien, ja, selbst oft in Kleinasien, sind
es der Hauptsache nach zuletzt Germanen, die gegen Germanen die
Schlachten schlagen. Germanen waren es, welche immer wieder die
asiatische Gefahr vom östlichen Reiche heldenmütig abwehrten; Germanen retteten vor hunnischer Verwüstung auf den catalaunischen
Gefilden das westliche Reich. Schon früh im 3. Jahrhundert war ein
kühner gotischer Hirt zum Imperator ausgerufen worden. Man braucht
nur eine Karte vom Ausgang des 5. Jahrhunderts anzuschauen, um
sofort zu erblicken, welche einzig segensvolle Kraft der Gestaltung
hier einzugreifen begonnen hatte. Sehr auffallend ist ebenfalls der
Unterschied, der sich hier in hundert Dingen kundthut zwischen dem
angeborenen Anstand, dem Geschmack, der Intuition rauher aber reiner,
edler Rassen und der Seelenbarbarei der civilisierten Mestizen. Theo-
dosius, seine Helfershelfer (die christlichen Fanatiker) und seine Nachfolger hatten ihr Möglichstes gethan, um die Monumente der Kunst
zu vernichten; dagegen war die erste Sorge Theodorich's, des Ost-

---

[1]) Hermann ist ein römischer Kavalier, spricht fliessend lateinisch und hat
römische Verwaltungskunst eingehend studiert. Ähnlich die meisten anderen Ger-
manenfürsten. Auch ihre Truppen waren im ganzen römischen Imperium zu
Hause und dadurch mit den Sitten sog. civilisierter Menschen bekannt, lange ehe
sie mit Kind und Kegel in diese Länder einzogen.

[2]) Zusammenfassung bei Gobineau: *Ungleichheit der menschlichen Rassen*,
Buch VI, Kap. 4.

goten, umfassende Massregeln zum Schutz und zur Ausbesserung der römischen Denkmäler zu treffen. Dieser Mann konnte nicht schreiben, seine Unterschrift musste er durch eine Metallschablone durchzeichnen, — das Schöne aber, an welchem die einzig mit ihrer »Bildung«, ihrer Jagd nach Ämtern und Auszeichnungen, ihrer Goldgier beschäftigten Bastardenseelen achtlos vorübergingen, das Schöne, welches den edleren Geistern des Völkerchaos als ein Werk des Teufels verhasst war, der Gote verstand sofort es zu schätzen; die Bildwerke Roms erregten dermassen seine Bewunderung, dass er einen besonderen Beamten zu ihrem Schutze ernannte. Auch die religiöse Toleranz blitzte vorübergehend überall dort auf, wo der noch unverdorbene Germane Herr wurde. Bald traten auch die grossen christlichen Bekehrer auf, alles Männer aus dem hohen Norden, Männer, die nicht durch »fromme Lügen«, sondern durch die Reinheit ihrer Herzen überzeugten.

Lediglich der falsche Begriff eines Mittelalters ist es, im Bunde mit der Unwissenheit in Bezug auf die Bedeutung von Rasse, der zu der bedauerlichen Vorstellung führt: der Eintritt der rauhen Germanen bedeute das Einbrechen einer tiefen Nacht über Europa. Es ist unbegreiflich, wie solche Hallucinationen so lange vorhalten können. Will man wissen, wohin die imperiale Afterkultur noch hätte führen können, so schaue man sich um in der Geschichte, in der Litteratur und in der Wissenschaft des späteren Byzanz, an denen unsere Historiker gerade heute mit einer Ausdauer arbeiten, einer besseren Sache würdig. Es ist ein jämmerliches Schauspiel. Dagegen wirkt die Besitznahme des weströmischen Reiches durch die Barbaren wie das: Es werde Licht! der Bibel. Freilich musste ihr Wirken zunächst der politischen, nicht der civilisatorischen Gestaltung gelten, und das war ein schwieriges Werk, welches heute noch nicht ganz beendet ist. War das aber ein Geringes? Wodurch hat denn Europa Physiognomie und Bedeutung, wodurch seine geistigmoralische Präponderanz erhalten, wenn nicht durch die Begründung und Ausbildung von Nationen? Gerade dieses Werk war die Erlösung aus dem Chaos. Wenn wir heute etwas sind, wenn wir hoffen dürfen, vielleicht noch etwas mehr zu werden, so verdanken wir es in erster Reihe jener politischen Umgestaltung, welche im 5. Jahrhundert (nach langen Vorbereitungen) begann, und aus der im Laufe der Zeit neue grosse Volksrassen, herrliche neue Sprachen, eine neue, zu den kühnsten Hoffnungen verlockende Kultur entsprangen. Dietrich von Bern, der starke und

weise, der ungelehrte Freund von Kunst und Wissenschaft, der tolerante
Vertreter der Gewissensfreiheit inmitten einer Welt, wo Christen
wie Hyänen sich gegenseitig zerfleischten, ist uns wie ein erstes Pfand,
dass es doch wieder einmal Tag werden könne auf dieser armen
Erde. Und wenn in der nun folgenden Zeit des wilden Kampfes,
in jenem Fieber, durch welches allein die europäische Menschheit
genesen und aus dem bösen Traum der entarteten, fluchbeladenen
Jahrhunderte des scheinbar geordneten Chaos zu frischem, gesundem,
stürmisch pulsierendem, nationalem Leben erwachen sollte, wenn da
Gelehrsamkeit und Kunst, sowie auch das Flitterwerk angeblicher
Civilisation, unbeachtet, fast vergessen blieben, so bedeutet das, bei
Gott, keine Nacht, sondern den Anbruch des Tages. Ich weiss nicht,
woher die Herren vom Gänsekiel die Berechtigung nehmen, nur ihre
eigenen Waffen zu ehren; unsere europäische Welt ist zunächst und
zuvörderst das Werk — nicht von Philosophen und Bücherschreibern
und Bildermalern, sondern es ist das Werk der grossen germanischen
Fürsten, das Werk der Krieger und Staatsmänner. Derjenige Entwickelungsgang, aus dem unsere heutigen Nationen hervorgegangen
sind — und das ist doch offenbar der politische — ist der grundlegende,
entscheidende. Man übersehe jedoch nicht, dass wir auch alles andere,
was zu besitzen wert war, diesen echten, edlen Menschen verdanken.
Jedes jener Jahrhunderte, das 7., das 8., das 9., hat grosse Gelehrte;
wer sie beschützt und ermutigt, sind die Fürsten. Man pflegt zu
sagen, die Kirche sei die Retterin des Wissens, der Kultur gewesen:
das ist nur in einem sehr bedingten Sinne wahr. Man muss — was
ich im folgenden Abschnitte dieses ersten Teiles zeigen werde —
lernen, die frühe christliche Kirche nicht als einen einfachen, einheitlichen Organismus zu betrachten, selbst nicht innerhalb des west-
europäischen römischen Verbandes; die Zentralisierung und der blinde
Gehorsam gegen Rom, die wir heute erleben, waren in frühen Jahrhunderten gänzlich unbekannt. Freilich gehörte fast jede Gelehrsamkeit und Kunst der Kirche an; ihre Klöster und Schulen waren
die Schutz- und Pflegestätten, wohin friedliche Gedankenarbeit in jenen
rauhen Zeiten sich flüchtete; doch bedeutete damals der Eintritt in
die Kirche als Mönch oder Weltgeistlicher kaum mehr als die Aufnahme in einen privilegierten, besonderen Schutz geniessenden Stand,
welche den so Bevorzugten kaum nennenswerte Verpflichtungen als
Gegenleistung auferlegte; jeder gebildete Mensch, jeder Lehrer und
Student, jeder Arzt und Rechtskundige gehörte bis zum 13. Jahr-

hundert der Klerisei an, doch handelt es sich hierbei um eine rein
formelle Sache, die ihren Grund lediglich in gewissen Rechts-
verhältnissen findet; und gerade aus diesem Stand heraus, das heisst
aus der Mitte jener Männer, welche die Kirche genau kannten, ist alle
Empörung gegen sie hervorgegangen, gerade die Universitäten wurden
die Hochschulen der Befreiung der Nationen. Die Fürsten haben die
Kirche beschützt, die gelehrten Kleriker haben sie befehdet. Desswegen
hat aber auch die Kirche ununterbrochen gegen die grossen Geister,
die sich, um in Ruhe zu arbeiten, in ihren Schutz begeben hatten,
Krieg geführt; hätte es an ihr gelegen, so wären Wissen und Kultur
nie wieder flügge geworden! Doch dieselben Fürsten, welche die
Kirche beschützten, beschützten die von ihr verfolgten Gelehrten. Schon
im 9. Jahrhundert taucht im fernen Norden (aus den schon damals an
bedeutenden Männern reichen Schulen Englands hervorgegangen) der
grosse Scotus Erigena auf: die Kirche that, was sie konnte, um dieses
hellglänzende Licht auszulöschen, doch Karl der Kahle (derselbe,
welcher angeblich dem römischen Papste grosse Schenkungen gemacht
haben sollte) streckte seine fürstliche Hand über Scotus aus; als dieser
Schutz nicht mehr hinreichte, lud ihn Alfred nach England ein, wo er die
Schule von Oxford zu hoher Blüte trieb, bis er im Auftrag der
kirchlichen Zentralgewalt von Mönchen erdolcht wurde. Vom 9. bis
zum 19. Jahrhundert — von der Ermordung des Scotus bis zum
Erlass des Syllabus — blieb das Verhältnis unverändert. In letzter
Instanz ist die geistige Wiedergeburt das Werk der Rasse im Gegensatz zur rassenlosen Universalkirche, das Werk germanischen Wissens-
durstes und germanischen, nationalen Freiheitsdranges. Aus dem
Schosse der katholischen Religion sind ununterbrochen grosse Männer
hervorgegangen; Männer, welche, wie man anerkennen muss, der
spezifisch katholische Gedanke, mit seiner umfassenden Grösse, seinem
harmonischen Aufbau, seiner symbolischen Reichhaltigkeit und Schönheit getragen und grösser gemacht hat, als sie ohne ihn geworden
wären: die römische Kirche aber, rein als solche, d. h. als organisierte,
weltliche Theocratie, hat stets als Tochter des verfallenden Imperiums,
als letzte Vertreterin des universalen, antinationalen Prinzips gehandelt.
Mehr als alle Mönche der Welt hat der eine Karl der Grosse für die Verbreitung von Unterricht und Wissen gethan. Er hatte eine vollständige Sammlung der Nationalpoesie der Germanen anlegen lassen:
die Kirche vernichtete sie. Ich nannte auch vorhin Alfred! Wo
hat ein Kirchenfürst, wo hat ein Scholastiker für die Erweckung

neuer Geisteskräfte, für die Klärung lebender Idiome, für die damals
doch einzig dringende Förderung nationalen Bewusstseins so viel gethan, wie dieser eine Fürst? Der bedeutendste neuere Historiker
Englands hat die Persönlichkeit dieses grossen Germanen in dem
einen Wort zusammengefasst: »er war ein echter Künstler«.[1] Von
wem aus dem Völkerchaos könnte man dasselbe sagen? In jenen
angeblich dunklen Jahrhunderten sehen wir ein um so regeres geistiges
Leben, je weiter wir nach Norden gehen, d. h. je mehr wir uns
von dem Herd der verderblichen »Bildung« entfernen, und je un-
gemischter die Rassen sind, die uns entgegentreten. Die grossartigste
Litteratur entfaltet sich — nebst menschenwürdiger Freiheit und
Ordnung — vom 9. bis zum 13. Jahrhundert in der fernen Republik
Island; ebenso finden wir im abseits gelegenen England im 7., 8. und
9. Jahrhundert eine Blüte echter Volkspoesie, wie seither nur selten.[2]
Die leidenschaftliche Liebe zur Musik, die hier zu Tage tritt, berührt uns,
als vernähmen wir den Flügelschlag eines vom Himmel sich langsam
herabsenkenden Schutzengels, eines Engels, der künftige Zeiten verkündet: hören wir König Alfred in seinem auserwählten Sängerchor
selber mitsingen, sehen wir ein Jahrhundert später den wildleiden-
schaftlichen Gelehrten und Staatsmann Dunstan niemals, weder auf dem
Pferde noch im Rate, die Harfe aus der Hand geben, dann gedenken
wir dessen, dass auch bei den Griechen Harmonia die Tochter des
Kriegsgottes Ares war. Krieg an Stelle scheinbarer Ordnung brachten
unsere rauhen Väter, zugleich aber Schöpferkraft an Stelle öder Sterilität.
Und in der That, in allen bedeutenderen Fürsten jener Zeit begegnen
wir einer eigentümlich ausgebildeten Vorstellungskraft; sie sind eben
Gestalter. Man hätte alles Recht, was Karl der Grosse an der Grenze
des 8. und 9. Jahrhunderts war und that, mit dem zu vergleichen,
was Goethe an der Grenze des 18. und 19. war und that. Beide
waren Ritter im Kampfe gegen die Mächte des Chaos, beide Gestalter; beide »bekannten sich zu dem Geschlecht, das aus dem
Dunkeln ins Helle strebt«.

Nein und tausendmal nein! Die Vernichtung jenes Undinges
eines unnationalen Staates, jener Form ohne Inhalt, jenes seelenlosen
Menschenhaufens, jener Vereinigung der nur durch gleiche Steuern
und gleichen Aberglauben, nicht durch gleiche Herkunft und gleichen

[1]. Green: *History of the English People*, Buch I, Kap. 3.
[2]. Oliver F. Emerson: *History of the English Language*, S. 54.

Herzschlag aneinandergeknüpften Bastarde, jener Versündigung an
dem Geschlechte der Menschen, die wir in dem Worte Völkerchaos
zusammengefasst haben — sie bedeutete nicht das Niedersinken der
Nacht, sondern das Entreissen eines grossen Erbes aus unwürdigen
Händen, das Anbrechen eines neuen Tages.

Doch bis heute ist es uns noch nicht gelungen, alle Gifte jenes
Chaos aus unserem Blute zu entfernen. Auf weiten Gebieten behielt
schliesslich das Chaos doch die Oberhand. Überall wo der Germane
nicht so zahlreich auftrat, um physisch die übrigen Einwohner durch
Assimilation zu überwinden, also namentlich im Süden, machte sich
das chaotische Element immer mehr geltend. Ein Blick auf unseren
heutigen Zustand zeigt, wo Kraft ist, wo nicht, und wie dies von
der Zusammensetzung der Rassen abhängt. Ich weiss nicht, ob man
schon bemerkt hat, wie eigentümlich genau die heutige Grenze der
römischen Universalkirche mit der früher bezeichneten durchschnittlichen
Grenze des römischen Imperiums zusammenfällt, also mit der Grenze
der chaotischen Bastardierung? Der östliche Teil fällt freilich weg,
weil hier (in Serbien, Bosnien u. s. w.) die slavischen Einwanderer des
8. Jahrhunderts und die Bulgaren alles Fremde niedermachten; in
wenigen Gegenden des heutigen Europa ist die Rasse so ungemischt,
und reine Slaven haben niemals die römische Kirche angenommen.
Auch an anderen Stellen giebt es hier und da ein Hinüber- und ein
Herübergreifen über die frühere Grenzlinie, doch nur um ein Weniges,
das überdies leicht durch politische Verhältnisse zu erklären wäre. Im
Ganzen ist die Übereinstimmung auffallend genug, um zu ernsten
Gedanken anzuregen: Hispanien, Italien, Gallien, die Rheingegenden,
die Länder südlich von der Donau! Noch ist es erst Morgen und
immer wieder strecken die Mächte der Finsternis ihre Polypenarme
aus, saugen sich an hundert Orten an uns fest und suchen uns in
das Dunkel, aus dem wir hinausstrebten, zurückzuziehen. Ein Urteil
über diese scheinbar höchst verwickelten, in Wahrheit durchsichtigen
Verhältnisse erlangen wir weniger durch ausführliches chronistisches
Detailwissen, als durch die klare Erkenntnis der in diesem Kapitel
vorgetragenen geschichtlichen Grundthatsachen.

FÜNFTES KAPITEL

DER EINTRITT DER JUDEN IN DIE ABENDLÄNDISCHE GESCHICHTE

—— ——

> Vergessen wir, woher wir stammen!
> Nichts mehr von »deutschen« Juden, nichts
> mehr von »Portugiesen«! Über den Erd
> boden zerstreut, bilden wir doch nur ein
> einziges Volk!
> Rabbiner SALOMON LIPMANN-CERFBERR.
>
> (Eröffnungsrede gehalten am 26. Juli 1806 bei der
> vorbereitenden Versammlung für das von Napoleon
> zusammenberufene Synedrium des Jahres 1807.)

Hätte ich vor hundert Jahren geschrieben, so würde ich mich kaum veranlasst gefühlt haben, an dieser Stelle dem Eintritt der Juden in die europäische Geschichte ein besonderes Kapitel zu widmen. Allerdings hätte ihre Beteiligung an der Entstehung des Christentums, wegen des von dort aus infiltrierten besonderen und durchaus unarischen Geistes, die volle Aufmerksamkeit verdient, sodann auch ihre wirtschaftliche Rolle in allen christlichen Jahrhunderten; doch hätte eine gelegentliche Erwähnung dieser Dinge genügt, mehr wäre ein Zuviel gewesen. Herder schrieb denn auch damals: »Die jüdische Geschichte nimmt mehr Platz in unserer Historie und Aufmerksamkeit ein, als sie an sich verdienen möchte.« [1]) Inzwischen jedoch ist eine grosse Änderung vorgegangen: die Juden spielen in Europa, und überall, wo europäische Hände hinreichen, eine andere Rolle heute als vor hundert Jahren; mag man über ihre vergangene Historie denken wie man will, ihre gegenwärtige nimmt thatsächlich so viel Platz in unserer eigenen Geschichte ein, dass wir ihr unmöglich die Aufmerksamkeit entziehen können. Herder hatte trotz seines ausgesprochenen Humanismus doch gemeint: »Das Volk der Juden ist und bleibt auch in Europa ein unserem Weltteil fremdes, asiatisches Volk, an jenes alte, unter einem entfernten Himmelsstrich ihm gegebene und nach eigenem Geständnis von ihm unauflösbare Gesetz gebunden.« [2]) Ganz richtig. Dieses fremde Volk aber, ewig fremd, weil — wie Herder so richtig bemerkt — an ein fremdes, allen anderen Völkern feindliches Gesetz unauflösbar gebunden, dieses fremde Volk ist gerade im Laufe unseres Jahrhunderts ein unverhältnismässig wichtiger, auf manchen Gebieten geradezu ausschlaggebender Bestandteil unseres Lebens geworden. Schon vor hundert Jahren durfte jener selbe Zeuge mit Wehmut gestehen, die »roheren Nationen Europas« seien »freiwillige Sklaven

---

[1] *Von den deutsch-orientalischen Dichtern*, Abschn. 2.
[2] *Bekehrung der Juden.* Abschnitt 7 der *Unternehmungen des vergangenen Jahrhunderts zur Beförderung eines geistigen Reiches.*

des jüdischen Wuchers«;[1]) heute könnte er dasselbe von dem weitaus grössten Teil der civilisierten Welt überhaupt sagen. Der Geldbesitz an und für sich ist aber das Wenigste; unsere Regierungen, unsere Justizpflege, unsere Wissenschaft, unser Handel, unsere Litteratur, unsere Kunst — — — so ziemlich alle Lebenszweige sind mehr oder weniger freiwillige Sklaven der Juden geworden und schleppen die Frohnkette, wenn auch noch nicht an beiden Füssen, so doch an einem. Dabei ist jenes von Herder betonte »Fremde« immer stärker hervorgetreten: vor hundert Jahren hatte man es doch mehr nur geahnt; jetzt hat es sich bethätigt und bewährt, sich dem Unaufmerksamsten aufgedrängt. Von idealen Beweggründen bestimmt, öffnete der Indoeuropäer in Freundschaft die Thore: wie ein Feind stürzte der Jude hinein, stürmte alle Positionen und pflanzte — ich will nicht sagen auf den Trümmern, doch auf den Breschen unserer echten Eigenart die Fahne seines uns ewig fremden Wesens auf.

Sollen wir die Juden darob schmähen? Das wäre ebenso unedel, wie unwürdig und unvernünftig. Die Juden verdienen Bewunderung, denn sie haben mit absoluter Sicherheit nach der Logik und Wahrheit ihrer Eigenart gehandelt, und nie hat die Humanitätsduselei (welche die Juden nur insofern mitmachten, als sie ihnen selber zum Vorteil gereichte) sie auch nur für einen Augenblick die Heiligkeit der physischen Gesetze vergessen lassen. Man sehe doch, mit welcher Meisterschaft sie das Gesetz des Blutes zur Ausbreitung ihrer Herrschaft benutzen: der Hauptstock bleibt fleckenlos, kein Tropfen fremden Blutes dringt hinein; heisst es doch in der Thora: »kein Bastard soll in die Gemeinde Jahve's kommen, auch nicht nach zehn Generationen« (*Deuteronomium* XXIII, 2); inzwischen werden aber Tausende von Seitenzweiglein abgeschnitten und zur Infizierung der Indoeuropäer mit jüdischem Blute benutzt! Ginge das ein paar Jahrhunderte so fort, es gäbe dann in Europa nur noch ein einziges rassenreines Volk, das der Juden, alles Übrige wäre eine Herde pseudohebräischer Mestizen, und zwar ein unzweifelhaft physisch, geistig und moralisch degeneriertes Volk. Denn selbst der grosse Judenfreund Ernest Renan gesteht: *Je suis le premier à reconnaître que la race sémitique, comparée à la race indo-européenne, représente réellement une combinaison inférieure de la nature humaine.*[2]) Und in einer seiner besten, doch

---

[1]) *Ideen zur Geschichte der Menschheit*, Th. III, Buch 12, Abt. 3.

[2]) *Histoire générale et système comparé des langues sémitiques*, 5e éd., p. 4: »Ich gestehe aufrichtig, dass die semitische Rasse, verglichen mit der indo-euro-

leider wenig bekannten Schriften, sagt derselbe Gelehrte: »*L'épouvantable simplicité de l'esprit sémitique retrécit le cerveau humain, le ferme à toute idée délicate, à tout sentiment fin, à toute recherche rationelle, pour le mettre en face d'une éternelle tautologie: Dieu est Dieu:*« [1]) und er führt dann aus, für die Kultur gäbe es nur dann eine Zukunft, wenn die christliche Religion sich immer mehr »vom Geist des Judentums entfernte« und »das indoeuropäische Genie« auf allen Gebieten immer mehr zur Geltung käme. Diese Vermischung bedeutet also ganz ohne Zweifel eine Entartung: Entartung des Juden, dessen Charakter ein viel zu fremder, fester, starker ist, als dass er durch germanisches Blut aufgefrischt und veredelt werden könnte, Entartung des Europäers, der durch die Kreuzung mit einem »minderwertigen Typus« — wofür ich lieber sagen möchte, mit einem so andersgearteten Typus — natürlich nur verlieren kann. Während die Vermischung vorgeht, bleibt aber der grosse Hauptstamm der reinen, unvermischten Juden unangetastet. Als Napoleon, zu Beginn des Jahrhunderts, unzufrieden, dass die Juden, trotz ihrer Emanzipation, in hochmütiger Isolation verharrten, erzürnt, dass sie sein ganzes Elsass, obwohl nunmehr jede Laufbahn ihnen offen stand, mit schändlichstem Wucher aufzufressen fortfuhren, an den Rat ihrer Ältesten ein Ultimatum sandte und die rückhaltlose Verschmelzung der Juden mit der übrigen Nation forderte, nahmen die Delegierten der Juden Frankreichs alle ihnen vorgeschriebenen Artikel bis auf einen an: den, der die unbeschränkte Ehe mit Christen bezweckte. Ihre Töchter, ja, die dürften ausserhalb des israelitischen Volkes heiraten, ihre Söhne nicht; der Diktator Europas musste nachgeben. [2]) Das ist jenes bewunderungswürdige Gesetz, durch welches das eigentliche Judentum begründet wurde. Zwar gestattet das Gesetz in seiner strengsten Fassung gar keine Ehe zwischen Juden und Nichtjuden; im

---

päischen, wirklich einen minderwertigen Typus der Menschheit darstellt«. — Dass die Juden keine reine Semiten, sondern halbe Syrier sind wie ich das gleich ausführen werde, wird an diesem Urteile wenig ändern.

[1]) *De la part des peuples sémitiques dans l'histoire de la civilisation*, p. 39. »Die grauenhafte Einförmigkeit des semitischen Geistes schnürt das menschliche Gehirn zusammen, verschliesst es vor jeder zarteren Gedankenfassung, vor jeder feineren Empfindung, vor jeder rationellen Fragestellung, um es der einen ewigen Tautologie gegenüberzustellen: Gott ist Gott«.

[2]) Über dieses berühmte Synedrium und sein kasuistisches Unterscheiden zwischen religiösem und civilem Gesetz — eine Unterscheidung, welche weder Thora noch Talmud anerkennen — Weiteres im Band II dieses Buches.

fünften Buche Mose, VII, 3, lesen wir: »Eure Töchter sollt ihr nicht geben ihren Söhnen, und ihre Töchter sollt ihr nicht nehmen euren Söhnen«; doch wird im Allgemeinen nur auf die letzte Forderung Gewicht gelegt; z. B. im *zweiten Buche Mose*, XXXIV, 16, wird einzig den Söhnen verboten, fremde Töchter zu nehmen, nicht den Töchtern fremde Söhne, und in *Nehemia* (XIII), wird, nachdem das beiderseitige Verbot erfolgt ist, doch nur die Ehe des Sohnes mit einem fremden Weib als »eine Sünde gegen Gott« bezeichnet. Das ist auch eine vollkommen richtige Auffassung. Durch die Ehe der Tochter mit einem Goy wird die Reinheit des jüdischen Stammes in keiner Weise alteriert, während dieser Stamm dadurch Fuss fasst im fremden Lager; wogegen die Ehe des Sohnes mit einer Goya, wie das Buch *Esra* IX, 2 sich drastisch ausdrückt: »den heiligen Samen gemein macht.«[1] Auch der etwaige Übertritt der betreffenden Goya zum Judentum würde nichts nützen: dem älteren Gesetz war der Begriff eines derartigen Übertritts mit Recht vollkommen fremd, handelt es sich doch um physische Verhältnisse der Abstammung, das neuere Gesetz sagt aber mit beneidenswerter Einsichtskraft: »Proselyten sind für das Judentum so schädlich, wie Geschwüre am gesunden Leibe.«[2] So wurde und so wird noch heute die jüdische Rasse rein erhalten: Töchter aus dem Hause Rothschild haben Barone, Grafen, Herzöge, Fürsten geheiratet, sie lassen sich ohne Umstände taufen; kein Sohn hat je eine Europäerin geehelicht, thäte er es, er müsste aus dem Hause seiner Väter und aus der Gemeinschaft seines Volkes ausscheiden.[3]

Durch diese Ausführungen falle ich gewissermassen mit der Thür ins Haus; eigentlich hätten sie an eine spätere Stelle des

---

[1] In der neuen wortgetreuen Übersetzung des Professor Louis Segond heisst es: »die heilige Rasse durch Vermischung mit fremden Völkern verunreinigt«; in der Übersetzung De Wette's lautet diese Stelle: »sie haben den heiligen Samen vermischt mit den Völkern der Erde«.

[2] Aus dem Talmud, nach Döllinger: *Vorträge*, I., 237. An einer anderen Stelle nennt der Talmud die Proselyten eine »Last« (siehe des Juden Philippson: *Israelitische Religionslehre*, 1861, II, 189).

[3] Wie rein die jüdische Rasse noch am heutigen Tage ist, hat Virchow's grosse anthropologische Untersuchung sämtlicher Schulkinder Deutschlands ergeben; hierüber berichtet Ranke, *Der Mensch* II, 293: »Je reiner die Rasse, desto geringer ist die Zahl der Mischformen. In dieser Hinsicht ist es gewiss eine sehr wichtige Thatsache, dass bei den Juden die geringste Zahl der Mischlinge angetroffen wurde, woraus sich ihre entschiedene Absonderung als Rasse den Germanen gegenüber, unter denen sie wohnen, auf das deutlichste zu erkennen giebt.«

Buches hingehört; mir lag jedoch daran, sofort und auf dem kürzesten
Wege den Einwurf zu entkräften — der leider noch immer von
manchen Seiten zu gewärtigen ist — es existiere gar keine »jüdische
Frage«, woraus dann weiter zu folgern wäre, der Eintritt der Juden
in unsere Geschichte habe nichts zu bedeuten. Gerade Renan z. B.
liebte es in seinen alten Tagen, zu behaupten, es gebe gar keine
Juden — ein so frivoler Witz, dass er eine Widerlegung nicht verdient. [1]) Andere wiederum reden von Religion: es handle sich, so
sagen sie, lediglich um religiöse Differenzen. Wer das sagt, übersieht,
dass es gar keine jüdische Religion gäbe, wenn keine jüdische Nation
existierte. Diese existiert aber. Die jüdische Nomokratie (d. h. Herrschaft
des Gesetzes) vereinigt die Juden, zerstreut wie sie auch sein mögen
durch alle Länder der Welt, zu einem festen, einheitlichen, durchaus
politischen Gebilde, in welchem die Gemeinsamkeit des Blutes die
Gemeinsamkeit der Vergangenheit bezeugt und die Gemeinsamkeit der
Zukunft verbürgt. Wenn auch manche Elemente nicht im engeren
Sinne des Wortes reinjüdisch sind, so ist doch die Macht dieses
Blutes, verbunden mit der unvergleichlichen Macht der jüdischen Idee,
so gross, dass diese fremden Bestandteile schon längst assimiliert wurden;
sind doch fast zwei Jahrtausende vergangen seit der Zeit, wo die Juden
ihre vorübergehende Neigung zur Proselytenmacherei aufgaben. Freilich
muss man, wie ich im vorigen Kapitel ausführte, zwischen Juden edler und
Juden minder edler Abstammung unterscheiden; was aber die disparaten
Teile aneinander kettet ist (ausser der allmählichen Verschmelzung) die
zähe Existenz ihres nationalen Gedankens. Dieser Nationalgedanke
gipfelt in der unerschütterlichen Hoffnung auf die von Jahve verheissene
Weltherrschaft der Juden. Naive »Christgeborene« (wie Auerbach
sich in seiner Lebensskizze Spinoza's ausdrückt) wähnen, die Juden
hätten jene Hoffnung aufgegeben, doch irren sie gewaltig; denn »die
Existenz des Judentums ist von der Festhaltung der Messiashoffnung

---

[1]) Man sehe z. B. die Rede: *Le Judaïsme comme race et comme Religion.*
Als Belohnung für diesen am 27. Januar 1883 gehaltenen Vortrag wurde Renan
sofort von der reinjüdischen, durch die *Alliance Israélite* ins Leben gerufene *Société
des études juives* aufgefordert, auch dort zu sprechen, was er, eingeführt durch Baron
Alphonse de Rothschild, am 26. Mai desselben Jahres that, und zwar mit einer
durch die speichelleckerische Schmeichelei, durch die Niedrigkeit der bekundeten,
wahrheitswidrigen, seinem eigenen Lebenswerke direkt widersprechenden Gesinnung geradezu Ekel erregenden Rede: *Identité originelle et séparation graduelle
du Judaïsme et du Christianisme.* Solche Erscheinungen gehören zu den charakteristischen Zügen für die zweite Hälfte unseres 19. Jahrhunderts.

bedingt« wie einer der sehr mässigen, liberalen unter ihnen unlängst
schrieb. [1]) Die ganze jüdische Religion ist ja auf diese Hoffnung gegründet. Der jüdische Gottesglaube, das, was man bei diesem Volke
»Religion« nennen kann und auch darf (denn er ist die Quelle einer
achtungswerten Moralität geworden) ist ein Teil dieses National-
gedankens, nicht umgekehrt. Zu behaupten, es gebe eine jüdische
Religion, doch keine jüdische Nation, heisst darum einfach Unsinn
reden. [2])

Der Eintritt der Juden in die abendländische Geschichte bedeutet
also ohne Frage den Eintritt eines bestimmten, von allen europäischen
Völkern durchaus verschiedenen, ihnen gewissermassen gegensätzlichen
Elements, eines Elements, welches, während die Nationen Europas die
verschiedensten Phasen durchmachten, sich wesentlich gleichblieb,
welches im Verlaufe einer oft harten und grausamen Geschichte niemals
die Schwäche hatte, auf Verbrüderungsvorschläge einzugehen, sondern,
im Besitze seiner nationalen Idee, seiner nationalen Vergangenheit, seiner
nationalen Zukunft, die Berührung mit anderen Menschen wie eine Ver-
unreinigung empfand und noch heute empfindet; welches, Dank der
Sicherheit des Instinktes, die aus strenger Einheitlichkeit des National-
empfindens entspringt, es stets vermochte, auf Andere tiefgreifenden
Einfluss auszuüben, wogegen die Juden selber von unserer geistigen
und kulturellen Entwickelung nur hauttief berührt wurden. Um
diese höchst eigentümliche Situation vom Standpunkt des Europäers
aus zu kennzeichnen, müssen wir mit Herder wiederholen: das Volk
der Juden ist und bleibt ein unsrem Weltteil fremdes Volk; vom
Standpunkt des Juden aus erhält dieselbe Erkenntnis eine etwas abweichende Formulierung, wir wissen aus einem früheren Kapitel,
wie der grosse freisinnige Philosoph Philo sie fasste: »einzig die
Israeliten sind Menschen im wahren Sinne des Wortes«. [3]) Was der
Jude hier im intoleranten Ton des Rassenhochmuts vorbringt, genau
dasselbe hat unser grosser Goethe in liebenswürdiger Weise ausge-

---

[1] Skreinka: *Entwickelungsgeschichte der jüdischen Dogmen.* S. 75.

[2]) Auf dem jüdischen Kongress, gehalten in Basel im Jahre 1898, erklärte
Dr. Mandelstam, Professor an der Universität Kiew, in der Hauptrede der Sitzung vom
29. August, »dass die Juden das Aufgehen in die übrigen Nationalitäten
mit aller Energie zurückweisen, und dass sie ihre historische Hoffnung
(d. h. also auf Weltherrschaft) festhalten« (nach dem Bericht eines Teilnehmers
am Kongress in der Pariser Zeitung *Le Temps* vom 2. September 1898).

[3] Siehe S. 223.

sprochen, indem er eine Gemeinsamkeit der Abstammung zwischen den Juden und den Indoeuropäern, und legte man sie noch so weit zurück, in Abrede stellt: »Dem auserwählten Volke wollen wir die Ehre seiner Abstammung von Adam keineswegs streitig machen. Wir andere aber hatten gewiss auch andere Urväter.«[1])

Aus diesen Erwägungen ergiebt sich für uns die Berechtigung und die Verpflichtung, den Juden als ein besonderes und zwar als ein fremdes Element in unserer Mitte zu erkennen. Äusserlich erbte er dasselbe wie wir; innerlich erbte er einen grundverschiedenen Geist. Ein einziger Zug genügt, um die gähnende Kluft, welche hier Seele von Seele scheidet, in fast erschreckender Weise dem Bewusstsein zu enthüllen: die Erscheinung Christi ist für den Juden ohne Bedeutung! Ich rede hier gar nicht von frommer Rechtgläubigkeit. Man lese aber z. B. bei dem offenkundigen Freidenker Diderot die wundervollen Worte über den Gekreuzigten, man sehe, wie Diderot den Menschen in seinem höchsten Leid sich an den Göttlichen wenden und die christliche Religion als die einzige der Welt empfinden lässt. »*Quelle profonde sagesse il y a dans ce que l'aveugle philosophie appelle la folie de la croix! Dans l'état où j'étais, de quoi m'aurait servi l'image d'un législateur heureux et comblé de gloire? Je voyais l'innocent, le flanc percé, le front couronné d'épines, les mains et les pieds percés de clous, et expirant dans les souffrances: et je me disais: Voilà mon Dieu, et j'ose me plaindre!*« Eine förmliche Bibliothek jüdischer Bücher habe ich durchgesucht in der Erwartung, ähnliche Worte zu finden — nicht den Glauben an die Gottheit Christi natürlich, auch nicht den Begriff der Erlösung, sondern das rein menschliche Gefühl für die Bedeutung eines leidenden Heilands, doch vergebens. Ein Jude, der das fühlt, ist eben kein Jude mehr, sondern ein Verneiner des Judentums. Und während wir sogar in Mohammed's *Koran* mindestens eine Ahnung von der Bedeutung Christi und eine tiefe Ehrfurcht vor seiner Erscheinung finden, nennt ein kultivierter, führender Jude unseres Jahrhunderts Christus: »die Neugeburt mit der Totenmaske«, die dem jüdischen Volke neue und schmerzliche Wunden geschlagen hat; etwas Anderes vermag er in ihm nicht zu erblicken.[2]) Er versichert uns beim Anblick des Kreuzes: »Die

Das »fremde Volk«

---

[1] *Eckermann's Gespräche*, 7. Oktober 1828. Dasselbe hatte Giordano Bruno gelehrt, welcher behauptete, einzig die Juden stammten von Adam und Eva ab, die übrigen Menschen von einer weit älteren Rasse nach Diderot .

[2] Graetz: *Volkstümliche Geschichte der Juden*, I, 591.

Juden brauchen gar nicht diese krampfhafte Erschütterung zur inneren
Besserung«, und fügt hinzu: »namentlich nicht in den mittleren
Klassen der Städtebewohner«! Weiter reicht das Verständnis nicht.
In einer im Jahre 1880 neu verlegten (!) Schrift eines spanischen
Juden (Mose de Leon) wird Jesus Christus ein »toter Hund« genannt, der »in einem Düngerhaufen begraben« liege. Ausserdem
haben die Juden gerade in den letzten Jahrzehnten unseres Säculums
für mehrere Ausgaben (natürlich in hebräischer Sprache) der sogenannten
»Censurstellen« aus dem *Talmud* gesorgt, nämlich, jener sonst aus-
gelassenen Stellen, in denen Christus als »Narr«, als »Zauberer«, als
»Gottloser«, als »Götzendiener«, als »Hund«, als »Bastard«, als »Kind
der Wollust«, als »Hurensohn« u. s. w. dem Hohn und dem Hass
preisgegeben und empfohlen wird; seine erhabene Mutter desgleichen.[1]
Wir thun den Juden gewiss kein Unrecht, wenn wir sagen, dass
ihnen die Erscheinung Christi einfach ein Unbegreifliches und ein
Ärgernis ist. Obwohl sie scheinbar aus ihrer Mitte hervorging, verkörpert sie dennoch die Verleugnung ihres ganzen Wesens — wofür
die Juden ein viel feineres Gefühl haben als wir. Diese Ver-
anschaulichung der tiefen Kluft, welche uns Europäer vom Juden
scheidet, gebe ich durchaus nicht, um das Schwergewicht auf den
gefährlichen Boden religiöser Voreingenommenheit hinüberzuwälzen,
sondern weil mich dünkt, dass das Gewahrwerden zweier so grund-
verschiedener Gemütsanlagen einen wahren Abgrund aufdeckt; es
thut gut, einmal in diesen Abgrund hinunterzuschauen, damit man
nicht an anderen Orten, wo scheinbare Annäherung stattfindet, das
tief Trennende übersehe.

Aber noch eine weitere Erwägung muss aus dem Gewahrwerden dieser Trennung sich uns ergeben. Der Jude versteht uns

---

[1] Siehe Laible: *Jesus Christus im Talmud*, S. 2 fg. (Schriften des Institutum
Judaicum in Berlin, Nr. 10; im Anhange sind die hebräischen Urtexte mitgeteilt).
Dieser durchaus unparteiische, judenfreundliche Gelehrte bezeugt: »Der Hass und
Hohn der Juden warf sich zunächst immer auf die Person Jesu selbst« (S. 25).
»Der Jesushass der Juden ist eine feststehende Thatsache, nur wollen sie ihn
möglichst wenig zur Schau gestellt wissen« (S. 3). Den Hass gegen Jesus be-
zeichnet derselbe Gelehrte als »den nationalsten Zug des Judentums« (S. 86); er
sagt: »bei Annäherung des Christentums erfasste je und je die Juden ein an
Wahnsinn streifender Zorn und Hass« (S. 72). Noch heute darf kein gläubiger
Jude den Namen Christi mündlich oder schriftlich aussprechen (S. 3 und 32); die
üblichsten Kryptonymen sind »der Bastard« oder »der Hurensohn« oder »der
Gehenkte«, häufig auch »Bileam«.

nicht, das ist sicher; können wir hoffen, ihn zu verstehen, ihm gerecht zu werden? Vielleicht; wenn wir ihm nämlich in der That geistig und moralisch überlegen sind, wie Renan in der vorhin angeführten Stelle behauptete und wie andere, vielleicht zuverlässigere Gelehrte ebenfalls gemeint haben. [1]) Wir müssten ihn aber dann wirklich auch von der Höhe unserer Überlegenheit aus beurteilen, nicht aus den Niederungen des Hasses und des Aberglaubens, noch weniger aus den Sümpfen des Missverständnisses, in denen unsere Religions-lehrer seit 2000 Jahren herumwaten. Dem Juden Gedanken zu-schreiben, die er niemals gedacht, ihn als den Träger der gross-artigsten religiösen Intuitionen verherrlichen, die ihm ferner als vielleicht irgend welchen Menschen auf Erden lagen und im allerbesten Falle nur hier und dort als ein Schrei der Empörung gegen die besondere Gemütshärte dieses Volkes in dem Herzen Vereinzelter sich regten — und ihn dann dafür verdammen, dass er heute so ganz anders ist, als er nach diesen Erdichtungen sein sollte, das ist doch offenbar un-gerecht. Es ist nicht allein ungerecht, sondern für das öffentliche Gefühl bedauerlich irreleitend; denn durch das Verhältnis zu unserem religiösen Leben, welches wir dem Juden angedichtet haben, erscheint sein Haupt in einer Art Glorienschein, und wir sind dann höchlich empört, wenn aus dieser *auréole postiche* kein Heiliger uns ent-gegentritt. Wir stellen höhere Ansprüche an den Juden als an uns selber, blosse Heidensöhne. Da ist doch das jüdische Zeugnis ganz anders zutreffend; es spannt die Erwartungen so wenig hoch, dass wir über jeden edlen Zug, den wir später entdecken, über jede Er-klärung, die wir für jüdische Gebrechen finden, uns aufrichtig freuen. Jahve zum Beispiel wird nicht müde zu erklären: »Ich sehe, dass dies Volk ein halsstarriges Volk ist«, [2]) und Jeremia giebt von der moralischen Beschaffenheit der Juden eine Charakterisierung, wie sie Monsieur Édouard Drumont nicht farbenreicher wünschen könnte: »Ein Freund täuscht den andern und redet kein wahres Wort; sie fleissigen sich darauf, wie Einer den Anderen betrüge, und ist ihnen leid, dass sie es nicht ärger machen können«. [3]) Kein Wunder,

[1]) Siehe namentlich die berühmte Stelle in Lassen's: *Indische Altertumskunde*, wo der grosse Orientalist seine Überzeugung, dass die indoeuropäische Rasse »höher und vollständiger begabt«, dass in ihr allein »das harmonische Gleichmass aller Seelenkräfte ausgebildet sei, ausführlich begründet. I, 414, Ausgabe des Jahres 1847.)

[2]) 2 *Mose* XXXII, 9, XXXIV, 9, 5 *Mose* IX, 13 u. s. w.

[3]) IX, 5.

nach dieser Schilderung, dass Jeremia die Juden »einen frechen
Haufen« nennt und nur eine Sehnsucht kennt: »Ach, dass ich eine
Herberge hätte in der Wüste! so wollte ich mein Volk verlassen
und von ihnen ziehen!« Für die unglaubliche Unwissenheit über
die Natur des Juden, die unter uns herrscht, sind wir also allein ver-
antwortlich; nie hat ein Volk ein so umfassendes, aufrichtiges Bild
seiner Persönlichkeit gegeben wie der Hebräer in seiner Bibel, ein
Bild, welches (so weit ich nach Bruchstücken urteilen darf) durch
den Talmud, wenn auch in verblasster Manier, noch ergänzt wird.
Ohne also in Abrede zu stellen, wie schwer es uns — »von anderen
Urvätern Abgestammten« — fallen muss, das »fremde, asiatische Volk«
richtig zu beurteilen, müssen wir doch einsehen, dass die Juden von
jeher alles Mögliche thaten, um dem Unvoreingenommenen Aufschluss
über sich zu geben, ein Umstand, welcher wohl zu der Hoffnung
berechtigt, grundlegende Einsichten über ihr Wesen gewinnen zu
können. — Eigentlich müssten die Vorgänge, die sich unter unseren
Augen abspielen, zu besagtem Zwecke genügen. Ist es möglich,
täglich Zeitungen zu lesen, ohne jüdische Sinnesart, jüdischen Geschmack, jüdische Moral, jüdische Ziele kennen zu lernen? Ein paar
Jahrgänge der *Archives israélites* belehren ja mehr als eine ganze
antisemitische Bibliothek; und zwar durchaus nicht bloss über die
minder angenehmen, sondern auch über die vortrefflichen Charakter-
züge der Juden. Doch hier, in diesem Kapitel, will ich die Gegenwart nicht heranziehen. Sollen wir ein sachliches, vollgültiges Urteil
darüber uns bilden, was der Jude als Miterbe und als Mitarbeiter in
unserem Jahrhundert zu bedeuten hatte, so müssen wir vor allen
Dingen uns darüber klar werden, was er i s t. Aus dem, was ein
Mensch von Natur ist, folgt mit strenger Notwendigkeit, was er unter
gegebenen Bedingungen thun wird; der Philosoph sagt: *operari sequitur
esse:* ein altes deutsches Sprichwort drückt dasselbe gemütlicher aus:
»Nur was ein Mensch ist, kann man aus ihm herauskriegen«.

Historische
Vogelschau.
    Reine Historie führt nun hier weder schnell noch sicher zum
Ziel, ausserdem kann es nicht meine Aufgabe sein, eine Geschichte
der Juden zu bieten. Wie in anderen Kapiteln, so auch hier
perhorresziere ich das Abschreiben. Jedermann weiss ja, wie und
wann die Juden in die abendländische Geschichte eintraten: erst durch
die Diaspora, dann durch die Zerstreuung. Ihr wechselndes Schicksal
in verschiedenen Ländern und Zeiten ist ebenfalls bekannt, wenn man
auch freilich Manches weiss, was absolut unwahr ist und Manches

nicht weiss, was zu wissen Not thäte. Keinem brauche ich aber erst mitzuteilen, dass durch alle christliche Jahrhunderte hindurch die Juden eine, wenn auch manchmal eng beschränkte, so doch wichtige Rolle spielten. Schon in den frühesten westgotischen Zeiten verstanden sie es, als Sklavenhändler und Geldvermittler sich Einfluss und Macht zu verschaffen. Waren sie auch nicht allerorten, wie bei den spanischen Mauren, mächtige Staatsminister, die dem Beispiel Mardochai's folgend, die einträglichsten Ämter mit »der Menge ihrer Brüder« füllten, brachten sie es auch nicht überall, wie im katholischen Spanien, zum Bischof und Erzbischof,[1]) so war doch ihr Einfluss überall und immer ein grosser. Schon die Babenberg'schen Fürsten des 13. Jahrhunderts gaben ihren Nachfolgern das Beispiel, die Finanzen des Landes von Juden verwalten zu lassen und diese Verwalter durch Ehrentitel auszuzeichnen;[2]) der grosse Papst Innocenz III. vergab wichtige Stellen in seinem Hofstaate an Juden;[3]) die Ritter Frankreichs mussten Gut und Habe an die Juden verpfänden, um an den Kreuzzügen teilnehmen zu können;[4]) Rudolph von Habsburg begünstigte die Juden in jeder Weise, er »vindizierte sie als Knechte seiner kaiserlichen Kammer«, und indem er sie der gewöhnlichen Gerichtsbarkeit entzog, machte er es sehr schwer, eine Klage gegen einen Juden überhaupt durchzuführen;[5]) kurz: das, was ich den Eintritt der Juden in unsere europäische Geschichte nenne, hat nicht aufgehört, zu jeder Zeit und an jedem Orte sich fühlbar zu machen. Wer befähigt wäre, Geschichte mit dem einen Zweck zu studieren, den jüdischen Einfluss genau zu entwirren, würde, glaube ich, unerwartete Ergebnisse zu Tage fördern. Ohne Detailforschung können wir diesen Einfluss nur dort deutlich und unzweifelhaft feststellen, wo die Juden in grösserer Zahl vorhanden waren. Im 2. Jahrhundert z. B. sind die Juden auf der Insel Cypern in der Mehrzahl; sie beschliessen einen Nationalstaat zu gründen und befolgen zu diesem Zweck das aus dem Alten Testament bekannte Verfahren: sie er-

---

[1]) Siehe das Buch des Juden David Mocatta: *Die Juden in Spanien und Portugal,* deutsch von Kayserling 1878, wo ausführlich erzählt wird, wie in Spanien: »Geschlechter und Geschlechter von geheimen Juden lebten, vermischt mit allen Klassen der Gesellschaft, im Besitze jeder Stellung im Staate und besonders in der Kirche«!

[2]) Graetz: a. a. O., II, 563.

[3]) Israel Abrahams: *Jewish Life in the Middle Ages.*

[4]) André Réville: *Les Paysans au Moyen-Âge,* 1896, p. 3.

[5]) Siehe u. A. Realis: *Die Juden und die Judenstadt in Wien,* 1846, S. 18 u. s. w.

schlagen an einem Tage die sämtlichen übrigen Bewohner, 240 000
an der Zahl; und damit dieser Inselstaat nicht ohne einen sichern
Rückhalt auf dem Festland bleibe, erschlagen sie zugleich die 220 000
nicht-jüdischen Bewohner der Stadt Cyrene.[1] In Spanien verfolgen
sie denselben Zweck mit grösserer Vorsicht und erstaunlicher Beharrlichkeit.   Gerade unter der Regierung desjenigen Westgotenkönigs,
der sie mit Wohlthaten überhäuft hatte, rufen sie die stammverwandten
Araber aus Afrika herüber; ohne Hass, nur weil sie dabei zu profitieren hoffen, verraten sie ihren edlen Beschützer; unter den Kalifen
bekommen sie dann nach und nach einen immer grösseren Anteil
an der Regierung; »sie konzentrierten«, schreibt der durchaus judenfreundliche Geschichtsschreiber Heman, »sowohl die geistigen als die
materiellen Kräfte vollständig in ihrer Hand«; dabei ging allerdings
der blühende maurische Staat geistig und materiell zu Grunde, was
aber den Juden gleichgültig war, da sie inzwischen im christlichen
Staat der Spanier, berufen den maurischen zu ersetzen, eben so festen
Fuss gefasst hatten. »Der bewegliche Reichtum des Landes lag hier
ganz in ihren Händen; der Grundbesitz kam immer mehr in dieselben
Hände durch Wucher und Aufkauf der verschuldeten Adelsgüter.
Vom Staatssekretär und Finanzminister ab waren alle Beamtungen,
die mit Steuer- und Geldsachen zu thun hatten, in jüdischen Händen.
Durch Wucher war ihnen fast ganz Aragonien verpfändet. In den
Städten bildeten sie die Majorität der begüterten Bevölkerung.«[2]
Ganz schlau waren sie aber, wie immer, auch dort nicht; ihre Macht
hatten sie benutzt, um sich allerhand Privilegien zu erwirken, so z. B.
genügte der Eid eines einzigen Juden, um Schuldforderungen gegen
Christen zu beweisen (wie übrigens im Erzherzogtum Österreich und
vielerorten), während das Zeugnis eines Christen vor Gericht gegen
einen Juden nichts galt, und anderes dergleichen; diese Privilegien
missbrauchten sie in so massloser Weise, dass endlich das Volk sich
erhob. Nicht unähnlich wäre es in Deutschland ergangen, hätten
nicht die Kirche und einsichtige Staatsmänner bei Zeiten dem Übel
gesteuert. Karl der Grosse hatte sich Juden für die Verwaltung
seiner Finanzen aus Italien verschrieben; bald sicherten sie sich allerorten als Steuerpächter Reichtum und Einfluss und benutzten diese,

[1] Mommsen: *Römische Geschichte*, V, 515.
[2] Heman: *Die historische Weltstellung der Juden* 1882, S. 24 fg. — Für
eine anders gefärbte Darstellung, die aber im Thatsächlichen vollkommen übereinstimmt, siehe Graetz: *Volkth. Gesch. d. Juden II*, 511 fg.

um für ihre Nation wichtige Vorrechte auszumachen: Handels-
privilegien, geringeres Strafmass bei Verbrechen u. s. w., ja, man
zwang die gesamte Bevölkerung, ihre Märkte auf den Sonntag zu verlegen, weil der bisher übliche Samstag den Juden ihres Sabbats
wegen unangenehm war: es gehörte damals zum höfischen *bon ton*,
die Synagogen zu besuchen! Doch hier trat die Reaktion ziemlich
bald ein und kräftig, und zwar durchaus nicht allein, wie es die
Historiker meistens darzustellen belieben, als Folge pfäffischen Auf-
hetzens — solche Erscheinungen gehören zur Schale nicht zum Kern
der Geschichte — sondern in erster Reihe darum, weil der Germane
eben so sehr ein geborener Industrieller und Kaufmann, wie ein geborener Krieger ist, und er daher, sobald mit der Städtebildung diese
Instinkte in ihm wach wurden, dem unlauteren Wettbewerber in
sein Spiel sah und voll heftiger Empörung seine Entfernung forderte.
Und so liesse sich, wenn das der Zweck dieses Kapitels wäre, Flut
und Ebbe des jüdischen Einflusses bis heute hinab verfolgen, wo alle
Kriege unseres Jahrhunderts in so eigentümlichem Konnex mit jüdischen
Finanzoperationen stehen, von Napoleon's russischem Feldzug und
Nathan Rothschild's Zuschauerrolle bei der Schlacht von Waterloo an,
bis zu der Zuziehung der Herren Bleichröder deutscherseits und
Alphonse Rothschild französischerseits zu den Friedensverhandlungen
des Jahres 1871 und bis zur »Commune«, welche von Anfang an
allen Einsichtigen eine jüdisch-napoleonistische Machination dünkte.

Dieser politisch-soziale Einfluss der Juden wurde nun sehr ver- Consensus
schieden beurteilt, doch von den grössten Politikern zu allen Zeiten ingeniorum.
für verderblich gehalten. Cicero z. B. (wenn auch kein grösster
Politiker, so doch ein erfahrener Staatsmann) legt eine wahre Furcht
vor den Juden an den Tag; wo eine gerichtliche Verhandlung ihre
Interessen berührt, redet er so leise, dass die Richter allein ihn hören,
denn er weiss, sagt er, wie alle Juden zusammenhalten und wie sie
den zu verderben verstehen, der sich ihnen entgegenstellt; sonst,
gegen Griechen, gegen Römer, gegen die mächtigsten Männer seiner
Zeit, donnert er die ärgsten Beschuldigungen. den Juden gegenüber
rät er Vorsicht, sie sind ihm eine unheimliche Macht, und mit möglichster
Hast gleitet er hinweg über jene Hauptstadt ·des Argwohns und der
Verleumdung«, Jerusalem: so urteilte ein Cicero unter dem Konsulat
eines Julius Caesar![1]) Kaiser Tiberius, nach manchen Geschichts-

---

[1] Siehe die *Verteidigung des Lucius Flaccus*, Abschn. XXVIII.

schreibern der tüchtigste Herrscher, den das römische Imperium be-
sessen, erkannte in der Immigration der Juden (also ebenfalls schon
vor der Zerstörung Jerusalems!) eine nationale Gefahr; Friedrich II.,
der Hohenstaufe, gewiss einer der genialsten Menschen, die je die
Krone getragen und das Schwert geführt haben, ein frei er denkender
Mann als irgend ein Monarch unseres 19. Jahrhunderts, ein begeisterter
Bewunderer des Morgenlandes und generöser Unterstützer hebräischer
Gelehrten, hielt es dennoch für angezeigt (entgegen der Sitte seiner
Zeitgenossen) die Juden von allen öffentlichen Ämtern auszuschliessen
und wies warnend darauf hin, dass wo man auch den Juden zur Gewalt zulässt, er sie missbraucht; genau dasselbe lehrte der andere grosse
Friedrich II., der Hohenzollern, der jede Freiheit gewährte, nur nicht
die der Juden; nicht unähnlich hat Fürst Bismarck, als er noch offen
reden durfte, sich im Landtag (1847) geäussert, und der grosse Geschichtsforscher Mommsen spricht vom Judentum als von einem »Staat
im Staate«. — Was speziell den sozialen Einfluss betrifft, so will ich
mich begnügen, zwei weise, gerechte Männer anzuführen, deren Urteil
selbst den Juden nicht verdächtig sein kann, Herder und Goethe.
Der Erste behauptet: »Ein Ministerium, bei dem der Jude Alles gilt,
eine Haushaltung, in der ein Jude die Schlüssel zur Garderobe oder
der ganzen Kasse des Hauses führt, ein Departement oder Kommissariat,
in welchem die Juden die Hauptgeschäfte treiben — — sind unauszu-
trocknende pontinische Sümpfe«; und er meint, die Gegenwart einer
unbestimmten Menge Juden sei für einen europäischen Staat so verderblich, dass man sich »nicht durch allgemeine menschenfreundliche
Grundsätze leiten lassen dürfe«, sondern es handle sich um eine
Staatsfrage, und es sei Pflicht eines jeden Staates, festzustellen: »wie
viele von diesem fremden Volke dürfen ohne Nachteil der Eingeborenen
geduldet werden«.[1] Goethe geht noch tiefer: »Wie sollten wir dem
Juden den Anteil an der höchsten Kultur vergönnen, deren Ursprung
und Herkommen er verleugnet?«[2] Goethe und Herder urteilen also
genau so wie der grosse Hohenstaufe, wie der grosse Hohenzollern,
und wie alle grossen Männer vor und nach ihnen: ohne in abergläubischer Weise dem jüdischen Volk seine Eigenart zum Vorwurf
zu machen, halten sie es für eine thatsächliche Gefahr für unsere
Civilisation und für unsere Kultur; sie würden ihm einen thätigen

---

[1] *Adrastea: Bekehrung der Juden.*
[2] *Wilhelm Meister's Wanderjahre*, Buch III, Kap. 11.

Anteil daran nicht vergönnen. Über einen derartigen *consensus ingeniorum* kann man doch nicht so ohne Weiteres zur Tagesordnung übergehen. Denn allen diesen wohlerwogenen, ernsten, aus der Fülle der Erfahrung und dem Scharfblick der bedeutendsten Geister hervorgegangenen Urteilen hat man weiter nichts entgegenzustellen, als die hohlen Phrasen des phrasenhaftesten Volkes in der phrasenreichsten Periode seiner mit Phrasen gepflasterten Geschichte, nichts als die *droits de l'homme* — einen parlamentarischen Wisch.[1]

---

[1] Ich habe meine Citate mit Absicht beschränkt. Doch kann ich mich nicht enthalten, mindestens in einer Anmerkung den grossen Voltaire gegen die jetzt so ziemlich allerorten eingebürgerte Fabel in Schutz zu nehmen, als habe er so überaus günstig und »humanitär« flach, wie unser Jahrhundert es wünschen möchte, über den Einfluss der Juden auf unsere Kultur geurteilt. Selbst Juden von so umfassender Bildung wie ein James Darmesteter (*Peuple Juif*, 2. éd. p. 17) drucken den Namen Voltaire in fetten Buchstaben und stellen ihn als einen der geistigen Urheber ihrer Emanzipation dar. Das Gegenteil ist wahr; mehr als einmal rät Voltaire, man solle die Juden nach Palästina zurückschicken. Voltaire gehört zu den Autoren, die ich am besten kenne, weil ich die kurzweiligen Bücher den langweiligen vorziehe, und ich glaube, ich könnte leicht hundert Citate aggressivster Art gegen die Juden zusammenstellen. In dem Aufsatz des *Dictionnaire Philosophique* (Ende von *section I*) sagt er: »*Vous ne trouverez dans les Juifs qu'un peuple ignorant et barbare, qui joint depuis longtemps la plus sordide avarice à la plus détestable superstition et à la plus invincible haine pour tous les peuples qui les tolèrent et qui les enrichissent.*« In *Dieu et les hommes* (ch. X) nennt er die Juden: »*la plus haïssable et la plus honteuse des petites nations*«. Mehr kann man wirklich kaum verlangen, um über seine Meinung ins Klare zu kommen! Doch diese Meinung sollte umso mehr Gewicht haben, als gerade Voltaire in vielen und umfangreichen Schriften sich eingehend mit jüdischer Geschichte und mit dem Studium des jüdischen Charakters abgegeben hat (so eingehend, dass der als »oberflächlicher Dilettant« Verachtete heutzutage gelegentlich von einem Fachgelehrten ersten Ranges wie Wellhausen citiert wird). Und so ist es beachtenswert, wenn er schreibt (*Essai sur les Mœurs*, ch. XLII): »*La nation juive ose étaler une haine irréconciliable contre toutes les nations, elle se révolte contre tous ses maîtres; toujours superstitieuse, toujours avide du bien d'autrui, toujours barbare, — rampante dans le malheur, et insolente dans la prospérité*«. Auch über die geistigen Anlagen der Juden urteilt er kurz und apodiktisch; er behauptet: »*Les Juifs n'ont jamais rien inventé*« (*La défense de mon oncle*, ch. VII., und in dem *Essai sur les Mœurs* führt er in mehreren Kapiteln aus, die Juden hätten stets von anderen Nationen gelernt, niemals aber selber die anderen etwas gelehrt; selbst ihre Musik, sonst allgemein gelobt, kann Voltaire nicht ausstehen: »*Retournez en Judée le plus tôt que vous pourrez — — — vous y exécuterez à plaisir dans votre détestable jargon votre détestable musique*« (6me *lettre du Dictionnaire*). Diese eigentümliche geistige Sterilität der Juden erklärt er an anderen Orten durch die unmässige Gier nach Gold: »*L'argent fut l'objet de leur conduite dans tous les temps*«. (*Dieu et les hommes*, XXIX). An hundert Stellen spottet Voltaire über die Juden, z. B. in *Zadig* (ch. X), wo der

Fürsten
und Adel.

Andererseits ist es sicher und muss wohl beachtet werden, dass
wenn die Juden die Verantwortung für manche grauenhafte historische
Entwickelung, für den Verfall mancher heldenmütiger, kraftstrotzender
Völker trifft, diese Verantwortung noch schwerer auf den Häuptern
jener Europäer lastet, welche die zersetzende Thätigkeit der Juden aus
den schnödesten Gründen stets ermutigt, beschützt, gefördert haben,
und das sind in erster Reihe die Fürsten und der Adel — und zwar
von dem ersten Säculum unserer Zeitrechnung an bis zum heutigen
Tage. Man schlage die Geschichte welches europäischen Volkes man
will, auf; überall wird man, sobald die Juden zahlreich sind und sich
»zu fühlen« beginnen, bittere Klagen aus dem Volk, aus dem Kauf-
mannsstand, aus den Kreisen der Gelehrten und der dichterischen
Seher gegen sie erheben hören, und immer und überall sind es die
Fürsten und der Adel, welche sie beschützen: die Fürsten, weil sie
Geld zu ihren Kriegen brauchen, der Adel, weil er leichtsinnig lebt.
Von Wilhelm dem Eroberer erzählt z. B. Edmund Burke[1]), dass, da
die Einkommen aus *talliage* und aus allerhand anderen drückenden

Jude einen feierlichen Dank zu Gott emporsendet für einen gelungenen Betrug;
die beissendste Satire auf das Judentum, die es überhaupt giebt, ist ohne Frage die
Schrift *Un Chrétien contre six Juifs*. Und doch haftete allen diesen Äusserungen
eine gewisse Reserve an, da sie für die Veröffentlichung bestimmt waren; wogegen
Voltaire in einem Brief an den Chevalier de Lisle vom 15. Dezember 1773 (also an
seinem Lebensende, nicht in der Hitze der Jugend) seine Meinung ohne Zurück-
haltung aussprechen durfte: *Que es déprépucés d'Israël se disent de la tribu de
Nephthali ou d'Issachar, cela est fort peu important: ils n'en sont pas moins les plus
grands gueux qui aient jamais souillé la face du globe.* — Man sieht, der feurige
Franzose urteilt über die Juden wie nur irgend ein fanatischer Bischof; er unterscheidet sich höchstens durch den Zusatz, den er hin und wieder seinen heftigsten
Ausfällen anhängt: *Il ne faut pourtant pas les brûler*. Ein fernerer Unterschied
liegt in der Thatsache, dass es ein humaner, toleranter und gelehrter Mann ist,
der dieses überaus scharfe Urteil fällt. Doch wie erklärt man das Vorhandensein
einer so erbarmungslos einseitigen, jede Hoffnung ausschliessenden Gesinnung bei
einem so liberal denkenden Manne, einer Gesinnung, die in ihrer Masslosigkeit
unvorteilhaft von den oben angeführten Worten der deutschen Weisen absticht?
Hier könnte unsere Zeit viel lernen, wenn sie es wollte! Denn man sieht, dass diesem
gallischen Drang nach Gleichheit und Freiheit nicht die Liebe zur Gerechtigkeit,
nicht die Achtung vor der Individualität zu Grunde liegt; und man darf weiter
folgern: nicht aus Prinzipien ergiebt sich Verständnis, nicht aus allgemeiner Menschen-
freundlichkeit die Möglichkeit, in würdevollem Frieden nebeneinander zu leben,
sondern einzig die rücksichtslose Anerkennung des Trennenden der eigenen Art und
der eigenen Interessen kann gerecht machen gegen fremde Art und fremde Interessen.

[1] *An abridgment of English History*, book III., ch. 2.

Steuern ihm nicht genügten, er von Zeit zu Zeit den Juden ihre
Schuldscheine entweder konfiszierte oder für ein Spottgeld abzwang,
wodurch dann, da fast der gesamte anglo-normännische Adel des
11. Jahrhunderts in den Händen der jüdischen Wucherer lag, der
König selber der erbarmungslos strenge Gläubiger seiner hervorragendsten
Unterthanen wurde. Dabei beschützte er zugleich die Juden und verlieh ihnen Privilegien aller Art. Dieses eine Beispiel stehe für tausende
und abertausende. [1]) Haben also die Juden einen grossen und historisch
verderblichen Einfluss ausgeübt, so ist es nicht zum Wenigsten Dank
der Komplizität jener beiden Elemente, die in geradezu niederträchtiger
Weise die Juden zugleich verfolgten und ausnutzten. Und zwar dauert
dies bis hinab in unser Jahrhundert: Graf Mirabeau steht schon vor
der Revolution mit den Juden in engster Fühlung, [2]) Fürst Talleyrand
verficht in der Constituante ihre unbedingte Emanzipation gegen die
Vertreter aus den bürgerlichen Ständen, Napoleon beschirmt sie, als
nach so wenigen Jahren schon aus ganz Frankreich klagende Bitten
um Schutz gegen sie bei der Regierung eingereicht werden, und zwar
thut er es, obwohl er selber im Staatsrate ausgerufen hatte: »Heuschrecken und Raupen sind diese Juden, sie fressen mein Frankreich
auf«! — er brauchte eben ihr Geld; Fürst Dalberg verkauft den Frank-
furter Juden, der gesamten Bürgerschaft zum Trotz, die vollen Bürger-
rechte für eine halbe Million Gulden (1811), die Hardenbergs und die
Metternichs lassen sich beim Wiener Kongress vom Bankhaus Rothschild umgarnen, und, entgegen den Stimmen sämtlicher Bundes-
vertreter, verfechten sie den Nachteil der Deutschen und den Vorteil der

---

[1]) Der berühmte Nationalökonom Dr. W. Cunningham vergleicht in seinem
Buche *The Growth of English industry and commerce during the early and middle ages*
(3. Aufl., 1896, S. 201) die Wirksamkeit der Juden in England vom 10. Jahrhundert
an mit einem Schwamme, der alle Wohlhabenheit des Landes aufsaugt und dadurch jede wirtschaftliche Entfaltung hintanhält. Interessant ist daselbst der Nachweis,
dass schon zu jenen frühen Zeiten die Gesetzgebung sich alle Mühe gab, die Juden
zu der Annahme anständiger Gewerbe und ehrlicher Arbeit zu veranlassen, und dadurch
zugleich zur Amalgamierung mit der übrigen Bevölkerung, doch alles ohne Erfolg.

[2]) Über Mirabeau's Beeinflussung durch »die klugen Weiber aus der Judenschaft« (wie Gentz sagt) und seine Zugehörigkeit zu wesentlich jüdischen geheimen
Verbindungen, siehe, ausser Graetz: *Volkst. Geschichte der Juden* III, 600, 610 fg.: ganz
besonders l'Abbé Lémann: *L'entrée des Israélites dans la société française*, Buch III,
Kap. 7; als konvertierter Jude versteht dieser Autor, was andere nicht verstehen,
und zugleich sagt er, was die jüdischen Autoren verschweigen. Vor Allem wichtig
dürfte bei Mirabeau die Thatsache sein, dass er von Jugend auf stark verschuldet
an die Juden war Carlyle: *Essay on Mirabeau*.

Juden und setzen schliesslich ihren Willen durch, ja, die beiden durch sie
vertretenen konservativsten Staaten sind die ersten, welche diejenigen
Mitglieder des »fremden, asiatischen Volkes«, die in den Jahren der
allgemeinen Not und des Jammers auf unsauberem Wege zu ungeheueren Reichtümern gelangt waren, in den erblichen Adelsstand erheben, was ehrlichen und verdienten Juden nie geschehen war. [1])
Waren also die Juden für uns eine verderbliche Nachbarschaft, so
fordert doch die Gerechtigkeit das Geständnis, dass sie nach der
Natur ihrer Instinkte und ihrer Gaben handelten, wobei sie zugleich ein wahrhaft bewunderungswürdiges Beispiel der Treue gegen
sich selbst, gegen die eigene Nation, gegen den Glauben der Väter
gaben; die Versucher und die Verräter waren nicht sie, sondern wir.
Wir selber waren die verbrecherischen Helfershelfer der Juden, das
war so und das ist noch heute so; und wir selber übten Verrat an
dem was der erbärmlichste Bewohner des Ghetto heilig hielt, an der
Reinheit des ererbten Blutes; auch das war schon früher so, und ist
so heute mehr denn je. Einzig die christliche Kirche scheint unter
den grossen Mächten im Ganzen gerecht und weise gehandelt zu
haben (wobei man natürlich von jenen Bischöfen absehen muss, die
eigentlich weltliche Fürsten waren, sowie von einzelnen Päpsten). Die
Kirche hat die Juden im Zaum gehalten, sie als fremde Menschen
behandelt, zugleich aber sie vor Verfolgung geschützt. Jede anscheinend »kirchliche« Verfolgung wurzelt in Wahrheit in unerträglich
gewordenen ökonomischen Zuständen; nirgends sieht man das deutlicher als in Spanien. Heute, wo die öffentliche Meinung so arg irre-
geleitet wird, indem die Juden ihre unversöhnliche Feindschaft vor
allem gegen jede Erscheinung des christlichen Glaubens bethätigen,
mag es gut sein, daran zu erinnern, dass die letzte Handlung der vor-
bereitenden Versammlung jenes ersten in unseren Zeiten zusammen-
berufenen Synedriums des Jahres 1807 eine spontane Kundgebung des
Dankes an die Geistlichen der verschiedenen christlichen Kirchen war,
für ihren durch Jahrhunderte gewährten Schutz. [2])

---

[1]) Übrigens ist dies eine alte Gepflogenheit der Fürsten, die nicht den Juden
allein zu Gute kommt; schon Martin Luther muss berichten: »Die Fürsten lassen
die Diebe hängen, die einen Gulden oder einen halben gestohlen haben, und hand-
thieren mit denen, die alle Welt berauben und stehlen mehr, denn alle Andern.«
(Von Kaufhandlung und Wucher.)

[2]) Diogène Tama: *Collection des actes de l'Assemblée des Israélites de France
et du royaume d'Italie* (Paris 1807, p. 327, 328; der Verfasser ist Jude und war

Doch genug dieser flüchtigen historischen Fragmente. Sie zeigen, dass »der Eintritt der Juden« auf den Gang der europäischen Geschichte seit dem 1. Jahrhundert einen nicht geringen und einen nach manchen Richtungen hin gewiss verhängnisvollen Einfluss ausgeübt hat. Damit ist aber über den Juden selber noch wenig ausgesagt; dass der nordamerikanische Indianer an dem Kontakt des Indoeuropäers ausstirbt, beweist noch nicht, dass letzterer ein schlechter, verderbnisvoller Mensch sei; dass der Jude uns schadet oder nützt, ist eine zu vielseitig bedingte Aussage, um ein sicheres Urteil über sein Wesen zu gestatten. Überhaupt steht der Jude seit 19 Jahrhunderten nicht bloss in äusserer Berührung mit unserer Kultur, als mehr oder weniger willkommener Hospitant, sondern auch in innerer Berührung. Aus seiner Mitte, wenn auch nicht aus seinem Stamm und seinem Geist, ging Jesus Christus, gingen die frühesten Bekenner der christlichen Religion hervor. Jüdische Geschichte, jüdische Vorstellungen, jüdisches Denken und Dichten wurden zu wichtigen Bestandteilen unseres seelischen Lebens. Es geht wohl doch nicht an, jene äussere Reibung von dieser inneren Durchdringung ganz zu trennen. Hätten wir den Juden nicht feierlich zu unserem Ohm ernannt, er wäre bei uns ebensowenig heimisch geworden wie der Sarazene oder wie jene übrigen Wracke halbsemitischer Völkerschaften, welche nur durch bedingungsloses Aufgehen in die Nationen Südeuropas ihr Leben — doch nicht ihre Individualität — retteten. Der Jude dagegen war ein gefeites Wesen; mochte er auch hin und wieder auf den Scheiterhaufen geschleppt werden, die blosse Thatsache, dass er Jesum Christum gekreuzigt hatte, umgab ihn mit einem feierlichen, Furcht erregenden Nimbus. Und während das Volk auf diese Weise fasciniert wurde, studierten die Gelehrten und heiligen

Sekretär des Abgesandten der Juden der Bouches-du-Rhône, M. Costantini. Nach einer ausführlichen Begründung schliesst das betr. Dokument: *»Les députés israélites arrêtent: Que l'expression de ces sentiments sera consignée dans le procès-verbal de ce jour pour qu'elle demeure à jamais comme un témoignage authentique de la gratitude des Israélites de cette Assemblée pour les bienfaits que les générations qui les ont précédés ont reçus des ecclésiastiques des divers pays d'Europe.«* Eingebracht wurde der Antrag von M. Isaac Samuel Avigdor, Vertreter der Juden in den Alpes-Maritimes. Tama setzt hinzu, die Rede des Avigdor sei mit Beifall aufgenommen und ihre Aufnahme *in extenso* ins Protokoll beschlossen worden. — Die heutigen jüdischen Historiker melden kein Wort von dieser wichtigen Begebenheit. Nicht allein Graetz übergeht sie mit Stillschweigen, sondern auch Bédarride: *Les Juifs en France* 1859, der sich den Anschein giebt, als berichte er ausführlich protokollarisch.

Männer Tag und Nacht in den Büchern der Hebräer: von den Aus-
sprüchen jüdischer Hirten wie Amos und Micha getroffen, fielen die
Denkmäler einer Kunst, wie sie die Welt nie wieder erblickt hat;
vor dem Hohn jüdischer Priester sank die Wissenschaft verachtet
dahin; entvölkert wurden Olymp und Walhall, weil es die Juden so
wollten; Jahve, der zu den Israeliten gesprochen hatte: »Ihr seid
mein Volk und ich bin euer Gott«, wurde nun der Gott der Indoeuropäer; von den Juden übernahmen wir die verhängnisvolle Lehre von
der unbedingten religiösen Intoleranz. Zugleich aber übernahmen wir
sehr grosse erhabene Seelenregungen; wir gingen bei Propheten in die
Lehre, welche eine so herbe, reine Moral predigten, wie ihresgleichen
nur auf dem fernen Boden Indiens zu finden gewesen wäre; wir
lernten einen so lebendigen, Leben gestaltenden Glauben an eine
höhere göttliche Macht kennen, dass er notwendigerweise unsere
Seele umgestalten und ihr eine neue Richtung geben musste — — —
war auch Christus der grosse Baumeister, die Architektur entlehnten
wir von den Juden. Jesaia, Jeremia, die Psalmisten wurden und
sind noch lebendige Kräfte in unsrem seelischen Leben.

Wer ist   Heute nun, wo diese innere Berührung schwächer zu werden
der Jude?   beginnt, während jene früher genannte äussere Reibung täglich
zunimmt, heute, wo wir der jüdischen Nähe gar nicht mehr ausweichen können, darf es uns nicht genügen zu wissen, dass fast alle
hervorragenden und freien Männer, von Tiberius an bis zu Bismarck,
die Gegenwart des Juden in unsrer Mitte als eine politisch-soziale
Gefahr betrachtet haben, sondern wir müssen im Stande sein, auf
Grundlage ausreichender Sachkenntnis selber bestimmte Urteile zu
fällen und darnach zu handeln. Man hat »Antisemitenkatechismen«
herausgegeben, in denen hunderte von Aussagen bekannter Männer
gesammelt sind; abgesehen davon aber, dass mancher Spruch, aus
dem Zusammenhang gerissen, nicht ganz redlich die Absicht des
Verfassers wiedergiebt, und dass aus manchem anderen ignorantes,
blindes Vorurteil spricht, ist doch offenbar ein eigenes Urteil mehr
wert, als zweihundert nachgeplapperte, und ich wüsste nicht, wie
wir zu einem kompetenten Urteil gelangen könnten, wenn wir nicht
einen höheren Standpunkt einnehmen lernen als den der bloss politischen Betrachtung, und ich wüsste nicht, wie dieser Standpunkt gewonnen werden könnte auf einem anderen Boden, als auf dem der
Geschichte, — nicht aber unserer modernen Geschichte, denn hier
wären wir Richter und Partei zugleich, sondern der Geschichte von

dem Werden des jüdischen Volkes. Dokumente liegen in Hülle und
Fülle vor; gerade in unsrem Jahrhundert sind sie durch die hingebende
Arbeit gelehrter Männer — zumeist Deutscher, doch auch hervorragender Franzosen, Holländer und Engländer — geprüft, kritisch gesichtet und historisch klassifiziert worden; viel bleibt noch zu thun,
doch ist genug schon geschehen, damit wir eines der merkwürdigsten
und dadurch fesselndsten Blätter menschlicher Historie im Grossen
und Ganzen bereits deutlich überblicken können. Dieser Jude, der so
ewig unveränderlich, so beharrlich, wie Goethe meinte, erscheint, er
ist doch geworden, langsam geworden, ja, ·künstlich· geworden!
Sicherlich wird er auch, wie alles Gewordene, vergehen. Schon das
bringt ihn uns menschlich näher. Was ein ·Semit· ist, das vermag
kein Mensch zu sagen. Vor hundert Jahren glaubte es die Wissenschaft
zu wissen: Semiten waren die Söhne Sem's; jetzt wird die Antwort
immer unbestimmter; man hatte gewähnt, das sprachliche Kriterium
sei entscheidend: ein gewaltiger Irrtum! Zwar bleibt der Begriff
·Semit· unentbehrlich, weil durch ihn ein vielseitiger Komplex
historischer Erscheinungen in seiner Zusammengehörigkeit bezeichnet
wird; es fehlt jedoch jede feste Grenzlinie; an der Peripherie schmilzt
diese ethnographische Vorstellung mit anderen zusammen. Schliesslich
bleibt der ·Semit·, als Begriff einer Urrasse, gleichwie der ·Arier·,
einer jener Rechenpfennige, ohne welche man sich nicht verständigen
könnte, die man sich aber wohl hüten muss, für bare Münze zu
halten. Die wirkliche bare Münze sind dagegen jene empirisch
gegebenen, historisch gewordenen nationalen Individualitäten, von
denen ich im vorigen Kapitel gesprochen habe, solche Individualitäten
wie z. B. die Juden. Rasse ist nicht ein Urphänomen, sondern sie
wird erzeugt: physiologisch durch charakteristische Blutmischung,
gefolgt von Inzucht: psychisch, durch den Einfluss, welchen lang
anhaltende, historisch-geographische Bedingungen auf jene besondere,
spezifische, physiologische Anlage ausüben.[1]) Wollen wir also (und
das, meine ich, muss die Hauptaufgabe dieses Kapitels sein) den
Juden fragen: wer bist du? so müssen wir zuerst erforschen, ob
dieser so scharf ausgeprägten Individualität nicht eine Blutmischung
zu Grunde liegt, und sodann — wenn das Resultat ein bejahendes
ist — verfolgen, wie die hierdurch entstandene eigenartige Seele sich
immer weiter differenzierte. Wie nirgends anderswo kann man

[1] Vergl. S. 288.

gerade beim Juden diesen Vorgang verfolgen, denn die gesamte jüdische Nationalgeschichte gleicht einem fortwährenden Ausscheidungsverfahren; der Charakter des jüdischen Volkes wird immer individueller, immer ausgesprochener, immer einfacher; zuletzt bleibt gewissermassen vom ganzen Wesen nur das mittlere Knochengerüst übrig; die langsam gereifte Frucht wird ihrer flaumigen, farbigen Hülle, ihres saftigen Fleisches beraubt, denn diese könnten von aussen befleckt und angefressen werden, einzig der steinigte Kern besteht weiter, zwar verschrumpft und dürr, der Zeit aber trotzend. Doch, wie gesagt, das war nicht immer so. Was aus den heiligen Büchern der Hebräer in die christliche Religion übergegangen ist, stammt nicht aus diesem Greisenalter des eigentlichen Judentums, sondern teils aus der Jugend des viel weiteren, phantasievolleren »israelitischen« Volkes, teils aus dem Mannesalter des kaum erst von Israel getrennten, noch nicht von den übrigen Nationen der Erde hochmütig sich scheidenden Judäers. Der Jude, den wir jetzt kennen und am Werke sehen, ist erst nach und nach Jude geworden; nicht jedoch, wie die historische Lüge noch immer zu behaupten beliebt, im Laufe des christlichen Mittelalters, sondern auf nationalem Boden, im Verlaufe seiner selbstständigen Geschichte; sein Schicksal schuf sich der Jude selber; in Jerusalem stand der erste Ghetto, die hohe Mauer, welche den Rechtgläubigen und Rechtgeborenen von den Goyim schied, diesen den Eintritt in die eigentliche Stadt verwehrend. Weder Jakob, noch Salomo, noch Jesaia würden in Rabbi Akiba (dem grossen Schriftgelehrten des Talmud) ihren Enkel erkennen, geschweige ihren Urenkel in Baron Hirsch oder dem Diamanten-Barnato.[1])

Versuchen wir also auf dem kurzen Wege möglichster Vereinfachung uns die wesentlichen Züge dieser eigenartigen Volksseele, wie

---

[1] Für die messianische Zeit war der Traum der späteren Juden im Gegensatz zu den freier denkenden Israeliten früherer Jahrhunderte, den Fremden den Eintritt in Jerusalem überhaupt zu verwehren; man schlage nur *Joel* III, 22 nach; und da dieser sehr späte Prophet aus der hellenischen Zeit zugleich sagt, Gott werde ewig in Jerusalem und nur in Jerusalem wohnen, so bedeutet jenes Verbot das Ausschliessen aller Völker von Gottes Gegenwart. Das war die Toleranz der Juden! — Dass die meisten Rabbiner alle Nichtjuden vom Anteil an einer zukünftigen Welt ausschlossen, andere sie nur als eine verachtete Menge dort duldeten siehe Traktat Gittin, fol. 57 a des *Babylonischen Talmud*, und Weber, *System der altsynagogalen palästinischen Theologie*, S. 372, nach Laible), ist schliesslich nur logisch; was dagegen komisch wirkt, ist die Behauptung der heutigen Juden, ihre Religion sei die Religion der Humanität!

sie nach und nach immer schärfere und einseitigere Ausprägung gewannen, deutlich vorzuführen. Der Gelehrsamkeit bedarf es keineswegs; denn auf die Frage: wer bist du? erteilt, wie schon bemerkt, der Jude selber und gleichfalls sein Vorahne, der Israelit, von jeher die klarste Antwort; dazu kommt dann die Summe wissenschaftlicher Arbeit, von Ewald bis Wellhausen und Ramsay, von De Wette und Reuss bis Duhm und Cheyne; wir haben nur das Facit zu ziehen, wie es der praktische Mann braucht, der, inmitten des brausenden Weltgetriebes, sein Urteil auf bestimmte Einsichten will gründen können.

Nur noch zwei, rein methodische Bemerkungen. Da früher, namentlich in dem Kapitel über die Erscheinung Christi, schon eingehend von den Juden die Rede war und dieses Thema im zweiten Bande wieder auftauchen wird, so durfte sich der Verfasser hier auf die Kernfrage beschränken und im Übrigen für manche Ausführung auf bereits Gesagtes oder später zu Sagendes verweisen. Was andrerseits die benutzten Autoren anbelangt, so war es nicht zu umgehen, dass ausser der Bibel und einigen eingehend studierten neueren jüdischen Schriftstellern, auch viele christliche Gelehrte zu Rate gezogen wurden; für die Kenntnis der Propheten und für die richtige Auffassung geschichtlicher Vorgänge war das unentbehrlich; jedoch sind diese Gelehrten, selbst die freisinnigsten unter ihnen, lauter Männer, welche für das jüdische Volk — mindestens in seiner früheren Gestalt — eine grosse, vielleicht übertriebene Bewunderung an den Tag legen, und welche alle geneigt sind, dieses Volk als ein in irgend einem Sinne religiös »auserwähltes« zu betrachten. Dagegen blieben ausgesprochene Antisemiten prinzipiell unberücksichtigt: es geschah im Interesse der Darstellung.

Über einen Gegenstand, der mir ausserordentlich wichtig dünkt, hat die Wissenschaft der letzten Jahre viel Licht verbreitet, nämlich über die **Anthropogenie** der Israeliten, d. h. über die physische Entstehungsgeschichte dieser besonderen nationalen Rasse. Freilich giebt es hier wie überall eine ewig unerforschliche Vergangenheit, und ohne Zweifel wird auch Manches, was kühne Archäologen mehr eigentlich mit den Fühlhörnern ihres wunderbar geübten Instinktes abgetastet und erraten, als mit ihren Augen bis zur Evidenz erschaut haben, durch neuere Forschungen und Entdeckungen noch weitgehende Korrekturen erfahren. Doch das gilt uns hier gleich. Das Wichtige

Gliederung der Untersuchung

und das, was eine feste Errungenschaft der Geschichte ausmacht, ist:
erstens, dass das israelitische Volk das Produkt vielfältiger Mischungen
darstellt, und zwar nicht Mischungen zwischen verwandten Typen
(wie etwa die alten Griechen oder die heutigen Engländer), sondern
zwischen physisch und moralisch durchaus von einander abweichenden
Typen; zweitens, dass echt semitisches Blut (wenn dieser Notbegriff
überhaupt einen Sinn behalten soll) wohl kaum die Hälfte dieses Ge-
menges ausmacht. Das sind sichere Ergebnisse der exakten anatomischen Anthropologie und der Geschichtsforschung, zweier Wissens-
zweige, welche sich hier gegenseitig helfend die Hand reichen.
Eine dritte Einsicht ergänzt die genannten; wir verdanken sie den
kritischen Bemühungen der biblischen Archäologie, durch welche in
die höchst verwickelte Chronologie der aus den verschiedensten Jahrhunderten stammenden und dann ganz willkürlich, doch nicht plan-
los, zusammengestellten Schriften des Alten Testamentes endlich Licht
gebracht worden ist: diese belehren uns, dass der eigentliche Jude
nicht mit dem Israeliten im weiteren Sinne des Wortes zu identifizieren ist, dass das Haus Juda schon bei der Ansiedlung in Palästina
sich von dem (die übrigen Stämme umfassenden) Hause Joseph durch
Blutmischung und Anlagen in etlichen Punkten unterschied und zwar
so, dass der Judäer zum Josephiten in einer Art geistiger Abhängigkeit
stand, und dass er erst relativ sehr spät, nach der gewaltsamen Absonderung von seinen Brüdern, eigene Wege — die Wege, die zum
Judentum führten — zu wandeln begann, welche ihn dann bald durch
seine zum religiösen Prinzip erhobene Inzucht von der ganzen Welt
isolierten. Der Jude kann insofern ein Israelit genannt werden, als
er ein Schössling aus jener Familie ist; der Israelit dagegen, auch der
aus dem Stamme Juda, war zunächst kein Jude, sondern der Jude
begann erst dann zu entstehen, als die kräftigeren Stämme des Nordens
durch die Assyrer vernichtet worden waren. Um zu erfahren, wer
der Jude ist, haben wir also zunächst festzustellen, wer der Israelit
war, und sodann erst nachzufragen, wie der Israelit des Stammes Juda
(und Benjamin) zum Juden wurde. Und da ist Vorsicht im Gebrauch
der Quellen nötig. Erst nach der babylonischen Gefangenschaft
künstelte man nämlich den spezifisch jüdischen Charakter in die Bibel
hinein, indem ganze Bücher erfunden und dem Moses zugeschrieben
wurden, und indem häufig Vers für Vers Interpolationen und Korrekturen die freiere Anschauung Altisraels verwischten und durch den
engen jerusalemitischen Jahvekultus ersetzten, als habe dieser von jeher

in Folge göttlicher Satzung bestanden. Dies hat das Verständnis des
allmählichen und durchaus menschlich-historischen Werdeganges des
jüdischen Nationalcharakters lange verdunkelt. Nun endlich ist es auf
diesem Gebiete ebenfalls hell geworden. Und auch hier können wir
sagen: wir halten eine dauernde Errungenschaft wissenschaftlicher
Forschung in der Hand. Ob spätere Untersuchungen diesen und jenen
Satz des Hexateuchs, den man heute der »jahvistischen« Abfassung
zuschreibt, als der »elohistischen« oder dem spätesten »Redaktor« angehörig nachweist, ob ein bestimmter Spruch von dem wirklichen
Jesaia oder von dem sogenannten Deuterojesaia herrührt, das hat alles
seine Wichtigkeit, wird aber niemals etwas an der Erkenntnis ändern,
dass das eigentliche Judentum mit seinem besonderen Jahveglauben
und seiner ausschliesslichen Herrschaft des priesterlichen Gesetzes das
Ergebnis einer nachweisbaren und höchst eigentümlichen, historischen
Verkettung und des Eingreifens einzelner zielbewusster Männer ist.

Diese drei Thatsachen sind zunächst für jede Erkenntnis jüdischen
Wesens grundlegend; sie dürfen nicht der Besitz einer gelehrten
Minderheit bleiben, sondern müssen dem Bewusstsein aller Gebildeten
einverleibt werden. Ich wiederhole sie in präciserer Fassung:

1. Das israelitische Volk ist aus der Bastardierung durchaus verschiedener Menschentypen hervorgegangen;
2. das semitische Element mag wohl moralisch das kräftigere
   gewesen sein, physisch jedoch trug es kaum die Hälfte zur
   Zusammensetzung der neuen ethnologischen Individualität bei;
   es geht also nicht an, die Israeliten kurzweg :Semiten« zu
   nennen, sondern die Beteiligung der verschiedenen Menschentypen an der Bildung der israelitischen Rasse erfordert eine
   besondere quantitative und qualitative Analyse;
3. der eigentliche Jude entstand erst im Laufe der Jahrhunderte
   durch allmähliche physische Ausscheidung aus der übrigen
   israelitischen Familie, sowie durch progressive Ausbildung
   einzelner Geistesanlagen und systematische Verkümmerung
   anderer; er ist nicht das Ergebnis eines normalen nationalen
   Lebens, sondern gewissermassen ein künstliches Produkt, erzeugt durch eine Priesterkaste, welche dem widerstrebenden
   Volke mit Hilfe fremder Herrscher eine priesterliche Gesetzgebung und einen priesterlichen Glauben aufzwang

Hierdurch ist die Gliederung für die folgende Darstellung gegeben. Ich werde zunächst die Geschichte und die Anthropologie

befragen, damit wir erfahren, aus welchen Rassen die neue israelitische Rasse (als Grundlage der jüdischen) hervorging; sodann wird
die Beteiligung dieser verschiedenen Menschentypen in ihrer physischen
und namentlich in ihrer moralischen Bedeutung analysiert werden
müssen, wobei unser Augenmerk sich natürlich ganz besonders auf
die Auffassung der Religion bei ihnen richten wird, da die Grundlage des Judentums der von ihm gelehrte Glaube ist und wir den
Juden weder in der Geschichte noch heute in unserer Mitte richtig
beurteilen können, wenn wir über seine Religion nicht vollständig
im Klaren sind; zuletzt werde ich zu zeigen versuchen, wie unter
dem Einfluss merkwürdiger historischer Begebenheiten das spezifische
Judentum gegründet und dauernd in seiner besonderen unvergleichlichen Eigenart befestigt wurde. Hiermit dürfte die Aufgabe
dieses Kapitels, wie ich sie vorhin präcisierte, erledigt sein, denn die
jüdische Rasse — wenn sie auch zu gewissen Zeiten später manches
fremde Element aufnahm — blieb im Ganzen so rein wie sonst
keine zweite, und die jüdische Nation ist von allem Anfang an eine
wesentlich ideales gewesen, d. h. sie bestand in dem Glauben an
eine bestimmte Nationalidee, nicht in dem Besitz eines eigenen freien
Staates, noch in dem gemeinschaftlichen Zusammenleben und -wirken
auf dessen Boden, und diese Idee ist dieselbe heute wie vor 2000
Jahren. Rasse und Ideal machen aber zusammen die Persönlichkeit
des Menschen aus; sie beantworten die Frage: wer bist du?

Entstehung des Israeliten.   Die Israeliten [1]) sind aus der Kreuzung zwischen drei (vielleicht
sogar vier) verschiedenen Menschentypen hervorgegangen: dem semi-
tischen Typus, dem syrischen (richtiger gesagt hethitischen) und dem
indoeuropäischen (möglicher Weise floss auch turanisches oder, wie
man in Deutschland es häufiger nennt, sumero-akkadisches Blut in
den Adern ihrer Urväter).

    Damit dem Leser ganz klar werde, wie diese Mischung stattfand,
muss ich eine flüchtige historische Skizze vorausschicken; sie soll nur dazu
dienen, das Gedächtnis für allbekannte Thatsachen aufzufrischen und das
Verständnis der Entstehungsgeschichte der jüdischen Rasse anzubahnen.

---

   [1] Und nicht sie allein, sondern ihre Stammesgenossen, die Ammoniter, die
Moabiter und die Edoniter, die mit ihnen zusammen die Familie der Hebräer
ausmachen, ein Name, welcher mit Unrecht den Israeliten allein oder gar den
blossen Juden beigelegt zu werden pflegt (siehe Wellhausen: *Israelitische und
jüdische Geschichte*, 3. Ausg. S. 7); zu derselben Familie gehören ebenfalls die
Midianiter und die Ismaeliter (Maspero: *Histoire ancienne*, éd. 1895, II, 65).

Ist auch der Begriff »Semit«, insofern man darin eine von Ur-
anfang existierende, reine, autonome Rasse, gleichsam eine besondere
Schöpfung Gottes erblicken will, gewiss ein pures Gedankending, so
steht es doch um diesen Begriff besser als um den des »Ariers«,
denn es lebt noch heute, unter unseren Augen, ein Volk, welches
angeblich den reinen, ungetrübten Typus des Ursemiten darstellt:
der Wüstenbeduin Arabiens.[1]   Lassen wir den luftigen Ursemiten
und halten wir uns an den Beduinen in Fleisch und Blut.   Man nimmt
an und man hat guten Grund zu dieser Annahme, dass, schon etliche
Jahrtausende vor Christus, Menschen, den heutigen Wüstenbeduinen
äusserst ähnlich, in einem fast ununterbrochenen Flusse von Arabien
nach Osten und Norden in das Zweistromland auswanderten.   Arabien
ist gesund, daher vermehrt sich seine Bevölkerung; sein Boden ist
äusserst arm, daher muss ein Teil seiner Einwohner an anderem
Orte seine Nahrung suchen.   Es scheint, als wären diese Exodien bisweilen von grossen bewaffneten Mengen unternommen worden: der
angestaute Menschenüberfluss wurde in solchen Fällen mit unüber-
windlicher Macht aus der Heimat hinausgeschleudert und fiel erobernd
in die benachbarten Länder ein; in anderen Fällen dagegen wanderten
einzelne Sippen mit ihren Herden so friedlich wie möglich über die
nirgends genau bestimmte Grenze von einem Weideplatz zum andern:
bogen sie nicht, wie manche von ihnen thaten, bald nach Westen
ab, so konnte es geschehen, dass sie bis an den Euphrat gelangten
und, nach und nach, dem Strome folgend, bis hoch in den Norden
hinauf.   Von der vorerwähnten gewaltsamen Art, sich des Überschusses
der Bevölkerung zu entladen, kennen wir denkwürdige Beispiele aus
historischen Zeiten (unter den Römern und nach Mohammed);[2] das

---

[1] Dies scheint einstimmig von allen Autoren behauptet zu werden. Burckhardt habe ich im weiteren Verlaufe des Kapitels angeführt. Hier will ich mich
einzig auf eine neuere und allseitig anerkannte Autorität berufen: William Robertson
Smith. In seinem *Religion of the Semites* (ed. 1894, S. 8) sagt er: »Es kann als
sicher angenommen werden, dass die Araber der Wüste seit unvordenklichen
Zeiten eine ungemischte Rasse bilden.« Zugleich macht derselbe Autor darauf
aufmerksam, wie unzulässig es sei, die Babylonier, Phönicier u. s. w. kurzweg als
Semiten« zu bezeichnen, da zunächst lediglich die Verwandtschaft der Sprachen
feststehe, alle diese sogenannten »semitischen Nationen« aber aus einer starken
Blutmischung hervorgegangen wären.

[2] Das letzte Beispiel bot uns das Ende unseres eigenen Jahrhunderts, wo
die Araber, die von jeher nicht allein nach Norden und Osten, sondern ebenfalls
nach Westen und Süden ausgezogen waren, einen grossen Teil Innerafrikas gänzlich

Werk einer gleichfalls durch grosse Massen bewirkten, doch friedlicheren
Semitisierung erblicken wir in den grossen Kulturstaaten zwischen Tigris
und Euphrat. Dort nämlich, wo, wie im Babylonischen Akkadien,
die Semiten einer fertigen, starken, wehrhaften Kulturwelt begegneten,
überwanden sie sie dadurch, dass sie mit ihr verschmolzen, ein Vorgang, den man jetzt für Babylonien fast Schritt für Schritt verfolgen
kann.[1]) Dagegen wanderten die Beni Israel als einfache Hirten in
kleinen Gruppen aus und mussten, um ihren Viehstand zu behaupten,
jedem kriegerischen Unternehmen, für das ihre kleine Zahl sie ohnehin untüchtig gemacht hätte, sorglich ausweichen. — Natürlich giebt
uns der biblische Bericht über die frühesten Wanderungen dieser
Beduinenfamilie nur den matten Widerschein uralter mündlicher
Traditionen, dazu vielfach gefälscht durch die Missverständnisse,
Theorien und Absichten der spätgeborenen Skribenten; doch hat man
keinen Grund die Richtigkeit der allgemeinen Angaben zu bezweifeln,
und zwar um so weniger, als sie nichts Unwahrscheinliches enthalten.
Freilich ist Alles in starker Verkürzung gesehen: ganze Familien sind
zu einer einzigen Person verschmolzen (ein allgemeiner semitischer
Brauch, »desgleichen es nur bei den Semiten giebt«, sagt Wellhausen);
andere angebliche Vorahnen sind einfach die Namen der Ortschaften
in deren Nähe sich die Israeliten lange Zeit aufgehalten hatten; Bewegungen, welche das Leben mehrerer Geschlechter in Anspruch
nahmen, werden von einem Einzelnen ausgeführt. Dieses Bedürfnis
nach Vereinfachung des Vielfältigen, nach Zusammendrängung des
Auseinanderliegenden ist dem Volke eben so angeboren wie dem bewusst schaffenden Poeten. So lässt die Bibel z. B. Abraham als schon
verheirateten Mann aus der Gegend von Ur, am untersten Laufe des
Euphrat, bis in das nördliche Mesopotamien, am Fusse des armenischen
Berglandes auswandern, in jenes Paddan-Aram, von dem das Buch
Genesis so häufig redet und das jenseits des Euphrat, zwischen diesem

---

verwüsteten. Immense Reiche, die im Jahre 1880 dicht bevölkert und über und
über bebaut waren, sind inzwischen eine Wüstenei geworden. Von einem einzigen
Araberhäuptling behauptet Stanley, er habe ein Gebiet von 2000 Quadratmeilen
verwüstet! (Siehe die Bücher von Stanley, Wissmann, Hinde u. s. w. und die
kurze Zusammenfassung in Ratzel: *Völkerkunde*, 2. Aufl., II, 430. Vergl. auch
oben das Kapitel »Römisches Recht«, S. 140 Anm.)

[1]) Über den verschwundenen Menschentypus der Akkadier oder Sumerier,
der Schöpfer der grossartigen Babylonischen Kultur, und über ihre allmähliche
Semitisierung, siehe Hommel, Sayce, Budge, Maspero.

und dem Seitenfluss Khabur liegt (in gerader Linie etwa 600 Kilometer, dem Flussthal aber folgend und den Weideplätzen nachgehend, mindestens 1500 Kilometer von Ur entfernt); damit nicht genug, soll dieser selbe Abraham später von Paddan-Aram nach Süd-Westen, nach dem Lande Kanaan gezogen sein, von hier weiter nach Ägypten, und schliesslich (denn von seinen kleineren Zügen sehe ich ab) von Ägypten wieder nach Kanaan zurück, und das alles von so zahlreichen Viehherden begleitet, dass er um genug Weideland für sie zu finden, gezwungen war, sich von seinen nächsten Anverwandten zu trennen (*Gen.* XIII). Trotz dieser Verkürzung birgt die alte hebräische Tradition alles, was zu wissen Not thut, namentlich an solchen Stellen, wo die älteste Tradition fast unverfälscht vorliegt, wie die Kritik das für *Gen.* XI, 27—32 nachgewiesen hat.[1]) Aus dieser Tradition entnehmen wir nun, dass die betreffende Beduinenfamilie zunächst bis in das Flussgebiet des südlichen Euphrat wanderte, und sich längere Zeit in der Umgegend der Stadt Ur aufhielt. Diese Stadt lag südlich vom grossen Fluss und bildete den äussersten Vorposten Chaldäas. Hier traten die Nomaden zum ersten mal in Berührung mit Civilisation. Zwar konnten die Hirten nicht in deren eigentliches Gebiet eindringen, da prächtige Städte und ein hochentwickelter Bodenbau jeden Zoll Erde besetzt hielten, doch empfingen sie dort unvergängliche Eindrücke und Belehrungen, (auf die ich später zurückkomme); sogar solche Namen wie Abraham und Sarah haben sie dort erst kennen gelernt und erst später durch die von ihnen so beliebten Wortspiele ins Hebräische übertragen (*Gen.* XVII, 1—6). In der Nähe so hoher Kultur litt es sie jedoch nicht lange, oder vielleicht wurden sie von nachdringenden Wüstensöhnen weitergeschoben. Und so sehen wir sie immer weiter nach Norden ziehen,[2]) bis in das damals spärlich

---

[1] Vergl. Maspero: *Historie ancienne*, II, 65.

[2] Die Richtung war ihnen vorgezeichnet; sie konnten von Ur aus keine andere wählen; denn während mehrerer hundert Kilometer läuft die Wüste parallel mit dem Euphrat, nur ein schmaler Saum bewässerten Bodens trennt sie von ihm; plötzlich aber, genau unter dem 35. Grad, hört die Wüste auf und es öffnet sich nach Westen, Süden und Norden das Land Syrien. Syrien reicht im Süden bis nach Ägypten, gegen Abend bis zum Mittelländischen Meere, gegen Norden bis zum Taurus, im Osten wird es heute vom Euphrat begrenzt, umschloss jedoch nach früheren Verhältnissen und Vorstellungen das jenseits des mittleren Euphrat gelegene Mesopotamien, in welchem die Kinder Abraham's Jahrhunderte lang Aufenthalt nahmen. (Vergl. die Kartenskizze auf S. 353.

bevölkerte Paddan-Aram. [1]) wo sie lange Zeit, mindestens etliche Jahrhunderte, verweilt haben müssen. Als aber die Weideplätze Mesopotamiens für den an Menschenzahl und Viehstand gewachsenen Familienverband nicht mehr ausreichten, da zog ein Teil aus jener nordöstlichen Ecke Syriens, Paddan-Aram, nach der südwestlichen, Ägypten zunächst gelegenen Ecke, Kanaan, wo er in der Nähe eines ansässigen, ackerbauenden Volkes gastfreundliche Aufnahme fand und die Erlaubnis erhielt, seine Herden auf den Bergen zu weiden. Doch lebte Mesopotamien (Paddan-Aram) lange Zeit in dem Gedächtnis der Abrahamiden als ihre echte Heimat fort. Jahve selber nennt Paddan-Aram Abraham's »Vaterland« (*Gen.* XII, 1), und der mythische Abraham redet, nachdem er schon lange in Kanaan sich niedergelassen hat, noch immer mit Sehnsucht von seinem fernen »Vaterland« und entsendet Boten in seine »Heimat« (*Gen.* XXIV, 4 und 7), um mit den dort zurückgebliebenen Verwandten wieder anzuknüpfen. Und so bleiben die Abrahamiden, obwohl schon in Kanaan ansässig, während jener langen Zeiten, welche zu den beiden pseudomythischen Namen Isaak und Jakob zusammengezogen worden sind, immerwährend halbe Mesopotamier; es ist ein ewiges Hin und Her; der südliche Zweig fühlt sich einem nördlichen Hauptstamm angehörig. [2]) Doch es kam der Augenblick, wo sie noch weiter nach Süden ziehen mussten; in dürren Jahren genügte das Weideland Kanaans nicht mehr, vielleicht waren sie auch durch grössere Zahl den Kanaanitern unbequem geworden; und so wanderten sie, unter der ihnen befreundeten Regierung der halbsemitischen Hyksos, nach dem zu Ägypten gehörigen Lande Gosen aus. Erst der lange Aufenthalt in Ägypten [3]) unterbrach den Verkehr

---

[1]) Später war Mesopotamien lange Zeit hindurch eine künstlich bewässerte und in Folge dessen reich kultivierte Gegend; in früheren Zeiten jedoch war es, gleich wie heute, ein armes Land, wo nur nomadische Hirten ihr Auskommen finden konnten (vgl. Maspero: *Histoire ancienne*, I, 563).

[2]) Diese Zeit, während welcher »der Vater Jakob sich zum Volke Israel ausbreitete« bezeichnet Wellhausen als »einen Jahrhunderte langen Zwischenraum« (*Israelitische und jüdische Geschichte*, S. 11).

[3]) Nach *Genesis* XV vierhundert Jahre, was natürlich nicht buchstäblich zu nehmen ist, sondern als der Ausdruck einer fast undenklich langen Zeit. Die Zahl 40 war bei den Hebräern der Ausdruck für eine unbestimmte grosse Menge, 400 *a fortiori*. Renan meint, der Aufenthalt der Israeliten in Ägypten habe nicht über ein Jahrhundert gedauert, nur die (mit ihnen vielleicht nicht näher verwandte und stark mit ägyptischem Blute versetzte) Familie der Josephiten sei dort sehr lange ansässig gewesen (*Histoire du peuple d'Israël*, 13. éd. I, p. 112, 141, 142).

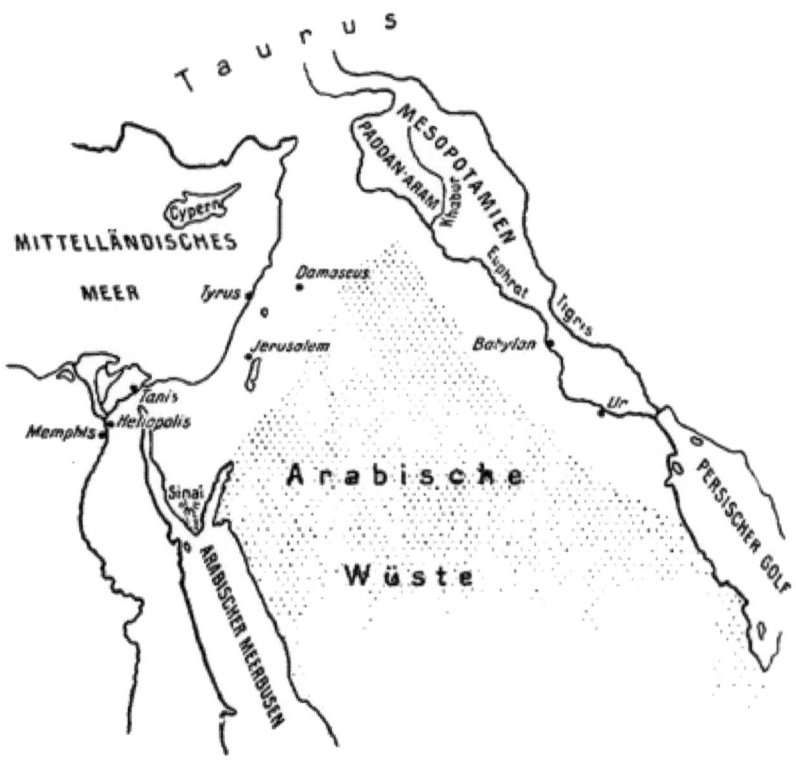

Kartenskizze.

zwischen den Mitgliedern dieser Familie und ihren Verwandten, den übrigen Hebräern (durch ganz Syrien zerstreut), so dass, als die Israeliten wieder nach Palästina zurückzogen, sie zwar in den Moabitern, Edomitern und anderen Hebräern entfernte Blutsangehörige noch erkannten, doch Hass und Geringschätzung statt der früheren Liebe für sie empfanden, eine Gesinnung, die erfrischend naiven Ausdruck in den Genealogieen der Bibel fand, nach welchen einige dieser Geschlechter ihren Ursprung der Blutschande verdanken, andere von Kebsweibern herrühren sollten u. s. w.

Von Israeliten im historischen Sinne des Wortes können wir eigentlich erst von diesem Augenblick an reden, wo sie als nicht sehr zahlreiches, doch fest gegliedertes Volk, auf der Flucht aus Ägypten, erobernd in Kanaan einfallen, um dort einen von wechselnden, meist recht traurigen Schicksalen heimgesuchten Staat zu bilden, der aber, trotzdem er (wie das übrige Syrien) gewissermassen zwischen Hammer und Ambos lag, nämlich mitten zwischen den sich bekämpfenden Grossmächten, es dennoch auf einen fast siebenhundertjährigen Bestand als unabhängiger Staat brachte. Dass diese Israeliten nicht sehr zahlreich waren, muss mit Nachdruck betont werden; es ist sowohl geschichtlich wie anthropologisch wichtig; denn diesem Umstande hat man es zuzuschreiben, dass die frühere und eigentlich ansässige Einwohnerschaft Kanaans (ein Gemisch von Hethitern und von indoeuropäischen Amoritern) nie vertilgt wurde und stets den Grundstock der Bevölkerung bildete, sogar am heutigen Tage noch bildet![1]) Die Rassenmischungen, von denen ich sogleich reden werde, und die sofort beim ersten Betreten syrischen Bodens begonnen hatten, setzten sich in Folge dessen auch im autonomen Staate Israel, d. h. in Palästina fort und nahmen erst nach dem babylonischen Exil und zwar einzig in Judäa durch ein neu eingeführtes Gesetz ein plötzliches Ende. Denn, dass von den übrigen Israeliten sich später die Juden als ethnologische Einheit schieden, ist lediglich die Folge davon, dass die Einwohner Judäas endlich dieser fortwährenden Blutvermengung durch energische Gesetze Einhalt geboten (siehe *Esdras* IX und X).

Diese vorausgesandte flüchtige Skizze mag der unkundige Wissbegierige durch das Studium von Wellhausen's so knapp gehaltener *Israelitische und jüdische Geschichte*, von Stade's: *Geschichte des Volkes Israel*, durch Renan's ausführliche, leichtflüssig geschriebene *Histoire du peuple d'Israel*, durch Maspero's, einen weiten, umfassenden Überblick gewährende, *Histoire ancienne des peuples de l'Orient classique* ergänzen;[2]) inzwischen genügt sie, damit die Anthro-

[1]) Sayce: *The races of the Old Testament*, 2ᵈ ed., p. 76, 113. »Der Römer vertrieb den Juden aus dem Lande, das seine Väter erobert hatten, dagegen war es dem Juden nie gelungen, die echten Besitzer Kanaans herauszutreiben. — — Der Jude hielt Jerusalem und Hebron, sowie die umliegenden Städte und Dörfer, sonst bildete er (auch im eigentlichen Judäa) einen Bruchteil der Bevölkerung. — — Sobald der Jude sich entfernte, z. B. beim babylonischen Exil oder nach der Zerstörung Jerusalems durch die Römer, vermehrte sich die vom Druck befreite ursprüngliche Bevölkerung — — — unter welchen die heutigen jüdischen Kolonien in Palästina eben solche Ausländer sind, wie etwa die deutschen Kolonien daselbst.«

[2]) Ich nenne nur die neuesten, bedeutendsten und zuverlässigsten Bücher, von wahren Gelehrten geschrieben, doch Ungelehrten zugänglich. Von den älteren

pogenie des Israeliten in ihren grossen Linien klar dargelegt und der anscheinend verwickelte Sachverhalt in möglichst einfacher Form dem Gedächtnis eingeprägt werden könne.   Das will ich jetzt versuchen; wir werden sehen, wie der ursprüngliche, reinsemitische Auswanderer durch Blutmischung zuerst ein Hebräer wurde, sodann ein Israelit.

Die vorstehende historische Skizze zeigte uns als Ausgangspunkt eine Beduinenfamilie.[1]) Stellen wir zunächst das Eine fest: dieser reine Semit, der ursprüngliche Auswanderer aus den Wüsten Arabiens, ist und bleibt die treibende Kraft, das Lebensprinzip, die Seele der durch vielfache Kreuzungen entstehenden neuen ethnischen Einheit der Israeliten.   Mochten im Verlauf der Zeiten, nicht allein in Folge ihres Schicksals, sondern vor Allem in Folge der Blutmischung mit durchaus abweichenden Menschentypen seine Nachkommen sich noch so sehr, moralisch und physisch, von ihm, dem urväterlichen Beduinen unterscheiden, ihr *spiritus rector* blieb er doch in gar mancher Beziehung, sowohl im Guten, wie auch im Bösen.   Von den zwei oder drei Seelen, die in der Brust der späteren Israeliten wohnten, war diese die aufdringlichste und zäheste.   Zu der Blutmischung ist dieser Beduinenfamilie aber gewiss nur Glück zu wünschen, denn die hohen Eigenschaften des unverfälscht reinsemitischen Nomaden sollen einer Änderung der Lebensweise nicht stichhalten.   Sayce, einer der judenfreundlichsten Gelehrten unseres Jahrhunderts, schreibt: »Erwählt der Wüstenbeduin das ansässige Leben, so vereint er in der Regel alle Laster des Nomaden und des Bauern. Faul, verräterisch, grausam,

Der echte Semi-

---

bleibt Duncker's *Geschichte des Altertums* in vielen Beziehungen unerreicht, auch für die Geschichte Israels.

[1]) Freilich, nach der jetzt fast überall herrschenden Anschauung, soll der Semit überhaupt, auch jener reinste Beduinentypus, von Hause aus der absoluteste Mischling sein, den man sich denken kann, die Frucht einer Kreuzung zwischen Neger und Weissen! Gobineau hatte das vor 50 Jahren gepredigt und war ausgelacht worden; heute ist seine Meinung die orthodoxe; Ranke fasst sie in seiner *Völkerkunde* II. 399 folgendermassen zusammen: »Die Semiten gehören zu den mulattenhaften Übergangsgliedern zwischen Weissen und Schwarzen.« Doch, ich meine, hier genügt die Mahnung nicht: *passons au déluge;* ob Noah, der Vater Sem's, sich die langen Tage in der Arche durch die Gesellschaft einer Negerin kürzte, wollen wir nicht in die Erörterung einbeziehen. Was unter unseren Augen vorgeht, lässt jedenfalls kaum glauben, dass aus Mulatten ein fester, unveränderlicher, alle Stürme der Zeit überlebender Typus hervorgehen könnte; der Treibsand ist nicht beweglicher und unbeständiger als gerade dieser Bastard; hier müssten wir also der Erfahrung zum Trotz, voraussetzen, das Undenkbare, das nie Beobachtete sei bei den Beduinen geschehen.

habgierig, feig, wird er mit Recht von allen Völkern als ein Auswurf
der Menschheit betrachtet.«[1] Lange ehe sie ansässig wurde, war zum
Glück diese Beduinenfamilie, die Beni Israel, durch reichliche Kreuzung
mit Nichtsemiten solch grausamem Schicksal entgangen!

Wir sahen die ursprüngliche Beduinenfamilie sich zunächst längere
Zeit am südlichen Euphrat aufhalten in der Nähe der Stadt Ur: hat
dort schon Blutmischung stattgefunden? Man hat es behauptet. Und da
der Grundstock der Bevölkerung des babylonischen Reiches damals vermutlich aus ziemlich echten Sumero-Akkadiern bestand — denn die
Semiten hatten diesen Staat und seine hohe Civilisation bloss annektiert,
sie leisteten weder die geistige Arbeit noch die manuelle[2] — so hat
man vorausgesetzt, der abrahamidische Stock sei durch sumero-akkadisches Blut aufgefrischt worden. Das Vorkommen solcher fremder
Namen, wie Abraham (so hiess der fabelhafte Begründer und erste
König Ur's bei den Sumeriern) hat in dieser Ansicht bestärkt, ebenso wie
die Brocken halbverstandener turanischer[3] Weisheit und Mythologie,
aus welcher die ersten Kapitel der Genesis zusammengesetzt sind.
Doch bleiben solche Annahmen durchaus hypothetisch und sind darum
ernster Erwägung kaum wert. In diesem Falle spricht nicht einmal
die Wahrscheinlichkeit dafür. Die armen Hirten haben kaum den
Saum der Civilisation berührt; wer wird sich mit ihnen näher eingelassen haben? Und was die Aneignung so dürftiger kosmogonischer
Vorstellungen, wie wir sie in der Bibel antreffen, anbelangt, so genügte
dazu der Verkehr mit anderen Hebräern, denn sowohl die Mythologie
wie die Wissenschaft und die Kultur der Turanier (an der wir noch
heute durch den Gedanken der Schöpfung und des Sündenfalles, durch
die Einteilung der Woche und des Jahres, durch die Grundlegung der
Geometrie und die Erfindung der Schrift teilhaben) hatte sich weithin
verbreitet; Ägypten war ihr Schüler[4] und der Semit, nicht fähig, so
tief wie der Ägypter zu schauen, hatte längst, ehe die Beni Israel ihre
Wanderungen begannen, sich so viel davon angeeignet, als ihm förderlich
und praktisch schien, und hatte als geschäftiger Zwischenhändler es

[1] *The races of the Old Testament*, p. 106.
[2] Siehe namentlich Sayce: *Assyria*, S. 24 fg. und *Social Life among the Assyrians and Babylonians* (an vielen Orten).
[3] Das Wort »turanisch« ist meiner Feder entfahren, weil manche Autoren die Sumero-Akkadier für Turanier halten (siehe namentlich Hommel: *Geschichte Babyloniens und Assyriens*, S. 125, 244 fg.).
[4] Siehe Hommel: *Der babylonische Ursprung der ägyptischen Kultur* (1892).

nach allen Himmelsrichtungen hinausgetragen. Die Blutmischung mit
Sumero-Akkadiern ist also ebenso unwahrscheinlich wie unerwiesen.
Sicheren Boden betreten wir dagegen, sobald die Auswanderer
nach Norden und nach Westen ziehen. Denn jetzt stehen sie im
Herzen Syriens, um es (mit Ausnahme des vorübergehenden Aufent-
halts im ägyptischen Grenzgebiet) nie wieder zu verlassen. Hier, in
Syrien, hat sich unsere rein semitische Beduinenfamilie durch Blutmischung verwandelt, hier sind ihre Mitglieder durch Vermengung
mit einem durchaus anderen Menschentypus, dem syrischen, Hebräer
geworden, — wie schon so manche frühere und manche nachfolgende
Beduinenkolonie. Später erfolgte die notgedrungene Auswanderung
eines Teiles der Sippe aus dem in der nordöstlichen Ecke gelegenen
Mesopotamien nach der äussersten südwestlichen Ecke, nach Kanaan,
wo nun ähnliche rassenbildende Einflüsse in noch bestimmterer Weise
und um ganz neue vermehrt sich geltend machten. Hier erst, in
Kanaan, verwandelten sich die abrahamidischen Hebräer nach und
nach in echte Israeliten. In dieses selbe Kanaan kehrten nach dem
Aufenthalte in Ägypten die inzwischen an Zahl gewachsenen Israeliten
erobernd zurück und erhielten jetzt, ausser dem neuen Zufluss fremden
Blutes, eine fremde Kultur geschenkt, welche sie aus Nomaden zu ansässigen Ackerbauern und Städtebewohnern umwandelte.

Wir können also, ohne fehl zu gehen, zwei anthropogenetische
Einflusssphären unterscheiden, die nacheinander wirkten: eine allgemeinere, durch den Eintritt in Syrien überhaupt und speziell durch
den langen Aufenthalt in Mesopotamien gegebene, über die wir keine
genaueren historischen Data besitzen, sondern auf die wir aus den
jetzt bekannten ethnologischen Thatsachen schliessen dürfen und müssen;
sodann eine speziellere kanaanitische, für welche wir uns auf das ausführliche Zeugnis der Bibel berufen können. Reden wir zuerst von
der allgemeineren Einflusssphäre, sodann von der spezielleren.

Schlägt man irgend ein Lehrbuch der Geographie oder ein
Konversationslexikon auf, so wird man die Angabe finden, die heutige
Bevölkerung Syriens sei »grösstenteils semitisch«. Das ist falsch;
ebenso falsch wie die Behauptung, welche man denselben Quellen
entnehmen wird, die Armenier seien »Arier«. Es findet hier die so
weit verbreitete Verwechselung statt zwischen Sprache und Rasse;
man müsste logischer Weise dann lehren, die Neger der Vereinigten
Staaten seien Angelsachsen. Die wissenschaftliche Anthropologie der
letzten Jahre hat auf Grund eingehendster Forschungen an einem

geradezu enormen Material folgende Thatsache unwiderleglich festgestellt: die Grundbevölkerung Syriens ist seit den ältesten Zeiten, bis
zu welchen prähistorische Funde hinaufreichen, von einem Menschentypus gebildet, welcher physisch und moralisch von dem semitischen
ganz und gar abweicht, ebenso wie von Allem, was man unter dem
Begriff »Arier« zu subsummieren gewohnt ist. Und zwar nicht die
Bevölkerung von Syrien allein, sondern auch von ganz Kleinasien
sensu proprio, und von dem weiten Gebiet, das wir heute Armenien
nennen. Es giebt Rassen, denen das unstäte Herumziehen angeboren
ist (z. B. die Beduinen, die Lappländer u. s. w.), andere, die eine
seltene Expansionskraft besitzen (z. B. die Germanen); dagegen scheint
sich dieser syrisch-kleinasiatische Mensch durch zähes Festhalten an
dem eigenen Boden und durch die unüberwindliche Macht grosser
physischer Beharrlichkeit ausgezeichnet zu haben und noch heute auszuzeichnen. Sein Ursitz ein Tummelplatz der Völker, er selber fast
immer der Unterlegene, auf dessen Rücken die Grossen dieser Welt
ihre Kämpfe ausfochten — und dennoch überlebte er sie alle und
drang so erfolgreich durch mit seinem Blut, dass der syrische Semit
heute mehr der Sprache als dem Stamme nach Semit zu nennen ist,
und der angeblich arische Armenier, phrygischen Ursprungs, vielleicht
nicht zehn Prozent indoeuropäischen Blutes in seinen Adern hat.
Wogegen der heute sogenannte »Syrier«, der Jude und der Armenier
kaum von einander zu unterscheiden sind, was leicht zu erklären, da
die alle drei vereinigende Urrasse sie täglich mehr identifiziert. Von
diesem syrischen Menschenstamme gilt im eminentesten Masse das
Wort des Chores in Schiller's *Braut von Messina*:

> Die fremden Eroberer kommen und gehen;
> Wir gehorchen, aber wir bleiben stehen.

Diesem mächtigen ethnischen Einfluss blieb nun das Volk, welches
als das der Israeliten später in die Geschichte tritt, lange Jahrhunderte
hindurch, zum Mindesten weit über ein Jahrtausend, unterworfen.
Das ist, was ich die allgemeine Einflussphäre nannte, durch welche
unsere echt semitische Beduinenfamilie zu einer Gruppe der sogenannten »Hebräer« wurde. Hebräer sind eben Bastarde zwischen
Semiten und Syriern. Diese Mischung hat man sich nicht so vorzustellen, als hätten sich die Hirtennomaden sofort mit der fremden
Rasse gekreuzt, sondern vielmehr in folgender Weise: einesteils fanden
sie Viertel- und Halb-Hebräer in ziemlicher Anzahl vor, durch welche

der Übergang vermittelt wurde, anderenteils unterwarfen sie sich zweifellos die Ureinwohner (wie die Herrschaft der semitischen Sprachen, des Hebräischen, des Aramäischen u. s. w. beweist), und zeugten mit ihren syrischen Sklavinnen Söhne und Töchter; später (in halbhistorischen Zeiten) sehen wir sie mit unabhängigen Sippen des fremden Volkes freiwillig Ehen schliessen, und ohne Zweifel war das inzwischen schon seit Jahrhunderten Sitte geworden. Doch, wie man sich auch den Vorgang der Vermischung vorstellen will, sicher ist, dass sie stattfand.

Um von jenem anderen syrischen Menschentypus sprechen zu können, wäre es bequem, einen Namen für ihn zu haben. Hommel, der berühmte Münchener Gelehrte, nennt ihn den der Alarodier; [1]) er glaubt ihm eine weite Verbreitung, auch über das südliche Europa zuschreiben zu dürfen, und will ihn in den Iberiern und in den heutigen Basken wiedererkennen. Doch müssen ungelehrte Menschen beim Gebrauch derartiger Hypothesen sehr vorsichtig sein; ehe die Drucklegung dieses Buches vollendet ist, können die Alarodier schon zum alten Eisen der Wissenschaft geworfen sein. Nachahmungswürdig erscheint das Beispiel des französischen Zoologen und Anthropologen G. de Lapouge, der den verschiedenen physischen Typen nach der Linnäischen Methode Namen giebt, ohne sich weiter um Geschichte und Ursprung zu kümmern: *Homo europaeus, Homo Afer, Homo contractus* u. s. w. Dieser kleinasiatische Typus würde sich mit Lapouge's *Homo alpinus,* was die Schädelbildung anbelangt, ziemlich decken; [2]) doch wollen wir ihn hier, ohne uns weiter zu exponieren, einfach als den *Homo Syriacus* bezeichnen, den Ureinwohner Syriens. Und gerade so, wie wir für den semitischen Typus im Beduinen einen festen Anhaltspunkt gewannen, finden wir hier in dem zwar nicht mehr unter uns als nationale Individualität lebenden, doch aus der Geschichte und aus vielfachen Abbildungen täglich mehr bekannt werdenden Stamme der Hethiter einen besonders charakteristischen Vertreter des syrischen Menschentypus, noch dazu gerade denjenigen, mit dem die Israeliten in Palästina enge Beziehungen anknüpften. Dieser syrische Mensch ist nun durch das Vorwalten eines bestimmten anatomischen Charakters ausgezeichnet: er ist ein

---

[1]) Er entlehnt den Namen einem von Herodot erwähnten, am Fusse des Ararat wohnenden Stamme.

[2]) Lapouge: *La dépopulation de la France. Revue d'Anthropologie* 1888, p. 79. F. von Luschan hat ausdrücklich auf die Ähnlichkeit des syrischen Menschen mit dem Savoyarden hingewiesen.

Rundkopf, oder wie die Naturforscher sagen »brachycephal«, d. h.
mit breitem Schädel, einem Schädel, dessen Breite seiner Länge nahe-
kommt.[1]) Der Beduin dagegen, und mit ihm jeder Semit, der nicht
eine starke Vermischung mit fremdem Blut erfahren hat, ist ein
ausgesprochener »Dolichocephal«. »Lange, schmale Köpfe«, schreibt
von Luschan, »sind eine hervorragende Eigenschaft der heutigen
Beduinen, die wir in gleichem Masse auch für die ältesten Araber
in Anspruch nehmen müssten, selbst wenn dies nicht durch zahlreiche Abbildungen bestätigt würde, die uns glücklicher Weise auf
alten ägyptischen Denkmälern erhalten sind.«[2]) Natürlich bleibt es
nicht bei diesem einen anatomischen Merkmal; dem runden Kopf
entspricht eine gedrungene Gestalt; er ist der Ausdruck einer ganzen,
besonderen physiologischen Anlage. Der Schädel ist aber bei der
Beurteilung längst vergangener Menschenrassen das bequemste Stück
des Knochengerüstes zu vergleichenden Studien, auch das vielsagendste,

[1]) Der ausgesprochene Langschädel beginnt, wenn das Verhältnis der
Breite zur Länge nicht über 75 zu 100, der ausgesprochene Kurzschädel, wenn es
80 oder mehr zu 100 beträgt. Als ich Anthropologie bei Carl Vogt hörte, wurden

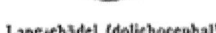
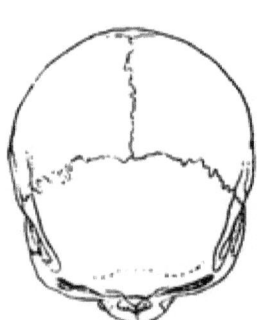

Langschädel (dolichocephal).   Rundschädel (brachycephal).
                    (Nach de Mortillet.)

an uns allen kraniometrische Messungen als Übung vorgenommen; bei dem einen
Hörer wurde der seltene Index von 92 konstatiert, d. h. sein Kopf war fast kreis-
rund; es war ein Armenier, ein typischer Repräsentant jener syrischen Schädelbildung!
    [2]) F. von Luschan: *Die anthropologische Stellung der Juden* (Vortrag, ge-
halten in der Allgem. Versammlung der deutschen anthropologischen Gesellschaft
des Jahres 1892). Aus diesem Vortrag, der ausgedehnte Arbeiten kurz zusammenfasst, werde ich auch im Folgenden mehreres anführen; man findet ihn im *Correspondenzblatt* der betreffenden Gesellschaft für 1892, Nr. 9 und 10.

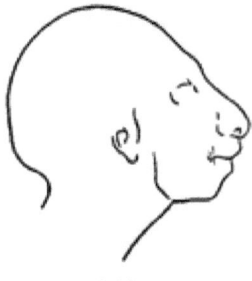

Hethiter.

und bei unendlich reicher Abwechselung des Individuellen, bewahrt er typische Gestaltungen mit grosser Hartnäckigkeit. Doch noch ein anderes und viel auffallenderes anatomisches Merkmal kennzeichnete den Hethiter, zwar ein äusserst vergängliches, da nicht Knochen sondern Knorpel seine Grundlage bildet, doch auf Bildern prächtig aufbewahrt und uns aus lebendiger Anschauung wohlbekannt: die Nase. Die sogenannte »Judennase« ist ein hethitisches Erbstück! Der echte Araber, der unverfälschte Beduin hat gewöhnlich »eine kurze, kleine und wenig gebogene Nase« (ich berufe mich auf von Luschan und verweise auf die beigegebenen Typenbilder), und auch dort, wo die Nase bei ihm mehr adlerförmig auftritt, besitzt er niemals ein »Löschhorn« (wie Phillip von Zesen, der Sprachverbesserer, es nannte) von der spezifischen, unverkennbaren jüdischen und armenischen Gestalt. Der Israelit hat nun durch die immerwährende Vermengung mit dem rundköpfigen Typus des fremden Volkes nach und nach seinen schmalen, langen Beduinenkopf eingebüsst und als Ersatz die sogenannte Judennase zum Geschenk bekommen. Gewiss kam der Langkopf noch vor, namentlich im Adel wird er sich länger erhalten haben; auch die heutigen Juden weisen einen geringen

Hethiter.

Prozentsatz echter Langköpfe auf; er verschwand aber immer mehr. Auf die Nase allein darf man sich bei der Diagnostik betreffs der Angehörigkeit zum jüdischen Stamm durchaus nicht verlassen; man sieht auch warum: dieses syrische Erbstück ist allen mit syrischem Blute vermengten Völkern gemeinsam. Bei diesem anthropologischen Befund handelt es sich um keine hypothetische Behauptung, wie solche uns in theologisch-kritischen und historischen Werken so überreich umranken, sondern er ist das sichere Ergebnis exakter wissenschaftlicher Forschung an einem hinreichend grossen Material,[1] einem Material, welches von sehr alter Zeit bis zur Gegenwart reicht und welches durch die zahlreichen, in Ägypten und Syrien entdeckten und nach und nach genau datierten Abbildungen auf das Schönste unterstützt wird.

[1] Von Luschan's *Mitteilungen* des Jahres 1892 stützen sich auf 60000 Messungen!

Man kann auf den ägyptischen Denkmälern gewissermassen das »Jude-
werden« der Israeliten verfolgen, wenn sie auch freilich selbst auf
den allerältesten (die ja nicht sehr weit in die israelitische Geschichte
hinaufreichen, da das Volk erst unter Salomo über seine Grenzen
hinaus bekannt wurde) wenig vom unverfälschten semitischen Typus
mehr zeigen. Wir sehen hier, als israelitische Soldaten abgebildet,
echte Hethiter und Halbhethiter; nur die Führer — man sehe z. B. das
angebliche Porträt des Königs Rehabeam (Salomo's Sohn) — könnten
allenfalls an Beduinenphysiognomien erinnern, gemahnen aber bisweilen
noch mehr an gute europäische Gesichter.

Mit diesen letzten Bemerkungen treten wir aus der allgemeinen,
prähistorischen Einflusssphäre in die speziellere, kanaanitische über, die
ebenfalls weit über ein Jahrtausend dauerte, und wo uns sichere Thatsachen reichlich zur Verfügung stehen. Denn ehe den hebräischen
Israeliten die Ehre der Verewigung durch die Kunst ägyptischer Maler
zu Teil wurde, waren sie aus Mesopotamien nach Kanaan gezogen.
Wir müssen zwischen dem ersten kanaanitischen Erscheinen und dem
zweiten unterscheiden: beim ersten weilten sie dort als nomadisierende
Hirten im besten Einvernehmen mit den rechtmässigen Einwohnern
der Städte und der urbar gemachten Strecken, beim zweiten fielen sie
als Eroberer ins Land. Das erste Mal waren sie eben wenig zahlreich,
das zweite Mal ein ganzes Volk. Wie unsicher und umstritten manche
historischen Detailfragen noch sein mögen, eine Thatsache ist sicher:
beim allerersten Betreten des Landes fanden die Israeliten die Hethiter
dort zu Hause, jene Hethiter, die einen wichtigsten Stamm des *Homo
syriacus* bildeten. Abraham spricht zu den Einwohnern Hebrons, »den
Kindern Heth's«, wie er sie ausdrücklich nennt: »Ich bin ein Fremder,
der unter euch wohnt« (*Gen.* XXIII, 4). und er bittet, wie nur ein
geduldeter Gast bitten konnte, um ein Grab für sein Eheweib, Sarah.
Isaak's ältester Sohn, Esau, hat nur Hethiterinnen zu Frauen (*Gen.* XXVI,
34); der jüngere, Jakob, wird in das ferne Mesopotamien geschickt,
damit er ein hebräisches Weib zur Ehe nehmen könne, woraus man
schliessen muss, dass es in Palästina gar keines gab, kein hebräisches
Mädchen wenigstens, welches dem Vermögen nach für ihn gepasst
hätte. Isaak hätte nicht darauf gedrungen, ihm wäre eine wohlhabende
Hethiterin recht gewesen, doch Rebekka, seine mesopotamische Frau,
vertrug sich schlecht mit ihren hethitischen Schwiegertöchtern, den
Frauen Esau's, und meinte, sie würde lieber sterben, als mehr solche
ins Haus bekommen (*Gen.* XXIII, 46). Unter Jakob's Söhnen wiederum

Echter Beduin des heutigen Tages. ¹)

wird speziell von Juda berichtet, er habe Hethiterinnen geehlicht (I. Chron. II, 3). Aus diesen Volkserzählungen erhalten wir historische Belehrung: wir sehen, dass die Israeliten die deutliche Erinnerung besassen, als eine sehr kleine Anzahl von Hirten inmitten eines fremden, kultivierten, städtebewohnenden und freundlichen Volkes gelebt zu haben; die reichen Sippenältesten konnten sich den Luxus bezahlen, für ihre Söhne Eheweiber aus der früheren Heimat holen zu lassen, doch selbst diese Söhne folgten lieber der unmittelbaren Neigung, als dem Prinzip der Exklusivität, sie heirateten die Mädchen, die sie um sich sahen — es mussten denn gerade solche herzlose Geschäftsjobber sein wie der widerwärtige Jakob; für das ärmere Volk gilt selbstverständlich, dass es Weiber nahm wo es sie fand. Dazu kommt noch das Zeugen von Kindern mit Sklavinnen. Von Jakob's zwölf Söhnen z. B. sind vier von Sklavinnen geboren und geniessen die selben Rechte wie die anderen. — Dies Alles bezieht sich auf das früheste von der Bibel erwähnte Berühren mit den Hethitern Kanaans. Nun folgte, nach der Sage, der lange Aufenthalt an der Grenze Ägyptens, im Lande Gosen. Doch auch hier lebten die Israeliten von Hethitern umringt. Die Hethiter reichten

Amoritischer Israelit angeblich ein Sohn Salomo's.

nämlich bis an die Grenzen Ägyptens, wo gerade damals ihre Stammverwandten, die Hyksos, das Scepter führten; die Stadt Tanis, welche den Versammlungspunkt der Israeliten in Gosen bildete, war wesentlich eine hethitische Stadt; seit jeher stand sie in engstem Verkehr mit Hebron; indem die Israeliten mit ihren Herden von Hebron nach der Gegend von Tanis zogen, blieben sie also in derselben ethnischen Umgebung. ²) Und als sie später als Eroberer nach Kanaan zurückkehrten, unterwarfen

---

¹) Nach einer Photographie in Ratzel's Völkerkunde. Die übrigen Typenbilder sind nach den bekannten Reliefs auf den ägyptischen Monumenten.

²) Vergl. Renan: Israël I, ch. 10.

sie zwar die Kanaaniter, die zum grössten Teil aus Hethitern bestanden, nach und nach, doch traten sie jetzt erst recht in ein
enges Verhältnis zu ihnen. Denn wie ich schon früher hervorhob,
der Kanaaniter verschwand nicht. Man lese nur das erste Kapitel
des *Buches der Richter*. Wellhausen bezeugt denn auch: »Die Israeliten
unterwarfen die ältere Bevölkerung nicht systematisch, sondern schoben
sich zwischen sie ein .... Von einer vollständigen Eroberung des
Landes (Palästina) war keine Rede«. Und über die Art, wie dieses
fremde, nicht-semitische Blut immer mehr in das hebräische eindrang,
berichtet derselbe Autor: »Der wichtigste Vorgang in der Richterperiode
ging im Allgemeinen ziemlich geräuschlos vor sich, nämlich die Verschmelzung der neuen (israelitischen) Bevölkerung des Landes mit der
alten. Die Israeliten der Königszeit hatten eine sehr starke Beimischung kanaanitischen Blutes; sie waren keineswegs reine Ab-
kömmlinge derer, die einst aus Ägypten gezogen waren..... Hätten
die Israeliten die alteingesessenen Landeskinder vertilgt, so würden sie
das Land zur Wüste gemacht und sich selbst um den Gewinn der
Eroberung gebracht haben. Indem sie sie schonten und sich selber
ihnen gleichsam aufpfropften, wuchsen sie zugleich in ihre
Kultur hinein. In Häuser, die sie nicht gebaut, in Felder und
Gärten, die sie nicht urbar gemacht und angelegt hatten, nisteten sie
sich ein. Überall traten sie als glückliche Erben in den Genuss der
Arbeit ihrer Vorgänger. So vollzog sich bei ihnen eine folgenreiche
innere Umwandlung; sie wurden rasch ein Kulturvolk«. [1]) Schon
früher hatten die Israeliten von den Hethitern das Schreiben gelernt
(sei es in Hebron, sei es in Tanis; [2]) jetzt lernten sie von ihnen den
Acker- und den Weinbau, sie lernten Städte errichten und verwalten,
kurz, sie wurden durch ihre Vermittelung civilisierte Menschen.
Durch sie auch wurden sie erst ein Staat. Nie hätten diese in
ewiger Eifersucht, in argwöhnischer Isolierung hausenden verschiedenen
Stämme sich zu einer Einheit zu verbinden verstanden, ohne das
»staatverkittende Element« der Kanaaniter. Und damit nicht genug,
auch ihre religiösen Vorstellungen erhielten von den Kanaanitern die
besondere Farbe und die Organisation: Baal, der Gott des Acker-
baues und der friedlichen Arbeit, verschmolz mit Jahve, dem Gott
der Kriegsheere und der Raubzüge. Wie sehr Baal von den Israeliten

---

[1]) *Israelitische und jüdische Geschichte.* S. 37, 46 u. 48.
[2]) Renan: *Israël* I, 136.

verehrt wurde, ersehen wir (trotz aller späteren Korrekturen der
Juden) aus solchen Thatsachen, wie dass der erste israelitische Held
auf palästinischem Boden Jerubbaal heisst[1]) (und ausserdem eine
Hethiterin zur Frau nimmt), dass der erste König, Saul, einen seiner
Söhne Isbaal nennt, David einen der seinigen Baaliada, Jonathan
seinen einzigen Sohn Meribaal, u. s. w.. Auch das Prophetenwesen
entlehnten die Israeliten den Kanaanitern und von ihnen übernahmen
sie den ganzen äusseren Kultus, sowie die Tradition der heiligen
Orte. [2]) Ich brauche hier nicht auszuführen, was Jeder in der Bibel
finden wird (allerdings manchmal unter so vielen fremdklingenden Namen
verhüllt, dass man ohne kundigen Führer nicht auskommt): welche
grosse Rolle die Hethiter, sowie ihre Stammbrüder, die Philister, in
der Geschichte Israels spielen. Bis die Verschmelzung sehr weit vorgedrungen und dadurch die Unterscheidung der Namen verschwunden
ist, finden wir diese überall wieder, namentlich unter den tüchtigsten
Soldaten; und wie vieles gerade von diesen Angaben wird durch die
spätere jüdische Redaktion der Bibel, die möglichst das Fremde aus-
zutilgen und die Fiktion einer rein abrahamidischen Herkunft einzuführen strebte, verschwunden sein! David's Leibgarde ist, wenn
nicht ausschliesslich, so doch zum grossen Teil aus Männern zusammengesetzt, die nicht zu Israel gehören: Hethiter und Gethiter bekleiden
darin wichtige Offiziersposten; Krethi und Plethi, Philister und allerhand anderes fremde Volk, teils syrisch, teils fast rein europäisch,
einiges hellenisch, bilden die Masse.[3]) David hat überhaupt den
Thron nur mit Hilfe der Philister — und wahrscheinlich als ihr
Vasall[4]) — erobert; er hat auch alles gethan, was an ihm lag, um die
Verschmelzung der Israeliten mit ihren Nachbarn zu fördern und gab
selber das Beispiel der Ehen mit den Töchtern aus syrischem und
indoeuropäischem Stamme.

---

[1]) Eine Thatsache, welche die spätere Redaktion der Bibel zu vertuschen
suchte (*Richter* VI, 32) während die ältere nicht daran gedacht hatte (I. *Sam.* XII, 11).

[2]) Vergl. hierzu Wellhausen: a. a. O., S. 49 fg., 102 fg.; über die heiligen
Orte, desselben Autors *Prolegomena zur Geschichte Israels*, 4. Aufl., S. 18 fg.

[3]) Dazu kommen Araber, Hebräer nicht aus israelitischen Stämmen, Aramäer
und allerlei pseudosemitische Fremde. Da es nach der (allerdings ungewöhnlich
stark erlogenen) Volkszählung unter David 1300000 kriegsfähige Männer in Israel
und Juda gegeben haben soll (II. *Samuel* XXIV), so bekommen wir den Eindruck,
dass die Israeliten selber wenig kriegerisch gesinnt waren. Siehe namentlich
Renan: *Israël* II, *livre* 3, ch. I.

[4]) Wellhausen: *Israelitische und jüdische Geschichte*, S. 58.

Doch, da das Wort »indoeuropäisch« meiner Feder entfährt, will ich gleich hier eine Thatsache besprechen, der ich bisher kaum flüchtig Erwähnung that. Die Kanaaniter bestanden vorwiegend, doch nicht einzig aus Hethitern; mit ihnen eng verbunden, doch häufig in getrennten Gauen ansässig und dadurch ihren Stamm relativ rein erhaltend, lebten die Amoriter. Diese Amoriter waren grosse, blonde, blauäugige Menschen von lichter Hautfarbe; sie waren »aus dem Norden«, d. h. aus Europa eingedrungen, die Ägypter nannten sie daher Tamehu »das Volk der Nordländer«, und zwar scheinen sie (doch ist dies natürlich problematisch) Palästina nicht sehr lange vor der Rückkehr der Israeliten aus Ägypten erreicht zu haben.[1] Im Osten des Jordans hatten sie mächtige Reiche gegründet, mit denen die Israeliten später öfter Krieg führen mussten; ein anderer Teil war in Palästina eingedrungen, wo er in engster Freundschaft mit den Hethitern lebte,[2] wieder andere hatten sich zu den Philistern geschlagen, und zwar in so grosser Zahl (vermehrt vielleicht durch direkte Zuzüge aus dem bereits durch und durch hellenischen Westen), dass manche Geschichtsforscher die Philister als der Mehrzahl nach arisch-europäischen Stammes betrachtet haben.[3] Diese unsere eigenen Stammesbrüder sind jene Enakskinder, die »Leute von grosser Länge«, welche den Israeliten so schreckliche Angst einjagten, als diese sich das erste Mal kundschaftend ins südliche Palästina eingeschlichen hatten (IV *Mose* XIII); zu ihnen gehörte der tapfere Goliath, der die Israeliten zu einem ritterlichen Zweikampf auffordert und inzwischen dem tückisch geschleuderten Stein erliegt;[4] zu ihnen auch jene

---

[1] Dass das Buch *Genesis* (XIV, 13) schon Abraham in friedlicher Bundesgenossenschaft mit drei Amoritern in der Ebene Hebrons leben lässt, hat natürlich auf historische Gültigkeit keinen Anspruch.

[2] Siehe namentlich Sayce: *Races of the Old Testament*, S. 110 fg.

[3] Vergl. Renan: *Israël* II, *livre* 3, ch. 3. Über den hellenischen Ursprung eines bedeutenden Teils der Philister und die Einführung einer Anzahl griechischer Worte durch sie ins Hebräische, siehe auch Renan: *Israël*, Band I, S. 157 Anm.; und Maspero: II, S. 698. Übrigens ist die Frage nach dem Ursprung der Philister und der Amoriter eine noch viel umstrittene; wir können den Streit getrost den Historikern und Theologen überlassen; die anthropologischen Ergebnisse sind Ergebnisse einer exakten Wissenschaft und die Philologie muss sich darnach richten, nicht umgekehrt. Dass die Amoriter, sowie mindestens ein Teil der Philister, grosse, blonde, blauäugige Dolichocephalen waren, ist sicher: somit gehörten sie zum Typus *Homo europaeus*; uns Ungelehrten genügt das.

[4] Die Legende, welche diese feige That dem David zuschreibt, ist eine späte Interpolation; der ursprüngliche Bericht steht II *Sam.* XXI, 19 (vergl. Stade:

»Rephaim«, welche riesige Speere und schwere eherne Rüstung tragen (I *Sam.* XVII, 5 ff., II *Sam.* XXI, 16 ff.). Und weiss die Bibel viel zu erzählen von den Heldenthaten der Israeliten gegen diese grossen blonden Männer, so konnte sie andrerseits nicht verschweigen, dass gerade aus ihnen (namentlich aus dem noch sehr wilden, unvermischt indoeuropäischen Stamm der Gethiter) David seine besten, zuverlässigsten Soldaten gewann. Nur durch die Philister wurden die Philister besiegt; nur durch die Amoriter die Amoriter. Die Gethiter

Amoriter.

z. B. waren nicht von David unterworfen, sondern folgten ihm freiwillig (II *Sam.* XV, 19 fg.), aus Lust am Kriege; ihr Führer, Ithai, wurde zum Befehlshaber eines Drittels der israelitischen Armee ernannt (II *Sam.* XVIII, 2). Von diesem »arischen Truppenteil«, wie er ihn nennt, sagt Renan: »Er war eben so tapfer wie der Araber, und unterschied sich von diesem durch seine Treue; um etwas Dauerhaftes zu gründen, musste man sich auf ihn stützen. — — Er war es, welcher die verräterischen Anschläge des Absalom, des Sebah, des Adoniah vereitelte; er war es, welcher den bedrohten Thron Salomo's rettete — — — er hat den Kitt des israelitischen Königreiches abgegeben«.[1] Jedoch nicht allein tapfere und treue Soldaten waren diese Männer, sondern auch Städtebauer; ihre Städte waren die am besten gebauten und die festesten (*Deuter.* I, 28),[2] und namentlich eine ihrer Städte gewann Weltbedeutung: unweit der Hauptstadt ihrer hethitischen Freunde, Hebron, gründeten die Amoriter eine neue Stadt, Jerusalem. Der König von Jerusalem, der gegen Josua auszieht, ist ein Amoriter (*Jos.* X, 5), und wenn es auch heisst, er sei von diesem mit allen anderen Königen geschlagen und erschlagen worden, so wird man das, sowie das ganze Buch Josua, *cum grano salis* zu nehmen haben; denn in Wirklichkeit wurde die Eroberung Palästinas den Israeliten sehr schwer und ging äusserst langsam und

Geschichte des Volkes Israel, I, 225 fg. Für die Beurteilung des Charakters David's ist es wichtig dies zu wissen (siehe unten, S. 369).

[1] Renan: *Israël* II, 30—32.

[2] Über Flinders Petrie's neuerliche Ausgrabungen amoritischer Städte mit Mauern von zweiundeinhalb Meter Dicke, berichtet Sayce: *Races of the Old Testament*, p. 112.

nur unter Zuziehung fremder Elemente vor sich;[1]) jedenfalls blieb
die Stadt Jerusalem bis zu David's Zeiten eine amoritische, mit Bei-
mischung vieler Hethiter (Jebusiter nennt die Bibel diese gemischte
Bevölkerung), doch ohne Israeliten; erst im achten Jahre seiner Re-
gierung eroberte David mit seinen fremden Söldnertruppen diese feste
Burg und erwählte sie, ihrer starken Lage wegen, zu seiner Residenz.
Die amoritisch-hethitische Bevölkerung blieb aber auch fernerhin durch
Zahl und Stellung bedeutend[2]): von einem wohlhabenden Amoriter
muss David den Boden kaufen, um darauf einen Altar zu errichten
(II *Sam.* XXIV, 18 fg.), und bei einem Gethiter, einem seiner ver-
trauten Truppenführer, stellt er die heilige Bundeslade ein, als er sie nach
Jerusalem übergeführt hat (II *Sam.* IV, 10).[3]) So lässt denn auch der
Prophet *Hesekiel* (XVI) der Stadt Jerusalem von Gott zurufen: »Von
Ursprung und von Geburt bist du eine Kanaaniterin; dein Vater war
ein Amoriter, deine Mutter eine Hethiterin!« Und dann wirft er den
israelitischen Bewohnern vor, wie sie sich mit diesen fremden Elementen vermengt hätten: »also triebest du Hurerei, dass du dich
einem Jeglichen, wer vorüber ging, gemein machtest und thatest
seinen Willen« — eine Naivetät des frommen Juden, da die Grossen
des Reiches mit dem Beispiel nicht gekargt hatten und er selber, als
Jerusalemit, das Kind dieser dreifachen Bastardierung war; Hesekiel,
dem eigentlichen Erfinder des spezifischen Judentums, schwebte eben
schon jene paradoxe Idee eines aus reiner Rasse hervorgegangenen
Juden vor, was eine *contradictio in adjecto* ist. Gerade der Judäer
hat nun unter allen Israeliten am meisten amoritisches Blut in sich
aufgenommen, und zwar aus dem einfachen Grunde, weil die Amoriter
den Süden Palästinas, die Gebiete Simeon's, Juda's und Benjamin's,
ziemlich dicht bewohnten, während sie weiter nördlich spärlicher vertreten waren. Die ägyptischen Denkmäler, auf welchen die verschiedenen
Völker äusserst charakteristisch abgebildet sind, beweisen unwiderruflich,
dass zur Zeit Salomo's und seiner Nachfolger die Einwohner des
südlichen Israels, besonders die Truppenanführer, sich durch das Vor-

---

[1]) Siehe namentlich Wellhausen's *Prolegomena* (an vielen Orten).

* Im Buche *Josua* XV, 63 lesen wir: »Die Jebusiter aber wohnten zu
Jerusalem und die Kinder Juda's konnten sie nicht vertreiben; also blieben
die Jebusiter mit den Kindern Juda's zu Jerusalem bis auf diesen Tag.«

[2]) Dass Obededom wirklich ein Gethiter war, wie die angeführte Stelle
besagt und nicht, wie die spätere Version lautet (I. *Chron.* XVI, 18) ein Levit,
zeigt Wellhausen: *Prolegomena*, S. 43.

walten des ausgesprochenen amoritischen (indoeuropäischen) Typus
auszeichneten. [1])

Ja, man hat sich bisweilen gefragt, ob nicht David selber
halb oder dreiviertel Amoriter sei? Die Bibel legt an verschiedenen Orten besonderen Nachdruck auf seine Blondheit, und, wie
Virchow durch unzählige Statistiken nachgewiesen hat, ist »die Haut
mit ihrem Zubehör noch dauerhafter als der Schädel«; helle Haut
und blondes Haar kam nun bei den Hebräern und den Menschen
aus der syrischen Gruppe gar nie vor, sondern diese Charakteristika
des Europäers wurden erst durch die Amoriter und Hellenen ins Land
gebracht; darum fiel ja auch David's Blondheit auf. [2]) Unter diesen
Umständen ist es wohl nicht allzukühn, wenn man vermutet, dass ein
in Bethlehem (d. h. gerade in der von Amoritern am dichtesten be-
völkerten Gegend) geborener Hirte eine Amoriterin zur Mutter gehabt
haben mag. Sein Charakter, sowohl dessen grosse Fehler wie auch
dessen herzgewinnende Eigenschaften, seine Kühnheit, seine Vorliebe
für das Abenteuerliche, seine Sorglosigkeit, sein schwärmerischer Sinn,
unterscheiden David wie mir scheint von allen Helden Israels, ebenfalls sein Bestreben, das Reich zu organisieren, die verzettelten Stämme
zu einer Einheit zusammenzufassen (was ihm ja den Hass der Israeliten
zuzog). Auch seine ausgesprochene Vorliebe für die Philister (siehe
z. B. II Sam. XXI, 3), unter denen er gern als Soldat gedient hatte,
ist ein auffallender Zug, ebenso wie die bemerkenswerte Thatsache
auf die Renan hinweist (Israël II, 35), dass er die Philister im Kriege
edel behandelt, die hebräischen Völker dagegen mit furchtbarer Grausamkeit, als seien sie ihm im Herzen zuwider. Sollte diese Vermutung der Wirklichkeit entsprechen, dann wäre allerdings Salomo
kaum ein Israelit zu nennen; denn es ist höchst unwahrscheinlich,
dass seine Mutter Bathseba, das Eheweib des Hethiters Uria, eine
Israelitin gewesen sei.[3]) So würde sich die eigentümliche Inkompa-

---

[1]) Siehe Typenbild auf S. 363.

[2]) Luther hatte die bezüglichen Stellen (I Samuel XVI, 12, XVII, 42 u. s. w.)
mit »bräunlich« übersetzt; Gesenius verdeutscht dagegen in seinem Wörterbuch
das betreffende hebräische Wort mit »rot« und räumt ein, dass es gewöhnlich
sich auf das Haar beziehe, nur giebt er sich grosse Mühe, nachzuweisen, David
müsse schwarzhaarig gewesen sein und das »rot« beziehe sich also hier auf die
Gesichtsfarbe; die besten wissenschaftlichen Übersetzer der Gegenwart (z. B. Segond)
fassen aber die Bezeichnung direkt als blond, d. h. also blondhaarig auf, und es
scheint für sicher zu gelten, dass David ausgesprochen blond war.

[3]) Renan: Israël II, 97.

tibilität zwischen Salomo's Wesen und Streben, und dem Charakter Israel's und Juda's erklären. Renan sagt es rund heraus: »*Salomon n'entendait rien à la vraie vocation de sa race*«;[1]) er war ein Fremder mit allen seinen Wünschen und Zielen inmitten des Volkes, welches er gross zu machen wähnte. Und so wäre diese kurze Episode der Glanzzeit des israelitischen Volkes — David, Salomo — in Wirklichkeit nichts weiter als eben eine »Episode«, herbeigeführt durch die übermütige Kraft eines durchaus verschiedenen Blutes, doch bald erstickt durch den unbezwingbaren Willen des Syro-Semiten, der nicht gesinnt war diese Wege zu wandeln, noch auch die Fähigkeit dazu besessen hätte.

Vergleichende Zahlen. Über das, was ich oben die specielle Einflusssphäre nannte, besitzen wir, wie man sieht, hinreichendes geschichtliches Material. Wenn unser Zweck nicht ein beschränkter wäre — nämlich den Ursprung des Juden darzuthun — so gäbe es gar vieles hinzuzufügen; z. B. dass die Josephiten, die begabtesten und energischsten unter allen Israeliten (ihnen entstammen Josua, Samuel, Jerubbaal u. s. w., sowie die grosse Dynastie der Omriden) halbe Ägypter waren (was in der verkürzten Art solcher Volksmärchen *Genesis* XLI, 45 erzählt, wo wir Joseph die Tochter eines Priesters aus Heliopolis heiraten sehen, die ihm Ephraim und Manasse gebärt) — — —. Doch besitzt diese Thatsache für die Feststellung des jüdischen Stammbaumes wenig oder keine Bedeutung, denn Heiraten zwischen den verschiedenen Stämmen Israels waren durch das Gesetz fast unmöglich gemacht, und bei der stets hervortretenden Antipathie der Josephiten gegen die Kinder Juda's besonders unwahrscheinlich. Ebensowenig ist es nötig, hier von der Berührung mit manchen anderen hebräischen Sippen zu reden. Auch die viel später erfolgte Aufnahme von Negerblut seitens der Juden in der alexandrinischen Diaspora — wofür mancher heutige Staatsbürger »mosaischer Konfession« den lebendigen Beweis liefert — ist ganz nebensächlich. Das Gesagte ist ausführlich genug, damit sich Jeder die Anthropogenie des Juden in ihren grossen Linien klar vorstelle. Wir sahen: es kann nicht dem geringsten Zweifel unterliegen, dass der historische Israelit, aus welchem sich der eigentliche ›Jude‹ erst spät absonderte, das Produkt einer Mischung ist. Er tritt schon in die Geschichte als Mischling ein, nämlich als Hebräer; dieser Hebräer geht aber dann weitere Ehen mit fremden, nicht semitischen Menschen ein: erstens mit den Hethitern, einem

[1]) *idem*, p. 174.

besonderen Stamm des weit verbreiteten, fest charakterisierten *Homo syriacus:* zweitens mit den grossen, blonden, blauäugigen Amoritern aus der indoeuropäischen Gruppe. Nun kommt zu dem historischen Zeugnis das unwiderlegliche Zeugnis der exakten Wissenschaft hinzu. F. von Luschan fasst es in seinem schon mehrfach erwähnten Vortrag folgendermassen zusammen: »Die Juden sind zusammengesetzt: erstens, aus wirklichen Semiten, zweitens, aus arischen Amoritern, drittens und hauptsächlich aus den Nachkommen der alten Hethiter. Neben diesen drei wichtigsten Elementen des Judentums kommen andere Beimengungen gar nicht in Betracht.« Diese Diagnostik gilt — das merke man wohl — für die Juden zur Zeit, als sie von Israel losgetrennt wurden und sie gilt genau ebenso für heute; die Messungen haben sich auf altes Material und auf Allerneuestes bezogen, und zwar mit dem Erfolg, dass die verschiedenen Aufnahmen von Fremden (Spaniern, Südfranzosen u. s. w.) in das Judentum, auf welche Feuilletonisten und salbungsvolle Moralisten vielen Nachdruck zu legen pflegen, gänzlich einflusslos geblieben sind: eine so charakteristisch zusammengesetzte und dann streng rein gezüchtete Rasse saugt dergleichen Wassertropfen sofort auf.

Und so wäre der Punkt eins erledigt: das israelitische Volk ist aus der Bastardierung durchaus verschiedener Menschentypen hervorgegangen. Punkt zwei, in welchem das Verhältnis der verschiedenen Rassen zu einander besprochen werden sollte, wird, insofern er blosse Statistik bringt, einen einzigen Absatz beanspruchen; doch was sollten uns diese Zahlen, wenn wir nicht bestimmte Vorstellungen mit ihnen verknüpften? Es wäre das reine x, y, z der elementaren Algebralehre: die Rechnung stimmt, bedeutet aber nichts, da alle drei Grössen unbekannt; die Qualität der verschiedenen Rassen wird uns also länger als die Quantität aufhalten.

Was zunächst die quantitative Zusammensetzung des israelitischen Blutes anbelangt, so darf man nicht übersehen, dass selbst 60000 Messungen wenig sind im Vergleich zu den Millionen, die seit Jahrtausenden gelebt haben; es wäre unzulässig, sie auf das einzelne Individuum anzuwenden; die Massenstatistik vermag es nicht, auch nur den Saum zu lüften von dem Schleier, der die Persönlichkeit umgiebt. Jedoch, man bedenke auch dieses: ausser der Individualität des Einzelnen, giebt es die Individualität der Gesamtheit eines Volkes; auf diese abstraktere Persönlichkeit lassen sich Zahlen schon bedeutend besser anwenden. Was ein bestimmter Mann in einem bestimmten

Falle thun wird, kann ich aus seiner Rassenangehörigkeit nicht schliessen;
wie aber z. B. eine zahlreiche Menge Italiener sich in diesem bestimmten Falle als Kollektivität benehmen wird, wie dagegen eine
gleiche Menge Norweger, das vermag ich mit grosser Wahrscheinlichkeit
vorauszusagen. Für die Erkenntnis eines Volkscharakters können uns
folglich anthropologische Zahlen von wirklichem Werte sein. Diese
Zahlen nun besagen für den Juden (von damals und von heute, im
Osten und im Westen von Europa verglichen): 50 Prozent der Juden
zeigen den Typus des *Homo syriacus* (kurze Köpfe, charakteristische,
sog. »jüdische« Nase, Neigung zur Fettleibigkeit u. s. w.) in ausge-
sprochenem Masse; nur 5 Prozent weisen Züge und anatomische
Bildung des echten Semiten (Wüstenbeduinen) auf; bei 10 Prozent
trifft man eine Haut- und Haarfarbe, manchmal auch Gesichtszüge
an, die auf den Amoriter indoeuropäischen Stammes weisen; 35 Prozent
stellen undefinierbare Mischformen dar, etwa nach Art von Lombroso's
»kombinierten Photographien«, durch welche Gesichter zu Stande
kommen, in denen ein Zug dem andern widerspricht: Schädel, die
weder lang wie die der echten Semiten, noch halblang wie die der
Amoriter, noch rund wie die der Syrier sind, Nasen, die weder
hethitisch, noch arisch, noch semitisch genannt werden können, oder
aber die syrische Nase ist da, doch ohne den dazu gehörigen Kopf u. s. w.
ins Unendliche. — Das Hauptergebnis des anatomischen Befundes ist,
dass die jüdische Rasse zwar eine permanente ist, zugleich aber eine
durch und durch bastardierte, welche diesen Bastardcharakter permanent
bewahrt. Ich habe im vorigen Kapitel versucht, den Unterschied
zwischen Mischungen und Bastardierungen klar zu machen. Alle
historisch grosse Rassen und Nationen sind aus Mischungen hervorgegangen; wo aber der Unterschied der Typen ein unüberbrückbar
tiefer ist, da entstehen Bastarde. Das ist hier der Fall. Die Kreuzung
zwischen Beduin und Syrier war — anatomisch betrachtet — wohl noch
ärger als die zwischen Spanier und südamerikanischem Indianer. Dazu
nun, in später Stunde, das Ferment eines europäisch-arischen Zusatzes!

Rassenschuld-   Es ist durchaus geboten, hierauf grossen Nachdruck zu legen;
bewusstsein.
denn ein derartiger Vorgang, so unbewusst er auch geschieht, ist ein
blutschänderisches Verbrechen gegen die Natur; auf ihn kann nur ein
elendes oder ein tragisches Schicksal erfolgen. Die übrigen Hebräer,
und mit ihnen die Josephiten, gingen elend zu Grunde; wie die
Familien der bedeutenderen pseudosemitischen Mestizen (die Phönizier,
Babylonier u. s. w.) schwanden sie spurlos dahin; der Jude dagegen

erwählte das tragische Schicksal: das beweist seine Grösse, und das ist seine Grösse. Ich werde bald auf dieses Thema zurückzukommen haben, denn dieser Entschluss bedeutet die Begründung des Judentumes; nur das Eine will ich gleich hier sagen, denn es gehört hierher und wurde meines Wissens noch niemals gesagt: jenes tiefe Bewusstsein der Sünde, welches das jüdische Volk (in seinen heroischen Tagen) so bedrückte[1]) und in den Worten seiner auserwählten Männer ergreifenden Ausdruck fand, wurzelt in diesen physischen Verhältnissen. Natürlich legte es der Verstand und die uns allen angeborene Eitelkeit wesentlich anders aus; doch der Instinkt griff tiefer als der Verstand, und sobald die Vertilgung der Israeliten und die eigene Gefangennahme das Gewissen des Juden geweckt hatten, war seine erste That, jener Blutschande (wie ich sie oben in wörtlicher Anlehnung an Hesekiel nannte) ein Ende zu machen durch das strenge Verbot jeder Vermischung, selbst mit nahverwandten Stämmen. Man hat einen unerklärlichen Widerspruch darin gefunden, dass es die Juden sind, welche in die heitere Welt die ewig drohende Vorstellung der Sünde brachten, und dass sie dennoch unter Sünde etwas ganz anderes verstehen als wir. Die Sünde ist nämlich für sie eine Nationalsache, wogegen der Einzelne »gerecht« ist, wenn er das »Gesetz« nicht übertritt;[2]) »die Erlösung ist nicht die moralische Erlösung des Individuums, sondern die Erlösung des Staates«;[3]) das ist für unser Verständnis schon eine Schwierigkeit. Dazu kommt aber eine andere, die unbewusst begangene Sünde gilt dem Juden einem bewussten Vergehen ganz gleich;[4]) »der Begriff der Sünde hat für den Juden keine notwendige Beziehung zu dem Gewissen des Sünders, er schliesst nicht die Vorstellung einer moralischen Schlechtigkeit ein, sondern deutet auf eine gesetzliche Verantwortlichkeit«.[5]) Montefiore erklärt auch

---

[1] »Seit dem Exil wurde (bei den Juden) das Sündenbewusstsein gewissermassen permanent«, sagt Wellhausen: *Prolegomena*, S. 431.

[2] Siehe *Matthäus* XIX, 20. Die Äusserung des reichen Mannes billigt noch heute der Jude Graetz vollkommen und bezeugt, die Aufforderung »die Sünden zu bereuen« habe für den Juden »gar keinen Sinn«. *Volkstümliche Geschichte der Juden*, I, 577.)

[3] W. Robertson Smith: *The Prophets of Israel and their place in history*, Ausg. von 1895, S. 247.

[4] idem, S. 102; Montefiore: *Religion of the ancient Hebrews*, 2d ed., p. 558 (Anhang von Rabbi Schechter).

[5] R. Smith, a. a. O., S. 103. Auch Montefiore bezeugt: »Sünde ist bei den Hebräern jede Handlung, durch welche man im Unrechten sich befindet

ausdrücklich, dass nach der Auffassung der postexilischen Gesetzgeber:
»Sünde betrachtet wurde, nicht als eine Befleckung der individuellen
Seele, sondern als eine Befleckung der physischen Reinheit, eine Störung
jenes ungetrübt reinen Zustandes des Landes und seiner Einwohner,
welcher die Bedingung ausmacht, unter der allein Gott fortfahren kann,
unter seinem Volke und in seinem Heiligtum zu wohnen« (a. a. O.
S. 326). Ich bin, wie gesagt, überzeugt, der Schlüssel zu dieser merkwürdigen, widerspruchsvollen Vorstellung liegt in der physischen Entstehungsgeschichte dieser Rasse: ihr Dasein ist Sünde, ihr Dasein ist
ein Verbrechen gegen die heiligen Gesetze des Lebens; so wenigstens
wird sie vom Juden selber in den Augenblicken, wo das Schicksal
hart an seine Pforte klopft, empfunden. Nicht das Individuum, sondern
das ganze Volk müsste rein gewaschen werden, doch nicht von einem
bewusst, sondern von einem unbewusst begangenen Vergehen; und
das ist unmöglich: »wenn du dich gleich mit Lauge wüschest und
nähmest viel Seife dazu,« wie Jeremia seinem Volke zuruft (II, 22).
Und um das Unwiderbringliche der Vergangenheit auszulöschen, um
es in die Gegenwart zu rücken, wo Einsicht und Willenskraft der
Sünde eine Grenze stecken, der Reinheit eine Stätte schaffen konnten,
musste die gesamte jüdische Geschichte von Anfang an gefälscht, die
Juden als ein von Gott unter allen Völkern auserwähltes Volk von
makellos reiner Rasse dargestellt und von nun an drakonische Gesetze
eingeführt werden gegen jegliche Blutmischung. Wer das vollbracht
hat, waren nicht Lügner, wie man wohl gemeint hat, sondern Männer,
die unter dem Druck jener Not handelten, welche allein uns über
uns selbst hinaushebt und zu unwissenden Werkzeugen grossartiger
Schicksalswendungen macht. [1] Wenn irgend etwas geeignet ist, uns
aus der Blindheit unseres Jahrhunderts, uns von der Phrasenmacherei
unserer Autoritäten [2] zu erretten, und unsere Augen dem Naturgesetz

Jemandem gegenüber, der die Macht besitzt, das Vergehen zu bestrafen« !
(a. a. O., S. 246).

[1] Man hat Jeremia's Worte: »Es ist doch eitel Lügen, was die Schriftgelehrten setzen« (VIII, 8), auf die damals vor Kurzem geschehene Einführung
des Deuteronomiums und die begonnene Um- und Ausarbeitung des sogenannten
mosaischen Gesetzes (von dessen Dasein keiner der Propheten etwas gewusst
hatte) gedeutet und zwar wahrscheinlich mit Recht (nach der Behauptung des
gläubigen Juden C. G. Montefiore: *Religion of the ancient Hebrews*, p. 201, 202).

[2] Auch Herr von Luschan erblickt, wie man aus dem Schlusse seiner in
rein statistischer Beziehung so wertvollen Arbeit über die ethnographische Stellung
der Juden ersieht, das Heil in einem »völligen Ineinanderaufgehen und Ver-

zu öffnen, dass grosse Völker nur durch Veredelung der Rasse entstehen, Veredelung der Rasse aber nur unter bestimmten Bedingungen
stattfindet, deren Nichtbeachtung Verfall und Sterilität nach sich zieht,
so ist es der Anblick dieses hochgedachten, verzweiflungsvollen
Kampfes der ihrer Rassensünde bewusst gewordenen Juden.

Kehren wir jetzt zu den anthropogenetischen Zahlen zurück, so Homo syriacus.
finden wir uns einem schwierigen Thema gegenüber; Schädel konnten wir
messen und Nasen zählen, aber wie thun sich diese Ergebnisse im inneren
Wesen des Juden kund? Den Schädelknochen halten wir in der Hand,
er ist, was Carlyle »a hard fact« nennt, eine harte Thatsache. Freilich,
dieser Schädel symbolisiert eine ganze Welt; wer seine Masse recht
zu erwägen, wer seine Linien in ihrem gegenseitigen Verhältnis recht
zu deuten verstünde, der könnte über das Individuum viel aussagen:
Möglichkeiten würde er erblicken, welche der betreffenden Rasse selber
erst nach Generationen zum Bewusstsein kommen, und Schranken,
welche von vornherein einen Menschen vom andren trennen. Wer
jene zwei Schädel auf S. 360 betrachtet, den langen und den runden,
glaubt zwei Mikrokosmen zu erblicken. Doch jene Macht der Deutung
ist uns nicht gegeben; wir beurteilen die Menschen nach ihren Thaten,
eigentlich also auf indirektem Wege und nach einer fragmentarischen
Methode, denn diese Thaten werden nur durch besondere Umstände
veranlasst. Alles bleibt hier Stückwerk. Nun ist aber das Protoplasma
einer einzelligen Alge ein so enorm kompliziertes Gebilde, dass die
Chemiker noch immer nicht wissen, wie viele Atome sie sich im
Molekül denken, und wie sie sie zu einer halbwegs annehmbaren
symbolischen Formel vereinigen sollen; wer dürfte sich erkühnen,
einen Menschen, ein ganzes Volk auf eine Formel zurückzuführen?

---

schmelzen« der verschiedenen Menschenrassen! Man traut seinen Augen und
Ohren nicht, sobald diese Herren aus der Schule Virchow's von Thatsachen zu
Gedanken übergehen. Die gesamte Geschichte der Menschheit zeigt uns deren
Fortschritt an progressive Differenzierung und Individualisierung gebunden; Leben
und Streben finden wir nur dort, wo scharf charakterisierte Volkspersönlichkeiten
im Kampfe nebeneinanderstehen (wie jetzt in Europa), die besten Anlagen ver-
kümmern unter dem Einfluss der Uniformität der Rasse (wie z. B. in China), die
Bastardierung gegensätzlicher Typen sehen wir auf allen Gebieten des Organischen
zu Sterilität und Monstrosität führen — — — und dennoch soll das »Ineinanderaufgehen« unser Ideal sein! Sehen denn die Herren nicht ein, dass Einerlei und
Chaos synonyme Ausdrücke sind?
»Ich liebte mir dafür das Ewigleere!«

Folgende Charakteristika der Hethiter, der Amoriter und der Semiten
sollen also nur zur allgemeinsten Orientierung dienen.

Die Hethiter sehen auf den ägyptischen Bildern nichts weniger
als geistreich aus. Die übertrieben »jüdische« Nase setzt sich nach
oben in eine zurückweichende Stirn fort und unten schliesst sich ein
bisweilen noch ärger zurücktretendes Kinn an.[1]) Vielleicht hat sich
wirklich der *Homo syriacus* im Allgemeinen nicht durch den Besitz
grosser und feuriger Begabung ausgezeichnet; ich wüsste auch nicht,
dass er heute, wo er angeblich wieder überhandnimmt, hiervon Beweise gegeben habe. Doch besass er ohne Frage tüchtige Eigenschaften. Dass seine Rasse in den verschiedenen Mischungen siegreich
durchgedrungen ist und noch durchdringt, beweist grosse physische
Kraft. Dieser Kraft entsprach Ausdauer und Fleiss. Klug muss er
auch gewesen sein, nach den wenigen Bildern zu urteilen, sogar ungeheuer schlau (was ja mit Genialität nichts zu thun hat, im Gegenteil).
Auch seine Geschichte zeigt ihn klug: er hat verstanden zu herrschen
und er hat verstanden, sich unter möglichst günstigen Bedingungen
der fremden Gewalt zu unterwerfen. Unwirtliche Gegenden machte
er urbar und, als ihre Bevölkerung zunahm, baute er Städte und war
ein so tüchtiger Kaufmann, dass im Alten Testament »Kaufmann«
und »Kanaaniter« durch ein und dasselbe Wort ausgedrückt werden.
Dass er als Krieger tapfer zu sterben wusste, bezeugt sein langer Kampf
gegen Ägypten[2]) und das Vorkommen solcher Charaktere wie Uria.[3])
Ein Zug von Güte ist auf allen jenen sonst recht verschiedenen Por-
träts zu lesen. Man stellt sich lebhaft vor, wie diese Menschen —
gleich fern von symbolischer Mythologie und von fanatischem Wüsten-

[1]) Siehe namentlich die Figuren auf einem hethitischen Monument bei
Aintab: (Sayce: *Hittites*, p. 62 und die Typenbilder nach ägyptischen Monumenten
auf S. 361.

[2]) Die Hethiter scheinen lange Zeit hindurch ganz Syrien beherrscht zu
haben und wahrscheinlich ganz Kleinasien; ihre Macht war eben so gross wie die
Ägyptens in seiner Glanzzeit (siehe Wright; *Empire of the Hittites*, 1886, und Sayce:
The Hittites, 1892). Doch ist Vorsicht am Platze, denn die hethitische Schrift ist
noch nicht entziffert, und wenn auch hethitische Physiognomie, Tracht, Kunst und
Schreibart bereits einen bestimmten Begriff für die Wissenschaft bilden, die Geschichte dieses Volkes, von dem man vor wenigen Jahren noch nichts wusste, ist
bis jetzt sehr dunkel geblieben.

[3]) Man lese II *Sam.* XI) wie prächtig und männlich sich Uria benimmt;
neben dem verbrecherischen Leichtsinn David's sticht diese srenge, wortkarge
Pflichterfüllung angenehm ab.

wahn — jenen ungekünstelten Kultus einführen konnten, den die Israeliten in Palästina vorfanden und sich aneigneten: das Fest der Herbstlese
(für sie zugleich Neujahr, von den Juden später Laubhüttenfest genannt), das Fest des Frühlings (Ostern, von den Juden später zum
Passah umgedichtet) mit Darbringung der Erstgeburten von Rindern
und Schafen, das Fest des vollendeten Getreideschnitts (Pfingsten, von
den Juden Wochenfest genannt), lauter fröhliche Feste eines schon
seit langen Zeiten ansässigen, Ackerbau treibenden, nicht eines no-
madischen Volkes, Feste ohne tiefere Beziehung auf das Innenleben
des Menschen, eine einfache Naturreligion, wie sie für schlichte,
fleissige, »leidlich redliche« Menschen gepasst haben mag und gewiss
heute noch passen würde.[1]) Da wir Menschenopfer nur dort ein-
gebürgert sehen, wo (wie in Phönicien) das semitische Element stark
überwog[2]), so dürfen wir voraussetzen, dass wo der kanaanitische
Baalsdienst derartige Greuel in dem Fest gestattet, (wovon wir nur
ausnahmsweise hören und wohl nur, wo fremde Fürstinnen durch
Ehe ins Land gekommen sind), ein semitischer Brauch, nicht ein he-
thitischer, sich kundgiebt[3]) ... Im Ganzen machen uns die Hethiter
den Eindruck mehr von einer achtungswerten und hervorragend
lebensfähigen Mittelmässigkeit als von irgend einer Anlage zu ausserordentlichen Leistungen, sie besitzen mehr Zähigkeit als Kraft. Goethe
sagt einmal, ohne Überschwänglichkeit gäbe es keine Grösse; nach
dieser Goethe'schen Definition dürften die Hethiter schwerlich auf
Grösse Anspruch machen können.

---

[1] Vergl. die Ausführungen bei Wellhausen: *Israelitische und jüd. Gesch.*,
Kap. 6. Trotz der später vorgenommenen vorsichtigen Expurgierung sind doch
hier und da in der Thora Erwähnungen dieses heiteren Naturkultus geblieben, so
z. B. des im Gotteshaus zu Sichem gefeierten Weinlesefestes (*Richter* IX, 27).
Siehe auch, wie die Bundeslade »mit Freuden und Jauchzen«, mit Musik, Gesang
und Tanz von David nach Jerusalem geführt wird (2. *Sam.* VI, 12—15).

[2] Von Luschan hat durch zahlreiche Messungen festgestellt, dass der
phönizische Typus sich eng an den arabischen anschloss.

[3] Über den viel komplizierteren Kultus in der früheren Hauptstadt des
hethitischen Reiches, Carchemisch (Mabog) siehe Sayce: *The Hittites*, ch. 6. Doch
dünkt mich Lucian, auf den er sich beruft, ein sehr später und wenig zuverlässiger
Zeuge. Interessant ist es dagegen zu sehen, wie weit die Phantasielosigkeit der
Hebräer sich erstreckte. Selbst die Anlage des jüdischen Tempels, des äusseren
und inneren Hofes, des Vorhangs vor dem Allerheiligsten, sowie das Privilegium
des Hohenpriesters, diesen Raum zu betreten: das alles (angeblich Moses am
Sinai von Gott vorgeschrieben!) sind genaue Nachahmungen des uralten hethitischen Ritus.

Dagegen scheint in jenen Amoritern, »hoch wie die Cedern und
stark wie die Eichen« (*Amos* II, 9), mit ihren kecken Herausforderungen,
ihrer unbändigen Abenteuerlust, ihrer wahnwitzigen Treue bis in den Tod
gegen fremde, selbstgewählte Herren, ihren felsendicken Stadtmauern,
aus denen sie so gern in die Berge hinausschweiften, in jenen Amoritern
scheint mir das Überschwängliche recht sehr daheim. Ein wildes, grau-
sames Überschwängliche war es noch, doch zu allem Höchsten fähig.
Man glaubt ein anderes Wesen zu sehen, wenn man auf den ägyptischen
Monumenten unter der Unzahl Physiognomien plötzlich dieses freimütige,
charakterstarke, Intelligenz athmende Antlitz erblickt. Wie das Auge des
Genies inmitten des gewöhnlichen Menschenhaufens, so muten uns
diese Züge an unter der Menge der schlauen und schlechten und blöden
und bösen Gesichter, unter diesem ganzen Gesindel von Babyloniern
und Hebräern und Hethitern und Nubiern und wie sie alle heissen
mögen. O *Homo europaeus!* wie konntest du dich in diese Gesellschaft
verirren? Ja, wie ein Auge geöffnet in ein göttliches Jenseits muthest
du mich an. Und ich möchte dir zurufen : folge nicht dem Rat der
gelehrten Anthropologen, gehe nicht auf in jenem Haufen, vermenge dich
nicht mit jener asiatischen Plebs, gehorche dem grossen Dichter deiner
Rasse, bleibe dir selber treu ... Doch ich komme drei Jahrtausende zu
spät. Der Hethiter blieb, der Amoriter schwand. Das ist, unter manchen
andern, der eine Unterschied zwischen Edlem und Unedlem : jenes ist
schwerer zu erhalten. Riesen an Gestalt, sind diese Menschen nichtsdestoweniger in Bezug auf innere Organisation sehr zart. Kein Mensch
entartet so schnell wie Lapouge's *Homo europaeus:* wie schnell z. B. die
Griechen Barbaren wurden, »*in Syros, Parthos, Aegyptios degenerarunt*«,
bezeugt schon Livius (38, 17, 11). Er verliert seine Eigenheit gänzlich;
dasjenige, was ihm allein zu Teil wurde, scheint er nicht weiter geben
zu können, die Anderen besitzen das Gefäss nicht für diesen Inhalt;
dagegen besitzt er selber eine verhängnisvolle Assimilationsfähigkeit für
das Fremdartige. Zwar erzählt man uns von den blonden Syriern des
heutigen Tages, auch hören wir von zehn Prozent blonder Juden; doch
Virchow belehrte uns, die Haut und das Haar seien »dauerhafter als der
Schädel«, der Schädel vermutlich also dauerhafter als das Hirn, ich weiss
es nicht, doch glaube ich wirklich, der Europäer liess in Asien, wie anderwärts, ausser der Erinnerung an seine Thaten, wenig mehr als Haut und
Haar zurück! Ich habe ihn im Talmud gesucht, doch vergeblich. [1]

---

[1] Doch kommt ein thatsächlicher »Germane« dort vor (Traktat Schabbath,
VI. 8, fol. 25a des *Jerusalemischen Talmuds*). Er ist der Sklave eines Juden. Be-

Recht schwer dünkt es mich, über den Dritten in diesem Bunde, den echten Semiten, etwas auszusagen, denn es bildet geradezu ein Kennzeichen dieses *Homo arabicus*, dass er erst dann mitwirkend in die menschliche Geschichte eintritt, wenn er nicht mehr ein echter Semit ist. So lange er in seiner Wüste bleibt (und seiner Seelengrösse und -Ruhe wegen sollte er stets da bleiben), gehört er eigentlich der Geschichte gar nicht an; es ist auch sehr schwer, um nicht zu sagen unmöglich, Eingehendes über ihn dort zu erfahren; wir hören nur, er sei tapfer, gastfreundlich, fromm, auch rachsüchtig und grausam — lauter Charaktereigenschaften, nichts, was uns über seine intellektuellen Anlagen Aufschluss gäbe. Burckhardt, der Jahre lang Arabien bereiste, schildert den Beduinen als geistig absolut müssig, sobald nicht Krieg oder Liebe den schlaffen Bogen — dann allerdings sofort auf das Äusserste — spannt.[1]) Bricht er aber gewaltsam heraus in die Kulturwelt, so geschieht es, wie unter Abu Bekr und Omar, oder wie heute in Zentralafrika, um zu morden und zu brennen.[2]) Sobald er weithin alles verwüstet hat, verschwindet der echte Semit, wir hören nichts mehr von ihm; überall, wo er in der Kulturgeschichte wieder auftaucht, hat inzwischen Vermischung stattgefunden — denn kein Menschentypus scheint sich schneller und erfolgreicher zu vermischen als gerade dieser in einer Jahrtausende währenden, gezwungenen Inzucht Gezeugte. Der edle Maure Spaniens ist nichts weniger als ein reiner Wüstenaraber, er ist zur Hälfte ein Berber (aus der arischen Verwandtschaft) und nimmt so reichlich gotisches Blut in seine Adern auf, dass noch heute vornehme Einwohner

---

auftragt, Rabbi Hila, einen Freund seines Herrn, nach Hause zu begleiten, rettet er diesen vom Tode, indem er einen tollen Hund, der den Rabbi angefallen, auf sich selber reizt und von ihm den tödlichen Biss empfängt. Doch entlockt diese Treue dem frommen Juden nicht ein Wort der bewundernden Anerkennung, sondern er citiert bloss *Jesaia* XLIII, 4: »Weil du so wert bist, Israel, vor meinen Augen geachtet, musst du auch herrlich sein, und ich habe dich lieb, darum gebe ich Menschen an deine Statt und Völker für deine Seele«.

[1]) *Beduinen und Wahaby* (Weimar 1831).

[2]) Man sehe doch, wie der berühmte maurische Geschichtsschreiber des 14. Jahrhunderts, Mohammed Ibn Khaldun, von Vielen als der Begründer wissenschaftlicher Geschichte betrachtet, und selber ein halber Araber, urteilt: »Schaut euch um, betrachtet alle Länder, welche seit den ältesten Zeiten von den Einwohnern Arabiens besiegt wurden! Die Civilisation und die Bevölkerung schwanden aus ihnen, ja der Boden selber schien sich bei ihrer Berührung zu verwandeln und unfruchtbar zu werden« (*Prolegomena zur Weltgeschichte*, zweiter Teil; ich citiere nach Robert Flint: *History of the philosophy of history*, 1893, p. 166).

Maroccos ihre Genealogie bis zu germanischen Ahnen zurückverfolgen
können; Harun-al-Raschid's Regierung ist nur deswegen ein Glanz-
punkt inmitten einer so traurigen Geschichte, weil die rein persische
Familie der Barmekiden (welche der iranischen Religion des Zarathustra
treu blieb),[1]) als civilisierendes und kulturelles Element dem Kalifen
zur Seite steht. Kein Einziger der stets sogenannten »semitischen
Kulturstaaten« des Altertums ist rein semitisch, kein einziger: weder
der babylonische, noch der assyrische, noch der phönicische. Die
Geschichte bezeugt es und die Anthropologie bestätigt es. Noch
immer hören wir »Wunder und wilde Mär« über den reichen
Segen, den wir dieser angeblich semitischen Kulturarbeit verdanken
sollen; doch bei genauerem Zusehen finden wir den echten Semiten
immer und überall dem wahrhaft schöpferischen Element nur »aufgepfropft« (wie Wellhausen von den Israeliten sagte), und es ist
in Folge dessen recht schwer zu entwirren, wie viel und was im
Besonderen dem Semiten als solchem zuzuschreiben ist, was dagegen
seinem Wirt.[2]) Heute weiss man zum Beispiel, dass die Semiten die

---

[1]) Renan: *L'islamisme et la science (Discours et Conférences*, 3e éd, p. 382).

[2]). Siehe Jhering's anregende, aber allerdings hochphantastische *Vorgeschichte
der Indoeuropäer*, wo die gesamte babylonische Kultur, trotzdem der Verfasser
selber zugiebt, die Semiten hätten sie »überkommen«, trotzdem er uns die Sumero-
Akkadier als lebendige Kraft noch in späten Zeiten am Werke zeigt (S. 133,
243 u. s. w.), einfach als »semitische Kultur« bezeichnet wird! Ähnlich von Luschan
in dem erwähnten Vortrag, wo er sich bemüssigt fühlt, am Schlusse in die
Posaune zu stossen zu Ehren der »Semiten«, in demselben Vortrag, in
welchem er soeben nachgewiesen hat, die berühmtesten semitischen Völker enthielten nur wenig semitisches Blut . . . o Logik der Naturforscher! Zum Schluss
tischt er noch die alte Redensart von der »hohen Blüte der arabischen Wissenschaft in Spanien« auf, wo wir alle in die Schule gegangen seien — — eine
Mär, deren Nichtigkeit kein geringerer als Ernest Renan schon vor langen Jahren
aufgedeckt hatte. »Der semitische Geist«, schreibt dieser, »ist von Hause aus
antiphilosophisch und antiwissenschaftlich. . . . Man redet viel von einer
arabischen Wissenschaft und einer arabischen Philosophie, und allerdings, die
Araber waren während einem oder zwei Jahrhunderte unsere Lehrmeister; doch
geschah das nur, weil die griechischen Originalschriften verschüttet lagen. Diese
ganze arabische Wissenschaft und Philosophie war weiter nichts, als eine arm-
selige Verdolmetschung hellenischen Wissens und Denkens. Sobald das authentische
Griechenland aus dem Schatten hervortritt, verfallen diese jämmerlichen Produkte
in Nichts, und nicht ohne Grund unternehmen alle Gelehrten der Renaissance
einen wahren Kreuzzug gegen sie. Übrigens, näher betrachtet, war selbst diese
also beschaffene, arabische Wissenschaft in gar keiner Beziehung arabisch. Nicht
allein war ihre Grundlage rein griechisch, sondern unter denen, welche sich

Buchstabenschrift ebensowenig erfunden haben, wie sie die angeblich
»arabischen Ziffern« erfunden hatten; von den Hethitern stammt die
sogenannte »phönicische« oder überhaupt »semitische« Buchstabenschrift[1]) und »die Legende von der Übermittlung des Alphabetes an
die Arier durch die Phönicier ist nunmehr endgültig beseitigt«, da
viel ältere Schriftzeichen als die ältesten pseudosemitischen aufgefunden
wurden, Zeichen, die das Vorhandensein »einer urarischen-europäischen
Schrift beweisen, die im Osten erst später von den asiatischen Schriften
etwas beeinflusst wurde.« [2]) — — — Andererseits sehen wir, dass, wo der
semitische Wille auf dem lauteren Gebiete der Religion (nicht des
Besitzes) siegreich durchdrang, er die geistige Sterilität gebot und erzwang: wir sehen es an dem Juden nach der babylonischen Gefangenschaft (denn der Sieg der frommen Partei ist ohne Frage ein Sieg des
semitischen Elements), wir sehen es am Mohammedanismus. »Das
jüdische Leben war fortan (nach dem Exil) bar aller intellektuellen
und geistigen Interessen mit einziger Ausnahme der religiösen. . . .
Der typische Jude interessierte sich weder für Politik, noch für Litteratur,
noch für Philosophie, noch für Kunst. . . . Die Bibel bildete

---

der Einbürgerung des Wissens widmeten, gab es nicht einen
einzigen echten Semiten; Spanier waren es und (in Bagdad) Perser,
welche der herrschenden arabischen Sprache sich bedienten. Genau ebenso verhält es sich mit der philosophischen Rolle, welche man den Juden im Mittelalter
zuschreibt; sie haben aus fremden Sprachen übersetzt, weiter nichts. Die jüdische
Philosophie ist die arabische Philosophie; nicht ein neuer Gedanke kommt hinzu.
Eine einzige Seite Roger Bacon's besitzt mehr wahrhaft wissenschaftlichen Wert
als diese gesamte erborgte jüdische Weisheit, die zwar Achtung verdient, doch
ledig der Originalität ist.« (*De la part des peuples sémitiques dans l'histoire de la
civilisation, éd.* 1875, p. 22 suiv). Dasselbe Thema behandelte Renan ausführlicher
in seinem Vortrag des Jahres 1883 *L'islamisme et la science.* »Nicht allein sind
diese Denker und Gelehrten nicht aus arabischem Stamme«, sagt er da, »sondern
die Richtung ihres Geistes ist durchaus nicht arabisch.«
    [1]) Renan: *Israël* I, 134 suiv.
    [2]) Professor Hueppe: *Zur Rassen- und Sozialhygiene der Griechen* 1897), S. 26.
Dass die sogenannten »phönicischen« Schriftzeichen nicht eine Erfindung des
semitischen Geistes sind, wird heute von allen Gelehrten zugegeben; Halévy vermutet einen ägyptischen, Hommel (mit grösserer Wahrscheinlichkeit) einen babylonischen d. h. also sumerischen Ursprung, Delitzsch glaubt, die syrischen Halbsemiten hätten aus zwei verschiedenen Alphabeten, einem ägyptischen und einem
babylonischen, das ihre zusammengeschmolzen; der letzte Bearbeiter dieses Gegenstandes gelangt dagegen zu dem Schluss, das Alphabet sei überhaupt eine Erfindung der Europäer, erst durch die hellenischen Mykenier nach Asien gebracht
siehe H. Kluge: *Die Schrift der Mykenier*, 1897).

eigentlich die gesamte Litteratur der Juden, deren Studium ihr einziges geistiges und intellektuelles Interesse« : das sagt ein unverdächtiger Zeuge, der jüdische Gelehrte C. G. Montefiore (a. a. O., S. 419 u. 543). Ein ebenso unverdächtiger, Hirsch Graetz, citiert einen Ausspruch Rabbi Akiba's: »Wer sich mit dem Lesen exoterischer Schriften (d. h. mit jedem Studium ausser dem der heiligen jüdischen Thora) beschäftigt, hat seinen Anteil an der zukünftigen Welt verwirkt.«[1] Die Mischna lehrt: »seinen Sohn in griechischer Wissenschaft unterweisen lassen, ist genau ebenso fluchwürdig wie Schweinezucht betreiben.«[2] Dass das Hethitertum, welches die Hälfte des jüdischen Blutes, wie wir gesehen haben, ausmacht, stets gegen derartige Lehren protestierte und sich mit Vorliebe allem »Exoterischen« zuwandte, ist eine Sache für sich; ich suche hier einzig den »Semiten« zu erfassen. Was den sterilisierenden Einfluss der echtesten semitischen Religion, der mohammedanischen, anlangt, so ist er zu offenbar, als dass ich ihn erst nachzuweisen hätte. Wir stehen also hier zunächst vor einer Menge negativer Thatsachen und sehr wenigen positiven; wer sich nicht mit Phrasen begnügen will, wird eben finden, dass es schwer ist, sich die Persönlichkeit des echten Semiten vorzustellen, und doch ist es für unser jetziges Vorhaben — für die Beantwortung der Frage: Wer ist der Jude? — so wichtig, dass wir durchaus zur Klarheit der Vorstellung durchdringen müssen. Rufen wir die Gelehrten zu Hilfe!

Schlage ich in dem Werk des bedeutendsten und darum zuverlässigsten aller Ethnographen Deutschlands, Oskar Peschel, nach, so finde ich auf diese Frage gar keine Antwort; das war ein vorsichtiger Mann. Ratzel sagt folgendes: der Semit hat vor dem Hamiten und dem Indogermanen die grössere Energie, wenn man will, Einseitigkeit des religiösen Empfindens voraus; die Gewaltsamkeit und Ausschliesslichkeit, kurz der Fanatismus, zeichnet den Semiten aus; religiöse Ausschweifungen, bis zum Menschenopfer, sind nirgends so verbreitet; noch der Feldherr des Mahdi (1883) liess Gefangene lebendig in Kesseln braten; der Semit ist Individualist, er hängt mehr am Glauben und der Familie als am Staat; da der Semit keinen guten Soldaten abgiebt, hatte er mit fremden Söldnern seine Siege zu erfechten; vielleicht

---

[1] *Gnosticismus und Judentum* Krotoschin 1846, S. 99. Der sonst in diesem Zusammenhang nicht recht einleuchtende Sinn des Wortes »exoterisch« wird durch die Herbeiziehung anderer Stellen erläutert, wo z. B. das Lesen griechischer Dichter eine »exoterische Beschäftigung« genannt wird S. 62.

[2] Citiert nach Renan: *Origines du Christianisme, I, 35.*

haben die Semiten in den ältesten Zeiten Grosses für die Wissenschaft geleistet, möglich ist es aber, dass diese Leistungen fremden Ursprungs sind, später jedenfalls treten sie auf diesem Gebiete ganz zurück, ihre grössten Leistungen liegen auch hier auf dem religiösen Gebiet.[1] Mir scheint diese Charakterisierung recht zerfasert, wenig sagend und nebenbei oft falsch. Es ist ja ganz schön und gut, seine Feinde in Kesseln lebendig zu braten — von China bis zu den kunstbeflissenen Niederlanden des 16. Jahrhunderts, wo träfen wir Grausamkeit nicht an? — darin aber eine höhere »Energie des religiösen Empfindens« zu erblicken, ist naiv, namentlich wenn man den Semiten in dieser Beziehung über den so tief religiösen und fabelhaft schöpferischen Ägypter stellt, und über den Indogermanen, dessen religiöse Litteratur bei weitem die grösste der Welt ist, und dessen »religiöses Empfinden« sich seit undenklichen Zeiten u. A. darin bekundet hat, dass Tausende und Millionen menschlicher Existenzen einzig und allein der Religion gewidmet und geopfert waren. Wenn der Brahmane in einem der ältesten Upanishads (mindestens 800 oder 1000 Jahre vor Christo)[2] lehrt: Das Einatmen und das Ausatmen beim Tage und auch im Schlafe solle der Mensch als ununterbrochenes Opfer an die Gottheit betrachten,[3] stellt das nicht die höchste »Energie des religiösen Empfindens« dar, wovon die Geschichte der Menschheit zu erzählen weiss? Und was soll das wieder heissen: der Semit ist Individualist? Soweit wir urteilen können, unterschied sich der Glaube, dort wo die Religion unter semitischen Einfluss geriet, dadurch vom indogermanischen (und vom ostasiatischen), dass er national wurde, dass das Individuum, ausser als Glied des Gemeinwesens, fast zu einer *quantité négligeable* zusammenschrumpfte (vgl. S. 247); und die pseudosemitischen Staaten haben ohne Ausnahme jegliche Freiheit des Individuums aufgehoben. Wahrer Individualismus scheint mir eher unter den Germanen daheim, als unter den semitischen Völkern; jedenfalls dürfte die Behauptung, »der Semit ist Individualist«, nur mit vielen einschränkenden Kautelen ausgesprochen werden. — Viel tiefer geht der gründliche Christian Lassen, der mehr Seelen- als

---

[1] *Völkerkunde* II, 391; mit Benützung Ratzel's eigener Worte zusammengefasst.

[2] Vergl. Leopold von Schröder: *Indiens Litteratur und Kultur* 1887, 20. Vorlesung.

[3] *Kaushitaki-Upanishad* II, 5. Deussen, die grösste lebende Autorität, giebt zu dieser Stelle folgende Glosse: der Brahmane will sagen, »nicht im äusseren Kultus soll die Religion bestehen, sondern darin, dass man das ganze Leben mit jedem Atemzuge in ihren Dienst stellt« *Sechzig Upanishad's des Veda*. S. 31.

Schädelkenner war. Trotzdem seine Beurteilung des Semiten aus den vierziger Jahren datiert, wo man die Halbsemiten von dem echten Stamm noch nicht deutlich zu unterscheiden gelernt hatte, greift seine Charakteristik Momente heraus, welche den intellektuellen Kern der semitischen Persönlichkeit blosslegen. Er schreibt: »Die Anschauungsweise des Semiten ist subjektiv und egoistisch. Seine Poesie ist lyrisch, daher subjektiv, es spricht das Gemüt seine Freude und seinen Schmerz, seine Liebe und seinen Hass, seine Bewunderung und seine Verachtung aus; — — — das Epos, bei dem das Ich des Dichters vor dem Gegenstande zurücktritt, gelingt ihm nicht, noch weniger das Drama, welches eine noch vollständigere Abstreifung der eigenen Persönlichkeit bei dem Dichter erfordert.[1] Auch die Philosophie gehört den Semiten nicht; sie haben sich, und zwar nur die Araber, bei den Philosophen der Indogermanen eingenistet. Ihre Anschauungen und Vorstellungen beherrschen ihren Geist zu sehr, als dass sie sich zum Festhalten des reinen Gedankens richtig erheben und das Allgemeinere und Notwendige von ihrer eigenen Individualität und deren Zufälligkeiten trennen könnten.[2] In seiner Religion ist der Semit selbstsüchtig und ausschliessend; Jehovah ist nur der Gott der Hebräer, die

---

[1] Also doch Individualismus? Gewiss, doch in einem ganz anderen Sinne als beim Indogermanen. Beim Semiten steht, wie man diesen Ausführungen Lassen's entnimmt, das Individuum sich selbst gewissermassen im Wege, daher sind seine wirklichen Leistungen nur kollektive, im Gegensatz zum Griechen zum Beispiel und zum Germanen, bei denen jedes Werk den Stempel einer bestimmten Persönlichkeit, eines Individuums trägt. Genau dieselbe Anschauung wie Lassen hegt auch Fr. von Schack: »Die ganze schaffende Thätigkeit der Araber trägt einen subjektiven Charakter. Überall sprechen sie vorzugsweise ihr Seelenleben aus, ziehen die Dinge der Aussenwelt in dasselbe hinein und zeigen wenig Neigung, der Wirklichkeit fest ins Auge zu sehen, um die Natur in scharfen und bestimmten Umrissen darzustellen, oder sich in die Individualität Anderer zu vertiefen und Menschen oder Lebensverhältnisse gegenständlich zu schildern. Hiernach mussten diejenigen Formen der Poesie, welche ein Heraustreten aus sich selbst und gestaltende Kraft verlangten, ihnen am fernsten liegen« (*Poesie und Kunst der Araber* I, 99).

[2] Über Wissenschaft speziell schreibt Grau in seinem bekannten philosemitischen Werke: *Semiten und Indogermanen* (2. Aufl., S. 33): »Die Hebräer, wie alle Semiten, sind viel zu subjektiv, als dass der reine Wissenstrieb eine Macht in ihnen werden könnte. Die Naturwissenschaft in dem objektiven Sinne, den sie bei den Indogermanen hat, mit welchem gegeben ist, dass die Natur nach ihrem eigenen Sinn und Wesen zur Geltung komme, der Mensch aber lediglich ihr Dolmetscher sei, kennen die Hebräer nicht«. S. 50 schreibt Grau: »den Semiten liegt alles Objektive fern«.

ihn allein erkennen, alle anderen Götter sind absolut falsch und haben
nicht den geringsten Anteil an der Wahrheit; wenn auch Allah nicht
allein der Araber Gott sein will, sondern sich die ganze Welt unterwerfen soll, so ist sein Wesen ebenso egoistisch; auch er bestreitet
jedem anderen Gott jedes Moment der Wahrheit und es hilft nichts,
dass du den Allah anerkennst, du kannst ihm nur wahrhaft dienen
in der ausschliesslichen Form, dass Muhammed sein Prophet ist. Ihrer
Lehre nach mussten die Semiten intolerant und zum Fanatismus,
wie zur starren Anhänglichkeit an ihr religiöses Gesetz geneigt sein.
Die Toleranz tritt am deutlichsten bei den indogermanischen Völkern
hervor; diese Toleranz entspringt aus einer grösseren Freiheit des Gedankens, der sich nicht an die Form ausschliesslich bindet. — — Die
Eigenschaften des semitischen Geistes, das leidenschaftliche Gemüt,
der hartnäckige Wille, der feste Glaube an ausschliessliche Berechtigung,
das ganze egoistische Wesen musste seine Besitzer für grosse und kühne
Thaten im höchsten Grade tüchtig machen.« [1]) Hier geht dann Lassen
zu einer Betrachtung der pseudosemitischen Staaten über, von denen
er meint, diese gross angelegten Gebilde seien alle daran zu Grunde
gegangen, dass: »auch hier die unfügsame Willkür des starren selbst-
süchtigen Willens störend eingriff.« [2]) — Mit dieser Charakterisierung
ist uns wirklich etwas gegeben, fast alles sogar; nur muss sie noch
geschliffen und zugespitzt werden, soll sie als deutliche, allseitig durchsichtige Vorstellung in unser Bewusstsein eindringen. Das will ich
versuchen. Lassen zeigt uns den Willen als die vorherrschende
Macht in der Seele des Semiten: das ist der Kern aller seiner Ausführungen. Dieser Wille fördert, zugleich aber hemmt er. Er befähigt seinen Besitzer zu grossen und kühnen Thaten; er steht ihm
im Wege überall wo der Geist zu höherer Bethätigung sich aufschwingt.
Die Folge ist ein leidenschaftlicher, zu grossen Unternehmungen ge-
neigter Charakter, gepaart mit einem Intellekt, welcher diesem An-

---

[1]) *Indische Altertumskunde* (ed. 1847), I, 414—416.

[2]) Interessant und wichtig ist es, festzustellen, wie das Organ des Menschengeistes, die Sprache, diesem besonderen semitischen Typus angepasst ist, und ihm
als Ausdruck dient. Renan schreibt: »Ein Köcher voll stählerner Pfeile, ein fest
gewundenes Ankertau, eine eherne Posaune, deren wenige, gellende Töne die
Luft zerreisen: das ist die hebräische Sprache. Diese Sprache ist unfähig, einen
philosophischen Gedanken, ein wissenschaftliches Ergebnis, einen Zweifel, oder
auch die Empfindung des Unendlichen auszusprechen. Sie kann nur wenig
sagen, doch was sie sagt, ist wie das Schlagen des Hammers auf den Amboss«
(*Israël*, I, 102). Ist das nicht die Sprache des hartnäckigen Willens?

trieb keineswegs adäquat ist, da er vor dem Ungestüm des Willens niemals zur Entfaltung gelangen kann. In diesem Menschen steht der Wille obenan, dann kommt das Gemüt, zuunterst steht der Verstand. Lassen legt einen besonderen Nachdruck auf den Egoismus des Semiten, immer wieder kommt er darauf zurück; bei seiner Poesie, seiner Philosophie, seiner Religion, seiner Politik, überall erblickt er ein »egoistisches Wesen« am Werke. Das ist eine unausbleibliche Folge jener Hierarchie der Anlagen. Die Selbstsucht wurzelt im Willen; was sie vor Excessen bewahren kann, sind einzig die Gaben des Gemütes und des Verstandes — ein warmes Herz, eine tiefe Erkenntnis des Weltwesens, künstlerisch-schöpferisches Gestalten, der edle Wissensdurst. Doch, wie Lassen es andeutet, sobald der stürmische Wille mit seiner Eigensucht überwiegt, bleiben selbst schöne Anlagen verkümmert: die Religion entartet zum Fanatismus, das Denken ist Zauberei oder Willkür, die Kunst spricht nur die Liebe und den Hass des Augenblickes aus, sie ist Ausdruck, doch nicht Gestaltung, die Wissenschaft wird Industrie.

Dieser Semit wäre hiernach das rechte Gegenstück zum Hethiter: bei dem einen die schöne Harmonie eines allseitig massvoll entwickelten Wesens, zähe Beharrlichkeit des Willens vereint mit Klugheit und mit freundlicher Lebensauffassung, bei dem andern die Stimmung auf das Masslose, auf das Gewaltsame, ein Charakter mit gestörtem Gleichgewicht, in welchem die notwendigste und zugleich die gefährlichste Gabe des Menschen — der Wille — eine Ausbildung ins Ungeheuerliche erfahren hat. Wer nicht glaubt, dass die sogenannten »Rassen« fertig vom Himmel gefallen sind, wer mit mir sich weigert, dem Wahngebild angeblicher Uranfänge Beachtung zu schenken (da das Werden nur eine Erscheinung des Seins ist, nicht umgekehrt), wird vielleicht vermuten, diese beispiellose Entwickelung der einen Fähigkeit bei entsprechender Verkümmerung der anderen sei das Werk eines vieltausendjährigen Lebens in der Wüste, wo der Intellekt ohne jegliche Nahrung blieb, das Gemüt sich nur auf einen engen Kreis erstrecken konnte, der Wille dagegen — der Wille dieses gänzlich auf sich selbst gestellten, dieses inmitten des ununterbrochenen Schweigens der Natur dennoch Tag und Nacht von Feind und Gefahr umgebenen Individuums — alle Säfte des Leibes erheischen, alle Kräfte des Geistes ununterbrochen auf das Äusserste spannen musste. Sei dem wie ihm wolle, jedenfalls schliesst ein solcher Charakter die Möglichkeit wahrer Grösse ein. Die Überschwänglichkeit, die wir bei den Hethitern vermissten, ist hier gegeben. Und zwar sind wir jetzt, wo wir die Analyse bis ins Innere fortgesetzt haben, im Stande, den Finger auf den Punkt zu legen, wo hier einzig Grösse zu erwarten ist: offenbar doch einzig auf dem Gebiete des Willens und bei allen jenen Leistungen, die aus einem Vorwalten des Willens über andere Fähigkeiten erfolgen können. Jener Ibn Khaldun, welcher behauptet, der Semit »habe nicht die geringste Fähigkeit, etwas Dauerhaftes zu gründen«, lobt als unvergleichlich die Einfachheit seiner Bedürfnisse (Mangel an Phantasie), den Instinkt, der ihn eng an die Seinen bindet, von Anderen ihn scheidend (verkümmertes Gemüt), die Leichtigkeit, mit der er sich von einem Propheten in das Delirium der Begeisterung hinreissen lässt, in tiefster Demut dem göttlichen Gebote gehorchend (schlechte Urteilsfähigkeit infolge der Unentwickeltheit der Vernunft). Ich habe in diesem Satze zu jeder Behauptung Ibn Khaldun's meinen Kommentar gemacht, doch nur um zu zeigen, dass eine jede der genannten Eigenschaften — Bedürfnislosigkeit, Familiensinn, Gottesglaube — in diesem Falle einen Triumph des Willens bedeutet, nicht etwa, um den Wert der Genügsamkeit, der Treue gegen die Seinen und des Gehorsams gegen Gott herabzusetzen. Es kommt aber darauf an, zu unterscheiden — das ist sogar überhaupt das wichtigste Geschäft des Denkens —, und um recht zu verstehen, was ein echter Semit ist, muss man einsehen lernen: dass die Bedürfnislosigkeit eines Omar, für den nichts auf der Welt Interesse bietet, nicht dieselbe ist, wie die eines Immanuel Kant, der nur darum keine äusserlichen Gaben begehrt, weil sein allumfassender Geist die ganze Welt besitzt; dass die Treue gegen das eigene Blut etwas durchaus anderes ist, als z. B. die Treue jener Amoriter gegen den selbstgewählten Herrn — das eine ist lediglich eine instinktmässige Erweiterung des egoistischen Willenskreises, das andere ist eine freie Selbstbestimmung des Individuums, eine Art gelebte Dichtung; vor allem muss man, oder vielmehr müsste man (denn ich darf nicht hoffen, es zu erleben) zwischen einem rasenden Gottesglauben und wahrer Religion unterscheiden lernen, und auch Monolatrie mit Monotheismus nicht verwechseln. Das hindert durchaus nicht, die spezifisch semitische Grösse anzuerkennen. Mag der Mohammedanismus auch die schlechteste aller Religionen sein, wie sie Schopenhauer genannt hat, wen durchschauerte es nicht mit fast unheimlicher Bewunderung, wenn er einen Mohammedaner in den Tod gehen sieht, so gelassen, als ginge er spazieren? Und diese Macht des semitischen

Willens ist so gross, dass sie sich, wie im genannten Falle, Völkern
aufzwingt, die nicht einen Tropfen arabischen Blutes in den Adern
haben. Durch die Berührung dieses Willens wird der Mensch umgewandelt; es liegt in ihm eine derartige Suggestionskraft, dass sie
uns fasciniert wie das Auge der Schlange und wir auf ihr Gebot,
wie der Vogel, das Singen und das Fliegen plötzlich verlernen. Und so
wurde denn der Semit eine Macht ersten Ranges in der Weltgeschichte.
Gleich einer blinden Naturkraft — denn der Wille ist blind — stürzte
er sich auf andere Völker; er verschwand in ihnen, sie nahmen ihn
auf; man sah wohl, was diese Völker ihm gegeben hatten, doch
nicht was er ihnen; denn was e r gegeben, besass keine Physiognomie,
keine Gestalt, es war nur Wille: eine erhöhte Energie (was oft zu
grossen Leistungen anregte), eine schwer zu beherrschende Erregbarkeit
und einen unstillbaren Durst nach Besitz (was oft den Untergang herbei-
führte), kurz, eine bestimmte Willensrichtung; überall wo er sich nieder-
liess, hatte der Semit zunächst nur das Vorhandene angenommen und
sich assimiliert, den Charakter der Völker hatte er aber geändert.

(Homo judaeus.		Wie flüchtig dieser Versuch, einige unterscheidende Merkmale
der Hethiter, der Amoriter und der Semiten scharf zu beleuchten,
auch sein mag, ich glaube doch, dass er zu einer vernünftigen wahr-
heitsgemässen Erkenntnis des israelitischen und jüdischen Charakters
beitragen wird. An ein derartiges Beginnen darf man überhaupt
nur mit Bescheidenheit und voller Entsagung gehen. Jedenfalls
werden deutliche Bilder von lebendigen Menschen und ihren Thaten
uns zu einer farbenreicheren Vorstellung verhelfen als Zahlen, und
Zahlen sind schon besser als Phrasen. Mit jedem Schritt müssen
wir aber behutsamer werden, und blicken wir jetzt auf jene Zahlen
zurück, so werden wir nicht geneigt sein, den Israeliten nach Prozent-
sätzen aus Semiten, Amoritern und Hethitern zu »konstruieren«, etwa
wie die Hausfrau eine Mehlspeise nach einem Rezept macht; das
wäre Kinderei. Dennoch rückt durch jene Betrachtung Manches
unserem Verstande menschlich näher. Was z. B. unlösbarer Widerspruch in einem Nationalcharakter ist — und an solchen Widersprüchen
ist das jüdische Volk reicher als irgend ein anderes — wirkt zunächst
verwirrend, oft geradezu beunruhigend; doch verliert sich dieser Eindruck, wenn wir die organische Ursache des Widerspruchs kennen.
So z. B. leuchtet es ohne Weiteres ein, wie so aus der Vermengung
von Hebräern und Hethitern widerspruchsvolle Tendenzen erfolgen

mussten; denn indem die Hebräer sich den Hethitern physisch aufpfropften, wurde ihnen, den Hebräern, eine Kultur aufgepfropft, die
ihnen moralisch und intellektuell nicht angehörte, die nicht organisch aus
ihrer eigenen Not, aus der erfinderischen Fülle ihres eigenen Geistes
hervorgegangen war; es war Besitzergreifung im Gegensatz zu organischer
Angehörigkeit. Zwar erwarben sich die Hebräer einen wirklichen Be-
sitztitel an dieser Kultur, indem sie das Blut des schöpferischen Hethiter-
volkes in das ihre aufnahmen und Israeliten wurden; doch gerade
hierdurch war fortan Gegensatz und innerer Zwist gegeben: die zwei
Typen waren zu grundverschieden, um ganz ineinander aufgehen zu
können, was besonders deutlich in dem bald hervortretenden Gegensatz zwischen Juda und Israel sich kund that; im Norden nämlich
prädominierte der syrische Mensch und war die Vermischung eine viel
gründlichere und schnellere gewesen,[1] im Süden dagegen wogen die
Amoriter vor und fand eine fast unaufhörliche Einsickerung echten
semitischen Blutes aus Arabien statt. Was hier zwischen Stamm und
Stamm sich ereignete, wiederholte sich innerhalb des engeren Verbandes: so lange Jerusalem stand, sehen wir ununterbrochen die matt-
gläubigen weltsüchtigen Elemente ausscheiden, sie flüchten förmlich
aus der Heimat des strengen Gesetzes und des schmucklosen Lebens.
Dasselbe Phänomen währt heute noch, nur nicht so sichtbar. Ich
glaube nicht, dass es Künstelei ist, wenn wir hierin den dauernden
Einfluss, einerseits des *Homo syriacus*, anderseits des *Homo arabicus*
erblicken.

Andere Betrachtungen dieser Art über die Beiträge der verschiedenen Typen zu der Bildung dieser besonderen Menschenrasse
überlasse ich dem Leser und wende mich gleich dem wichtigsten
Punkt zu — dem Einfluss des semitischen Geistes auf die
Religion. Offenbar ist das die Kernfrage, um die Entstehung des
Judentums und dessen Charakter zu verstehen; und während die
besondere Befähigung für Geschäfte vielleicht eher ein hethitisches als
ein semitisches Erbstück ist, dürfte in religiöser Hinsicht das semitische
Element stark vorwiegen.[2] Ich behandle diesen Gegenstand lieber

---

[1] Die Hethiter waren im Norden zahlreicher, die Amoriter im Süden siehe
Sayce: *Hittites*, p. 13 und 17).

[2] Einen Beweis bezüglich des Geschäftlichen liefern uns die Armenier, in
deren Adern das »alarodische« d. h. syrische Blut in bedeutend stärkerem Prozentsatz fliesst etwa 80% nach einer brieflichen Mitteilung des Herrn Professor Hueppe),
sonst aber nur indoeuropäisches, phrygisches, nicht semitisches, und die — ausser

gleich hier und von dem allgemeinen Standpunkte aus, als später, wo
die jüdische Religion als besondere Erscheinung uns beschäftigen wird;
denn der weitere Horizont wird einen weiteren Überblick gestatten,
und, fragen wir uns, wie wirkt überall und notwendiger Weise auf
das religiöse Empfinden der Völker der besondere semitische Geist,
dessen Wesen wir nunmehr in der Vorherrschaft des Willens erkannt
haben, so wird die Antwort uns sowohl über den vorliegenden Fall
Aufschluss geben, wie auch zugleich unsere weitere Aufgabe im Verlauf dieses ganzen Werkes ungemein erleichtern. Denn es handelt
sich um eine noch heute in unserer Mitte wirkende Kraft, die vermutlich noch in künftigen, fernen Jahrhunderten ihren Einfluss geltend
machen wird und die wir durch die alleinige Betrachtung des beschränkten, spezifischen Judentums nicht ergründen können.

---

der charakteristischen ›Judennase‹, jenes hethitischen Erbstückes — die selbe Habgier, die selbe geschäftliche Schlauheit und die selbe leidenschaftliche Vorliebe für
Wucher wie die Juden an den Tag legen, nur alles in noch stärkerem Grade,
so dass man in der Levante zu sagen pflegt: ein Armenier wiegt drei Juden auf.
Interessante Mitteilungen über den Charakter der Armenier, namentlich auch über
ihr Genie für das Intriguieren und Aufwiegeln, findet man aus neuester Zeit in
David Hogarth: *A wandering scholar in the Levant* (1896 p. 147 fg.). Allerdings
schildert Burckhardt in seinem berühmten Buche *Ueber die Beduinen und Wahaby* (Weimar 1831) die echten Semiten ebenfalls als arge, überschlaue Geschäfts-
leute: ›In ihren Privatkäufen betrügen die Araber einander, so viel es nur immer
gehen will‹, sagt er; ›auch Wucher treiben sie, wo es nur immer Gelegenheit
dazu giebt‹ (S. 149, 154). Doch hat Burckhardt, als er noch weitere Jahre bei
den Beduinen gelebt hatte, sein Urteil dahin präcisiert, dass zwar die ›Gier nach
Gewinn‹ einen Hauptzug ihres Charakters ausmache, doch die Neigung zum Betrug erst durch die Berührung mit den Städten und der dort ansässigen Gauner-
bevölkerung entstehe (S. 292). Wer lügt, hat bei ihnen die Ehre verloren (S. 296),
und Burckhardt darf behaupten: ›mit allen ihren Fehlern sind die Beduinen eine
der edelsten Nationen, mit welchen ich je bekannt zu werden Gelegenheit hatte‹
(288). — In Bezug auf diese nicht unwichtige Frage sind die neuesten Erfahrungen
der Franzosen in Algier von Interesse: die Kabylen kehren gern zur Civilisation
zurück, wogegen die rein arabischen Stämme für sie wenig empfänglich sind
und von der Welt Freiheit fordern, weiter nichts; sie erweisen sich als ein durch
und durch antikulturelles Element. Schenken ist ihnen lieber als Verkaufen,
Rauben lieber als Erfeilschen, jedem Gesetz ziehen sie die Ungebundenheit vor.
In allen diesen Dingen ist der Kontrast zu den Hethitern, wie sie in der Geschichte uns entgegentreten, sehr auffallend. Der masslose Wille des Semiten,
jene Gier nach Gewinn, von welcher Burckhardt spricht, wird die syrische Anlage
für kaufmännische Geschäfte sehr verschärft haben, nichtsdestoweniger scheint diese
Anlage selbst ein syrisches, nicht ein semitisches Erbstück zu sein.

Ich sagte, der Semit habe den Charakter der Völker geändert. Die Veränderung des Charakters zeigt sich am deutlichsten auf dem Gebiete der Religion. Fällt es uns sonst schwer, die Beteiligung des spezifisch semitischen Geistes in den Mischvölkern herauszulösen, so sehen wir ihn hier unverkennbar deutlich am Werke; denn hier dehnt sich sein tyrannischer Wille zu kosmischen Dimensionen aus und verwandelt die ganze Auffassung von »Religion«. Schopenhauer sagt einmal: »Religion ist die Metaphysik des Volkes«; nun denke man sich, wie die Religion von Menschen aussehen mag, für die der absolute Mangel an jeder metaphysischen Regung, an jeder philosophischen Anlage ein grundlegendes Kennzeichen ist![1]) Dieser eine Satz enthüllt die tiefe Gegensätzlichkeit zwischen Semit und Indoeuropäer. Es wäre unerklärlich, wie man im Semiten den religiösen Menschen katexochen erblicken kann, wenn wir nicht noch heute im dichten Nebel historisch ererbter Vorurteile und Aberglauben lebten; sicher ist jedenfalls, dass, wo semitischer Einfluss hindrang, die Auffassung dessen, was Religion ist, eine gänzliche Umwandlung erlitt.[2]) Denn überall sonst auf der ganzen Welt, selbst bei den wilden Völkern, ist die Religion mit Geheimnisvollem durchwebt. Plato meint, die Seele werde im Jenseits »in ein Geheimnis geweiht, welches man wohl das allerseligste nennen könne«;[3]) Jesus Christus sagt von der Lehre, welche seine ganze Religion einbegreift, sie sei »ein Geheimnis«.[4]) Was hier den höchsten Ausdruck fand, treffen wir aber auf allen Stufen der menschlichen Hierarchie an, mit Ausnahme der semitischen. Schopenhauer nennt das, von seinem Standpunkt als Philosophen aus, »Metaphysik«; wir dürfen, glaube ich, einfach sagen, dass der Mensch überall auf unlösbare Widersprüche stösst (Widersprüche im Gemütsleben ebenso wie im Denken); dadurch aufmerksam gemacht, ahnt er, dass sein Verstand nur einem Bruchteil des Seins adäquat ist, er ahnt, dass das, was seine fünf Sinne ihm vermitteln und was seine kombinierende Logik daraus konstruiert, weder das Wesen der Welt ausser ihm, noch sein eigenes Wesen erschöpfe. Er errät neben dem wahrnehmbaren Kosmos einen unwahrnehmbaren, neben dem denkbaren

---

[1]) Renan, *Histoire des langues sémitiques*, p. 18: »*l'abstraction est inconnue dans les langues sémitiques, la métaphysique impossible.*«
[2]) Siehe S. 220 u. fg.
[3]) *Phaidros* 250.
[4]) Siehe S. 199.

einen undenkbaren, die einfache Welt erweitert sich zum »Doppelreich«.[1]) Schon der Anblick des Todes weist ihn auf eine unbekannte Welt, und die Geburt mutet ihn an wie eine Botschaft aus demselben Reiche. Auf Schritt und Tritt begegnen wir nur »Wundern«; das grösste sind wir uns selber. Wie naiv der Wilde sich wundert und überall ein Ausserweltliches vermutet, ist von vielen Reisenden geschildert worden und daher allbekannt; von Goethe andrerseits, vielleicht dem feinst organisierten Gehirn, welches die Menschheit bisher hervorbrachte, sagt Carlyle: »vor seinem Auge liegt die ganze Welt ausgebreitet, durchsichtig, als wäre sie zu Glas zerschmolzen, doch allseitig umgeben vom Wunder, alles Natürliche in Wahrheit ein Übernatürliches«;[2]) und Voltaire, der angebliche Spötter, beschliesst seine naturwissenschaftlichen Untersuchungen mit den Worten: »*Pour peu qu'on creuse, on trouve un abîme infini.*« So reichen sich die Menschen die Hände von der untersten Stufe bis zur obersten: die lebendige Empfindung eines grossen Weltgeheimnisses, die Ahnung, dass das Natürliche »übernatürlich« sei, ist Allen gemeinsam, sie vereinigt den Australneger mit einem Newton und einem Goethe. Einzig der Semit steht abseits. Von dem Wüstenaraber sagt Renan: »Kein Mensch der Welt ist der Mystik so wenig zugänglich wie dieser, kein Mensch so wenig zur Betrachtung und zur Andacht gestimmt. Gott ist Schöpfer der Welt, er hat sie gemacht, das genügt ihm als Erklärung«.[3]) Es ist dies der pure Materialismus im Gegensatz zu dem, was andere Menschen Religion nennen und worunter sie alle ein Unausdenkbares, Unaussprechbares verstehen. So rühmt denn auch Montefiore von der Religion seiner Väter, in welcher semitischer Religionsdrang seine höchste, durchgebildetste Form gefunden hat: sie enthalte nichts esoterisches, nicht die geringste innere Unbegreiflichkeit; daher komme es, dass diese Religion, die weder Aberglauben noch Geheimnis kenne, die Lehrmeisterin der Völker geworden sei.[4]) Derselbe jüdische Autor wird nicht müde, voll Bewunderung hervorzuheben, die Semiten hätten

---

[1] *Faust*, zweiter Teil, 1. Akt, Faustens letzte Worte.

[2] In dem Aufsatz *Goethe's Works*, gegen Schluss.

[3] *L'islamisme et la science*, p. 380. Hier liegt offenbar ein geistiges Manco vor, was auch Renan an anderer Stelle zugiebt, wo er berichtet: »Den semitischen Völkern geht die fragende Wissbegierde fast gänzlich ab; nichts erregt bei ihnen Staunen« (*Langues sémitiques*, p. 10). Nach Hume (*Human Understanding* 4,7) ist das Fehlen des Staunens das charakteristische Merkmal geringer intellektueller Begabung.

[4] Vergl. *Religion of the ancient Hebrews*, p. 160.

nie etwas von Sündenfall, von Rechtfertigung durch den Glauben, von
Erlösung, von Gnade gewusst;[1]) womit er jedoch nur zeigt, dass sie
das, was die übrige Welt Religion nennt, kaum ahnen.   In Dr. Ludwig
Philippson's *Israelitischer Religionslehre* (Leipzig 1861), einer orthodox
jüdischen, »der Zukunft der israelitischen Religion« gewidmeten Darstellung, wird als eines der drei »unterscheidenden Merkmale« dieser
Religion der Satz hingestellt: »Die israelitische Religion hat und kennt
keine Geheimnisse, keine Mysterien« (I, 34).   Ebenso gesteht einmal
Renan in einer Anwandlung rücksichtsloser Aufrichtigkeit: »Der semitische Gottesglaube (Monotheismus) ist in Wirklichkeit die Frucht einer
Menschenrasse, deren religiöse Bedürfnisse sehr gering sind.   Er bedeutet ein Minimum an Religion«.[2])   Ein grosses, wahres Wort,
welches nur darum seine Wirkung verfehlte, weil Renan nicht zeigte,
wieso und inwiefern und aus welchem zwingenden Grund der wegen
der Glut seines Glaubens berühmte Semit dennoch nur ein Minimum
an wahrer Religion besitzt.   Die Erklärung liegt offen vor uns: wo
Verstand und Phantasie vom blinden Willen unterjocht sind, da kann,
da darf es kein Wunder geben, nichts Unerreichbares, keinen »Weg
ins Unbetretene, nicht zu Betretende«,[3]) nichts, was die Hand nicht
ergreifen und der Augenblick (sei es auch nur als klar vorstellbare
Hoffnung) nicht besitzen kann.   Selbst ein so hoher Geist wie
Deuterojesaia betrachtet den religiösen Glauben als etwas, was auf
empirischer Grundlage ruhe und durch ein gewissermassen gericht-
liches Verfahren geprüft werden könne: »Lasst die Heiden Zeugen
stellen und beweisen, so wird man es hören und sagen: es ist die
Wahrheit« (XLIII, 9).   Genau dasselbe lesen wir in der zweiten Sura
des *Koran:* »Rufet eure Zeugen, wenn ihr wahr sprechet«.   Der oben
angeführte heutige jüdische Religionslehrer, Philippson, legt ausführlich
auseinander, der Jude glaube einzig und allein das, was er mit
Augen gesehen habe, ein »blinder Glaube« sei ihm unbekannt,
und in einer langen Anmerkung führt er sämtliche Stellen der Bibel
an, in welchen von »Glauben an Gott« die Rede ist, und behauptet,

---

[1]) A. a. O., namentlich S. 514, 524 und 544, aber auch an vielen anderen Orten.
[2]) *Nouvelles considérations sur les peuples sémitiques*, Journal Asiatique 1859,
p. 254. Auch Robertson Smith: *The Prophets of Israel*, p. 33, bezeugt, der
echte Semit habe »wenig Religion«.
[3]) Oder wie die *Brihadâranyaka—Upanishad* dieselbe Vorstellung wiedergiebt: »die Wegspur des Weltalls, der man nachzugehen hat, um aus dem Tei
ins ganze Weltall zu gelangen«. (1, 4, 7)

dieser Ausdruck komme ausnahmslos nur dort vor, wo »von vorauf-
gegangenen sichtbaren Erweisen gehandelt ist«.[1]) Immer also handelt
es sich um äussere Erfahrung, nicht um innere; immer sind die Vorstellungen durchaus konkrete, materielle; wie Montefiore uns versichert,
selbst in der ausgebildeten jüdischen Religion giebt es nichts, was nicht
der dümmste Mensch sofort verstünde und bis auf den Boden ausdenken
könnte; sobald Einer ein Mysterium ahnt, sobald er z. B. in der
Schöpfungsgeschichte Symbolik vermutet, ist er ein Ketzer und ver-
fällt dem Henker;[2]) selbst die möglichst materialisierte Schöpfungsgeschichte des Buches *Genesis* ist ein so offenbar fremdes, entlehntes
Gut, dass sie inmitten der israelitischen Tradition vollkommen isoliert
und ohne wirkliche Beziehung auf sie bleibt.[3]) Der Wille führt eben
den Verstand und die Phantasie an kurzen Ketten. Daher schlägt der
ungläubig gewordene Semit sofort in den Atheisten um; ein Geheimnis,
ein Mysterium gab es ja ohnehin nicht: ist nicht Allah der Schöpfer,
so ist es die Materie; als Welterklärung ist zwischen beiden Annahmen
kaum der Schatten eines Unterschiedes, denn bei keiner von beiden
fühlt sich der Semit in Gegenwart eines unlösbaren Rätsels, eines
übermenschlichen Geheimnisses.

Wollen wir aber den Einfluss semitischen Wesens auf die Religion überblicken, so dürfen wir nicht bloss von Verstehen und Nicht-
verstehen, von der Empfindung und der Nichtempfindung des Geheimnisses reden; des gestaltenden Einflusses der Phantasie, jener »allver-
schwisternden Himmelsgenossin« (wie Novalis sie nennt) muss ebenfalls gedacht werden. Die Phantasie ist die Magd der Religion,
sie ist die grosse Vermittlerin; geboren, wie Shakespeare sagt, aus der
Ehe des Kopfes und des Herzens, bewegt sie sich auf der Grenze des
Goetheschen »Doppelreiches« und setzt somit die eine Hälfte mit der
andern in Verbindung: ihre Gestalten bedeuten mehr als das blosse
Auge daran erblickt, ihre Worte künden mehr als das blosse Ohr
vernimmt. Sie vermag es nicht, das Unerschlossene zu erschliessen,
doch stellt sie die Maja vor uns hin und überzeugt unsere Augen,
dass ihr Schleier nicht gelüftet werden kann. Die Symbolik, als notwendige Sprache des unaussprechbaren Weltgeheimnisses, ist ihr Werk;

---

[1]) Philippson: *Israelitische Religionslehre* I, 35 fg.

[2]) Siehe z. B. in Graetz: *Gnosticismus und Judentum*, den Abschnitt über
Ben Soma.

[3]) Ausführlich behandelt von Renan: *Langues sémitiques*, p. 482 suiv., siehe
auch die Anmerkung auf S. 485, und mein Citat aus Darmesteter S. 399, Anm. 2.

Plato nennt diese Sprache ein Schwimmbrett, das uns den Lebens-
strom hinunterträgt; sie ist ebenso allgemein verbreitet, wie die Empfindung dieses Geheimnisses, ihr Vokabularium so verschieden wie
die Kulturstufen und die Himmelsstriche. So z. B. haben die Samoaner
das unergründliche und doch von ihnen, wie man sieht, so unmittelbar
empfundene Mysterium der Allgegenwart Gottes sich folgendermassen
versinnbildlicht. Sie stellen sich den Körper ihres Gottes Saveasiuleo als
aus zwei trennbaren Teilen bestehend vor; der obere, menschlich
gestaltete Teil (der eigentliche Gott) verweilt im »Hause der Geister«,
bei den Verstorbenen, der untere Teil ist ein ungeheuer langes, see-
schlangenartiges Gebilde, das sich um alle Inseln des grossen Meeres
schlingt, aufmerksam auf das, was die Menschen thun. [1]) Freilich ist
es ein weiter Weg von einer verhältnismässig so rohen Phantasie bis
zu der christlich-theologischen Vorstellung von der Allgegenwart Gottes,
und noch weiter liegt sie von dem transcendentalen Idealismus, der
einem Çankara zur Vorstellung desselben Geheimnisses dient, doch
kann ich einen prinzipiellen Unterschied nicht erblicken. Ausserdem
sehen wir an anderen Beispielen, wie diese Betätigung der Imagination
bei religiösen Vorstellungen überall nach und nach zu sehr geklärten
Ideen führt. Tylor, dieser so vorsichtige, zuverlässige Gelehrte, behauptet, dass es wahrscheinlich auf dem ganzen afrikanischen Kontinent,
von den Hottentotten bis zu den Berbern, keinen Stamm gäbe, der
nicht an eine oberste Gottheit glaube, und er zeigt, wie diese Auffassung aus dem einfachen Animismus sich allmählich herausbilde.
Doch finden es die meisten, so z. B. die Neger der Goldküste, unwürdig, den grossen Weltgeist mit den geringfügigen irdischen Angelegenheiten beschäftigt zu denken; nur selten, meinen sie, greife er
in diese ein. Ein anderer Stamm, der der Yorubas (auf einer merklich
höheren Kulturstufe stehende Neger von der Sklavenküste) lehrt: Niemand kann sich Gott direkt nähern, sondern der Allmächtige selbst hat
Fürsprecher und Mittler zwischen ihm und dem Menschengeschlechte
eingesetzt. Gott bringt man keine Opfer dar, weil er nichts bedarf,
dagegen die Mittler, die den Menschen sehr ähnlich sind, werden
durch Geschenke an Schafen, Tauben und anderen Dingen erfreut. [2])
Das dünkt mich schon eine recht hochgeartete »Volksmetaphysik«,
eine Religion, die Achtung verdient. Andererseits wissen wir, wie

---

[1]) E. B. Tylor: *Die Anfänge der Kultur*, deutsch von Spengel und Poske,
1873, II, 309.

[2]) Tylor: a. a. O. S. 318, 319.

die reichste Mythologie der Welt, die der indischen Arier, schon in
den urältesten Hymnen (vor der Einwanderung nach Indien) lehrte: »die
vielen Götter sind ein einziges Wesen, das unter verschiedenen Namen
verehrt wird«, [1]) und wie diese Mythologie später zur erhabensten Vorstellung des Eingottes im Brahman führte, überhaupt zu einer unendlich
erhabenen, wenn auch einseitigen und darum unterlegenen Religion. Wir
wissen, wie aus der gemeinsamen Wurzel jener ewig blühende Garten
des hellenischen Olymps hervorwuchs, sowie jene bewunderungswürdige Sittenlehre des Avesta und des Zoroaster, und wir wissen, wie
alle diese Dinge, vereint mit den daran geknüpften metaphysischen
Spekulationen und mit der stets weiter gestaltenden Not unseres angeborenen schöpferischen Triebes, das Christentum vor dem Schicksal
retteten, ein blosser Annex des Judentums zu werden, wie sie ihm
mythischen (d. h. unerschöpflichen) Inhalt und Augenzauber verliehen,
wie sie es mit den tiefsten Symbolen indoeuropäischen Sinnens ver-
quickten und zu einem geheiligten Gefäss für die Geheimnisse des
Menschenherzens und des Menschenhirns gestalteten, zu einem »Weg
ins Unbetretene, nicht zu Betretende«, zu einer »Wegspur des Weltalls«. [2])
Über die Bedeutung der Phantasie für die Religion kann demnach
kein Zweifel bestehen.   Sollen wir nun sagen, der Semit besitze gar
keine Phantasie?   Alle solche absolute Behauptungen sind falsch;
zwingt auch die notwendige Kürze des geschriebenen Gedankens
häufig zu dieser Form, so darf wohl vorausgesetzt werden, dass der
Leser die nötige Korrektur automatisch ausführt.   Der Semit ist ein
Mensch wie andere; es handelt sich lediglich um Gradunterschiede,
die aber allerdings in diesem Falle, dank dem extremen Charakter
dieses menschlichen Typus, der Grenze des absoluten Ja und Nein,
des Sein oder Nichtsein nahekommen.   Alle, die überhaupt das Recht
haben, mitzureden, bezeugen nämlich einstimmig, dass der Mangel an
Phantasie, oder sagen wir, die Armut der Phantasie, ein Grundzug
des Semiten sei.   Ich habe schon wichtige Belege gebracht, z. B. die
Ausführungen Lassen's, und könnte noch zahllose bringen, doch die
Frage verdient keine Diskussion mehr: der Mohammedanismus und
das Judentum sind genügende Beweise; was man uns vom Beduinen
erzählt,[3]) zeigt uns nur den Ursprung dieser Armut.   Wie Renan
sehr glücklich sagt: »*le sémite a l'imagination comprimante*«, d. h.,

---

[1]   *Rigveda* I, 164, 46 (citiert nach Barth: *Religions de l'Inde*, p. 23).
[2]   Über die Mythologie im Christentum, siehe Kap. 7.
      Siehe S. 404.

seine Phantasie wirkt beengend, einschnürend, verschmächtigend; ein grosser Gedanke, ein tief symbolisches Bild kommt klein und dünn, »plattgeschlagen«, der weithin reichenden Bedeutung beraubt, aus seinem Gehirn wieder heraus. »Unter den Händen der Semiten wurden die Mythologien, die sie fremden Völkern entlehnten, zu flachen historischen Berichten.«[1]) »Die Entfärbung der Mythen ist gleichbedeutend mit ihrer Hebraisierung«, sagt Wellhausen.[2]) Und nicht allein besassen die Semiten wenig schöpferische Phantasie, sondern sie unterdrückten systematisch jede derartige Regung. Ebenso wie der Mensch nicht denken, nicht sich wundern soll, ebenso soll er sich auch nichts vorstellen. Jeglicher Versuch, sich Übermenschliches vorzustellen, ist Götzendienst; der Saveasiuleo der Samoaner ist ein Götze, die Sixtinische Madonna Raffael's ein Götze, das Symbol des Kreuzes ein Götze.[3]) Ich werde hier nicht wiederholen, was ich in einem früheren Kapitel über diesen besonderen Gegenstand vorgebracht habe, ich bitte aber es nachzulesen.[4]) Dort habe ich versucht klar zu machen, warum der Semit diese Auffassung besitzen musste, wie die Glut und die besondere Art seines aus dem Willen entsprungenen Glaubens sie ihm aufzwang; ich wies auch darauf hin, wie der Semit überall, wo er diesem Gesetz seiner Natur trotzte (wie in Phönicien) der gräulichste Götzenanbeter selber wurde und vielleicht der einzige echte Götzenanbeter, von dem die Menschheit zu erzählen weiss. Denn während der Inder die Verneinung des Willens, Christus dessen »Umkehr« lehrte, ist für den Semiten ganz im Gegenteil Religion die Deification seines Willens, dessen glühendste, massloseste, rasendste Behauptung. Hätte er nicht diesen Glauben, der ihn zum Protagonisten der fanatischen Intoleranz und zugleich zum Muster aller Märtyrer macht, er hätte gar keine Religion, fast gar keine; daher die ewig wiederkehrende Mahnung seiner Gesetzgeber gegen »gegossene Götter«.

Aus diesen Ausführungen ergiebt sich zunächst Folgendes: der Semit verbannt aus der Religion das gedankenvolle Verwundern, jedes Gefühl eines übermenschlichen Geheimnisses, er verbannt ebenfalls die schöpferische Phantasie; von beiden duldet er nur das

---

[1]) Renan: Israël I, 49, 77, 78.

[2]) Prolegomena, S. 321.

[3]) Dass das Kreuz den Götzen des Heidentums gleich zu achten sei, sagt Prof. Graetz ausdrücklich: Volkst. Geschichte der Juden II, 218.

[4]) Siehe S. 230.

durchaus unentbehrliche Minimum, jenes »Minimum an Religion«, von
dem Renan sprach. Wo also semitischer Einfluss sich geltend macht,
sei es durch physische Vermengung (wie bei den Juden), sei es durch
die blosse Macht der Idee (wie im Christentum), werden wir diesen
beiden charakteristischen Bestrebungen begegnen. Beide kann man in
einem einzigen Wort zusammenfassen: Materialismus. Einer der
gewaltigsten Denker, die je gelebt, dessen Denken ausserdem eine
symbolische Plastizität besass, die beispiellos, selbst von Plato unerreicht dasteht, so dass seine Weltanschauung in mancher Beziehung
mit Religion verwandt erscheint, Schopenhauer, hat als Metaphysiker
den Satz aufgestellt: »die Materie ist die blosse Sichtbarkeit des
Willens .... was in der Erscheinung, d. h. für die Vorstellung,
Materie ist, das ist an sich selbst Wille.«[1]) Ich will hier keine
Metaphysik treiben, auch nicht Schopenhauer's spekulative Symbolik
vertreten; auffallend aber ist es, wie auf dem Gebiete der rein
empirischen Psychologie ein analoges Verhältnis sich unentrinnbar
behauptet. Wo der Wille den fragenden Verstand und das phantasie-
reiche Gemüt geknechtet hat, da kann es keine andere Lebens-
anschauung und keine andere Weltanschauung geben, als die
materialistische. Ich gebrauche das Wort nicht in einem weg-
werfenden Sinne, ich leugne nicht die Vorteile des Materialismus,
ich bestreite nicht, dass er mit Moral vereinbar sei: ich konstatiere
einfach eine Thatsache. Unverfälschter Materialismus ist die religiöse
Lehre des Arabers Mohammed, ebensowohl die augenblicklichen
Vorgänge der Offenbarungen Gottes an ihn, wie sein Paradies mit
Essen und Trinken und schönen Houris; unverfälschter Materialismus
ist der Kontrakt, den Jakob mit Jahve (nach *Gen.* XXVIII 20—22)
eingeht, in welchem Jakob fünf Bedingungen, oder, wie der Jurist
sagen würde, Stipulationen festsetzt und dann schliesst: so du das
thust, sollst du mein Gott sein. Die ganze Schöpfungsgeschichte
der *Genesis* — die in ähnlicher Fassung alle Hebräer, und, wie es
scheint, alle syrischen Semiten, sowie auch die babylonischen besassen — [2])
ist reiner Materialismus; sie war es ursprünglich nicht, sondern war

---

[1] *Die Welt als Wille und Vorstellung.* 2. Band, 2. Buch, Kap. 24. In gar
keinem Zusammenhang hiermit, doch immerhin interessant als eine Widerspiegelung
derselben Erkenntnis, ist die Lehre der Sâmkhya-Philosophie (des rationalistischen
Systems der brahmanischen Inder), wonach das Wollen keine geistige, sondern
eine physische Funktion sei! (vergl. Garbe: *Die Sâmkhya-Philosophie*, S. 251.)

[2] Vergl. die Berichte von Sanchuniathon und Berosus.

die mythisch-symbolische Vorstellung eines mit Phantasie begabten
Volkes (vermutlich der Sumero-Akkadier), doch, wie Renan uns
soeben belehrte, der Mythus wird unter den Händen der Semiten zu
historischer Chronik. [1]) Von all den tiefen Ideen, welche sinnende
und sinnige Gemüter in diese Erzählung hineingeheimnisst hatten,
merkten die Semiten gar nichts, so rein gar nichts, dass die Juden
z. B. die Vorstellung eines bösen Geistes, dem guten entgegengesetzt,
erst während der babylonischen Gefangenschaft durch Zoroaster kennen
lernten, bis dahin hatten sie in der Schlange ihrer Bibel eben lediglich
eine Schlange erblickt! [2]) Was sage ich, sie hätten keine Vorstellung
eines bösen Prinzips gehabt? Trotz ihres Buches der *Genesis*, Kap. 1
und 2, war den Israeliten auch die Idee eines Gottes, Schöpfers des
Himmels und der Erde, bis zum babylonischen Exil gänzlich unbekannt! Der Gedanke taucht zum ersten Mal im sogenannten
Deutero-Jesaia auf. (Siehe Kap. XL bis LVI des Buches *Jesaia*.) Dem
wirklichen Jesaia, sowie Jeremia, war die Vorstellung noch fremd.[3])
Die in der *Genesis* enthaltenen phantastisch-wissenschaftlichen Ideen
über die Entstehung der organischen Welt, der tiefsinnige Mythus des

---

[1]) Von der hervorragenden Phantasie der Sumero-Akkadier zeugen ihre
wissenschaftlichen Leistungen, ausserdem soll aber ihre Sprache auf eine ganz
besondere Neigung zur Abstraktion schliessen lassen, denn sie ist reicher an
abstrakten Begriffen als an *nomina concreta* (siehe Delitzsch: *Die Entstehung des
ältesten Schriftsystems* 1898, S. 118). Ein direkterer Gegensatz zur semitischen Anlage ist undenkbar; man stellt sich leicht vor, welche Verballhornung die sumerischen
Theorien der Schöpfung unter israelitischen Händen mögen erlitten haben.

[2]) Vergl. Montefiore a. a. O., S. 453. Wie tief im Organismus der Semiten diese
Unfähigkeit begründet liegt, ersehen wir daraus, dass ein Mann wie James Darmesteter,
einer der am meisten genannten Orientalisten unseres Jahrhunderts, ein Mann von
universeller Gelehrsamkeit, im Jahre des Heiles 1882 schreiben konnte: »Die
biblische Kosmogonie, aus fremder Quelle hastig entlehnt, sowie alle ihre Erzählungen von Äpfeln und Schlangen, über welche die Geschlechter der Christen
schlaflose Nächte verbrachten, haben unseren israelitischen Doktoren niemals die
geringste Qual verursacht, noch ihr Denken beschäftigt«. Ein tieferes Verständnis
hat seine Gelehrsamkeit diesem durchaus freidenkerischen Juden — »einem chr-
lichen Juden«, wie Shakespeare gesagt hätte — nicht geben können; und so
dürfen wir wohl lächeln, wenn er uns, nachdem er die Äpfel abgethan hat, belehrt,
das Kreuz sei schon »verfault« und das Christentum eine »abortierte« Religion.
Doch die gähnende Kluft (S. 330) reisst sich tief auf vor unseren Augen bei dem
Anblick so bodenlosen Unverstandes! (siehe *Coup d'œil sur l'histoire du peuple juif*,
p. 19 suiv).

[3]) Selbst der jüdische Gelehrte Montefiore giebt das ausdrücklich zu: *Religion
of the ancient Hebrews*, p. 269. Für Näheres siehe weiter unten, S. 403.

Sündenfalls, die Vermutungen über die Entwickelung der Menschheit
bis zur ersten Organisierung der Gesellschaft .... das war jetzt alles
»Geschichte«, wodurch es zugleich jede Bedeutung als religiösen Mythus
verlor, denn der Mythus ist elastisch, unerschöpflich, wogegen hier
eine einfache Chronik von Thatsachen, eine Aufzählung geschehener
Begebnisse vorliegt.[1] Das ist Materialismus. Überall, wo semitischer
Geist geweht hat, wird man diesem Materialismus begegnen. Sonst ist
auf der ganzen Welt Religion eine idealistische Regung; Schopenhauer
nannte sie »Volksmethaphysik«, ich möchte sie eher Volksidealismus
nennen; auch bei dem Semiten beobachten wir dieses sehnsuchtsvolle
Erwachen einer Empfindung des Übermenschlichen (man lese nur das
Leben Mohammed's), doch ergreift sofort der gebieterische Wille jedes
Symbol, jede tiefe Ahnung des sinnenden Gedankens und wandelt sie
zu harten, empirischen Thatsachen um. Und so kommt es denn,
dass bei dieser Auffassung die Religion nur praktische Zwecke
verfolgt, durchaus keine ideale: sie soll für das Wohlergehen auf
dieser Welt sorgen und zielt namentlich auf Herrschaft und Besitz,
ausserdem soll sie das Wohlergehen in der künftigen Welt verbürgen
(dort wo der Begriff der Unsterblichkeit vorhanden ist, der in den
israelitischen Glauben z. B. erst durch persischen Einfluss, in den
arabischen durch das Christentum aufgenommen wurde). Nackter
Materialismus! wie schon der Vergleich mit dem Saveasiuleo der
Samoaner und dem grossen Weltgeist der Yorubas zeigt.

Das wäre ein negativer Einfluss des Judentums auf alle Religion:
die Inficierung mit materialistischen Grundanschauungen. Jetzt müssen
wir den positiven betrachten, der gemeiniglich einzig ins Auge gefasst
wird. Nirgends — das kann man, glaube ich, ohne jede Einschränkung
behaupten — nirgends auf der ganzen Welt trifft man den Glauben
ähnlich an wie bei den Semiten, so glühend, so rückhaltslos, so unerschütterlich. Vielleicht besässen wir ohne sie den Begriff des religiösen
Glaubens, der *fides* gar nicht. Das deutsche Wort »Glaube« ist sehr
zweideutig; von Hause aus schmeckt es eben so sehr nach Zweifeln
wie nach Überzeugtsein; die Grundbedeutung ist ja ein blosses »Gut-
heissen«.[2] Wenn wir zum Lateinischen greifen, kommen wir auch
nicht besser weg, denn in Wahrheit heisst *fides* Vertrauen, weiter

---

[1] Nähere Ausführungen über die Bibel als geschichtliches Werk und über
die Bedeutung, die ihr als solches für das jüdische Volk zukommt, enthält das
Kapitel über die Erscheinung Christi, S. 233 fg. Siehe auch weiter unten S. 453.
[2] Kluge: *Etymologisches Wörterbuch*.

gar nichts,[1]) die *bona fides* der rechtlichen Verträge zeigt das Wort in seiner ursprünglichen Bedeutung, die spätere *fides salvifica* ist ein *pis-aller*. Charakteristischer Weise zeichnet sich auch im Sanskrit das Wort *craddhâ*, der Glaube, durch schwankenden, farblosen Begriffskreis aus; es deutet bisweilen Frömmigkeit, bisweilen gute Werke an, am ehesten fällt es mit der Definition des Glaubens nach der heutigen katholischen Dogmatik zusammen, als Gehorsam gegen die Lehrautorität der Kirche. Das ist Alles sehr blass im Vergleich zum semitischen Glauben; man erhält den Eindruck, den jeder forschende Blick über die Vorgänge der Geschichte bestätigen wird, dass es sich hier um zwei verschiedene Dinge handelt. Sehr häufig kann es ja vorkommen, dass eine Zunahme der Quantität die Qualität völlig umwandelt;[2]) das scheint auch hier der Fall zu sein. Der echt semitische Glaube kann durch nichts zerstört, durch nichts auch nur angetastet werden, er widersteht jeder Erfahrung, jeder Evidenz. Hier triumphiert der Wille, und zwar — das merke man wohl, denn da liegt der psychologische Kern der merkwürdigen Erscheinung — triumphiert er nicht allein wegen seiner ungewöhnlichen Kraft, sondern zugleich in Folge der Verkümmerung von Verstand und Phantasie: einem Minimum von Religion gegenüber befindet sich ein Maximum von unbedingter, unerschütterlicher Glaubensfähigkeit, eines Glaubensbedürfnisses, das wie eine gierige Hand sich ausstreckt und dem Gläubigen, aber auch ihm persönlich und allein, mit Ausschluss jedes Anderen, die ganze Welt zu eigen schenken will und muss. Charakteristisch für den Absolutismus dieses »Glaubenswillens« (wenn ich das Wort schmieden darf) ist es, dass ursprünglich jeder Stamm, jedes Stämmchen der Semiten, seinen eigenen Gott hat; nie würde der Semit mit einem Andern teilen wollen, sein Wille ist unbedingt, er allein muss Alles besitzen; und so unbegrenzt wie sein Wille ist sein Glaube; diese zwei Ausdrücke sind bei ihm fast synonym. Die Religion erscheint gewissermassen nicht als um ihrer selbst willen da, sondern als ein Mittel, als eine Handhabe, um das Gebiet des durch den Willen zu Erreichenden möglichst erweitern zu können.[3]) Die

---

[1] Das griechische πίστις ebenfalls.
[2] Siehe S. 61.
[3] Dass die echten Wüstenbeduinen noch heute den kosmopolitischen Gott des Korans in Wahrheit nicht anerkennen, wird von vielen Autoren bezeugt. Robertson Smith: *Religion of the Semites*, p. 71, deutet an, der Mohammedanismus

Annahme, der Semit sei von Hause aus Monotheist, eine Annahme, zu der Renan's berühmte Phrase: »le désert est monothéiste« [1]) viel beigetragen hatte, ist längst als irrig erwiesen;[2]) wir sehen jeden kleinen Stamm der Hebräer seinen eigenen Gott besitzen, der nur über diese besondere Familie und innerhalb dieses besonderen Landstriches Gewalt übt; verlässt Einer den Familienverband, tritt er in ein anderes Gebiet, so gerät er unter die Botmässigkeit eines anderen Gottes: das ist doch kein Monotheismus.[3]) Ich halte den Gedanken der göttlichen Einheit für durch und durch unsemitisch, für geradezu antisemitisch, schon deswegen, weil er nur der Spekulation entspringen kann: in dem überreichen Material, das die Phantasie angesammelt hat, schafft der Gedanke Ordnung und gelangt so zur Vorstellung der Einheit; hier dagegen ist weder Phantasie noch Spekulation, sondern Geschichte und Wille: daraus konnte niemals der eine kosmische Weltgeist der Inder, Perser, Hellenen und Christen entstehen, noch der »einigeine« Gott der Ägypter.[4]) In das Judentum ist nach-

---

sei gewissermassen eine städtische Religion im Gegensatz zur Religion der Wüste. Ähnlich Burckhardt: *Beduinen*, S. 156.

[1]) *Langues sémitiques*, éd. 1878, p. 6 (diese Worte sprach Renan ursprünglich im Jahre 1855).

[2]) Man vergleiche Robertson Smith: *Religion of the Semites* (éd. 1894, p. 73 fg.). Welche eifrige Polytheisten viele pseudosemitische Nationen waren, ist bekannt; allerdings hat man nicht das Recht, ohne Weiteres Rückschlüsse zu ziehen auf die reinen Semiten. Auf diese fast niemals beobachtete Reserve hatte Renan gleich im Vorworte zu der ersten Ausgabe seiner *Langues sémitiques* grossen Nachdruck gelegt.

[3]) David, von Saul aus Palästina vertrieben, kann nicht anders, als auf fremdem Boden »fremden Göttern dienen« (1 *Sam.* XXVI, 19); vergl. hierzu namentlich Robertson Smith: *Prophets of Israel* (ed. 1895, p. 44) und die Zusammenstellung der charakteristischen Stellen aus welchen dieselbe Vorstellung erhellt, bei Wellhausen: *Prolegomena*, 4. Ausg., S. 22. Besonders naiv tritt der Polytheismus im Lobgesange Mosis auf: »Herr, wer ist dir gleich unter den Göttern?« (*Ex.* XV, 11). Im viel späteren *Deuteronomium* wird zwischen Jahve und den »fremden Göttern« als durchaus gleichnamigen Wesen unterschieden (XXXII, 12), und nur bei sehr feierlichen Gelegenheiten wird jener angerufen als »Gott aller Götter« (X. 17). Noch zur Zeit der Makkabäer (mehr als ein halbes Jahrtausend später) begegnen wir diesem selben Ausdruck »Gott aller Götter« im Buche *Daniel* XII, 1 und finden bei Jesus Sirach die Vorstellung von »Nebengöttern«, die im Auftrage Jahve's über die verschiedenen Völker regieren (*Eccles.* XVII, 17).

[4] Über den ägyptischen Monotheismus wurde viel gestritten, doch mit Unrecht, denn es ist unmöglich, ihn in Zweifel zu ziehen, wenn man im *Totenbuch* liest: »Du bist der Eine, der Gott aus den Uranfängen der Zeit, der Erbe der Ewigkeit, selbsterzeugt und selbstgeboren; du schufest die Erde, du machtest die

weislich die Idee des einen Weltgottes nur in der spätesten postexilischen Zeit langsam eingedrungen und ohne allen Zweifel unter
fremdem, namentlich persischem Einfluss; wollten wir ganz wahr
sprechen, wir müssten sagen: diese Idee drang niemals ein, denn
heute noch, wie vor 3000 Jahren, ist Jahve nicht der Gott des kosmischen Weltalls, sondern der Gott der Juden; er hat nur die übrigen
Götter umgebracht, vertilgt, wie er auch die übrigen Völker noch
vertilgen wird, mit Ausnahme derer, die den Juden als Sklaven
dienen sollen.[1]) Das ist doch kein wirklicher Monotheismus, sondern,
wie schon früher bemerkt, ungeschminkte Monolatrie!

Dagegen lehrt uns gerade diese Betrachtung einsehen, welche
wichtige und eigentümliche Wahrheit unter den nur zu allgemein gehaltenen Worten Renan's steckte; wie so häufig hatte er richtig gesehen, aber äusserst oberflächlich analysiert. Er hatte geschrieben: »Die
Wüste ist monotheistisch; das Erhabene ihrer unermesslichen Einförmigkeit offenbarte zum ersten Male den Menschen die Vorstellung
des Unendlichen«. Wie falsch alles ist, was in diesem Satz dem
Semikolon folgt, zeigen ja Renan's eigene Ausführungen an anderem
Orte, wo er darthut, gerade die semitischen Sprachen seien »unfähig,
die Empfindung des Unendlichen zum Ausdruck zu bringen« (siehe
S. 295). In den dunklen Urwäldern Indiens hat die Empfindung des

Menschen, ...« (Einleitende Hymnen an Râ; siehe die vollständige Übersetzung
des *Totenbuches* nach der Thebanischen Rezension von E. A. W. Budge, 1898.
Budge macht darauf aufmerksam (S. XCVIII, dass die Formel in *Deuteronomium*
IV, 4: »Der Herr, unser Gott, ist ein einiger Gott«, eine buchstäbliche Nachahmung
des Ägyptischen ist.

[1]) Man sehe z. B. die *Apokalypse des Baruch* LXXII, ein berühmtes jüdisches
Werk aus dem Schluss des 1. Jahrhunderts nach Christo: »Die Männer aller
Nationen sollen Israel unterthan sein, doch diejenigen, die über euch geherrscht
haben, sollen durch das Schwert vertilgt werden« citiert nach Stanton: *The jewish
and the christian Messiah*, p. 316). Man sieht, wie engnational dieser angebliche
Schöpfer des Himmels und der Erde geblieben ist. Das giebt auch Montefiore
zu, indem er schreibt: »Jahve war freilich nach und nach zum einen Weltgott
geworden, doch blieb dieser Gott noch immer Jahve. Trotzdem er nunmehr der
unbeschränkte Beherrscher des Universums geworden, hörte er nicht auf, der Gott
Israels zu sein« (a. a. O. S. 422). Robertson Smith, einer der ersten Autoritäten
unserer Zeit in diesen Fragen, deutet *Jesaia* Kap. 2 als eine Prophezeiung, dass
Jahve nach und nach durch die Anerkennung seiner Herrschertugenden sich zum
Gott der ganzen Menschheit aufschwingen werde! Also selbst in den erhabensten Phasen der semitischen Religionsauffassung, selbst wo von Gott die
Rede ist, das Vorwalten des rein historischen, flagrant anthropomorphischen, un-
bedingt materialistischen Standpunktes!

Unendlichen eine solche Intensität gewonnen, dass der Mensch sein
eigenes Ich in das All sich auflösen fühlte, wogegen der Bewohner
der sonnendurchglühten Wüste, geblendet vom Übermass des Lichtes,
an Augenkraft verlor und nur sich selber erblickte; weit entfernt, das
Unendliche zu empfinden, das sich uns nur in der Nacht oder durch
die Millionen Stimmen des wimmelnden Lebens offenbart, fühlte er
sich einsam, einsam und doch gefährdet, einsam und doch kaum im
Stande, sich die nötigen Nahrungsmittel zu verschaffen, und gar nicht
mehr im Stande, es zu thun, sobald eine andere Sippe sich der seinen
hätte zugesellen wollen. Dieses Leben war ein Kampf, ein Kampf, in
dem nur der rücksichtslose Egoismus bestehen konnte. Während der
Inder, ganz in Denken versunken, die Hand nur nach den Bäumen
auszustrecken brauchte, wenn ihn hungerte, stand der Beduine Tag und
Nacht auf dem *Qui-vive* und hatte etwas anderes zu thun, als über
das Unendliche nachzusinnen, wozu er ausserdem so gänzlich unfähig
und unbeanlagt war, dass ihm seine Sprache nicht die mindeste
Handhabe dazu bot. Dagegen können wir uns recht wohl vorstellen,
wie die einförmige Armut der Umgebung zu der unvergleichlichen
Armut mythologischer Vorstellungen führen konnte: der Mensch
ist nämlich durchaus unfähig, seine Phantasie aus eigener Kraft
zu speisen; sie wird, wie Shakespeare sagt, »im Auge geboren«;
wo dem Auge lediglich Einförmigkeit geboten wird, wird sie zur
Einförmigkeit verdorren.[1]) Und was wir ebenfalls verstehen können,
ist, wie in einer solchen Umgebung sich jener durchaus egoistische
Monotheismus entwickeln konnte, wo der eine Gott nicht der grosse
überweltliche Geist ist, wie für die armen Neger der Sklavenküste,
sondern ein harter, grausamer Herr, der nur für mich, den einen da
ist, für mich und meine Kinder, der mir, wenn ich mich blind ihm
unterwerfe, die Länder schenkt, die ich nicht urbar gemacht habe,
voll Öl und Wein, die Häuser, die ich nicht gebaut, die Brunnen,
die ich nicht gegraben — alle jene Herrlichkeiten, die ich nur hin
und wieder aus der Ferne erblickt habe, wenn ich, von Hunger getrieben, meine Wüste zu Streifzügen verliess; ja! und diese Menschen
alle, die dort in Arbeit und Reichtum schwelgen und mit freudigem
Tanz und Gesang und fetten Opfern Götter anbeten, welche ihnen
alle diese Reichtümer schenken, sie will ich meinem Wüstengotte hin-

---

[1]) Burckhardt, der Jahre lang in Arabien gelebt hat, bezeugt, dass die Einförmigkeit und der Mangel an jeglicher Beschäftigung des Wüstenlebens auf den
Geist unerträglich drückt und ihn zuletzt völlig lahmlegt *Beduinen und Wahaby*, S. 286).

schlachten, ihre Altäre umwerfen, nur mein Gott soll hinfürder Gott sein, nur ich allein auf Erden Herr! Dies ist der Monotheismus der Wüste; nicht aus der Idee des Unendlichen entspringt er, sondern aus der Ideenlosigkeit eines armen, hungrigen, gierigen Menschen, dessen Gedankenkreis sich kaum über die Vorstellung erhebt, dass Besitz und Macht höchste Wonne wäre.

Um die tiefgreifende Verwandlung der Gesinnung klar zu machen, die durch diese semitische Auffassung des Glaubens in dem menschlichen Gemüt bewirkt wird, kann ich nichts besseres thun als Goethe citieren. Überall und immer werden seine Worte angeführt: »Das eigentliche, einzige und tiefste Thema der Welt- und Menschengeschichte, dem alle übrigen untergeordnet sind, bleibt der Konflikt des Unglaubens und des Glaubens.« [1]) Doch weit bedeutender ist folgender Passus im vierten Buch von *Wahrheit und Dichtung:* »Die allgemeine, natürliche Religion bedarf eigentlich keines Glaubens: denn die Überzeugung, dass ein grosses, hervorbringendes, ordnendes und leitendes Wesen sich gleichsam hinter der Natur verberge, um sich uns fasslich zu machen, eine solche Überzeugung drängt sich einem Jeden auf, ja, wenn er auch den Faden derselben, der ihn durchs Leben führt, manchmal fahren liesse, so wird er ihn doch gleich und überall wieder aufnehmen können. Ganz anders verhält sich's mit der besonderen Religion, die uns verkündigt, dass jenes grosse Wesen sich eines Einzelnen, eines Stammes, eines Volkes, einer Landschaft entschieden und vorzüglich annehme. Diese Religion ist auf den Glauben gegründet, der unerschütterlich sein muss, wenn er nicht sogleich von Grund aus zerstört werden soll. Jeder Zweifel gegen eine solche Religion ist ihr tödlich. Zur Überzeugung kann man zurückkehren, aber nicht zum Glauben.« Diese Betrachtung führt uns auf die richtige Spur, sie ermöglicht es uns, mit absoluter Präcision festzustellen, was der Semit hier der Welt geschenkt, oder, wenn man will, aufgezwungen hat; eine wichtige Untersuchung, denn hier liegt seine weltgeschichtliche Bedeutung als Einfluss auf Andere, und hier liegt auch die heutige — von Herder und von so vielen grossen Geistern als »fremd« empfundene — besondere Kraft des Judentums. Goethe hat den wesentlichsten Punkt gut erkannt und auch angedeutet, doch leider nicht in so ausführlicher Weise, dass jeder ihn so sieht, wie er: denn er unterscheidet zwischen einer natürlichen Religion und einer anderen,

---

also nicht natürlichen; nun ist aber nach Goethe's Denkweise der
Gegensatz des Natürlichen das Willkürliche, dasjenige, wo der Wille
»kürt«, dasjenige, heisst das, wo der Wille, nicht die reine Erkenntnis,
auch nicht der ungetrübt natürliche Instinkt den Ausschlag giebt. Und
somit weist er uns nicht allein darauf hin, dass es zwischen Religion
und Religion wesentliche Unterschiede giebt, so wesentliche, dass dasselbe Wort zwei verschiedene Dinge bezeichnen kann, sondern er sagt
damit zugleich, worin dieser Unterschied seinen letzten Grund findet:
jene Religion, welche er der natürlichen entgegenstellt, ist eben die
Religion des Willens. Hingegen ist der Gebrauch des Wortes
»Glaube« bei ihm unklar und irreführend; er hat zu sehr vereinfachen
wollen. Goethe sagt: »die natürliche Religion bedarf eigentlich
keines Glaubens;« doch wird in Wahrheit in den nicht-semitischen
Religionen mehr geglaubt als in den semitischen; der Glaubensstoff,
heisst das, ist reicher; auch wird »Glaube« ausdrücklich von ihnen
gefordert. Wie verhält es sich nun hiermit? Die Natur des Glaubens
ist eben hier und dort genau so verschieden wie die der Religion;
dem Wort »Religion« giebt Goethe in der angeführten Stelle zwei
Bedeutungen, dem Wort »Glauben« nur eine, daher das Missverständnis.
In Wahrheit finden wir nirgends Religion ohne Glauben; ohne Glauben
im spezifisch semitischen Sinne, allerdings, doch nicht ohne Glauben.
Der Glaube ist überall die unsichtbare Seele, die Religion der sichtbare
Leib. Wir müssen also weiter vordringen, wollen wir Goethe's Satz bis
zur vollen Anschaulichkeit entwickeln. Ich greife wieder zur Illustration.

Soweit mir bekannt, ist der Dogmatismus und der Begriff der
Glaubensorthodoxie nirgends so ausgebildet wie bei den arischen Brahmanen; dennoch ist der Erfolg ein ganz anderer, als bei den Semiten.
Die heiligen Veden der Inder galten als göttliche Offenbarung; jedes
ihrer Worte war für alle Glaubenssachen autoritativ und unbestreitbar —
und trotzdem entblühten diesem einen Boden eines allseits als »un-
fehlbar« anerkannten Schriftenkomplexes sechs durchaus verschiedene
Weltanschauungen,[1] Systeme, in welchen (wie das dem indischen
Geist eigen ist) Philosophie und Religion untrennbar verschlungen aufwachsen, so dass die Auffassung von der Natur der Gottheit, von dem
Verhältnis des Individuums zu ihr, von der Bedeutung der Erlösung
u. s. w. in den einzelnen Systemen sehr verschieden ist, wodurch also

---

Es gab noch mehr, doch lassen sich die anderen unter die sechs grossen
Rubriken subsumieren.

nicht allein die Philosophie, sondern vor Allem die Religion des Bekenners berührt wird: und alle diese Lehren, die sich in wesentlichen Punkten häufig direkt widersprechen, galten nichtsdestoweniger als orthodoxe, die eine ebenso wie die andere! Sie alle fussten ja auf denselben Schriften, gingen, mit anderen Worten, von den gleichen mythologischen Grundbildern der Hymnen aus und bekundeten dieselbe Verehrung für die tiefen Spekulationen der Kultusvorschriften und der Upanishad's: das genügte. Geschichtliche Daten, eine Chronik der Weltschöpfung und der Geschlechter, an die man blind glauben müsse, gab es nicht; denn was es derartiges gab, war von vornherein lediglich als Bild, als Symbol gegeben. So sagt z. B. der streng orthodoxe Kommentator der heiligen Schriften, Çankara, über verschiedene auf die Weltschöpfung angewandte Bilder und Spekulationen: »Die Schrift hat gar nicht die Absicht, über die mit der Schöpfung beginnende Weltausbreitung eine Belehrung zu erteilen, weil weder ersichtlich ist, noch auch irgendwo gesagt wird oder auch denkbar ist, dass irgend etwas, worauf es für den Menschen ankommt, hiervon abhängig sei.«[1]) In derselben Weise war ein Jeder frei, über das Verhältnis zwischen Geist und Stoff zu denken, was er wollte. Der Monist war eben so orthodox wie der Dualist, der Idealist wie der Materialist. Man begreift, wie bei einer derartigen Auffassung der Religion und des Glaubens »in Indien zu allen Zeiten die absoluteste Gedankenfreiheit geherrscht hat«,[2]) ich meine, wie es möglich war, Rechtgläubigkeit und unbehinderte metaphysische Spekulation nebeneinander bestehen zu lassen. Und doch nein! uns, die wir heute unter dem Einfluss der semitischen Glaubensauffassung leben, fällt es doch sehr schwer, diese Vorstellungen zusammenzureimen: die anerkannte Infallibilität heiliger Religionsbücher, und zugleich absoluteste Gedankenfreiheit! Nun merke man aber noch Folgendes wohl, denn erst hierdurch wird diese Illustration für die Frage über die Natur des Glaubens lehrreich: das Leben war in Indien weit religiöser als es bei uns jemals, selbst im kirchlichsten Zeitalter gewesen ist, und die indische Religion, als solche, hat Früchte ganz anderer Art getragen als z. B. das Judentum,

---

[1]) *Die Sûtra's des Vedânta* (von Paul Deussen übersetzt, Brockhaus 1887) I, 4, 14. Wer denkt da nicht an das grosse Wort Goethe's: »Lebhafte Frage nach der Ursache ist von grosser Schädlichkeit!« (siehe S. 234 und S. 270). Schön sagt Carlyle in seinem Aufsatz über Diderot: »jeder religiöse Glaube, der auf Ursprünge zurückgeht, ist unfruchtbar, unwirksam, unmöglich«.

[2]) Richard Garbe: *Die Sâmkhya-Philosophie*, S. 121.

wo die Religion (wie ein jüdischer Autor uns vorhin mitteilte) Wissenschaft, Kunst, Litteratur, alles (ausser Glauben und Gehorsam) aus
dem Leben verbannte![1]) Denn die enorme geistige Thätigkeit des
indischen Volkes, dessen poetische Litteratur allein an Umfang »die
ganze klassische Litteratur von Griechenland und Italien zusammen-
genommen übertrifft«,[2]) wurzelt in seinem Glauben; seine bedeutendsten
Thaten, auch auf fernab liegenden Gebieten, strahlen von seiner tiefen
Religiosität aus. Ein Beispiel. Pânini's *Grammatik der Sanskritsprache*,
vor 2500 Jahren geschrieben und zwar als Kulminationspunkt einer
langen, Jahrhunderte zurückreichenden wissenschaftlichen Entwickelung,
ist bekanntlich die grösste philologische Leistung der Menschheit;
Benfey schreibt darüber: »eine so vollständige Grammatik hat keine
Sprache der Welt aufzuweisen, selbst trotz der staunenswerten Grimm-
schen Arbeiten unsere deutsche Muttersprache nicht«; Pânini bildet noch
heute den Eckstein dieser Wissenschaft: nun, was hatte die indischen
Denker zu so hohen wissenschaftlichen Thaten angeeifert? Die Sehnsucht, die heiligen Lieder des Rigveda, die im Laufe der Jahrhunderte
schwer verständlich geworden waren, zu neuem Leben zu erwecken!
Nicht eine pure, ziellose Begeisterung für »Wissenschaft«, sondern
religiöse Begeisterung hatte — Benfey bezeugt es — sie »zu dieser
Kraft erstarkt«.[3]) Auch ihre so eminenten Leistungen auf dem Gebiete
der Mathematik — man weiss, dass die indischen Arier die Erfinder
der sogenannten »arabischen Ziffern« sind — nehmen ihren Ausgang
von der Religion: die Lösung des bekannten geometrischen Problems,
die bei uns als Ruhmestitel dem Pythagoras zugeschrieben wird, hatten
die Inder vor undenklichen Zeiten gefunden, gewissermassen ohne es
zu ahnen, als eine notwendige Folge der zu Opferzwecken vorgeschriebenen Messungen; hier, in diesen religiösen Berechnungen,
war die Brutstätte, aus welcher die klare Erkenntnis der irrationalen
Zahlen und später die höhere Algebra, die Zahlentheorie u. s. w. her-
vorgingen.[4]) In welchem Sinne kann Goethe nun von einer der-

---

[1]) Siehe S. 381. Auch Spinoza, der in jedem seiner Gedanken so durch und durch Jude und Antiarier ist, schreibt: »Fidei scopus nihil est praeter obedientiam et pietatem« (*Tract. theol.-pol.* c. 14); dass Religion ein schöpferisches Lebenselement sein könne, ist eine Vorstellung, die diesem Gehirne völlig unzugänglich blieb.

[2]) Max Müller: *Indien in seiner weltgeschichtlichen Bedeutung* (1884), S. 68.

[3]) *Geschichte der Sprachwissenschaft* (1869), S. 77 und 55 (ich citiere nach Schroeder: *Indiens Litteratur und Kultur*, S. 704 und 708).

[4]) Vergl. Schroeder: *Pythagoras und die Inder*, Kap. 3.

artigen Religion, von einer Religion, welche das ganze öffentliche Leben gestaltete und zugleich so mächtig eindringend auf Geist und Phantasie wirkte, sagen, sie bedürfe eigentlich keines Glaubens? Habe ich nicht Recht, wenn ich behaupte, in jener Goethe'schen Stelle beziehe sich das eine Wort »Glaube« auf zwei verschiedene Dinge? Gewiss; so verschieden wie die Menschen, deren Seelen sie widerspiegeln. Goethe geht eben von der semitischen Auffassung aus, und nach dieser Auffassung richtet sich (im Gegensatz zur indischen) der religiöse Glaube lediglich auf geschichtliche Daten und auf materielle Thatsachen: Gott ist hier durch geschichtlich bezeugte Theophanien (Erscheinungen) bekannt, nicht aus innerer Erfahrung postuliert, nicht aus Betrachtung der Natur erraten, nicht durch Kraft und Phantasie ahnend gestaltet; hier ist alles noch einfacher als Herrn Ernst Haeckel's Schöpfungsgeschichte. Das Einzige, was Not thut, ist blinder Glaube, und auf diesen Glauben konzentriert sich denn auch die ganze Kraft der grossen leitenden Geister und der verantwortlichen Hüter des Volkes: Strafen auf der einen Seite, Versprechungen auf der anderen, dazu historische Beweise und naturwidrige Wunder. — Man betrachte doch als Kontrast zu jedem unverfälscht semitischen Credo das sogenannte apostolische Glaubensbekenntnis der christlichen Kirche! Die Hälfte der Sätze besagt unvorstellbare Mysterien, von denen die Theologen selber zugeben: »der Laie kann sie nicht verstehen«; in Wahrheit ist aber von einem »Verstehen« in der logischen, sinnfällig fasslichen Bedeutung des Wortes überhaupt so wenig die Rede, dass man diesem einen kurzen Credo die verschiedensten, einander widersprechenden Lehren entnommen hat.[1] Und nun nehme man gar das Athanasische Symbolum! Hier besteht der Stoff des religiösen Glaubens ausschliesslich aus den abstraktesten Spekulationen des Menschenhirns. Wie sollte der Glaube, im semitischen Sinn, Begriffe auffassen können, mit denen nicht ein Mensch in einer Million auch nur die blasseste Vorstellung zu verbinden vermag? Schon Jesus Christus selber (und zwar gerade dort, wo er sagt: »derer, welche wie diese Kinder sind, ist das Himmelreich«) sprach dennoch: »Das Wort fasset nicht Jedermann, sondern denen es gegeben ist. Wer es fassen mag, der fasse es!« (*Matth.*, XIX., 11, 12).[2] Ganz anders der Semit

---

[1] Vergl. z. B. Harnack: *Dogmengeschichte* Grundriss, 2. Aufl., S. 63 fg.

[2] In der syrischen Übersetzung des ältesten bekannten Textes steht: »Jeder der die Kraft besitzt....«, so dass die Deutung nicht zweifelhaft ist (siehe die Übersetzung der Palimpsesthandschrift von Adalbert Merx, 1897).

und darum auch ganz anders seine Glaubenskraft. Selbst der einfache
Satz: Ich glaube an Gott, Schöpfer Himmels und der Erden, bildet
keinen Teil seines Credos, dieses Umstandes wird im Koran nur
beiläufig und in den gesamten heiligen Schriften der Juden kaum
dreimal Erwähnung gethan. Dagegen lautet gleich das erste Gebot
Moses: Ich bin der Herr, der dich aus Ägyptenland geführt
habe! Der Glaube knüpft, wie man sieht, sofort an geschichtliche
Thatsachen an, die das Volk für sicher bezeugt hält, und niemals
erhebt er sich über das Niveau des gewöhnlichen Auges. Wie
Montefiore uns vorhin belehrte: Die jüdische Religion kennt kein
Geheimnis (siehe S. 392 fg.). Wenn man also von der unvergleichlichen
Kraft des semitischen Glaubens spricht, so darf man nicht übersehen,
dass dieser Glaube sich auf einen äusserst dürftigen, beschränkten Stoff
richtet, dass er das grosse Weltwunder prinzipiell ausser Acht lässt
und dass er durch die Auferlegung eines »Gesetzes« (im juristischen
Sinn des Wortes) ebenfalls das innere Herzensleben auf ein Minimum
reduziert, — wer dem Gesetz gehorcht, ist ohne Sünde. weiter braucht
er sich den Kopf nicht zu zerbrechen: Wiedergeburt, Gnade, Erlösung,
das existiert alles nicht. Wir lernen also einsehen: dieser starke Glaube
setzt als Gegenbedingung ein Minimum an Glaubensstoff, ein Minimum
an Religion voraus. Moses Mendelssohn hat es einsichtsvoll und
ehrlich ausgesprochen: »Das Judentum ist nicht geoffenbarte Religion,
sondern geoffenbarte Gesetzgebung«.[1]

»Der Semit hat eigentlich wenig Religion«, seufzt der genaueste
Kenner semitischer Religionsgeschichte, Robertson Smith; »ja, aber
viel Glauben«, ruft Goethe zurück; und Renan liefert den Kommentar:
»der Geist des Semiten vermag nur äusserst wenig zu umfassen, doch
dieses Wenige umfasst er mit grosser Kraft.«[2] Ich glaube aber, wir
fangen jetzt schon an, uns in der Konfusion zwischen Glauben und
Glauben, Religion und Religion, besser als Smith, Goethe und Renan
zurecht zu finden; bald werden wir bis auf den Boden sehen. Zur
vollkommenen Aufklärung muss ich hier noch ein letztes Mal den
Inder dem Semiten entgegenstellen.

Der arische Inder kann als Beispiel des extremen Gegenteils des
Semiten gelten, eines Gegenteils aber, das bei allen semitenfreien Völkern,
selbst bei den australischen Negern, deutlich hervortritt und in unser

---

[1] *Rettung der Juden.* 1782. (Ich citiere nach Graetz: *Volkst. Gesch.* III, 578).
[2] Renan: *Langues sémitiques*, p. 11.

aller Herzen schlummert. Des Inders Geist umfasst enorm viel, zu
viel für sein irdisches Glück; sein Gemüt ist innig und mitleidsvoll,
sein Sinn fromm, sein Denken das metaphysisch tiefste der Welt, seine
Phantasie ebenso üppig wie seine Urwälder, so kühn wie jenes höchste
Gebirge der Erde, das sein Auge stets nach oben zieht. Zwei Dinge
fehlen ihm indes fast ganz: er hat gar keinen geschichtlichen Sinn,
alles hat dieses Volk hervorgebracht, nur keine Geschichte seines eigenen
Lebenslaufes, nicht die Spur einer Chronik; das wäre das erste; das
zweite, was ihm mangelt, ist die Fähigkeit, seine Phantasie zu zügeln,
wodurch er, als Hyperidealist, den rechten Masstab für die Dinge dieser
Welt und — leider — trotzdem kein todesmutigerer Mensch auf Erden
lebt, zugleich seine Stellung als energischer Gestalter der Weltgeschichte
verliert. Er war nicht Materialist genug. Weit entfernt, sich mit
semitischem Hochmut für »den einzigen Menschen im wahren Sinne«
zu halten, schätzte er die Menschheit überhaupt als eine Erscheinung
des Lebens den anderen Erscheinungen gleichartig und lehrte als Grundlage aller Weisheit und Religion das *tat tvam asi:* das bist auch du,
d. h. der Mensch solle in allem Lebendigen sich selber wiedererkennen. Da sind wir allerdings weit von dem auserwählten Völkchen,
zu dessen Gunsten die Schöpfung des Kosmos unternommen wurde,
zu dessen Vorteil allein die gesamte übrige Menschheit lebt und leidet,
und es ist ohne Weiteres klar, dass die Gottheit, resp. Gottheiten,
dieser Inder nicht solche sein werden, die man in einer Bundeslade
herumträgt oder in einem Stein sich gegenwärtig denkt. Schon das
eine *tat tvam asi* deutet auf eine kosmische Religion, und eine kosmische Religion wiederum impliziert — im Gegensatz zu einem
Nationalglauben — ein unmittelbares Verhältnis zwischen dem Individuum und dem göttlich Übermenschlichen. Welchen anderen Sinn
musste für diesen arischen Inder Religion und Glauben haben, als wie
für den Semiten! »Eigentlich keinen Glauben,« sagte der deutsche
Weise, und der Franzose echot mit parodistischer Oberflächlichkeit:
»die indoeuropäischen Völker haben ihren Glauben nie für die absolute
Wahrheit gehalten.«[1]) Ach nein! das ist doch nicht möglich und es
wird durch das Leben der Brahmanen in glänzendster Weise wider-
legt. Denn auch die Indoarier »stellen ihre Zeugen«, wenngleich
nicht ganz im selben Sinne wie Deuterojesaia und Mohammed es
gemeint hatten. Wenn der Arier von Weib, Kindern und Kindes-

---

[1]) Renan: *Langues sémitiques*, p. 7.

kindern Abschied nimmt, um nunmehr, von aller Habe entblösst, von
Wurzeln sich nährend, nackt, in der Einsamkeit der Wälder, seine
letzten Jahre der frommen Betrachtung und der Erlösung seiner Seele
zu widmen, wenn er sein Grab mit eigenen Händen gräbt und beim
Herannahen des Todes sich hineinlegt, um mit gefalteten Händen, ergeben und beglückt, zu sterben : [1]) kann man da sagen, er habe »eigentlich
keinen Glauben?« er »halte seinen Glauben nicht für die Wahrheit?«
Nun, über Worte will ich nicht rechten, dieser Mann hat aber jedenfalls Religion, und zwar, wie mich dünkt, ein Maximum an Religion.
In seiner Jugend hatte er die üppigste Mythologie kennen gelernt, die
ganze Natur war für sein kindliches Auge belebt, beseelt, und zwar
von grossen, freundlichen Gestalten belebt, [2]) an denen seine Phantasie
sich unaufhörlich übte und durch die immer neuen Lieder, die er nach
und nach zu hören bekam, immer neu angeregt wurde, sich zu üben.
Wie Carlyle von Goethe rühmte, so sah sich dieser indische Jüngling
»vom Wunder umgeben, alles Natürliche in Wahrheit ein Übernatürliches«. Das ernste Mannesalter brachte Neues; jetzt wurde die Denk-
fähigkeit an den schwierigsten Problemen geübt und gestärkt, zugleich
eine allumfassende Symbolik durch die an die Opferzeremonien geknüpften
Betrachtungen gelehrt, welche unser heutiges Vorstellungsvermögen fast
übersteigt, [3]) deren Hauptergebnis wir aber aus dem Erfolg deutlich entnehmen. Mehr und mehr begriff der reifende Mann, nicht allein, dass
jene mythologischen Gestalten nur in seinem Hirn Dasein besässen, nur
für seinen besonderen, beschränkten Menschengeist überhaupt Sinn
hätten, mit anderen Worten Symbole eines der Vernunft Unerreich-

---

[1]) Noch heute begegnet man frischen Gräbern dieser Art in den Waldes-
tiefen. Ohne Krampf noch Kampf gehen diese heiligen Männer aus der Zeit in
die Ewigkeit ein, so dass man beim Anblick ihrer Leichen glauben würde, es hätte
die Hand der Liebe ihnen die Glieder zurecht gelegt und die Augen geschlossen.
Nach mündlichen Mitteilungen und Zeichnungen nach der Natur.) Wie lebendig
und unverändert, einem ewig sich gleichbleibenden inneren Nährboden entspriessend,
altarische Religion noch heute blüht, kann man aus Max Müller's zu Weihnachten
1898 erschienen Lebensbericht über einen erst 1886 gestorbenen heiligen Mann
aus brahmanischer Familie ersehen: *Râmakrishna, his life and sayings*.

[2]) Oldenberg: *Religion des Veda*, bezeugt, dass die Götter der arischen Inder,
im Gegensatz zu anderen, lichte, wahre, wohlwollende Gestalten sind, ohne Tücke,
Grausamkeit und Wortbruch (S. 30, 92, 302 etc.).

[3]) Oldenberg: *Religion des Veda*: »die Inder sprachen die Verhältnisse des
Opfers an als analoge, durch ein mystisches Band mit ihnen geeinte Verhältnisse
des Universums repräsentirend«. Belege hierfür findet man auf jeder Seite des
Satapatha-Brâhmana, jenes merkwürdigen Kodex für Opferzeremonien.

baren seien, sondern dass auch das ganze Leben — die Welt, die ihm
als Schauplatz dient, die Agierenden, die sich auf dieser Bühne bewegen,
die Gedanken, die wir denken, die Liebe, die uns trunken macht, die
Pflichten, die wir erfüllen — lediglich als Symbol aufzufassen sei;
er leugnete nicht die Wirklichkeit dieser Dinge, bestritt aber, dass ihre
Bedeutung durch das empirisch Wahrnehmbare erschöpft werde: »Auf
dem Standpunkt der höchsten Realität existiert das ganze empirische
Treiben nicht«, lehren die heiligen Schriften der Inder,[1]) eine Erkenntnis,
die durch Goethe dauernden Ausdruck gefunden hat:

> Alles Vergängliche
> Ist nur ein Gleichnis.

Und je tiefer diese Überzeugung sich in sein Bewusstsein einsenkte,
um so höher stieg die Vorstellung von der Tragweite seines individuellen Lebens: dieses Leben gewann jetzt kosmische Bedeutung.
Hatte doch die Schrift ihn gelehrt: »nur die Einheit allein ist im
höchsten Sinne real, die Vielheit klafft nur aus einer falschen Erkenntnis heraus«. Die guten Werke, die ihm früher als Teil des
göttlichen Gebotes erschienen waren, galten jetzt nichts mehr: jetzt
galt nur noch die innerste Absicht, d. h. also das innerste Leben,
jede Regung des Gedankens, jede Zuckung des Herzens. Schaute das
semitische Gesetz lediglich auf den Erfolg, gar nicht auf die Absicht, so
war hier das andere Extrem erreicht: jeder Erfolg war ausgeschlossen
und ohnehin gleichgültig. Es galt jetzt den höchsten, schöpferischen
Akt zu vollbringen. das eigene Wesen umzugestalten, jede leiseste
Regung der bethörten individuellen Selbstsucht — nicht zu kasteien,
das ist ein Geringes, sondern — umzuwandeln, bis der Eine in das
All aufging. Das war »Erlösung«. Doch glaube man nicht, hier
einen rein philosophischen Vorgang erblicken zu dürfen, es war ein
tief religiöser; denn eigene Kraft reichte nicht aus: das Sanskrit-Wort
für die höchste, alleinige Gottheit ist Brahman, d. h. das »Gebet«;
nur durch Gnade konnte der Mensch der Erlösung teilhaftig werden,
und ehe man eine solche Gnade durch inbrünstiges Gebet erstreben
durfte, musste man durch ein frommes Leben sich dessen würdig
gezeigt haben. War aber dieser Punkt erreicht, dann glaubte der
Einzelne nicht mehr für sich allein, sondern für die ganze Welt zu
leben und zu sterben: daher das Gefühl der allumfassenden Verantwort-

---

[1] Çankara, *Vedântasûtra's* II, 1, 14 (auch für das folgende Citat).

lichkeit. Der Eine stand für Alle; sein Thun, welches der frühere
Wahn der fast gleichgültigen Entscheidung seiner Willkür anheimzu-
stellen schien, war jetzt von unvergänglicher Bedeutung; denn sowie
das Natürliche in Wahrheit ein Übernatürliches ist, ebenso schliesst
der Augenblick die Ewigkeit ein und ist nur deren Symbol. — Das galt
bei den arischen Indern als Religion, das verstanden sie unter Glauben.

Durch diesen Kontrast hoffe ich die ganz besondere und unterscheidende Art der semitischen Auffassung von Religion und Glauben
deutlich gemacht zu haben; ich glaube, gezeigt zu haben, worin ihre
grosse — zu mancher kühnen That und manchem aufopferungsvollen
Gedanken befähigende — Kraft lag, worin auch ihre Beschränkung;
mehr ist hier nicht nötig; welche geschichtliche Bedeutung diese Kraft
und diese Beschränkung erreichten, ist bekannt. Man wäre fast geneigt, das Paradoxon zu wagen: Religion und Glaube schliessen sich
gegenseitig aus, oder wenigstens zu sagen: wenn eins von beiden zunimmt, nimmt das andere ab. Doch wäre das ein Spiel mit Worten,
da offenbar Religion und Glaube für den Semiten einen ganz anderen
Sinn besitzen, als für andere Menschen. Die Sache wird erst dort verwickelt, wo wir nicht mehr dem reinen Semiten oder, wie bei den
Juden, dem einseitig starken Vorwalten des semitischen Geistes begegnen,
sondern bloss einer Infiltration des semitischen Geistes, wie in unserer
eigenen europäischen Geschichte seit dem Beginn unserer christlichen
Zeitrechnung. Dadurch entsteht eine fast unentwirrbare Konfusion der
Begriffe und darum habe ich mit einer gewissen Ausführlichkeit dieses
Thema erörtern müssen; denn der folgenreichste »Eintritt der Juden
in die abendländische Geschichte« ist die Begründung der christlichen
Kirche auf einer teilweise semitischen Grundlage, und die Einführung
der Begriffe »Glaube« und »Religion« im semitischen Sinne des Wortes
in eine Religion, welche, im Grunde genommen, und schon durch
das Leben Christi, die direkte, unbedingte Leugnung der semitischen
Auffassung war, und welche ausserdem, durch ihren weiteren mythologischen und philosophischen Ausbau, zu einem durchaus indoeuropäischen, unsemitischen Gebilde wurde. Es ist unmöglich, den Einfluss des Judentums auf unsere ganze Geschichte vom Anfang an
bis zum heutigen Tag klar herauszusondern, wenn man nicht über
diese fundamentalen Begriffe »Religion« und »Glaube« bis zur vollen
anschaulichen Deutlichkeit durchgedrungen ist. Ich gestehe, noch
nie ein Werk gesehen zu haben, von welcher Art es auch immer
sei, dem das nur annähernd gelungen wäre; meistens wird das Problem

als solches gar nicht empfunden.   Eine abstrakte Definition von
Religion nützt uns wenig, sie klärt das Urteil gar nicht auf; auch die
gelehrten und hochinteressanten Untersuchungen über den Ursprung
der Religion und ihre Evolution haben für unseren jetzigen Zweck
keinen Wert.   Vielmehr kommt es darauf an, mit Augen zu sehen,
was semitische (und speziell jüdische) Religion ist, welche Merkmale
sie unterscheiden; nachher werden wir uns dann klar darüber werden,
wie viel Semitisches in unser eigenes Denken übergegangen ist.   Denn
aus dem Charakter dieser Religion ergiebt sich notwendiger Weise die
Art ihres Einflusses; und da andererseits die Heftigkeit des Willens
ein besonderes Kennzeichen des Semiten ist, so dürfen wir erwarten,
dass dieser Einfluss ein grosser sein werde.   Der Materialismus der
Anschauungen, die Hervorhebung des geschichtlichen Momentes dem
idealen gegenüber, die starke Betonung der »Gerechtigkeit« im welt-
lichen Sinne des Wortes, d. h. also des gesetzmässigen und moralischen
Handelns und der Werkheiligkeit (im Gegensatz zu jedem Versuch
innerer Umwandlung und zur Erlösung durch metaphysische Einsicht
oder durch göttliche Gnade),[1] die Einschränkung der Phantasie, das
Verbot der Gedankenfreiheit, die prinzipielle Intoleranz gegen andere
Glauben, der glühende Fanatismus: das sind Erscheinungen, die wir
überall in grösserem und geringerem Grade anzutreffen erwarten müssen,
wo semitisches Blut oder semitische Ideen eingedrungen sind. Wir werden
ihnen noch häufig im Verlaufe dieses Buches begegnen, sogar noch in
den allermodernsten freiesten« Anschauungen unseres Jahrhunderts,
z. B. im doktrinären Sozialismus.   Was speziell die Intoleranz anbetrifft,
diese so gänzlich neue Erscheinung im Leben der indoeuropäischen
Völker, so behalte ich mir das, was in dieser Beziehung über den
»Eintritt der Juden« zu sagen ist, für das zweitnächste Kapitel vor,
wo wir sehen werden, dass die ältesten Christen in beredten Worten
die unbedingte religiöse Freiheit forderten, die späteren dagegen aus
dem Alten Testament das göttliche Gebot der Intoleranz entnahmen.

Und so nehme ich den Faden wieder auf, dort, wo wir die   Israel
Betrachtung über das Verhältnis der verschiedenen Typen im Blute   und Juda
der Israeliten, und über den möglichen Einfluss dieser Mischungen

---

[1] Der indoeuropäischen Auffassung im Gegensatz zur semitischen verleiht
an einer Stelle Zoroaster kräftigen Ausdruck: »Weltliche Gerechtigkeit, du Geiz-
hals« du bildest die ganze Religion der bösen Geister und bist die Vernichtung
der Religion Gottes!« *(Dinkard* VII, 4, 14.

auf ihren Charakter (bis auf die inzwischen erörterte religiöse Frage)
beendet hatten. Dass in Bezug auf Religion innerhalb Israels das
semitische Element mit der Zeit das hethitische besiegen musste, ist
nach allem Gesagten klar; doch ward dieser Sieg schwer und langsam
errungen und zwar nur im Süden, d. h. in Judäa (Juda und Benjamin),
wo ein häufiger Zufluss von frischem arabischen (also fast reinsemitischen) Blut das Seinige dazu beigetragen haben mag.[1] In Israel
(d. h. also im Norden des Landes) blieb der alte syrische Kultus bis
zuletzt in Ehren: die Feste auf den Höhen, die Pilgerfahrten an
heilige Orte, die Baalsbilder u. s. w.; selbst ein gegen »fremde Götter«
so gestrenger Prophet wie Elias hatte gegen die Verehrung der
goldenen Stiere nicht das Geringste einzuwenden,[2] er verteidigte nur
den »Gott in Israel« gegen die durch phönicische Königstöchter importierten, fremden Götter. Aus dem eigentlichen Israel wäre nie ein
»Judentum« entstanden. Umso dringender ist es nötig, dass wir jetzt die
jüdische Idee kennen lernen, die spezifisch jüdische im Gegensatz
zu der des Volkes Israel. Und so gehe ich jetzt zu unserem dritten
Punkt über, welcher besagte: der eigentliche Jude entstand erst im
Laufe der Jahrhunderte durch allmähliche physische Ausscheidung aus
der übrigen israelitischen Familie, sowie durch progressive Ausbildung
einzelner Geistesanlagen und systematische Verkümmerung anderer;
er ist nicht das Ergebnis eines normalen nationalen Lebens, sondern
gewissermassen ein künstliches Produkt, erzeugt durch eine Priesterkaste, welche dem widersprechenden Volke mit Hilfe fremder Herrscher
eine priesterliche Gesetzgebung und einen priesterlichen Glauben als
von Gott gegeben aufzwang (S. 347).

Wie flüchtig meine Schilderung auch war, und trotzdem ich
manche Thatsache, der Vereinfachung wegen, unerwähnt liess, glaube
ich doch, dass der Leser eine ziemlich lebhafte und in ihren Grund-
zügen durchaus zutreffende Vorstellung des *mixtum compositum* erhalten hat, aus welchem das israelitische Volk hervorging; er hat
auch bemerkt, dass die Zusammensetzung des Blutes im Süden des
Landes, wo Juda und Benjamin lagen,[3] schon von dem Augenblick

---

[1] Robertson Smith: *The Prophets of Israel*, legt grossen Nachdruck hierauf
p. 28); siehe auch Wellhausen: *Prolegomena*.

[2] Ausführlicheres bei Wellhausen und Robertson Smith (z. B., *Prophets of
Israel*, p. 63, 96).

[3] Die Grenzen Judas und Judäas (wozu seit David auch Benjamin gehörte)
haben im Laufe der Zeiten sehr gewechselt: der ganze südliche Teil wurde nach

der Ankunft in Palästina an, zum Teil anderen modifizierenden Einflüssen unterlag als weiter nördlich, und zwar nach der Richtung hin, dass das semitische Element im Süden fortwährend Zuwachs erfuhr. Wahrscheinlich reichte dieser Unterschied noch weiter zurück. Von Anfang an sehen wir die grossen, starken Stämme der Josephiten, Ephraim und Manasse, um die sich die meisten übrigen Stämme wie eine Familie gruppierten, mit einer gewissen Geringschätzung oder vielleicht mit Misstrauen auf Juda blicken.[1] Der Auszug aus Ägypten und die Eroberung Palästinas geschieht unter der Führung der Josephiten: Moses gehört zu ihnen, nicht zu Juda (wenn er nicht überhaupt ein gänzlich unsemitischer Ägypter war);[2] Josua gehört zu ihnen, Jerubbaal ebenfalls, überhaupt alle Männer von Bedeutung bis inklusive Samuel; Juda spielt in frühen Zeiten eine so unscheinbare Rolle, dass dieser Stamm in dem Triumphlied der Deborah z. B. überhaupt gar nicht genannt wird; wie Simeon und Levi, war auch Juda beim Betreten Palästinas fast vernichtet worden, so dass er »kaum mitgerechnet« wurde; von den drei Zweigen, aus dem er bestand, war ein einziger übriggeblieben und erst durch die Amalgamierung mit den angesessenen Hethitern und Amoritern erstarkte Juda nach und nach zu neuem Leben.[3] Mit David tritt er auch nur vorübergehend in den Vordergrund, und zwar nachdem der Benjamit Saul,

dem Exil zu Idumäa geschlagen, dagegen dehnte sich das Gebiet durch die Annexionen des Judas Makkabäus später ein wenig nach Norden aus, in das frühere Ephraimitische.

[1] Schon im Alten Testament wird in späterer Zeit zwischen Juda und Israel scharf unterschieden: »Und ich zerbrach meinen Stab genannt ,Einigkeit', dass ich aufhöbe die Brüderschaft zwischen Juda und Israel« (*Sacharja* XI, 14, siehe auch I. Sam. XVIII, 16); nicht selten wird auch Israel d. h. die zehn Stämme ausser Juda und Benjamin einfach als »das Haus Joseph's« bezeichnet, im Gegensatz zum »Haus Juda's« s. z. B. *Sacharja* X, 6).

[2] Renan meint: »*il faut considérer Moïse presque comme un Égyptien*« (*Israël* I, 220); sein Name soll ägyptischen, nicht hebräischen Ursprungs sein idem p. 160. Nach der ägyptischen Tradition ist er ein entlaufener Priester aus Heliopolis, Namens Osarsyph (siehe Maspero: *Histoire ancienne* II, 449). Heute, als Reaktion gegen frühere Übertreibungen, ist es Mode, jeden Einfluss Ägyptens auf den israelitischen Kultus zu leugnen; diese Frage können nur Fachgelehrte entscheiden, namentlich insofern sie Zeremoniell, priesterliche Kleidung u s. w. betrifft; doch muss uns Ungelehrten das eine auffallen, dass die Kardinaltugenden der Ägypter — Keuschheit, Barmherzigkeit, Gerechtigkeit, Demut (siehe Chantepie de la Saussaye: *Religionsgeschichte* I, 305), — welche zu denen der Kanaaniter wenig stimmen, gerade diejenigen sind, welche das mosaische Gesetz ebenfalls am höchsten stellt.

[3] Wellhausen: *Die Komposition des Hexateuchs*, 2. Ausg., S. 320, 355.

Chamberlain, Grundlagen des XIX. Jahrhunderts. 27

aus der nächsten ephraimitischen Verwandtschaft, den Schwerpunkt ein wenig nach Süden verlegt hatte. Gleich nach Salomo's Tod gerieten die Könige Judas in eine Art Vasallenverhältnis zu denen Israels, zum mindesten waren sie deren gezwungene und untergeordnete Bundesgenossen. Doch handelt es sich hier nicht bloss um politische Eifersüchtelei; diese würde unsere Aufmerksamkeit nicht verdienen; sondern um einen tiefgehenden Unterschied in der Begabung und in der moralischen Veranlagung, um einen Unterschied, der in allen Geschichtswerken hervorgehoben wird, und der eine wichtigste Grundlage zu der späteren so eigentümlichen und durchaus antiisraelitischen Entwickelung des Judentums abgiebt. Später wurde ja Juda materiell von Israel durch die Gefangennahme und Entführung dieses letzteren isoliert und auf ewig geschieden (sieben Jahrhunderte vor Christo); Juda behielt aber von seinem Bruder ein geistiges Erbe: die Geschichte des Volkes, die Grundlagen seiner politischen Organisation, seiner Religion, seines Kultus, seines Gesetzes, seiner Poesie — — —. Alles dies, d. h. also alles Schöpferische, ist in den wesentlichen Stücken israelitisches Werk, nicht das Werk Juda's. Nun aber blieb Juda allein zurück und bearbeitete dieses Material seinem besonderen Geiste gemäss; daraus — aus diesem Werk der bisher unmündigen, nunmehr plötzlich sich selbst überlassenen Söhne Juda's — wurde das Judentum; und (wie aus der Henne das Ei und aus dem Ei die Henne) aus dem Judentum entsprang der Jude.

In dem Betonen der geistigen Überlegenheit des Hauses Joseph sind alle Autoren einig; einen einzigen will ich als Beleg anführen. Robertson Smith schreibt: »Das nördliche Reich war es, welches die Fahne Israels hochhielt: seine ganze Geschichte ist interessanter und reicher an heroischen Elementen; seine Kämpfe, seine Niederlagen und seine Ruhmesthaten, alles ist gewaltiger — — — Das Leben im Norden war ruheloser, es war aber auch geistig regsamer und intensiver. Ephraim war der Führer nicht allein in Politik, auch in Litteratur und Religion. In Ephraim, viel mehr als in Juda, wurden die Überlieferungen der Vergangenheit heilig gehalten, zugleich aber fand gerade dort jene Entwickelung der Religion statt, welche zu neuen Problemen und somit zum Auftreten der Propheten führte. So lange das nördliche Reich stand, war Juda sein Schüler, der beides, Gutes und Übles, von ihm annahm. Es wäre leicht nachzuweisen, dass jede bedeutende Regung des Lebens und Denkens

in Ephraim, im südlichen Reiche ein abgeschwächtes Echo hervorrief.«[1]) Alles Geschichtliche, was das Alte Testament aus vorexilischer
Zeit enthält, bis zu David, sowie auch manches spätere, stammt aus
Israel, nicht aus Juda. Um das nachzuweisen, müsste ich die
Resultate der biblischen Kritik mit einiger Ausführlichkeit analysieren,
was zu weit führen würde; die klarste und kürzeste Zusammenfassung findet der Laie in Renan's *Israël*, Buch IV, Kap. 2 und 3;
ungleich mehr Belehrung (wenn er die Mühe daran wenden will)
und daher auch tiefere Einsicht, gewähren die kritischen Werke
Dillmann's, Wellhausen's u. s. w. Das in IV *Mose* XXI, 14 genannte
»Buch der Kriege Jahve's« und andere verschwundene Quellen, aus
denen nicht allein die geschichtlichen Teile des Hexateuch, sondern
auch die Bücher Samuelis, der Könige u. s. w. später redigiert wurden,
sind im Hause Joseph's, dessen Ruhm sie singen, entstanden. Wo
der Stamm Juda überhaupt genannt wird, geschieht es in der
offenbaren Absicht, ihn herabzusetzen, z. B. *Gen.* XXXVII, wo Juda
allein auf den niederträchtigen Einfall gerät, Joseph für Geld zu
verkaufen, und noch mehr im folgenden Kapitel, wo dieser Stamm
von Beginn an als ein sittenloser und aus Blutschande hervorgegangener
dargestellt wird, worauf als Kontrast sofort die Geschichte des keuschen
Joseph folgt. Dies lediglich als Beispiel. Auch das religiöse Gesetz
stammt in seinen grossen grundlegenden Zügen aus Israel, nicht
aus Juda. Über die zehn Gebote ist viel hin- und hergestritten
worden, namentlich seit Goethe's Entdeckung — von Wellhausen
aus der Vergessenheit entrissen und wissenschaftlich ausgeführt —
dass die ursprünglichen zehn Gebote *(Exodus* XXXIV) durchaus
anders lauteten, als die später interpolierten und sich lediglich auf
Angelegenheiten des Kultus bezogen.[2]) Uns kann es genügen,
dass auch der spätere Dekalog aus *Exodus* XX, der im christlichen
Katechismus einen Platz gefunden hat, nach der Meinung eines so
gelehrten und orthodoxen Rabbiners wie Salomon Schechter, das
Werk eines Priesters aus dem nördlichen Reiche, nicht aus Judäa ist,
eines Mannes, der etwa im 9. Jahrhundert gelebt haben dürfte, also
mindestens 100 bis 150 Jahre nach Salomo, zur Zeit der grossen

---

[1]) *The Prophets of Israel*, p. 192. Hier ist in anschaulicher Weise kurz zusammengefasst, was derselbe Gelehrte und andere an vielen Orten ausführlich be.
gründet haben.

[2]) Goethe: *Zwo wichtige, bisher unerörterte biblische Fragen, zum ersten Mal
gründlich beantwortet. Erste Frage: Was stund auf den Tafeln des Bundes?*

Dynastie der Omriden. [1]) Diese Feststellung ist nicht allein interessant, sondern geradezu »pikant«, denn die späteren reinjüdischen Redakteure der heiligen Bücher haben sich alle erdenkliche Mühe gegeben, das israelitische Reich als ein abtrünniges, heidnisches hinzustellen, und nun kommt es heraus, dass die Grundlagen des religiösen Gesetzes gerade aus diesem verpönten Reich, nicht aus dem frommen Juda stammen. Für die genaue Umschreibung des spezifisch Jüdischen ist es wichtig, dies zu wissen: durch Schöpferkraft, selbst auf dem beschränkten, religiös gesetzgeberischen Gebiet hat sich der Jude nie ausgezeichnet; selbst sein Eigenstes ist entlehnt. Denn auch die grosse prophetische Bewegung, welche, wohl beachtet, die einzige Erscheinung des hebräischen Geistes ist, die dauernden inneren Wert besitzt, entstand im Norden. Elias, in mancher Beziehung die merkwürdigste, am meisten phantastische Erscheinung der gesamten israelitischen Geschichte, wirkt nur dort. Die Berichte über Elias sind so karg, dass Manche ihn überhaupt für eine erdichtete Persönlichkeit halten; [2]) doch meine ich mit Wellhausen, dass dies historisch unmöglich sei, denn Elias ist der Mann, der den Stein ins Rollen bringt, der Erfinder gewissermassen der wahren Jahvereligion, der grosse Geist, der den monotheistischen Kern, wenn er ihn auch noch nicht deutlich sieht, doch ahnt. Hier wirkt eine grosse Persönlichkeit, und um zu wirken, muss sie gelebt haben. Von besonderem Interesse ist die einzige genauere Nachricht, die wir über ihn besitzen: darnach wäre er nämlich kein Israelit, sondern ein »halbberechtigter Einsasse« von jenseits des Jordans, von der äussersten Grenze des Landes, ein Mann also, in dessen Adern aller Wahrscheinlichkeit nach ziemlich reines arabisches Blut floss. [3]) Das ist interessant, denn es zeigt das echte semitische Element am Werk, um sein Religionsideal zu retten, welches im Süden durch den Eklekticismus solcher halber Amoriter wie David und amoritischer Hethiter wie Salomo, im Norden durch die weltlich gesinnte Toleranz der vorwiegend kanaanitischen Bevölkerung arg bedroht war. Im Norden allein, der durch die Lage begünstigt war und dessen Bewohner sich wahrscheinlich auch durch grösseren Fleiss und Handelssinn auszeichneten, war nämlich schon Wohlstand und mit ihm Luxus und

[1] Siehe Schechter's Nachtrag zu Montefiore: *Religion of the ancient Hebrews*, p. 57.

Siehe namentlich Renan: *Israël*, II, 282 suiv.

Siehe vor Allem Graetz: *Geschichte der Juden* I, 113; auch Maspero: *Histoire ancienne* II, 781.

Kunstsinn heimisch geworden; eine der Sünden, die Amos den Israeliten vorwirft, ist, dass sie »Lieder machen wie David«! Da empörte sich der anticivilisatorische Instinkt des echteren Semiten; der edel Gesinnte empfand instinktiv und gewaltig die Inkompatibilität zwischen der fremden Kultur und den geistigen Anlagen seines Volkes; er sah vor seinen Füssen die Grube sich öffnen, in die in der That alle bastardierten semitischen Reiche schnell und spurlos versunken sind, und, furchtlos wie der Beduin, erhob er sich zum Kampf. Sofort, von Elias an, gleicht diese Prophetenbewegung einem gesunden, trockenen Wüstenwind, der, von fernher heranstürmend, die Blüten der Fäulnis — doch zugleich auch die Knospen der Schönheit und der Kultur — versengt. Auch Elisa, der Nachfolger des Elias, hat seinen Wohnort in Ephraim. Nun tritt aber der erste grosse Prophet auf, dessen Worte wir noch besitzen. Ich sage »gross«, wenn er auch wegen des geringen Umfanges seiner Schriften zu den sogenannten »kleinen Propheten« gerechnet wird; denn Amos ist, was Tiefe des religiösen Gedankens, sowie Schärfe des politischen Blickes anbelangt, den grössten ebenbürtig. Dieser Prophet soll zwar aus Judäa stammen, doch wird dies von Vielen (z. B. von Graetz) bezweifelt;[1]) jedenfalls kennt er das josephitische Reich als wäre es seine Heimat und seine Ermahnungen gelten lediglich diesem Reiche. Der nächste grosse »kleine Prophet«, Hosea, eine ebenso einzige Erscheinung wie Amos, ist Ephraimiter; auch er geht auf in den Schicksalen des einen Hauses Joseph; mit ganzem Herzen hängt er an seinem geliebten Volk, und, wie das einmal Prophetenart ist, verkündigt er viele Dinge voraus, die nicht geschahen: die Errettung Israels durch den mitleidigen Jahve, und die ewige Herrschaft dieses Volkes.   Hiermit schliesst die Reihe, hiermit endet der Einfluss Israels auf Juda; denn vermutlich noch zu Lebzeiten Hosea's, jedenfalls bald nach seinem Tode, wird das ganze nördliche Volk von den Assyrern in die Gefangenschaft weggeschleppt und kehrt nie wieder.

Erst von diesem Augenblick, d. h. vom Jahre 721 vor Christo an, konnte der eigentliche Jude zu entstehen beginnen; bis dahin, wie wir soeben gesehen, hatte Juda politisch, sozial und religiös im Schlepptau des offenbar viel begabteren Israel schwimmen müssen, jetzt stand dieser Stamm allein, auf eigenen Füssen.   Die Lage war eine furchtbare.   Mit Zittern und Entsetzen hatten die Juden dem

---

[1] Auch von Neueren z. B. Cheyne, seitdem nachgewiesen ist, dass die berühmte Stelle: »Der Herr wird aus Zion brüllen« *Amos* I, 2 eine späte jüdische Interpolation ist.

tragischen Schicksal ihrer Brüder zugesehen, welches sie selber ihres
einzigen Schutzes beraubte; nunmehr schloss sich der Kreis der
Feinde eng um das kleine Land; wie sollte es gegen Weltreiche
bestehen? Zunächst fristete es sein Leben als des Assyrers freiwilliger
Vasall und genoss dessen Schutz gegen seine nächsten Bedränger, die
Damascener; dann benutzte es den Todeskampf des mächtigen Be-
schützers, um sich von ihm freizumachen, es intriguierte mit Ägypten,
söhnte sich wieder durch Bezahlung schwerer Sühne und Abtretung
gewisser Länderstriche mit den neuen Herren Kleinasiens, den Chaldäern,
aus — — — kurz, das Königreich zog sein ziemlich kümmerliches
Dasein noch etwa 120 Jahre hin, bis endlich, bei Gelegenheit eines
neuerlichen Abfalles, Nebuchadrezzor die Geduld riss, und er den
König samt zehntausend der angesehensten Leute nach Babylon in
die Gefangenschaft führen liess; elf Jahre später, als die Intriguen
noch immer nicht aufhören wollten, zerstörte er Jerusalem und den
Tempel und liess die übrigen freien Männer Judäas mit ihren Familien
ebenfalls nach Babylonien schleppen; einige (unter ihnen Jeremia) flohen
nach Ägypten und gründeten die dortige Diaspora. Nach weiteren
sechzig Jahren kehrte zwar ein Teil der Exulanten zurück, doch nur
ein Teil; die Mehrzahl der Wohlhabenderen hatte es vorgezogen, in
Babylon zurückzubleiben; über ein Jahrhundert dauerte es, bis die
kleine heimgekehrte Kolonie, die eine unverhältnismässig grosse Anzahl
Priester und Leviten enthielt, sich in Jerusalem und dem angrenzenden,
sehr zusammengeschrumpften judäischen Gebiet organisiert, sowie einen
Tempel und die Mauern der Stadt wieder aufgerichtet hatte; ohne
den gnädigen Schutz der persischen Monarchen und ohne die Gaben
der im Ausland schnell reich gewordenen Juden wäre es ihnen überhaupt nie gelungen. Ein Judäa und ein Jerusalem gab es also wieder,
doch hat es von der Zeit an nie mehr einen unabhängigen, judäischen
Staat gegeben. [1])

Die Entwickelung aus dem Judäer zum eigentlichen Juden geschah
also unter der Mitwirkung bestimmter historischer Bedingungen. Man
pflegt zu sagen, die Geschichte wiederhole sich; sie wiederholt sich
im Gegenteil nie; [2]) der Jude ist eine ganz einzige Erscheinung, zu der

---

[1] Nur mit Hilfe der Syrier gelangten die Makkabäer zur Herrschaft, und
auch die ihnen entsprungenen Fürsten des Hasmonäischen Hauses haben nur hin
und wieder einen Schein von Unabhängigkeit inmitten der Wirren, die der
römischen Herrschaft vorangingen, errungen.

[2] Vergl. S. 161 Anmerkung.

keine Parallele aufgewiesen werden kann; ohne die bestimmten historischen Bedingungen aber wäre er das nicht geworden, was er wurde; die besondere ethnologische Mischung, aus der er hervorgegangen und seine weitere Geschichte bis zu seiner Isolierung von Israel hätten nicht das anormale Phänomen des Judentums hervorgebracht, wenn nicht eine Reihe merkwürdiger Umstände diese besondere Entwickelung begünstigt hätte. Diese Umstände sind leicht aufzuzählen; es sind ihrer fünf, die wie die Räder eines geschickt gebauten Uhrwerkes ineinandergreifen: die plötzliche Isolierung, die hundertjährige Frist zur Ausbildung der Eigenart, der Abbruch aller geschichtlichen Lokaltradition durch das Exil, die Wiederanknüpfung unter einer neuen, in der Fremde geborenen Generation, der Zustand politischer Abhängigkeit, in dem die Juden sich fortan befanden. Eine kurze Betrachtung dieser historisch nacheinander zur Geltung gekommenen Momente wird uns das Werden des Judentums vollendet klar veranschaulichen.

1. Die Männer Judas waren gewohnt gewesen (gewissermassen als Minderjährige), Anregung von dem älteren, stärkeren und begabteren Bruder zu erhalten: jetzt standen sie auf einmal allein, im Besitz einer wahrscheinlich nur fragmentarischen Tradition und genötigt, die weitere geistige Entwickelung selber zu leiten. Es war wie ein plötzlicher, gewaltsamer Ruck, auf welchen keine andere Reaktion erfolgen konnte als eine gewaltsame, wenig harmonische.

2. Wären die Assyrer sofort in Juda eingefallen und hätten die Einwohner zerstreut, so wären diese ohne Frage eben so spurlos wie die Israeliten verschwunden. Nun blieben die Judäer aber über ein Jahrhundert verschont und zwar in einer Lage, welche sie geradezu zwang, die letzte Anregung, die sie von Israel erhalten, bis auf ihre äusserste, übertriebenste Konsequenz auszunutzen, und das war die von den Propheten Amos und Hosea ausgegangene: moralische Umkehr, Demütigung vor Gott, Vertrauen auf seine Allmacht. Das war auch wirklich der letzte Hoffnungsanker; an Sieg durch Menschenkraft gegen die heranrückende Weltmacht war nicht zu denken. Doch fassten die Juden die hohe Lehre des Amos rein materialistisch auf. In ihrer Not verstiegen sie sich bis zu dem wahnsinnigen Gedanken, Jerusalem sei uneinnehmbar, als Jahve's Wohnort.[1] Die vernünftigen Leute schüttelten freilich skeptisch den Kopf, doch als Sennacherib's Heer,

---

[1] Siehe *Jesaia*, Kap. 37, namentlich die Verse 33—37.

nachdem es das umliegende Land verwüstet und die Belagerung Jerusalem's begonnen hatte, plötzlich abrücken musste, da behielten die
Propheten Recht; eine Pest war im Lager ausgebrochen, sagen die
Einen, innere Wirren, sagen die Anderen, verursachten diesen Rück-
zug;[1] gleichviel: an jenem Morgen des Jahres 701 vor Christus, an
dem die Bewohner Jerusalem's die Armee Sennacherib's nicht mehr
unter ihren Mauern erblickten, ward der Jude geboren und mit ihm
jener Jahve, den wir aus der Bibel kennen. Dieser Tag ist der
Angelpunkt in der Geschichte Juda's. Selbst die fremden
Völker erblickten in der Errettung Jerusalem's ein göttliches Wunder.
Mit einem Schlag waren die bisher verhöhnten und verfolgten Propheten — Jesaia und Micha — die Helden des Tages; der König musste
zu ihrer Partei übertreten und die Reinigung des Landes von fremden
Göttern beginnen. Der Glaube an die Vorsehung Jahve's, die Meinung,
dass alles Wohlergehen von dem passiven Gehorsam gegen seine Gebote
abhänge, dass jedes nationale Unglück als Prüfung oder Strafe eintrete,
die unerschütterliche Überzeugung, dass Juda das auserwählte Volk
Gottes sei, wogegen die anderen Völker tief unter ihm stünden, kurz,
der ganze Komplex von Vorstellungen, der die Seele des Judentums
ausmachen sollte, entstand jetzt, entwickelte sich ziemlich rasch aus
Keimen, die unter normalen Verhältnissen niemals solche Blüten hervorgebracht hätten, schenkte grosse Widerstandskraft, erstickte dafür
viel Vernünftiges, Gesundes, Natürliches, wurde zu einer *idea fixa*.
Jetzt erst wurden jene folgenschweren Worte geschrieben: »Zu deinen
Vätern allein hat Gott Lust gehabt, dass er sie liebte, und nach ihnen
ist es ihr Same, den er allein unter allen Völkern auserwählt hat«
(*Deut.* X, 15). Vom Jahre 701 bis zum Jahre 586, wo Jerusalem
zerstört wurde, hatten die Juden über ein Jahrhundert Zeit zur Ausbildung dieser Idee. Die Propheten und Priester, die jetzt das Heft
in der Hand hielten, benützten die Frist gut. Trotz der liberalen
Reaktion Manasse's, haben sie es fertig gebracht, erst die anderen
Götter zu vertreiben und sodann den genialen Wahngedanken einzuführen, man könne Gott einzig und allein in Jerusalem verehren,
weswegen König Josiah die »heiligen Höhen« und alle anderen heiligsten
Altäre des Volkes zerstörte, die meisten Leviten dieser angeblich von

---

[1] Vergl. über diese Frage Cheyne: *Introduction to the Book of Isaiah*, p. 231 fg.
Interessant ist es, aus den assyrischen Berichten zu erfahren, dass Jerusalem durch
ein arabisches Söldnerheer verteidigt war; durch den Mangel an militärischer Befähigung hat sich Juda von jeher ausgezeichnet.

den Patriarchen gegründeten, durch Theophanien geweihten Tempel um-
brachte, die übrigen zu untergeordneten Dienern des jerusalemitischen
Gotteshauses machte: jetzt gab es nur noch einen Gott, einen Altar, einen
Hohenpriester; die Welt war um den Begriff (wenn auch noch nicht
um das Wort) Kirche reicher, die Grundlage zur heutigen römischen, mit ihrem unfehlbaren Oberhaupt, war gelegt. Um das zu
vollbringen, hatte man allerdings zu einer geschickten Fälschung greifen
müssen, das Muster vieler späteren. Im Jahre 622 wurde bei einer
Ausbesserung des Tempelgebäudes ein »Gesetzbuch« angeblich »gefunden«;[1]) dass es erst damals geschrieben worden war, unterliegt
heute nicht dem mindesten Zweifel. Das Deuteronomium oder fünfte
Buch Mose (»eine ganz überflüssigste Ausbreitung der zehn Gebote«,
urteilt Luther) gilt der Einführung eines Priesterregimentes, wie es in
Israel und Juda zu keiner Zeit bestanden hatte, und ausserdem der
gesetzlichen (zugleich, wie immer bei den Hebräern, historischen) Begründung der einzigen Berechtigung Jerusalems — ein Gedanke, der
so lange das nördliche Reich, Israel, bestand, niemals hätte gefasst
werden können, und der selbst dem so fanatisch patriotischen und
jerusalemitisch gesinnten Jesaia noch gänzlich fremd gewesen war. [2])
Dies Alles nicht etwa aus schlechter, betrügerischer Absicht, sondern
um den Kultus des rettenden Gottes, Jahve, fortan reinzuhalten, und
zugleich als Beginn einer moralischen Regeneration. Hier taucht z. B.
zum ersten Mal, schüchtern und verklausel, das Gebot auf, man solle
Gott den Herrn lieben; zugleich brachte dieses Buch die fanatisch-
dogmatische Versicherung, dass die Juden allein Gottes Volk seien, und
damit in Verbindung tritt das Verbot von Mischehen zum ersten Mal
auf, sowie auch das Gebot, alle »Heiden«, dort wo Juden wohnen, »auszurotten«, und jeden Juden, Mann oder Weib, der nicht rechtgläubig
sei, zu steinigen (XVII, 5); zwei Zeugen sollten genügen, um das
Todesurteil zu sprechen: die Welt war um den Begriff der religiösen
Intoleranz reicher. Wie neu dieser Gedankengang dem Volke war,
und unter welchen besonderen Umständen allein er Fuss fassen

---

[1] II Könige XXII.
[2] R. Smith: *Prophets of Israel* p. 438. Im Deuteronomium wird der Grund-
stein zum eigentlichen Judentum gelegt. Es bildet den Mittelpunkt des Alten
Testamentes in seiner jetzigen Gestalt: »von welchem aus vor- und rückwärts, mit
einiger Aussicht auf richtiges Verständnis des übrigen, geforscht werden kann und
muss«, sagte schon vor vielen Jahren Reuss, in seiner grundlegenden *Geschichte des
Alten Testaments,* § 286.

konnte — nämlich inmitten stündlicher Gefahr und nach der wunderbaren Errettung Jerusalem's aus Sennacherib's Händen — zeigt die
stets wiederkehrende Formel: »der Herr hat geboten, dass wir ihn
fürchten, auf dass es uns wohl gehe alle unsere Lebtage, wie es gehet
heutiges Tages«. Furchtbare Strafen auf der einen, masslose Verheissungen auf der anderen Seite, dazu die ewig wiederkehrende Aufzählung der Wunder, die Jahve zu Gunsten Israel's gethan hat: das sind
die Überzeugungsmittel des Buches Deuteronomium, der ersten selbstständigen That der Juden auf religiösem Gebiete. [1]) Sehr erhaben ist
dieses religiöse Motiv nicht, das muss ich allen jüdischen und christlichen Kommentatoren zum Trotz behaupten; jedoch, von einem
fanatischen Glauben erfasst, ist es ein unvergleichlich kräftiges. Der
Erstarkung dieses Glaubens gelten fortan alle Bemühungen, wiederum
von den Umständen merkwürdig begünstigt.

3. Man möchte meinen, die Zerstörung Jerusalems und das
Exil müssten das Vertrauen auf Jahve erschüttert haben, doch der
Vernichtungsschlag kam nicht auf einmal und die hinreissende Glaubenskraft eines Jeremia hatte hinreichend Zeit, sich auf neue Verhältnisse
zu stimmen. Schnell war inzwischen bei den Grossen des Reiches
die moralische Regeneration in ihr Gegenteil umgeschlagen; ohne
Furcht thaten sie Übles. Doch Jeremia sah die Zukunft anders: in
dem Babylonier erblickte dieser Prophet die Geissel Gottes, gesandt,
Juda für seine Sünden zu strafen; wie die Errettung aus der Liebe
Jahve's zu seinem auserwählten Volk hervorgegangen sei, ebenso sei
jetzt die Züchtigung Liebe; und so weissagte Jeremia im Gegensatz zu
Jesaia die Zerstörung Jerusalems und wurde dafür als Verräter, als ein
Söldling der Babylonier verfolgt. Wiederum behielt aber der Prophet
Recht, die klugen Weltmenschen Unrecht; denn diese Letzteren verliessen sich diesmal auf Jahve; hatte man sie denn nicht seit einem
Jahrhundert gelehrt, Jerusalem sei uneinnehmbar? Und als die Zerstörung nun kam, sagte man: seht, der Prophet hat wahr gesprochen,
das ist die Hand Jahve's. Die hohe Bedeutung des Exils für die Weiterentwickelung und Befestigung dieser Wahnvorstellung ist nun leicht einzusehen. Ohne die Verbannung wäre das echte, so erstaunlich abstrakte

---

[1]) Das Kapitel XXVIII (allerdings postexilisch) enthält die Segnungen, »so
du nicht weichst von irgend einem Wort, das ich euch heute gebiete«, und darauf
die Flüche, über hundert an der Zahl, alles Entsetzlichste enthaltend, was eine krank-
hafte Phantasie sich ausdenken kann, »denn Gott wird sich freuen, dass er euch
umbringe«.

Judentum nie zur Blüte gekommen. Die Könige Hiskia, Josia und
Zedekia hatten die Altäre umwerfen und die heiligen Bäume abhauen
können, doch das Volk liess sich seine Heiligtümer nicht rauben; jetzt
aber war es mit einem Mal aus aller Tradition losgerissen; der sechzig-
jährige Aufenthalt im babylonischen Reiche schnitt sozusagen den Faden
der Geschichte entzwei; Keiner, der als urteilsfähiger Mann das Land
seiner Väter verlassen hatte, kehrte wieder zurück. Wenn ein einzelner
Mann sein Vaterland auf fünfzig Jahre verlässt, ja, nur auf zwanzig, kehrt
er heim zu Verwandten und Freunden, ein Fremder unter Fremden; er
vermag es nicht, sich in das spezielle organische Gesetz des individuellen
Wachstums dieses besonderen Volkes wieder hineinzuleben, namentlich
nicht, wenn er in früher Jugend das Heimatland verliess. Hier verliess
eine ganze Nation die historische Heimat; die später Zurückkehrenden
waren fast ausnahmslos in der Fremde geboren und gross geworden, vielleicht lebte nicht Einer, der mit Bewusstsein sich Judäas entsann.
Und inzwischen, in Babylon, während die segensreiche Verbindung
mit der Vergangenheit (das Verhältnis des Kindes zur Mutter) abgebrochen war, brüteten die verbitterten Zeloten unter den Verbannten
über ihr Schicksal und fassten Gedanken, die sie daheim nicht hätten
denken können. Im Exil wurde das spezifische Judentum gegründet,
und zwar von Hesekiel, einem Priester aus der hohenpriesterlichen
Familie; den Stempel des Exils hat das Judentum daher von Anfang
an getragen; sein Glaube ist nicht der Glaube eines gesunden, freien,
um seine Existenz im ehrlichen Wettbewerb kämpfenden Volkes,
sondern er atmet Ohnmacht und Rachsucht, und sucht über das
Elend des Augenblickes durch Vorspiegelung einer unmöglichen Zukunft hinwegzutäuschen. Hesekiel's Buch ist das furchtbarste der
Bibel; durch Anwendung der äussersten Mittel — der entsetzlich ten
Drohungen und der frevelhaftesten Verheissungen — wollte dieser
gedankenarme, abstrakt formalistische, doch edle, patriotische Geist[1])
den stark erschütterten Glauben seiner Brüder und mit ihm die Nation
retten. Bis zu seiner Zeit war die israelitische Religion, gleichwie in

---

[1]) Besonders vortrefflich charakterisiert im zwölften Kapitel von Duhm's:
Theologie der Propheten. Eduard Meyer: *Die Entstehung des Judentums*, S. 219, giebt
folgende Umrisszeichnung: »Hesekiel war offenbar eine ganz ehrliche Natur, aber
ein bornierter, überdies in den engen Standesanschauungen des Priesters aufge-
wachsener Mensch, nicht in einem Atem zu nennen neben den gewaltigen Gestalten, denen er sich durch Umhängung eines sehr fadenscheinigen Propheten-
mantels an die Seite zu stellen unterfing.«

Rom, in Griechenland, in Ägypten, eine Erscheinung unter anderen des nationalen Lebens gewesen, und das Priestertum ein Glied in der staatlichen Organisation; Hesekiel lehrte: nein, Israel ist nicht auf der Welt, um wie andere Völker zu schaffen und zu kriegen, zu arbeiten und zu ersinnen, sondern um Jahve's Heiligtum zu sein; beobachtet es Jahve's Gesetz, so wird ihm Alles geschenkt werden; an Stelle des Staates sollte nunmehr die Herrschaft des religiösen Gesetzes treten, die sogenannte Nomokratie. Selbst das Deuteronomium hatte noch zuge-geben, dass andere Völker andere Götter hätten; Amos, als vereinzelter grosser Geist, hatte einen kosmischen Gott geahnt, der etwas mehr sei als der blosse politische *deus ex machina* eines besonderen Völkchens: Hesekiel verband nun die beiden Vorstellungen und schmiedete daraus den Jahve des Judentums, den Monotheismus in grässlich verzerrter Gestalt. Jawohl, Jahve ist der alleinige und allmächtige Gott, doch lebt er einzig seinem eigenen Ruhme; mitleidig gnädig gegen die Juden (denn durch sie will er seinen Ruhm verkünden und seine Macht zeigen unter der einen Bedingung, dass sie sich einzig und allein seinem Dienste widmen), doch allen anderen Völkern der Erde ein grausamer Gott, der sie »mit Pestilenz und Blut« heimsuchen will, damit er herrlich, heilig und bekannt werde«! Alle diese anderen Völker sollen vernichtet werden und Jahve befiehlt seinem Propheten, die Vögel und die Tiere der Welt zusammenzurufen, »auf dass sie das Fleisch der Starken fressen und das Blut der Fürsten saufen sollen«. Nebenbei enthält das Buch den Entwurf zu der Organisation einer Hierokratie und zu einer neuen Kultuszwangsjacke: lauter Dinge, über die ein im Exil lebender Priester sich der ungezügelten Phantasie hingeben konnte, was unmöglich gewesen wäre, hätte er mitten in einem nationalen Leben gestanden, wo jede neue Verordnung gegen Sitte und Her-kommen anzukämpfen gehabt hätte. Doch nicht lange nach Hesekiel's Tod eroberte der edle Perserkönig Cyrus die babylonischen Gebiete; mit der Naivetät des wenig gewitzigten Indoeuropäers gestattete er die Rückkehr der Juden und gewährte ihnen Unterstützung für den Wiederaufbau ihres Tempels; unter dem Schutz arischer Toleranz wurde der Herd aufgerichtet, aus dem semitische Intoleranz jahrtausendelang, allem Edelsten zum Fluche, dem Christentum zu ewiger Schmach, sich wie ein Gift über die Erde ergiessen sollte. Wer auf die Frage: wer ist der Jude? eine klare Antwort geben will, vergesse das Eine nie: dass der Jude, dank dem Hesekiel, der Lehrmeister aller Intoleranz, alles Glaubensfanatismus, alles Mordens um der Religion willen ist, dass er an die Duldsamkeit immer nur dann appellierte, wenn er sich bedrückt fühlte, dass er sie selber jedoch niemals übte noch üben durfte, denn sein Gesetz verbot es ihm und verbietet es ihm auch heute — und morgen.

4. Hesekiel hatte geträumt, doch durch die Rückkehr wurde sein Traum zur Wirklichkeit; sein Buch — nicht die Geschichte Israel's, nicht die Stimmen der grossen Propheten — war fortan das Ideal, nach welchem das Judentum organisiert wurde. Und dies wiederum konnte nur dank dem Umstande geschehen, dass der geschichtliche Prozess bei einer neuen Generation anknüpfte, bei einer Generation, in welcher selbst die Sprache der Väter vergessen worden war, und nur die Priester sie noch verstanden.[1] Einzig dank dem Zusammentreffen so ungewöhnlicher Umstände ward jetzt etwas möglich, wovon die Weltgeschichte kein zweites Beispiel aufweist: dass von einzelnen zielbewussten Männern einem ganzen Volke eine durchaus erfundene, kunstgemäss erdachte, ungemein komplizierte Religions- und Kultusgeschichte als altgeheiligte Tradition aufgezwungen werden konnte! Der Vorgang ist ein ganz anderer als bei den christlichen Konzilien, wo beschlossen wurde, das und jenes müsse der Mensch glauben, denn es sei die ewige Wahrheit; dem Juden ist das Dogma in unserem Sinne fremd; für die materialistische Auffassung, die überall vorwaltet, wo der semitische Geist, sei es auch nur, wie hier, als *spiritus rector*, herrscht, muss jede Überzeugung auf geschichtlicher Grundlage ruhen. Und so wurden denn hier der neue exklusive Jahve-Glaube, die neuen Verordnungen für den Tempelkultus, die vielen neuen Religionsgesetze[2] als historische, in alten Zeiten von Gott befohlene, seitdem stets (ausser von abtrünnigen Sündern) beobachtete Dinge eingeführt. Der Anfang war

---

[1] Bald darauf, mehr als 400 Jahre vor Christus, erlosch die hebräische Sprache überhaupt Peschel: *Völkerkunde*, 2. Aufl., S. 532); ihre Wiederaufnahme viele Jahrhunderte später geschah künstlich, und einzig, um die Juden von ihren Gastgebern in europäischen Ländern zu scheiden, woraus dann solche Eigentümlichkeiten sich ergaben, wie dass heutzutage die französischen Bürger »israelitischer Konfession« in Algerien ihre Wahlzettel nur hebräisch schreiben können, während Judas Makkabäus das nicht vermocht hätte! Das verwahrloste Sprachgefühl unserer heutigen Juden kommt daher, dass sie seit Jahrhunderten in gar keiner Sprache heimisch sind, denn eine tote Sprache kann nicht auf Befehl wieder lebendig werden und das hebräische Idiom wird von ihnen ebenso gemisshandelt wie jedes andere.

[2] Gesetz und Religion, man vergesse das nie, ist bei den Juden synonym siehe Moses Mendelssohn.

ja schon vor dem Exil mit dem *Deuteronomium* gemacht worden;
doch war das nur ein schüchterner Versuch gewesen und zwar dem
damals noch lebendigen Volksbewusstsein gegenüber kein sehr erfolgreicher. Jetzt war die Lage eine ganz andere. Erstens hatte das Exil,
wie ich schon sagte, den historischen Faden durchschnitten, sodann
bestanden die heimgekehrten Exulanten der überwiegenden Mehrzahl
nach aus zwei Menschenklassen: einerseits aus den ärmsten, un-
wissendsten, abhängigsten des Volkes, andererseits aus Priestern und
Leviten.[1]) Die reicheren, weltlich gesinnten Juden hatten es vorgezogen, in der Fremde zu bleiben, sie fühlten sich dort wohler als
im eigenen Gemeinwesen, doch blieben sie (wenigstens zum grossen
Teil) Juden, teils ohne Zweifel, weil dieser Glaube ihnen entsprach,
teils wohl auch wegen der Privilegien, die sie sich überall zu sichern
wussten, zu denen in erster Reihe die Befreiung vom Militärdienst
gehörte.[2]) Man begreift, wie die Priesterschaft nunmehr diese beiden

---

[1]) Vergl. Wellhausen: *Israelitische und jüdische Geschichte*, S. 159. Derselbe
Autor schreibt in seinen *Prolegomena*, S. 28: »Aus dem Exil kehrte nicht die
Nation zurück, sondern eine religiöse Sekte«.

[2]) Geschichtsphilosophisch würde man wohl diese eigentümliche Vorliebe
der Juden für den abhängigen, gewissermassen parasitären Zustand aus dem lang
andauernden Abhängigkeitsverhältnis zu Israel erklären. Es ist übrigens höchst
bemerkenswert, dass die Juden nicht erst auf das Exil (noch weniger auf die sog.
Zerstreuung) warteten, um ihre Vorliebe für dieses Leben zu bethätigen. Man hat
in einer Reihe von Städten an den Ufern des Tigris und des Euphrat jüdische
Siegel aus älteren Epochen gefunden, und schon zur Zeit Sennacherib's, also
hundert Jahre vor der ersten Zerstörung Jerusalems, war das grösste Bankhaus
Babylons ein jüdisches; diese Firma »Egibi Brüder« soll eine ähnliche Stellung
im Orient eingenommen haben wie heute in Europa das Haus Rothschild. (Vergl.
Sayce: *Assyria, its princes, priests and people*, p. 138. — Man lasse uns doch endlich
einmal in Ruhe mit dem Ammenmärchen, die Juden seien »von Natur« Ackerbauer
und nur im Laufe des Mittelalters, weil jede andere Beschäftigung ihnen abgeschnitten war, à *leur cœur défendant* Geldverleiher geworden; man lese doch die
Propheten etwas fleissiger, die immer über den Geldwucher klagen, der den Reichen
als Mittel diene, die Bauern zu Grunde zu richten; man rufe sich die berühmte
Talmudstelle ins Gedächtnis: »Wer hundert Gulden im Handel hat, kann alle Tage
Fleisch essen und Wein trinken; wer hundert Gulden im Ackerwerk liegen hat,
muss Kraut und Kohl essen, muss dazu graben, viel wachen und sich dazu Feinde
machen. — — — Wir aber sind erschaffen, dass wir Gott dienen sollen; ist es
nun nicht billig, dass wir uns ohne Schmerzen nähren?« Herder, dem
ich das Citat entnehme, fügt hinzu: »Immerhin ohne Schmerzen! nur nicht durch
Betrug und Überlistung«. *Adrastea* V, 7. Man lese auch *Nehemia*, Kap. 5, und
sehe, wie, als die Juden alles vernachlässigten, um den zerstörten Tempel wieder aufzubauen, die Ratsherren und die Priester den feierlich-ernsten Augenblick benutzten,

Elemente vollkommen in der Hand hatte: das unwissende, durch
keine Tradition gebundene Kolonistenvolk, und die zwar gebildeten,
doch vom einzigen Kultuszentrum entfernten Mitglieder der Diaspora.
Und so errichtete sie denn das künstliche Gebäude: das Deuteronomium
wurde ergänzt (namentlich um die elf ersten, so effektvollen historischen
Kapitel); sodann entstand der sogen. »Priesterkodex« (das ganze Buch
Leviticus, drei Viertel von *Numeri*, die Hälfte des *Exodus* und etwa
elf Kapitel der *Genesis* umfassend); [1] ausserdem wurden jetzt die geschichtlichen Bücher des Alten Testamentes in der Gestalt, in welcher
sie auf uns gekommen sind, aus verschiedenen Quellen zusammengetragen und aufgesetzt, natürlich erst, nachdem jene Quellen revidiert,
expungiert, interpoliert worden waren, um der neuen Hierokratie und
dem neuen Jahveglauben, sowie dem neuen »Gesetz«, unter dem die
armen Juden fortan seufzen sollten, Vorschub zu leisten — eine Arbeit
jedoch, welche die Kraft des damaligen Bildungsgrades überstieg, so
dass die Widersprüche an allen Ecken und Enden hervorplatzen und
wir durch die Risse hindurch die fromme Willkür am Werke erblicken. [2] Ergänzt wurde dann diese Thora (d. h. »Gesetz«) nach und

---

um Wucher zu treiben, und sich »die Äcker, Weinberge, Ölgärten und Häuser«
ihrer ärmeren Volksgenossen einzuschachern. Nichts fällt den Juden bei den
arischen Medern so sehr auf, wie dass sie »nicht nach Silber suchen noch nach
Gold geizen« (*Jesaia* XIII, 17); und unter den schrecklichsten Flüchen, mit denen
Jahve seinem Volke im Falle des Ungehorsams droht (*Deut.* XXVIII) lautet der
eine: »dass der Jude dem Fremdling nicht mehr Geld leihen werde!« Man erinnere
sich auch, wie im Buche *Tobias* (etwa 100 Jahre vor Christo geschrieben) ein Engel
vom Himmel geschickt wird, um die Eintreibung von Geld, welches auf Zinseszins
im Ausland angelegt ist, zu bewirken (Kap. V und IX). In diesem Zusammenhang verdient es auch Erwähnung, dass bereits zur Zeit Salomo's die Juden die
Rosstäuscher für ganz Syrien waren! Sayce: *Hittites*, p. 13.

[1] Vergl. Montefiore: *Ancient Hebrews*, p. 315, und für die ausführliche
analytische Aufzählung Driver: *Introd. to the Literature of the Old Testament* (1892),
p. 150 abgedruckt in Montefiore S. 354.

[2] Die alten Christen wussten sehr gut, dass das Alte Testament ein spätes
und bearbeitetes Produkt sei. So beruft sich z. B. Abälard in seiner Beantwortung
der einundvierzigsten Frage Heloisens auf den Kirchenhistoriker Beda, der zu Beginn
des 8. Jahrhunderts schrieb und der gesagt haben soll: *Ipse Esdras, qui non solum
legem, sed etiam, ut communis majorum fama est, omnem sacrae Scripturae seriem prout
sibi videbatur legentibus sufficere, rescripsit . . . .« Was also die neueste, sowohl von
den protestantischen wie von den katholischen Orthodoxen so sehr angefeindete
»höhere Bibelkritik« zu Tage gefördert hat, ist nur die genaue wissenschaftliche
Bestätigung einer Thatsache, die vor 1000 Jahren Besitz der *communis fama* war
und an der die frömmste Seele keinen Anstoss nahm.

nach durch Auswahlen aus der zum Teil sehr alten Spruchlitteratur und durch ebenfalls stark bearbeitete Sammlungen der prophetischen Bücher, bereichert um möglichst viele *vaticinia ex eventibus*, doch so verständnislos redigiert, dass es heute nur mit unsäglicher Mühe gelingt, die Absicht der Propheten herauszuschälen; noch später kamen etliche Romane hinzu, wie Esther, Hiob, Daniel, auch die Psalmen u. s. w. Noch lange Zeit nach Esra wirkte (nach jüdischer Tradition) ein Kollegium von 120 Schriftgelehrten, die »grosse Synagoge«, an der Vervollständigung und Redaktion des Kanons; die beiden Bücher der *Chronica* z. B. sind erst zwei Jahrhunderte später entstanden, »nach dem Untergange des persischen Reiches, schon mitten aus dem Judaismus heraus«.[1] Auf diese Religion Hesekiel's werde ich gleich zurückzukommen haben; doch will ich vorher den fünften und letzten historischen Umstand besprechen, ohne welchen sie trotz alles Vorhergegangenen nie dauernd hätte Fuss fassen können.

5. Nach dem babylonischen Exil bildeten die Juden nie mehr eine unabhängige Nation. Welchen tiefeingreifenden Einfluss diese Thatsache auf den Charakter des Volkes ausüben musste, hat Herder mit Recht hervorgehoben: »Das jüdische Volk verdarb in der Erziehung, weil es nie zur Reife einer politischen Kultur auf eigenem Boden, mithin auch nicht zum wahren Gefühl der Ehre und Freiheit gelangte«.[2] Man darf nicht behaupten, den Juden hätte von Hause aus, gewissermassen als eine organische Lücke, das Gefühl für Ehre und Freiheit gefehlt; auch ihr Schicksal hätte vielleicht nicht genügt, eine so weitgehende Atrophie dieser kostbarsten Güter herbeizuführen, wenn nicht jetzt jener Glaube hinzugekommen wäre, der dem Individuum jegliche Freiheit nahm und auch das »w a h r e Gefühl der Ehre« dadurch ausrottete, dass er anderen, höheren Völkern die Ehre absprach. Doch gerade diesen Glauben hätte sich das Volk aus dem Stamme Juda niemals aufzwingen lassen, wenn nicht die politische Ohnmacht es als kleinen geduldeten Vasallenstaat an Händen und Füssen gebunden seinen Religions-

[1] Wellhausen: *Prolegomena*, S. 170. Eine gemeinverständliche Darstellung von der Entstehungsgeschichte des Alten Testaments, etwa nach Art von Wellhausen's *Israelitische und jüdische Geschichte*, ist mir nicht bekannt. Das grundlegende Werk von Eduard Reuss: *Gesch. der heil. Schriften alten Testaments* ist für Gelehrte gedacht und geschrieben und Zittel: *Die Entstehung der Bibel* in Reclam's Universal-Bibliothek entspricht dem Titel keineswegs und kann darum auch bescheidenen Ansprüchen nicht genügen, so viel des Interessanten das Büchlein sonst auch enthält.

[2] *Ideen zur Geschichte der Menschheit*, T. III, Buch 12, Abschn. 3.

lehrern ausgeliefert hätte. Solche kurze Episoden halber Selbständigkeit wie unter Simon Makkabäus genügen nur, um zu zeigen, dass beim Eintritt in das praktische, lebendige Leben dieser Glaube, als echter Volksglaube, sich tiefgehende Modifikationen hätte gefallen lassen müssen, kamen doch die Makkabäer ursprünglich dadurch auf, dass sie (die Kinder aus dem fernen Modin, im früher ephraimistischen Gebirge) eines der strengsten Gesetze, das des Sabbats verletzten.[1]) Wie unmöglich es gewesen wäre, diesen Priesterglauben, diesen Priesterkultus, dieses Priestergesetz einem unabhängigen Volke aufzuzwingen, ersehen wir schon daraus, dass es selbst unter den gegebenen Bedingungen schwer genug fiel, und ohne die thatkräftige Unterstützung der Könige von Babylon nicht gelungen wäre. Denn waren die Juden auch aus allen Traditionen entwurzelt worden, so hatte dieses Schicksal doch nicht ihre Nachbarn getroffen und ebensowenig jene echtkanaanitische Stammbevölkerung, die in ziemlicher Anzahl in Judäa zurückgelassen worden war. Und so knüpften sich in der ersten Zeit nach der Rückkehr von allen Seiten wieder Beziehungen an. Die hethitisch-amoritischen Bauern wollten als Jahveanbeter wie früher am Opfer teilnehmen, sie ahnten nicht und wollten auch nicht zugeben, dass Jahve, ihr eigener Landesgott, fortan das Monopol der Juden sein sollte; andererseits gingen die begüterten unter den zurückgekehrten Israeliten wie früher Ehen mit den Nachbarvölkern ein, unbekümmert darum, ob diese Milkom, oder Moloch, oder Baal, oder irgend einen anderen Landesgott verehrten; wir erfahren, dass, gerade so wie bei uns der Adel, und sei er noch so antisemitisch, mit Vorliebe reiche Jüdinnen heiratet, ebenso die Mitglieder der hohenpriesterlichen Kaste die Ehe mit einer Ammoniterin oder Edomiterin für »standesgemäss« hielten, wenn nur das Mädchen genug Barschaft besass. Wie hätte unter solchen Bedingungen der Glaube, wie ihn Hesekiel lehrte, eingeimpft und das neue Gesetz mit seinen unzähligen Vorschriften eingeübt werden sollen? Nicht eine einzige Generation hätte es gewährt, bis die unnatürliche Frucht der überhitzten Priesterphantasie *ad patres* gelegt worden wäre. Die Juden bildeten aber keinen unabhängigen Staat. Nach Jerusalem waren sie unter Führung eines halbpersischen Landpflegers zurückgekehrt, der ohne Zweifel genaue Instruktionen hatte, den Pfaffen Vorschub zu leisten, dagegen jede Regung politischen Ehrgeizes zu unterdrücken. Als nun die fromme Partei das kaum be-

gonnene Werk dennoch durch die soeben erwähnten Vorgänge gefährdet sah, sandte sie nach Babylon um Hilfe. Zunächst schickte
man ihr eine Verstärkung an Priestern und Schriftkundigen und zwar
gerade diejenigen, welche, mit Esra — »dem geschickten Schriftgelehrten« — an der Spitze, die Thora aufsetzen sollten; zugleich königliche Edikte und Geld. [1]) Doch auch das genügte nicht; man brauchte
einen Mann der That, und so wurde der Mundschenk des Königs
Artaxerxes, Nehemia, mit diktatorischer Vollmacht ausgerüstet, nach
Jerusalem entsandt. Jetzt ging es energisch zu. »Mit Abscheu« wurden
diejenigen Jahveanbeter, die nicht offiziell zum jüdischen Volk gehörten,
zurückgewiesen; nicht Glaube, sondern Genealogie sollte fortan den
Ausschlag geben; alle Juden, die Nichtjüdinnen geheiratet hatten,
mussten sich scheiden lassen oder auswandern; in den Leviticus schrieb
man das Gesetz ein: »Ich habe euch abgesondert von den Völkern,
dass ihr mein wäret« (XX, 26); fortan sollte nie mehr ein Jude ausserhalb seines Volkes heiraten, bei Todesstrafe; namentlich beging jeder
Mann, der ein ausländisches Weib ehelichte, »eine Sünde gegen
Gott«.[2]) Hohe Mauern baute auch Nehemia um Jerusalem und versah
die Eingänge mit festen Thoren; dann verwies er den Fremden den
Eintritt überhaupt, auf dass das Volk »gereinigt sei von allem Aus-
ländischen«. »Esra und Nehemia«, sagt Wellhausen mit Recht, »sind,
durch die Gnade des Königs Artaxerxes, die definitiven Konstitutoren des
Judentums geworden«.[3]) Was Hesekiel begründet, haben sie vollendet:
sie haben den Juden das Judentum aufgezwungen.

Das also wären die fünf historischen Momente, durch welche
die Entstehung des Judentums ermöglicht und gefördert wurde. Noch
einmal fasse ich sie kurz zusammen, damit sie fest im Gedächtnis
haften: die unerwartete, plötzliche Lostrennung von dem überlegenen

---

[1]) An Geld allein brachte Esra ein Geschenk des Königs von mehr als
fünf Millionen Mark! Die Echtheit oder zum mindesten wesentliche Echtheit der
von Esra angeführten persischen Dokumente ist, entgegen der Ansicht von Wellhausen u. a., durch Eduard Meyer endgültig festgestellt worden: *Die Entstehung des
Judentums* 1896, S. 1—71. Hiermit ist eine der wichtigsten Fragen der Geschichte entschieden. Wer das kleine, aber ungewöhnlich gehaltreiche Buch
Meyer's gelesen hat, wird seine Schlussworte begreifen: »Das Judentum ist im
Namen des Perserkönigs und kraft der Autorität seines Reiches geschaffen worden,
und so reichen die Wirkungen des Achämenidenreiches gewaltig, wie wenig
Anderes noch unmittelbar in unsere Gegenwart hinein« S. 243.
[2] *Nehemia* XIII, 27. Vergl. das am Anfang dieses Kapitels Gesagte, S. 326.
[3] *Israelitische und jüdische Geschichte*, S. 173.

Israel; der hundertjährige Fortbestand des von allen Seiten bedrohten winzigen Staates, der einzig von einer übermenschlichen Macht Hilfe erhoffen konnte; das Durchreissen des geschichtlichen Fadens sowie aller örtlichen Traditionen durch die Fortführung des gesamten Volkes aus der Heimat in die Fremde; die Wiederanknüpfung unter einer im Ausland geborenen, selbst die Sprache der Väter kaum verstehenden Generation; der fortan dauernde Zustand politischer Abhängigkeit, aus welcher die Priesterherrschaft ihre dominierende Kraft sog.

Als Esra zum ersten Mal dem versammelten Volke aus dem neuen Gesetz vorlas, welches das »Gesetz Mose« sein sollte, »da weinete alles Volk, da sie die Worte des Gesetzes höreten«; so berichtet Nehemia, und wir glauben's ihm.   Doch es half ihnen nichts, denn der grosse Jahve »mächtig und schrecklich« hatte es befohlen; [1] und nun wurde der angebliche »alte Bund« erneuert, aber diesmal schriftlich, wie ein notarieller Kontrakt.   Jeder Priester, Levit und Grosse des Landes setzte sein Siegel darunter, auch jeder Schriftkundige; sie und alle anderen Männer »samt ihren Weibern, Söhnen und Töchtern« mussten sich »eidlich verpflichten zu wandeln im Gesetz Gottes, das durch Mose, den Knecht Gottes, gegeben ist.« [2]   Das war jetzt der »neue Bund«.   Es ist wohl das erste und einzige Mal in der Weltgeschichte, dass eine Religion auf diese Weise entstand!   Zum Glück lebte noch religiöser Instinkt in dem Volke, aus dessen Mitte ein Jeremia und ein Deuterojesaia vor kurzem hervorgegangen waren; die menschliche Natur lässt sich nicht bis auf die letzte Spur ausstampfen und zerkneten; hier war jedoch das Mögliche nach dieser Richtung geschehen; und wenn die Juden in der Folge allen Völkern der Erde verhasst wurden, überall fremd, allen zuwider, so ist die Ursache davon einzig in diesem künstlich zugerichteten und mechanisch aufgezwungenen Glauben zu suchen, der sich nach und nach zu einer unausrottbaren nationalen Idee gestaltete, und in ihren Herzen das uns allen gemeinsame reinmenschliche Erbe erstickte.   In dem kanaanitisch-israelitischen Naturkultus, verquickt mit semitischem Ernst und amoritischem Idealismus, muss es manche Keime zu schönsten Blüten gegeben haben, wie sollten wir sonst eine derartige Entwickelung er-

Der neue Bund

---

[1] Nach dem Talmud beschäftigt sich Jahve am Sabbat selber mit Lesen in der Thora! (Wellhausen: *Isr. Gesch.*, S. 297; Montefiore, p. 461.)

[2] Siehe *Nehemia*, Kap. 8—10.

blicken wie die, welche von dem orgiastischen Tanz um das Stierbild
(in ganz Israel und Juda noch kurz vor dem Exil üblich) bis zum
Gott des Amos führt, der »die Feiertage verachtet« und »keinen
Gefallen am Brandopfer hat« (V, 21, 22), und bis zu Deuterojesaia,
der jeden Tempelbau für Gottes unwürdig hält, dem Opfer und Weih-
rauch »Greuel« sind, und der die fast indischen Worte schreibt: »Wer
einen Ochsen schlachtet, ist eben als der einen Mann erschlüge« (*Jesaia*
LXVI, 1—3). Fortan war jedoch alle Entwickelung abgebrochen. Und
was ich tausend Mal wiederholen muss, denn Niemand sagt es und
es ist doch das Einzige, was Not thut zu sagen, das Einzige, was auch
die Stellung der Juden unter uns Kindern des neunzehnten Jahrhunderts
begreiflich macht: diese sogenannte »Reform« Esra's, welche in Wahrheit die Begründung des Judentums bedeutet, diese Reform, welche
aus dem Zusammentreffen der fünf von mir aufgezählten historischen
Umstände die Möglichkeit ihres Daseins schöpfte, bedeutet nicht
eine Stufe in der religiösen Entwickelung, sondern ist eine heftige Reaktion gegen jegliche Entwickelung; sie lässt den Baum aufrecht,
schneidet aber unterirdisch alle Wurzeln ab; nun mag er stehen und
verdorren, ringsum von den sauber zugehauenen 13 600 Pfählen des
Gesetzes unterstützt, auf dass er nicht umfalle. Wenn also selbst ein
so bedeutender Gelehrter wie Delitzsch schreibt: »Die Thora spiegelt
einen jahrtausendlangen Prozess der Fortbewegung des mosaischen
Gesetzes in Bewusstsein und Praxis Israel's«, so müssen wir dagegen
einwenden, dass die Thora im Gegenteil alles thut, was sie nur irgend
kann, um den Entwickelungsprozess der bis zu ihr stattgefunden hatte,
zu maskieren; dass sie vor keiner Unwahrheit zurückscheut, um das
Gesetz als ein absolut unbewegliches, von jeher da gewesenes hinzustellen, nicht einmal vor solchen handgreiflichen Absurditäten wie
die Mähre von der Stiftshütte und ihrer Einrichtung; und wir müssen
behaupten, dass die Thora nicht allein gegen den angeblichen »Götzendienst« (aus dem der ganze jüdische Kultus hervorgegangen war) gerichtet ist, sondern eben so sehr gegen den freien Geist echter Religion,
der sich in den Propheten zu regen begonnen hatte. Kein einziger
jener grossen Männer, weder Elias, noch Amos, noch Hosea, noch
Micha, noch Jesaia, noch Jeremia, noch Deuterojesaia hätte sein Siegel
unter jenes Dokument des neuen Bundes gesetzt — er hätte ja erst
seine eigenen Worte herunterschlucken müssen.

Di   Einen Augenblick muss ich mich bei den soeben genannten Pro-
Propheten.   pheten aufhalten. Denn gerade aus dem Kontrast zwischen dem,

was sie erstrebten und lehrten und den Lehren der jerusalemitischen
Hierokraten wird ersichtlich, wie sehr der Jude zum »Juden« erst
gemacht wurde, künstlich gemacht (sozusagen), und zwar durch die
bewusste, wohlberechnete religiöse Politik einzelner Männer und einzelner
Kreise, und im Gegensatz zu jeder organischen Entwickelung. Für
eine gerechte Beurteilung des israelitischen Charakters, der im Judentum
gewissermassen strandete, ist es nötig, dies zu betonen. In dem neuen
Bund stehen die Kultusobservanzen im Mittelpunkt; das Wort »Heiligkeit«, welches so oft vorkommt, bedeutet in erster Reihe durchaus
nichts anderes als die strikte Observanz aller Verordnungen,[1] an eine
Reinheit des Herzens wird dabei kaum gedacht,[2] »die Reinheit der
Haut und des Geschirrs ist wichtiger« (wie Reuss mit einiger Übertreibung sagt;[3] und in der Mitte dieser Observanzen steht als Heiligstes
ein ungemein kompliziertes Opferrituell.[4] Eine flagrantere Abweichung
von prophetischer Lehre ist kaum denkbar. Man höre nur! Hosea
hatte Gott sagen lassen: »Ich habe Lust an der Frömmigkeit und
nicht am Opfer, und an der Erkenntnis Gottes, nicht am Brandopfer«
(VI. 6). Amos habe ich schon citiert (S. 436). Micha schreibt: »Womit soll ich den Herrn versöhnen? Mit Bücken vor dem hohen Gott?
Soll ich mit Brandopfern und jährlichen Kälbern ihn versöhnen? . . . .
Es ist dir gesagt, Mensch, was gut ist und was der Herr von dir
fordert, nämlich Gerechtigkeit üben, barmherzig sein und vor deinem
Gott demütig« (VI, 8). Jesaia äussert sich genau ebenso, nur viel ausführlicher, und wie durch ein Wunder ist ein Spruch von ihm geblieben, in welchem er erklärt, »Gott möge den Sabbat nicht und
»hasse in der Seele die Neumonde und festgesetzten Feiertage!« --
dagegen solle das Volk sich lieber mit anderen Dingen abgeben,
»lernen Gutes thun, nach Recht trachten, dem Unterdrückten helfen,
den Waisen Recht schaffen, der Witwe helfen: (I. 13 —17). Jeremia

---

[1] Montefiore: *Religion of the ancient Hebrews*, p. 236.
[2] Robertson Smith: *Prophets of Israel*, p. 424.
[3] *Geschichte der heiligen Schriften Alten Testaments.* § 379.
[4] Wer sich hiervon eine Vorstellung machen will, lese ausser den Büchern
Leviticus, Numeri u. s. w., die elf Traktate der Opferangelegenheiten Kodaschim
im *babylonischen Talmud* (deren haggadische Bestandteile den vierten Band von
Wünsche's einzig massgebender Übersetzung bilden). Man kann auch nicht behaupten, dass die Juden seit der Zerstörung Jerusalems dieses Rituell losgeworden
wären, denn sie studieren es nach wie vor und gewisse Dinge, z. B. das Schächten,
gehören dazu, weswegen das von einem Nichtjuden geschlachtete Vieh den Juden
als »Aas« gilt (siehe Traktat Chullin f. 13b).

geht in der ihm eigenen heftigen Weise noch weiter; er stellt sich
in dem Thorwege des Tempels zu Jerusalem auf, und ruft den Eintretenden zu: »Verlasst euch nicht auf die Lügen, wenn sie sagen
‚Hier ist des Herrn Tempel! hier ist des Herrn Tempel!‘ sondern
bessert euer Leben und Wesen, dass ihr Recht thut, Einer gegen den
Andern, und den Fremdlingen, Waisen und Witwen keine Gewalt
thut, und nicht unschuldig Blut vergiesst (d. h. nicht opfert) an diesem
Ort« (VII, 4—6); selbst von der altgeheiligten Bundeslade will Jeremia
nichts wissen, man solle ihrer »nicht mehr gedenken, noch davon
predigen, noch sie besuchen, noch daselbst opfern« (III, 16). Auch in
den Psalmen lesen wir: »Du hast nicht Lust zum Opfer, und Brandopfer gefallen dir nicht. Das Opfer, das Gott gefällt, das ist ein zer-
schlagener Geist. O Gott! du verachtest ein zerschlagenes, betrübtes
Herz nicht!« (LI, 18—19).[1]) Dass auf alle diese Äusserungen fanatisch-
nationale folgen, wie: Jerusalem sei Gottes Thron, alle anderen Götter
seien Götzen, u. s. w., zeigt eine den Zeiten gemässe Beschränkung,[2])
hebt aber doch unmöglich die Thatsache auf, dass alle diese Männer
eine progressive Vereinfachung des Kultus erstrebt, und die Speise-
opfer ebenso wie die Yoruba-Neger an der Sklavenküste (siehe S. 393)
für unsinnig erklärt, ja womöglich die Abschaffung jeglichen Tempel-
dienstes gefordert hatten, wie jener grosse Ungenannte,[3]) bei welchem
Gott spricht: »Der Himmel ist mein Stuhl und die Erde meine Fuss-
bank; was ist es denn für ein Haus, das ihr mir bauen wollt? Oder
welches ist die Stätte, da ich ruhen soll? — — Meine Augen richte
ich auf andere Dinge: auf den Elenden und der zerbrochenen Geistes
ist und auf den, der mein Wort fürchtet« (LXVI, 1, 2). Schärfer
könnte der Kontrast zu dem bald darauf eingeführten Gesetz der
Thora nicht sein. Namentlich auch weil die ganze Tendenz der Pro-

---

[1]) Siehe auch XL, 7 und L, 13.

[2]) Nachgewiesenermassen sind ausserdem fast alle derartige Stellen Interpolationen aus sehr später Zeit.

[3]) Über den meist als Jesaia II oder Deuterojesaia bezeichneten Verfasser
der Kapitel XL bis LV des Buches Jesaia der Einzige, der hin und wieder an
Christus gemahnt, und dessen Namen die Juden charakteristischer Weise, gleich
nachdem er gelebt hatte, nicht mehr wussten, wo sie sonst die Genealogien ins
hundertste Glied verfolgen) siehe namentlich Cheyne: *Introduction to the Book of
Isaiah* 1895) und Duhm: *Jesaia* 1892. Deuterojesaia schrieb in der zweiten
Hälfte des Exils, also anderthalb Jahrhunderte später als der historische Jesaia.
Nach Cheyne sind die Kapitel LVI bis LXVI, die meistens dem Deuterojesaia
zugeschrieben werden, wiederum von einem anderen, noch späteren Autor.

pheten, wie man sieht, darauf hinausläuft, die Frömmigkeit ins Herz zu legen: nicht wer opfert, sondern wer Gutes thut, nicht wer Sabbate hält, sondern wer den Bedrückten beschützt, ist nach ihrer Auffassung fromm. Auch muss bemerkt werden, dass der Nationalismus bei den Propheten in keinem einzigen Fall (abgesehen von den nachträglichen Interpolationen) den dogmatischen und unmenschlichen Charakter des späteren offiziellen Glaubens zeigt. Amos, ein herrlicher Mann, den die grosse Synagoge arg zugerichtet hat, macht die einzige humoristische Bemerkung, welche vielleicht die gesamte biblische Litteratur aufweisen kann: »Seid ihr Kinder Israels mir nicht gleich wie die Mohren, spricht der Herr?« (IX, 7). Und er meint des Weiteren, ebenso wie Gott die Israeliten aus Ägypten, desgleichen habe er auch die Philister aus Caphthor und die Syrier aus Kir geführt! Ähnlich tolerant schreibt Micha: »Ein jegliches Volk wird wandeln im Namen seines Gottes, aber wir werden wandeln im Namen unseres Gottes« (IV, 5). Deuterojesaia, der einzige wirkliche und bewusste Monotheist, sagt einfach: »Gott der ganzen Welt wird er geheissen« (LIV, 5). Auch hier ist also eine Richtung deutlich vorgezeichnet, die später gewaltsam abgeschnitten wurde. Damit zugleich war jene vielverheissende Neigung, waren jene tastenden Versuche nach einer minder historischen, echteren Religion, nach einer Religion der individuellen Seele im Gegensatz zum Glauben an Volksschicksale im Keime erstickt; natürlich lebte sie in vielen einzelnen Herzen immer wieder von Neuem auf, doch konnte sie dem durch den Priesterkodex erstarrten Organismus kein Leben mehr einflössen, denn für Entwickelung war kein Raum mehr. Und doch hatte Jeremia bedeutende Ansätze in diesem Sinne gemacht; er (oder irgend ein Anderer in seinem Namen) hatte Gott sagen lassen: Ich kann das Herz ergründen und die Nieren prüfen und geben einem Jeglichen nach seinem Thun« (XVII, 10). Ja, man glaubt, in absolutem Widerspruch zur Werkheiligkeit des Judentums (von dem sie der Katholizismus übernommen hat) die Vorstellung der Gnade durchschimmern zu sehen, wenn Jeremia inbrünstig ausruft: »Heile du mich, Herr, so werde ich heil! Hilf du mir, so ist mir geholfen!« (XVII, 14). Und mit Deuterojesaia's schönem Vers, in welchem Gott redet: »Meine Gedanken sind nicht eure Gedanken, und eure Wege sind nicht meine Wege,« stehen wir an der Schwelle jener Ahnung eines transcendenten Geheimnisses, wo für die Inder und für Jesus Christus wahre Religion beginnt. Wie Recht hat der Theologe Duhm, wenn er schreibt, die Deuteronomiker und Hesekiel, und mit ihnen

das Judentum bis zum heutigen Tage stünden »in religiöser und sittlicher Beziehung tief unter Jeremia«![1])
    Ob aber bei den allgemeinen semitischen Anlagen, die sich auch
in diesen Edelsten zeigen, sehr viel Religion in unsrem Sinne des
Wortes herausgekommen wäre, dünkt mich mehr als zweifelhaft; denn
wie diese Citate (mit Ausnahme der zwei allerletzten) beweisen, ist es
immer Moral, welche die Propheten dem Kultus entgegenstellen, nicht
ein neues oder reformiertes Religionsideal.[2]) Die jüdischen Propheten
(zu denen man einige Psalmisten rechnen muss) sind gross durch ihre
moralische Grösse, nicht durch schöpferische Kraft; darin zeigen sie
sich als wesentlich Semiten — bei denen der Wille stets den Mittelpunkt bildet — und ihr Wirken auf rein religiösem Gebiet ist zum
grossen Teil lediglich eine Reaktion gegen den kanaanitischen (dem
Mose zugeschriebenen) Kultus, ohne dass sie etwas anderes brächten,
was an dessen Stelle zu setzen wäre. Zu glauben aber, man könne dem
Volk den einen Kultus nehmen, ohne ihm dafür einen anderen zu geben,
zeugt nicht von besonderer Einsicht in den menschlichen Charakter;
ebensowenig wie es von religiösem Verständnis zeugt, wenn die
Propheten wähnten, der Glaube an einen nie vorgestellten, nie dar-
gestellten, eigentlich lediglich in den politischen Ereignissen sich offen-
barenden Gott, dem man allein mit Rechtthun und Demut diene,
könne selbst den allerbescheidensten Bedürfnissen der Phantasie ge-

---

[1] Duhm: *Die Theologie der Propheten*, S. 251. Jeremia's Ahnung der »Gnade«
verschwand sofort, um nie wiederzukehren; selbst die edelsten, begabtesten Juden,
wie Jesus Sirach, lehren: »wer das Gesetz kennt, ist tugendhaft«; Gott hat den
Menschen erschaffen und ihn dann »seinem eigenen Rate überlassen«; darauf
folgt logischerweise die Lehre der absoluten Willensfreiheit, losgelöst von jedem
göttlichen Beistand: »vor dem Menschen stehen Leben und Tod, was er will,
erwählt er — — — wenn du willst, so kannst du das Gesetz halten« (siehe
z. B. *Ecclesiasticus* XV, 1, 12—15). Einzig die Essäer bilden eine Ausnahme,
denn nach Josephus lehrten sie die Prädestination *(Jüd. Altertümer*, 520); diese
Sekte wurde aber auch nie anerkannt, sondern verfolgt, und zählte vermutlich
wenige echte Juden; sie bildet eine vorübergehende, einflusslose Erscheinung.

[2] Noch mehr gilt das von solchen späteren Erscheinungen wie Jesus
Sirach, die sich im Grunde genommen damit begnügen, sehr weise, edle Lebens-
regeln zu geben: man solle nicht nach Reichtum streben, sondern nach Mild-
thätigkeit, nicht nach Gelehrsamkeit, sondern nach Weisheit u. s. w. (XXIX, XXXI etc.
Der einzige unter griechischem Einfluss unternommene Versuch des jüdischen
Religionsgeistes ins Metaphysische hinüberzugelangen, endete gar kläglich: der sog.
»Prediger Salomo« weiss nichts Besseres zu empfehlen, als dass man für das Heute
sorgen und sich seiner Werke freuen solle — »es ist alles ganz eitel!«

nügen. Gerade durch die Erhabenheit prophetischer Gesinnung, durch
die Glut ihrer Worte ward zum ersten Mal einem jener materialistischen,
an religiösen Vorstellungen besonders armen syrosemitischen Völker
die Kluft zwischen Gott und Mensch aufgedeckt, und nun gähnte sie
drohend, ohne dass der geringste Versuch zu ihrer Überbrückung unternommen worden wäre. Und doch, was anders macht das Wesen
der Religion aus, wenn nicht gerade diese Überbrückung? Das Übrige
ist Philosophie oder Moral. Daher sind wir berechtigt, die Mythologie
Griechenlands eine Religion zu nennen, denn sie vermittelt Vorstellungen und die Nähe des Göttlichen.[1] Nicht der Gedanke an einen
Gott, der Himmel und Erde ausgebreitet hat, sondern der Paraklet,
der zwischen ihm und mir hin und her schwebt, bildet den wesentlichsten Inhalt aller Religion: Mohammed ist kaum geringer als Allah,
und Christus ist Gott selber zur Erde herabgestiegen. Und da müssen
wir gestehen: Jesaia, der seine Prophezeiungen an den Strasseneken
plakardiert, Jeremia, der scharfsichtigste Politiker seiner Zeit, Deuterojesaia, die hehre liebreiche Gestalt aus dem babylonischen Exil, dazu
Amos, der Gutsbesitzer, der in der Korruption der leitenden Stände
eine nationale Gefahr erblickt, Hosea, der die Priester für noch gefährlicher hält, Micha, der sozialdemokratische Bauer, der alle Städte
(samt Jerusalem) von der Erdfläche vertilgen will — — das sind
prächtige Männer, in denen wir mit Entzücken gewahren, wie glaubens-
stark und zugleich wie freimütig, wie edel, wie lebensvoll der israelitische Geist sich bewegte, ehe ihm Handschellen und Maulknebel
angelegt worden waren, doch religiöse Genies sind sie durchaus
nicht. Hätten sie jene Kraft besessen, die sie nicht besassen, so wäre
ihrem Volk sein herbes Schicksal erspart geblieben; es hätte nicht
weinen müssen, »als es die Worte des Gesetzes vernahm .
     Was die Propheten nicht vermocht hatten, das vollbrachten die Die K.
Priester und Schriftgelehrten. Die Beziehung zwischen Gott und
Mensch stellten sie durch Fixierung einer fingierten, doch genauen
historischen Tradition, durch Beibehaltung und weitere Ausbildung des
Opferdienstes, und vor Allem durch das sogenannte Gesetz« her.

---

[1] Nicht unwichtig ist es, hier zu bemerken, wie viel mehr Einsicht in das
Wesen des religiösen Bedürfnisses ein Sokrates zeigt, welcher ebenfalls lehrte,
nicht das Opfer selbst, nicht seine Kostbarkeit errege das Wohlgefallen der Götter,
sondern die innerste Herzensgesinnung des Opfernden, der aber nichtsdestoweniger
die Darbringung der üblichen Opfer für eine Pflicht hielt Xenophon: *Memorabilia* I, 3
Ähnlich Jesus Christus.

d. h. durch Hunderte von Vorschriften, welche jeden Schritt des
Menschen den ganzen Tag über umzäunten und ihn durch alle Jahres-
zeiten — auf dem Felde, daheim, im Schlafen und im Wachen, beim
Essen und Trinken — unausgesetzt begleiteten. Nach der talmudischen
Tradition sind in den Tagen der Trauer um Moses' Tod 3000 solcher
Vorschriften in Vergessenheit geraten;[1] das kennzeichnet die Richtung.
Offenbarer Zweck war, den Gedanken an Gott in den Leuten ununter-
brochen wachzuhalten, damit zugleich den Gedanken an ihre eigene
Auserwähltheit und an ihre Zukunft. Unedel war der Zweck nicht,
das kann kein unparteiisch Urteilender behaupten, auch mag es wohl
sein, dass dieses drakonische Regiment ein gesitteteres Leben zur Folge
hatte, und dass Tausende von guten Seelen in der Erfüllung des Gesetzes
zufrieden und beglückt lebten; und doch: was hier geschah, war ein
Gewaltstreich gegen die Natur. Naturwidrig ist es, jeden Schritt des
Menschen zu hemmen, naturwidrig, ein ganzes Volk mit priesterlichen
Tüfteleien zu quälen[2] und jede gesunde, freie, geistige Nahrung
ihm zu verbieten, naturwidrig, Hochmut und Hass und Abgeschiedenheit als die Grundlage sittlicher Verhältnisse mit seinen Mitmenschen
zu lehren, naturwidrig, das ganze Trachten aus der Gegenwart in die
Zukunft zu verlegen. Um das Judentum zu begründen, wurde eine
Religion getötet und dann mumifiziert.

Ambrosius lobt an der Religionslehre der Juden ganz besonders
»die Unterwerfung des Gefühles unter die Vernunft«.[3] Das Wort
Vernunft ist vielleicht nicht besonders glücklich gewählt, unter den
»Willen« würde wohl eher das Richtige getroffen haben, doch mit
der Unterwerfung des Gefühles hat er vollkommen Recht und er sagt
damit in einfacher Form etwas von so grosser Tragweite, dass seine
Worte mir weitläufige Erörterungen ersparen. Wer aber wissen will,
wohin diese Unterwerfung des Gefühles in einer Religion führt, der
lasse sich über die Geschichte des Rabbinertums belehren und versuche, sich durch einige Bruchstücke des Talmud hindurchzulesen.
Edle Rabbiner wird er antreffen und im Talmud mehr lobenswerte

---

[1] *Traktat Themura* fol. 16a (Wünsche).

[2] Nach dem Zeugnis eines zeitgenössischen Juden, Rubens: *Der alte und
der neue Glaube* (Zürich 1878, S. 79) braucht der Jude, der streng nach den Vorschriften lebt, »fast den halben Tag für die Religion allein«. Gott wollte, sagt
Rabbi Chanania ben Akasiah, Israel Gelegenheit geben, sich Verdienst zu erwerben, deshalb überhäufte er es mit Satzungen und Observanzen!

[3] In seiner Schrift *Von den Pflichten der Kirchendiener* I, 119.

Regeln für Handel und Wandel (namentlich im Traktat *Pirke Aboth*, d. h. Sprüche der Väter) als er vielleicht vermutet, doch weist die gesamte Weltlitteratur nichts so trostlos ödes, so kindisch langweiliges, so gründlich von dem Wüstenstaub absolutester Sterilität zugeschüttetes auf, wie diese Sammlung der weisesten Diskussionen, die Jahrhunderte hindurch über die Thora unter Juden gepflegt wurden.[1]) Und dieses

[1]) Beispiele lehren mehr als Meinungsäusserungen. Zum Glauben an Gottes Allmacht: »Rabbi Janai fürchtete sich so vor Ungeziefer, dass er vier Gefässe mit Wasser unter die Füsse seines Bettes stellte. Einmal streckte er seine Hand aus und fand Ungeziefer im Bett; da sprach er mit Hinweis auf Psalm CXVI, 6: Hebt das Bett von den Gefässen auf, ich verlasse mich auf die göttliche Obhut« *(Traktat Terumoth* VIII, 3, 30a). Zur biblischen Exegese: »Rabbi Ismael hat gelehrt — es heisst Leviticus XIV, 9: ,Am siebenten Tage schere er all sein Haar, sein Haupt und seinen Bart, seine Augenbrauen und all sein Haar soll er scheren'; all sein Haar, das ist generell; sein Haupt, sein Bart, seine Augen-s brauen, das ist speziell, und sein Haar, das ist wieder generell. Bei Generellem, Speziellem und Generellem lautet die Norm, dass du bloss das erweisen kannst, was dem Speziellen ähnlich ist, d. h. sowie das Spezielle ein Ort ist, welcher eine Sammlung Haare in sich begreift, so muss auch das Generelle ein Ort sein, welcher eine solche Sammlung von Haaren in sich begreift« (*Tr. Kidduschin*, I, 2, 9a). Zum Gesetz: »Rabbi Pinchas kam an einen Ort, wo die Leute vor ihm klagten, dass die Mäuse ihr Getreide frässen. Er gewöhnte die Mäuse auf seinen Ruf zu hören; sie versammelten sich vor ihm und fingen an zu wispern. Versteht ihr, sprach der Rabbi zu den Leuten, was sie sprechen? Nein! war ihre Antwort. Sie sagen nämlich, dass ihr euer Getreide nicht verzehntet. Darauf sprachen die Leute, wir sind dir verpflichtet, dass du uns auf bessere Wege gebracht hast. Seitdem richteten die Mäuse keinen Schaden mehr an.« (*Tr. Demai*, I, 3, 3b). Zur Erkenntnis der Natur: »Nach Rabbi Juda beträgt die Dicke des Himmels einen Weg von 50 Jahren, und da ein Mensch von mittleren Kräften in einem Tage 40 Mil und bis die Sonne durch den Himmel bricht 4 Mil weit gehen kann, so folgt daraus, dass die Zeit des Durchbruches durch den Himmel den zehnten Teil von einem Tage beträgt. Wie dick aber der Himmel ist, so dick ist auch die Erde und der Abgrund. Der Beweis dazu wird aus Jesaia XL, 20, Hi. XXII, 14 und Prov. VIII, 27 genommen« (*Tr. Berachoth* I, 1, 4b). Zum täglichen Leben: »Rabbi bar Huna frühstückte nicht, ehe er sein Kind in das Schulhaus geführt hatte« (*Tr. Kidduschin*, Abschn. I. — Dass man inmitten des talmudischen Wustes manche schöne Sprüche findet, muss andrerseits hervorgehoben werden, aber mit dem Zusatz, dass diese Sprüche einzig auf Moral sich beziehen; schöne Gedanken enthalten diese Sammlungen nicht, überhaupt fast nichts, was mit einem Gedanken auch nur Familienähnlichkeit hätte. Und auch die schönen moralischen Sprüche gleichen gar zu oft den Gedichten Heine's: das Ende verdirbt den Anfang. Ein Beispiel: »Ein Mensch vermehre den Frieden mit seinen Brüdern und Verwandten und mit jedem Menschen, selbst mit einem Fremdling auf der Strasse« — bis hierher kann kein Pfarrer auf der Kanzel bessere Ratschläge geben; aber nun das Warum, da pflegt es bei den Juden zu hapern siehe S. 426: »damit er beliebt sei oben und angenehm unten:« (*Traktat*

geistlose Produkt galt den späteren Juden als heiliger denn die Bibel
(*Traktat Pea* II, 5)! Ja, sie erdreisten sich zu der Äusserung: »Die
Worte der Ältesten sind wichtiger als die Worte der Propheten«
(*Traktat Berachoth* I, 4)! So sicher hatte sie der neue Bund den Weg
des religiösen Verfalles geführt! In dem »Meer ohne Ende«, wie sie

Berachoth, fol. 17a). Oder wiederum lesen wir mit Freuden: »Nehme ein Mensch
Bedacht auf die Ehre seines Weibes, denn der Segen wird in dem Hause eines
Menschen nur wegen seines Weibes gefunden« — zwar nicht ganz wahr, doch
zeugen diese Worte von einer Gesinnung, die man gern vernimmt; aber jetzt
wiederum der Schluss: »Ehret eure Weiber, damit ihr reich werdet!« (*Traktat
Baba Mezia* f 59a). — Doch auch das darf nicht verschwiegen werden, dass
es neben den schönen moralischen Sprüchen gar hässliche giebt, verabscheuungs-
würdige; so z. B., dass ein Jude mit einer Nichtjüdin das siebente Gebot nicht
übertreten kann: »denn ein Eheweib giebt es für die Heiden nicht, sie sind nicht
wirklich ihre Weiber« (*Traktat Sanhedrin*, f. 52b. und f. 82a). Ich gebe absichtlich
nur ein einziges Beispiel, damit der Leser den Ton sehe, das genügt: *ab uno
disce omnes*. Zwar giebt es Rabbiner, die diese empörende Lehre bestreiten (daselbst), doch, wo die Rabbiner sich widersprechen, darf der Jude frei wählen, und
keine Kasuistik kann die Thatsache aus der Welt schaffen, dass die prinzipielle
Verachtung der Nichtjuden zu den Grundlagen des jüdischen Glaubens gehört:
sie folgt logisch aus der wahnsinnigen Überschätzung des eigenen Selbst; »ihr
seid Götter!« lassen sich ja die Juden von Jahwe zurufen (*Psalmen* LXXXII, 6).
Auch andere Deutungen der zehn Gebote zeigen, wie der Begriff von Sittlichkeit
nur hauttief in diese semitischen Hethiter eingedrungen war; so lehren die Rabbiner
Sanhedrin, f. 86a): »die Worte des achten Gebotes, ,du sollst nicht stehlen', beziehen sich nach der Schrift nur auf Menschendiebstahl!« — und da eine andere von
moralischer empfindenden Schriftgelehrten ins Feld geführte Belegstelle, »du sollst
nicht stehlen«, aus *Leviticus* XIX, 11, sich ausdrücklich auf die Israeliten »Einer mit
dem Andern« bezieht, so löst sich hier wieder das einfache sittliche Gebot in einen
Ozean der Kasuistik auf: zwar lehrt der Talmud nicht (so viel ich aus den mir zu-
gänglichen Fragmenten entdecken konnte): du darfst den Nichtjuden bestehlen,
er lehrt aber nirgends das Gegenteil. — Entsetzlich sind auch im Talmud die
vielen Vorschriften über Verfolgung und Ausrottung der unorthodoxen Juden: wie
die Einzelnen gesteinigt und die Menge mit dem Schwerte hingerichtet werden
sollen, und noch entsetzlicher die Beschreibungen der Folterungen und Hin-
richtungen, über welche sich dieses ebenso grauenhafte wie geistlose Werk mit
Wohlgefallen auslässt; auch hier nur ein einziges Beispiel: »Man steckt den Verbrecher in Mist bis an seine Knice; dann legt man ein hartes Tuch in ein weiches
und wickelt es ihm um den Hals; der eine Zeuge zieht das eine Ende an sich
und der andere zieht das andere Ende an sich, bis der Verbrecher seinen Mund
aufthut. Indessen macht man das Blei heiss und schüttet es ihm in den Mund,
so dass es in seine Eingeweide hinuntergeht und dieselben verbrennt«(*Sanhedrin*, f.52a).
Über solche Dinge werden dann im Talmud gelehrte Diskussionen geführt; so
meint z. B. der besonders fromme Rabbi Jehuda, es wäre mehr zu empfehlen, dem
armen Manne den Mund mit einer Zange zu öffnen, und das Blei schnell hinunter-

selber den babylonischen Talmud nennen, waren ihre edleren, religiösen
Regungen auf ewig ertrunken. [1]

Das Alles stellt aber nur den gewissermassen negativen Bestandteil
dieser Begründung des Judentums dar: aus dem schönen Erbe der
Väter — naive lebensfrische Erinnerungen und Volksmären der Hebräer,
eindrucksvolle Kultusvorrichtungen der Kanaaniter, sowie viele Sitten,
die auf sumero-akkadischem Einfluss beruhten und allen Westasiaten
gemeinsam waren, wie der Sabbat — aus diesem Erbe hatten die Priester
ein starres Gesetz gemacht, sie hatten durch Zauberkunst[2]) das warme

---

zugiessen, sonst könne es vorkommen, dass er an der Strangulation schon sterbe,
und in diesem Falle wäre seine Seele nicht mit verbrannt!

Dahin kommt man mit der ›Unterwerfung des Gefühles unter die Vernunft‹

Eine vollständige Übersetzung des Talmud giebt es noch immer nicht.
Manche haben daraus den Schluss gezogen, er müsse schreckliche, für die Goyim
gefährliche Dinge enthalten; man behauptet, es seien die Juden, welche jeden
Versuch einer lückenlosen Übertragung bisher hintertrieben, ein Verdacht, durch
den die Betreffenden sich sehr geschmeichelt fühlen. Der Historiker Graetz ereifert sich denn auch richtig gegen diejenigen seiner Landsleute, welche ›die
Blössen des Judentums vor den Augen christlicher Leser aufdecken‹, und er
munkelt Schreckliches über gewisse Schriften spanischer Juden, in denen die
Blössen der christlichen Glaubensartikel und Sakramente so offen dargestellt
werden, dass man da, wo das Christentum herrschende Religion ist, nicht
wagen darf, den Inhalt auseinanderzusetzen‹ (III, 8. Nun, wir sind
nicht so keusch und so zartbesaitet, derlei Entblössungen‹ genieren uns nicht im
mindesten; halten die Juden mit ihren litterarischen Produkten hinter dem Berge,
so ist das ihre Sache; tragischer Argwohn ist jedoch nicht am Platz, sondern es
handelt sich um ein begreifliches Schamgefühl. (Alle oben citierten Stellen sind den
einzig massgebenden, von zwei Rabbinern revidierten Übersetzungen von Dr. Aug.
Wünsche entnommen: *Der jerusalemische Talmud*, Zürich 1880, *Der babylonische
Talmud*, Leipzig 1886—1889; einzig das Citat über Rabbi bar Huna ist nach der von
Seligmann Grünwald herausgegebenen Sammlung talmudischer Aussprüche in der
jüdischen Universal-Bibliothek. Man vergl. übrigens Strack: *Einleitung in den Talmud*.
Nr. 2 der Schriften des Institutum Judaicum in Berlin, wo man unter Anderem eine
lückenlose Aufzählung aller übersetzten Fragmente findet, S. 106 fg. Viel klarer, bei
minder gelehrtem Apparat, ist der Anhang über den Talmud in dem vortrefflichen
Werkchen von William Rubens: *Der alte und der neue Glaube im Judentum*, 1878.

[1]) Noch heute, am Ende des 19. Jahrhunderts, betrachtet jeder gläubige
Jude die rabbinischen Anordnungen als göttliche und hält an dem talmudischen
Satze fest: ›wenn die Rabbiner rechts links und links rechts nennen, musst du
es glauben‹ (siehe das Buch des antirabbinischen Juden Dr. William Rubens
a. a. O., S. 79). Die nahe Verwandtschaft mit dem Jesuitismus (worüber Näheres
im folgenden Kapitel) tritt hierin, wie in so manchen anderen Dingen, klar zu Tage.

[2] Man weiss, dass die Kabbalistik ein jüdisches Wort und ein jüdisches
Ding ist. Die allen Menschen gemeinsame Regung, die bei uns zur Mystik führt,

Blut in kaltes Metall verwandelt und daraus für die Seele einen Schraub-
stock geschmiedet, eine Art eiserne Jungfrau wie die zu Nürnberg,
sie hatten die Lebensader der unwillkürlichen Empfindung, oder wie
Ambrosius sagt, des »Gefühles« unterbunden, die Lebensader der instinktiven schöpferischen Thätigkeit eines Volkes, durch welche sein Glaube,
seine Sitten, seine Gedanken sich den wechselnden Zeiten anpassen
und durch neue Gestaltungen das ewig Wahre des Alten zu neuge-
gebenem Leben erwecken; ihr Werk wäre jedoch ohne Bestand gewesen, wenn sie auf halbem Wege stehen geblieben und sich mit
diesem Negativen begnügt hätten. Schneidet man bei physiologischen
Experimenten die Verbindung zwischen Herz und Hirn ab, so muss
man für künstliche Atmung sorgen, sonst hören die Lebensfunktionen
auf; das thaten die priesterlichen Religionsgründer durch die Einführung des Messianischen Zukunftsreiches.

Ich habe schon mehrmals ausgeführt[1]) und will nicht wieder
darauf zurückkommen, dass eine materialistische Weltanschauung eine
geschichtliche Auffassung bedingt, und ausserdem, dass Geschichte,
wo sie als Grundlage einer Religion dient, notwendigerweise ausser
Vergangenheit und Gegenwart auch die Zukunft umfassen muss.
Ohne Zweifel waren also Zukunftsgedanken ein uralter Bestandteil des
hebräischen Erbes. Doch wie bescheiden, wie natürlich, wie ganz
innerhalb der Grenzen des Möglichen und Thatsächlichen! Nur Kanaan
schenkte Jahve den Israeliten, war er doch selber nur von Kanaan
der Gott; abgesehen von vielen unvermeidlichen Fehden lebte der
Stamm Juda, genau so wie die andern Stämme, bis zum Exil in bestem
Einvernehmen mit seinen Nachbarn; man wandert ein und aus (siehe
das Buch *Ruth*), man nimmt als etwas selbstverständliches den Gott
des Landes an, in dem man sich niederlässt (*Ruth* I, 15, 16); der
nationale Hochmut ist kaum grösser als der deutsche oder französische
heutzutage. Freilich hatte bei den Propheten, im Einklang mit ihren
übrigen Ideen, namentlich auch mit Rücksicht auf die äusserst gefährliche politische Lage (denn Propheten standen nur bei Gelegenheit
politischer Krisen auf, niemals in Friedenszeiten[2]) die Zukunft mehr
Farbe erhalten; als Folie zu den sittlichen Ermahnungen und ange-
drohten Strafen, die fast den gesamten Inhalt ihrer Kundgebungen

---

führt beim Semiten zur Zauberei. Immer und überall die Vorherrschaft des
blinden Willens!

[1]. Siehe S. 231 fg., 246 Anm., 397, 409 fg., 413 etc.
[2]. Wellhausen: (nach Montefiore p. 151.

bilden, brauchten sie ein glänzendes Bild der Segnungen, die einem
frommen, gottesfürchtigen Volk zu Teil werden würden, doch ist von
Universalherrschaft und dergleichen in den echten Schriften der vorexilischen Propheten niemals die Rede. Selbst Jesaia versteigt sich
nicht weiter als bis zu dem Gedanken, dass Jerusalem uneinnehmbar
sei und dass Strafe seine Feinde treffen werde; dann, in der »sicheren
Wohnung« wird »Heil, Weisheit, Klugheit, Furcht des Herrn der
Einwohner Schatz sein«, und als ein besonderer Segen schwebt dem
grossen Mann noch vor, dass man zu jener Zeit »keine Schriftgelehrten
sehen wird«![1]) Ich kann mich auf die grösste lebende Autorität berufen, um apodiktisch zu behaupten, die Vorstellung einer besonderen
Heiligkeit des jüdischen Volkes — diejenige Vorstellung, welche
der Religion des Judentums zu Grunde liegt — sei dem Jesaia gänzlich
unbekannt.[2])   Alle jene Stellen, wie z. B. Kap. IV, 3: »wer wird
übrig sein zu Sion, der wird heilig heissen«, Kap. LXII, 12: »man
wird sie nennen das heilige Volk«, u. s. w. sind nachgewiesenermassen
spätere Interpolationen, d. h. das Werk der vorhin genannten grossen
Synagoge; die Sprache eines viel späteren, das Hebräische nicht mehr
frei beherrschenden Jahrhunderts hat die frommen Fälscher verraten.
Ebenso gefälscht sind auch fast alle jene »trostreichen Anhänge«, die
man nach den meisten Drohungen bei Amos, Hosea, Micha, Jesaia,
etc. findet;[3]) und ganz und gar gefälscht, vom ersten bis zum letzten
Wort, sind solche Kapitel, wie *Jesaia* LX, jene berühmte messianische
Prophezeiung, nach welcher alle Könige der Welt vor den Juden im
Staube liegen, und die Thore Jerusalems Tag und Nacht offen bleiben
werden, damit die Schätze[4]) aller Völker hineingetragen werden. Der
echte Jesaia hatte seinem Volke als Lohn »Weisheit und Klugheit«
versprochen, der noch grössere Deuterojesaia (derjenige, der weder Opfer
noch Tempel wollte) hatte sich als Herrlichstes gedacht, dass Juda
»der Knecht Gottes« werden solle, berufen, allüberall den Müden, den
Blinden, den Armen, den Schwerbedrückten Trost zu bringen; doch
das war jetzt anders geworden: der Fluch Gottes soll fortan denjenigen treffen, welcher behauptet »das Haus Juda ist ein Volk wie
alle anderen Völker« (*Ezekiel* XXV, 8), denn es soll »ein Königreich

---

[1] Siehe z. B. das Kap. XXXIII.
[2] Cheyne; *Introduction to Isaiah* ed. 1895 p. 27 und 33.
    Cheyne: in seiner Einleitung zu Robertson Smith: *Prophets of Israel*,
p. XV fg.
[4] Luther hat irrtümlicher Weise »Macht«

von Priestern sein« (*Exodus* XIX, 6).[1]) Den Juden wurde nunmehr
die Weltherrschaft und der Besitz aller Schätze der Welt versprochen,
namentlich alles Goldes und alles Silbers.[2]) »Dein Volk wird das
Erdreich ewiglich besitzen« (*Jesaia* LX, 21): das ist nunmehr die
Zukunft, welche dem Juden vorgespiegelt wird. In Demut soll er
sich vor Gott beugen, nicht aber in jener inneren Demut, von der
Christus spricht, sondern er beugt das Haupt vor Jahve, weil ihm
verheissen wird, durch die Erfüllung dieser Bedingung werde er allen
Völkern der Welt den Fuss auf den Nacken setzen, Herr und Be-
sitzer der ganzen Erde werden.[3]) Diese eine Grundlage jüdischer
Religion involviert also ein direktes verbrecherisches Attentat auf alle
Völker der Erde, und zwar kann das Verbrechen nicht darum in
Abrede gestellt werden, weil die Macht zur Ausführung bisher fehlte,
denn die Hoffnung selbst ist es, die verbrecherisch ist und die das
Herz des Juden vergiftet.[4]) — Zu den missverstandenen und ab-
sichtlich gefälschten Propheten kamen auch andere Zukunftsträume,
um die es aber nicht besser bestellt war. Von den Persern hatten
die Juden während ihrer Gefangenschaft zum ersten Mal über die
Unsterblichkeit und über ein künftiges Leben dunkle Kunde ver-

---

[1] Dass die Stelle XIX, 3–9 ein freier Zusatz aus post-deuteronomischer
Zeit ist, zeigt Wellhausen: *Composition des Hexateuchs*, S. 93, und vergl. 97.

[2] *Jesaia*: das ganze sechzigste Kapitel. Siehe auch den nachexilischen Propheten Haggai, der den Juden »aller Heiden Schätze« verheisst: »denn mein is
beides, Silber und Gold, spricht der Herr Zebaoth« II, 8, 9.

[3] Die Absurdität des Gedankens, diese Religion sei der Stamm des
Christentums, das Christentum dessen Blüte, muss doch dem befangensten Menschen
in die Augen springen.

[4] Die jüdischen Apologeten werfen ein, sie gehorchen dem Gesetz, nicht
»weil sie dadurch zur Herrschaft gelangen sollen, sondern weil Jahve es befiehlt;
dass Jahve den Juden als dem heiligen Volk die Welt schenke, geschehe zu seinem
eigenen, nicht zu ihrem Ruhm. Doch dünkt mich das pure Kasuistik, die eine
Erwiderung nicht verdient. Ein unverdächtiger Autor, Montefiore, sagt buchstäblich:
»Ohne Frage bildet das Argument — ‚Gehorche dem Gesetz, denn es wird sich
auszahlen‘ — das zu Grunde liegende Hauptmotiv im *Deuteronomium*« (a. a. O.,
p. 331). Dass unzählige Juden fromme Menschen sind, die das Gesetz erfüllen, und
ein reines edles Leben führen, ohne an Lohn zu denken, beweist nur, dass hier
wie anderwärts Moral und Religion nicht zusammengehören, und dass es auf der
ganzen Welt Menschen giebt, die unendlich viel besser als ihr Glaube sind. Noch
heute aber schreiben selbst ziemlich freisinnige Juden: »Die Existenz des Judentums ist von der Festhaltung der Messiashoffnung bedingt« — die bestimmte Erwartung der Weltherrschaft bildet also noch immer die Seele des Judentums
(vergl. oben S. 328).

nommen, auch über Engel und Teufel, über Himmel und Hölle. [1]
Auf dieser Grundlage entstand nun eine unermessliche apokalyptische
Litteratur (von der das Buch Daniel eine allzugünstige Vorstellung
geben würde, trotz seiner sinnlosen Geheimthuerei), welche sich mit
dem Ende der Welt, der Auferstehung der Gerechten, u. s. w. be-
schäftigte, ohne dass aber dadurch die messianischen Hoffnungen
irgendwie wesentlich idealisiert worden wären; im besten Fall handelt es
sich um eine Wiederauferstehung des Leibes, welche der schwankenden
Zuversicht aufhelfen soll: »heute musst du das Gesetz üben, später
wirst du den Lohn erhalten« (*Talmud*, Trak. Erubin, Abschn. 2),
und dieses jüdische »Reich Gottes« wird, wie einer der bedeutendsten
israelitischen Denker, Saadia (10. Jahrhundert) versichert: »auf Erden
vor sich gehen«. Das Citat aus der *Apok. Baruch's* auf S. 403 zeigt,
wie die Juden sich diese zukünftige Welt dachten; sie unterschied
sich von der jetzigen fast lediglich durch die weltbeherrschende Stellung
der jüdischen Nation. Von dieser Auffassung hat sich sogar eine
interessante Spur in das Neue Testament hineinverirrt. Laut Matthäus
werden die zwölf Apostel, auf zwölf Thronen sitzend, die zwölf Stämme
Israels richten, was ohne Frage die Vorstellung einschliesst, dass keine
andere Menschen als Juden in den Himmel aufgenommen werden. [2]
So wird die erdichtete, durch und durch verfälschte Vergangenheit durch eine eben so erdichtete, utopische Zukunft ergänzt, und so
schwebt der Jude, trotz des Materialismus seiner Religion, zwischen
Träumen und Trugbildern. Die *fata morgana* der urväterlichen Wüste
zaubert diesem Halbsemiten süssen Trost für die Tragik seines Schicksals
vor, einen luftigen, gehaltlosen, betrügerischen Trost, doch durch die
Gewalt des Willens — genannt Glauben — eine genügende, für
Andere oft gar gefährliche Lebenskraft. Hier triumphiert die Macht
der Idee in einer erschreckenden Weise: in einem gut beanlagten,

---

[1] Über die unmittelbare Entlehnung zoroastrischer (halbverstandener) Vorstellungen durch die Begründer des Judentums, siehe Montefiore: *Religion of the
ancient Hebrews*, p. 373, 429, 453 etc.

[2] *Matthäus* XIX, 28, *Lukas* XXII, 30. Dieser Christo in den Mund gelegten
Behauptung widerspricht schnurstracks das *Matthäus* XX, 23 Gesagte. Auch das
Festhalten an den zwölf Stämmen, trotzdem es seit mehr als einem halben Jahr-
tausend nur noch zwei gab, ist echt rabbinisch. Von den Rabbinern wird ja aus-
drücklich gelehrt, »die Nichtjuden sind als solche vom Anteil an der zukünftigen
Welt ausgeschlossen« (vergl. Laible: *Jesus Christus im Talmud*, S. 55. — Über
die messianischen Erwartungen siehe auch die Ausführungen im dritten Kapitel,
S. 238, Anm.

doch weder physisch noch geistig ungewöhnlich hervorragenden Volke
erzeugt sie den Wahn einer besonderen Auserwähltheit, einer besonderen Gottgefälligkeit, einer unvergleichlichen Zukunft, sie schliesst es
in tollem Hochmut von sämtlichen Nationen der Erde ab, zwingt ihm
ein geistloses, unvernünftiges, in der Praxis gar nicht durchzuführen-
des Gesetz als ein gottgegebenes auf, nährt es mit erlogenen Erinnerungen und wiegt es in verbrecherischen Hoffnungen — und, während
sie dieses Volk derart in seiner eigenen Einbildung zu babylonisch
schwindligen Höhen emporhebt, drückt sie es in Wirklichkeit seelisch
so tief herab, lastet so schwer auf seinen besten Anlagen, sondert es
so gänzlich aus der leidenden, strebenden, schaffenden Menschheit,
erstarrt es so hoffnungslos in den unseligsten fixen Ideen, macht es
so offenbar in allen seinen Gestaltungen (von der äussersten Rechtgläubigkeit bis zum ausgesprochenen Freisinn) zu einem offenen oder
versteckten Feind jedes anderen Menschen, zu einer Gefahr für jede
Kultur, dass es zu allen Zeiten und an allen Orten den Hochbegabten
das tiefste Misstrauen einflösste und dem sicheren Instinkt des Volkes
Abscheu. Ich sagte soeben, Rechtgläubigkeit und Freisinn könnten
uns hier gleich gelten, und in der That, es kommt weniger darauf
an, was ein Jude heute glaubt, als (wenn man mir die paradoxe
Gegenüberstellung erlaubt) darauf, was er glauben kann, was er zu
glauben vermag. Die intellektuelle Begabung und die Moralität sind
individuelle Anlagen; der Jude ist, wie andere Menschen, klug oder
dumm, gut oder schlecht; wer das leugnet, ist nicht wert, dass man
mit ihm rede; was dagegen nicht individuell ist, das sind *les plis
de la pensée*, wie der Franzose sagt, die angeborenen Richtungen
des Denkens und des Thuns, die bestimmten Falten, in die der Geist
durch die Gewohnheiten von Generationen gelegt wird. [1]) Und so sehen
wir denn heute jüdische Atheisten allermodernster Richtung, die, durch
ihre Neigung, unsinnige Hypothesen oder blosse Notvorstellungen der
Wissenschaft für materielle, bare Thatsachen zu halten, durch ihre
totale Unfähigkeit, sich über den borniertesten historischen Standpunkt
zu erheben, durch ihr Talent, unmögliche sozialistische und ökonomische
Messiasreiche zu planen, unbekümmert, ob sie dabei unsere ganze,

---

[1]) Die Generation mit 24 Jahren berechnet, was bei der Frühreife der
Juden nicht übertrieben ist, steht der heutige Jude durchschnittlich in der hundertsten
Generation seit der Rückkehr aus Babylon und der Begründung des Judentums.
Das gilt natürlich nur für die männliche Folge; eine ununterbrochene weibliche
Folge stünde jetzt etwa in der hundertundfünfzigsten Generation.

mühsam erworbene Civilisation und Kultur zu Grunde richten, durch
ihren kindlichen Glauben, man könne mit Dekreten und Gesetzen die
Seelen der Völker von heute auf morgen umwandeln, durch ihre
weitreichende Verständnislosigkeit für alles wahrhaft Grosse ausserhalb
der engen Grenzpfähle ihres eigenen Gedankenzirkus, und durch ihre
lächerliche Überschätzung jeder liliputanischen Geistesthat, wenn sie
nur einen Juden zum Urheber hat — man sieht, sage ich, solche angebliche Freigeister, die sich viel gründlicher und auffallender als echte
Produkte jener jüdischen Thora- und Talmudreligion erweisen, als
mancher fromme Rabbiner, der die hohen Tugenden der Demut und
der Gesetzestreue, verbunden mit Liebe zum Nächsten, Aufopferung
für die Armen, Toleranz gegen Nichtjuden übt, und so lebt, dass er
jedem Volk zur Ehre und jeder Religion zum Preise gereichen würde.

Was nun trotz alledem der spezifisch jüdischen Auffassung   Das Gesetz.
des Lebens Grösse giebt, das habe ich in einem früheren Teil
dieses Kapitels bereits angedeutet (siehe S. 373 fg.). Wenn auch, wie
Robertson Smith versichert, bei der folgenschweren Bestimmung der
Zentralisierung des Kultus in dem einen einzigen Jerusalem, die rein
pekuniären Interessen der priesterlichen Adelskaste und ihr politischer
Ehrgeiz von Einfluss gewesen sein mögen, [1] so bin ich doch
überzeugt, dass unproduktive, kritische Geister derartigen Erwägungen
stets viel zu viel Gewicht beilegen. Durch pure egoistische Interessen-
berechnung gründet man nicht eine Nation, welche die Zerstreuung
überlebt; es ist ein Urteilsfehler, das zu glauben. [2] Wir sehen auch
nicht, dass Hesekiel, Esra und Nehemia, welche die Last und die
Gefahr getragen, persönlich irgend einen Vorteil davon gehabt hätten.
Es gehörte überhaupt Idealismus dazu, um Jerusalem gegen Babylon
einzutauschen; die bequemeren Weltlichgesinnten blieben in der Metro-
polis am Euphrat zurück. Auch in der Folge war der Jude überall
besser daran als daheim, und der Rabbiner, der sich durch Schustern
und Schneidern seinen kümmerlichen Lebensunterhalt verdiente, um
dann alle Mussestunden der Erforschung der Schrift, der Belehrung
und der Diskussion zu widmen, war alles, was man will, nur nicht
ein Mensch, der seinen pekuniären Interessen nachläuft. Ein Egoist,

[1] *Prophets of Israel* p. 365.
[2] Ein wahrhaft klassisches Beispiel dieser angeblich kritischen, in Wahrheit
ebenso kritiklosen wie verständnislosen Richtung bietet Prof. Hermann Oldenberg's:
Religion des Veda, wo die Symbolik und die Mystik der Inder durchwegs als
priesterlicher S c h w i n d e l dargestellt werden!

ja freilich, ein rasender Egoist, nur aber für seine ganze Nation,
nicht für sich persönlich. Hier also, wie überall, ist die ideale
Gesinnung die einzige, welche Macht hat zu schaffen und zu erhalten,
und selbst die Religion des Materialismus ruht auf ihr. Gefälscht
haben diese Männer, das steht ausser Frage, und Geschichte fälschen
ist in einem gewissen Sinne noch schlimmer als Wechsel fälschen,
es kann von unermesslicher Tragweite sein; die vielen Millionen,
die durch oder für das Christentum hingeschlachtet wurden,[1]) sowie
die vielen für ihren Glauben gestorbenen Juden sind alle Opfer der
Fälschungen des Esra und der grossen Synagoge; doch dürfen wir die
Motive dieser Männer nicht verdächtigen. Sie handelten in der höchsten
Verzweiflung; sie wollten das Unmögliche vollbringen: ihre Nation vor
dem Untergang retten, gewiss ein edles Ziel; siegen konnten sie nur
durch die sofortige Anwendung der äussersten Mittel; es war ein Wahn-
gedanke, doch kein unedler, denn vor allem wollten sie ihrem Gott
dienen. »An ihnen will ich erzeigen, dass ich heilig bin« (*Hesekiel*
XXVIII, 25); »dies Volk habe ich mir zugerichtet, es soll meinen
Ruhm erzählen« (*Jesaia* XLIII, 21, nachexilische Einschaltung). Verschwand das jüdische Volk, so blieb Jahve ohne Ehre zurück. Dass
die Begründer des Judentums so rein und selbstlos dachten, dass sie die
Augen zu einem Gott emporhoben, das war die Quelle ihrer Kraft.
Der Gedanke, die Nation durch das strenge Verbot der Mischehen zu
isolieren und aus dem hoffnungslos bastardierten Israeliten eine Edel-
rasse zu züchten, ist geradezu genial; ebenso der Einfall, die Reinheit
der Rasse als ein historisches Erbe, als das besondere, charakteristische
Merkmal des Juden hinzustellen! Das gesamte Gesetz gehört ebenfalls
hierher, denn durch dieses Gesetz erst gelang es, jeden anderen Gedanken als den an Jahve zu verbannen, das Volk also wirklich zu einem
»heiligen« (nach semitischen Begriffen) zu machen. Ein jüdischer Autor
teilt uns mit: »für den Sabbat allein giebt es 39 Kapitel verbotener Be-
schäftigungen, jedes Kapitel wieder mit Unterabteilungen *ad infinitum*«.[2])
365 Verbote und 248 Gebote sollen dem Moses auf dem Sinai gelehrt
worden sein,[3]) und das giebt erst das vorläufige Gerüst ab für das aus-

---

[1]) Voltaire giebt in seiner Schrift *Dieu et les hommes* eine ausführliche Berechnung, wonach zehn Millionen Menschen als Opfer der christlichen Kirchenlehre
gefallen wären, doch hat er überall die Zahlen sehr reduziert, bisweilen auf die
Hälfte, um nur ja nicht der Übertreibung beschuldigt zu werden.

[2]) Montefiore: *Religion of the ancient Hebrews*, p. 504.

[3]) *Talmud: Traktat Makkoth*, Abschn. 3 (nach Grünwald).

führliche »Gesetz«. Montefiore behauptet auch, die Befolgung des Gesetzes sei bald so sehr der vorherrschende Gedanke des Juden geworden,
dass sie für ihn das *summum bonum*, die beste, edelste und süsseste Beschäftigung der Welt ausmachte. [1]) Während Gedächtnis und Geschmack
auf diese Art mit Beschlag belegt wurden, erging es dem Urteilsvermögen nicht besser, es wurde vom Gesetz einfach geknickt: eine arme
Frau, die am Sabbat trockenes Holz für ihre Feuerung auflas, beging
durch ihre Übertretung des Gesetzes ein genau ebenso grosses Verbrechen
als hätte sie die Ehe gebrochen. [2]) — — — Ich sage also, die Männer,
die das Judentum gründeten, wurden nicht von bösen, eigensüchtigen
Absichten geleitet, sondern von einer dämonischen Kraft, wie sie nur
ehrlichen Fanatikern eigen sein kann, denn das furchtbare Werk, welches
sie vollbrachten, ist in jedem Punkte vollkommen.

Das ewige Denkmal dieser Vollkommenheit ist ihre Thora, die   Die Thora
Bücher des Alten Testamentes. Hier gestaltet Geschichte wiederum
Geschichte! Welches wissenschaftliche Werk könnte jemals hoffen,
eine ähnliche Wirkung auf das Leben der Menschheit auszuüben?
Man hat vielfach behauptet, den Juden fehle es an Gestaltungskraft;
die Betrachtung dieses merkwürdigen Buches muss uns eines Besseren
belehren; mindestens wurde ihnen in der höchsten Not diese Kraft
zu Teil und schufen sie ein wahres Kunstwerk, namentlich darin ein
Werk der Kunst, dass in dieser Weltgeschichte, welche mit der Er-
schaffung des Himmels und der Erde beginnt, um mit dem zukünftigen Reich Gottes auf Erden zu enden, alle perspektivischen Verhältnisse die unvergleichliche Hervorhebung des einen einzigen Mittelpunktes — des jüdischen Volkes — bewirken. Und worin ruht die
Kraft dieses Volkes, eine Lebenskraft, die jedem Schicksal bisher siegreich getrotzt hat, wo, wenn nicht in diesem Buche? Wir haben

---

[1]) Montefiore: a. a. O., S. 530. »Die ungeheure Anzahl zeremonieller
Vorschriften ist das hohe Vorrecht Israels«, sagt der Talmud (Montefiore S. 535),
und in den *Klageliedern* (fälschlich Jeremia zugeschrieben) lesen wir: »Es ist ein
köstliches Ding einem Manne, dass er das Joch in seiner Jugend trage — — —
dass er seinen Mund in den Staub stecke und der Hoffnung erwarte« III, 27, 29).
Um die entgegengesetzte Auffassung kennen zu lernen, lese man die schönen Bemerkungen in Immanuel Kant's: *Anthropologie* § 10a über religiöse Verpflichtungen,
worin der grosse Denker die Meinung ausspricht, nichts sei für einen vernünftigen
Menschen schwerer, »als Gebote einer geschäftigen Nichtsthuerei, dergleichen die
waren, welche das Judentum begründete«.

[2]) Nach dem Gesetz (siehe *Num*. XV, 32—36) muss sie mit dem Tode bestraft
werden!

erfahren, dass die Israeliten sich in früheren Zeiten in nichts von den zahlreichen anderen hebräischen Nachbarstämmen unterschieden, wir gewahrten in den syrischen Hethitern eine zwar ausserordentlich zähe, doch auffallend »anonyme«, physiognomielose Menschengattung, an der die Nase mehr auffiel als irgend etwas Anderes. Und die Judäer? Sie waren so wenig kriegerisch, so unzuverlässige Soldaten, dass ihr König fremden Söldnertruppen den Schutz des Landes und seiner Person anvertrauen musste, so wenig unternehmungslustig, dass der blosse Anblick des Meeres, auf welchem ihre Stammesvettern, die Phönicier, zu so glänzenden Geschicken aufblühten, sie erschreckte, so wenig industriell, dass man zu jedem Unternehmen die Künstler, die Werkführer und für alle feineren Arbeiten auch die Handwerker aus den benachbarten Ländern verschreiben musste, so wenig zum Ackerbau befähigt, dass (wie aus vielen Stellen der Bibel und des Talmuds hervorgeht) die Kanaaniter hierin nicht allein ihre Lehrmeister waren, sondern bis zuletzt die arbeitende Kraft des Landes blieben;[1]) ja, sogar in rein politischer Beziehung waren sie solche Gegner aller stabilen, geordneten Zustände, dass keine vernünftige Regierungsform bei ihnen Bestand hatte und sie von früh an stets unter dem Druck fremder Herrschaft sich am wohlsten fühlten, was sie jedoch nicht verhinderte, auch diese zu unterwühlen — — —. Ein solches Volk scheint zum schnellen Verschwinden aus der Weltgeschichte wie prädestiniert, und in der That, von den übrigen, viel tüchtigeren halbsemitischen Stämmen jener Zeit sind nur noch die Namen bekannt. Was schützte das kleine Volk der Juden vor demselben Schicksal? was hielt es noch fest zusammen, als es über die Erde zerstreut war? was machte es möglich, dass aus seiner Mitte heraus das neue Weltprinzip des Christentums hervorging? Einzig dieses Buch. Es würde zu weit führen, wollte man die Eigenschaften dieses für die Weltgeschichte so wichtigen Werkes analysieren. Goethe schreibt einmal: »Diese Schriften stehen so glücklich beisammen, dass aus den fremdesten Elementen ein täuschendes Ganzes entgegentritt. Sie sind vollständig genug, um zu befriedigen, fragmentarisch genug, um anzureizen, hinlänglich barbarisch, um aufzufordern, hinlänglich zart, um zu besänftigen.« Herder er-

---

[1]) Darum bildet es eine der schlimmsten Drohungen gegen die Juden, falls sie Jahve's Gebote nicht hielten, würden sie »ihre Arbeiten selber verrichten müssen, anstatt sie durch Andere verrichten zu lassen« (Talmud, *Traktat Berachoth*, Kap. VI, nach Seligmann Grünwald). Die Vorstellung, dass »Ausländer die Ackerleute und Weingärtner seien«, findet man ebenfalls (als Prophezeiung) in *Jesaia* LXI, 5.

klärt die weite Wirkung des Alten Testaments vornehmlich daraus,
dass es: »der menschlichen Wissbegierde angenehm war, über das
Alter und die Schöpfung der Welt, über den Ursprung des Bösen u. s. f.
aus diesen Büchern so populäre Antworten zu erhalten, die Jeder verstehen und fassen konnte«. So sehen wir dieses Buch den Anforderungen des geläuterten Geistes und des gemeinen Volkes genügen —
dem Einen, weil er in dem »täuschenden Ganzen« die kühne Willkür
bewundert, dem Andern, weil das Mysterium des Daseins den Augen,
wie Jahve hinter den Tempelvorhang, entrückt wird, und er auf alle
Fragen »populäre Antworten« erhält. Dieses Buch bedeutet den Triumph
der materialistischen Weltanschauung, wahrlich nichts Geringes! es bedeutet den Sieg des Willens über den Verstand und über jede fernere
Regung der schöpferischen Phantasie! Ein solches Werk konnte nur
aus frommer Gesinnung und dämonischer Kraft hervorgehen.

Man kann das Judentum und seine Macht, sowie seine unausrottbare Lebenszähigkeit nicht verstehen, man kann den Juden unter
uns, seinen Charakter, seine Denkart nicht gerecht und treffend beurteilen, solange man dieses Dämonisch-geniale in seinem Ursprung
nicht erkannt hat. Es handelt sich hier wirklich um den Kampf
Eines gegen Alle; dieser Eine hat jedes Opfer, jede Schmach auf sich
genommen, um nur einmal, gleichviel wann, das messianische Welt-
reich der Alleinherrschaft, Jahve zu ewigem Ruhme, anzutreten. Der
Talmud sagt es: »Wie aus der Übertretung des Gesetzes deine Zer-
tretung erfolgt, so wird Gehorsam gegen das Gebot dadurch belohnt,
dass du selber gebieten wirst« (*Aboth* IV, 5; nach Montefiore).

Zum Schluss noch Eines. Auf die Frage: wer ist der Jude? Das Judentum.
antwortete ich zunächst, indem ich seine Herkunft, das physische
Substratum zeigte, sodann indem ich die leitende Idee des Judentums
in ihrem Entstehen und ihrem Wesen hinzustellen suchte. Mehr
kann ich nicht thun, denn die Persönlichkeit gehört dem einzelnen
Individuum an, und nichts ist falscher als das verbreitete Verfahren,
ein Volk nach Einzelnen zu beurteilen. Ich habe weder den »guten«
Juden noch den »schlechten« Juden herangezogen; »Niemand ist
gut«, sagte Jesus Christus, und wo ist ein Mensch so tief erbärmlich,
dass wir ihn unbedingt schlecht schelten möchten? Vor mir liegen
mehrere Gerichtsstatistiken: die einen wollen beweisen, die Juden
seien die lammfrommsten Bürger Europas, die andern erhärten das

Gegenteil; wie sich Beides aus denselben Zahlen herausklügeln lässt,
wundert mich, aber noch viel mehr wundert es mich, dass man auf
diese Weise Völkerpsychologie zu treiben wähnt. Kein Mensch stiehlt
zum Vergnügen, er sei denn ein Kleptoman. Ist wirklich der Mann,
der durch Not oder in Folge üblen Beispiels ein Dieb wird, schlechterdings ein böser Mann, und derjenige, der nicht die mindeste Veranlassung dazu hat, ein guter? Luther sagt: »Wer dem Bäcker Brot
vom Laden nimmt ohne Hungersnot, ist ein Dieb; thut er's in Hungersnot, so thut er recht, denn man ist's schuldig, ihm zu geben«. Man
gebe mir eine Statistik, welche mir zeigt, wie viele Menschen, die in
äusserster Not, Bedrängnis und Verlassenheit leben, nicht Verbrecher
werden; hieraus könnte eventuell etwas geschlossen werden; und doch,
nur wenig, sehr wenig. Waren nicht die Vorfahren unseres Feudal-
adels Strassenräuber? und sind ihre Nachkommen nicht stolz darauf?
Liessen die Päpste nicht Könige durch gedungene Mörder erschlagen?
Gehört nicht in unserer heutigen gesitteten Gesellschaft Lügen und
Prävariziren einzig noch in der hohen Diplomatie zum guten Ton?
Lassen wir also die Moralität bei Seite, ebenso wie die fast gleich
schlüpfrige Frage nach der Begabung: dass es mehr jüdische als
europäische Rechtsanwälte in einem Lande giebt, beweist doch zunächst
nichts weiter, als dass es dort ein gutes Geschäft ist, Rechtsanwalt zu
sein, eine besondere Begabung gehört nicht dazu — — —. Bei allen
diesen Dingen, namentlich sobald sie statistisch gebracht werden, kann
man überhaupt beweisen, was man will. Dagegen sind jene beiden Thatsachen: Rasse und Ideal durchaus grundlegend. Gute und schlechte
Menschen giebt es nicht, für uns wenigstens nicht, nur vor Gott,
denn das Wort »gut« bezieht sich hier auf eine moralische Wert-
schätzung und diese wiederum hängt von einer Kenntnis der Motivation
ab, die nie erschlossen werden kann; »wer kann das Herz ergründen?«
rief schon Jeremia (XVII, 9);[1] dagegen giebt es recht wohl gute und
schlechte Rassen, denn hier handelt es sich um physische Verhältnisse, um allgemeine Gesetze der organischen Natur, die experimental
untersucht worden sind, um Verhältnisse, wo — im Gegensatz zu den
oben genannten — Zahlen unwiderlegliche Beweise erbringen, um
Verhältnisse, über die uns die Geschichte der Menschheit reiche Belehrung bietet. Und kaum minder fassbar sind die leitenden Ideen.

---

[1] Wie Kant in seiner *Kritik der reinen Vernunft* sagt (Erläut. der kosmol.
Idee der Freiheit): »Die eigentliche Moralität der Handlungen (Verdienst und Schuld)
bleibt uns, selbst die unseres eigenen Verhaltens, gänzlich verborgen«.

In Bezug auf die Rasse sind diese ohne Frage zunächst als eine Folge
zu betrachten, doch, man unterschätze diese unsichtbare innere Anatomie, diese rein geistige Dolichocephalie und Brachycephalie nicht,
sie wirkt im weitesten Umfang auch als Ursache. Daher hat jede
kräftige Nation eine so grosse Assimilationskraft. Der Eintritt in den
neuen Verband ändert zunächst kein Jota an der physischen Struktur,
und nur sehr langsam, im Laufe der Generationen, das Blut; doch
viel schneller wirken die Ideen, indem sie fast sofort die ganze Persönlichkeit in andere Bahnen lenken. Und die jüdische Nationalidee
scheint eine ganz besonders mächtige Wirkung auszuüben, vielleicht
gerade darum, weil in diesem Falle die Nation lediglich als Idee
existiert und vom Anbeginn des Judentums an niemals eine normale
»Nation« war, sondern vor allem ein Gedanke, eine Hoffnung. Darum
ist es auch verkehrt, gerade bei Juden ein besonderes Gewicht auf
die Aufnahme fremden Blutes, die von Zeit zu Zeit stattfand, zu legen,
wie das z. B. von Renan mit grossem Nachdruck in seinen letzten Jahren
geschah. Besser als jeder Andere wusste Renan, dass der Übertritt
von Griechen und Römern zum Judentume eine durchaus belanglose
Erscheinung war. Was waren diese »Hellenen« aus Antiochien, von
denen er uns in seinem Vortrag »*Judaïsme race ou religion?*« erzählt,
die angeblich haufenweise zum Judentum übertraten (für die Thatsache besitzen wir nur das Zeugnis eines sehr unzuverlässigen Juden,
des Josephus)? Hebräisch-syrische Bastarde, weiter nichts, in deren
Adern wahrscheinlich nicht ein Tropfen griechischen Blutes floss!
Und diese »Römer«, für die sich Renan auf Juvenal (*Sat.* XIV, 95 fg.)
beruft? die Hefe des aus entfesselten asiatischen und afrikanischen
Sklaven zusammengesetzten Volkes! Er nenne uns den bedeutenden
Römer, der Jude geworden wäre! Solche Behauptungen bedeuten eine
absichtliche Irreführung des ungelehrten Publikums. Doch, wenn sie
auch auf Wahrheit statt auf tendenziöser Fälschung beruhten, was
würde daraus folgen? Sollte die jüdische Nationalidee nicht die Kraft
besitzen, die allen anderen Nationen eignet? Im Gegenteil, sie ist, wie
ich gezeigt habe, machtvoll wie keine zweite und schafft die Menschen
um zu ihrem Ebenbilde. Man braucht nicht die authentische Hethiter-
nase zu besitzen, um Jude zu sein, vielmehr bezeichnet dieses Wort
vor Allem eine besondere Art zu fühlen und zu denken; ein Mensch
kann sehr schnell, ohne Israelit zu sein, Jude werden; Mancher braucht
nur fleissig bei Juden zu verkehren, jüdische Zeitungen zu lesen und
an jüdische Lebensauffassung, Litteratur und Kunst sich zu gewöhnen.

Andererseits ist es sinnlos, einen Israeliten echtester Abstammung, dem es gelungen ist, die Fesseln Esra's und Nehemia's abzuwerfen, in dessen Kopf das Gesetz Mose und in dessen Herzen die Verachtung Andrer keine Stätte mehr findet, einen »Juden« zu nennen. »Welche Aussicht wäre es«, ruft Herder aus, »die Juden in ihrer Denkart rein-humanisiert zu sehen!«[1]) Ein reinhumanisierter Jude ist aber kein Jude mehr, weil er, indem er der Idee des Judentums entsagt, aus dieser Nationalität, deren Wesenheit lediglich in einem Komplex von Vorstellungen, in einem Glauben« besteht, *ipso facto* ausgetreten ist. Mit dem Apostel Paulus müssen wir einsehen lernen: »Denn das ist nicht ein Jude, der auswendig ein Jude ist, sondern das ist ein Jude, der inwendig verborgen ist«.

Derartige nationale oder religiöse Ideale können nun in zwie-facher Weise ihren umwandelnden Einfluss zur Geltung bringen, positiv und negativ. Wir sahen, wie bei den Juden ein paar Männer einem Volk, welches durchaus nicht willig darauf einging, eine bestimmte nationale Idee aufzwangen, und ihm den Stempel dieser Idee so tief eingruben, dass es den Anschein hat, als werde dieses Volk ihn nie mehr auslöschen können; dazu gehörte aber Konsanguinität und Kon-genialität: hier wirkte also die Idee positiv schöpferisch. Ein ebenso merkwürdiges Beispiel ist die plötzliche Umwandlung der blutgierigen, wilden Mongolen zu milden, frommen Menschen, von denen ein Drittel im Mönchsstande lebt, durch die Annahme des buddhistischen Glaubens.[2]) Eine Idee kann aber auch rein negativ wirken, sie kann den Menschen aus seiner eigenen Bahn lenken, ohne ihm dafür eine andere seiner Rasse angemessene zu öffnen. Ein allbekanntes Beispiel ist die Wirkung des Mohammedanismus auf die Turkomannen: durch die Annahme der fatalistischen Weltanschauung versank das wild-energische Volk nach und nach in volle Passivität. Wenn der jüdische Einfluss auf geistigem und kulturellem Gebiete in Europa die Oberhand gewänne, so wären wir um ein weiteres Beispiel negativer, zerstörender Wirkung reicher.

Ich habe soeben die von mir befolgte Methode, sowie ihre Haupt-ergebnisse angedeutet; eine andere Zusammenfassung dieses Kapitels mag ich nicht geben. Organischen Erscheinungen gegenüber sind Formeln stets Phrasen. Man kennt die Anekdote des: *Le voilà, le chameau!*

---

[1] *Adrastea* V, 7, Abschnitt »Fortsetzung«.
Vergl. hierüber Döllinger: *Akademische Vorträge* I, 8.

Selbst dem Kamel gegenüber ist eine derartige Prätention lächerlich,
und nie könnte es mir einfallen, diese Skizze mit formelhaften Verallgemeinerungen zu schliessen, als wollte ich sagen: *Le voilà, le juif!*
Ist doch das Thema unerschöpflich und unergründlich, habe ich doch
von meinen Aufzeichnungen und Notizen kaum den zwanzigsten Teil
verwendet! Was ich dagegen bestimmt erwarte, ist, dass, wer dieses
Kapitel 5 liest, sich befähigt fühlen wird, ein schärferes, klareres Urteil
als vorher über das Judentum und sein Erzeugnis, den Juden, zu fällen.
Aus diesem Urteil wird sich das Weitere über die Bedeutung des
Eintritts der Juden in die abendländische Geschichte von selbst ergeben.
Diesen Einfluss durch die Jahrhunderte zu verfolgen, ist nicht meine
Aufgabe. Da aber der indirekte Einfluss des Judentums auf das
Christentum ein grosser war und noch ist, und da ausserdem der
direkte Einfluss des Judentums gerade in unserem Jahrhundert (und
erst in unserem Jahrhundert) sich wie ein neues Element in der
Kulturgeschichte fühlbar gemacht hat, so dass die »jüdische Frage«
zu den brennenden unserer Zeit gehört, war ich verpflichtet, hier
die Grundlage zu einem Urteil zu legen. Weder die leidenschaftlichen
Behauptungen der Antisemiten, noch die dogmatischen Plattheiten
der Menschheitsrechtler, selbst nicht die vielen gelehrten Bücher, aus
denen ich in diesem Kapitel so reichlich geschöpft habe (die aber doch
alle nur irgend eine besondere, meist die rein theologische oder die
rein archäologische Seite beleuchten) können uns zum Ziel verhelfen.
Dass ich diese Grundlegung unternahm, war tollkühn, ich weiss es
und ich gestehe es; doch gehorchte ich dem Gebote der Not, und ich
hoffe nach klaren, richtigen Vorstellungen nicht umsonst gerungen zu
haben; denn jene Not ist eine allgemeine. Bei dieser Frage handelt
es sich nicht allein um unsere Gegenwart, sondern auch um unsere
Zukunft.

SECHSTES KAPITEL

DER EINTRITT DER GERMANEN IN DIE WELTGESCHICHTE

Mon devoir est mon Dieu suprême.

FRIEDRICH DER GROSSE.
(Brief an Voltaire vom 17. Juni 1740.)

Der Eintritt des Juden in die europäische Geschichte hatte (wie Herder sagte) den Eintritt eines fremden Elementes bedeutet — fremd gegen das, was Europa damals bereits geleistet hatte, fremd gegen das, was es noch zu leisten berufen war; umgekehrt verhält es sich mit dem Germanen. Dieser Barbar, der am liebsten nackend in die Schlacht zieht, dieser Wilde, der plötzlich aus Wäldern und Sümpfen auftaucht, um über eine civilisierte und kultivierte Welt die Schrecken einer gewaltsamen, mit der blossen Faust erfochtenen Eroberung zu giessen, ist nichtsdestoweniger der rechtmässige Erbe des Hellenen und des Römers, Blut von ihrem Blut, und Geist von ihrem Geist. Sein Eigenes ist es, das er, unwissend, aus fremder Hand entreisst. Ohne ihn ging der Tag des Indoeuropäers zu Ende. Meuchelmörderisch hatte sich der asiatische und afrikanische Knecht bis zum Thron des römischen Imperiums hinaufgeschlichen, inzwischen der syrische Bastard sich des Gesetzeswerkes bemächtigte, der Jude die Bibliothek zu Alexandria benutzte, um hellenische Philosophie dem mosaischen Gesetze anzupassen, der Ägypter, um die lebensvoll aufkeimende Naturkunde in den prunkvollen Pyramiden wissenschaftlicher Systematik auf unabsehbare Zeiten einbalsamiert zu begraben; bald sollte auch der Mongole die hehren Blüten des urarischen Lebens: indisches Denken, indisches Dichten unter seinem rohen, bluttriefenden Fusse zertreten, und der vom Wüstenwahnsinn bethörte Beduin jenen Edensgarten, in welchem Jahrtausende hindurch alle Symbolik der Welt gewachsen war, Eranien, zu ewiger Öde einäschern; Kunst gab es schon lange nicht mehr, sondern für die Reichen Schablonen und für das Volk Zirkusreiten: somit, nach dem Worte Schiller's, das ich zu Beginn des ersten Kapitels anführte, eigentlich keine Menschen mehr, sondern nur Geschöpfe. Es war hohe Zeit, dass der Retter erschien. Zwar trat er nicht so in die Weltgeschichte ein wie sich die kombinierende, konstruierende Vernunft, um ihren Rat befragt, einen rettenden Engel, den Spender eines neuen Menschheitsmorgens gedacht hätte; doch können wir heute, wo uns der Rückblick auf Jahrhunderte die Weisheit leicht erwirbt, nur das Eine bedauern, dass der Germane überall, wohin sein siegender Arm

drang, nicht gründlicher vertilgte und dass in Folge dessen die sogenannte
»Latinisierung«, d. h. die Vermählung mit dem Völkerchaos, weite
Gebiete dem einzig erquickenden Einfluss reinen Blutes und unge-
brochener Jugendkraft, dazu der Herrschaft höchster Begabung, nach
und nach wieder raubte. Jedenfalls vermag nur schändliche Denk-
faulheit oder schamlose Geschichtslüge in dem Eintritt der Germanen
in die Weltgeschichte etwas anderes zu erblicken als die Errettung der
agonisierenden Menschheit aus den Krallen des Ewig-Bestialischen.

Gebrauche ich hier das Wort »Germane«, so geschieht es, wie
ich bereits in den einleitenden Zeilen zu diesem Abschnitt über die
Erben bemerkte, der Vereinfachung wegen, einer Vereinfachung allerdings, durch welche die Wahrheit, die sonst verschleiert bleibt, zum
Ausdruck kommt. Einigermassen elastisch aber und insofern vielleicht
unzulässig erscheint zunächst dieser Begriff, gleichviel ob man ihn weit
oder eng fasst, und zwar namentlich, weil das Bewusstsein eines spezifisch
»Germanischen« eine späte Errungenschaft ist, eine späte wenigstens
bei uns Germanen. Nie hat es ein Volk gegeben, welches sich als »germanisch« bezeichnet hätte, und niemals — von ihrem ersten Auftreten
auf der weltgeschichtlichen Bühne bis zum heutigen Tage — haben
sich sämtliche Germanen gemeinsam und vereint den Nichtgermanen
entgegengestellt; im Gegenteil, von Anfang an liegen sie in Fehde mit
einander, gegen keinen Menschen so ereifert wie gegen das eigene
Blut. Zu Lebzeiten Christi verrät Inguiomer seinen nächsten Anverwandten, den grossen Hermann, an die Markomannen und verhindert
dadurch das einheitliche Vorgehen der nördlichen Stämme und die
gänzliche Vernichtung des Römers; schon Tiberius durfte als sicherste
Politik den Germanen gegenüber empfehlen: »Überlasst sie ihren eigenen
inneren Zerwürfnissen«; alle grosse Kriege der Folgezeit waren, mit
Ausnahme der Kreuzzüge, Kriege zwischen Germanen, zum mindesten
zwischen germanischen Fürsten; unser 19. Jahrhundert zeigte in der
Hauptsache dasselbe Schauspiel. Der Fremde hatte jedoch sofort die
Einheitlichkeit dieses starken Stammes erkannt und für dessen üppiges
Geäst — an Stelle des unübersehbaren Namenbabels von Chatten,
Chauken, Cheruskern, Gambriviern, Sueven, Vandalen, von Goten,
Markomannen, Lugiern, Langobarden, Saxen, Frisen, Hermunduren,
u. s. w. — den umfassenden, einheitlichen Begriff der Germanen ge-
schaffen, und zwar weil sein Auge die Zusammengehörigkeit auf den
ersten Blick erschaut hatte. Tacitus, nachdem er müde geworden,
Namen aufzuzählen, meint: »die Leibesbildung ist bei allen diesen

Menschen die selbe«; das war die richtige empirische Grundlage für
die weitere intuitiv richtige Einsicht: »Ich bin überzeugt, dass die verschiedenen Stämme Germaniens, unbefleckt durch Ehen mit fremden
Völkern, seit jeher ein besonderes, unvermischtes Volk bilden, welches
nur sich selber gleicht« (*Germania*, 4). So viel deutlicher als der
zunächst Beteiligte erkennt manchmal der Fernstehende, dessen Auge
nicht durch Einzelheiten beeinflusst und befangen wird, den grossen
Zusammenhang der Erscheinungen!

Heute jedoch ist es nicht allein Befangenheit, welche uns hindert
das Wort »Germanen« räumlich und phylogenetisch so einfach wie
Tacitus anzuwenden: jene »verschiedenen Germanenstämme«, die er
als unvermischtes, verhältnismässig einförmiges Volk erblickte, sind
seitdem, wie früher die Hellenen, die mannigfachsten Vermischungen
unter einander eingegangen und ausserdem blieb nur ein Bruchteil
»unbefleckt durch Ehen mit fremden Völkern«; wozu dann, in Folge
der grossen Wanderungen, die besonderen kulturellen Einflüsse kamen,
die aus geographischer Lage, klimatischen Verhältnissen, Bildungsgrad
der nächsten Nachbarn u. s. w. sich ergaben. Das allein hätte schon
genügt, um die Einheit in eine Vielheit zu spalten. Doch noch weit
verwickelter erscheint die Sachlage, wenn wir das, was die politische
Geschichte lehrt, durch nähere vergleichende Untersuchungen auf den
Gebieten der Volksseelenkunde, der Philosophie und der Kunstgeschichte,
sowie auch andrerseits durch die Ergebnisse der prähistorischen und
anthropologischen Forschungen der letzten fünfzig Jahre ergänzen.
Denn dann gewinnen wir die Überzeugung, dass wir den Begriff der
»Germanen« b e d e u t e n d w e i t e r fassen dürfen und müssen als Tacitus,
zugleich aber erblicken wir notwendige B e s c h r ä n k u n g e n , an die
das unvollkommenere Wissen seiner Zeit nicht denken konnte. Um
unsere Geschichte und unsere Gegenwart zu verstehen, müssen wir
uns an Tacitus ein Beispiel nehmen und, wie er, zusammenfassen und
ausscheiden, doch auf der breiteren Grundlage unseres heutigen Wissens.
Nur durch die genaue Feststellung eines neuen Begriffes des Germanischen« gewinnt die Betrachtung des Eintrittes der Germanen in
die Weltgeschichte praktischen Wert. Zweck dieses Kapitels ist, eine
solche beschreibende Definition in aller Kürze zu geben. Bis wohin
reicht das Stammverwandte? wo treffen wir »*Arya* (d. h. die zu den
Freunden Gehörigen) an? wo beginnt das Fremde, welches wir nach
Goethe's Wort »nicht leiden dürfen«?

Ich sagte, der Begriff »Germane« wäre weiter und dennoch zugleich enger zu fassen, als es Tacitus that. Die Erweiterung ergiebt sich
sowohl aus historischen, wie auch aus anthropologischen Erwägungen,
die Verengerung ebenfalls.

Erweitert wird der Begriff durch die Einsicht, dass der »Germane«
des Tacitus sich physisch und geistig weder von seinem Vorläufer in
der Weltgeschichte, dem »Kelten«, noch von seinem Nachfolger, den
wir mit noch verwegenerer Kühnheit zu dem Begriff »Slave« zusammenzufassen gewohnt sind, scharf scheiden lässt. Kein Naturforscher würde zögern, diese drei Rassen nach den physischen Merkmalen als Spielarten eines gemeinsamen Stockes zu betrachten. Die
Gallier, die im Jahre 389 vor Chr. Rom eroberten, entsprechen nach
den Beschreibungen genau der Schilderung, die Tacitus von den Germanen giebt: »strahlende blaue Augen, rötliches Haar, hohe Gestalt«;
und andrerseits haben die Schädelbefunde aus den Grabstätten der
ältesten heroischen Slavenzeiten zum Erstaunen der gesamten gelehrten
Welt gezeigt, dass die Slaven aus der Völkerwanderung ebenso ausgesprochene Dolichocephalen (d. h. Langköpfe) und ebenso hochgewachsene Männer waren wie die alten Germanen und wie die Germanen echteren Stammes noch am heutigen Tage.[1]   Ausserdem haben
Virchow's umfassende Untersuchungen über die Farbe des Haares und
der Augen zu dem Ergebnis geführt, dass die Slaven von Haus aus
ebenso blond waren (resp. in gewissen Gegenden noch sind) wie
die Germanen. Ganz abgesehen also von der nur theoretisch und
hypothetisch gewonnenen allgemeinen Vorstellung eines indoeuropäischen Menschen, scheint es, dass wir allen Grund haben, den Begriff
des Germanen, wie wir ihn von Tacitus überkommen haben und den
wir seither, in Folge rein sprachlicher Erwägungen, immer enger gezogen haben, eher im Gegenteil bedeutend weiterzuziehen.[2]

---

[1] Vergl. als Zusammenfassung Ranke: *Der Mensch*, 2. Ausgabe II, 297.
Dass es sich etwa bei diesen Gräberfunden lediglich um normännische Waräger
handle, ist ausgeschlossen, da die Untersuchungen Material aus den verschiedensten
Fundorten umfassen, nicht allein auf russischem, sondern auch auf deutschem Boden.

[2] Bei den Anthropologen beginnt diese Erkenntnis durchzudringen, wie das
die Aufstellung des Begriffes *Homo europaeus* (siehe S. 359), in einem viel genaueren
Sinne als Linnaeus das Wort gebraucht hatte, beweist; doch ist eine derartige
Begriffsbestimmung viel zu abstract für den Historiker, der darum auch bisher
keine Notiz davon genommen hat. Um in weiten Kreisen Verständnis zu wecken,
muss man die vorhandene, allbekannte Terminologie benutzen und sie neuen
Bedürfnissen anpassen. Dies geschieht hier durch die Erweiterung der Vorstellung

Sprechen wir zunächst vom Kelten.

Durch vorwiegend philologische Erwägungen dazu verleitet, da
die keltischen Sprachen angeblich mit den italischen und griechischen
näher als mit den germanischen verwandt sein sollen, sind wir daran
gewöhnt worden, das so entscheidende physische Moment und das noch
entscheidendere moralische hier zu übersehen.[1]) Wir schlagen den
Kelten zu den Gräcoitalern, während er doch offenbar mit ihnen nur
entfernt, mit den Germanen dagegen innig nahe verwandt ist. Mag
der gänzlich romanisierte Gallier sich tief von seinem Überwinder, dem
Burgunder oder Franken, unterschieden haben, jener ursprüngliche Eroberer Roms, ja, auch der spätere, seit Jahrhunderten schon in Norditalien ansässige Gallier, den Florus noch immer als einen »Übermenschen« schildert (*corpora plus quam humana erant*, II, 4) gleicht
offenbar physisch dem Germanen; doch nicht allein physisch, denn
auch seine Wanderlust, seine Freude am Krieg, die ihn (wie später
die Goten) bis nach Asien in den Dienst jedes Herrn führt, der ihm
die Gelegenheit giebt, sich zu schlagen, seine Vorliebe für Gesang — — —
das Alles sind wesentliche Züge dieser selben Verwandtschaft, während
man verlegen wäre, die italo-griechischen Berührungspunkte nachzuweisen. Mit Kelten vermengt, von Kelten geführt, treten die Germanen im engeren, taciteischen Sinne des Wortes zum ersten Mal in
die Weltgeschichte ein;[2]) das Wort »Germane« ist ein keltisches!
Begegnen wir nicht heute noch jenen hohen Gestalten mit blauen
Augen und rötlichem Haar in Nordwestschottland, in Wales u. s. w.,
und sind sie nicht einem Teutonen ähnlicher als einem Südeuropäer?
sehen wir nicht heute noch die Bretonen als tollkühne Seefahrer den

---

»Germane«, welche sich im ganzen ferneren Verlauf des Werkes Schritt für Schritt
bewähren wird; erst hierdurch wird die Geschichte der letzten zwei Jahrtausende,
sowie namentlich die unseres Jahrhunderts klar.

[1]) Schleicher z. B. vereint in seinem berühmten, überall nachgedruckten
Stammbaum der indogermanischen Sprachen (vergl. *Die deutsche Sprache*, 1861,
S. 82) die »italo-keltischen Sprachen« zu einer Gruppe, die sich schon in unvordenklichen Zeiten von der »nordeuropäischen Grundsprache« getrennt hätte. Zwar
ist dieser Stammbaum für die wissenschaftliche Philologie (wenn ich recht unter-
richtet bin) schon längst den Weg alles Irdischen gegangen, doch wirkt er dank
seiner fernhin reichenden Popularisierung noch nach; auch solche abweichende
Auffassungen wie die bekannte »Wellentheorie« Johannes Schmidt's, fahren fort,
den Kelten so darzustellen, als wäre er von allen Indoeuropäern dem Germanen
am entferntesten.

[2]) Bei dem Zug der Kimbern und Teutonen, 114 Jahre vor Christus.

alten Normannen es gleichthun? Wie aber dieses wilde kelto-
germanische Gemüt vielerorten nach und nach durch die Berührung
mit römischer Civilisation verweiblicht *(effeminatum)* wurde, hat kein
Geringerer als Julius Caesar im ersten Absatz des ersten Buches seines
Gallischen Krieges gemeldet. [1])

Noch auffallender und für meine These noch entscheidender
ist die Verwandtschaft der tieferen geistigen Anlagen zwischen Kelten
und Germanen, welche uns aus der Geschichte entgegenleuchtet, die
Verwandtschaft jener feinen Züge, welche Individualität ausmachen.
Glaubt man denn — um gleich sehr tief zu greifen — es sei Zufall, dass
Paulus seine Epistel von der Erlösung durch den Glauben, von dem
Evangelium der Freiheit (im Gegensatz zum »knechtischen Joch«
des kirchlichen Gesetzes), von der Bedeutung der Religion als nicht
in Werken liegend, sondern in der Wiedergeburt »zu einer neuen
Kreatur«, glaubt man, es sei Zufall, dass gerade diese Schrift an die
Galater, an jene fast rein keltisch gebliebenen »gallischen Griechen«
Kleinasiens gerichtet ist, diese Schrift, in welcher man einen Martin
Luther zu leicht zu bethörenden, doch für das Verständnis tiefster
Mysterien unvergleichlich begabten Deutschen reden zu hören meint? [2])
Ich für mein Teil glaube nicht, dass bei derlei Dingen für Zufall
Raum sei; ich glaube es hier um so weniger, weil ich sehe, welch'
andere Sprache derselbe Mann führt, welch' endlose Umwege er
wandelt, sobald er das gleiche Thema einer Gemeinde von Juden und
von Kindern des Völkerchaos nahelegen will, wie in der *Epistel an
die Römer*. Doch ruht unser Urteil nicht allein auf so hypothetischer
Grundlage, auch nicht allein auf der Verwandtschaft zwischen alt-
keltischer und altgermanischer mythischer Religion, sondern auf der
Beobachtung der Verwandtschaft zwischen den geistigen Anlagen überhaupt, für welche die gesamte Kulturgeschichte Europas bis zum

---

[1]) Über die physische Identität zwischen Kelten und Germanen hat vor
kurzem Professor Gabriel de Mortillet so umfassendes Material zusammengetragen,
und zwar sowohl anthropologisches als auch die Zeugnisse der altrömischen Schriftsteller, dass ich mich begnügen kann, auf seine *Formation de la nation française*, 1897
(S. 114 fg.) zu verweisen. Sein Schluss lautet: »*La caractéristique des deux groupes
est donc exactement la même et s'applique aussi bien au groupe qui a reçu le nom de
Gaulois* (mit Kelten synonym, siehe S. 92) *qu'au groupe qui depuis les invasions des
Cimbres a pris le nom de Germains*«.

[2]) Dass Galatien »eine keltische Insel inmitten der Fluten der Ostvölker«
war, in welcher sogar die keltische Sprache sich jahrhundertelang als Umgangs-
sprache behauptete, bezeugt Mommsen: *Römische Geschichte*, 3. Auflage, V, 311 fg.

heutigen Tag den Beweis liefert — überall dort liefert, wo der Kelte
noch reines keltisches Blut bewahrt. So sehen wir z. B. aus den
unverfälscht keltischen Teilen Irlands in früher Zeit (während des
halben Jahrtausends, das von dem Kelten Scotus Erigena bis zu dem
Kelten Duns Scotus führt) philosophisch hochbeanlagte Theologen hervorgehen, deren unabhängige Geistesrichtung und kühner Forschungs-
drang ihnen Verfolgung seitens der römischen Kirche zuzieht; im
Herzen der Bretagne wird jener bahnbrechende Geist Petrus Abaielardus
geboren und — das merke man wohl — was ihn gleichwie jene
auszeichnet, ist durchaus nicht allein das selbständige, nach Freiheit
dürstende Denken, sondern vor allem der heilige Ernst seines Lebens, eine
durchaus »germanische« Eigenschaft. Diese kraftstrotzenden keltischen
Geister aus früheren Jahrhunderten sind nicht bloss frei, auch nicht
bloss fromm, ebensowenig wie der heutige bretonische Seefahrer, sondern
sie sind zugleich fromm und frei, und gerade hierdurch wird das
spezifisch »Germanische« ausgesprochen, wie wir es von Karl dem
Grossen und König Alfred bis zu Cromwell und Königin Luise, von
den kühnen antirömischen Troubadours und den politisch so unabhängigen Minnesängern bis zu Schiller und Richard Wagner beobachten. Und sehen wir z. B. den soeben genannten Abälard aus
tiefer religiöser Überzeugung gegen den Sündenablass um Geld an-
kämpfen *(Theologia christiana)*, zu gleicher Zeit die Hellenen in
jeder Beziehung weit über die Juden stellen, die Moral ihrer Philosophen
als der jüdischen Gesetzesheiligkeit überlegen, Plato's Weltanschauung
als erhabener denn die des Moses betrachten, ja, sehen wir ihn sogar
(Dialogus inter philosophum, Judaeum et Christianum) die Anerkennung der transcendentalen Idealität der räumlichen Vorstellung
dem religiösen Denken zu Grunde legen, so dass nicht durch den
Eintritt in einen empirischen Himmel, sondern einzig durch eine
innere Umkehr des Gemütes der Mensch unmittelbar vor Gottes Angesicht stehe: müssen wir da nicht erkennen, diese Intelligenz sei
nicht allein eine charakteristisch indoeuropäische im Gegensatz zu einer
semitischen und zu einer spätrömischen, sondern hier bekunde sich
eine Individualität, die in jedem einzelnen jener *plis de la pensée*
(von denen ich im vorigen Kapitel sprach) die spezifisch germanische
Eigenart verrät? Ich sagte nicht deutsche Eigenart, sondern germanische, ich rede auch nicht von heute, wo die Differentiation zu der
Ausbildung äusserlich sehr scharf unterschiedener nationaler Charaktere
geführt hat, sondern von einem Manne, der vor bald tausend Jahren

lebte; und ich behaupte, dieser Bretone hätte recht gut, was die gesamte Richtung seines Denkens und Fühlens anbetrifft, im Herzen
Germaniens geboren sein können: ein typischer Kelte in der düsteren
Leidenschaftlichkeit seines Wesens, ein neuer Tristan in seinem Liebes-
leben, ist er doch Fleisch von unserem Fleisch und Blut von unserem
teutonischen Blut; er ist ein Germane. Ebenso Germane wie jene soge-
nannt »kerndeutsche« Bevölkerung Schwabens und des Schwarzwaldes,
der Heimat Schiller's, Goethe's, Mozart's und vieler anderer grössten
»Deutschen«, welche ihren besonderen Charakter und ihre ungewöhnliche poetische Veranlagung ohne Zweifel der starken Beimischung
keltischen Blutes verdankt.[1] Diesen selben Geist Abälard's erkennen
wir überall am Werke, wo Kelten nachweisbar in grossen Zahlen vorhanden waren, wie in der Heimat der unglücklichen Albigenser im Süden
Frankreichs, oder es noch sind, wie in dem Geburtsland der Methodisten,
Wales. Ja, wir erkennen ihn auch in der angeblich stockkatholischen
Bretagne, denn Katholizismus und Protestantismus sind zunächst blosse
Worte; die Religiosität der Bretonen ist echt, in Wahrheit aber ihrer
Farbe nach eher »heidnisch« als christlich; hier lebt uralte Volksreligion unter katholischer Maske fort; ausserdem, wer erblickte nicht
in der unentwurzelbaren Königstreue dieses Volkes einen ebenso gemein-
germanischen Zug wie in der Kriegslust und Fahnentreue der Iren,
die politisch gegen England schüren, zugleich aber drei Viertel der
englischen Armee freiwillig stellen und für den fremden König, den
sie zu Hause bekämpfen, in fernen Ländern sterben? — Am auffallendsten tritt jedoch ohne Frage die Zusammengehörigkeit zwischen
Kelten und Germanen (im engeren Sinne des Wortes) in ihrer Dichtung
zu Tage. Von Beginn an sind fränkische, deutsche und englische
Dichtung mit echt keltischer innig verwoben, nicht etwa als besässen
jene nicht ebenfalls eigene Motive, sie nehmen aber die keltischen als
urverwandte auf, denen ein gewisser Anstrich des Fremden, des nicht
völlig Verstandenen, weil halb Vergessenen, eher erhöhten Reiz und
kostbare Würze verleiht. Die keltische Poesie ist eine unvergleichlich
tiefsinnige, an symbolischer Bedeutung unerschöpflich reiche, sie war
offenbar an ihrem fernsten Ursprung mit der Seele unserer germanischen
Dichtung, der Musik, innig verwoben. Wenn wir unter den grösseren
Schöpfungen Musterung halten, welche bei dem Wiedererwachen des

---

[1] Wilhelm Henke: *Der Typus des germanischen Menschen* (Tübingen, 1895).
Ähnlich Treitschke: *Politik* I, 279.

poetischen Triebes, an der Wende des 12. und 13. Jahrhunderts, in allen germanischen Ländern, vor allem aber in Franken ins Leben traten, wenn wir auf der einen Seite die *Geste de Charlemagne*, das *Rolandslied*, die *Berte aus grans piés*, *Ogier le Danois* etc. betrachten, alles selbständige Versuche fränkischer Schaffenskraft, und auf der anderen Seite keltische Poesie wiederaufleben sehen in den Sagen von der *Queste du Graal*, von *Artus' Tafelrunde*, von *Tristan und Isolde*, von *Parsifal* u. s. w., so können wir keinen Augenblick in Zweifel sein, wo die tiefere, reichere, echtere, poetisch unerschöpfliche Gestaltungs- und Bedeutungsfülle zu finden ist. Und dabei war diese keltische Poesie des 13. Jahrhunderts im Nachteil, da sie nicht in ihrer eigenen Gestalt auftrat, sondern der Flügel des Gesanges beraubt, zum Roman breitgetreten, mit ritterlichen, römischen und christlichen Anschauungen verquickt, ihr echter dichterischer Kern fast ebenso durch fremdes Beiwerk zugeschüttet wie die nordischen Mythen im deutschen Nibelungenliede. Je weiter wir zurückgreifen können, um so deutlicher erkennen wir — bei allem individuell Trennenden — die innige Verwandtschaft zwischen urkeltischer und urgermanischer dichterischer Anlage; von Stufe zu Stufe geht nach abwärts zu etwas verloren, so dass z. B., trotzdem Gottfried von Strassburg's *Tristan* als vollendetes Dichterwerk die französischen Bearbeitungen desselben Stoffes unfraglich übertrifft, doch mehrere der tiefsten und feinsten Züge, welche dieser unvergleichlichen, poetisch-mythisch-symbolischen Sage zu Grunde liegen bei ihm fehlen, während der altfranzösische Roman sie besitzt und Chrestien de Troyes sie mindestens noch angedeutet hatte; das Gleiche gilt für Wolfram's *Parzival*.[1] Am überzeugendsten und ergreifendsten offenbart sich uns jedoch diese Verwandtschaft, wenn wir gewahr werden, dass in Wahrheit einzig deutsche Musik im Stande war, sowohl die urkeltische wie die urgermanische Poesie in ihrer ursprünglichen Absicht und Bedeutung zu neuem Leben zu erwecken; das lehrten uns die künstlerischen Grosstaten unseres Jahrhunderts und deckten damit zugleich die innige Zusammengehörigkeit jener beiden Bronnen auf.

Über den echten Slaven lässt sich weniger berichten, da wir verlegen sind, wo wir ihn suchen sollen, und zunächst nur das Eine sicher

Der Slavogermane.

---

[1] An diesem Orte habe ich mir gestattet, das Ergebnis eigener Studien zu verwerten (vergl. *Notes sur Parsifal* und *Notes sur Tristan* in der *Revue Wagnérienne*, Jahrgang 1886 und 1887).

wissen, dass hier eine Verschiebung des Begriffes stattgefunden hat, in
Folge deren das, was man heute für besonders charakteristisch »slavisch«
hält — wie z. B. gedrungene Gestalt, runde Köpfe, hohe Backen-
knochen, dunkles Haar — gewiss nicht Merkmale des Slaven waren,
als dieser in die europäische Geschichte eintrat. Noch heute übrigens
ist der blonde Typus im Norden und Osten des europäischen Russland vorherrschend, und auch der Pole unterscheidet sich von den
südlichen Slaven durch die Hautfarbe (Virchow). In Bosnien fällt die
ungewöhnliche Grösse der Männer, sowie die Häufigkeit des blonden
Haares auf; den sogenannten slavischen, ins Mongolische hinüber-
spielenden Typus habe ich bei einer mehrmonatlichen Reise quer
durch dieses Land nicht ein einziges Mal angetroffen, ebensowenig
das charakteristische »Kartoffelgesicht« des tschechischen Bauern; dasselbe gilt von dem herrlichen Stamm der Montenegriner.[1] Trotz
des allgemein verbreiteten Vorurteils giebt es also, wie man sieht,
noch jetzt physische Anzeichen genug, dass der Germane, als er in
die Weltgeschichte eintrat, ausser seinem älteren Bruder im Westen,
einen jüngeren, ihm nicht gar so unähnlichen, im Osten hatte. Sehr
verwickelt und schwierig wird jedoch die Entwirrung des ursprünglich
Slavischen durch die offenbare Thatsache, dass dieser Zweig der germanischen Familie sehr früh von anderen Menschenstämmen fast ganz
verzehrt wurde, viel früher und gründlicher und auch rätselhafter als
die Kelten; doch sollte uns das nicht abhalten, die verwandtschaftlichen
Züge zu erkennen und anzuerkennen, sowie auch den Versuch zu
unternehmen, sie aus jener fremden Masse auszuscheiden.

Dazu verhilft hier wiederum vor allem ein Eingreifen in die
Tiefen der Seele. Wenn ich nach der einzigen slavischen Sprache,
von welcher ich eine geringe Kenntnis besitze, der serbischen, urteilen
darf, so möchte ich glauben, dass auch hier eine tiefgewurzelte Familienähnlichkeit mit den Kelten und Germanen in der poetischen Anlage
nachgewiesen werden könnte. Der Heldencyklus, der jetzt an die

---

[1] Dagegen hat die Gestalt des Schädels eine progressive Veränderung
erfahren: bei den heutigen Einwohnern Bosniens findet man nicht ganz 1½ Prozent
Langköpfe, dagegen 84 Prozent ausgesprochene Rundköpfe, während die ältesten
Gräber 29 Prozent Langköpfe und nur 34 Prozent Rundköpfe zeigen, und Gräber
aus dem Mittelalter noch 21 Prozent Langköpfe aufweisen: siehe Weisbach: *Alt-
bosnische Schädel*, in den *Mitteilungen der anthropologischen Gesellschaft in Wien*, 1897.
Interessant ist die Bemerkung, dass die Gesichtsbildung, trotz dieser Schädeländerung,
doch »leptoprosop«, d. h. länglich geblieben ist.

grosse Schlacht auf dem Kossovopolje (1389) anschliesst, doch zweifelsohne in seinen poetischen Motiven viel weiter zurückreicht, erinnert
durch die bekundete Gesinnung — die Treue bis in den Tod, den
Heldenmut, die Heldenweiber, sowie die hohe Achtung, welche diese
geniessen, die Geringschätzung aller Güter im Vergleich zur persönlichen Ehre — an keltische und an germanische lyrische und epische
Poesie. Ich lese in Litteraturgeschichten, derlei Poesien und solche
Heldengestalten wie Marco Kraljevich seien aller Volksdichtung gemeinsam: das ist aber nicht wahr, und kann nur einem durch Überfülle der Gelehrsamkeit für die Feinheiten der Individualität Blind-
gewordenen so erscheinen. Rama ist ein wesentlich anders gearteter
Held als Achilles und dieser wiederum anders als Siegfried, während dagegen der keltische Tristan in vielen Zügen die unmittelbare Verwandtschaft mit dem deutschen Siegfried verrät, und zwar nicht allein in
jenen Äusserlichkeiten des Ritterromanes (Drachenkampf u. s. w.), die
teilweise spätere Zuthat sein mögen, sondern vielmehr in jenen ältesten
volkstümlichsten Gestaltungen, wo Tristan noch ein Hirt ist und
Siegfried noch nicht ein Held am burgundischen Hofe: hier gerade
sehen wir klar, dass ausser der ungeheueren Kraft, ausser dem Zauber
der Unüberwindlichkeit und mehr dergleichen allgemeinsamen Helden-
attributen, bestimmte Ideale der Dichtung zu Grunde liegen; und
in diesen, nicht in jenen, spiegelt sich die Eigenart einer Volksseele
ab. So hier z. B. bei Tristan und bei Siegfried: die Treue als
Grundlage des Ehrbegriffes, die Bedeutung der Jungfräulichkeit, der
Sieg im Untergang (mit anderen Worten, die Verlegung des eigentlichen Heldentums in den inneren Vorgang, nicht in den äusseren
Erfolg). Derlei Züge unterscheiden einen Siegfried, einen Tristan,
einen Parsifal nicht allein von einem semitischen Simson, dessen Helden-
kraft in den Haaren liegt, sondern ebenfalls von dem stammverwandten
Achilles: den Griechen ist die Reinheit fremd, die Treue kein Prinzip
der Ehre, sondern nur der Liebe (Patroklos), der Held trotzt dem
Tode, er überwindet ihn nicht, wie wir das von jenen sagen können.
Gerade solche Züge echter Verwandtschaft finde ich in der serbischen
Poesie, trotz aller Abweichungen der Form. Schon dass ihr Heldencyklus
sich um eine grosse Niederlage, nämlich um die für sie vernichtende
Schlacht bei Kossovo, nicht um einen Sieg bildet, ist von grosser Bedeutung; denn die Serben haben Siege genug errungen und waren
unter Stephan Duschan ein mächtiger Staat gewesen; hier liegt also
ohne Frage eine besondere Anlage vor und wir dürfen mit Sicherheit

schliessen, dass die reiche Fülle poetischer Motive, welche alle auf
Untergang, auf Tod, auf ewige Trennung der Liebenden gehen, nicht
erst nach jener unglückseligen Schlacht, nicht erst unter dem ver-
dummenden Regiment des Mohammedanismus entstand, sondern ein
uraltes Erbstück ist, genau so wie der Nibelungen N o t , »aller Leid
Ende«, und nicht der Nibelungen Glück das deutsche Erbe war, und
genau so wie keltische und fränkische Dichter hundert berühmte
Sieger bei Seite liessen, um sich des obskuren b e s i e g t e n Roland
zu bemächtigen und an ihm uralte poetische Momente in halbhistorischer
Verjüngung wieder aufleben zu lassen. Solche Dinge sind entscheidend.
Und ebenso entscheidend ist die besondere Art, wie das Weib bei
den Serben geschildert wird, so zart, mutig und keusch, auch die
hervorragend grosse Rolle, welche die Dichtungen ihr zuweisen. Hingegen kann nur ein Fachgelehrter entscheiden, ob die beiden Raben,
die am Ende der Schlacht bei Kossovo auffliegen, um dem serbischen
Volk seinen Untergang zu künden, mit Wotan's Raben verwandt
sind, oder ob hier ein allgemeines indo-germanisches Motiv vorliegt,
ein Überbleibsel der Naturmythen, eine Entlehnung, ein Zufall. Und
so in Bezug au tausend Einzelheiten. Zum Glück liegt aber hier
wie überall das wirklich Entscheidende jedem unbefangenen Auge
offen. — In der russischen Poesie findet man, wie es scheint, wenig
mehr aus alter Zeit, ausser Sagen, Märchen und Liedern; doch auch
hier zeigt die Melancholie einerseits und andrerseits das innige Verhältnis zur Natur, namentlich zur Tierwelt (Bodenstedt: *Poetische
Ukraine*) Züge, die unverkennbar germanische Eigenart bekunden.

Es ist nicht meine Absicht, diese Untersuchung noch weiter
auszudehnen, der Raum, sowie mein Zweck verbieten es; die Kritik
möge die Wahrheit dessen nachweisen, was untrügliches Gefühl jedem
poetisch Empfindenden offenbaren wird, das ist ihr Amt. Dagegen
muss ich jener zweiten Kundgebung innersten Seelenwesens noch erwähnen, durch welche das germanische Element im Slaven deutlich
hervortritt: ich meine die R e l i g i o n .

Wohin wir blicken, sehen wir Ernst und Unabhängigkeit in
religiösen Dingen die Slaven auszeichnen, namentlich in alter Zeit.
Ein hervorstechender Zug dieser Religiosität ist ihr Durchdrungensein
von vaterländischen Gefühlen. Schon im 9. Jahrhundert, noch ehe
das Schisma zwischen Ost und West unwiderruflich geworden, sehen
wir die Bulgaren behufs dogmatischer Fragen mit Rom und mit
Konstantinopel gleich freundlich verkehren; was sie fordern, ist einzig

die Anerkennung ihrer kirchlichen Unabhängigkeit: Rom verweigert dies, Byzanz giebt es zu; und so entsteht in der ersten Hälfte des 10. Jahrhunderts die erste ihrer Verfassung nach unabhängige christliche Kirche.[1]) Die ungeheuere Wichtigkeit eines derartigen Vorganges dürfte Jedem sofort ersichtlich sein. Michael von Bulgarien war es durchaus nicht um Glaubensdifferenzen zu thun; er war Christ und bereit, Alles zu glauben, was die Priester als christliche Wahrheit verkündeten; für ihn handelte es sich lediglich um eine Verfassungsfrage: seine bulgarische Kirche wollte er von einem eigenen bulgarischen Patriarchen in vollkommener Unabhängigkeit verwaltet wissen, kein Kirchenoberhaupt in Rom oder Byzanz sollte sich darein mischen. Was Manchen eine bloss administrative Frage dünken möchte, ist in Wahrheit die Erhebung des germanischen Geistes der freien Individualität gegen die letzte Verkörperung des aus dem Völkerchaos geborenen und die politischen Interessen des antinationalen, antiindividuellen, nivellierenden Prinzips vertretenden Imperiums. Dies ist nicht der Augenblick, um näher auf diesen Gegenstand einzugehen, das kann erst in den zwei folgenden Kapiteln geschehen; doch wenn man dem selben Vorgang aller Orten unter den Slaven begegnet, so wird man seine symptomatische Bedeutung für die Beurteilung ihres ursprünglichen Charakters nicht leugnen können. Kaum waren z. B. die Serben zu einem Reich konstituiert, so schufen sie sich eine autonome Kirche und der grosse Zar Stephan Duschan verteidigte seinen Patriarchen gegen die oberherrlichen Prätentionen der byzantinischen Kirche und erzwang seine rechtliche Anerkennung. Auch hier keine Glaubenssache; denn damals (Mitte des 14. Jahrhunderts) war das Schisma zwischen Rom und Konstantinopel eine längst vollendete Thatsache und die Serben waren schon, wie noch heute, fanatische Griechisch-Orthodoxe; doch wie die Bulgaren die Einmengung Roms, so wiesen die Serben die Einmengung Konstantinopels zurück. Das Prinzip ist dasselbe: die Wahrung der Nationalität. Die russische Kirche hat sich allerdings viel langsamer, sogar erst lange nach der Zerstörung des byzantinischen Reiches freigemacht, doch kann gerade Russland nur in einem sehr bedingten, ungermanischen Sinne ein slavisches Land geheissen werden, und heute besitzt es ja doch, neben England, allein von allen grösseren Nationen Europas eine durchaus nationale, autokephale Kirche. Besonders auffallend ist ferner in dieser Beziehung

---

[1]) Vergl. Hergenröther: *Photius* II, 614.

die Thatsache, dass unter allen Christen einzig die Slaven (mit Ausnahme der dem deutschen Einfluss unterlegenen Tschechen) niemals
den Gottesdienst in einer anderen als ihrer heimatlichen Sprache geduldet haben! Schon die grossen »Slavenapostel«, Cyrillus und
Methodius, hatten ihre Not hiermit; von den deutschen Prälaten, die
an den »drei heiligen Sprachen« (griechisch, lateinisch, hebräisch) festhielten, verfolgt, dem römischen Papste als Ketzer denunziert, wussten
sie dennoch diesen Punkt als ein besonderes Recht durchzusetzen:
auch die streng römischkatholischen Slaven hatten alle ihre slavische
Messe, und noch in den letzten Jahrzehnten unseres 19. Säculums
gelang es Rom nicht, den Dalmatinern dieses Vorrecht zu entreissen. —
Das Alles bildet jedoch nur die eine Seite slavischer Religiosität, die
äussere (wenn auch nicht äusserliche); die andere ist noch auffallender.
Auch in Russland, dort wo die Bevölkerung den grössten echtslavischen
Prozentsatz aufweist (in Kleinrussland nämlich, in der vorhin genannten
Heimat der schönsten Dichtungen), bekundet sich noch heute durch die
unaufhörliche Sektenbildung ein ähnlich intensives, inneres Religions-
leben wie in England und in Skandinavien. Die Verwandtschaft ist
auffallend. Dagegen existiert in den sog. »lateinischen« Ländern auch
nicht eine Spur davon. In solchen Dingen spiegelt sich die innerste
Seelenbeschaffenheit. Und auch hier handelt es sich um eine dauernde
Eigenschaft, welche trotz aller Blutmischungen in allen Jahrhunderten
sich kundthat. Schon die ungeheure Mühe, die es kostete, die Slaven
zum Christentum zu bekehren, bezeugt ihre tiefe Religiosität: Italer
und Gallier hat man am leichtesten, Sachsen schon nur mit dem
Schwert, die Slaven erst im Laufe langer Zeiten und durch furchtbare Grausamkeiten von dem Glauben ihrer Väter abgebracht.[1]) Die
berüchtigten Heidenhetzen dauerten ja bis an das Jahrhundert von
Gutenberg. Sehr bezeichnend ist hier wieder das Verhalten jener sehr
echten, physisch noch heute wenig verfälschten Slaven in Bosnien
und der Herzegowina. Früh schon nahm der führende Teil der
Nation die Lehren Bogumil's an (denen der Katharer oder Patarener
verwandt), d. h. sie verwarfen alles Jüdische im Christentum und
behielten neben dem Neuen Testament einzig die Propheten und die
Psalmen, sie erkannten auch keine Sakramente und vor Allem keinerlei

....

[1] Wie schwer es wurde, die Wenden und die Polen zum Christentum zu
bekehren, kann man im ersten Abschnitt des sechsten Bandes von Neander's *Allgemeine Geschichte der christlichen Religion und Kirche* lesen.

Priesterherrschaft an. Zu gleicher Zeit von zwei Seiten unaufhörlich bekämpft und bedrückt und zertreten — von den orthodoxen Serben und von den stets jedem Wink des römischen Papstes gehorsamen Ungarn —, die blutigen Opfer also eines ununterbrochenen zwiefachen Kreuzzuges, hielt dieses kleine Volk an seinem Glauben durch Jahrhunderte fest; die Gräber seiner bogumilischen Helden zieren noch heute die Bergesspitzen, wohin die Leichen, der zu befürchtenden Schändung wegen, hinaufgetragen wurden. Erst der Mohammedaner hat durch erzwungene Bekehrungen mit dieser Sekte aufgeräumt. Derselbe Geist, der hier auf einem abgelegenen Fleck Erde ein mutiges, doch unwissendes Volk belebte, trug an anderen Orten reichere Früchte, wobei der slavische Baum sich ebenso hervorthat wie die anderen aus der germanischen Verwandtschaft.

Das wichtigste geschichtliche Ereignis unserer neunzehn Jahrhunderte ist ohne Frage die sogenannte »Reformation«; ihr liegt ein doppeltes Prinzip zu Grunde, ein nationales und ein religiöses: beiden gemeinsam ist die Lossagung vom fremden Joch, das Abschütteln jener »toten Hand« des längst gestorbenen römischen Imperiums, welches nicht allein über Güter und Gelder, sondern über Denken und Fühlen und Glauben und Hoffen der Menschen sich ausbreitete. Nirgends bewährt sich die organische Einheit des Slavokeltogermanentums überzeugender als in dieser instinktiven Auflehnung gegen Rom. Um diese Bewegung vom Standpunkt der Völkerpsychologie aus zu begreifen, darf man zunächst keinerlei dogmatischen Glaubensstreitigkeiten Aufmerksamkeit schenken; nicht was man über die Natur des Abendmahls für wahr hält, ist entscheidend, sondern es stehen sich hier lediglich zwei sich direkt widersprechende Prinzipien gegenüber: Freiheit und Unfreiheit. Der grösste Reformator fährt, nachdem er ausgeführt hat, es handle sich für ihn nicht um politische Rechte, fort: »Aber im Geist und Gewissen sind wir die Allerfreiesten von aller Knechtschaft: da glauben wir Niemand, da vertrauen wir Niemand, da fürchten wir Niemand, ohne allein Christum«. Das bedeutet aber zugleich eine Lossagung des Individuums und der Nation. Und wenn wir so gelernt haben, die »Reformation« nicht als eine rein kirchliche Angelegenheit, sondern als eine Empörung des ganzen Wesens gegen Fremdherrschaft, als eine Empörung der germanischen Seele gegen ungermanische Seelentyrannei zu erkennen, so werden wir zugeben müssen, dass diese »Reform« begann, sobald Germanen durch Bildung und Musse zum Bewusstsein erwacht waren, und dass

Die Reformation

sie noch heute fortfährt.[1] Scotus Erigena (im 9. Jahrhundert) ist ein
Reformator, da er sich weigert, sich den Befehlen Roms zu fügen und
lieber durch den Dolch der Mörder stirbt, als dass er ein Jota seiner
»Geistes- und Gewissensfreiheit« aufgäbe; Abälard ist im 11. Jahrhundert ein Reformator, da er bei aller Rechtgläubigkeit sich die
Freiheit seiner religiösen Vorstellungen nicht rauben lässt und ausserdem die Verwaltung der römischen Kirche, den Sündenablass u. s. w.
angreift; ebenso sind aber solche Leuchten der katholischen Kirche
wie Döllinger und Reusch in unserem Jahrhundert Reformatoren;
keine einzige dogmatische Frage schied sie von Rom, ausser der einen:
Freiheit. In dieser folgenschweren Bewegung thaten sich nun, neben
den Germanen im engeren Sinne des Wortes, nicht allein die Kelten
hervor, sondern ebenfalls die Slaven. Was ich im letzten Absatz meldete:
wie sie die fremde Einmengung in ihre Kirchenverwaltung abwiesen und
wie sie ihre Muttersprache als ihr heiligstes Erbgut hochhielten, gehört ja
schon hierher, beides ist die Verleugnung der notwendigen Prinzipien
Roms. Doch diese Bestrebungen hatten tiefere Wurzeln; im innersten
Herzen handelte es sich um Religion, nicht lediglich um Nation. Und
sobald die Reformation festen Fuss gefasst hatte — was zuerst im fernen
England geschah — da strömten die slavischen Katholiken nach Oxford
hin, angezogen durch eine offenbare Blutsverwandtschaft der heiligsten
Gefühle. Ganz gewiss wäre die Reformation ohne den einen einzigen
Martin Luther nicht das geworden, was sie geworden ist — unsere
modernsten Historiker mögen sagen, was sie wollen, die Natur kennt
keine grössere Kraft als die eines gewaltig grossen Mannes — doch
der Boden, auf dem dieser deutsche Mann zu voller Kraft aufwachsen
konnte, die Umgebung, in der er die belebende Luft zu seinem
Kampfe fand, sie waren in allererster Reihe das Werk Böhmens und
Englands.[2] Schon hundert Jahre vor Luther's Geburt war in England
jeder dritte Mann ein Antipapist[3] und war Wyclif's Übersetzung der
Bibel im ganzen Lande verbreitet. Böhmen blieb nicht zurück; bereits
im 13. Jahrhundert wurde das Neue Testament in tschechischer Sprache
gelesen und zu Beginn des 15. Jahrhunderts revidierte Hus die voll-

---

[1] Der katholische Anthropolog Lapouge sagt in seiner rein naturwissenschaftlichen Definition des *Homo europaeus*: »*en religion il est protestant*«. Siehe:
Dépopulation de la France, p. 79.

[2] Luther schreibt denn auch an Spalatin (Februar 1520): »*Vide monstra,
quaeso, in quae venimus sine duce et doctore Bohemico*«.

[3] Fremantle: *John Wyclif* in dem Band *Prophets of the Christian Faith*, p. 106.

ständige Bibel in der Volkssprache. Doch die lebendigste Anregung
war von Wyclif ausgegangen; er erst öffnete den Slaven die Augen
für die evangelische Wahrheit, so dass Hieronymus von Prag von
ihm sagen durfte: »Bisher hat man die Schale gehabt, erst Wyclif
hat den Kern aufgedeckt«. [1]) Man macht sich ein durchaus falsches
Bild von der slavischen Reformationsbewegung, wenn man sein Augenmerk vornehmlich auf Hus und die hussitischen Kriege wirft; das
Vorwalten der politischen Kombinationen, sowie des Hasses zwischen
Tschechen und Deutschen, verwirrte von da an die Gemüter und
verdunkelte das reine Streben, welches vorerst so hell geglänzt hatte.
Schon hundert Jahre vor Hus lebte jener Milič, der, selber ein recht-
gläubiger Katholik und allen Grübeleien über Dogmatik in Folge
seines auf praktische Seelsorge gerichteten Sinnes überhaupt abhold, den
Ausdruck Antichrist für die römische Kirche erfand; im Kerker
zu Rom schrieb er seinen Traktat *De Antichristo*, worin er ausführt, der Antichrist werde nicht erst in Zukunft kommen, er sei
schon da, er häufe »geistliche« Reichtümer, er kaufe Prebenden, er
verkaufe Sakramente. Von Mathias von Janow wird dieser Gedanke
dann weiter ausgeführt und die eigentliche theologische Reformation
angebahnt; freilich eifert er für die eine heilige Kirche, diese müsse
aber von Grund aus gereinigt und neu aufgerichtet werden: »Es
bleibt uns nun allein noch übrig, die Reformation durch die Zerstörung des Antichrist selbst zu wünschen; erheben wir unsere Häupter,
denn schon ist die Erlösung nahe!« (1389). Auf ihn folgen Stanislaus
von Znaim, welcher die 45 Sätze Wyclif's vor der Universität Prags
verteidigt, Hus, der das »Apostolische« vom »Päpstlichen« scharf
scheidet und erklärt, dem Ersteren werde er gehorchen, dem Päpstlichen jedoch nur insofern es mit dem Apostolischen übereinstimme,
Nikolaus von Welenowič, der die Stellung der Priester als privilegierter
Heilsvermittler leugnet, Hieronymus, jener herrliche Ritter und Märtyrer,
der selbst einem Gleichgültigen, dem mehr um hellenische Litteratur
als um Christentum besorgten, hauptsächlich als Sammler und Heraus-
geber obscöner Anekdoten berühmten Poggio, päpstlichen Sekretär,
die Worte entriss: »O welcher Mann, der ewiges Andenken verdient!«
Und viele Andere. Man sieht, hier liegt nicht die That eines Einzelnen, vielleicht erratischen Geistes vor; es spricht im Gegenteil eine
Volksseele, Alles wenigstens, was in dieser Volksseele echt und edel

---

[1]) Neander: IX, 314.

war. Wie es diesem edlen Teil erging, wie er von der Erdoberfläche
vertilgt wurde, ist bekannt: der Papst und die römischen Bischöfe
hatten das internationale Söldnerheer bezahlt, von dem er den Todes-
stoss am Weissen Berge empfing.[1]) Es handelt sich auch nicht etwa
um eine tschechische Idiosynkrasie; die anderen katholischen Slaven
verhielten sich genau ebenso. So z. B. wurden auf der ersten
polnischen Druckpresse die Kirchenlieder Wyclif's gedruckt; auf das
Tridentiner Konzil entsandte Polen so ausgesprochen protestantisch
gesinnte Bischöfe, dass der Papst sie beim König als unbedingte
Häretiker verklagte. Doch der polnische Reichstag liess sich auch
hierdurch nicht einschüchtern: er forderte vom König eine vollkommene Reorganisation der polnischen Kirche unter einziger
Zugrundelegung der Heiligen Schriften! Zugleich forderte
er — mirabile dictu! — die »Gleichberechtigung aller Sekten«. Der
Adel Polens und die gesamte geistige Aristokratie waren Protestanten.
Doch die bald eingetretenen politischen Wirrnisse benutzten die Jesuiten,
von Österreich und Frankreich unterstützt, um festen Fuss im Lande
zu fassen; »blutig und schnell«, wie Canisius es verlangt hatte, ging
es freilich nicht, doch immer härter wurden die Protestanten verfolgt, zuletzt verbannt; mit der Religion sank auch die polnische
Nation dahin.[2])

---

[1]) Döllinger: *Das Haus Wittelsbach*. Akad. Vorträge I, 38.

[2]) Man lese das höchst interessante Werk des Grafen Valerian Krasinski:
Geschichte des Ursprungs, Fortschritts und Verfalls der Reformation in Polen, Leipzig,
1841. Nirgends vielleicht findet man ein so vollständiges, reiches, überzeugendes,
abgerundetes Material wie in Polen, um zu sehen, wie religiöse Unduldsamkeit
und namentlich der Einfluss der Jesuiten ein blühendes Land, auf jedem geistigen
und industriellen Gebiet einer glänzenden Zukunft entgegenreifend, vollständig zu
Grunde richtet. Wie die Polen schon lange vor Luther zu Rom standen, geht
am besten aus der Rede hervor, die Johann Ostrorog in der Ständeversammlung
des Jahres 1459 hielt, in welcher er u. a. ausführte: »Es ist nichts dagegen einzuwenden, dieses Königreich dem Papste als ein katholisches Land zu empfehlen,
es ziemt sich aber nicht, ihm einen unbeschränkten Gehorsam zu verheissen. Der
König von Polen ist Niemand unterworfen und nur Gott steht über ihm; er ist
nicht Roms Unterthan — — u. s. w.;« dann geisselt der Redner die schamlose
Simonie des päpstlichen Stuhles, den Ablasskram, die Geldgier der Priester und
Mönche (a. a. O., S. 36 fg.). Diese ganze polnische Bewegung ist, wie die böhmische,
durch einen frischen Zug des unabhängigen Nationalitätenbewusstseins, bei gleich-
zeitiger Geringschätzung dogmatischer Fragen die Polen waren nicht einmal
Utraquisten ausgezeichnet; und ebenfalls wie in Böhmen geborene Deutsche
sind es, die für Rom und gegen religiöse und politische Freiheit streiten und den

Da diese Dinge nicht einem Jeden gegenwärtig sind, habe ich mit einiger Ausführlichkeit darauf Nachdruck legen müssen; genügend, hoffe ich, um der Überzeugung von einer ursprünglichen, innigen Verwandtschaft zwischen dem echten Germanen, dem echten Kelten und dem echten Slaven Bahn zu brechen. Hier stehen, im Augenblick wo diese Völker in die Geschichte eintreten, nicht drei ethnische Seelen nebeneinander, sondern eine einzige, einheitliche. Mögen die Kelten sich fast allerorten (doch, wie wir sahen, nicht überall) durch die Aufnahme von Virchow's hypothetischen »Präkelten« und von Elementen aus dem lateinischen Völkerchaos physisch so verändert haben, dass man heute allgemein unter »keltisch« den Gegenpart des ursprünglichen keltischen Typus versteht; mag ein ähnliches Schicksal die grossen blonden Normannenähnlichen Slaven in vielleicht noch bedauerlicherem Masse ereilt haben: wir sahen doch durch die Jahrhunderte hindurch jenen unterschiedlichen, durchaus individuellen Geist am Werke, den ich ohne Zaudern den germanischen nenne, weil der echte Germane (im gewöhnlichen, beschränkteren Sinne des Wortes), trotz aller Bastardierungen, die ein grosser Teil seiner Söhne einging, ihn doch bei weitem am reinsten und daher am mächtigsten bewahrte. Es handelt sich hier nicht um müssige Wortklauberei, im Gegenteil, um historische Einsicht im weitesten Sinne; es fällt mir auch nicht ein, dem eigentlichen Germanen, oder gar dem Deutschen, Thaten zu vindizieren, die er nicht vollbrachte, oder Ruhm zu schenken, der Anderen zukommt. Im Gegenteil, ich möchte das lebendige Gefühl der grossen nordischen Brüderschaft wachrufen, und zwar ohne mich irgend welchen anthropogenetischen oder prähistorischen Hypothesen zu verdingen, sondern indem ich mich auf das stütze, was allen Augen offen liegt. Ja, nicht einmal die Blutsverwandtschaft postuliere ich; zwar glaube ich an sie, doch bin ich mir der ungeheueren Verwickeltheit dieses Problemes zu wohl bewusst, ich sehe zu deutlich ein, dass der wahre Fortschritt

---

Sieg erringen. Hosen (Kardinal Hosius) — der Mann, der dem Kardinal de Guise ein Glückwunschschreiben zur Ermordung des Admirals Coligny sendet und der »dem Allmächtigen für das grosse Geschenk, das Frankreich durch die Bartholomäusnacht erhalten hat, dankt, und betet, dass Gott auch Polen mit gleicher Barmherzigkeit ansehen möge« — dieser selbe Hosen steht an der Spitze der antinationalen Reaktion, er führt die Jesuiten ins Land ein, er verbietet das Lesen der heiligen Schrift, er lehrt, der Unterthan habe dem Fürsten gegenüber gar keine Rechte u. s. w. Wenn ein solcher ein Germane ist, jene Vorkämpfer für Freiheit nicht, dann ist dieser Name lediglich eine schimpfliche Bezeichnung.

der Wissenschaft hier vornehmlich in der Aufdeckung unserer unbeschränkten Ignoranz und der Unzulänglichkeit aller bisherigen Hypothesen bestanden hat, als dass ich die geringste Lust verspürte, jetzt,
wo jeder echte Gelehrte zu schweigen beginnt, nun meinerseits mit
dem Aufbauen neuer Luftschlösser fortzufahren. »Alles ist einfacher,
als man denken kann, zugleich verschränkter, als zu begreifen ist«,
wie Goethe sagt. Inzwischen trafen wir verwandten Geist, verwandte
Gesinnung, verwandte Körperbildung an: das darf uns genügen. Wir
halten ein bestimmtes Etwas in der Hand, und da dieses Etwas nicht
eine Definition ist, sondern aus lebendigen Menschen besteht, so weise
ich auf diese Menschen hin, auf die echten Kelten, Germanen und
Slaven, damit man erfahre, was das Germanische sei.

Beschränkung des Begriffes. Hiermit hätte ich nun gezeigt, was unter der notwendigen Erweiterung des Begriffes »Germane« zu verstehen ist; worin besteht
aber die ebenfalls als notwendig von mir bezeichnete Beschränkung?
Auch hier wird die Antwort eine zwiefache sein, auf physische Eigenschaften einerseits und auf geistige andererseits sich beziehend; im
Grunde genommen sind dies aber lediglich verschiedene Erscheinungs-
arten desselben Dinges.

Das physische Moment darf nicht unterschätzt werden; es wäre
vielleicht schwer, so weit zu gehen, dass man es überschätzte. Warum,
das habe ich in der Abhandlung über die Rassenfrage im vorletzten
Kapitel darzuthun versucht; ausserdem gehört diese Erkenntnis zu jenen,
welche schon der blosse Instinkt, der dünnste Seidenfaden des Zusammen-
hanges mit dem Gewebe der Natur unmittelbar empfinden lässt, auch
ohne gelehrte Beweise. Denn wie die Ungleichheit der menschlichen
Individuen auf ihren Physiognomieen, so ist ebenfalls die Ungleichheit
der menschlichen Rassen in ihrem Knochenbau, in ihrer Hautfarbe,
in ihrer Muskulatur, in den Verhältnissen ihres Schädels zu lesen;
vielleicht giebt es keine einzige anatomische Thatsache des Körpers,
auf welche die Rasse nicht ihren besonderen, unterscheidenden Stempel
gedrückt hätte. Man weiss es ja, selbst die Nase, dieses bei uns
Menschen zu so frostiger Unbeweglichkeit erstarrte Organ, welches,
nach gewissen Schülern Darwin's, einer noch weiter reichenden Monu-
mentalisierung durch gänzliche Verknöcherung entgegengeht, selbst
die Nase, in dem Städteleben unseres 19. Jahrhunderts eher eine Vermittlerin von Qualen als von Freuden, eine bloss lästige Zugabe,
steht von der Wiege bis zum Grabe im Mittelpunkte unseres Antlitzes
als Zeugin unsrer Rasse! Wir müssen also zunächst mit allem Nach-

druck betonen, dass diese Nordeuropäer[1]) — die Kelten, Germanen und Slaven — als physisch unter den Indoeuropäern unterschiedene, in ihrem Körperbau von den Südeuropäern abweichende, »nur sich selbst gleichende« Menschen auftraten, woraus sich aber eine erste Beschränkung ohne weiteres ergiebt: dass nämlich, wer diese physischen Merkmale nicht besitzt, und sei er noch so sehr im Herzen Germaniens geboren und rede von Kindheit auf eine germanische Sprache, doch nicht als ein Germane zu betrachten sei.   Die Bedeutung dieses physischen Momentes lässt sich leichter an grossen Volkserscheinungen als am Individuum nachweisen, denn es kann vorkommen, dass ein ungewöhnlich begabter Einzelner sich eine fremde Kultur aneignet und dann, gerade infolge seiner innerlich abweichenden Eigenart, Neues und Erspriessliches zu Stande bringt; dagegen wird der besondere Wert der Rasse klar, sobald es sich um Gesamtleistungen handelt, was ich dem deutschen Leser gleich zu Herzen führe, wenn ich ihm in den Worten eines anerkannten Fachmannes mitteile, dass: »die bevorzugten grossen Staatsmänner und Heerführer der Gründungszeit des neuen Reiches meist von der reinsten germanischen Abstammung sind«, genau ebenso wie »die wetterfesten Seefahrer der Nordseeküste und die kühnen Gemsenjäger der Alpen«.[2])   Das sind Thatsachen, über die man viel und lange nachdenken sollte. In ihrer Gegenwart schrumpfen die bekannten Phrasen der Herren Naturforscher, Parlamentsredner u. s. w. über die Gleichheit der Menschenrassen[3]) zu einem so unsinnigen Gewäsch zusammen, dass man sich fast schämt, je auch nur mit einem einzigen Ohre auf sie hingehört zu haben.   Sie lehren auch einsehen, in welchem genau bedingten Sinne das bekannte Wort jenes echt germanischen Mannes, Paul de Lagarde, Geltung beanspruchen darf: »Das Deutschtum liegt nicht im Geblüte, sondern im Gemüte«.   Beim Einzelnen ja, da mag das Gemüt das Geblüt beherrschen, hier siegt die Idee, doch bei einer grossen Menge nicht.   Und um die Bedeutung des Physischen, sowie die Beschränkung, die es mit sich führt, zu ermessen, bedenke man

---

[1]) In neuester Zeit befestigt sich immer mehr bei den Gelehrten die Überzeugung, dass die Germanen nicht aus Asien eingewandert sind, sondern seit undenklichen Zeiten in Europa daheim waren.   Siehe u. A. Penka: *Die Herkunft der Arier*, 1886, Schrader: *Sprachvergleichung und Urgeschichte*. 2. Auflage, 1890, von der ersten vielfach abweichend, Taylor: *The Origin of the Aryans*, 1890, u. s. w.

[2]) Henke: *Der Typus des germanischen Menschen*. S. 33.

[3]) Siehe S. 264 fg., 374 Anm. 2, 493.

ferner, dass das, was man »die germanische Idee« nennen kann, ein unendlich zartgebauter, reichgegliederter Organismus ist. Man braucht ja nur zum Vergleich auf die jüdische hinzusehen, diese *enfance de l'art*, deren ganze Kunst darin besteht, die menschliche Seele so zusammen zu schnüren, wie die chinesischen Damen ihre Füsse, nur dass diese Damen sich dann nicht mehr rühren können, wogegen eine halberdrosselte Seele sich leichter trägt und dem geschäftigen Körper weniger Umstände verursacht als eine vollentwickelte, traum-beladene. In Folge dessen ist es verhältnismässig leicht, »Jude zu werden«, dagegen fast bis zur Unmöglichkeit schwer, »Germane zu werden«. Gewiss liegt das Germanentum im Gemüte; wer sich als Germane bewährt, ist, stamme er, woher er wolle, Germane; hier wie überall thront die Macht der Idee: doch, man hüte sich, einem wahren Prinzip zu Liebe, den Zusammenhang der Naturerscheinungen zu übersehen. Je reicher das Gemüt, um so vielseitiger und fester hängt es mit dem Unterbau eines bestimmt gearteten Geblüts zusammen. Es ist evident und braucht nicht erst erwiesen zu werden, dass bei der Entfaltung menschlicher Anlagen, je weiter, je eigenartiger diese Entwickelung gediehen ist, um so höher die Differenzierung im phy-sischen Substratum unseres geistigen Lebens fortgeschritten sein muss, wobei das Gewebe zugleich umso zarter wird. So sahen wir denn auch im vorigen Kapitel, wie der edle Amoriter aus der Welt verschwand: in Folge von Vermischung mit unverwandten Rassen wurde seine Physiog-nomie wie weggewischt, seine gigantische Gestalt schrumpfte zusammen, sein Geist entflog; wogegen der simple *Homo syriacus* heute derselbe ist wie vor Jahrtausenden und der bastardierte Semit sich aus der Mischung zu seiner dauernden Zufriedenheit als »Jude« herauskrystalli-siert hat. Ähnlich ging's allerorten. Welch' ein herrliches Volk war nicht das spanische! Den Westgoten war während Jahrhunderte die Ehe mit »Römern« (wie man die übrigen Bewohner nannte) unbedingt verboten, woraus ein Gefühl von Rassenadel sich ent-wickelte, welches auch später, als von oben her die Verschmelzung der Völker mit Gewalt betrieben wurde, diese Verschmelzung lange hintanhielt; doch nach und nach wurden immer tiefere Breschen in den Damm gebrochen, und bei der dann erfolgten Vermischung mit Iberern, mit den zahlreichen Überresten des römischen Völkerchaos, mit Afrikanern verschiedenster Provenienz, Arabern und Juden, verlor sich das, was die Germanen gebracht hatten: die Kriegstüchtigkeit, die bedingungslose Treue (siehe Calderon!), das hohe religiöse Ideal, die organisatorische Befähigung, die reiche schöpferische Künstlerkraft; was dann übrig blieb, als das germanische »Geblüt«, als das physische Substratum vertilgt war, sehen wir heute. [1]) Seien wir also nicht zu schnell bei der Hand mit der Behauptung, das Germanentum liege nicht im Geblüte; es liegt doch darin; nicht in dem Sinne, dass dieses Geblüt germanische Gesinnung und Befähigung verbürge, doch aber, dass es sie ermögliche.

Diese Beschränkung ist also zunächst eine sehr klare: Germane ist der Regel nach nur, wer von Germanen abstammt.

Doch muss ich gleich darauf aufmerksam machen, wie notwendig die vorangehende Erweiterung des Begriffes war, damit diese Beschränkung mit Verstand zur Anwendung komme. Sonst stellen sich solche lustige Folgerungen ein, denen selbst Henke in der oben angeführten Broschüre nicht ausweichen kann, wie dass Luther kein echter germanischer Mann war! und dass die Schwaben, die mit Recht in der ganzen Welt als hervorragende Vertreter des unverfälschtesten Germanentums gelten, ebenfalls nicht echte Germanen sind! Ein Mann, dessen Abstammung und dessen Gesichtsbildung ihn als das Ergebnis einer Mischung zwischen echtdeutschem und echtslavischem Blut bezeugen, wie dies Henke von Luther nachweist, ist ein echter germanischer Mann, aus glücklichster Mischung hervorgegangen, und ein Gleiches gilt von dem Volk der Schwaben, bei denen, wie ebenfalls Henke darthut, eine innige Vermengung von Kelten und Deutschen stattgefunden, welche zu reicher poetischer Begabung und ausnehmender Charakterfestigkeit führte. Über die hohen Vorteile der Kreuzungen zwischen nahe verwandten Völkern berichtete ich im vierten Kapitel (S. 279—283); bei den germanischen Völkern bewährte sich dieses Gesetz überall: bei den Franzosen, wo die mannigfachsten Kreuzungen germanischer Typen zu einer Überfülle reicher Talente führte, und wo noch heute, in Folge des Vorhandenseins vieler Centren verschiedenartigster Rassenreinkulturen, reiches Leben sich kundthut, bei den Engländern, bei den Sachsen, den Preussen, u. s. w. Treitschke macht besonders darauf aufmerksam, dass die »staatsbildende Kraft Deutschlands« nie in den ungemischt deutschen Stämmen gelegen

---

[1]) Vergl. Savigny's *Geschichte des römischen Rechtes im Mittelalter*, Bd. I, Kap. 3 und 5. Diese Reinhaltung der germanischen Rasse durch Jahrhunderte hindurch, mitten unter einer minderwertigen Bevölkerung, fand nicht allein in Spanien statt, auch in Oberitalien lebten Germanen nach getrenntem Recht bis ins 14. Jahrhundert, worüber Näheres weiter unten und im 9. Kapitel.

habe! »Die eigentlichen Kulturträger und Bahnbrecher in Deutschland
waren im Mittelalter das süddeutsche Volk, das keltisch gemischt ist;
in der neueren Geschichte die slavisch gemischten Norddeutschen.«[1])
Diese Ergebnisse sind zugleich ein Beweis für die enge verwandt-
schaftliche Zusammengehörigkeit der Nordeuropäer, jenes Menschentypus, den man mit Lapouge-Linnaeus den *Homo europaeus* nennen
kann, noch besser und einfacher aber den Germanen. Jetzt, und
jetzt erst, lernen wir in Bezug auf uns selber zwischen Kreuzung und
Kreuzung unterscheiden. Durch Kreuzungen untereinander erleiden
Germanen an ihrem Wesen keinen Eintrag, im Gegenteil; dagegen
richten sie es durch Kreuzungen mit Anderen nach und nach zu Grunde.

Das
blonde Haar.

Leider ist diese Beschränkung aber, so klar in der allgemeinen
Definition, doch sehr schwer im Einzelnen durchzuführen. Denn man
wird fragen: an welchen physischen Merkmalen erkennt man den
Germanen? Ist z. B. wirklich die Blondheit ein charakteristisches
Merkmal aller Germanen? Es scheint dies ein Grunddogma zu bilden,
nicht allein für die alten Historiker, sondern auch für die neuesten
Anthropologen, und doch sind mir Thatsachen aufgefallen, die es mich
stark bezweifeln lassen. Zunächst eine Thatsache, über die man natürlich
bei Herrn Virchow und seinen Kollegen nicht die geringste Auskunft
findet, da das politische Vorurteil ihnen den Blick trübt: ich meine
die Häufigkeit der dunklen Farbe bei den Mitgliedern des echtesten
altgermanischen Adels. Sie ist namentlich in England auffallend.
Hochgewachsene, schlanke Körper, lange Schädel, lange Gesichter, der
bekannte Moltketypus mit der grossen Nase und dem scharfgeschnittenen
Profil (den auch Henke als den charakteristisch »rein germanischen«
betrachtet), Stammbäume, die bis in die Normannenzeit zurückreichen,
kurz, unzweifelhaft echte, physisch und historisch bezeugte Germanen —
aber schwarzes Haar. Bei Wellington fallen Eckermann die braunen
Augen auf.[2]) In Deutschland habe ich dasselbe in verschiedenen
Familien altadeliger Herkunft bemerkt. Es ist mir ausserdem aufgefallen, dass Dichter aus dem äussersten Norden Deutschlands das dunkle
Haar nicht allein beim Adel, sondern auch als für das Volk bezeichnend
ziemlich oft anführen; so haben z. B. in Theodor Storm's Erzählung
Hans und Heinz Kirch, jene echten, trotzigen germanischen Seefahrer,
Hans und Heinz, beide »schwarzbraune Locken«, und auch von einer

---

[1] *Politik* I, 279.
[2] *Gespräche mit Goethe*, 16. 2. 1826.

anderen, kecken Gestalt, dem Hasselfritz, heisst es, er habe braune Augen und braunes Haar; diese echtesten Germanen gleichen also dem Achilles mit seinem »bräunlichen Haupthaar«.[1] Wie oft kommen auch in den Volksliedern »schwarzbraune Äugelein« vor! Auch Burns, der schottische Bauerndichter, schwärmt für die »nut-brown maidens« seiner Heimat. Als ich nun einmal bei einer Reise in Norwegen nördlich vom 70. Grad zufällig nach einer Inselgruppe verschlagen wurde, wohin sonst kaum je ein Fremder kommt, fand ich zu meinem Erstaunen unter der sonst blonden Fischerbevölkerung einzelne jenem Typus genau entsprechende Gestalten: ausnehmend schön gewachsene Männer mit edlen, imponierenden Vikinger-Physiognomien, dazu fast rabenschwarze Haare. Später begegnete ich diesem Typus im Südosten von Europa, in den deutschen Kolonieen Slavoniens, die, seit Jahrhunderten dort ansässig, ihr Deutschtum inmitten der Slaven makellos rein erhalten haben: die Gestalt, der Moltketypus, (oder wie der Engländer sagt, das Wellingtongesicht) und das schwarze Haar zeichnen diese Leute vor ihrer meist blonden und physiognomisch durchaus unbedeutenden Umgebung aus. Übrigens brauchen wir nicht so weit zu gehen: wir finden diesen Typus als den fast vorherrschenden im deutschen Tirol, von dem Henke sagt, seine Bewohner stellen »den wahren Typus der jetzt lebenden Urgermanen dar«. Dass auch sie meist dunkles, oft schwarzes Haar haben, erklärt allerdings der genannte Gelehrte dadurch, dass »die Sonne sie dunkel gebrannt hat«, und meint dazu, die Farbe sei die Eigenschaft, die sich am leichtesten mit der Zeit verändert«. Virchow's Untersuchungen hatten aber schon längst das Gegenteil erwiesen (siehe S. 369), und wir könnten auf diese Behauptung mit der Frage antworten: warum war David blond? warum behielten die Juden von den Amoritern eine gewisse Neigung zu rotblondem Haar, weiter nichts? Welche Sonne hat dem englischen Adel und gar erst dem Norweger im fernsten Norden, wo die Sonne monatelang gar nicht gesehen wird, die Haare dunkel gebrannt? Nein, hier liegen gewiss andere Verhältnisse vor, die erst physiologisch werden aufgeklärt werden müssen, was bisher meines Wissens nicht geschah.[2] Ebenso wie gewisse rote Blumen an bestimmten Standorten, oder auch unter dem Einfluss von Bedingungen, die sich der menschlichen Be-

---

[1] *Ilias* XXIII, 141.

[2] Wenigstens konnte ich weder in physiologischen Lehrbüchern, noch in solchen Specialschriften wie die Waldeyer's etwas diesbezügliches finden.

obachtung entziehen, blau auftreten (bisweilen dann rot und blau auf
demselben Stamme), und ebenfalls schwarze Tiergattungen bekannt
sind, die weisse Abarten erzeugen, ebenso ist es durchaus nicht undenkbar, dass das Haarpigment innerhalb eines bestimmten Menschentypus zwar der Regel nach hellgefärbt sein, doch unter Umständen
auch dem entgegengesetzten Ende der Farbenskala sich zuneigen kann.
Denn das Entscheidende ist hier, dass wir dieses dunkle Haar gerade
bei Menschen finden, deren unverfälschtes Germanentum nicht allein in
meinem weiteren, sondern in dem engeren taciteischen Sinne des Wortes
verbürgt ist und deren ganzes äusseres und inneres Wesen es ausserdem
erweist. Doch, sobald man sich weiter umschaut, wird man genau diesen
selben Menschentypus — hochgewachsen, schlank, dolichocephal, Moltke-
physiognomie, dazu ein »germanisches Innere« — an den Südabhängen
der Seealpen z. B. antreffen; man braucht nur von dem vom Völkerchaos
besetzten Cannes und Nizza sich zwei Stunden nördlich in abgelegenere
Teile des Gebirges zu begeben; auch hier die schwarzen Haare. Sind
es Kelten? sind es Goten? sind es Langobarden? Ich weiss es nicht;
es sind jedenfalls die Brüder der früher Genannten. Auch in den
Gebirgen des nördlichen Italien findet man sie, abwechselnd mit dem
kleinen, rundköpfigen, unarischen *Homo alpinus*. Von den Kelten
hat schon Virchow gesagt, er sei »nicht abgeneigt, anzunehmen, dass
die ursprüngliche keltische Bevölkerung nicht blond-arisch, sondern
brünett-arisch gewesen sei«; und gewappnet mit dieser kühnen »nicht
abgeneigten Annahme« erklärt er dann alle dunklen Haare als keltische
Beimischung. Doch werden uns von den Alten gerade die ursprünglichen Kelten als auffallend blond »rothaarig« beschrieben, und wir
können sie mit eigenen Augen noch heute so sehen in Schottland
und Wales; diese Hypothese steht also nur auf dem einen Beine,
dass die Kelten, ausser blond, auch brünett — oder vielmehr, was
nicht ganz dasselbe ist, dunkelhaarig — sein können, wofür wir an
Ort und Stelle, unter den unvermischten Kelten, Belege genug finden.
Es liegt hier folglich derselbe Fall vor wie bei den Germanen. Von
den Slaven kann ich nur das Eine berichten, und ich thue es mit
Vergnügen, dass selbst Herr Virchow erklärt, sie seien »ursprünglich
blond gewesen«. Sie waren es auch nicht bloss, sondern sind es
noch heute; man braucht nur ein bosnisches Regiment vorbeidefilieren
zu sehen, um sich davon zu überzeugen. Die Karte nach Virchow's
Untersuchungen an Schulkindern zeigt, dass das ganze Posen, sowie
Schlesien östlich der Elbe denselben geringen Prozentsatz dunkler

Menschen aufweist (10—15 Prozent) wie die westlich gelegenen Länder; der grösste Prozentsatz von Brünetten findet sich in Gegenden, wohin nie ein Slave kam, nämlich in der Schweiz, im Elsass, im urdeutschen Salzkammergut! Ob es echte Slaven giebt, bei denen Melanismus des Haares vorkommt, wie bei den Germanen und Kelten, ist mir unbekannt.

Aus diesen Thatsachen geht unwiderlegbar hervor, dass dem Germanen nicht, wie es gewöhnlich geschieht, blondes Haar apodiktisch zugesprochen werden kann; auch schwarzes Haar kann den echtesten Sprossen dieser Rasse eigen sein. Zwar wird das Vorhandensein blonden Haares immer auf Germanentum (in meinem weiten Sinne des Wortes) raten lassen, und sei es auch nur als ferne Beimengung, doch die Abwesenheit der hellen Färbung gestattet nicht den umgekehrten Schluss. Bei der Anwendung dieser Beschränkung muss man also vorsichtig sein; das Haar allein genügt als Kriterium nicht, sondern es müssen die übrigen physischen Charaktere mit in Betracht gezogen werden.

Somit gelangen wir zu der weiteren und wahrlich nicht minder schwierigen Frage: nach der Schädelform. Hier scheint es, als müsse und könne eine Grenze gezogen werden. Denn, wie verwickelt die Verhältnisse auch heute liegen, sie lagen in alten Zeiten sehr einfach: die alten Germanen des Tacitus, sowie die alten Slaven waren beide der Mehrzahl nach ausgesprochene Langköpfe; der lange Schädel und darunter das lange Gesicht sind so sichere Merkmale der Rasse, dass man sich wohl fragen darf, ob, wer sie nicht besitzt, zu ihr gezählt werden dürfe. In den germanischen Gräbern der Völkerwanderungszeit findet man fast die Hälfte der Schädel dolichocephal, d. h. mit einer Breite, welche sich zur Länge wie 75 (oder noch weniger) zu 100 verhält und mit wenigen Ausnahmen nähern sich auch die übrigen Schädel dieser künstlich gewählten Verhältnisgrenze; wirkliche Rundköpfe (siehe S. 360) kommen fast gar nicht vor. In den altslavischen Gräbern ist das Verhältnis noch mehr zu Gunsten der extremen Langköpfe. In Bezug auf die alten Kelten besitzt man wenige Angaben; doch lässt die Neigung zur Dolichocephalie bei den Gälen Nordschottlands und den Kymren in Wales dasselbe voraussetzen.[1] Seitdem hat sich das sehr geändert, wenigstens in vielen Ländern. Zwar nicht hoch oben im Norden, in Skandinavien, im nördlichsten Deutschland (mit Ausschluss der Städte) und in England; im Gegenteil, die Dolicho-

Die Gestalt des Schadels.

---

[1] Vergl. Ranke: *Der Mensch*, II, 298.

cephalie scheint z. B. in Dänemark noch ausgesprochener als bei den Germanen der Völkerwanderungszeit: sechzig von hundert zählen dort die echten Langköpfe und nur sechs von hundert die Kurzköpfe. Doch die Slaven Russlands sollen heute (nach Kollmann) kaum noch drei Langköpfe auf hundert aufweisen, dagegen 72 ausgesprochene Kurzköpfe, der Rest Mittelformen, die zur Brachycephalie neigen. Und gar erst die Altbayern! Johannes Ranke hat hier 1000 Schädel Lebender gemessen, mit dem Ergebnis, dass nur einer von hundert den altgermanischen Schädel besitzt, dagegen 95 echte Kurzköpfe sind! Auch vergleichende Messungen der hellenischen Schädel aus der klassischen Zeit und derjenigen heutiger Griechen haben zu ähnlichen Resultaten geführt; denn wog auch bei jenen die mittlere Kopfform vor, so besassen sie doch ein Drittel echter Langköpfe und in ihren Gräbern findet man noch weniger eigentliche Kurzköpfe als in den germanischen, während heute mehr als die Hälfte Kurzköpfe sind. Dass in diesen Erscheinungen die Infiltration einer ungermanischen Rasse vorliegt, einer Rasse, welche überhaupt nicht zum indoeuropäischen Verwandtschaftskreise gehört, sowie ausserdem der chaotischen Rassenlosigkeit, kann wohl nicht bezweifelt werden. Zwar giebt man sich alle Mühe, dieser Folgerung möglichst auszuweichen. So hat z. B. namentlich Kollmann (Professor in Basel) das Hauptgewicht vom Schädel weg auf das Gesicht zu legen gesucht, auf die Unterscheidung zwischen Langgesichtern und Breitgesichtern[3]) und Johannes Ranke griff das auf und konstruierte als spezifisch germanischen Typus ein langes Gesicht unter einem kurzen Schädel; Henke wiederum möchte glauben, dass hier eine allmähliche Entwickelung stattgefunden hat, durch welche die Länge des Vorderkopfes eher zu als abgenommen hätte, dagegen der Hinterkopf immer kürzer geworden wäre; die Dolichocephalie sei also gewissermassen auch jetzt noch bei den kurzköpfigen Germanen vorhanden, nur versteckt u. s. w. Doch, wie beachtenswert alle diese Betrachtungen auch sein mögen, keine schafft die Thatsache aus der Welt, dass die Germanen dort, wo sie noch wenige oder gar keine Vermischungen eingegangen sind, im Norden nämlich, dolichocephal und blond (resp. schwarz) sind, während dieser Charakter verschwindet: erstens, je näher man den Alpen kommt, zweitens, dort, wo historisch nachweisbar viel Kreuzung mit Völkern aus dem Süden oder mit bereits entarteten Keltogermanen und Slavogermanen stattfand.

---

[1] *Correspondenzblatt der deutschen anthropologischen Gesellschaft*, 1883, Nr. II.

Natürlich wirkten die historischen Kreuzungen am schnellsten (Italien, Spanien, Südfrankreich u. s. w. sind allbekannte Beispiele); doch neben diesen Vermengungen, und an solchen Orten, wo sie gar nicht stattfanden, ganz allein, wirkte eine andere Ursache, so glaubt man heute: nämlich, das Vorhandensein einer oder vielleicht auch mehrerer prähistorischer Rassen, die niemals (oder doch nur dunkel) als solche in der Geschichte auftraten, und die, auf einer tieferen Kulturstufe stehend, frühzeitig von den verschiedenen Zweigen der Indogermanen unterjocht und assimiliert wurden. Diese Ursache trägt wahrscheinlich noch heute nachhaltig zur Entgermanisierung bei. Bezüglich der Iberer z. B. hat schon Wilhelm von Humboldt die Vermutung aufgestellt, sie seien früher durch Europa weit verbreitet gewesen und diese Annahme ist neuerdings von Hommel und Anderen vertreten worden. Rettete sich auch ein kleiner Teil in den fernsten Westen, dorthin, wo wir heute noch die Basken finden, starb auch vielleicht die Mehrzahl der Männer unter dem Feindesschwert, gänzliche Vernichtung des ganz Armen und Machtlosen kommt erfahrungsgemäss nie vor, man behält ihn als Sklaven, und man behält die Weiber. In den Alpen hat nun dieselbe oder vielleicht eine andere, aber ebenfalls ungermanische, nicht indoeuropäische Rasse gehaust, oder sich wenigstens dorthin als auf die letzte Zufluchtsstätte gerettet; man wird zu dieser Annahme durch die Beobachtung gedrängt, dass gerade die Alpen heute den Hauptausstrahlungspunkt des ungermanischen, kurzköpfigen, brünetten Typus abgeben, sowohl nach Norden wie nach Süden; die jetzt noch anthropologisch unterschiedene Rasse der Rhätier ist vielleicht ein ziemlich echtes Überbleibsel dieser einstigen Pfahlbauer und mit Virchow's Präkelten vermutlich identisch. In den weiten Gebieten des östlichen Europa muss dann noch eine besondere, wahrscheinlich mongoloidartige Rasse vorausgesetzt werden, um die ganz spezifische Deformation zu erklären, welche so schnell aus den meisten Slavogermanen minderwertige ›Slaven‹ machte. Wie kämen wir nun dazu, diejenigen Europäer, welche von diesen durchaus ungermanischen Völkern abstammen, bloss weil sie eine indoeuropäische Sprache sprechen und in indoeuropäische Kultur sich hineingelebt haben, als ›Germanen‹ zu betrachten? Ich halte es im Gegenteil für eine wichtigste Pflicht, will man vergangene und gegenwärtige Geschichte verstehen, hier recht klar zu scheiden. Indem wir die Menschen scheiden, lernen wir auch die Ideen in ihrer Besonderheit erkennen. Das ist umso nötiger, als wir unter uns Halbgermanen, Viertelgermanen, Sechzehntelgermanen u. s. w. zählen, und

in Folge dessen auch eine Menge Ideen, eine Menge Arten zu denken
und zu handeln, die halb-, viertel-, sechzehntel-germanisch oder auch
direkt antigermanisch sind. Einzig die Übung in der Unterscheidung
des Reingermanischen und des absolut Ungermanischen kann lehren,
sich in diesem angehenden Chaos zurecht zu finden. Überall ist das
Chaos der gefährlichste Feind. Ihm gegenüber muss der Gedanke
zu einer That werden; hierzu ist die Klarheit der Vorstellungen der
erste unerlässliche Schritt; und auf dem Gebiet, welches wir augenblicklich durchwandern, besteht die Klarheit zunächst in der Erkenntnis, dass unser Germanentum heute eine grosse Menge un-
germanischer Elemente enthält, und in dem Versuch, das Reine von
dem mit fremden (in keinem Sinne germanischen) Bestandteilen
Gemischten zu scheiden.

Doch, wie sehr zu diesem Behufe die Betonung des Anatomischen
auch berechtigt sein mag, ich fürchte, allein wird dieses Anatomische
nicht ausreichen; im Gegenteil, gerade hier wird augenblicklich die
Wissenschaft auf einem Meer von Konfusionen und Irrtümern hin-
und hergeworfen; wer sich von ihren Wahngebilden ergreifen lässt,
muss sich dann zuletzt hineinstürzen. Denn das, was ich eben dar-
legte von den verschiedenen Rassen, die aus vorarischen Zeiten in
Europa übrig blieben, den Iberern, Rhätiern u. s. w., wenn auch
entschieden richtig in den wesentlichsten Zügen, stellt nur die
denkbar schlichteste Vereinfachung der Hypothesen dar, welche heute
hundertfältig durch die Luft schwirren; und täglich wird die Sache
komplizierter. So haben — um dem Laien nur ein einziges Beispiel
zu geben — lange, sorgfältige Untersuchungen zu der Annahme geführt, dass es in Schottland in der ältesten Steinzeit eine langköpfige
Menschenrasse gab, dass aber später, in der jüngeren Steinzeit, eine
andere, ausserordentlich breitköpfige auftrat, welche dann, vermengt
mit jener ersten und mit Mischformen, für die Bronzezeit bezeichnend
wird; das alles spielte sich in unvordenklichen Zeiten ab, lange vor
der Ankunft der Kelten; nun trafen die Kelten, als Vorhut der
Germanen ein, und es ist wohl kaum zu zweifeln, dass sie durch
den Kontakt mit dieser früher ansässigen Rasse Modifikationen erlitten, da noch heute, nachdem so viele und so starke Menschenwellen
über jenes Land hinweggespült haben, man in vielen Individuen
Merkmale findet, die (so sagt ein Fachgelehrter) unmittelbar und unzweifelhaft auf jene schon aus der Vermengung von Lang- und Kurz-
köpfen hervorgegangene prähistorische Rasse aus der Bronzezeit zurück-

weisen![1]) Wie soll man nun den kraniologischen Einfluss solcher alt-
ansässiger Stämme auf die Germanen anatomisch entwirren, wenn sie
selber bereits Langköpfe und Kurzköpfe und Mittelköpfe besassen? Und
warum macht sich diese Wirkung heute nur nach der Kurzköpfigkeit
zu geltend? Da kommen aber wieder andere Gelehrte und singen
ein ganz anderes Lied: wir hätten keinen zwingenden Grund, an eine
Einwanderung des Indoeuropäers zu glauben, er sei schon zur
Steinzeit dagewesen, habe sich schon damals durch seinen Langkopf
von einer anderen kurzköpfigen Rasse unterschieden und mit ihr um
die Vorherrschaft gekämpft; jener Langkopf aus der älteren Steinzeit
sei eben Niemand anders als der Germane! Virchow meint, auf anatomisches Material sich stützend, schon die ältesten Troglodyten Europas
könnten von arischem Stamme gewesen sein, mindestens könne
Niemand das Gegenteil beweisen.[2]) Vor der jüngeren Schule finden
aber wiederum derlei vorsichtig abwartende Urteile keine Gnade;
unter dem Vorwand streng wissenschaftlicher Vereinfachung schwenkt
sie hoch die Fahne des Chaos und straft die gesamte Geschichte der
Menschheit Lügen. Den klarsten Ausdruck haben diese neuesten Lehren
durch Professor Kollmann gefunden. Er reduziert alle in Europa lebende
Menschen auf vier Typen: lange Schädel mit langen, lange Schädel
mit kurzen Gesichtern, kurze Schädel mit kurzen, kurze mit langen
Gesichtern; diese vier Rassen hätten seit Jahrtausenden neben- und
miteinander gelebt und das sei noch heute der Fall. Und nun kommt
der Pferdehuf: Alles, was uns die Geschichte lehrt von Völker-
wanderungen, von Nationalitäten, von Verschiedenheiten der Anlagen,
von grossen schöpferischen Kulturwerken, die nur von einzelnen
Volksindividualitäten ausgeführt, von anderen im besten Falle lediglich
übernommen wurden, von dem noch unter uns sichtbaren Kampfe
zwischen kulturförderlichen und kulturfeindlichen Elementen — — —
das Alles wird als Plunder bei Seite geschoben, und unser Glaube für
folgendes Dogma gefordert: »Die Entwickelung der Kultur ist offenbar
die gemeinsame That aller dieser Typen. Alle europäischen Rassen
sind also, soweit wir bisher in das Geheimnis der Rassennatur eingedrungen sind, gleichbegabt für jede Aufgabe der Kultur«.[3])
Gleichbegabt? man traut seinen Augen nicht! für »jede« Aufgabe

---

[1]) Sir William Turner: *Early Man in Scotland,* Rede, gehalten in der Royal
Institution in London am 13. Januar 1898.

[2]) Ranke: *Der Mensch,* II, 578.

[3]) Allgemeine Versammlung der deutschen anthropolog. Gesellschaft, 1892.

»gleichbegabt«! Hierauf werde ich bald zurückzukommen haben; doch wollte ich dieses Gebiet der Kraniometrie nicht verlassen ohne darauf hingewiesen zu haben: erstens, wie schwer es auch hier ist, durch blosse Formeln, durch Kompass und Metermass, das Germanische vom Ungermanischen zu scheiden; zweitens, welche gefährlichen Wege jene gelehrten Herren uns führen, welche plötzlich ihre Betrachtungen über »chamäprosope, platyrrhine, mesokonche, prognathe, proophryocephale, ooide, brachyklitometope, hypsistegobregmatische Dolichocephale« unterbrechen, um allgemeine Betrachtungen daran anzuknüpfen über Geschichte und Kultur. Der Laie versteht ja von dem Übrigen wenig oder nichts; hoffnungslos watet er in jenem barbarischen Jargon neoscholastischer Naturwissenschaft herum; nur das Eine wandert dann durch alle Zeitungen als das sichtbare Ergebnis eines solchen Kongresses: die gelehrtesten Herren von Europa haben feierlich zu Protokoll gegeben, alle Rassen seien an der Entwickelung der Kultur gleichbeteiligt, alle seien zu jeder Aufgabe der Kultur gleichbegabt: Griechen hat es nie gegeben, Römer hat es nie gegeben, Germanen hat es nie gegeben, sondern seit jeher leben brüderlich nebeneinander, respektiv fressen sich gegenseitig auf leptoprosope Dolichocephalen, chamäprosope Dolichocephalen, leptoprosope Brachycephalen, und chamäprosope Brachycephalen, »alle miteinander an der Kultur arbeitend« (sic!). Man lächelt wohl? Doch sind Vergehen gegen die Geschichte eigentlich zu ernste Frevel, als dass sie mit blossem Lachen bestraft werden dürften; hier muss der gesunde Menschenverstand aller einsichtsvollen Männer mit kräftiger Hand bei Zeiten den Riegel vorschieben und jenen Herren zurufen: Schuster, bleib' bei deinem Leisten! [1])

Wie krass unwissenschaftlich ein solches Beginnen, wie dasjenige Kollmann's ist, liegt ausserdem auf der Hand. Weitgehende Vereinfachung ist ein Gesetz des künstlerischen Schaffens, nicht aber ein Gesetz der Natur; im Gegenteil, hier ist endlose Mannigfaltigkeit das Bezeichnende. Was würde man zu einem Botaniker sagen, der die Pflanzen nach der Länge und Breite ihrer Blätter in Familien einteilen wollte, oder auch nach irgend einem anderen einzigen Charakter? Das Verfahren Kollmann's bildet einen Rückschritt dem alten Theophrast gegenüber. So lange man künstliche Klassifikationen versuchte, rückte die systematische Kenntnis der Pflanzenwelt nicht um einen Schritt

---

[1]) Übrigens haben die wirklich grossen Anthropologen die Bedeutung der Rasse niemals verkannt; man vergl. nur den Ausspruch Adolf Bastian's, oben S. 271.

weiter; dann kamen aber geniale Männer von dem Schlage eines Ray, eines Jussieu, eines De Candolle, welche durch Beobachtung, gepaart mit schöpferischer Intuition, die Hauptfamilien der Pflanzen feststellten und dann erst die Charaktere entdeckten — meistens sehr verborgene — welche es gestatten, die Verwandtschaft auch anatomisch darzuthun. Ähnlich bei der Tierwelt. Jedes andere Verfahren ist durchaus künstlich und folglich blosse Spielerei. Darum dürfen wir auch beim Menschen nicht, wie Kollmann es thut, nach anatomischem Gutdünken ein System aufbauen, in welches sich die Thatsachen dann zu fügen haben, so gut und so schlecht es geht, sondern wir müssen zuerst feststellen, welche Gruppen als individualisierte, moralisch und intellektuell gekennzeichnete Rassen thatsächlich existieren, und sodann nachsehen, ob es anatomische Charaktere giebt, die zur Klassifikation verwertbar sind.

Ein solcher Exkurs in das Gebiet der anatomischen Wissenschaft hat nun zunächst das eine Gute, dass wir einsehen lernen, wie wenig sichere Hilfe, wie wenig nützliche, für das praktische Leben verwertbare Belehrung wir von dorther zu erhoffen haben. Entweder wandeln wir auf sandigem, schwebendem Boden, oder auf morastigem, wo wir gleich bei den ersten Schritten einsinken und festkleben, oder aber wir müssen auf den nadelscharfen Spitzen der Dogmatik von einem Gipfel zum anderen springen und fallen heute oder morgen in den Abgrund hinunter. Dieser Exkurs hat aber doch noch andere, positivere Vorteile: er bereichert unser Wissensmaterial und lehrt uns schärfer sehen. Dass die Rassen ebenso wenig wie die Individuen gleich begabt sind, das bezeugen Geschichte und tägliche Erfahrung; die Anthropologie lehrt uns nun ausserdem (und trotz Professor Kollmann), dass bei Rassen, welche bestimmte Thaten vollbrachten, eine bestimmte physische Gestaltung die vorherrschende war. Der Fehler ist der, dass man mit zufälligen Zahlen der Vergleichsobjekte operiert und nach willkürlich gewählten Verhältnissen misst. So wird z. B. festgesetzt, sobald die Breite eines Schädels zur Länge 75 zu 100 (oder weniger) betrage, sei dieser Schädel »dolichocephal«, mit 76 oder schon mit 75¼ ist er »mesocephal«, und von 80 ab »brachycephal«. Wer sagt das denn? warum soll gerade in der Zahl 75 eine besondere Magie liegen? eine andere Magie als die meiner Faulheit und Bequemlichkeit? Dass wir ohne *termini technici* und ohne Grenzen in der täglichen Praxis nicht auskommen können, begreife ich recht wohl, was ich aber nicht begreife, ist, dass ich sie für etwas anderes als willkürliche Grenzen

          Rationelle
          Anthropologie

und willkürliche Worte halten soll. Dasselbe gilt natürlich wie für die
langen und die breiten Schädel, auch für die hohen und die niedrigen
Gesichter; überall handelt es sich um Verhältnisse, die gradweise ineinander übergehen. Nun ist es aber das Wesen des Lebens, plastisch
beweglich zu sein; das lebendige Gestaltungsprinzip unterscheidet sich
von Grund aus von dem krystallinischen dadurch, dass es nicht nach
unabänderlichen Zahlenverhältnissen formt, sondern dass es, unter Beobachtung des Gleichgewichts der Teile und Festhalten desjenigen
Grundschemas, welches durch das Wesen selbst gegeben ist, gewissermassen frei gestaltet. Nicht zwei Individuen sind sich gleich. Um
die physische Struktur einer Rasse in irgend einem gegebenen Momente
zu überblicken, müsste ich folglich die gesamten Vertreter dieser
Rasse vor Augen haben und nun in diesem Komplex die einheitliche
und vereinigende Idee, die vorwaltende spezifische Tendenz der
physischen Gestaltung, welche dieser Rasse als Rasse eigen ist, heraus-
suchen; ich würde sie ja mit Augen erschauen. Hätte ich nun, sagen
wir zur Zeit des Tacitus, sämtliche Germanen vor Augen gehabt: die
noch unvermischten Kelten, die Teutonen und die Germanoslaven, so
hätte ich gewiss ein harmonisches Ganzes erblickt, in welchem ein
bestimmtes Bildungsgesetz vorwaltete, um das sich die mannigfachsten,
abweichendsten Gestaltungen herumgruppierten. Vermutlich hätte sich
kein einziges Individuum gefunden, welches alle spezifischen Charaktere
dieses plastischen Rassengedankens (denn so wäre es meinem sinnenden
Hirn erschienen) in höchster Potenz, in vollendetem Gleichgewicht in
sich vereinigt hätte: die grossen strahlenden Himmelsaugen, das goldene
Haar, die Riesengestalt, das Ebenmass der Muskulatur, der längliche
Schädel (den ein ewig schlagendes, von Sehnsucht gequältes Gehirn
aus der Kreislinie des tierischen Wohlbehagens nach vorn hinaus-
hämmert), das hohe Antlitz (von einem gesteigerten Seelenleben zum
Sitze seines Ausdrucks gefordert) — gewiss, kein Einzelner hätte das
alles vereint besessen. War der eine Zug vollendet, so war der andere
nur angedeutet. Hier und dort hatte auch die ewig versuchende, nie
sich wiederholende Natur das Gleichgewichtsgesetz durchrissen: ein
übermässiger Riese schwang seine Keule über blöden Augen, unter
einem allzulang gezogenen Schädel sass ein unverhältnismässig kurzes
Gesicht, herrliche Augen strahlten unter einer hohen Stirn hervor,
doch getragen von einem auffallend kleinen Körper u. s. w. *ad infinitum*.
In anderen Gruppen wiederum werden geheime Gesetze der Wachstums-
korrelation zur Erscheinung gekommen sein: z. B. hier Familien mit

schwarzem Haar, zugleich mit besonders grossen kühnen Adlernasen und schlankerem Körperbau, dort rotes Haar mit auffallend weisser, fleckiger Haut und etwas breiterem Gesicht im Oberteil — — — denn jede geringste Änderung in der Gestaltung zieht andere nach sich. Noch viel zahlreicher werden freilich jene Gestaltungen gewesen sein, denen in ihrer durchschnittlichen Unauffälligkeit gar kein spezifisches Bildungsgesetz hätte entnommen werden können, wären sie nicht als Bestandteile eines grossen Ganzen aufgetreten, in welchem ihr Platz bestimmt bezeichnet war, so dass wir aus ihrer genauen Einfügung ersehen, dass sie doch organisch dazu gehören. Gerade Darwin, der sein Leben lang mit Kompass, Zollmass und Gewichtswage gearbeitet hat, macht immer wieder bei seinen Studien über künstliche Züchtungen darauf aufmerksam, dass der Blick des geborenen und geübten Züchters Dinge entdeckt, für welche die Ziffern nicht den geringsten Beleg liefern und die der Züchter selber meistens nicht in Worte fassen kann; er merkt, dass dies und jenes den einen Organismus vom anderen unterscheidet und richtet sich bei seinen Züchtungen darnach; es ist dies eine Intuition, geboren aus vielem unablässigen Schauen. Ein derartiges Schauen müssten wir uns nun anüben; dazu hätte jener Gesamtüberblick über alle Germanen zu Zeiten des Tacitus gedient. Gewiss hätten wir nicht gefunden, dass bei allen diesen Menschen sich die Breite des Kopfes zur Länge wie 75 zu 100 verhielte; die Natur kennt derartige Begrenzungen nicht; in der unbeschränkten Mannigfaltigkeit aller denkbaren Zwischenformen, sowie auch von Formen weiterer Entwickelung nach diesem und jenem Extrem hin, wären wir höchst wahrscheinlich hier und dort auf ausgesprochene Brachycephalen gestossen, die Gräberfunde lassen es vermuten, und warum sollte die Plastizität der gestaltenden Kräfte es nicht bewirkt haben? Wir hätten auch nicht lauter Riesen gesehen und erklären können: wer nicht 1.97½ m erreicht, ist kein Germane. Dagegen hätten wir uns ganz gut die paradox klingende Behauptung gestatten dürfen: die kleinen Männer dieser Gruppe sind gross, denn sie gehören einer hochgewachsenen Rasse an, und aus demselben Grunde sind jene Brachycephalen Langschädel; bei näherem Zusehen werdet ihr in ihrem Äussern und Innern die spezifischen Charaktere des Germanen schon entdecken. Die Hieroglyphen der Natursprache sind eben nicht so logisch mathematisch, so mechanisch deutbar wie mancher Forscher zu wähnen beliebt. Es gehört Leben dazu, um Leben zu verstehen. Und dabei fällt mir eine Geschichte ein, die gerade zur Erläuterung

dieses Punktes vorzügliche Dienste leisten wird. — Herr Paul Leroy-
Beaulieu, weit und breit als Ökonomiker, Soziolog, Mitarbeiter der
Revue des Deux Mondes etc. bekannt, schrieb vor einigen Jahren
ein Buch, betitelt *Israël chez les nations*, in welchem er — ich glaube
durch falsch verstandene Humanität dazu verleitet — den Juden die
Schmach anthat, zu behaupten, sie existierten gar nicht; sie hätten
sich so früh, so unaufhörlich, so massenhaft mit allerhand Volk vermischt, dass ihre angebliche Nation jetzt nur noch eine Ollapodrida
aller Menschengattungen sei. Ob Leroy-Beaulieu dies selber ernstlich
glaubt, weiss ich nicht, denn er hatte vor Allem die Bekehrung
blutdürstiger Antisemiten im Auge und wähnte offenbar, unser musi-
kalisches, in Potpourris verliebtes Jahrhundert durch seine Schilderung
zu bezaubern. Jedenfalls wurde er viel gelesen und viel citiert; die
Meisten lasen ihn aber nur bis dahin, wo er dargethan hat, es gäbe
keine Juden; eine weitere Bemühung hielten sie natürlich für überflüssig. Schade, denn im folgenden Kapitel hätten sie eine reizende
Anekdote gefunden, die Leroy-Beaulieu als unlösbares Problem zum
Besten giebt:[1] wie nämlich seine Enkelin, eine junge Dame im vierten
Lebensjahr, die also gewiss von Rassen und Religion nichts weiss,
stets und ausnahmslos jämmerlich zu heulen anhebt, sobald im *Jardin
du Luxembourg* ein Jude oder eine Jüdin in ihre Nähe kommt; und
zwar sollen die gepflogenen Erhebungen zu der Überzeugung geführt
haben, dass dieses an Erfahrung noch so bettelarme kleine Wesen
sich nie täuscht! Herr Leroy-Beaulieu, der berühmte Gelehrte, weiss
nicht einen Juden von einem Nichtjuden zu unterscheiden; das Kind,
das kaum erst sprechen kann, weiss es. Ist das nicht eine trost-
reiche Erfahrung? Mich dünkt, sie wiegt einen ganzen anthropologischen Kongress, oder zum mindesten einen ganzen Vortrag des
Herrn Professor Kollmann auf. Es giebt doch noch etwas auf der
Welt ausser Kompass und Metermass. Wo der Gelehrte mit seinen
künstlichen Konstruktionen versagt, kann ein einziger unbefangener
Blick die Wahrheit wie ein Sonnenstrahl aufhellen.

> Und was kein Verstand der Verständigen sieht,
> Das übet in Einfalt ein kindlich Gemüt.

---

[1] In dem aus Artikeln der *Revue des Deux Mondes* zusammengesetzten Buche
ist es mir nicht gelungen, die Anekdote wiederzufinden; vielleicht hat sie der
Autor inzwischen unterdrückt.

Den Anthropologen wollen wir ihre chamäprosopen Kreise nicht länger als nötig stören, doch das durch ihren Fleiss zu Tage geförderte Material wollen wir ebensowenig geringschätzen, sondern es als wertvolle Bereicherung unserer Kenntnis des Germanen und als ernste Mahnung in Bezug auf das Vordringen des Nichtgermanen unter uns wohl zu benützen wissen.

Die so notwendige Beschränkung des Namens »Germane« auf diejenigen, welche wirklich Germanen oder zum Mindesten stark mit germanischem Blute durchsetzt sind, wird also niemals rein-mathematisch durchzuführen sein, sondern immer jenen Blick des Züchters und jenen Instinkt des Kindes erfordern. Viel wissen sollte freilich hierzu nur von Nutzen sein, doch viel sehen und viel fühlen sind noch unentbehrlicher. Und somit tritt unsere Untersuchung der notwendigen Beschränkungen des Begriffes Germane auf das geistige Gebiet über, wo die Geschichte uns auf jeder Seite lehrt, das Germanische vom Ungermanischen zu scheiden, zugleich auch das Physische daran zu erkennen und hochzuhalten.

Zugleich Geist und Körper, Seelenspiegel und anatomisches Faktum, fordert zunächst die **Physiognomik** unsere Aufmerksamkeit. Man betrachte z. B. das Antlitz Dante Alighieri's; man wird eben soviel daraus lernen wie aus seinen Dichtungen.[1)] Das ist ein

Physiognomik.

[1)] Dass Dante ein Germane, nicht ein Kind des Völkerchaos ist, folgt nach meiner Überzeugung so evident aus seinem Wesen und Werke, dass ein Nachweis hierüber durchaus entbehrlich dünken muss. Doch ist es immerhin interessant zu wissen, dass der Name Alighieri ein gotischer ist, aus Aldiger korrumpiert; er gehört zu jenen deutschen Personennamen, denen wie Gerhard, Gertrud u. s. w. die Vorstellung gêr = Speer zu Grunde liegt (eine Thatsache, welche mit Hinblick auf Shake-spear den Phantasten viel hätte zu denken geben sollen!). Dieser Name kam der Familie durch Dante's väterliche Grossmutter, eine Gotin aus Ferrara zu, die Aldigiero hiess. Über die Abstammung des väterlichen Grossvaters sowie der Mutter weiss man heute nur das Eine, dass die versuchte Anknüpfung an römische Geschlechter eine pure Erfindung jener italienischen Biographen ist, die es ruhmvoller fanden, Rom anzugehören als Germanien; da aber der Grossvater ein Krieger war, von Kaiser Konrad zum Ritter geschlagen, und Dante selbst angiebt, er gehöre zum kleinen Adel, so ist die Abstammung aus rein germanischem Stamme so gut als erwiesen. (Vergl. Franz Xaver Kraus: *Dante*, Berlin 1897, S. 21—25). Noch bis an die Grenze des 15. Jahrhunderts werden in den Urkunden viele Italiener als Alemannen, Langobarden u. s. w. bezeichnet, *ex alamanorum genere, legibus vivens Langobardorum* etc. (und zwar trotzdem die meisten schon längst zum römischen Recht übergetreten waren, womit sonst die dokumentarische Sichtbarkeit ihrer Abstammung verschwand), so durch und durch war jenes Volk, in welchem die angebliche »romanische Kultur« heute ihren Herd

charakteristisch germanisches Gesicht! Kein Zug daran gemahnt
an irgend einen bekannten hellenischen oder römischen Typus, geschweige an irgend eine der asiatischen und afrikanischen Physiognomien, welche die Pyramiden uns treu aufbewahrt haben. Ein
neuer Mensch ist in die Weltgeschichte eingetreten! die Natur hat in
der Fülle ihrer Kraft eine neue Seele erzeugt: schaut hin, dort spiegelt
sie sich in einem noch nie erblickten Menschenantlitz wieder! »Über
dem inneren Orkan, der im Antlitz Ausdruck fand, erhob sich kühn
die friedliche Stirn und wölbte sich zur Marmorkuppel«.[1] Ja, ja,
Balzac hat Recht: Orkan und Marmorkuppel! Hätte er bloss gemeldet,
Dante sei ein leptoprosoper Dolichocephal, es wäre damit nicht viel
gesagt gewesen. Einen zweiten Dante wird man allerdings nicht
finden, doch ein Gang durch die Büstensammlung des Berliner Museums
wird überzeugen, wie sehr gerade dieser Typus sich in dem durch und
durch von Goten, Langobarden und Franken germanisierten Norditalien

erblicken will, mit rein germanischem Blut und zwar als dem einzig schöpferischen
Element durchsetzt (siehe Savigny: *Geschichte des römischen Rechts im Mittelalter*, I, Kap. 3).

    [1] Balzac: *Les Proscrits*.

festgesetzt hatte; die nächste unzweifelhafte physiognomische Verwandt
schaft finden wir noch heute in jenen vorhin genannten deutschen
Tirolern, sowie in Norwegen, und einzelne verwandte Züge überall,
wo es echte Germanen giebt. Jedoch, betrachten wir die grössten
germanischen Männer, so werden wir nicht eine, sondern zahlreiche
physiognomische Gestaltungen finden; zwar wiegt die kühne, mächtig
geschwungene Nase vor, doch finden wir fast alle denkbaren Kom
binationen bis zu jenem gewaltigen Kopfe, der in jedem Zug das
Gegenstück zu Dante's abgiebt, gerade in diesem Gegensatz die innige
Verwandtschaft verratend: bis zu dem Kopf Martin Luther's. Hier
umweht jener Orkan, von dem Balzac sprach, Stirn und Augen und
Nase, keine Marmorkuppel wölbt sich darüber; es ruht aber dieser
Flammen speiende Vulkan von Energie und Gedankenfülle auf Mund
und Kinn wie auf einem granitnen Felsen. Jeder kleinste Zug des
gewaltigen Antlitzes zeugt von Thatendurst und Thatkraft; bei diesem
Anblick steigen Einem die Worte Dante's ins Gedächtnis

Colà dove si puote

Ciò che si vuole!

Dieser Mann kann, was er will, und sein ganzes Wollen strebt hinaus
zu grossen Thaten: in diesem Kopf wird nicht studiert, um gelehrt
zu sein, sondern um Wahrheit zu erforschen, Wahrheit fürs Leben;
er singt nicht um des Ohrenschmauses willen, sondern weil Gesang
das Herz erhebt und kräftigt; er hätte es nicht wie Dante vermocht,
stolz und verkannt abseits zu leben, seinen Ruhm künftigen Geschlechtern anvertrauend, — was gilt diesem Antlitz Ruhm? »Die
L i e b e ist der Pulsschlag unseres Lebens«, sagte er. Und wo kräftige
Liebe, da ist auch kräftiger Hass. Von einem derartigen Antlitz
zu sagen, wie Henke, es repräsentiere den norddeutsch-slavischen
Typus,[1] ist durchaus irrig. Eine so gewaltige Erscheinung ragt über
derartige Spezifikationen weit hinaus; sie zeigt uns die äussere Ein-
kleidung einer der erstaunlich reichsten Entwickelungsmöglichkeiten
des germanischen Geistes in ihrer höchsten Fülle. Wie Dante's, so
gehört auch Luther's Antlitz dem gesamten Germanentum an. Man
findet diesen Typus in England, wohin nie ein Slave drang, man begegnet ihm unter den thatkräftigsten Politikern Frankreichs. Lebhaft
stellt man sich diesen Mann 1500 Jahre früher vor, hoch zu Ross,
die Streitaxt schwingend zum Schutze seiner geliebten nordischen
Heimat, und dann wieder am trauten Herde inmitten der Kinder
Schar, oder an der Männertafel, das Methorn bis auf den letzten
Tropfen leerend und Heldenlieder den Ahnen zum Ruhme singend. —
Zwischen Dante und Luther bewegt sich die reiche physiognomische
Skala grosser Germanen. Wie Tacitus sagte: sie gleichen nur sich.
Jeder Versuch aber einer Lokalisierung der Typen, etwa nach Nord
und Süd oder nach keltischem Westen und slavischem Osten, ist
offenbar verfehlt, verfehlt wenigstens, sobald man die bedeutenderen
und darum charakteristischeren Männer ins Auge fasst und von den
Zufälligkeiten der Tracht, namentlich der Barttracht, absieht. Goethe
z. B. könnte der Gesichtsbildung nach jedem germanischen Stamme
entsprossen sein, Johann Sebastian Bach auch, Immanuel Kant ebenfalls.

Freiheit
und Treue.
Und nun wollen wir versuchen, einen Blick in die Tiefen der
Seele zu werfen. Welche sind die spezifischen geistigen und moralischen
Kennzeichen dieser germanischen Rasse? Gewisse Anthropologen hatten
uns belehren wollen, alle Menschenrassen seien gleichbegabt: wir wiesen
auf das Buch der Geschichte hin und antworteten, das lügt ihr! Die
Rassen der Menschheit sind in der Art ihrer Befähigung, sowie in

[1] A. a. O., S. 20.

dem Masse ihrer Befähigung sehr ungleich begabt und die Germanen
gehören zu jener Gruppe der Zuhöchstbegabten, die man als Arier zu
bezeichnen pflegt. Ist diese Menschenfamilie eine durch Blutbande ge-
einigte, einheitliche? entwachsen diese Stämme wirklich alle der selben
Wurzel? ich weiss es nicht, es gilt mir auch gleich; keine Verwandtschaft kettet inniger aneinander als Wahlverwandtschaft, und in diesem
Sinne bilden ohne Frage die indoeuropäischen Arier eine Familie. In
seiner *Politik* schreibt Aristoteles (I, 5): »Wenn es Menschen gäbe, die
an Körpergrösse allein soweit hervorragten, wie die Bilder der Götter,
so würde Jedermann gestehen, dass die übrigen von Rechtswegen
sich diesen unterwerfen müssen. Ist aber dies in Beziehung auf den
Körper wahr, so kann mit noch grösserem Rechte diese selbe Unterscheidung zwischen hervorragenden Seelen und gewöhnlichen gemacht
werden.« Körperlich und seelisch ragen die Arier unter allen Menschen
empor; darum sind sie von Rechtswegen (wie der Stagirit sich ausdrückt) die Herren der Welt. Aristoteles fasst übrigens seinen Gedanken
noch knapper zusammen und sagt: »Einige Menschen sind von Natur
frei, Andere Sklaven«; damit trifft er den moralischen Kernpunkt.
Denn die Freiheit ist durchaus nicht ein abstraktes Ding, auf welches
jeder Mensch von Hause aus ein Anrecht hätte, sondern ein Recht
auf Freiheit kann offenbar einzig aus der Befähigung zu ihr hervorgehen, und diese wiederum setzt physische Kraft und geistige Kraft
voraus. Man darf die Behauptung aufstellen, dass selbst die blosse
Vorstellung der Freiheit den meisten Menschen gänzlich unbekannt
ist. Sehen wir nicht den *Homo syriacus* sich genau eben so gut und
glücklich entwickeln als Knecht wie als Herr? Bieten uns nicht die
Chinesen ein grossartiges Beispiel der selben Gesinnung? Erzählen uns
nicht alle Historiker, dass die Semiten und Halbsemiten trotz ihrer
grossen Intelligenz niemals einen dauernden Staat zu bilden vermochten,
und zwar weil stets Jeder die ganze Macht an sich zu reissen bestrebt
war, somit zeigend, dass sie nur für Despotie und Anarchie, die beiden
Gegensätze der Freiheit, Befähigung besassen?[1] Und da sehen wir
gleich, welche grosse Gaben Einer besitzen muss, damit von ihm
gesagt werden könne, er sei »von Natur frei«, denn die erste Bedingung hierzu ist die Kraft der Gestaltung. Nur eine staatenbildende
Rasse kann eine freie sein; die Begabung welche den Einzelnen zum
Künstler und Philosophen macht ist wesentlich die selbe, welche, durch

---

[1] Vergl. S. 385.

die ganze Masse als Instinkt verbreitet, Staaten bildet und dem Einzelnen
das schenkt, was der gesamten Natur bisher unbekannt geblieben war:
die Idee der Freiheit. Sobald wir das einsehen, fällt die nahe Verwandtschaft der Germanen mit den Hellenen und Römern auf, zugleich erkennen wir das sie Unterscheidende. Bei den Griechen überwiegt das
individualistisch Schöpferische sogar bis in die Staatenbildung; bei den
Römern ist die kommunistische Kraft der die Freiheit verleihenden
Gesetzgebung, der die Freiheit verteidigenden Kriegsgewalt das Vorherrschende; den Germanen dagegen ist vielleicht eine geringere Gestaltungskraft zu eigen, sowohl dem Einzelnen wie dem Gesamt-
körper, doch besitzen sie eine Harmonie der Beanlagung, ein Gleichgewicht zwischen dem Freiheitsdrang des Einzelnen, welcher in der
freischöpferischen Kunst seinen höchsten Ausdruck findet, [1]) und dem
Freiheitsdrang der Gesamtheit, der den Staat schafft, durch welche
sie sich den grössten Vorgängern ebenbürtig erweisen. Formvoll-
endeteres vielleicht, doch nicht Gewaltigeres schuf je eine Kunst als
die, welche zwischen der beschwingten Feder Shakespeare's und dem
Ätzgriffel Albrecht Dürer's alles Menschliche einschliesst, und welche in
ihrer ureigensten Sprache, der Musik, tiefer ins innerste Herz hinein-
greift als jeder vorangegangene Versuch, aus Sterblichem Unsterbliches zu
schaffen, Stoff zu Geist umzuwandeln. Und inzwischen bewährten sich
die von Germanen gegründeten Staaten Europas, trotz ihres gewissermassen improvisierten, ewig provisorischen, wechselreichen Charakters—
eher, sollte ich wohl sagen, dank diesem Charakter — als die dauer-
haftesten der Welt, auch als die machtvollsten. Trotz Kriegesstürmen,
trotz der Bethörungen jenes Erbfeindes, des Völkerchaos, der das Gift
bis in das Herz unserer Nationen hineintrug, blieben Freiheit und ihr
Korrelat, der Staat, wenn auch manchmal das Gleichgewicht zwischen
beiden arg gestört schien, doch durch alle Zeiten hindurch das gestaltende und erhaltende Ideal: deutlicher als je erkennen wir das heute.

Damit das stattfinde, musste sich nun jener zu Grunde liegenden,
gemeinsamen »arischen« Anlage zu freier Schöpfungskraft ein weiterer
Zug beigesellen: die unvergleichliche und durchaus eigenartige germanische Treue. War jene geistige und körperliche Entwickelung,
die bis zur Idee der Freiheit führt, und auf der einen Seite Kunst,
Philosophie und Wissenschaft, auf der anderen Staaten (sowie Alles,
was an Kulturerscheinungen unter diesem Begriff sich subsummieren

---

[1] Siehe S. 53, 62, 69 u. s. w.

lässt) erzeugt, den Germanen mit den Hellenen und Römern gemeinsam, so ist dagegen die überschwängliche Auffassung der Treue ein spezifischer Charakterzug der Germanen. Wie der alte Johann Fischart singt:

> Standhaft und treu, und treu und standhaft,
> Die machen ein recht teutsch Verwandtschaft!

Julius Caesar hatte neben der kriegerischen Tüchtigkeit auch die beispiellose Treue der Germanen sofort erkannt und bei ihnen so viele Reiter gedungen, wie er nur bekommen konnte: in der für die Weltgeschichte so entscheidenden Schlacht bei Pharsalus schlugen sie sich für ihn; die romanisierten Gallier hatten den Imperator in der Stunde der Not verlassen, die Germanen dagegen bewährten sich als eben so treu wie tüchtig. Diese Treue gegen den aus freier Entschliessung, eigenmächtig erwählten Herrn ist der bedeutendste Zug im Charakter des Germanen; an ihm können wir sehen, ob reines germanisches Blut in den Adern fliesst oder nicht. Man hat viel gespottet über die deutschen Söldnerheere, doch gerade an ihnen zeigt sich das echte, kostbare Metall dieser Rasse. Gleich der erste römische Alleinherrscher, Augustus, bildete seine persönliche Leibgarde aus Germanen; wo hätte er sonst auf unbedingte Treue rechnen dürfen? Während der ganzen Dauer des römischen West- und Ostreiches wird dieser selbe Ehrenposten mit den selben Leuten besetzt, nur schickt man immer weiter nach Norden, da mit der sogenannten »lateinischen Kultur« die Pest der Treulosigkeit immer weiter in die Länder gedrungen war; zuletzt, ein Jahrtausend nach Augustus, sind es Angelsachsen und Normannen, die um den Thron von Byzanz Wache stehen. Der arme germanische Leibgardist! Von den politischen Prinzipien, welche die chaotische Welt zu einer scheinbaren Ordnung mit Gewalt zusammenschmiedeten, verstand er dazumal eben so wenig, wie von den Streitigkeiten über die Natur der Dreifaltigkeit, die ihm manchen Tropfen Blut kosteten; doch Eines verstand er: die Treue zu wahren dem selbsterwählten Herrn. Als unter Nero die friesischen Gesandten die hinteren Plätze, die man ihnen im Zirkus angewiesen hatte, verliessen und sich stolz auf die vordersten Bänke der Senatoren unter die reichgeschmückten Vertreter fremder Völker setzten, was gab den Besitzlosen, die nach Rom gekommen waren, um Land zum Ackerbau sich zu erbitten, ein so kühnes Selbstbewusstsein? wessen durften sie einzig sich rühmen? »Kein Mensch der Welt übertreffe

die Germanen an Treue«[1]) Über diesen grossen grundlegenden
Charakterzug der Treue in seiner geschichtlichen Bedeutung hat Karl
Lamprecht so schöne Worte geschrieben, dass ich mir einen Vorwurf
daraus machen müsste, wollte ich sie hier nicht abschreiben. Er hat
soeben von dem »Gefolge« gesprochen, welches in dem altdeutschen
Staate seinem Häuptling Treue bis in den Tod schuldete und bewährte,
und fährt dann fort: »Es ist einer der grossartigsten Züge spezifisch
germanischer Lebensauffassung, welcher in der Bildung dieser
Gefolge mitspricht, der Zug der Treue. Unverstanden dem Römer,
unerlässlich dem Germanen, bestand es schon damals, jenes ewig
wiederkehrende deutsche Bedürfnis engster persönlicher Aneinanderkettung, vollen Aufgehens ineinander, gänzlichen Austausches aller
Strebungen und Schicksale: das Bedürfnis der Treue. Die Treue war
unseren Altvordern nie eine besondere Tugend, sie war der Lebensodem alles Guten und Grossen: auf ihr beruhte der Lehensstaat des
früheren, auf ihr das Genossenschaftswesen des späteren Mittelalters,
und wer wollte sich die militärische Monarchie der Gegenwart denken
ohne Treue? — — — Man sang nicht bloss von der Treue, man
lebte in ihr. Das Gefolge der Frankenkönige, die Hofgesellschaft der
grossen Karlinge, die staatsmännische und kriegerische Umgebung
unserer mittelalterlichen Kaiser, das Personal der Zentralverwaltungen
unserer Fürsten seit dem 14. und 15. Jahrhundert sind nichts als
Umformungen des alten germanischen Gedankens. Denn darin beruhte
die wundersame Lebenskraft der Einrichtung, dass sie nicht in wandel-
bare politische oder auch moralische Grundlagen ihre Wurzeln senkte,
sondern in dem Urgrund wurzelte germanischen Wesens selbst, in
dem Bedürfnis der Treue«.[2])

Lamprecht hat, glaube ich, an dieser Stelle, so wahr und schön
auch Alles ist, was er sagt, den »Urgrund« doch nicht vollkommen
aufgedeckt. Die Treue, wenngleich sie einen unterscheidenden Zug
den Mestizenvölkern gegenüber bildet, ist nicht ohne weiteres ein
spezifisch germanischer Zug. Treue findet man bei fast allen reingezüchteten Rassen, nirgends mehr z. B. als bei Negern, und — ich
frage es — welcher Mensch vermöchte in der Bewährung der Treue
Höheres zu leisten als der edle Hund? Nein, um jenen »Urgrund«
germanischen Wesens« aufzudecken, muss man zeigen, welcher Art

[1]) Tacitus: *Annalen*, XIII, 54.
[2] *Deutsche Geschichte*, 2. Auflage, I, 136.

diese germanische Treue ist, was aber nur gelingen kann, wenn man vorher die Freiheit als den intellektuellen Untergrund des gesamten Wesens erfasst hat. Denn das Kennzeichen dieser Treue ist ihre freie Selbstbestimmung; das ist es, was sie unterscheidet. Ein menschlicher Charakter gleicht dem Wesen Gottes wie es die Theologen darstellen: mannigfaltig und doch ununterscheidbar, untrennbar einheitlich. Diese Treue und jene Freiheit wachsen nicht eine aus der anderen, sondern sind zwei Erscheinungsformen desselben Charakters, welcher sich uns einmal mehr von der intellektuellen, das andere Mal mehr von der moralischen Seite zeigt. Der Neger und der Hund dienen ihrem Herrn, wer er auch sei: das ist die Moral des Schwachen, oder wie Aristoteles sagt, des von Natur zum Sklaven geborenen; der Germane w ä h l t sich seinen Herrn, und seine Treue ist daher Treue gegen sich selbst: das ist die Moral des Freigeborenen. Doch hatte sie die Welt noch niemals in der Art erblickt wie beim Germanen. Die Untreue des übermässig begabten Verkünders der poetischen und politischen Freiheit, nämlich des Hellenen, war von jeher sprichwörtlich; der Römer war nur treu in der Verteidigung des Seinen, deutsche Treue blieb ihm, wie Lamprecht sagt, »unverstanden«; näher scheint hier (wie überhaupt auf moralischem Gebiete) die Verwandtschaft mit den Indoeraniern, doch fehlte diesen so auffällig der künstlerische Zug ins Abenteuerliche, das Leben frei Gestaltende, dass auch ihre Treue jene schöpferische, weltgeschichtliche Bedeutung nicht erlangte, welche germanische Sinnesart ihr verlieh. Hier wieder, wie vorhin bei der Betrachtung des Freiheitsgefühles, finden wir bei dem Germanen eine höhere Harmonie des Charakters; daher dürfen wir sagen, dass auf dem Erdenrund kein Mensch, auch die grössten nicht, ihn übertroffen hat. Eines ist sicher: will man die geschichtliche Grösse des Germanen erklären, indem man sie in ein einziges Wort zusammenfasst — immer ein bedenkliches Unternehmen, da alles Lebendige Proteus-artig ist — so muss man seine T r e u e nennen. Das ist der Mittelpunkt, von wo aus der gesamte Charakter, oder besser die gesamte Persönlichkeit sich überblicken lässt. Nur muss man wohl verstehen, dass diese Treue nicht der Urgrund ist, wie Lamprecht meint, nicht die Wurzel, sondern die Blüte, die Frucht, an welcher wir den Baum erkennen. Daher ist gerade diese Treue der feinste Prüfstein, um echtes germanisches Wesen von unechtem zu scheiden, denn nicht an den Wurzeln, sondern an den Früchten erkennt man die Arten; doch bedenke man, dass bei schlechter

Witterung mancher Baum keine Blüten oder nur verkümmerte treibt,
was bei den hartbedrängten Germanen auch manchmal sich traf. Die
Wurzel des besonderen Charakters ist ohne allen Zweifel jene allen
Ariern gemeinsame und ihnen allein eigentümliche, bei den Griechen
am üppigsten in die Erscheinung tretende, freischöpferische Anlage,
über die ich mich in dem Anfang des Kapitels über Hellenische Kunst
und Philosophie ausgelassen habe (siehe S. 53 fg); alles leitet sich
daher: Kunst, Philosophie, Politik, Wissenschaft; auch die Blüte der
Treue finden wir durch diesen besonderen Saft gefärbt. Den Stamm
bildet dann die positive Kraft, die physische und die intellektuelle
(die voneinander gar nicht zu scheiden sind); bei den Römern, denen
wir die festen Grundlagen von Familie und Staat verdanken, war
gerade dieser Stamm mächtig entwickelt. Doch die wahren Blüten
eines derartigen Baumes sind die, welche Gemüt und Gesinnung
zeitigen. Freiheit ist eine Expansivkraft, welche die Menschen auseinander sprengt, germanische Treue ist das Band, welches freie
Menschen durch ihre innere Gewalt fester aneinander anschliesst als
das Schwert des Tyrannen; Freiheit bedeutet Durst nach unmittelbarer, selbst entdeckter Wahrheit, Treue, die Ehrfurcht vor dem, was
den Ahnen wahr dünkte; Freiheit schafft sich eine eigene Bestimmung,
Treue hält unerschütterlich an dieser Bestimmung fest. Treue gegen
die Geliebte, Treue gegen Freund und Eltern und Vaterland finden
wir vielerorten; doch hier, beim Germanen, ist etwas hinzugekommen,
wodurch der blosse Instinkt zu einer unendlich tiefen Seelenkraft, zu
einem Lebensprinzip wird. Shakespeare lässt den Vater seinem Sohne
als höchsten Ratschlag für seinen Lebensweg, als diejenige Mahnung,
welche alle anderen in sich beschliesst, die Worte mitgeben:

Dies Eine über Alles — sei dir selber treu!

Das Prinzip der germanischen Treue ist, wie man sieht, nicht das
Bedürfnis der Aneinanderkettung, wie Lamprecht meint, sondern im
Gegenteil, das Bedürfnis der Beharrlichkeit innerhalb des eigenen,
autonomen Kreises; sie bezeugt die Selbstbestimmung, in ihr bewährt
sich die Freiheit, durch sie behauptet der Lehensmann, der Innungs-
genosse, der Beamte, der Offizier seine persönliche Unabhängigkeit.
Für den freien Mann heisst Dienen sich selber befehlen. »Erst die
Germanen brachten der Welt die Idee der persönlichen Freiheit«, bezeugt Goethe. Was bei den Indern Metaphysik war und insofern notwendiger Weise verneinend, weltabgewandt, ist hier als ein Ideal des

Gemütes ins Leben übertragen, es ist »der Lebensodem alles Guten und Grossen«, in der Nacht ein Stern, dem Ermatteten ein Sporn, dem vom Sturm Gejagten ein Rettungsanker.[1]) Bei der Charakteranlage des Germanen ist Treue die notwendige Vollendung der Persönlichkeit, ohne welche sie auseinanderfällt. Immanuel Kant hat eine kühne, echt germanische Definition der Persönlichkeit gegeben: sie ist, sagt er, »die Freiheit und Unabhängigkeit von dem Mechanismus der ganzen Natur«; und was sie leistet, hat er folgendermassen geschildert: »Was den Menschen über sich selbst (als einen Teil der Sinnenwelt) erhebt, was ihn an eine Ordnung der Dinge knüpft, die nur der Verstand denken kann und die zugleich die ganze Sinnenwelt unter sich hat, ist die Persönlichkeit«. Ohne die Treue wäre diese Erhebung aber eine Tod bringende; dank ihr allein kann der Freiheitsdrang sich entwickeln und Segen bringen statt Fluch. Treue in diesem germanischen Sinne kann ohne Freiheit nicht entstehen, doch ist nicht abzusehen, wie ein unbegrenzter, schöpferischer Drang nach Freiheit ohne Treue bestehen könnte. Sie bezeugt die kindliche Angehörigkeit zur Natur und gestattet gerade dadurch dem Menschen, sich über die Natur zu erheben, ohne dass er, wie der hellenische Phaëton, zerschmettert zur Erde falle. Darum schreibt Goethe: »Treue wahrt uns die Person!« Die germanische Treue ist der Gürtel, welcher dem vergänglichen Einzelnen unvergängliche Schönheit verleiht, sie ist die Sonne, ohne welche kein Wissen zur Weisheit reifen kann, der Zauber, durch den allein das leidenschaftliche Thun des Freien zur bleibenden That gesegnet.

Mit diesem Wenigen, höchst Vereinfachten halten wir, glaube ich, schon das wesentlich Unterscheidende an der geistigen und moralischen Veranlagung der Germanen. Die weitere Ausführung würde leicht ein ganzes Buch füllen, doch wäre es nur eine Ausführung. Will man den Germanen von seinen nächsten Anverwandten klar unterscheiden, so greife man in das tiefste Wesen hinein und stelle z. B. einen Kant als Morallehrer einem Aristoteles gegenüber. Für Kant ist »die Autonomie des Willens das oberste Prinzip der Sittlichkeit«; eine »moralische Persönlichkeit« besteht für ihn erst von dem Augenblick an, wo »eine Person keinen anderen Gesetzen als die sie sich selbst giebt, unterworfen ist.« Und nach welchen Prin-

Ideal und Praxis

---

[1]) Der indischen Empfindung jedoch durchaus analog, insofern auch hier das regulative Prinzip ins innerste Herz verlegt wird.

zipien soll diese autonome Persönlichkeit sich selbst Gesetze geben?
nach der Annahme eines unbeweisbaren »Reiches der Zwecke: freilich
nur ein Ideal!« Ein Ideal also soll das Leben bestimmen! Und in
einer Anmerkung zu dieser selben Schrift *(Grundlegung zur Metaphysik der Sitten)* stellt Kant in wenigen Worten diese neue, spezifisch
germanische Weltauffassung der hellenischen entgegen: »Dort ist das
Reich der Zwecke eine theoretische Idee, zur Erklärung dessen, was
da ist; hier (bei uns Germanen) ist es eine praktische Idee, um das,
was nicht da ist, aber durch unser Thun und Lassen w i r k l i c h
w e r d e n k a n n, zu Stande zu bringen«. Welche Kühnheit, ein
moralisches Reich, welches nicht da ist, durch unseren Willen erschaffen, »wirklich« werden lassen! Eine wie gefährliche Kühnheit,
wäre nicht jenes Prinzip der Treue am Werk, das für Kant's eigene
geistige Physiognomie so überaus charakteristisch ist! Und man merke
wohl diese Gegenüberstellung: hier (beim Germanen) Ideal und zugleich
Praxis, dort (beim Hellenen) das nüchtern Reale und als Geselle die
Theorie. Der grosse Kapitän der Mächte des Chaos spottete über die
deutschen »Ideologen«, wie er sie nannte: ein Beweis von Unver-
ständnis, denn es waren praktischere Menschen als er selber. Nicht
das Ideal sitzt in den Wolken, sondern die Theorie. Das Ideal ist, wie
Kant es hier zu verstehen giebt, eine praktische Idee zum Unterschied
von einer theoretischen Idee. Und was wir hier, auf den Höhen der
Metaphysik, in scharfen Umrissen erblicken, wir finden es überall wieder:
der Germane ist der idealste, doch zugleich der praktischste Mensch
der Welt, und zwar, weil hier nicht Gegensätze vorliegen, sondern
im Gegenteil Identität. Dieser Mensch schreibt die Kritik der reinen
Vernunft, erfindet aber im selben Augenblick die Eisenbahn; das
Jahrhundert Bessemer's und Edison's ist zugleich das Jahrhundert
Beethoven's und Richard Wagner's. Wer hier die Einheit des Impulses nicht empfindet, wem es rätselhaft dünkt, dass der Astronom
Newton seine mathematischen Forschungen unterbrechen konnte, um
einen Kommentar zur Offenbarung Johannis zu schreiben, dass
Crompton seine Spinnmaschine lediglich deswegen erfand, um mehr
Musse für die ihm einzig teuere Musik zu gewinnen, und dass Bismarck,
der Staatsmann von Blut und Eisen, sich in den entscheidenden Augenblicken seines Lebens Beethoven's Sonaten vorspielen lassen musste,
der versteht noch gar nichts vom Wesen des Germanen und kann
auch folglich dessen Rolle in Vergangenheit und Gegenwart der Weltgeschichte nicht richtig beurteilen.

Darauf kommt es nun hier an. Wir haben gesehen, wer der Germane und
Antigermane
Germane ist;[1]) sehen wir jetzt, wie sein Eintritt in die Geschichte
sich gestaltete.

Ich bin weder fähig noch gewillt, in diesem Buche eine Geschichte
der Germanen zu geben; doch können wir unser 19. Jahrhundert,
weder insofern es ein Ergebnis der vorangegangenen ist, noch in
seiner eigenen riesigen Expansivkraft begreifen und schätzen, wenn
wir nicht klare Vorstellungen besitzen, nicht allein über das Wesen
des Germanen, sondern auch über den Konflikt, der seit anderthalb
Jahrtausenden zwischen ihm und dem Nicht-Germanen herrscht. Das
Heute ist das Kind des Gestern; was wir haben, ist zum Teil das
Erbe des vorgermanischen Altertums, was wir sind, ist ganz das Werk
jener Urgermanen, die man uns als »Barbaren« hinzustellen beliebt,
als wäre die Barbarei eine Frage der relativen Civilisation und als
bezeichne sie nicht einzig eine Verwilderung des Gemütes. Treffend
leuchtete Montesquieu schon vor 150 Jahren in diese Begriffsver-
wirrung hinein; nachdem er ausgeführt hat, wie alle Staaten, die
das heutige Europa ausmachen (Amerika, Afrika, Australien kamen
damals noch nicht in Betracht), das Werk der plötzlich aus unbekannten
Wildnissen aufgetauchten germanischen Barbaren seien, fährt er fort:
»Doch eigentlich waren diese Völker keine Barbaren, da sie frei waren;
Barbaren sind sie erst später geworden, als sie, der absoluten Macht
unterworfen, der Freiheit verlustig gingen«.[2]) In diesen Worten ist
sowohl der Charakter der Germanen ausgesprochen, wie auch das
Schicksal, gegen welches sie unablässig anzukämpfen haben sollten.
Denn es ist nicht abzusehen, welche einheitliche, in sich abgeschlossene
Kultur auf einem reingermanischen Boden hätte entstehen können; statt
dessen trat aber der Germane in eine schon fertig gestaltete Welt-
geschichte ein, in eine Weltgeschichte, mit der er bisher in keine
Berührung gekommen war. Sobald der nackte Kampf ums Dasein
ihm Musse dazu liess, erfasste er mit Leidenschaft die beiden konstruk-
tiven Gedanken, welche die in völliger Auflösung begriffene »alte
Welt« noch in ihren Todeskämpfen auszubilden bestrebt war: das
Kaisertum und das Christentum. War das ein Glück? Wer dürfte

---

[1]) Das ganze neunte Kapitel, indem es die germanische Civilisation und Kultur
in ihren Hauptlinien zu schildern unternimmt, bildet eine Ergänzung zu dem hier
mit möglichst wenig Strichen Skizzierten.

[2]) *Lettres persanes*, CXXXVI.

die Frage bejahen? Keinen grossen Gedanken des Altertums überkam
er in reiner Gestalt, sondern alle übermittelt durch die sterilen, schalen,
lichtscheuen, freiheitsfeindlichen Geister des Völkerchaos. Doch dem
Germanen blieb keine Wahl. Um zu leben, musste er die fremden
Sitten, die fremden Gedanken sich zunächst so aneignen, wie sie ihm
dargeboten wurden; er musste in die Lehre gehen bei einer Civilisation,
die in Wahrheit nicht wert war, ihm die Schuhriemen aufzulösen;
gerade das, was ihm am nächsten verwandt gewesen wäre, hellenischer
Schaffensdrang, römische Volksgesetzgebung, die erhaben einfache Lehre
Christi, wurde seinem Auge gänzlich entzogen, um erst nach vielen
Jahrhunderten durch seinen eigenen Fleiss ausgegraben zu werden.
Seine bedenkliche Assimilationsfähigkeit kam ihm bei der Aneignung
des Fremden sehr zu statten, auch jene »Blödigkeit«, die Luther lobt
als »ein sicher Zeichen eines frommen, gottesfürchtigen Herzens«, die
aber in ihrer übertriebenen Schätzung fremden Verdienstes zu mancher
Bethörung führt. Deswegen bedarf es aber auch eines scharfen,
kritischen Auges, um in Motiven und Gedanken jener alten Helden-
geschlechter das echt Germanische von dem aus seinem natürlichen
Stromwege Abgeleiteten, bisweilen auf ewig Abgeleiteten, zu scheiden.
So ist z. B. die absolute religiöse Toleranz der Goten, als sie Herren
jenes römischen Reiches geworden waren, wo lange schon das Prinzip
der Intoleranz herrschte, eben so charakteristisch für germanische Gesinnung wie der Schutz, den sie den Denkmälern der Kunst gewährten.[1] Wir sehen hier gleich jene beiden Züge: Freiheit und
Treue. Charakteristisch ist auch die Beharrlichkeit, mit welcher die
Goten den Arianismus festhielten. Gewiss hat Dahn Recht, wenn
er sagt, es sei Zufall, dass die Goten der Sekte der Arianer zugeführt
wurden, nicht der der Athanasier; doch der Zufall hört dort auf, wo
die Treue anfängt. Dank dem grossen Wulfila besassen die Goten
die ganze Bibel in ihrer heimatlichen Sprache und Dahn's Spott über
die geringe Beanlagung dieser rauhen Männer für theologische Dispute
ist wenig am Platze der Thatsache gegenüber, dass die Quelle ihres
religiösen Glaubens ihnen aus diesem lebendigen Buche floss, was

---

[1] Siehe oben S. 315 und vergl. Gibbon: *Roman Empire*, chapter XXXIX,
und Clarac: *Manuel de l'histoire de l'art chez les Anciens jusqu'à la fin du 6me siècle
de notre ère*, II, 857 suiv. Die Mestizenvölker zerstörten die Denkmäler, teils aus
religiösem Fanatismus, teils weil die Statuen den besten Baukalk abgaben und die
Tempel vortreffliche Quadern. Wo sind die wahren Barbaren?

nicht jeder Christ des 19. Jahrhunderts von sich behaupten könnte. [1])
Und nun kommt das wirklich Entscheidende — nicht der öde Streit
über Homousie und Homöusie, den schon Kaiser Constantin für
»müssig« erklärt hatte — sondern das treue Festhalten an dem einmal
Erwählten und die Betonung der germanischen Eigenart und des
Rechtes der Selbstbestimmung dem Fremden gegenüber. Wenn die
Germanen wirklich solche willenlose Barbaren gewesen wären, wie
Dahn sie darstellt, eben so bereit, den Osiriskult anzunehmen wie
irgend einen anderen Glauben, wie kommt es, dass sie im 4. Jahrhundert alle (Langobarden, Goten, Vandalen, Burgunder u. s. w.) den
Arianismus annahmen und, während er anderswo kaum fünfzig Jahre
sich behauptete, ihm, allein unter allen Menschen, Jahrhunderte lang
treu blieben? Theologisches erblicke ich beileibe nicht darin, noch
lege ich den geringsten Wert auf jene Spitzfindigkeiten, die man aus
Allem und Jedem herausklügeln kann, um eine vorgefasste These
durchzuführen, sondern mein Augenmerk richte ich einzig auf die ganz
grossen Charakterthatsachen und ich sehe hier wiederum: Treue und
Unabhängigkeit. Ich sehe hier die Germanen die Lossagung von Rom
tausend Jahre vor Wyclif instinktiv durchführen, zu einer Zeit, wo
Rom als Kirche sich vom Kaiseramte noch gar nicht klar geschieden
hatte, und vermag in einer solchen Erscheinung weder einen Zufall,
noch eine »Nebensache« [2]) zu erblicken. Wie wenig nebensächlich
diese religiöse Erscheinung ist, geht aus Karl Müller's Darstellung
hervor (*Kirchengeschichte*, 1892, I. 263), wo wir in Bezug auf die
arianischen Germanen lesen: »Jedes Reich hat seine eigene Kirche.
Kirchliche Verbände im Stil der katholischen Kirche giebt es nicht. . . .
Die neuen Priester . . . sind Bestandteile der Stammes- und Volks-
organisation gewesen. Der Bildungsstand des Klerus ist natürlich ein
ganz anderer, als der des katholischen: rein national germanisch,
ohne Berührung mit der kirchlichen und profanen Kultur der alten
Welt. Dagegen steht nach allen christlichen Zeugnissen Sitte und
Sittlichkeit der arischen Germanen unermesslich höher als die der

---

[1]) Wie charakteristisch gerade das Bibelstudium für die Goten war, kann
man bei Neander: *Kirchengeschichte*, 4. Auflage, III, 199 lesen. Neander citiert
u. a. einen Brief, in welchem Hieronymus sein Erstaunen darüber ausspricht, wie
»die barbarische Zunge der Gothen nach dem reinen Sinne der hebräischen Ur-
schrift forsche«, während man im Süden »sich gar nicht darum kümmere«. Das
war schon im Jahre 403!

[2]) Dahn: 2. Auflage von Wietersheim's *Völkerwanderung*. II, 60.

katholischen Romanen. Es ist die sittliche Reinheit eines noch unverdorbenen Volkes gegenüber einer durch und durch faulen Kultur.«
Tolerant, evangelisch, sittlich rein: so waren die Germanen ehe sie
dem Einfluss Roms unterlagen.

Eigentümlich ist es nun, wie später gerade Germanen sich umgarnen und zu Rittern der antigermanischen Mächte machen liessen;
ich fürchte, es ist dies ebenfalls ein echt germanischer Zug, denn
alles Lebende trägt in sich den Keim zu seinem eigenen Verderben
und Tod. Zwar dachte Karl der Grosse nicht im Traume daran,
dem römischen Bischof zu dienen, im Gegenteil, auch dessen Gewalt
wollte er der seinen dienstbar machen; er behandelt den Papst, wie
ein Herr seinen Unterthanen, [1] er wird von seinen Zeitgenossen ein
»Reformator« der Kirche genannt und setzt sogar in dogmatischen
Dingen, wie in der Verehrung der Bilder, die er als echter Germane
unbedingt verwarf, seinen Willen gegen den Roms durch. Doch verhindert das Alles nicht, dass gerade er das Papsttum aufrichtete, indem er
ihm Macht und Ansehen verlieh und indem er jene Konfusion zwischen
deutschem Königtum und römischem Christentum sanktionierte, von
der bisher keine Rede gewesen war und die von nun an wie ein
Alp auf Deutschland lastete. Man denke sich doch die Entwickelung
der Dinge, wenn auch die Franken Arianer geworden wären, oder
wenn sie als Katholiken sich früh, etwa unter Karl dem Grossen, von
Rom losgesagt und national organisierte Kirchen gegründet hätten
wie die meisten Slaven! Als die Päpste sich an Karl's Vorgänger,
Karl Martell und Pipin flehentlich um Hilfe wandten, war die Stellung
Roms als Weltmacht verloren; die resolute Zurückweisung seiner
Prätentionen hätte sie für alle Zeiten vernichtet. Ja, wenn nur Karl's
Versuche geglückt wären, sich die Kaiserkrone nicht von den Römern,
sondern von Byzanz aus verleihen zu lassen, so wäre die kirchliche
Unabhängigkeit der Germanen nie ernstlich gefährdet worden. Karl's
gesamte Lebensthätigkeit bezeugt eine so eminent deutsch-nationale
Gesinnung in allen ihren Bestrebungen, dass man, allem Schein und
auch manchen entgegengesetzten Folgen zum Trotz, die Germanisierung
als sein Ziel erkennen muss, und nicht allein als sein Ziel, sondern
auch als sein Werk; denn er ist der Gründer Deutschlands, derjenige,

[1] Dass der Papst auch thatsächlich der Unterthan des Kaisers war, steht
juristisch und staatsrechtlich fest, so dass die leidenschaftlichen Dissertationen für
und wider zwecklos sind. Siehe Savigny: *Geschichte des römischen Rechtes im
Mittelalter*, I. Kap. 5.

welcher, wie schon der alte Widukind sagt, zuerst aus den Deutschen *quasi una gens* gemacht hat, und insofern ist er der wahre Urheber des heutigen nicht mehr »heiligen römischen«, sondern »heiligen deutschen« Reiches. Die römische Kirche dagegen war von Hause aus und notwendiger Weise die Schild- und Waffenträgerin aller anti-germanischen Bestrebungen; sie war es von Anfang an, musste es aber täglich mehr und offener werden, und war es daher nie deut-licher als am heutigen Tage. Und dennoch verdankt sie ihre Existenz den Germanen! Ich rede hier gar nicht von Glaubensdingen, sondern von dem Papsttum als idealer Weltmacht; gläubige Katholiken, die ich im Herzen verehre, haben dasselbe eingesehen und ausgesprochen. Um nur ein einziges Beispiel zu geben, welches sich ausserdem an vor Kurzem Gesagtes anschliesst: wir sahen, dass die religiöse Toleranz dem Germanen, als einem freiheitlich gesinnten Manne, und als einem Manne, dem die Religion ein inneres Erlebnis bedeutet, von Hause aus natürlich ist; vor der Besitzergreifung des römischen Reiches durch die Goten war die Verfolgung an der Tagesordnung gewesen, dann aber unterblieb sie lange Zeit, denn die Germanen machten ihr ein Ende. Erst als die Lehren und die Leidenschaften des Völkerchaos den Germanen seinem eignen Selbst entfremdet hatten, begann der Franke den Sachsen das Christentum mit dem Schwerte zu predigen. Aus dem *De civitate Dei* entnahm Karl seine Pflicht zur gewaltsamen Bekehrung,[1] wozu er von dem Papst, der ihm den Titel *Christianissimus Rex* verlieh, unaufhörlich angetrieben wurde; und so wütete jener erste Dreissigjährige Krieg unter germanischen Brüdern, verheerend, zerstörend, unauslöschbaren Hass säend, nicht aus eigenem Antrieb, sondern dank dem Einfluss Roms, genau ebenso, wie neunhundert Jahre später der zweite Dreissigjährige Krieg, den in manchen Teilen Deutschlands nur ein Fünfzigstel der Einwohner überlebte — jeden-falls eine praktische Art, die Germanen los zu werden, sie unter einander sich vertilgen zu lassen! Und inzwischen war die Lehre des Augustinus, des afrikanischen Mestizen, das Dogma der prinzipiellen Intoleranz und der Bestrafung der Häresie mit dem Tode in die Kirche eingedrungen und wurde, sobald das germanische Element genügend geschwächt, das antigermanische Element genügend gestärkt war, feierlich zum Gesetz erklärt und während einem halben Jahr-tausend, inmitten einer sonst auf allen Gebieten fortschreitenden

---

[1] Hodgkin: *Charles the Great*. 1897, p. 107, 248.

33*

Kultur, der Menschheit zur ewigen Schmach, ins Werk gesetzt. Wie
urteilt nun einer der hervorragendsten Katholiken unseres Jahrhunderts
über diesen merkwürdigen Vorgang, über diese Verwilderung von
Menschen, die sich früher, als angebliche Barbaren, so human gezeigt
hatten? »Es war«, sagt er, »ein Sieg, welchen das altrömische Kaiser-
recht über den germanischen Geist errang.« [1])

Wollen wir nun die notwendige Beschränkung des Begriffes
»Germane« durchführen, d. h. das Germanische von dem Ungermanischen scheiden, so müssen wir erst, wie ich es im Anfang dieses
Kapitels versuchte, klare Vorstellungen über die zu Grunde liegenden
Charakter- und Geisteseigenschaften des Germanen zu gewinnen suchen
und sodann, wie jetzt eben an einem Beispiel angedeutet, dem Gange
der Geschichte mit kritischem Blicke folgen. Derlei »Siege über den
germanischen Geist« wurden nämlich viele gewonnen, manche nur
mit vorübergehendem Erfolg, manche so gründlich, dass edle Völker
auf ewig aus dem germanischen Verbande schwanden und einem
progressiven Verfall anheimfielen. Denn dieser unter so verwickelten,
widerspruchsvollen, durch und durch verrotteten Verhältnissen in die
Weltgeschichte eingetretene Germane ist sich selber entfremdet worden.
Alles wurde ja in Bewegung gesetzt, um ihn zu bethören: nicht
allein die Leidenschaften, die Habgier, die Herrschsucht, alle die
schlimmen Untugenden, die ihm mit Anderen gemeinsam sind, nein,
auch sein besseres Teil wurde zu diesem Zweck geschickt bearbeitet:
seine mystischen Regungen, sein Wissensdurst, seine Glaubenskraft,
sein Schaffensdrang, seine hohen organisatorischen und gestaltenden
Eigenschaften, sein edler Ehrgeiz, sein Bedürfnis nach Idealen — — —
Alles wurde gegen ihn selber ausgebeutet. Zwar nicht als ein Barbar,
wohl aber als ein Kind war der Germane in die Weltgeschichte eingetreten, als ein Kind, das alten erfahrenen Wüstlingen in die Hände
fällt. Daher kommt es, dass wir das Ungermanische in dem Herzen
der besten Germanen eingenistet finden, wo es, dank germanischem
Ernst und germanischer Treue, oft festere Wurzel fasste als sonst an
irgend einem Ort; daher aber auch die grosse Schwierigkeit, unsere
Geschichte zu enträtseln. Montesquieu sagte uns z. B. vorhin, der
Germane sei durch den Verlust seiner Freiheit später Barbar geworden:
doch wer raubte sie ihm? Das Völkerchaos im Bunde mit ihm selber.

---

[1]) Döllinger: *Die Geschichte der religiösen Freiheit* (in seinen akademischen
Vorträgen, III, 278).

Dietrich von Bern hatte den Titel und die Krone des Imperators von sich gewiesen; er war zu stolz, um mehr sein zu wollen als König der Ostgoten; späteren Germanen dagegen schillerte der kaiserliche Purpur vor den Augen wie ein zaubergewaltiger Talisman, so ganz waren sie von ungermanischen Vorstellungen geblendet. Denn inzwischen waren die *Jurisconsulti* des poströmischen Afterrechtes gekommen und hatten den germanischen Fürsten Wunderdinge über königliche Gerechtsame ins Ohr geflüstert; und die römische Kirche, welche die mächtigste Verbreiterin des justinianischen Rechtes war,[1] lehrte, dieses Recht sei ein heiliges, gottgegebenes;[2] nun trat der Papst hinzu und erklärte sich für den einzigen Herrn aller Kronen, er allein, als Vertreter Christi auf Erden, könne sie verleihen und abnehmen,[3] und dem *servus servorum* sei der Kaiser als blosser *rex regum* untergeordnet. Wenn aber der Papst die Kronen schenkte oder bestätigte, so war jeder König fortan König von Gottes Gnaden, und wenn der Rechtsgelehrte darthat, dem Träger der Krone sei von Rechtswegen das ganze Land zu eigen, sowie unbeschränkte Allmacht über seine Unterthanen, so war die Verwandlung fertig und an Stelle eines Volkes von freien Männern stand nun ein Volk von Knechten. Das nennt Montesquieu, und nicht mit Unrecht, Barbarei. Die germanischen Fürsten, die nicht allein aus Herrsch- und Habsucht, sondern auch in Folge der Verwirrung aller Begriffe auf diesen Pakt eingegangen waren, hatten sich unbewusst den feindlichen Mächten verdungen; nunmehr waren sie Stützen der antigermanischen Bestrebungen. Wieder war ein Sieg über den germanischen Geist errungen!

Weitere Beispiele davon, wie der Germane sich selber nach und nach entfremdet wurde, überlasse ich dem Sinnen des Lesers. Hatte er erst die Freiheit zu handeln und die Freiheit zu glauben verloren, so war die Grundlage seines besonderen, unvergleichlichen Wesens in einer Weise unterminiert, dass nur die heftigste Empörung ihn vor gänzlichem Untergang retten konnte. Wie frei und kühn war nicht das religiöse Denken der ersten nordischen Scholastiker gewesen, voll Persönlichkeit und Leben; wie geknechtet und geknebelt erscheint es nach Thomas von Aquin, der bis auf den heutigen Tag

---

[1] Savigny: *Geschichte des römischen Rechts*, I, Kap. 3.

[2] »Das Mittelalter stellte das römische Recht als geoffenbarte Vernunft in Dingen des Rechts *(ratio scripta)* dem Christentum als geoffenbarte Religion zur Seite« (Jhering: *Vorgeschichte der Indoeuropäer*. S. 302).

[3] Phillips: *Lehrbuch des Kirchenrechtes*, 1881 (?), § 102 u. s. w.

allen katholischen Schulen als Gesetz gilt![1]) Wie rührend ist es, die
rauhen Goten im Besitze ihrer gotischen Bibel zu wissen, den Worten
Christi mit staunendem Halbverständnis lauschend, als erklängen sie
aus irgend einem uralten fast vergessenen Märchen, oder als dränge
eine noch ferne Stimme an ihr Ohr, sie zu einer schönen, unvorstellbaren Zukunft heranrufend, dann im einfach gezimmerten Gottes-
hause oder im Kirchenzelt[2]) auf die Knie sinkend und wie die Kinder
um das Allernächstliegende betend! Doch jetzt war das alles entschwunden: die Bibel sollte einzig und allein in der lateinischen
Vulgata — also nur von Gelehrten — gelesen werden und war
selbst Priestern und Mönchen bald so wenig bekannt, dass schon
Karl der Grosse die Bischöfe ermahnen musste, sich ernstlicher mit
der Erforschung der heiligen Schrift abzugeben;[3]) der heilige Gottesdienst durfte fortan nur in einer Sprache gehalten werden, die kein
Laie verstand.[4]) Wie leuchtend klar tritt schon zu Beginn des 13. Jahr-

---

[1]) Dass Thomas von Aquin durch seine Mutter vom staufischen Hause
abstammte und frühzeitig deutsches Wissen und Denken auf sich einwirken liess
(Albertus Magnus), darf freilich auch nicht vergessen werden. Wo hätte das Chaos
etwas Grosses ausgerichtet — und Aquin's geistige Leistung ist eine bewundems-
wert grosse, starke — ohne die Hilfe von Germanen?

[2]) Siehe Hieronymus: *Epist. ad Laetam.*

[3]) Döllinger: *Das Kaisertum Karl's des Grossen*, in Akad. Vortr., III, 102.

[4]) Interessant ist es, in dieser Verbindung darauf aufmerksam zu machen, dass
Papst Leo XIII. durch die Konstitution *Officiorum numerum* vom 25. Januar 1897
die Bestimmungen des Index verbotener Bücher »nicht unerheblich verschärft hat«
(so sagt der orthodox-römische Kommentator Professor Hollweck: *Das kirchliche
Bücherverbot*, 2. Auflage, 1897, S. 15). Der alte freiheitliche germanische Geist
hatte sich nämlich auch unter den gläubigen Katholiken in Frankreich und Deutschland in unserem Jahrhundert zu regen begonnen; kirchliche Lehrer behaupteten,
der Index gelte für diese Länder nicht, Bischöfe verlangten weitgehende Änderungen
in freiheitlichem Sinne, Laien (Koblenz 1869) vereinigten sich zu Adressen, in
denen sie die völlige Abschaffung des Index forderten (siehe a. a. O., S. 13, 14);
da antwortete Rom mit einer Verschärfung des Bücherverbotes, über welche jeder
Laie in der genannten bischöflich approbierten Schrift sich informieren kann. Nach
diesem Gesetze ist dem gläubigen römischen Katholiken so ziemlich die gesamte
Weltlitteratur verboten, und selbst solche Autoren wie Dante dürfte er nur in stark
expungierten, »bischöflich approbierten« Ausgaben lesen. Besonders bemerkenswert
ist aber, dass das Lesen der Bibel in der Volkssprache nach einer getreuen, vollständigen Ausgabe, auch wenn diese von Katholiken besorgt wird, »bei
schwerer Sünde« verboten ist! Nur die besonders redigierten und mit Anmerkungen
versehenen, vom heiligen Stuhl »approbierten« Ausgaben dürfen gelesen werden
(a. a. O., S. 29). Übrigens kann diese Sorge nur für schon wankende Gemüter
gelten, denn es wird im Religionsunterricht u. s. w. so eindringlich vor der

hunderts die Idee reiner Wissenschaft durch Roger Bacon zu Tage —
Naturbeobachtung, wissenschaftlich zu betreibende Philologie, Mathematik! Doch seine Werke werden von Rom verdammt und zerstört,
er selber im besten Mannesalter in ein Kloster interniert, jede ernste
Erforschung der Natur jahrhundertelang hintangehalten und dann
Schritt für Schritt bekämpft. Dass solche Leuchten der Wissenschaft
wie Copernicus und Galilei gute Katholiken waren, solche Vorboten
neuer kosmologisch-philosophischer Vorstellungen wie Krebs (Nicolaus
von Cusa), Bruno, Campanella und Gassendi gar Kardinäle, Mönche
und Priester, beweist nur, dass es sich bei allen diesen Erscheinungen
nicht um religiöse Glaubensdifferenzen handelt, sondern um den Kampf
zwischen zwei Weltanschauungen, oder noch besser zwischen zwei
menschlichen Naturen, der germanischen und der antigermanischen,
was auch seinen deutlichen Ausdruck darin fand, dass die meisten
dieser Männer verfolgt oder zum mindesten ihre Schriften verboten
wurden.[1]) Kardinal Nicolaus Cusanus, der Vertraute der Päpste, der
das Glück hatte, vor der durch das tridentinische Konzil eingeleiteten
retrograden Bewegung zu leben, bewährte sein echt germanisches
Wesen dadurch, dass er als erster die Fälschung der Isidor'schen
Dekretalien, der angeblichen Konstantin'schen Schenkung u. s. w.
nachwies, und dass er als thätiger Reformator der Kirche zwar erfolglos
doch unermüdet das erstrebte, was später auf anderem Wege erzwungen

---

Lektüre der heiligen Schrift gewarnt, dass ich 20 Jahre in katholischen Ländern
gelebt habe, ohne einen einzigen katholischen Laien anzutreffen, der jemals die
vollständige Bibel auch nur in der Hand gehalten hätte; sonst findet der *Index
librorum prohibitorum* wenig oder keine Geltung im praktischen Leben, als einziges
wirklich gefährliches Buch für Rom wird eben mit unfehlbarem Blick jenes eine
Buch betrachtet, aus welchem die schlichte Gestalt Christi uns entgegentritt. Vor dem
tridentinischen Konzil, d. h. also zu der Zeit, wo der spätere »Protestant« noch
nicht sichtbar vom spätere »Katholiken« sich losgetrennt hatte, stand es freilich in
Deutschland anders; durch jenen Vorläufer der Reformation, die »deutsche Kunst«
der Buchdruckerei, war in kurzer Zeit und trotz des damals schon bestehenden
ausdrücklichen kirchlichen Verbots) »die Bibel nach recht gemeinem Deutsch« das
verbreitetste Buch im ganzen Land geworden. (Janssen: *Geschichte des deutschen
Volkes*, I, 20.) Diesem Zustand machte aber das Tridentiner Konzil in seiner vierten
Sitzung durch das *Decretum de editione et usu sacrorum librorum* ein für allemal ein Ende.

[1]) Höchst bemerkenswert ist es, dass solche bahnbrechende, freisinnige
Philosophen wie Bruno und Campanella aus dem äussersten Süden Italiens
stammen, wo selbst noch heute, nach den anthropologischen Feststellungen, der
indogermanische, ausgesprochene Dolichocephal-Typus auf der Halbinsel verhältnismässig am stärksten vertreten ist (siehe Ranke: *Der Mensch*, II, 299).

werden musste. Der Mann, welcher Fälschungen aufdeckt, kann
unmöglich mit denen, welche die Fälschungen begehen, moralisch
identisch sein. Und so dürfen wir denn ebensowenig nach Konfessionen
wie nach Nationen trennen, um das echt Germanische vom Antigermanischen zu scheiden. Nicht allein, dass man vor dem Tridentiner
Konzil zwischen römischen Christen und anderen füglich nicht unterscheiden kann, da ja manche grosse Kirchenlehrer, wie Origenes, und
viele »katholische« Doktoren in Anschauungen und Lehren, die von
da an als häretisch galten, bedeutend weiter gegangen waren als ein
Luther oder gar ein Hus, sondern auch später, und bis auf den
heutigen Tag, sehen wir hervorragend germanische Geister, aus tiefer
Überzeugung, aus treuer Anhänglichkeit an die gewaltige Idee einer
universellen Kirche, im Gehorsam gegen Rom verbleiben und denn-
noch sich als echteste Germanen bewähren; während andrerseits jener
Mann, in welchem die Empörung gegen die antigermanischen Mächte
ihren gewaltigsten Ausdruck fand, Martin Luther, sich trotzdem auf
Augustinus beruft, um die Fürsten zur Unduldsamkeit anzuhalten, und
Calvin den grossen Arzt, Michel Servet, wegen seiner dogmatischen Ansichten verbrennt und dafür die Billigung des humanen Melanchthon
erhält. Wir dürfen also nicht einmal einzelne Menschen ohne weiteres
als Muster des Germanen hinstellen; sondern sobald sie dem nicht-
germanischen Einfluss in Erziehung, Umgebung u. s. w. unterworfen
gewesen sind — und wer war das nicht während mindestens einem
Jahrtausend? — müssen wir sorgfältig unterscheiden lernen, zwischen
dem, was aus der echten, reinen, eigenen Natur, sei es im Guten
oder im Bösen, als lebendiger Bestandteil der Persönlichkeit hervor-
wächst und dem, was dieser Persönlichkeit nur gewaltsam aufgepfropft
oder gewaltsam amputiert wurde.

In einem gewissen Sinne kann man, wie man sieht, die geistige
und moralische Geschichte Europas von dem Augenblick des Eintrittes
der Germanen an bis auf den heutigen Tag, als einen Kampf zwischen
Germanen und Nicht-Germanen, zwischen germanischer Gesinnung und
antigermanischer Sinnesart betrachten, einen Kampf, der teils äusserlich,
Weltanschauung gegen Weltanschauung, teils innerlich, im Busen des
Germanen selbst, ausgefochten wird. Doch hiermit deute ich bereits
auf den folgenden Abschnitt hin. Das in diesem Gesagte will ich
zum Schluss zusammenfassen, indem ich auf den vollendetsten Typus
des Antigermanen hinweise; es ist dies, glaube ich, die wertvollste
Ergänzung zum positiven Bilde.

Der Kampf gegen das Germanische hat sich in einem der ausserordentlichsten Männer der Geschichte gewissermassen verkörpert; hier wie anderwärts hat eine einzige grosse Persönlichkeit durch ihr Beispiel und durch die Summe von Lebenskraft, die sie in die Welt setzte, mehr vermocht als alle vielköpfigen Konzilien und alle feierlichen Beschlüsse grosser Körperschaften. Und es ist gut, seinen Feind vor sich in einer Gestalt zu sehen, welche Achtung verdient, sonst kann Hass oder Geringschätzung das Urteil leicht trüben. Ich wüsste nicht, wer berechtigt wäre, Ignatius von Loyola aufrichtige Anerkennung zu versagen. Er erträgt physische Schmerzen wie ein Held,[1] ist moralisch ebenso furchtlos, sein Wille ist eisern, sein Thun zielbewusst, sein Denken durch keine Gelehrsamkeit und Künstelei verdorben; er ist ein scharfsinniger, praktischer Mann, der nie über Kleinigkeiten stolpert und dennoch seiner Wirksamkeit gerade dadurch eine ferne Zukunft sichert, dass er stets die Bedürfnisse des Augenblicks als Grundlage seines Wirkens ergreift und ausnutzt; dazu selbstlos, ein Feind aller Phrasen, nicht eine Spur Komödiant; ein Soldat und ein Edelmann, der das Priestertum zu seinen Zwecken eher gebraucht, als ihm seinem Wesen nach jemals angehört. Dieser Mann nun war ein Baske; nicht allein war er in dem rein baskischen Teile Spaniens geboren, sondern seine Biographen versichern, er sei aus echtem, unvermischtem baskischen Stamme, d. h. also, er gehörte einer Menschenrasse an, die nicht allein ungermanisch ist, sondern in keinerlei Verwandtschaft zu der gesamten indoeuropäischen Gruppe steht.[2] In Spanien bildeten seit der keltischen Einwanderung die gemischten Keltiberer einen Grundteil der Bevölkerung, doch in gewissen nördlichen Teilen blieben bis auf den heutigen Tag die iberischen Basken unvermischt, und ein solches »echtes Kind des rätselhaften, verschlossenen, thatkräftigen und phantastischen Baskenstammes « soll Ignatius, eigentlich Iñigo, sein.[3] Es ist, nebenbei gesagt (als Illustration für die unvergleichliche Bedeutung von Rasse), höchst bemerkenswert, dass der Mann, dem die Erhaltung des spezifisch-römischen, antigermanischen Einflusses auf Jahrhunderte hinaus zum grössten Teil

[1] Sein in einer Schlacht zerschmettertes Bein liess er zweimal nach vollendeter Heilung wieder gewaltsam brechen, weil es kürzer als das andere geworden war und ihn somit zum Kriegsdienst untauglich machte.

[2] Siehe Bastian: *Das Beständige in den Menschenrassen*, S. 110; Peschel: *Völkerkunde*, 7. Aufl., S. 539.

[3] Gothein: *Ignatius von Loyola und die Gegenreformation*, 1895, S. 209.

zugeschrieben werden muss, nicht selber ein Kind des Chaos war,
sondern ein Mann von echtem, reinem Stamm. Daher die Einfachheit
und Kraft, die uns so wunderbar anmuten, wenn wir inmitten des
römischen Babels des 16. Jahrhunderts, wo beim Erlebnis der Wiedergeburt germanischen Selbstbewusstseins (die wahre Renaissance!) alle
Stimmen erschrocken und ratlos durcheinander kreischen, diesen einen
Mann erblicken, der abseits, geräuschlos, völlig unbekümmert um das,
was Andere beschliessen und erstreben (ausser insofern es seine Pläne
berührt), seinen eigenen Weg geht und ohne Hast, mit voller Beherrschung seiner angeborenen Leidenschaftlichkeit, den Kriegsplan
entwirft, die Taktik festsetzt, die Truppen eindrillt zu dem durch-
dachtesten und daher gefährlichsten Ansturm, der je auf germanisches
Wesen — oder vielmehr auf arisches Wesen überhaupt — unternommen
wurde. Wer es für einen Zufall hält, dass diese Persönlichkeit ein Baske
war, wer es für einen Zufall hält, dass dieser Baske, obwohl er bald
fähige und ihm ganz ergebene Mitarbeiter von verschiedenen Nationalitäten gefunden hatte, auf der Höhe seines Wirkens nur mit einem
einzigen Manne intim, fast unzertrennlich lebte, mit ihm allein berat-
schlagte, durch ihn allein seinen Willen kundgab, und dass dieser Eine
ein rassenechter, erst spät zum Christentum übergetretener Jude war
(Polanco) — wer, sage ich, an derlei Erscheinungen achtlos vorübergeht,
hat kein Gefühl für die Majestät der Thatsachen.[1] Gewinnt man zu dem
innersten Geistesleben dieses merkwürdigen Mannes Zutritt, was durch
seine *Exercitia spiritualia* (ein Grundlehrbuch der Jesuiten noch heute)
leicht gelingt, so hat man den Eindruck, als träte man in eine vollkommen fremde Welt ein. Zuerst fühlte ich mich in einer christlich
ausstaffierten mohammedanischen Atmosphäre:[2] der krasse Materialismus aller Vorstellungen — dass man z. B. den Gestank der Hölle
riechen, ihre Flammenglut fühlen solle, der Gedanke, dass Sünden
Vergehen gegen ein »paragraphoses« Gesetz sind, so dass man darüber
Buch führen kann und soll nach einem bestimmt angegebenen Schema,

---

[1] Es verdient noch bemerkt zu werden, dass die zwei ersten Männer,
welche sich dem Ignatius anschlossen und somit seinen Orden mitbegründeten,
ebenfalls nicht Indoeuropäer waren: Franz Xavier war, wie Ignatius, ein echter
Baske, Faber ein echter, krass abergläubischer Savoyard (siehe S. 339, Anm. 2).

[2] Seitdem Obiges geschrieben wurde, ist ein Buch erschienen von Hermann
Müller: *Les origines de la compagnie de Jésus*, in welchem nachgewiesen wird,
Ignatius habe die Organisation der mohammedanischen Geheimbünde sehr genau
studiert und folge auch in seinen Exercitien vielfach mohammedanischen Auffassungen. Wahrlich, dieser Mann ist der personifizierte Antigermane!

und anderes dergleichen — gemahnen an semitische Religionen; doch
thäte man letzteren sehr Unrecht, wollte man sie mit dem kaum
übertünchten Fetischismus des Loyola identifizieren. Das Grundprinzip
der Religion des Ignatius ist die Bekämpfung jeglicher Symbolik. Man
hat ihn einen Mystiker genannt und mystische Einflüsse auf sein
Denken nachzuweisen gesucht, doch ist dieser Kopf gänzlich unfähig,
den Begriff der Mystik im indoeuropäischen Sinne auch nur zu fasssen;
denn alle Mystik, von Yâjñavalkya bis Jakob Böhme, bedeutet den
Versuch, die Schlacken der Empirie abzuwerfen, um unmittelbar in
einer transcendenten, empirisch unvorstellbaren Urwahrheit aufzugehen, [1]
während Loyola's ganzes Bestreben im genauen Gegensatz zum Mysticismus darauf hinausgeht, alle Mysterien der Religion als konkrete, sinnliche Thatsachen hinzustellen: wir sollen sie sehen, hören, schmecken,
riechen, betasten! Seine *Exercitia* bedeuten nicht eine Anleitung
zu mystischer Betrachtung, sondern vielmehr die systematische Ausbildung der in uns allen vorhandenen hysterischen Anlagen. Das
rein sinnliche Element der Phantasie wird auf Kosten der Vernunft, auf
Kosten der Urteilskraft grossgezogen und bis zur äussersten Leistungsfähigkeit getrieben; auf diese Weise siegt die animalische Natur über
die intellektuelle, und nunmehr ist der Wille — nicht gebrochen,
wie man allgemein behauptet, wohl aber in Ketten geschlagen. Im
normalen Menschen bildet die Erkenntnis das Gegengewicht zum
Willen; Loyola's Angriff richtet sich darum zunächst auf die Erkenntnis als auf die Quelle der Freiheit und des Schaffensdranges; in
einer seiner letzten Kundgebungen spricht er es knapp aus: er bezeichnet »den Verzicht auf den eigenen Willen und die Verleugnung
des eigenen Urteils« als »die Quelle der Tugenden.« [2] Auch in den
Exercitien heisst die erste Regel der Orthodoxie: »die Vernichtung
jedes eigenen Urteils« (siehe die *Regulae ad sentiendum vere
cum ecclesia*, reg. 1). Hierdurch wird nun der Wille nicht gebrochen,
im Gegenteil, nur von dem Gehorsam gegen seinen natürlichen Herrn,
das Individuum, losgebunden; was ihn aber jetzt meistert, ist die
Zuchtrute der *Exercitia*. Durch diese wird, genau so wie bei den
Fakiren, nur in weit überlegterer und darum erfolgreicherer Weise,
ein pathologischer Zustand der gesamten Individualität erzeugt (und
durch jährliche und bei widerstandsfähigen Personen noch häufigere

---

[1] Siehe Kap. 9, Abschnitt »Weltanschauung«.

[2] Siehe das letzte Schreiben an die Portugiesen, analysiert und citiert bei
Gothein: a. a. O., S. 450.

Wiederholungen wird er immer von Neuem gestärkt), der genau so
wirkt wie jede andere Hysterie. Die neuere Medizin fasst diese psycho-
pathologischen Zustände unter der Bezeichnung »Zwangsneurose« zusammen und weiss recht wohl, dass der Erkrankte nicht seinen Willen,
wohl aber (innerhalb des Kreises der Zwangsvorstellungen) die freie
Verfügung über seinen Willen gänzlich verliert! Natürlich kann
ich hier nicht näher auf diesen höchst verwickelten Gegenstand eingehen, der gerade in der zweiten Hälfte unseres Jahrhunderts durch
die Experimente Charcot's und Anderer, sowie durch die wissenschaftliche Psychologie teilweise aufgehellt wurde, so weit wenigstens
aufgehellt, dass man das Problem jetzt klar erfasst und die entsetzliche
Macht der Physis über die Psyche deutlich erkennt;[1]) es genügt, wenn
ich die Vernichtung der physischen Grundlage der Freiheit als
Loyola's erstes Ziel nachgewiesen habe. Dieser direkte Angriff auf
den Leib des Menschen, nicht etwa, um den Leib dem Geist zu unterwerfen, sondern im Gegenteil, um durch Vermittlung des Leibes den
Geist zu ergreifen und zu bemeistern, zeigt eine Gesinnung, die Allem,
was wir Indoeuropäer jemals Religion genannt haben, widerspricht.
Denn mit Askese hat Loyola's System nichts gemein; im Gegenteil,
er perhorresciert die Askese und verbietet sie, und zwar von seinem
Standpunkte aus mit Recht: denn die Askese steigert die intellektuellen
Fähigkeiten und gipfelt, wenn mit eiserner Konsequenz durchgeführt, in
der vollen Bewältigung der Sinne; diese mögen dann immerhin weiter,
gleichsam als Material für die Phantasie, der mystischen Andacht
einer heiligen Theresa oder der mystischen Metaphysik eines Chândogya
dienen, fortan sind es dem Willen dienstbar gemachte, durch die Gewalt
des Gemütes gehobene und geläuterte Sinne, was der indische Religions-
lehrer auszudrücken sucht, indem er schreibt: »der Wissende ist schon
bei Lebzeiten körperlos«.[2]) Wogegen, wie gesagt, Loyola's Methode
geradezu eine Gymnastik der Sinnlichkeit vorschreibt, durch welche,
wie er es selber als Ziel bezeichnet, der Wille und das Urteil geknechtet

---

    [1]) Zu den interessantesten Zusammenfassungen aus letzterer Zeit gehören
die Aufsätze des Dr. Siegmund Freud: *Über die Ätiologie der Hysterie* und *Die
Sexualität in der Ätiologie der Neurosen*, in den Jahrgängen 1896 und 1898 der
Wiener klinischen Rundschau. Nach meiner Überzeugung bedeutet jeder starke
Anreiz der äusseren Sinnenthätigkeit aus rein innerer Erregung, auch wo er nicht
in sexueller Gestalt auftritt, eine Exacerbation des Sinnenlebens, dessen Sitz im
Gehirn ist, und bedingt eine entsprechende Lähmung.
    [2]) Çankara: *Die Sûtra's des Vedânta*. I, 1, 4.

werden. Während wahre Askese nur wenigen Auserwählten möglich ist, da hier der moralische Entschluss offenbar zu Grunde liegen und fortwährend die Zügel führen muss, wird für diese sogenannten »geistlichen Übungen« Loyola's, die nie mehr als vier Wochen dauern dürfen (ausserdem aber nach der Anlage eines jeden Einzelnen vom Lehrer gekürzt und eingerichtet werden sollen) fast jeder Mensch, namentlich in jüngeren Jahren, ein eindrucksfähiges Subjekt abgeben. Die Suggestionskraft einer solchen krass mechanischen, mit unendlicher Kunst auf das Aufwühlen des ganzen Menschen angelegten Methode ist so gross, dass Niemand sich ihr ganz zu entziehen vermag. Auch ich fühle meine Sinne erzittern, wenn ich in diese Exercitien mich versenke; doch ist es nicht das anatomisch herausgeschnittene Herz Jesu, das ich erblicke (als ob der »Herz« genannte Muskelapparat mit göttlicher Liebe etwas gemeinsam hätte!), sondern ich sehe den *Ursus spelaeus* beutegierig lauern; und wenn Loyola von der Furcht vor Gott spricht und lehrt, nicht die »kindliche Furcht« dürfe uns genügen, sondern wir müssten erzittern »in jener anderen Furcht, genannt *timor servilis*«, d. h. in der schlotternden Angst hilfloser Sklaven,[1]) da höre ich auch jenen gewaltigen Höhlenbären brüllen und fühle es nach, wie die armen, nackten, wehrlosen Menschen der Diluvialzeit, Tag und Nacht von Gefahr umgeben, bei dieser Stimme erzitterten. Die gesamte geistige Verfassung dieses Basken deutet auf ferne Jahrtausende zurück; von der geistigen Kulturarbeit der Menschheit hat er sich einiges Äusserliche als Material angeeignet, doch das innere Wachsen und Erstarken, jene grosse Emanzipation des Menschen von der Furcht, jenes allmähliche Abstreifen der Sinnestyrannei (die früher eine Existenzbedingung war und jede andere Anlage in ihrer Entwickelung hintanhielt), jener »Eintritt des Menschen in das Tageslicht des Lebens« mit dem Erwachen seiner freischöpferischen Kraft, jene Richtung auf Ideale, die man nicht erst riecht und schmeckt, um an sie zu glauben, sondern die man

---

[1]) *Regulae ad sentiendum cum ecclesia*, Nr. 18. Höchst bemerkenswert in Bezug auf diese Grundlehre des Ignatius (und alles Jesuitismus), ist die Thatsache, dass der Kirchenvater Augustinus gerade die *timor servilis* für einen Beweis dafür hält, dass ein Mensch Gott nicht kenne! Von solchen Leuten sagt er: »sie fürchten Gott mit jener knechtischen Furcht, welche die Abwesenheit von Liebe beweist, denn vollkommene Liebe kennt keine Furcht«, *quoniam timent quidem Deum, sed illo timore servili, qui non est in charitate, quia perfecta charitas foras mittit timorem (De civitate Dei XXI, 24).* Was jedem Germanen in dieser Beziehung heiliges Gesetz sein sollte, hat Goethe in den *Wanderjahren* Buch II, Kap. 1 klar ausgesprochen: »Keine Religion, die sich auf Furcht gründet, wird unter uns geachtet«.

»wirklich werden lässt«, weil der Mensch, zum moralischen Wesen
ausgewachsen, es so will, jene göttliche Lehre, dass das Himmelreich
nicht mit äusserlichen Geberden kommt, sondern inwendig in uns liegt
wie ein verborgener Schatz[1]) — — — alles das ist an diesem Manne
spurlos vorübergegangen; abseits von jenen rastlos eilenden Gewässern,
die zu dem grossen Strom des Ariertums zusammenfliessen, haben seine
Vorfahren seit undenklichen Zeiten gelebt, stolz auf ihre Eigenart,
organisch unfähig von jener anderen Art innerlich irgend etwas zu
erfahren. Und man glaube nicht, dass Ignatius in dieser Beziehung
eine vereinzelte Erscheinung sei! Europa zählt Hunderttausende von
Menschen, die unsere indoeuropäischen Sprachen reden, unsere Kleider
tragen, an unserem Leben sich beteiligen, sehr tüchtige Leute sind,
doch von uns Germanen ebenso geschieden, als bewohnten sie ein
anderes Gestirn; hier handelt es sich nicht um eine Kluft, wie die,
welche uns in so vielen Beziehungen vom Juden scheidet, über die
aber mancher Steg hinüber und herüber führt, sondern um eine Mauer,
welche, unübersteigbar, ein Land vom anderen trennt. Die ausnehmende
Bedeutung Loyola's liegt in seiner hervorragenden Charaktergrösse; in
einem solchen Manne erblicken wir darum das Ungermanische und das
notwendiger Weise Antigermanische klar und gross, d. h. in bedeutender
Gestalt, während es sonst, sei es durch scheinbare Geringfügigkeit, sei es
durch die Unbestimmtheit eines Mestizenwesens leicht übersehen oder,
wenn das nicht, doch schwer analysiert wird. Ich sagte »Charaktergrösse«, denn in der That, andere Grösse ist hier ausgeschlossen: wir
bemerken bei Loyola weder philosophische noch künstlerische Gedanken
und ebensowenig eigentliche Erfindungskraft; selbst seine Exercitia sind
in ihrer Anlage früheren Klosterübungen entlehnt[2]) und von ihm
lediglich »materialisiert« worden, und sein grosses Grundprinzip des
widerspruchslosen Gehorsams ist die von einem alten Soldaten durch-
geführte, gedankenlos rohe Übertragung einer militärischen Nottugend
auf geistiges Gebiet. Aus seiner organisatorischen und agitatorischen
Thätigkeit spricht feinste Schlauheit und genaue Kenntnis mittlerer
Menschencharaktere (sehr bedeutende oder originelle Leute schloss er
prinzipiell aus dem Orden aus!), doch nirgends Tiefe. Um Missverständnisse und Missdeutungen abzuwenden, muss ich hinzufügen, dass
ich nicht daran denke, ihm als Absicht das zuzuschreiben, was als

---

[1]) Siehe S. 199, 200.
[2]) Siehe auch das oben Nachgetragene über den mohammedanischen Einfluss auf die Abfassung der *Exercitia*.

Erfolg seines Thuns sich ergeben hat. Loyola hat nicht einmal seinen Orden mit dem Zweck, die Reformation zu bekämpfen, ins Leben gerufen — so versichern wenigstens die Jesuiten —, viel weniger wird er irgend eine bestimmte Vorstellung mit dem Wort Germanen verknüpft und den Krieg dagegen als Lebensziel gefasst haben. Man könnte fast ebenso gut behaupten, jene von den vordringenden Indoeuropäern immer weiter verjagte, vertriebene, verfolgte fremde Rasse der Basken habe sich durch ihn an dem Sieger rächen wollen. Doch gerade in diesem Buche, wo uns nicht Chronik, sondern die Auffindung grundlegender Geschichtsthatsachen beschäftigt, wäre zu betonen, wie viel Wahrheit hinter solchen chronistisch unhaltbaren Aussagen sich birgt. Denn nicht in dem, was er hat thun wollen, sondern in dem, was er hat thun müssen, liegt die Grösse jedes ausserordentlichen Mannes. Pater Bernhard Duhr mag uns in erregtestem Tone versichern, [1]) die Begründung des Jesuitenordens habe mit der Bekämpfung des Protestantismus nichts zu thun, seine Thätigkeit gipfelte nichtsdestoweniger von Anfang an so sichtbar und so erfolgreich in der Verfolgung dieses einen Zieles, dass schon die frühesten Biographen Loyola's ihm den Ehrentitel »Antiluther« verliehen. Und wer Antiluther sagt, sagt Antigermane — gleichviel ob er sich dessen bewusst ist oder nicht. Was aber die Rassenrache anbelangt, so beschäftigt die Thatsache des Wiederauflebens und der Vermehrung jener fast, doch niemals ganz ausgerotteten, in die Berge zurückgedrängten, physisch kräftigen, doch geistig untergeordneten, ungermanischen Rassen immer mehr die Aufmerksamkeit, nicht der Schwärmer, sondern der ernstesten Naturforscher.

Mit Ignatius von Loyola stelle ich also vor den Leser den Typus des Antigermanen hin und glaube damit jener Definition des Germanen, jener notwendigen Beschränkung des im ersten Teil dieses Kapitels möglichst weit gefassten Begriffes gedient zu haben. Denn ich kann mir eine derartige Definition durchaus nicht als eine in Paragraphen vorgetragene denken — wir sahen ja, dass das nicht einmal beim physischen Menschen gelingt — sondern vielmehr als eine lebhaft vorgestellte, zu selbständigem Urteil befähigende. Hier noch mehr als anderwärts müssen wir uns hüten, den Begriff im Worte erstarren zu lassen. [2]) Und derlei lebendige Begriffsbestimmungen sind

---

[1]) Siehe *Jesuitenfabeln*, 2. Auflage, S. 1 bis 11.
[2]) Vergl. Goethe: *Geschichte der Farbenlehre*, unter Scaliger.

nicht wie die mathematischen: es genügt nicht, zu sagen, das und
jenes ist so und so, sondern erst durch die negative Ergänzung: nicht
so und nicht so, gewinnt die positive Schilderung Relief und wird
der Begriff aus dem Worte erlöst.

Rückblick.   Wir fanden in der Freiheit und der Treue die zwei Wurzeln
des germanischen Wesens oder, wenn man will, die beiden Flügel,
die es himmelwärts tragen. Nicht leere Worte waren das, sondern
ein jedes umschloss einen weiten Komplex lebendiger Vorstellungen
und Erfahrungen und geschichtlicher Thatsachen. Eine derartige Vereinfachung war äusserlich nur dadurch gerechtfertigt, dass wir reiche
Gaben als die unumgängliche Grundlage dieser Eigenschaften nach-
wiesen: körperliche Gesundheit und Kraft, grosse Intelligenz, blühende
Phantasie, unermüdlichen Schaffensdrang. Auch flossen Freiheit und
Treue ineinander über wie alle wahren Naturkräfte: die spezifisch
germanische Treue war eine Erscheinung der geläutertsten Freiheit,
die Bewährung der Freiheit, Treue gegen das eigene Wesen. Hier
erhellt ebenfalls die spezifisch germanische Bedeutung des Begriffes:
Pflicht. Goethe sagt einmal — er redet von Kunstgeschmack, es
gilt aber auf allen Gebieten —: »Uns auf der Höhe unserer barbarischen
Vorteile mit Mut zu erhalten, ist unsere Pflicht.«[1]) Das ist Shakespeare's: sei dir selber treu! Das ist Nelson's Signal am Morgen der
Schlacht bei Trafalgar: »Das Vaterland erwartet, dass Jedermann seine
Pflicht thue!« Seine Pflicht? Die Treue gegen sich selbst, die Bewährung seiner barbarischen Vorteile, d. h. (wie Montesquieu uns
belehrte) der ihm angeborenen Freiheit. Im Gegensatz hierzu erblickten
wir dann einen Mann, der die Vernichtung der Freiheit — Freiheit
des Willens, Freiheit des Erkennens, Freiheit des Schaffens — als
oberstes Gesetz verkündet, und der die Treue (welche ohne Freiheit
bedeutungslos wäre) durch den Gehorsam ersetzt. Der Mensch soll
werden — so sagt Loyola buchstäblich in den Konstitutionen für
seinen Orden — »als ob er ein Leichnam wäre, der sich auf jede
Seite wenden und auf jede Weise mit sich verfahren lässt, oder wie
der Stab eines Greises, der dem, welcher ihn in der Hand hält, überall
und immer dient, wie und wo er ihn gebrauchen will.«[2]) Es wäre
wohl unmöglich, den Gegensatz zu allem arischen Denken und Fühlen

---

1) *Anmerkungen zu Rameau's Neffe.*

2) *»perinde ac si cadaver essent, quod quoquoversus ferri, et quacumque ratione
tractare se sinit: vel similiter atque senis baculus, qui obicumque et quacumque in re
velit eo uti, qui eum manu tenet, ei inservit«.*

bestimmter auszusprechen als es in diesen Worten geschieht: dort
sonnige, übermütige, tollkühne Schaffenslust, Menschen, welche un-
erschrocken die rechte Hand des Gottes, zu dem sie beten, ergreifen
(S. 245), hier ein Leichnam, dem »die Vernichtung jedes eigenen
Urteils« als erste Lebensregel beigebracht worden und für den »die
schlotternde, knechtische Furcht« die Grundlage aller Religion ist.

Manchmal empfinde ich es schmerzlich, dass der gute Geschmack, Ausblick.
das Moralisieren in einem Buch wie dem vorliegenden verbietet. Denn
sieht man jene prächtigen »Barbaren« jugendfrisch, frei, zu allem
Höchsten befähigt in die Weltgeschichte eintreten, gewahrt man
sodann, wie sie, die Sieger, die echten Freigeborenen des Aristoteles,
ihr reines Blut mit dem unreinen der Knechtgeborenen vermengen,
wie sie bei den unwürdigen Epigonen grosser Geschlechter in die
Lehre gehen müssen und sich nur unter unsäglichen Mühsalen aus
der Nacht dieses Chaos zu einem neuen Tage hindurchringen, muss
man des Weiteren erkennen, dass zu den alten Feinden und Gefahren
alle Tage neue hinzutreten, dass diese wie die früheren von den
Germanen mit offenen Armen aufgenommen, die warnenden Stimmen
mit leichtem Sinn belächelt werden, dass während jeder Feind unserer
Rasse mit vollem Bewusstsein und vollendeter List seine Absichten
verfolgt, wir — noch immer grosse, harmlose Barbaren, das ganze
Sinnen auf irdische und himmlische Ideale gerichtet, auf Besitz, auf
Entdeckungen, auf Erfindungen, auf Bierbrauen, auf Kunst und Metaphysik, auf Liebe, und was weiss ich alles, doch jedes immer mit einem
Stich ins Unmögliche, ins nie zu Vollendende, ins Jenseitige, denn
sonst blieben wir lieber auf unseren Bärenhäuten liegen — wer es
beobachtet, sage ich, wie wir ohne Waffe, ohne Abwehr, ohne Bewusstsein irgend einer Gefahr unseren Weg gehen, immer von Neuem
bethört, immer bereit, das Fremde hochzuschätzen und das Eigene
gering zu achten, die gelehrtesten aller Menschen und doch so wenig
wissend über die uns zunächst umgebende Welt wie sonst keiner,
die grössten Entdecker und doch mit chronischer Blindheit geschlagen:
wer möchte da nicht moralisieren und etwa mit Ulrich von Hutten
ausrufen: »O, freiwillig unglückliches Deutschland, der du mit sehenden
Augen nicht siehst, und mit offenem Verstande nicht verstehst!« Doch
ich werde es nicht thun; ich fühle, dass dieses Amt mir nicht zukommt,
und diese hochmütige Nichtbeachtung, ich muss es gestehen, ist ein zu

charakteristischer Zug, als dass ich ihn entbehren möchte. Der Germane ist nicht Pessimist wie der Inder, er ist auch kein guter Kritiker; eigentlich denkt er, im Vergleich mit anderen Ariern, überhaupt wenig; seine Gaben treiben ihn zum Handeln und zum Empfinden. Die Deutschen gar ein »Volk von Denkern« zu nennen, ist bitterer Spott; ein Volk von Soldaten und von Kaufleuten wäre jedenfalls richtiger, auch von Gelehrten und von Künstlern — aber von Denkern? nein, diese sind spärlich gesäet. Darum konnte Luther die Deutschen geradezu »blinde Leute« nennen; die übrigen Germanen sind es kaum weniger; denn zum Sehen gehört analytisches Denken, und dazu wiederum gehört Anlage, Zeit, Übung. Der Germane ist mit anderen Dingen beschäftigt; er hat seinen »Eintritt in die Weltgeschichte« noch lange nicht beendet; er muss erst von der ganzen Erde Besitz ergriffen, die Natur nach allen Seiten erforscht, sich ihre Kräfte dienstbar gemacht, er muss erst die Ausdrucksmittel der Kunst auf einen nie geahnten Grad der allseitigen Vollkommenheit gebracht und ungeheures histo- risches Wissen als Material zusammengetragen haben — dann vielleicht wird er Zeit finden, sich zu fragen, was unmittelbar um ihn herum vorgeht. Bis dahin wird er fortfahren, am Rande des Abgrundes mit derselben Gemütsruhe fortzuschreiten wie auf blumiger Wiese. Daran lässt sich nichts ändern, denn diese Sorglosigkeit gehört, wie gesagt, zum Charakter des Germanen. Griechen und Römer waren nicht unähnlich: die Einen dichteten und dachten, die Anderen eroberten emsig weiter, ohne dass sie (wie die Juden) über sich selber zur Be- sinnung gekommen wären, ohne dass sie auch nur bemerkt hätten, wie der Gang der Ereignisse sie von der Erdoberfläche austilgte; nicht wie andere Völker fielen sie tot hin, sondern langsam stiegen sie in den Hades hinab, bis zuletzt lebendig, bis zuletzt voll Kraft, sieges- bewusst und stolz. [1]

Und so muss es mir bescheidenem Historiker — der ich auf den Gang der Ereignisse nicht einzuwirken vermag, noch die Gabe besitze, die Zukunft hell zu erschauen — genügen, dem Zwecke dieses Buches gedient zu haben, indem ich das Germanische vom Ungermanischen schied. Dass der Germane eine der grössten Mächte, vielleicht die allergrösste, in der Geschichte der Menschheit war und

---

[1] Man denkt hierbei an das, was Goethe »ein für allemal das grossartigste Symbol« nannte: eine untergehende Sonne über einem Meere, mit der Legende ,Auch im Untergehen bleibt sie die selbe'. (*Unterhaltungen mit dem Kanzler von Müller*, 24. März 1824.)

ist, wird Keiner leugnen wollen; es war aber für die Beurteilung der Gegenwart nötig, genau festzustellen, wer als Germane betrachtet werden darf, wer nicht. Auch in unserem Jahrhundert, nur natürlich in sehr verschiedener Gruppierung und mit stets wechselnder Verteilung der relativen Kräfte, standen, wie in allen früheren Jahrhunderten unserer Zeitrechnung, jene drei Erben in Europa neben einander: das Chaos der Mestizen aus dem früheren römischen Reich (dessen Germanisierung rückschreitet), die Juden, und die Germanen (deren Bastardierung mit jenen Mestizen und mit den Resten unarischer Urrassen fortschreitet). Kein humanitäres Gerede kann die Thatsache beseitigen, dass dies einen Kampf bedeutet. Wo der Kampf nicht mit Kanonenkugeln geführt wird, findet er geräuschlos im Herzen der Gesellschaft statt, durch Ehen, durch die Verringerung der Entfernungen, welche Vermischungen fördert, durch die verschiedene Resistenzkraft und Beharrlichkeit der verschiedenen Menschentypen, durch die Verschiebung der Vermögensverhältnisse, durch das Auftauchen neuer Einflüsse und das Verschwinden alter, u. s. w., u. s. w. Mehr als andere ist gerade dieser stumme Kampf ein Kampf auf Leben und **Tod.**